Anke Simon

Der Informationsbedarf von Patienten hinsichtlich der Krankenhausqualität

GABLER RESEARCH

Marktorientiertes Management

Herausgegeben von Professor Dr. Michael Lingenfelder

In dieser Schriftenreihe werden Entwicklung und Anwendung wissenschaftlich fundierter Methoden und Modelle des marktorientierten Managements thematisiert. Sie dient als Forum für praxisrelevante Fragestellungen aus Handel, Dienstleistung und Industrie, die mit Hilfe theoretischer und empirischer Erkenntnisse beantwortet werden.

Anke Simon

Der Informationsbedarf von Patienten hinsichtlich der Krankenhausqualität

Eine empirische Untersuchung zur Messung des Involvements und der Informationspräferenzen

Mit einem Geleitwort von
Univ.-Prof. Dr. Michael Lingenfelder

GABLER

RESEARCH

Bibliografische Information der Deutschen Nationalbibliothek
Die Deutsche Nationalbibliothek verzeichnet diese Publikation in der Deutschen Nationalbibliografie; detaillierte bibliografische Daten sind im Internet über <http://dnb.d-nb.de> abrufbar.

Dissertation Universität Marburg, 2009

1. Auflage 2010

Lektorat: Ute Wrasmann | Sabine Schöller

Gabler Verlag ist eine Marke von Springer Fachmedien.
Springer Fachmedien ist Teil der Fachverlagsgruppe Springer Science+Business Media.
www.gabler.de

Umschlaggestaltung: KünkelLopka Medienentwicklung, Heidelberg
Gedruckt auf säurefreiem und chlorfrei gebleichtem Papier

ISBN 978-3-8349-2074-4

Geleitwort

Sowohl international als auch in Deutschland steigt die Anzahl der Studien zur Erfassung von Krankenhausqualität (KQ) und die Informationsangebote, die Patienten darüber informieren sollen, seit ungefähr Anfang 2000 stetig an. Will man Patienten finanziell stärker an den von ihnen verursachten Krankenhauskosten beteiligen und/oder geht es darum, eine informatorische Basis zu legen, mittels derer Patienten eine für ihre Bedürfnisse „gute" Krankenhauswahl treffen können (sei es alleine oder sei es gemeinsam mit ihrem betreuenden niedergelassenen Arzt), in beiden Fällen bedarf es eines informierten Patienten. Dieser mündige oder souveräne Patient hat einen individuellen, spezifischen Informationsbedarf, der je nach Kontext (Erkrankungsart bzw. Grund für Einweisung, Soziodemographie etc.) zu Rechercheaktivitäten im unmittelbaren (Familien-, Freundeskreis) und weiteren Umfeld veranlasst. Genau diesem Phänomen widmet sich die vorliegende Arbeit. Die Bearbeiterin trachtet danach, Antworten auf folgende Fragen zu finden:

1. Wie lässt sich die wachsende Bedeutung von Qualitätsinformationen im Gesundheitssystem erklären?
2. Wie hoch ist das Involvement von Patienten hinsichtlich Informationen zur KQ?
3. Welche Determinanten prägen dieses Involvement?
4. Welche Informationen zur KQ haben den größten Nutzen aus Patientensicht?
5. Welche Qualitätsdimensionen stecken hinter der Vielzahl spezifischer KQ-Informationen?
6. Können Patiententypen mit ähnlichen Informationspräferenzen identifiziert werden?

Die Untersuchung ist in neun Kapitel gegliedert. Im 1. Kapitel geht die Verfasserin zunächst auf die Bedeutung von Informationen zur KQ ein. Die Autorin erörtert die Forschungsfragen und den Aufbau der Arbeit.

Im 2. Kapitel werden die Gründe für das zunehmende Interesse an KQ-Informationen erörtert. Zugleich soll damit die erste Forschungsfrage beantwortet werden. Dieses geschieht aus drei Perspektiven: Gesundheitspolitik, Patientenperspektive, Krankenhausmanagement. Schwerpunkte bilden dabei Shared Decision Making, rechtliche Fragen und KQ als Element einer umfassend angelegten Marketingstrategie.

Im 3. Kapitel wird der Untersuchungskontext der vorliegenden Arbeit thematisiert. Information, Informationsbedarf, Involvement, Informationspräferenz, Patienten als Kunden, Besonderheiten von Klinikdienstleistungen und KQ werden begrifflich und hinsichtlich wesentlicher Elemente erörtert.

Die erste von zwei Säulen der Dissertation bildet das 4. Kapitel, indem zunächst auf rund 40 Seiten eine Bestandsaufnahme zum Forschungsgegenstand geboten wird. Nach einer Erläuterung der Recherchestrategie werden Studien aufgearbeitet, die in einem Fünfzehnjahres-Zeitraum zu KQ und zum Informationsbedarf hinsichtlich medizinischer Dienstleistungen entstanden sind. Schließlich werden Informationsangebote zur vergleichenden Darstellung von KQ erörtert und kritisch gewürdigt.

Ca. 60 Seiten wendet die Autorin dann auf, um ein Untersuchungsmodell theoretisch zu fundieren. Mittels Informationsökonomie und Prinzipal-Agenten-Theorie werden die asymmetrische Informationsverteilung und spezielle Auftraggeber-Auftragnehmer-Beziehungen im Gesundheitssystem thematisiert und als Ursachen für die systematisch schlechte Informiertheit von Patienten herangezogen. Die Verfasserin argumentiert u.a., dass eine Ex ante-Beurteilung von Gesundheitsleistungen nur über Sucheigenschaften sowie Ersatzindikatoren möglich ist. Weiterhin thematisiert sie die bewusste Entscheidungsdelegation des Patienten an den einweisenden Arzt aufgrund von „anxiety costs".

Breiten Raum nimmt die Erläuterung von Involvement ein. Anschließend wird das Informationsverhalten von Patienten risikotheoretisch diskutiert.
Nachfolgend werden, wie die Verfasserin schreibt, einige wichtige Beiträge zur Erklärung des Informationsverhaltens thematisiert. Es wird aufbauend auf dem sog. Drei-Speicher-Modell die Prozesskette der individuellen Informationsverarbeitung erörtert. Weiterhin erfolgt eine Verknüpfung mit Involvement und den vier Typen von Entscheidungsverhaltensprozessen. Letztere werden im Hinblick auf ihre Relevanz für die KHS-Wahl diskutiert, wobei eine Zusammenschau von Einflussfaktoren der Wahlentscheidung den Abschnitt beschließt.

Den Reigen der Skizzierung „theoretischer Bezugspunkte" beendet dann die Diskussion des transaktionalen Stressmodells. U.a. wird Informationssuche als Copingreaktion charakterisiert.

Dreißig Seiten Umfang weist das 5. Kapitel auf. Darin werden die analytischen Auswertungsmethoden erläutert und einzelne Bausteine der Datenerhebung (z.B. Aufbau des Fragebogens) sowie der so bezeichneten Datengrundlage skizziert. Die Verfasserin schildert, dass sie insgesamt 276 auswertbare Fragebögen generieren konnte, wobei ein Teil aus einer Befragung von Patienten eines kooperierenden Krankenhauses und ein anderer Teil aus einer Erhebung von Bürgern bzw. potentiellen Patienten im gleichen Einzugsgebiet stammt.

Die zweite Säule der Dissertation bilden die Kapitel 6 bis 8. In diesen Abschnitten werden die Ergebnisse der empirischen Analyse dargeboten.

Etwa 15 Seiten umfasst das 6. Kapitel, in dem das Ausmaß an Involvement von Patienten hinsichtlich Informationen zur KQ analysiert werden. Letztlich wird eine dreifaktorielle Operationalisierung des Involvementkonstruktes zugrunde gelegt, wobei „Wichtigkeit von Informationen", „Sicherheitsbedürfnis" und „Partizipationsbedürfnis" die Komponenten bilden. Was die Ausprägungen betrifft, so stellt die Autorin keine signifikanten Unterschiede zwischen KHS-Patienten und potentiellen Patienten fest.

Dem Aufspüren der Determinanten des Involvements dient das 7. Kapitel. Bis auf fünf vermutete Wirkungsbeziehungen können alle unterstellten Effekte mittels des Datensatzes nachgewiesen werden (vgl. Tab. 69). Die Verfasserin setzt zur Prüfung sowohl Kovarianzstrukturanalyse, Varianzanalyse als auch verteilungsfreie Tests ein.

Das rund 35 Seiten umfassende 8. Kapitel spürt zunächst den Informationspräferenzen im Detail nach. Dazu wird das sog. Best-Worse-Scaling eingesetzt. Insgesamt ermittelt die Autorin, dass die fachliche Qualifikation der Ärzte, die Schwerpunke bzw. spezielle Kompetenzen der Klinik und die fachliche Qualifikation des Pflegepersonals zu den drei am meisten präferierten Informationsbedarfen bei den Befragten zählt. Insgesamt zeigt sich die überragende Bedeutung von Informationsbedarfen, die an der Strukturqualität ansetzen. Deutlich weniger präferenzwirksam scheinen die Items zu sein, die auf die Ergebnisqualität laden, und die Variablen, welche mit der Prozessqualität zu tun haben, fallen im Vergleich dazu noch einmal ab.

Die befragten KHS-Patienten glauben, die Ergebnisqualität besser anhand ihrer Erfahrungen beurteilen zu können. Die Vergleichsgruppe (potentielle Patienten) zieht demgegenüber stärker Qualitätsbewertungen durch neutrale Institutionen und Patientenbeschwerden als Informationsquellen vor (vgl. Abschn. 8.1.2.2.).

Clusteranalytisch werden Patiententypen auf der Basis der ermittelten Informationspräferenzen identifiziert. Die Verfasserin ermittelt den Typus des Ergebnisorientierten und denjenigen des Leistungsorientierten. Anschließend wird dann noch mittels der Kovarianzstrukturanalyse nach den Determinanten der Ergebnis- und Leistungsorientierung gefahndet.

Angesichts der hohen Praxisrelevanz der Thematik ist der vorgelegten Schrift eine hohe Verbreitung zu wünschen. Wegen der Aufarbeitung von Theoriedefiziten dürfte gerade auch die Wissenschaft im Bereich des Health Care Managements, der Gesundheitsökonomie und des Public Health Care wertvolle Anstöße finden.

Univ.-Prof. Dr. Michael Lingenfelder

Vorwort

Bei der Durchführung der empirischen Studie und dem Schreiben der Arbeit wurde ich von vielen Menschen unterstützt, denen ich an dieser Stelle meinen tief empfundenen Dank aussprechen möchte. An erster Stelle möchte ich mich ganz besonders bei meinem akademischen Mentor und Doktorvater, Herrn Prof. Dr. Michael Lingenfelder, bedanken.

Für die permanente Unterstützung, die zahlreichen konstruktiven Anregungen, die unvoreingenommene Diskussionsbereitschaft und das stets „offene Ohr“ für alle Belange während meiner Promotion bin ich ausgesprochen dankbar. Herrn Prof. Dr. Stefan Dierkes gilt mein Dank für die unkomplizierte und bereitwillige Übernahme des Zweitgutachtens. Ebenso gebührt Herrn Prof. Dr. Ulrich Hasenkamp ein herzliches Dankeschön für die freundliche Wahrnehmung des Vorsitzes der Prüfungskommission.

Als Kooperationspartner der empirischen Untersuchung standen mehrere Unternehmen und Organisationen zur Verfügung, denen ich allen danken möchte. Die Verpflichtung zur Vertraulichkeit macht es leider nicht möglich, sie hier namentlich zu nennen.

Herzlich danken möchte ich auch den Mitarbeitern des Lehrstuhls ABWL, insbesondere Marketing und HBL, der Philipps-Universität Marburg für die unkomplizierte Einbindung und Hilfestellung bei diversen Fragestellungen, die sich für mich als externe Doktorandin mitunter ergaben. Ein besonders herzliches Dankeschön geht hier an Frau Inge Trinkl für ihre stete Hilfsbereitschaft und sympathische Unterstützung, vor allem bei komplexen Terminkoordinationen unter Beachtung der Zeitzonen zweier unterschiedlicher Kontinente.

Ein besonders herzliches Dankeschön möchte ich der kaufmännischen Direktorin des Robert-Bosch-Krankenhauses, Frau Kerstin Logemann, aussprechen, deren fachliche und persönliche Förderung meinen Werdegang im Krankenhaussektor entscheidend geprägt hat.

Während meines Aufenthaltes in Melbourne / Australien ist mir eine warmherzige Unterstützung von verschiedener Seite zu teil geworden. Hier danke ich insbesondere Herrn Prof. Dr. Jordan J. Louviere für die Anregungen und die bereitwillige Bereitstellung von diversen Studienunterlagen zur Präferenzmessung. Des Weiteren danke ich meinen neuen australischen Freundinnen Anna Holden und Maria Hohlweg für ihre große Empathie und die vielen Gespräche fern der Heimat.

Einen ganz besonderen Dank möchte ich auch an meinen guten Freund Hartwig Löffler richten, dessen unkonventionelle Lebensweisheiten und unverwechselbarer Humor mir häufig geholfen haben, den Boden der Tatsachen wieder zu finden. Aus tiefstem Herzen geht ein besonderer Dank an meine beste Freundin Sabine Viohl, die meinen Lebensweg schon seit vielen Jahren als „gute Seele“ begleitet. Ich hoffe wir können die vielen kontroversen und leidenschaftlichen „Streitgespräche“ rund um die Gesundheitsbranche bei einem guten Glas Wein noch viele Jahre fortführen.

Aus meinem engsten persönlichen Umfeld danke ich vor allem meinen Eltern, die mich über all die Jahre meiner Ausbildung stets unterstützten und selbstlos förderten. Ein liebes Dankeschön geht auch an meinen Sohn Jakob und meine Tochter Sarah, die verschiedene Phasen meiner Promotion live miterlebt haben. Vielen Dank auch liebe Sarah für deine tatkräftige Hilfe bei der Datenerhebung. Meinen Schwiegereltern gebührt ebenfalls Dank, insbesondere für die tatkräftige Hilfe bei der Veröffentlichung der Dissertation.

Aus ganzem Herzen danke ich meinem Ehemann Olaf, der mich unermüdlich bestärkte und mir auch in schwierigen Zeiten immer zur Seite gestanden hat. Ihm sei das vorliegende Buch gewidmet.

Anke Simon

Inhaltsverzeichnis

Abbildungsverzeichnis

Tabellenverzeichnis

Abkürzungsverzeichnis

χ^2	Chi-Quadrat
Abb.	Abbildung
Abs.	Absatz
ACHS	Australian Council on Healthcare Standards
ADF	Asymptotically Distribution Free Estimation
AGFI	Adjusted Goodness of Fit Index
AWMF	Arbeitsgemeinschaft der Wissenschaftlichen Medizinischen Fachgesellschaften
BDPK	Bundesverband Deutscher Privatkrankenanstalten
Beschl. v.	Beschluss vom
BQS	Bundesgeschäftsstelle für Qualitätssicherung
bspw.	beispielsweise
BVerfG	Bundesverfassungsgericht
BWS	Best-Worst-Scaling
BZgA	Bundeszentrale für gesundheitliche Aufklärung
bzw.	beziehungsweise
CA	Conjoint Analyse
CFI	Comparative Fit Index
CHI	Commission for Health Improvement
CIP	Consumer Involvement Profile
C.R.	Critical Ratio
CSRS	Cardiac Surgery Reporting System
DCA	Discrete Choice Analyse
DEV	durchschnittlich erfasste Varianz eines Faktors
df	Anzahl der Freiheitsgrade
d.h.	das heißt
DIMDI	Deutschen Institut für Medizinische Dokumentation und Information
DKG	Deutsche Krankenhausgesellschaft
DMP	Disease-Management-Programm
DRG	Diagnosis Related Group
ebd.	ebenda
EDV	Elektronische Datenverarbeitung (siehe auch IT)
EFA	Exploratorische Faktorenanalyse
EIS	Enduring Involvement Scale
et al.	et aliter
etc.	et cetera
EU	Europäische Union
f.	folgende
ff.	fortfolgende
FL	Faktorladung

FR	Faktorreliabilität
GBE	Gesundheitsberichterstattung
G-BA	Gemeinsamer Bundesausschuss
GFI	Goodness of Fit Index
GKV	Die gesetzlichen Krankenkassen
GP	General Practitioner
GSL	Generalized Least Squares
H	Hypothese
H (+)	Hypothese mit positivem Beziehungszusammenhang
H (-)	Hypothese mit negativem Beziehungszusammenhang
Hg.	Herausgeber
HRRC	Hospital Report Research Collaborative
ICD	International Classification of Diseases
i.d.R	in der Regel
IGEL	Individuelle Gesundheitsleistungen
i.S.	im Sinne
ISQua	International Society for Quality in Health Care
IR	Indikatorreliabilität
IT	Informationstechnik
IQWiG	Institut für Qualität und Wirtschaftlichkeit im Gesundheitswesen
IV	Integrierte Versorgung
JCAHO	Join Commission on Accreditation of Healthcare Organisations
KA	Kausalanalyse
KFA	Konfirmatorische Faktorenanalyse
KGNW	Krankenhaus-Gesellschaft Nordrhein-Westfalen
KH	Krankenhaus
KV	Kassenärztliche Vereinigung
KTQ	Kooperation für Transparenz und Qualität im Krankenhaus
m.a.W.	mit anderen Worten
MBO-Ä	(Muster-) Berufsordnung für die deutschen Ärztinnen und Ärzte
ML	Maximum-Likelihood-Methode
MVZ	Medizinisches Versorgungszentrum
NHS	National Health Service
NIP	New Involvement Profile
OPS	Operationsschlüssel
PII	Personal Involvement Inventory
PKV	Private Krankenversicherung
QIP	Quality Indicator Project
QM	Qualitätsmanagement
QS	Qualitätssicherung
Rn.	Randnummer

RPII	Revised Personal Involvement Inventory
RRPII	Revised RPII
RSMEA	Root Mean Squared Error of Approximation
S.	Seite
SKAiG	Sachverständigenrat für die Konzertierte Aktion im Gesundheitswesen
SLS	Scale Free Least Squares
sog.	so genannte
StBA	Statistisches Bundesamt
StGB	Strafgesetzbuch
ULS	Unweighted Least Squares
usw.	und so weiter
UWG	Gesetz gegen den unlauteren Wettbewerb
VA	Varianzanalyse
VFA	Verband der Forschenden Arzneimittelhersteller
Vgl.	vergleiche
z.T.	zum Teil
→S	Verweis auf Synopse im Anhang

1. Die Beurteilung der Krankenhausqualität als Herausforderung im Gesundheitswesen

1.1. Die wachsende Bedeutung von Informationen zur Krankenhausqualität

Jedes Jahr müssen sich rund 17 Millionen Menschen in Deutschland einer Krankenhausbehandlung unterziehen.[1] Sofern die Patienten nicht zur Kategorie „Notfall" gehören, sind alle mit demselben Problem konfrontiert: Welches Krankenhaus ist das richtige? Die Leistung deutscher Krankenhäuser scheint zwar durchschnittlich auf einem guten Stand, Veröffentlichungen im nationalen und internationalen Raum belegen jedoch, wie unterschiedlich die Qualität von Kliniken sein kann.[2]

Die Beurteilung einer Klinik erfolgt zur Zeit noch vollkommen unsystematisch. Die Suche nach dem richtigen Krankenhaus gerät oft zur Odyssee. Angaben zur Leistungsfähigkeit und medizinischen Qualität eines Krankenhauses, auf Basis derer ein Patient eine KH-Wahl treffen könnte, sind bisher nur rudimentär vorhanden, neue Entwicklungen in diesem Bereich fassen erst langsam Fuß. Die Qualitätstransparenz nach außen als Bestandteil des Qualitätsmanagements sowie KH-Marketing beginnt erst in jüngster Zeit eine Rolle im Gesundheitsmanagement zu spielen.

Die wachsende Bedeutung von Leistungs- und Qualitätstransparenz im Gesundheitswesen kann generell auf drei Faktoren zurückgeführt werden:

An erster Stelle sind hier die gewandelte Rolle und der damit korrespondierende steigende Informationsbedarf des Patienten zu nennen. Zumindest der elektive Patient wird zunehmend zum Entscheidungsträger und ernst zu nehmenden Partner bzw. Kunden. Während noch 1988 80% der Patienten primär dem Klinikvorschlag ihres Hausarztes folgten,[3] möchten im Jahr 2007 75% der Befragten die Wahl des Krankenhauses nicht allein ihrem Arzt überlassen.[4] Modelle und Konzepte wie „Patientenmündigkeit"[5] und „Shared Decision Making"[6] spiegeln diese Entwicklung im wissenschaftlichen und politisch normativen Kontext wider. Informationen können dabei als Voraussetzung für die wachsende Patientensouveränität betrachtet werden. Basis für das Handeln von Menschen im Umgang mit Gesundheit, Krankheit und den entsprechenden Leistungsanbietern sind aussagefähige, niederschwellige Informationsangebote, die dem Handlungs- und Entscheidungsbedarf des Patienten

---

1 Vgl. StBA (2006a).

2 Vgl. Mohr et al. (2002), S. 107; Heller (2005), S. 229f. Siehe auch Synopse der vergleichenden Analyse von 29 Informationsangeboten zur Bewertung und zum Vergleich von Krankenhäusern aus der Qualitätsberichtserstattung verschiedener Länder im Anhang III.

3 Vgl. Allensbacher Studie 1988 zitiert nach Schwartz (1996), S. 72.

4 Vgl. eine Studie zu aktuellen Meinungen zur Krankenhaussuche von TK, Forsa (2007). Die Befragungsergebnisse bestätigen die Ergebnisse einer Studie der Helios-Herbstumfrage der gleichnamigen Klinikkette in 2005, nach der sich nur jeder vierte bei der Krankenhauswahl ausschließlich auf den Rat seines Hausarztes verlässt, zitiert nach Flieger (2006), S. 62, sowie eine europaweite Erhebung nach der 86% der Befragungsteilnehmer von acht Ländern eine freie Wahl des Krankenhauses wünschen. Vgl. Coulter (2004), S. 184; Coulter, Magee (2003), S. 222.

5 Vgl. Dierks et al. (2001); Dietz (2006).

6 Vgl. Klemperer, Rosenwirth (2005); Scheibler, Pfaff (2003); Scheibler (2004).

entsprechen.[7]
„In order to be able to make a choice between health care providers, people need information about their quality. Up-to-date published details on the quality of inpatient facilities arouse a high level of interest among consumers"[8]
Des Weiteren spielt als zweiter Faktor die gewandelte Wettbewerbssituation im Gesundheitswesen eine große Rolle. Diverse gesetzliche Vorgaben der Gesundheitspolitik zur Neugestaltung der Entgeltabrechnung sowie Qualitätssicherung - zuletzt in Form des gesetzlich verankerten Qualitätsberichts nach §137 Abs. 1 SGB V - führten zu einem deutlich gewachsenen Wettbewerb der Leistungsanbieter um die begrenzten Ressourcen im Gesundheitssystem. Angesichts der Festlegung von Preisen durch die Abrechnungssystematik nach Fallpauschalen, verbunden mit einer weitgehenden Deckelung der Budgets sowie fixer Fallzahl-Vereinbarungen durch die Krankenkassen, gibt es nur wenige Stellgrößen im Unternehmen Krankenhaus, um wirtschaftlich zu arbeiten. Neben radikalen Rationalisierungsmaßnahmen zur Kosteneindämmung in kurzfristiger Hinsicht wird zunehmend das Qualitätsmanagement als Strategie zur langfristigen Unternehmenssicherung gesehen. Lingenfelder resümiert hierzu,
„...dass sich die Schere zwischen steigenden Betriebskosten und steigenden Anforderungen an die Leistungsqualität, dann immer weiter öffnen wird, wenn Krankenhäuser nicht grundlegend anders geführt und gesteuert werden als bislang."[9]
Als dritter Faktor sei die Rolle der modernen Medien genannt, welche die bestehenden Asymmetrien im Wissen zwischen Anbietern und Nachfragern von medizinischen Leistungen beeinflussen.[10] Die Kosten der Informationsbeschaffung sinken durch leichte und flexible Zugangswege. Hier ist an erster Stelle das Internet zu nennen. Nach einer aktuellen Studie nutzen mehr als 40 Millionen Menschen in Deutschland das Internet.[11] Auch die Nutzung durch die Gruppe der älteren Menschen als Hauptklientel von Gesundheitsdienstleitungen ist stark gestiegen (24% der über 55-Jährigen).[12] Der Anteil der Nutzer, der sich für gesundheitsbezogene Themen im Internet interessiert, beträgt 40%.[13]
Während jedoch zum Thema generelle Patienten- und Gesundheitsinformation ein ausreichend großes Informationsangebot beispielsweise zur Erklärung von Ursachen, Symptomen und Verlauf von Krankheiten, Behandlungsmethoden, Vorbeugemaßnahmen, generellen Ratschlägen zur gesunden Lebensweise, Wellness etc. vorliegt und dieses Informationsangebot z.T. aufgrund der schier unübersehbaren Vielfalt und der damit verbundenen Niveauunterschiede eher als Überangebot i. S. einer Informationsflut gesehen wird,[14] scheint die Informationslage zum Thema Qualität der medizinischen Dienstleistung ein vollkommen anderes Bild zu zeigen.

Es ist mittlerweile allgemein üblich, vor einer Kaufentscheidung die in Frage kommenden Produkte oder Dienstleistungen zu vergleichen. Dies ist nicht nur bei einfachen

---

7 Vgl. Mühlbacher et al. (2001), S. 292.
8 Coulter, Magee (2003), S. 48.
9 Lingenfelder, zitiert in Schwing (2004), S. 401.
10 Vgl. Iseringhausen, Hartung, Badura (2005), S. 279.
11 Vgl. o.V. (2007a) eine ARD/ZDF-Online-Studie.
12 Vgl. o.V. (2007b) eine Befragung zum Thema Internet für "Generation 55plus".
13 Vgl. Brechtel (2004), S. 4.
14 Das Überangebot von Informationen zu Gesundheitsthemen, diverse Unterschiede bezüglich Informationsbreite und -tiefe verbunden mit der Unsicherheit über Qualität und Herkunft werden vor allem mit dem Medium Internet verbunden. Vgl. Schmidt-Kaehler (2004a), S. 39ff. sowie derselbe (2005), S. 471ff.

Konsumgütern des täglichen Bedarfs anzutreffen, bei denen der Kunde i.d.R. in Eigenregie agiert. Auch bei komplexen Produkten und Dienstleistungen wie Reisen oder Versicherungen wird die Meinungsbildung zunehmend durch Testberichte oder Internetplattformen unterstützt.

Eine Ausnahme bildet hier der Gesundheitssektor, im speziellen der Krankenhausbereich. Ausgerechnet zur Wahl des geeigneten Krankenhauses befindet sich der Patient in einem enormen Missverhältnis zwischen Informationswunsch und Informationsangebot.[15] In einer europaweiten Studie sind nur 41% der Befragten der Meinung, ausreichende Informationen zur Auswahl eines geeigneten Krankenhauses zur Verfügung zu haben. Diese Informationslücke resultiert dann häufig darin, dass der informationssuchende Patient zur Beurteilung der Qualität eines Krankenhauses auf Vermutungen, Meinungen der Familie und Empfehlungen des Hausarztes o.a. angewiesen ist. Diese eingeschränkten Informationen, die bestenfalls noch zur Beurteilung regionaler Krankenhäuser ausreichen, versagen bei komplexen Krankheitsbildern mit entsprechend speziellem Behandlungsbedarf.

Nun scheint diese Schieflage angesichts der vielfältigen Aktivitäten aus der jüngsten Vergangenheit von Seiten des Gesetzgebers (z.B. Einführung der externen Qualitätssicherung und des strukturierten Qualitätsberichts), proaktiver Krankenhäuser (z.B. steigende Zahl von QM-Implementierung und Qualitätszertifizierungen[16], diverse Internet-Präsentationen zur Leistungsqualität in Eigenregie), kundenorientierter Krankenversicherungen (z.B. Bereitstellung von Internet-Portalen mit Informationsangeboten) u. a. Anbieter verwunderlich. Nach bisherigem Erkenntnisstand muss jedoch eine Diskrepanz zwischen dem Informationsangebot zur vergleichenden Qualitätsdarstellung und den Informationsbedürfnissen der Patienten bezüglich Umfang, Inhalt, Zugang und Verständlichkeit konstatiert werden.[17]

„Obwohl in den vergangenen Jahren viel unternommen wurde, um die Informationslage zu verbessern, kommen die bereitgestellten Informationen nicht an. Kein Wunder: Die Angebote orientieren sich wenig an den Bedürfnissen der Nutzer.“[18]

Dieses Dilemma, welches für Deutschland aufgrund der im internationalen Vergleich relativ verspäteten Qualitätsdiskussion ein aktuelles Problem darstellt, ist bereits aus Studien anderer Länder mit weiter entwickelten Informationsangeboten zur Qualitätsdarstellung medizinischer Dienstleistungen bekannt. In verschiedenen Arbeiten werden die vielschichtigen Probleme bisheriger Informationsangebote zur vergleichenden Qualitätsdarstellung analysiert und aufgezeigt.[19] Als immer wiederkehrender Problemschwerpunkt werden die ungenügenden Kenntnisse über das Informationsverhalten von Patienten generell, die patientenseitigen Informationsbedürfnisse sowie die für Patienten entscheidungsrelevanten Qualitätsaspekte bei der Krankenhaussuche bzw. Krankenhauswahl ausgewiesen.[20]

---

[15] Vgl. Coulter, Jenkinson (2005), S. 357f.; Coulter, Magee (2003), S. 225; Bitzer, Dierks (2001), S. 169f.; Geraedts (2006), S. 161f.; Schaefer (2006) S. 8f.

[16] Vgl. Ament-Rambow (2007), S. 101; Blumenstock et al. (2005), S. 170ff.; Pietsch-Breitfeld et al. (2002), 696ff.; Schrappe et al. (2000), S. 644ff.

[17] Vgl. Döbler et al. (2007); Allen, Hommel (2006); Dierks (2001), S. 169f.; Geraedts (2006); Schaefer (2006); Zok (2003), S. 112f.

[18] Bertelsmann Stiftung (2007), S. 28.

[19] Vgl. Masion, Street (2006); Hibbard, Peters (2003); Mannion, Goddard (2003); Barr et al. (2002); Marshall et al. (2000); Schauffler, Mordavsky (2001); Hibbard (1998).

[20] Vgl. ebenso Dietz (2006), 139; Geraedts (2006), S. 156; Schaeffer (2006), S. 5.

1.2. Die Forschungsfragen und die Einordnung des Forschungsgegenstandes

Das Thema Qualität im Gesundheitswesen[21] und damit verbunden die Forderung nach Qualitätsmessung und Qualitätsdarstellung medizinischer Dienstleistung nach außen ist nicht neu.[22] Im Entwicklungszeitraum der letzten Jahre kann eine nahezu inflationäre Zahl von Veröffentlichungen festgestellt werden, angefangen bei wissenschaftlich konzeptionellen Beiträgen und empirischen Studien, über eine Vielzahl politisch normativer Konzepte bis hin zu subjektiven Meinungsbildern, Statements und Forderungen aus Sicht der diversen Akteure im Gesundheitswesen. Um das Thema des Informationsbedarfs von Patienten hinsichtlich der KH-Qualität eingehender beleuchten zu können, ist eine strukturierte und systematische Erfassung des Informationsgegenstandes, auf den sich der Bedarf von Patientenseite bezieht, erforderlich. Diesbezügliche Veröffentlichungen aus der bisherigen Literatur liegen nur facettenartig bzw. aufgrund des rasanten zeitlichen Wandels in nunmehr veralteter Form vor. Daher lautet die erste Forschungsfrage:

1. ***Wie lässt sich die wachsende Bedeutung des Themas Qualitätsinformation im komplexen Wirkungsgeflecht der Interessensgruppen im Krankenhaussektor erklären?***

Obwohl wie bereits aufgezeigt, ein Missverhältnis zwischen den Informationsbedürfnissen der Patienten und dem derzeitigen Informationsangeboten zur KH-Qualität vorliegt, als dessen wesentliche Ursache der unzureichende Wissensstand über das Informationsverhalten von Patienten generell, insbesondere die relevanten Informationsbedürfnisse der Patienten zur KH-Qualität gesehen wird, liegen überraschender Weise nur wenige Arbeiten zu dieser Problemstellung vor. So stellt bereits Dietz in einer Studie zum Thema Patientenmündigkeit fest:

„Während in der Konsumentenverhaltensforschung heute eine Vielzahl von Arbeiten existieren, die sich der Untersuchung und Operationalisierung des Informationsverhaltens gewidmet haben, liegen für das Gesundheitswesen nur wenige diesbezügliche Untersuchungen vor.“[23]

Garaedts resümiert in einer Arbeit im Auftrag der Bertelsmann-Stiftung:

„Betrachtet man die Versicherten als Adressaten vergleichender Qualitätsinformationen, dann wird deutlich, dass weiterhin Daten dazu fehlen, welche Informationen Versicherte von wem in welcher Form benötigen, damit sie Qualitätsvergleiche für eine informierte Auswahl von Einrichtungen des Gesundheitswesens nutzen können.“[24]

In einer Literaturrecherche über den Bedarf an Patienteninformationen über das Krankenhaus weist Schaeffer nach,

„...dass über den Bedarf an Patienteninformation – seinen quantitativen Umfang, seine Verteilung in der Bevölkerung und seine qualitativen Dimensionen – bislang wenige

---

21 Eine ausführliche Diskussion der begrifflichen und konzeptionellen Grundlagen zu den Themen Qualität, Qualität von Gesundheitsleistungen sowie im speziellen der Krankenhausqualität erfolgt in Abschnitt 3.4.

22 Vgl. Bitzer, Dierks (2001), S. 148.

23 Dietz (2006), 139.

24 Geraedts (2006), S. 156.

Erkenntnisse vorliegen, weil es national und international bislang an entsprechenden Untersuchungen mangelt."[25]

Es kann davon ausgegangen werden, dass Kenntnisse zum Informationsbedarf von Patienten über die Krankenhausqualität - neben einem evidenten wissenschaftlichen Interesse - von großer praktischer Bedeutung sind, sowohl zur Steuerung gesundheitspolitischer Angebote als auch zur Ausrichtung von entsprechenden Aktivitäten von Seiten der Krankenhäuser, Versicherungen und unabhängigen Informationsanbietern zur Krankenhausqualität. Vor dem Hintergrund dieses Forschungsdefizits beschäftigt sich die vorliegende Arbeit mit der Untersuchung des Informationsbedarfs von Patienten zur Beurteilung der Krankenhausqualität. Hierbei sind zwei grundsätzliche Perspektiven bzw. Fragestellungen zu unterscheiden:

Zum ersten interessiert die Höhe bzw. Intensität des Informationsbedarfs von Patienten zur KH-Qualität, mit anderen Worten die Frage: Wie groß ist das persönliche Interesse, die Bedeutung, die individuelle Relevanz, im verhaltenswissenschaftlichen Sinne das Involvement von Patienten hinsichtlich Informationen zur KH-Qualität?[26] Obwohl von verschiedener Seite die zunehmende Inanspruchnahme des Patienten auf Mitentscheidung bei Diagnose- und Behandlungsmöglichkeiten sowie der Auswahl von medizinischen Leistungsanbietern proklamiert wird und auch die damit verbundene Bedeutung von Qualitätsinformationen für Patienten unisono als hoch eingeschätzt wird, erfolgte die bisherige empirische Überprüfung in limitierter Anzahl und Qualität.[27] Aufgrund des deskriptiven Charakters fast aller vorliegenden Untersuchungen bleiben des Weiteren mögliche Einflussfaktoren auf das Involvement von Patienten hinsichtlich Informationen zur KH-Qualität, welche in diesem Zusammenhang ebenso interessieren, zu großen Teilen im Dunkeln.[28]

Neben dem Involvement der Patienten in Bezug auf Informationen zur KH-Qualität als eine Perspektive des Informationsbedarfs zur KH-Qualität ist in zweiter Hinsicht die Frage nach der Richtung der Informationsbedürfnisse der Patienten relevant: Auf welche Qualitätsinformationen der Krankenhausleistung richten sich die Informationswünsche der Patienten, welche Qualitätsinformationen schaffen aus Sicht der Patienten den größten Nutzen oder m.a.W. welche Informationspräferenzen haben die Patienten in Bezug auf die Krankenhausqualität? Im Gegensatz zum Involvement, welches als eine Betrachtungsebene des Informationsbedarfs zur KH-Qualität eher als unspezifisch i.S.e. Aktivierungszustandes zu charakterisieren ist und üblicher Weise in Form von Ausprägungsstufen zwischen den Werten niedrig bis hoch ausgedrückt wird, sind die Informationspräferenzen von Patienten zur KH-Qualität spezifischer Natur und beziehen sich potentiell auf eine Vielzahl von Einzelinformationen zur KH-Qualität. In diesem Zusammenhang werden diverse Konzeptualisierungsprobleme aufgeworfen, die einerseits mit der Charakteristik der medizinischen Leistung bzw. der Klinikdienstleistung als hoch komplexe Dienstleistung,

---

25 Schaeffer (2006), S. 5.

26 Zum Begriff des Involvements sowie der Definition des Involvement von Patienten hinsichtlich Informationen zur KH-Qualität siehe weiterführend Abschnitt 3.1.1.

27 Vgl. Geraedts (2006); Grande, Romppel (2005); Picker Institut (2006); Streuf et al. (2007); TK, Forsa (2007) sowie die Bestandsaufnahme zum Untersuchungsgegenstand dieser Arbeit in Form einer Synopse (siehe Anhang I) sowie die kritische Würdigung in Abschnitt 4.1.2.1.

28 Siehe detaillierte Ergebnisse hierzu in der Bestandsaufnahme hinsichtlich Determinanten in Abschnitt 4.1.2.3.

zusammengesetzt aus einer großen Vielzahl von Einzelleistungen, in Verbindung stehen.[29] Auf der anderen Seite beziehen sich bisherige Forschungsarbeiten zur Ableitung und Messung von Teilqualitäten, Qualitätsdimensionen, Qualitätsmerkmalen und ähnlichen Ansätzen zur Beschreibung der Krankenhausqualität fast ausschließlich auf die Bewertung im Rahmen der Entlassung bzw. nach der Entlassung im Sinne einer Ex-post-Messung (z.B. in Form von Patientenzufriedenheitsbefragungen).[30] Schlüssige Modelle hinsichtlich der Abbildung von Qualitätsmerkmalen zur Ex-ante-Bewertung der Krankenhausleistung (i.S. der Bewertung von Sucheigenschaften[31]), auf die sich die Informationspräferenzen eines Patienten typischer Weise vor einem Krankenhausaufenthalt richten, fehlen.[32]
Zusammenfassend lauten daher die Forschungsfragen zwei bis vier:

2. ***Wie hoch ist das Involvement von Patienten hinsichtlich Informationen zur Krankenhausqualität?***
3. ***Welche Einflussfaktoren determinieren das Involvement von Patienten hinsichtlich Informationen zur Krankenhausqualität?***
4. ***Welche Informationen zur Krankenhausqualität werden von Patienten am meisten präferiert bzw. haben den größten Nutzen aus Patientensicht?***

In engem Zusammenhang zu den interessierenden Informationspräferenzen von Patienten zur KH-Qualität steht die Frage nach möglichen Qualitätsdimensionen, die als gemeinsame Faktoren identifiziert und extrahiert werden können. Die Aufdeckung latenter Strukturen hinter der Vielzahl an Qualitätsaspekten, welche die KH-Qualität beschreiben, würde zur Reduktion unnötiger Komplexität beitragen. Eine mögliche Bündelung von einzelnen Qualitätsmerkmalen auf Basis ähnlicher Präferenzurteile von Patienten könnte die Entwicklung geeigneter Informationsangebote unterstützen sowie eine bessere inhaltliche Strukturierung und Ordnung bei der Präsentation der Qualitätsinformationen z.B. in Form eines KH-Führers oder einer Website im Internet ermöglichen.
In ähnlicher Weise stellt sich eine weitere, Strukturen entdeckende Frage nach möglichen Patiententypen, deren Informationsbedürfnisse durch ähnliche Präferenzen charakterisiert werden können. Die Aufdeckung typischer Patientengruppen bzw. -segmente ist wesentlich für die Gestaltung maßgeschneiderter Informationsangebote zur KH-Qualität. Die Forschungsfragen fünf und sechs beschäftigen sich daher mit der Analyse potentiell vorhandener, präferenzbasierter Qualitätsdimensionen und Patiententypen.

5. ***Welche Qualitätsdimensionen können auf Basis der patientenseitigen Präferenzurteile hinter der Vielzahl spezifischer Qualitätsinformationen entdeckt werden?***

---

[29] Vgl. Hentschel (1999), S. 291. Siehe auch Abschnitt 3.3 zu den Besonderheiten von Klinikdienstleistungen und Abschnitt 3.4. zum Thema KH-Qualität.

[30] Vgl. Carman (2000); Hayes et al. (1991); Olandt (1998); Unterrieder (2004); Wolf (2005). Zu Messmethoden der Patientenzufriedenheit siehe auch Überblick bei Dietrich (2005), S. 38, sowie Konzepte, Methoden und Erfahrungen bei Satzinger et al. (2001).

[31] Siehe weitere Ausführungen zur Qualitätsbeurteilung von KH-Dienstleistungen entsprechend der Kategorien von Gütereigenschaften unterteilt in Such-, Erfahrungs- und Vertrauenseigenschaften in Abschnitt 4.3.2. Vgl. Homburg, Krohmer (2002), S. 82; Mengen (1993), S. 128ff.; Weiber, Adler (1995b), S. 54.

[32] Siehe zur Diskussion und kritischen Würdigung vorhandener Studien in Bezug auf die Erhebung von Informationspräferenzen von Patienten zur KH-Qualität auch Abschnitt 4.1.2.2.

*6. **Welche Patiententypen mit ähnlichen Informationspräferenzen können identifiziert werden?***

Abbildung 1 zeigt das Forschungsmodell sowie die zugeordneten Forschungsfragen dieser Arbeit im Überblick.

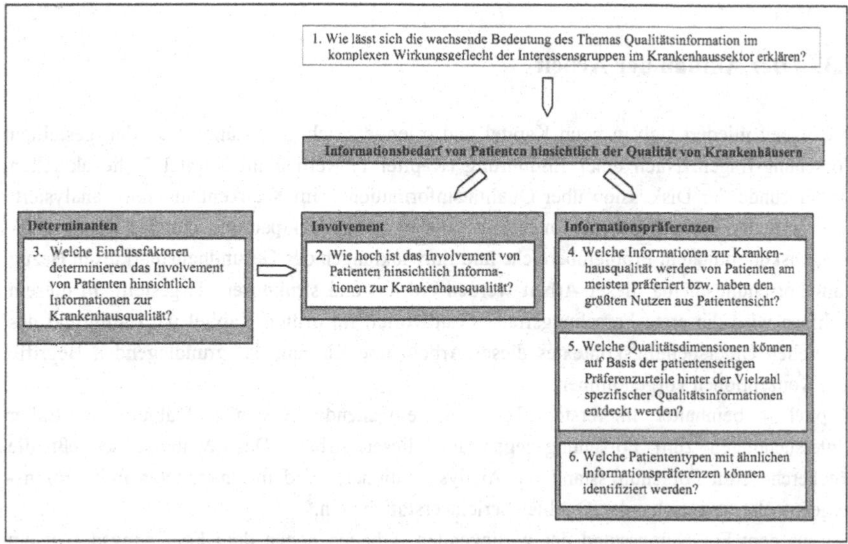

Abbildung 1: Das Forschungsmodell dieser Arbeit mit den zugeordneten Forschungsfragen

Die vorliegende Arbeit folgt generell dem Forschungsparadigma der Konsumentenverhaltensforschung als Teilbereich des Marketings und lässt sich anhand der drei Forschungskriterien

interdisziplinär – empirisch – praxisorientiert

beschreiben.[33]

Die interdisziplinäre Ausrichtung der Untersuchung leitet sich aus dem Forschungsgegenstand dieser Arbeit ab. Die generelle verhaltenswissenschaftliche Basis der Arbeit wird durch Modelle und Erkenntnisse aus den Wissenschaftsdisziplinen der Gesundheitspsychologie, der Neuen Institutionenökonomie und der Konsumentenverhaltensforschung sowie der Informationswissenschaft ergänzt.

Die empirische Charakterisierung folgt dem Schwerpunkt dieser Arbeit, welcher über die Entwicklung eines konzeptionellen, theoretisch fundierten Untersuchungsmodells hinaus eine empirische Erhebung zur Beantwortung der Forschungsfragen einschließt. Die gestellten Forschungsfragen implizieren eine exploratorische Forschungszielsetzung.

Das Forschungskriterium der Praxisorientierung ist traditionell in der Wissenschaftsdisziplin des Marketings verankert, indem Anstoß und Ziel von Forschungsaktivitäten einen engen

---

33 Kroeber-Riel und Weinberg verwenden hier die Kriterien-Trilogie interdisziplinär-empirisch-pragmatisch. Da der Begriff „pragmatisch" jedoch mitunter missverständlich interpretiert werden kann, wird hier der Terminus „praxisorientiert" gewählt. Vgl. Kroeber-Riel, Weinberg (2003), S. 19f. Zum Begriff Paradigma in der empirischen Sozialforschung vgl. Chalmers (2001), S. 90ff.

Bezug zu realen Problemen der unternehmerischen Praxis aufweisen. So ist Ziel dieser Arbeit, bisher offene Fragestellungen aus der Praxis des Gesundheitswesens mit Hilfe wissenschaftlicher Methoden zu beantworten. In anwendungsorientierter Hinsicht ist diese Arbeit innerhalb der Schnittmenge zwischen den Fachgebieten Marketing, Qualitätsmanagement und Krankenhausmanagement verortet.

1.3. Der Aufbau der Arbeit

Die Arbeit gliedert sich in neun Kapitel und orientiert sich grundsätzlich an den gestellten Forschungsfragen. Nach einer Einführung (Kapitel 1) werden im Kapitel 2 die aktuellen Hintergründe der Diskussion über Qualitätsinformationen im Krankenhaussektor analysiert. Die speziellen Sichtweisen der Interessengruppen bzw. Marktpartner, aktuelle Veränderungen, Diskontinuitäten, Problembereiche und Entwicklungen des Gesundheitsmarktes in Bezug zum Forschungsthema dieser Arbeit werden erörtert und strukturiert dargestellt. In diesem Rahmen wird die erste Forschungsfrage beantwortet. Im dritten Kapitel wird aufgrund des speziellen Untersuchungskontextes dieser Arbeit eine Klärung der grundlegenden Begriffe und Konzeptionen vorgenommen.

Kapitel 4 beinhaltet im ersten Teil eine eingehende Bestandsaufnahme verwandter Untersuchungen zum Forschungsgegenstand dieser Arbeit. Des Weiteren schließt die Recherche zum Forschungsstand die Analyse nationaler und internationaler Informationsangebote der vergleichenden Qualitätsberichtserstattung ein.[34]

Da aus dem Forschungsstand der vorliegenden Arbeiten neben dem Forschungsdefizit ein wissenschaftstheoretisches Dilemma resultiert, beschäftigt sich der zweite Teil dieses Kapitels mit der wissenschaftstheoretischen Konzeption dieser Arbeit, welche sich an den Prinzipien des wissenschaftlichen Realismus orientiert. Der dritte Teil dieses Kapitels widmet sich den theoretischen Grundlagen dieser Arbeit. Im Unterschied zum ersten Teil dieses Kapitels geht es hier nicht um Arbeiten, die sich mehr oder weniger explizit auf das Thema des Informationsbedarfs von Patienten zur KH-Qualität beziehen, sondern um allgemeinere Theorien bzw. theoretische Ansätze verschiedener relevanter Wissenschaftsdisziplinen, aus deren Aussagen sich Bezugspunkte zu den Untersuchungsobjekten dieser Arbeit herstellen lassen. Abschließend münden die gewonnenen Erkenntnisse des vierten Kapitels in einer kurzen Zusammenfassung sowie in der Konkretisierung des Forschungsmodells als Grundlage für die empirischen Untersuchungen.

In Kapitel 5 werden die angewendeten statistischen Untersuchungsverfahren im Überblick vorgestellt sowie wesentliche Aspekte zur Datenerhebung und Datengrundlage behandelt.

Kapitel 6 bis 8 widmen sich dem empirischen Teil dieser Arbeit. Kapitel 6 beschäftigt mit der Beantwortung der zweiten Forschungsfrage, der Operationalisierung und Messung des

---

[34] Hierzu werden auch zahlreiche Arbeiten aus dem englischen Sprachraum und aus anderen Ländern herangezogen. Trotz der offensichtlichen Unterschiede der Gesundheitssysteme ist dieses Vorgehen zielführend, da die Themen Qualitätsmanagement, Qualitätsdarstellung und Qualitätstransparenz besonders in den USA, GB, Australien und Kanada früher als in Deutschland an Bedeutung gewonnen haben. Daher liegen in diesen Ländern nicht nur zahlreiche Beiträge vergleichender Qualitätsberichterstattung vor, sondern auch Studien zum Informationsbedarf sowie zum Nutzen und der Effizienz vorliegender Angebote.

Involvements von Patienten hinsichtlich Informationen zur KH-Qualität. Die dritte Forschungsfrage steht im Mittelpunkt des 7. Kapitels, in welchem die Abhängigkeitsbeziehungen zwischen den identifizierten Einflussfaktoren und dem Involvement von Patienten hinsichtlich Informationen zur KH-Qualität definiert, operationalisiert und geprüft werden.

Kapitel 8 konzentriert sich auf die Erhebung der Informationspräferenzen der Patienten zur KH-Qualität (Forschungsfrage 4). Hierzu erfolgt die Messung der Präferenzen bzw. Nutzenurteile der Patienten bezogen auf einzelne potentielle Qualitätsinformationen auf Basis eines Discrete-Choice-basierten Experiments mit dem Verfahren des Best-Worst-Scaling (BWS).[35] Anschließend wird im zweiten Teil dieses Kapitels auf Basis der ermittelten Präferenzurteile eine Analyse gemeinsamer Faktoren bzw. präferenzbasierter Qualitätsdimensionen vorgenommen und damit Forschungsfrage 5 beantwortet. Der dritte Teil des sechsten Kapitels beantwortet die Frage nach dem Vorhandensein typischer, präferenzbasierter Patientensegmente (Forschungsfrage 6).

Im letzten Kapitel werden die zentralen Ergebnisse der Arbeit zusammengefasst und Implikationen für Forschung und Praxis abgeleitet.

[35] Ausgehend von der Annahme eines möglichen (hypothetischen) Angebots an Qualitätsinformationen misst das BWS-Verfahren die relativen Teilnutzenwerte einzelner Merkmale (hier Qualitätsinformationen bzw. Qualitätsmerkmale von Krankenhäusern) im Verhältnis zum Gesamtnutzen eines möglichen Informationsangebotes. Vgl. zur Methode des BWS auch Abschnitt 5.1.4.2.

2. Die Hintergründe für die zunehmende Diskussion über Qualitätsinformationen im Krankenhaussektor

Entsprechend der gestellten ersten Forschungsfrage dieser Arbeit sollen in diesem Kapitel wesentliche Ursachen und Hintergründe zur Erklärung der zunehmenden Bedeutung der Leistungsqualität von Krankenhäusern sowie der damit eng verbundenen Qualitätsinformationen analysiert und strukturiert dargelegt werden. Hierzu werden die Vielzahl von relevanten Ansatzpunkten in Form von drei Abschnitten entsprechend der drei unterschiedlichen Perspektiven bzw. Interessengruppen Gesundheitspolitik, Patient und Krankenhaus zusammengetragen und erörtert.

2.1. Die Sicherung der Versorgungsqualität als Aufgabe der Gesundheitspolitik

Als wesentlicher Anlass für eine Einrichtung im Gesundheitswesen, sich mit dem Thema Qualitätstransparenz zu befassen, ist der Gesetzgeber zu nennen. Angesichts der zunehmenden Kostenexplosion im Gesundheitssektor, mit der alle entwickelten Industrieländer konfrontiert sind bzw. der besonderen Problematik in Deutschland u.a. ausgelöst durch die Lohnnebenkosten-Diskussion, bemüht sich die Gesundheitspolitik in den letzten Jahren in Form von Reformansätzen verstärkt um Eindämmung der wachsenden Kostenproblematik aufgrund der insgesamt steigenden Nachfrage.[36] Gesundheitsökonomen sprechen hierbei von einer Dysfunktionalität des Gesundheitssystems der entwickelten Länder. Folgende Ursachen wirken dabei in einem komplexen Zusammenspiel:[37]

- Demographie (Erhöhung des Anteils älterer Menschen und Verlängerung der Lebenserwartung, Rektangularisierung der Mortalitätskurve)
- Epidemiologie (Vergrößerung des Abstandes zwischen Morbiditäts- und Mortalitätskurve, Zunahme chronisch-degenerativer Erkrankungen)
- Technologie (frühere Identifikation von Krankheit, schnellere Verbreitung und vermehrter Zugriff auf neue Technologien)

Politisches Ziel ist ein Spagat aus notwendigen Maßnahmen zur Sicherstellung der stetig anwachsenden Finanzierungsbedarfe bei gleichzeitiger Erhaltung bzw. möglichst dem Ausbau des Qualitätsniveaus im deutschen Gesundheitswesen.

In der deutschen Politik und Öffentlichkeit hat sich zusätzlich als nationale Besonderheit seit mehreren Jahren die Ansicht entwickelt, dass den erheblichen Ausgaben für das deutsche Gesundheitswesen nicht die hohe Leistung und Qualität gegenüberstehen, die erreichbar

---

[36] Eine synoptische Zusammenstellung der Gesundheitsreformen seit 1977 bietet Dietrich (2005), S. 17ff. Zu einem Überblick über wesentliche Reformgesetze vgl. auch Musil (2003), S. 52.

[37] Vgl. Heimerl-Wagner, Köck, (1996), S. 20ff.

wären.[38] Eine Fehl- und Überversorgung zumindest in Teilbereichen wird vermutet. Vor diesem Hintergrund sind diverse Gesundheits- und berufspolitische Vorgaben an die Leistungserbringer entstanden.[39] Neben den traditionellen seit Jahrzehnten bestehenden bundes- und landesrechtlichen berufspolitischen Regelungen für Angehörige der Heilberufe, die erst mit Nachweis der entsprechenden staatlich anerkannten Prüfungen als Arzt, Zahnarzt, Apotheker, Pfleger etc. tätig sein dürfen, sollen weiterführende strukturierte Fortbildungen das Qualitätsmanagement fördern. So wurde beispielsweise das Curriculum „Ärztliches Qualitätsmanagement / Qualitätssicherung“ für Ärzte eingeführt.[40] Die Arbeitsgemeinschaft der Wissenschaftlichen Medizinischen Fachgesellschaften (AWMF), ein Zusammenschluss der über 150 medizinisch-wissenschaftlichen Fachgesellschaften in Deutschland auf Bundesebene, hat über alle medizinischen Spezialgebiete mehr als 850 fachliche Leitlinien entwickelt.[41] Nach Sicht der Bundesärztekammer ist die Qualitätssicherung als immanente Aufgabe der ärztlichen Berufsaufgabe zu sehen. Entsprechend der Beschlüsse und Leitlinien auf dem Deutschen Ärztetag soll die Qualitätssicherung ausschließlich der verbesserten Patientenversorgung dienen und darf nicht aus Selbstzweck oder aus reinen Forschungsinteressen betrieben werden.

Die berufspolitischen Vorgaben spiegeln dabei die Forderungen auf europäischer und nationaler politischer Ebene wider: Die europäische Gesundheitspolitik plädierte mit der Initiative *„Social Challenge to Health: Equity and Patient's Rights in the Context of Health Reforms“* auf der 5. Konferenz der Gesundheitsminister 1996 für qualitätsfördernde Maßnahmen, u.a. für die Festsetzung von Qualitätsstandards, eine regelmäßige Qualitätsbeurteilung durch Dritte und die demokratische Beteiligung von Patienten an der Gestaltung, Steuerung und Bewertung der Gesundheitsversorgung.[42] Verschiedene gesundheitspolitische Beschlüsse in Deutschland haben diese Initiative aufgegriffen. So wurden im Rahmen der Gesundheitsministerkonferenzen von 1996, 1997 und 1999 folgende Forderungen erhoben:[43]

- systematische Evaluation und Versorgungsforschung
- einheitliche wissenschaftlich fundierte Leitlinien und Standards
- Gewährleistung grundlegender Patientenrechte
- nationale Qualitätsstrategie

[38] Vgl. Badura (2000b); Leber (2005), S. 165f.; Müller von der Grün (2007). Nach dem RKI liegen in Deutschland zuverlässige Zahlen über Zahl und Häufigkeit von Behandlungsfehlern nicht vor. Vgl. RKI (2006), S. 171. Zu einer bundesweiten Multicenterstudie zur rechtsmedizinischen Begutachtung behaupteter tödlicher und nicht tödlicher Behandlungsfehler vgl. auch Preuß et al. (2005). Das im Jahr 2005 gegründete Aktionsbündnis Patientensicherheit e.V. macht es sich zur Aufgabe, Einzelinitiativen zu koordinieren und voranzutreiben. U.a. wurde erstmalig im Jahre 2008 eine Broschüre mit dem Titel „Aus Fehlern lernen“ mit transparenten Fallberichten zu Behandlungsfehlern veröffentlicht, welche für große Aufmerksamkeit sorgte. Vgl. Aktionsbündnis Patientensicherheit (2008).

[39] Vgl. RKI (2006), S. 172ff.

[40] Nach Angaben des RKI haben im Jahr 2006 rund 2500 Ärzte das Curriculum besucht. Vgl. RKI (2006), S. 173. Die entspricht bei einer Grundgesamtheit von 406.974 Ärzten im Jahr 2006 in Deutschland (vgl. GBE, 2006) zwar nur einem Anteil von ca. 1%. Es werden jedoch auch an diversen anderen Stellen z.B. von Krankenhäusern, Trägern von Gesundheitseinrichtungen, privaten und öffentlichen Bildungseinrichtungen, Verbänden und Fachschaften im Gesundheitswesen etc. Qualifizierungsangebote zum Qualitätsmanagement angeboten. Es liegt jedoch hierzu keine statistische Erhebung vor, welche alle relevanten Weiterbildungsangebote und Teilnehmerzahlen in Deutschland erfasst.

[41] Vgl. RKI (2006), S. 173.

[42] Vgl. RKI (2006), S. 175.

[43] Vgl. RKI (2006), S. 175.

Letzte Forderung mündete in insgesamt elf Zielen der Strategie zum Qualitätsmanagement im Gesundheitswesen, die in der Gesundheitsministerkonferenz 1999 beschlossen wurden. Einige dieser Ziele haben Eingang in die Gesetzgebung gefunden.

So ist im Sozialgesetzbuch die Verpflichtung zur Qualitätssicherung für niedergelassene Ärzte, Krankenhäuser, Rehabilitations- und ambulante und stationäre Pflegeeinrichtungen verankert. Bereits 1995 wurde bei der Einführung von Fallpauschalen und Sonderentgelten durch die Bundespflegesatzverordnung ein Verfahren zur Qualitätssicherung eingeführt. Auslöser war die Befürchtung, dass bei Ablösung tagesgleicher Pflegesätze durch eine leistungsorientiertere Vergütung die Qualität der medizinischen Leistung sinkt.[44] Nach diversen Einführungsschwierigkeiten[45] wurde dieses QS-Verfahren im Rahmen des GKV-Gesundheitsreformgesetztes 2000 auf Bundesebene wirksam. Seit 2004 ist es u.a. Aufgabe des Gemeinsamen Bundesausschusses (G-BA), der sich aus Vertretern der Ärzteschaft, der Krankenhäuser, der Krankenversicherungen sowie Bürger- und Patientenvertretern zusammensetzt, die Anforderungen an die Qualitätssicherungsmaßnahmen und das interne Qualitätsmanagement von Versorgungseinrichtungen zu formulieren.

Die Qualitätssicherung dient der dezidierten Erfassung von Behandlungsverfahren mittels QS-Bögen, die von der Bundesgeschäftsstelle für Qualitätssicherung (BQS)[46] vorgegeben und ausgewertet werden.[47] Während die Ergebnisse der Qualitätssicherung nur in eingeschränkter Form veröffentlicht werden, wurde entsprechend der Forderung nach mehr Qualitätstransparenz nach außen im Zusammenhang mit dem Gesetz zur Einführung des diagnosebezogenen Fallpauschalensystems (DRG) für Krankenhäuser im April 2002 der strukturierte Qualitätsbericht nach §137 Abs. 1 SGB V definiert.[48] Ziel ist die Offenlegung der Leistungsqualität für Patienten und andere Anspruchsgruppen sowie die Ermöglichung eines Leistungsvergleichs von Krankenhäusern.

Bei allen positiven Bestrebungen im Hinblick auf die Erhaltung und Steigerung der Versorgungsqualität des deutschen Gesundheitswesens dürfen an dieser Stelle die systembedingten Probleme nicht ungenannt bleiben. Die diversen z.T. chaotisch anmutenden, von der Politik kontrovers diskutierten und immer wieder von der Tagespresse kommentierten aktuellen Reformbestrebungen spiegeln facettenreich die Hauptproblematik im Gesundheitswesen wider, welche in der wachsenden Divergenz zwischen erwünschtem

---

44 Vgl. Faber (2002), S. 2.

45 Vgl. Leber (2004), S. 378ff.

46 Die Bundesgeschäftsstelle für Qualitätssicherung wurde Anfang 2001 vom Bundeskuratorium Qualitätssicherung gegründet. Das Bundeskuratorium Qualitätssicherung ist als zentrales Beratungs- und Beschlussgremium für den externen Qualitätsvergleich im Jahr 2000 von der Deutschen Krankenhausgesellschaft, den Spitzenverbänden der gesetzlichen und privaten Krankenversicherungen, der Bundesärztekammer und dem Deutschen Pflegerat geschaffen worden. Mit dem Gesetz der Modernisierung der gesetzlichen Krankenversicherung wurde das Bundeskuratorium Qualitätssicherung per 01.01.2004 durch den Gemeinsamen Bundesausschuss abgelöst. Dieser ist nach § 137 SGB V mit der Beschlusskompetenz für alle Maßnahmen der Qualitätssicherung bezogen auf alle nach § 108 SGB V zugelassenen Krankenhäuser ausgestattet. Zur Vorbereitung von Entscheidungen kann der G-BA mit fachlich unabhängigen Institutionen und Sachverständigen zusammenarbeiten. Vor allem sei hier das Institut für Qualität und Wirtschaftlichkeit im Gesundheitswesen (IQWiG) genannt, welches die Entwicklung der Leistungsqualität im Gesundheitswesen insbesondere durch Untersuchungen zu Nutzen und Kosten neuer Behandlungsverfahren beeinflusst. Die Realisierung der Maßnahmen des G-BA obliegt Lenkungsgremien, Geschäftsstellen und Arbeitsgruppen auf Landesebene vor Ort. Vgl. Benske et al. (2005), S. 167ff.; G-BA (2008); IQWiG (2008).

47 Für eine detaillierte Beschreibung des Verfahrens vgl. Abschnitt 4.1.3.2.1.

48 Für eine detaillierte Beschreibung des Verfahrens vgl. Abschnitt 4.1.3.2.1.

Versorgungsniveau und dessen Finanzierbarkeit liegt. So befindet sich die Politik in einem unlösbaren Zielkonflikt. Kritiker sehen in der Bildung des Gemeinsamen Bundesausschusses nur eine Verlagerung des Problems in die Selbstverwaltung.[49] Der G-BA steht dabei in der Pflicht, traditionell strittige Fragestellungen auszuräumen:

- Dilemma zwischen Innovation und Beitragsstabilität
- Konflikt zwischen medizinischem Fortschritt und medizinisch notwendigen bzw. wünschenswerten Versorgungsleistungen
- Verteilung zwischen ambulanter und stationärer Versorgung

Ob der G-BA dieser Zerreißprobe angesichts der gegensätzlichen Positionen und Entscheidungen, die von der jeweiliges betroffenen Interessensgruppe als z.T. existenzbedrohend angesehen werden, standhalten kann, bleibt abzuwarten.[50]
Während diverse Maßnahmen zur Qualitätssicherung und Qualitätsdarstellung der Leistungsanbieter Eingang in die Reformbemühungen der Gesundheitspolitik gefunden haben, ist auch die Patientenorientierung als eigentliche Prämisse in den Blickwinkel der Gesundheitspolitik gerückt. Insbesondere der Sachverständigenrat der Konzertierten Aktion im Gesundheitswesen (SKAiG) hat die Patientenorientierung als wesentliches Ziel innerhalb des Zielsystems des Gesundheitswesens eingefordert.[51] Der Patient (auch in der Rolle des Versicherten bzw. des Bürgers) wird hier als „Nutzer" des Gesundheitssystems verstanden.[52] Der Patienten- bzw. Nutzerorientierung werden neben der politischen Zielsetzung aufgrund der zunehmenden Kompetenz und Entscheidungssouveränität von Patienten und Versicherten ein entscheidender steuernder Einfluss sowie die Verstärkung der wettbewerblichen Elemente im Gesundheitswesen beigemessen.[53] Hauptansatzpunkt gerade hier ist, dass neben den Herausforderungen bezüglich Ausgaben und Einnahmen im Gesundheitswesen auch Effizienz und Qualitätsprobleme zu meistern sind. Die Förderung von Transparenz in diesen Bereichen und die gleichzeitige Stärkung der Patientenorientierung bringen den Patienten in die Rolle eines kundenähnlichen Regulativs bei der Bekämpfung von Qualitätsmängeln und Ressourcenverschwendung.[54]
„By becoming more informed, consumers may be able to make more intelligent decisions about the quality and quantity of medical care they consume."[55]
Des Weiteren wird angenommen, dass Patienten durch ihre natürlich gegebene Nähe zum eigentlichen Behandlungsprozess eine wesentliche Rolle als Bewertungsinstanz einnehmen können:
„Zum einen sind sie [die Patienten] die Experten in eigener Sache, da nur sie authentisch über die Wahrnehmung der Betroffenen und deren Folgen für die aktuelle oder weitere Behandlung berichten können. Zum anderen bilden sie [...] das tatsächliche Bindeglied verschiedener Versorgungssektoren und können daher über die praktische Realisierungsstufe der allgemein angestrebten Verzahnung oder Integration besser urteilen als alle sonst involvierten."[56]

---

49 Vgl. Visarius, Lehr (2005), S. 178ff.
50 Vgl. Visarius, Lehr (2005), S. 180.
51 Vgl. SKAiG (2001), (2003).
52 Vgl. SKAiG (2003), S. 89.
53 Vgl. Heissel (2002), S. 1f.; Reibnitz (2001), S. 265.
54 Vgl. Badura et al. (1999), S. 17; Dierks et al. (2001), S. 1; Reibnitz (2001), S. 265.
55 Kolodinsky (1993), S. 193.
56 Dierks et al. (2001), S. 21.

Innerhalb der Gesetzgebung ist jedoch erst in jüngster Zeit der Fokus der Patientenorientierung explizit berücksichtigt worden. Das GKV-Reformgesetzes 2000 enthält folgende patientenorientierte Aspekte:

- Förderung von Selbsthilfegruppen, -organisationen und -kontaktstellen durch die Krankenkassen für bestimmte, ausgewählte Krankheitsbilder[57]
- Förderung unabhängiger und neutraler Einrichtungen zur Verbraucher- und Patientenberatung[58]
- Möglichkeit der Unterstützung des Patienten durch die Krankenkassen bei der Verfolgung von Schadensersatzansprüchen aufgrund von Behandlungsfehlern[59]

Im Rahmen des GKV-Modernisierungsgesetzes wurde weiterhin ab 2004 die Beteiligung von Patienten zur Wahrung ihrer Interessen gesetzlich fixiert sowie eine besondere, der Bundesregierung zugeordnete Stelle für die Berücksichtigung von Patienteninteressen im Gesundheitswesen geschaffen.[60]

Insgesamt kann festgestellt werden, dass Bestrebungen zur Förderung von Qualitätstransparenz durch die Gesundheitspolitik vor allem aus Gründen der Kostendämpfung etabliert wurden. Die Patientenorientierung im Sinne einer Kundenorientierung zur Verringerung des Informationsungleichgewichts, der Stärkung der Nachfragerseite und damit zur Verstärkung des Wettbewerbs im Gesundheitswesen insgesamt ist in der Gesetzgebung vergleichsweise wenig verankert.

2.2. Die gewandelte Rolle des Patienten

„Patienten von heute vertrauen ihrem Arzt nicht mehr blind."[61] ist als prominentes Einführungsstatement im ersten Beitrag einer Patientenbroschüre der Bertelsmann Stiftung zum Thema Qualitätstransparenz im Gesundheitswesen zu lesen. Die zunehmende Forderung von Patienten nach Qualitätstransparenz hinsichtlich Leistungsangebot und Leistungsanbietern ist eng mit diesem gewandelten Rollenverständnis des Patienten verbunden, welches sich aus verschiedenen interdependenten Faktoren entwickelt hat:

a) gestiegenes Verbraucherbewusstsein ausgelöst durch die „Consumerism"-Bewegung
b) höheres Wissen der Patienten über Krankheiten, Behandlungsmöglichkeiten und Leistungsanbieter durch das gewachsene Informationsangebot der neuen Medien
c) zunehmende Einführung partizipativer Entscheidungsmodelle in die Arzt-Patienten-Interaktion
d) zunehmende Anzahl von Behandlungsoptionen und Wahlmöglichkeiten im Gesundheitswesen
e) beginnende Etablierung der Informations- und Partizipationsforderungen als geltendes Patientenrecht

---

57 Vgl. § 20 Abs. 4 SGB V.
58 Vgl. § 65b Abs. 1 SGB V.
59 Vgl. § 66 SGB V.
60 Vgl. §§140f-h SGB V.
61 Bertelsmann Stiftung (2007), S. 9.

Ad a) Bereits in den 60er Jahren begann mit der Demokratisierung der Gesellschaft die Entstehung eines neuen Konsumententypus - ein Wandel der in Form der so genannten „Consumerism-Debatte" in der Konsumentenverhaltensforschung thematisiert wurde.[62] Der neue Konsument lässt sich durch Merkmale wie kritisch, selbstbewusst, selektiv, skeptisch, preis- und qualitätsbewusst etc. charakterisieren.[63] Dieses veränderte Verbraucherbewusstsein hat sich auch auf das Gesundheitswesen übertragen.

„Sie [die Patienten] haben sich in anderen Lebensbereichen daran gewöhnt aktiv umworben zu werden, und nehmen es daher mit Unverständnis auf, wenn ihnen im Gesundheitswesen wichtige Informationen über Charakteristika von Anbietern und Angeboten vorenthalten werden."[64] [Einfügung durch den Verfasser]

Der emanzipierte Kunde bzw. Verbraucher im Konsumentenbereich findet in Form des emanzipierten Patienten eine Entsprechung im Gesundheitswesen.

Ad b) Aufgrund des leichteren Zugangs und der zahlreichen Verfügbarkeit von Gesundheitsinformationen in unterschiedlichen Medien wie dem Fernsehen[65], den Zeitschriften[66], Fachbüchern[67] und vor allem dem Internet[68] ist der Informationsstand und das Wissen von Patienten über Vorbeugung, Entstehung, Diagnostik und Therapie von Behandlungen, Behandlungsalternativen und Leistungsanbietern im Gesundheitswesen generell gewachsen. Obwohl das Internet als Informationsquelle wesentliche Nachteile bezüglich des zeitaufwändigen Überangebots an relevanten Informationen, fehlenden Qualitätskontrollen und damit verbundenen Risiken an falschen bzw. irreführenden Informationen, Verständnis- bzw. Interpretationsproblemen sowie technische Hürden aufweist, ersetzt es immer mehr das persönliche Gespräch.[69] Diese Entwicklung kann auf die folgenden Vorteile zurückgeführt werden:[70]

- Verfügbarkeit (unabhängig von Zeit und Raum, auch für Menschen mit eingeschränkter Mobilität bzw. Behinderungen)
- Aktualität (flexible Möglichkeiten, Informationsstände zeitnah zu aktualisieren)
- Maßgenauigkeit (gezielte Suche nach speziellen Informationen, Individualisierung von Informationen für unterschiedliche Zielgruppen)
- Unbegrenztheit (diverse Möglichkeiten eigene Inhalte und eigenes Wissen ins Internet einzubringen)

---

62 Vgl. Bauer et al. (2002), S. 644.

63 Vgl. Wiswede (1991), S. 27.

64 Bürger (2003), S. 1.

65 Der ARD-Ratgeber „Gesundheit", die Sendungen „Gesundheit" und „Sprechstunde" des Bayerischen Rundfunks, die Reihe „Hauptsache gesund" des Mitteldeutschen Rundfunks, der „Tele-Doktor" des südwestdeutschen Rundfunks sowie das Deutsche Gesundheitsfernsehen, welches 2006 auf Sendung ging, sollen hier als exemplarische Beispiele dienen.

66 Nach einer Studie des Wissenschaftlichen Instituts für Presseforschung und Medienberatung waren im Jahr 2003 68 periodische Zeitschriften zum Thema Gesundheit für Bürger und Patienten auf dem Markt (vor allem Publikumszeitschriften, aber auch Titel der Kunden- und Gratispresse). Vgl. Wissenschaftliches Institut für Presseforschung und Medienberatung (2003). Eine Auflistung der 30 wichtigsten Publikumszeitschriften mit Gesundheitsthemen im Jahr 2007 bietet Riedel (2008), S. 114.

67 Allein im Buchshop für Gesundheit des Amazon-Buchhändlers stehen 44 aktuelle Veröffentlichungen zur Verfügung. Vgl. www.amazon.de (zuletzt geprüft am 07.12.2008).

68 Bei Eingabe des Suchwortes „Gesundheit" am 09.01.2009 werden über die Suchmaschine Google 97.200.000 Treffer angezeigt. Darunter Webseiten zu einer Vielzahl von Krankheitsbildern, Angeboten von Selbsthilfegruppen, Patientenforen, Datenbanken wissenschaftlicher Publikationen, Darstellungen diverser Leistungsanbieter u.v.a.m.

69 Vgl. Baumann (2006). Siehe auch Abschnitt 4.1.2.1.

70 Vgl. Brechtel (2004); Schmidt-Kaehler (2005), S. 472ff.

- Multimedialität (Möglichkeit zahlreicher Kommunikationsformen sowie Informationsdarstellung in Text, Ton, Bild und Video)
- Anonymität (Möglichkeit der Information und Interaktion frei von Stigmatisierung oder Fremdbestimmung)

Das Internet wird als Informationsquelle zum Thema Gesundheit von 40% aller Internetnutzer zu Rate gezogen.[71] Auch der Anteil der älteren Menschen mit Zugang zum Internet nimmt kontinuierlich zu.[72]

Ad c) Das gewandelte Verbraucherbewusstsein in Verbindung mit dem höheren Informationsstand bzw. dem Wissen des Patienten führt zu einem weiteren, das neue Rollenverständnis des Patienten prägenden Faktor – dem partnerschaftlichen Interaktionsmuster innerhalb der Arzt-Patienten-Beziehung. Hier ist insbesondere der in den 90er Jahre entstandene Ansatz des „Shared Decision Making", d.h. der partizipativen Entscheidungsfindung zu nennen. Neben dem gewandelten Patientenbewusstsein und dem verringerten Informationsgefälle zwischen Arzt und Patient folgte diese Entwicklung den zunehmenden Zweifeln, ob der Arzt allein immer beurteilen kann, was dem Nutzen des Patienten am besten entspricht.[73] Im Modell des Shared-Decision-Making wird die Position des Patienten gegenüber dem medizinischen Experten gestärkt, indem die Aspekte der Information und Verantwortung für die medizinische Entscheidung neu gestaltet werden. Die partizipative Entscheidungsfindung nimmt dabei eine Mittelstellung zwischen den Polen des traditionellen paternalistischen Modells und dem Informationsmodell, bei dem der Patient vollständig autonom agiert, ein (siehe Tabelle 1).

Das paternalistische Entscheidungsmodell hat seinen Ursprung im Wissensmonopol der Ärzteschaft. Der Arzt beansprucht das alleinige Informations- und Entscheidungsrecht im Behandlungsprozess. Der Patient gilt dem Wortsinne entsprechend als „patient" – ein erduldender, unmündiger, passiv leidender Kranker, der dem Arzt schlicht Folge zu leisten hat.[74] Dieses Verhältnis ist einer Vater-Kind-Beziehung sehr ähnlich.[75] Der Arzt in der Rolle des Vaters erwartet bedingungsloses Vertrauen und trifft die Entscheidungen für einen macht- und hilflosen Patienten in der „Kind-Rolle". Das paternalistische Entscheidungsmodell entspricht auch noch heute dem Rollenverständnis einiger Ärzte.[76]

Im partizipativen Entscheidungsmodell nimmt der Patient seine Informations- und Mitbestimmungsmöglichkeiten wahr. Patient und Arzt gelten grundsätzlich als gleichberechtigt und legen partnerschaftlich die Behandlungsschritte fest.[77] Nach Loh et al. ist die partizipative Entscheidungsfindung „*... ein Interaktionsprozess mit dem Ziel, unter gleichberechtigter aktiver Beteiligung von Patient und Arzt auf Basis geteilter Informationen zu einer gemeinsam verantworteten Übereinkunft zu kommen.*"[78]

Im Informationsmodell agiert der Patient vollständig autonom. Der Arzt ist hier in der Beraterfunktion und vorwiegend in der Rolle des Informationslieferanten zu allen Details,

---

71 Vgl. Brechtel (2004), S. 4.
72 Vgl. o.V. (2007b).
73 Vgl. Bertelsmann Stiftung (2007), S. 9.
74 Vgl. Dierks et al. (2001), S. 8.
75 Vgl. Marona (2001), S. 169f.; Neubauer (1998), S. 8.
76 Vgl. Schmidt-Kähler (2004), S. 21.
77 Vgl. Badura (2000a), S. 37.
78 Loh et al. (2005), S. 552.

welche die Krankheit, die Behandlungsalternativen sowie die Vor- und Nachteile möglicher Leistungsanbieter etc. betreffen. Der Patient im Informationsmodell trifft auf dieser Informationsbasis eigenverantwortlich seine Entscheidung.[79]

		Paternalistisches Modell	**Shared-Decision-Making**	**Informations-modell**
Informationsaustausch	Richtung des Informationsflusses	vom Arzt zum Patienten	vom Arzt zum Patienten und vom Patienten zum Arzt	vom Arzt zum Patienten
	Art der Information	medizinisch	medizinisch und persönlich	medizinisch
	Ausmaß der Information	entsprechend den gesetzlichen Anforderungen	alles für die Entscheidung Relevante	alles für die Entscheidung Relevante
Wer wägt die unterschiedlichen Behandlungen gegeneinander ab?		Arzt alleine	Arzt und Patient	Patient alleine
Wer entscheidet, welche Behandlung durchgeführt wird?		Arzt	Arzt und Patient	Patient

Quelle: Loh et al. (2005), S. 551.
Tabelle 1: Modelle der medizinischen Entscheidungsfindung

Ad d) Ein vierter Faktor, der ebenfalls im Rollenwandel des Patienten eine wesentliche Rolle spielt, ist das medizinische Leistungsangebot im Gesundheitswesen. Mit dem Fortschritt in der Medizin hinsichtlich neuer Medizintechnik, innovativer Verfahren der Biotechnologie, neuer medikamentöser Behandlungsmethoden durch Entwicklungen in der Pharmakologie sowie Möglichkeiten der alternativen Medizin stehen für viele Krankheitsbilder verschiedene, gleichermaßen in Frage kommende Behandlungsalternativen zur Verfügung, die neben den positiven Effekten im Hinblick auf den erreichbaren Behandlungserfolg erhöhte Anforderungen an die Bewertungs- und Entscheidungskompetenzen der Patienten stellen. Hinzu kommen Leistungsangebote, welche durch die GKV nicht mehr erstattungsfähig sind und somit in Form von so genannten „individuellen Gesundheitsleistungen" (kurz IGEL) von den Patienten selbst gewählt werden können, aber auch bezahlt werden müssen.[80]

Die generelle Zunahme an Wahlmöglichkeiten für Patienten trifft jedoch nicht nur auf Behandlungsoptionen innerhalb des medizinischen Leistungsangebotes zu, sondern auch auf Wahlmöglichkeiten zwischen den Leistungsanbietern. Aufgrund diverser Strukturveränderungen im Gesundheitswesen wurden die bisher traditionellen Abgrenzungen im Leistungsangebot zwischen dem stationären und dem ambulanten Sektor aufgeweicht. Es entstanden neue Organisationsformen, z.B. Medizinische Versorgungszentren, auf seltene Erkrankungen spezialisierte KH-Ambulanzen, sektorenübergreifende Behandlungskooperationen auf der Basis von Verträgen der Integrierten Versorgung sowie Zentren des ambulanten Operierens, die vom Patienten eine Bewertung unter den in Frage kommenden Leistungsanbietern und zugleich auch eine Entscheidung zwischen ihnen erfordern..

Ad e) Als letzter Faktor, der das gewandelte Rollenverständnis des Patienten beeinflusst, seien die Patientenrechte genannt. Bemühungen der letzten Jahre zur Einführung von

---

[79] Vgl. Loh et al. (2000), S. 552.

[80] Eine Liste von IGEL-Leistungen ist unter Lorenz (2008) zu finden. Zur ausführlichen Auseinandersetzung mit Sinn und Nutzen von IGEL-Leistungen vgl. auch Harder (2005).

Patientenrechten zielten auf die Stärkung der Information, Mitsprache und Selbstbestimmung des Patienten. Sie sollen einerseits dem Schutz vor unautorisierten Eingriffen dienen; auf der anderen Seite sollen die Informations- und Kommunikationsdefizite des Patienten gegenüber dem Arzt ausgeglichen und die Mitgestaltung gefördert werden.[81] Insbesondere sind hier die Patientenrechte auf Information und Selbstbestimmung hervorzuheben. Dabei ermöglicht das Recht auf Information erst die rationale und freie Entscheidung über Versorgungsanbieter und die Art und Weise einer medizinischen Behandlung. Das Recht auf Information stellt damit die Voraussetzung für das Recht auf Selbstbestimmung dar (siehe Tabelle 2).[82]

Patientenrecht auf Information	**Patientenrecht auf Selbstbestimmung**
• Recht auf Information - vor - während und - nach der medizinischen Behandlung	• Recht auf freie Arztwahl • Recht auf freie Entscheidung über die Durchführung einer Behandlung

Quelle: Bürger (2003), S. 22.
Tabelle 2: Patientenrechte auf Information und Selbstbestimmung

Während auf supranationaler Ebene beispielsweise durch die „Principles of the Rights of Patients in Europe" der WHO die Ausübung des Selbstbestimmungsrechts und die Verfügbarkeit von Informationen festgeschrieben sind,[83] durch die Deklaration des Weltärztebundes die Bereitstellung relevanter Informationen zugesagt und darüber hinaus das Partnerschaftsmodell in der Arzt-Patienten-Beziehung ausdrücklich anerkannt wurden, entwickeln sich die nationalen Aktivitäten in Deutschland noch verhalten. Das Patientenrecht auf Information kann zwar prinzipiell aus dem Grundgesetz abgeleitet werden,[84] in die ärztliche Berufsordnung haben Patientenrechte jedoch erst in jüngster Zeit Eingang gefunden. Allerdings werden hier die Patientenrechte entgegen der Deklaration des Weltärztebundes weitgehend als Pflichten des Arztes definiert.[85] Das paternalistische Entscheidungsmodell hat demnach immer noch Dominanz im ärztlichen Standesrecht. Auch die freie Arztwahl als Teil des Patientenrechts auf Selbstbestimmung wird in der ärztlichen Berufsordnung nicht explizit garantiert. Im Rahmen der 72. Gesundheitsministerkonferenz wurde des Weiteren die „Charta der Patientenrechte"[86] mit dem Ziel der Information über die Patientenrechte und den Patientenschutz vorgestellt und von vielen Interessengruppen des Gesundheitswesens anerkannt. Leider hatten die Bundesärztekammer und die Kassenärztliche Bundesvereinigung

---

81 Vgl. Barth (1999), S. 163.
82 Vgl. Bürger (2003), S. 21f. Ähnlich wie im Arbeitsrecht gibt es auch für Patientenrechte kein eigenständiges gesetzliches Regelwerk. Patientenrechte sind - mit Ausnahme von Spezialgebieten - nicht abschließend normiert. Sie lassen sich vielmehr aus vielen verschiedenen Rechtsquellen sowie Rechtsurteilen des so genannten Richterrechts ableiten. Exemplarisch sollen hier genannt werden: §7 Abs. 2 Beachtung des Rechts auf freie Arztwahl sowie §8 Aufklärungspflicht der (Muster-) Berufsordnung für die deutschen Ärztinnen und Ärzte (MBO-Ä) und § 223 sowie § 228 des Strafgesetzbuches (StGB), in welchem geregelt ist, dass der Tatbestand einer Körperverletzung (im zivil- wie strafrechtlichen Sinn) nur mit Zustimmung des Patienten gerechtfertigt ist.
83 Vgl. WHO (1994).
84 Vgl. Barth (1999), S. 178; Francke (1999), S. 112.
85 Vgl. Barth (1999), S. 115 sowie MBO-Ä (1997), (Muster-) Berufsordnung für die deutschen Ärztinnen und Ärzte (Stand 2006).
86 Vgl. BMGS (1999).

zunächst keine Zustimmung erteilt.[87] Erst im zweiten Anlauf konnte im Februar 2003 die durch eine Arbeitsgruppe, bestehend aus Patientenvertretern, Verbrauchern, Ärzten und Krankenhäusern, Ländern und Krankenkassen, weiterentwickelte Version der Charta der Patientenrechte erstellt und verabschiedet werden.[88]

2.3. Das Qualitätsmanagement im Krankenhaus

Aufgrund des Drucks durch die gesetzlichen Vorgaben der Gesundheitspolitik, die sich, wie bereits ausgeführt, auf neue leistungsorientierte Entgeltsysteme und gestiegene Anforderungen zur Qualitätssicherung bezogen, begann in vielen Krankenhäusern ein beispielloser Paradigmenwechsel in der Unternehmensführung. Lauterbach formuliert die Folgen dieser Entwicklung für Krankenhäuser in Form von *„drei Megatrends:...sinkende Verweildauern, sinkende Bettenzahlen und eine fortschreitende Spezialisierung...“*[89]
Prozesse und Strukturen der KH-Organisation, traditionell verwaltungsorientiert, kameralistisch sowie verbrauchsorientiert ausgerichtet, mussten einem dramatischen Reorganisationsprozess unterworfen werden, der alle Unternehmensbereiche und Funktionen umfasste. Die zunehmend notwendige Ausrichtung der KH auf eine leistungsorientierte Unternehmensstrategie brachte die Einführung neuer Managementmethoden mit sich, wie das betriebswirtschaftliche sowie medizinische Controlling, die Organisationsentwicklung und auch das Qualitätsmanagement.[90] Neben radikalem „Cost-cutting“ wurde das Qualitätsmanagement als Führungsaufgabe zur langfristigen Unternehmenssicherung gesehen, wobei die Maßnahmen des QM als Instrument zur Steuerung von Effektivität und Effizienz der diagnostischen und therapeutischen Prozesse in einem KH dienen. Conen stellt hierzu fest: *„Die Qualität der medizinischen Leistung muss durch ein ausgewogenes Verhältnis von Nutzen und Kosten auf der einen Seite und die Gesundheit des individuellen Patienten auf der anderen Seite, welche das Ziel jeder ärztlichen Intervention ist, gesichert werden.“*[91]
Qualitätsmanagement beinhaltet als Teil des strategischen Managements die Gesamtheit der qualitätsbezogenen Aktivitäten eines Unternehmens, ausgerichtet auf die Verbesserung der

---

[87] Die Bundesärztekammer hat im Oktober 1999 eine eigene Charta der Patientenrechte vorgestellt, in der die Patientenrechte eher als Derivat der ärztlichen Pflichten als in Form eigenständiger Rechte von Seiten der Patienten dargestellt sind. Vgl. Riedel (2000), S. 71.

[88] Vgl. BMGS, BMJ (2003).

[89] Lauterbach (2007), S. 62.

[90] Nach der DIN EN ISO NORM 8402 umfasst Qualitätsmanagement: „Alle Tätigkeiten des Gesamtmanagements, die im Rahmen des Qualitätsmanagementsystems die Qualitätspolitik, die Ziele und Verantwortung festlegen sowie diese durch Mittel wie Qualitätsplanung, Qualitätslenkung, Qualitätssicherung / QM-Darstellung und Qualitätsverbesserung verwirklichen.“ DIN EN ISO (1995), S. 36. Seit der im August 1994 herausgegebenen Neufassung wird der bisherige Oberbegriff Qualitätssicherung durch Qualitätsmanagement ohne inhaltliche Änderung der Begriffsbestimmung ersetzt. Die Qualitätssicherung wird daher als Teilgebiet des Qualitätsmanagements gesehen und bezieht sich auf die Darlegung aller entsprechend der Qualitätsanforderungen geplanten und systematischen Tätigkeiten, die innerhalb des QM-Systems umgesetzt wurden. Vgl. auch DIN EN ISO (1995), S. 36f. Im Gesundheitswesen werden trotz der Begriffsabgrenzungen zwischen Qualitätsmanagement und Qualitätssicherung aufgrund der traditionellen Entwicklung der medizinischen Qualitätssicherung seit den 60er Jahren die beiden Termini häufig noch gleichgesetzt bzw. in ähnlicher Bedeutung verwendet.

[91] Conen (1990), S. 7.

Leistungsqualität unter gleichzeitiger Ausrichtung aller Organisationseinheiten auf diese.[92] Bezüglich der Wirkungsrichtung des Qualitätsmanagements können zwei grundlegende Perspektiven unterschieden werden. Während in seiner Innenwirkung die Ausrichtung der Unternehmensstrukturen und -prozesse an den angestrebten Qualitätszielen im Vordergrund steht, fokussiert die Außenwirkung auf die Qualitätsdarstellung und kundenorientierte Positionierung des Krankenhauses nach außen. Im letzten Jahrzehnt des zweiten Jahrtausends überwog vorwiegend die angestrebte Innenwirkung des QM. In einer nahezu „boomartigen" Entwicklung wurden Qualitätsmanagementsysteme eingeführt, Qualitätsprojekte umgesetzt, QM-Strukturen wie hauptamtliche QM-Beauftragte, QM-Konferenzen, medizinische Leitlinien, IT-gestützte Systeme u.a. etabliert und Qualitätsstatistiken, z.B. Komplikations- und Infektionsstatistiken, sowie Statistiken zu Behandlungsergebnissen implementiert.[93]
Die Außenwirkung eines Qualitätsmanagements, i.S. einer Qualitätsdarstellung nach außen, ist eng mit dem Marketing insbesondere der Kommunikationspolitik verknüpft – eine Managementdisziplin, die bisher eher stiefmütterlich im KH behandelt wurde.[94] Die gewandelte Rolle des Patienten als zunehmend mündiger Partner im Gesundheitswesen erfordert jedoch eine optimale Patientenorientierung,[95] wobei hier die Qualitätsdarstellung der Leistungen eines KH eine herausragende Rolle spielt.[96] Aber auch andere Zielgruppen sind an einer Qualitätstransparenz sehr interessiert, wie niedergelassene Ärzte bzw. Zuweiser, Behandlungspartner, Krankenkassen, Träger, Sponsoren, Selbsthilfegruppen u.a.[97] Zudem zwingt (auch wiederum) der Leistungsdruck durch das DRG-Abrechnungssystem die Krankenhäuser in einen Wettbewerb um mehr Patienten zur Steigerung der krankenhaus-individuellen Auslastung.[98] Die verkürzten Verweildauern, verbunden mit den begrenzten Möglichkeiten zum Kapazitätsabbau, führen zu Überkapazitäten in den Krankenhäusern, die nur durch Mengen- und Leistungsausweitung ausgeglichen werden können. Da die Krankenkassen jedoch keine zusätzlichen Finanzmittel bereitstellen, entsteht ein Wettbewerb um die nicht veränderbaren Budgetumfänge der Krankenkassen im stationären Bereich sowie Ausgleichsmöglichkeiten bei den von Patienten selbst zu zahlenden Leistungen bzw. Leistungsanteilen (IGEL).[99]

Die geänderten gesetzlichen Rahmenbedingungen erhöhen jedoch nicht nur den Leistungs- bzw. Wettbewerbsdruck auf die KH, sondern eröffnen auch Möglichkeiten der Ausweitung bzw.

[92] Vgl. Köck (2004), S. 290.
[93] Vgl. Blumenstock et al. (2005); Pietsch-Breitfeld et al. (2002).
[94] Vgl. Den Einsatz von Marketing im Krankenhaus in einer Studie von Heuer (2005).
[95] Siehe auch Abschnitt 2.2 Der Sachverständigenrat der Konzertierten Aktion im Gesundheitswesen spricht in diesem Zusammenhang auch vom Patienten in seiner Rolle als „Nutzer" des Gesundheitswesens. Vgl. SKAiG (2003), S. 89. Eine weiterführende Auseinandersetzung mit der Rolle des Patienten erfolgt auch in Abschnitt 3.2.
[96] Vgl. Dierks, Schaeffer (2005), S. 135ff.; Haseborg, Zastrau (2005), S. 151f.; Schrappe (2005), S. 18. Siehe auch Abschnitt 2.2.
[97] Vgl. Hildebrand (2005), S. 44. Zu einer strukturierten Überblick zu Stakeholdern eines Krankenhauses in einer Region siehe auch Dierkes, Lingenfelder (2006), S. 544.
[98] Vgl. Dietrich (2005), S. 65.
[99] Vgl. Lingenfelder (2002), S. 64ff.; Dietrich (2005), S. 64.

Neugestaltung von Leistungsangeboten in neuen Geschäftsfeldern, vorwiegend in vier miteinander verbundenen Bereichen:

- Disease-Management-Programme (DMP)[100]
- Integrierte Versorgung (IV)[101]
- Ambulante Öffnung des Krankenhauses[102]
- Medizinisches Versorgungszentrum (MVZ)[103]

Insbesondere bei den Direktverträgen mit den Krankenkassen sowie den Versorgungsverträgen sind neben den Kostenvereinbarungen besondere Qualitätsanforderungen zu erfüllen.[104] Der Wettbewerb erhöht sich jedoch nicht nur im bisherigen Umfeld des KH-Sektors selbst, sondern auch sektorenübergreifend, vor allem bei Einstieg der KH in den ambulanten Leistungsbereich. Mit dem Angebot von ursprünglich ausschließlich dem ambulanten Sektor zugeordneten Dienstleistungen durch Krankenhäuser steigt der Wettbewerb im Verhältnis zu niedergelassenen Ärzten und Verbänden wie der KV ebenso deutlich.
Um sich im Wettbewerb um Patienten, neuen Geschäftsfeldern sowie attraktiven Verträgen zu profilieren, reichen die gesetzlichen Vorgaben zur Qualitätssicherung und Qualitätsdarstellung nicht aus. Sind diese doch von allen KH gleichermaßen zu erfüllen und können daher als Maßstab nur i.S.v. Mindestanforderungen gesehen werden. Umfangreiche, aussagekräftige und niederschwellige Qualitätsinformationen zur Leistungsqualität des individuellen KH erhalten daher in Zukunft eine noch höhere Bedeutung.[105]
Die Außendarstellung von Leistung und Qualität eines KH im deutschen Gesundheitswesen ist jedoch auch mit diversen Hürden verbunden, die im Folgenden diskutiert werden:
Als Voraussetzung für eine Qualitätsdarstellung nach außen ist die Qualitätsmessung bzw. Evaluation der Ergebnisse des Qualitätsmanagements in Form einer detaillierten, nachvollziehbaren Berichterstattung, aus der auch konkrete Stärken und Schwächen des KH hervorgehen, notwendig. Hierzu hat sich in Deutschland eine vielschichtige Debatte über die Frage nach geeigneten Messinstrumenten entwickelt, die bis heute fortgeführt wird.[106] Über die gesetzlich vorgeschriebenen Verfahren[107] hinaus sind diverse Indikatorensysteme,[108] Evaluationsverfahren in Form von Zertifizierungen bzw. Akkreditierungen[109] sowie Metho-

---

[100] Vgl. § 137 f SGB V.
[101] Vgl. § 140 a ff. SGB V.
[102] Vgl. § 116 b SGB V.
[103] Vgl. § 95 SGB V.
[104] Vgl. Kuhlmann (2004), S. 16.
[105] Vgl. Dietrich (2005), S. 69.
[106] Vgl. Conrad, Schrappe (2004); Gaede (2008); Greiling, Borchers (2004); Altenhöner et al. (2007); Döbler et al. (2007) ; Hildebrand (2005); Gaede (2006); Müller von der Grün (2006); Selbmann (2003).
[107] Eine Beschreibung sowie kritische Würdigung der Verfahren erfolgt im Abschnitt 4.1.3.2.1. Für einen Überblick siehe auch die Synopse im Anhang III.
[108] Ein Überblick über Funktion und Aufgaben von Indikatorensystemen liefert Schrappe (2004), S. 420ff. Siehe auch einen Vorschlag zu zehn Indikatoren aus einem Expertenkreis der 10. f&w-Kompass-Konferenz in Schrappe et al. (2004), S. 576f.; Volk (2007). Zu internationalen Modellen von Qualitätsindikatoren (Indikatorensets) siehe auch Abschnitt 4.1.3.1.
[109] Unter Evaluierung bzw. Evaluation wird der Prozess der Beurteilung eines Produkts, Prozesses oder Programms verstanden. Vgl. Schubert, Ebner (2004), S. 463. Eine Diskussion des Begriffs Zertifizierung, der abweichend vom deutschen Begriffsverständnis im internationalen Raum anders definiert ist und wo für die Qualitätsbeurteilung überwiegend Verfahren der Akkreditierung eingesetzt werden, ist in Butthof, Swertz, (1998), S. 6., sowie Simon (2006), S. 12ff., zu finden. Zu einem Überblick über verfügbare Evaluierungsansätze in Deutschland siehe Selbmann (2004c), S. 280 sowie KGNW (2004).

den der subjektiven Qualitätsmessung Inhalt der z.T. sehr kontrovers geführten Diskussion. Bei den Verfahren der subjektiven Qualitätsbeurteilung spielen insbesondere Instrumente der Patientenzufriedenheitsbefragung eine große Rolle, die bereits in vielen KH seit Ende der 90er Jahre eingeführt wurden.[110] Allein hier ist eine unüberschaubare Anzahl an Erhebungsinstrumenten auf dem Markt.[111]

Als vereinendes Element wird in der jüngsten Diskussion jedoch eindeutig festgestellt, dass zum einen die vom Gesetzgeber eingeführten Instrumente der Qualitätsmessung und Qualitätsdarstellung nicht ausreichen bzw. nicht den QM-Zielen von KH gerecht werden.[112] Zum zweiten wird zunehmend die Forderung erhoben, mehr Informationen zur Ergebnisqualität anstatt zur Struktur- und Prozessqualität zu veröffentlichen.[113]

Als weitere Hürde für den KH-Sektor bei der Gestaltung einer zielgruppenorientierten Kommunikationspolitik wird immer wieder die besondere Gesetzeslage genannt.[114] Stellen Unternehmen der freien Wirtschaft besondere Leistungen mit Hilfe von entsprechenden Marketing-Instrumenten explizit dar, so ist dies für Einrichtungen des Gesundheitswesens nur eingeschränkt möglich. Wenn auch in Bezug auf so manche gesetzliche Bestimmung eine Grauzone vorhanden ist, in der Aktivitäten der KH toleriert werden, gibt es eindeutige juristische Grenzen. Die wichtigsten Vorschriften für KH in Deutschland basieren auf folgenden Gesetzen:

- allgemein gültige Gesetze: Gesetz gegen Wettbewerbsbeschränkungen, Gesetz gegen den unlauteren Wettbewerb, Bundesdatenschutzgesetz / Landesdatenschutzgesetz sowie Teledienstgesetz
- spezifische Gesetze für das Gesundheitswesen: Musterberufsordnung für Ärzte (vor allem relevant für Arztpraxen), Heilmittelwerbegesetz sowie Arzneimittelwerbegesetz

U.a. ist die Veröffentlichung von Patientenbriefen oder das Führen von „Gästebüchern", z.B. über das Internet, in Deutschland verboten.

Auch wenn die gesetzlichen Bestimmungen bezüglich des KH-Marketing im Vergleich mit Unternehmen der freien Wirtschaft den Leistungsanbietern im Gesundheitswesen einige Restriktionen auferlegen, ist die Qualitätsdarstellung der KH-Leistung sowie die vergleichende Qualitätsberichtserstattung im Sinne der vergleichenden Werbung für KH generell zulässig unter der Bedingung, dass der Grundsatzes der Sachlichkeit eingehalten wird (siehe auch Tabelle 3).[115] Insgesamt stellen Flasbarth und Francke etwas polemisch, jedoch auf den

---

[110] Vgl. Blumenstock et al. (2005), S. 74; Pietsch-Breitfeld et al. (2002).

[111] Vgl. exemplarisch Freter, Glasmacher (1996); Lanz (2003) sowie derselbe (2004); Pfaff et al. (2001); Picker Institut (2008); Reibnitz, Güntert (1996); Schröder et al. (2004).

[112] Vgl. Altenhöner et al. (2007); Döbler et al. (2007); Leber (2004); Selbmann (2004b). Siehe auch Abschnitt 4.1.3.2.1.

[113] Vgl. Conrad, Schrappe (2004), S. 25; Hildebrand (2005), S. 29; Kopp et al. (2002), S. 1ff. Swart (2005), S. 101.

[114] Detaillierte Informationen zu gesetzlichen Vorschriften bezüglich Marketing und Werbung für im Gesundheitswesen Tätige bietet Elste (2004), S. 62ff. sowie Bahner (2004). Ein Überblick zu gesetzlichen Rahmenbedingungen für Krankenhäuser ist bei Lüttecke (2004), S. 137ff. sowie Wallhäuser (2002), S. 834ff. zu finden.

[115] Vgl. Bahner (2004), S. 254ff. sowie 318ff. Zum Terminus der vergleichenden Werbung siehe auch § 2. Abs. 1, Gesetz gegen unlauteren Wettbewerb (UWG). Den niedergelassenen Ärzten ist im Gegensatz zu den KH entsprechend der Verbotsvorschrift des § 27 Abs. 3 MBO die vergleichende Werbung nicht gestattet.

Punkt gebracht, fest: *„Es gilt: Vergleichende Qualitätsberichte sind nicht generell unzulässig, sondern nur solche, die ‚schlecht gemacht' sind."*[116]

Das heißt die Veröffentlichung von Auswertungen zu Marketingzwecken ist unter Beachtung der gesetzlichen Grenzen unproblematisch und zudem vom Gesetzgeber zur Patienteninformation ausdrücklich gewünscht.

„Die Bedeutung der Systemfunktionen von Qualitätstransparenz findet sich schließlich bereits jetzt in der Rechtssprechung des Bundesverfassungsgerichts zur Krankenhauswerbung wieder. Dort ist die Werbung nicht generell aus gesundheitspolitischen Zwecken untersagt, sondern nur insoweit, wie sie nicht der sachlichen und nützlichen Information des Patienten bzw. potentiellen Patienten dient oder zu dienen vermag."[117]

Insgesamt sind bereits seit den 90er Jahren Konzepte des Qualitätsmanagements im KH-Sektor als Unternehmensstrategie etabliert. Mehr oder minder vorhandene Qualitätsinformationen wurden dabei in der Vergangenheit vorwiegend zur Steuerung der Innenwirkung des QM eingesetzt. Die Veröffentlichung von Informationen zur Leistungsqualität sowie der gezielte Einsatz von Qualitätsinformationen als Teil einer Marketingstrategie beginnen sich im zunehmenden Wettbewerb um die begrenzten Budgets im Gesundheitswesen, zur Patientengewinnung und Patientenbindung sowie zur Erschließung neuer Geschäftsfelder erst zu entwickeln.[118]

Gebot / Verbot	**Erläuterung**
Sachlichkeitsgebot zum Schutz des Vertrauens des Patienten[119]	Der Vergleich muss objektiv nachprüfbar sein. Dies bedeutet, dass sich der Vergleich auf eine oder mehrere, wesentliche, nachprüfbare und typische Eigenschaften der Dienstleistung beziehen muss.
Verbot der Irreführung[120]	Eine Irreführung liegt vor, wenn die miteinander verglichenen Tatsachen entgegen der Erwartungen nicht miteinander vergleichbar sind. Irreführend ist z.B. der Vergleich der Aufenthaltsdauer zwischen einer Belegklinik und eines Anstaltskrankenhauses.
Verbot der anpreisenden Werbung[121]	Eine Anpreisung ist gekennzeichnet durch Übertreibung, Superlative, insbesondere durch Alleinstellung, um die eigene Leistung besonderes wirkungsvoll herauszustellen und den Kunden suggestiv zu beeinflussen. Unzulässig ist z.B. die pauschale Aussage „Wir machen die beste Medizin" oder „...eine der besten Kliniken in der X-Medizin".

Tabelle 3: Wesentliche Aspekte der vergleichenden Werbung für Krankenhäuser

[116] Flasbarth, Francke (2006), S. 150.

[117] Flasbarth, Francke (2006), S. 150.

[118] Zu Informationsangeboten der vergleichenden Qualitätsdarstellung von Seiten KH siehe auch Abschnitt 4.1.3.2.3.

[119] Vgl. BVerfG, Beschl. v. 17.07.2003 – 1 BvR 2115/02 (Sachlichkeit des Inhaltes); BVerfG, Beschl. v. 17.04.2000 – 1 BvR 721/99 (Sachlichkeit der Darstellung) sowie BVerfG, Beschl. v. 18.12.2002 – 1 BvR 1644/01 (Sachlichkeit der Kommunikation).

[120] Vgl. § 3 UWG.

[121] Vgl. § 3 UWG Rn. 57ff. sowie § 27 Abs. 3 MBO.

3. Der Untersuchungskontext der vorliegenden Arbeit

Da es sich beim Forschungsgegenstand dieser Arbeit um den Informationsbedarf der Patienten zur KH-Qualität handelt, liegt es auf der Hand, die Untersuchungsaspekte „Informationsbedarf", „Patient", „Krankenhausleistung" und „Krankenhausqualität" näher zu betrachten. Entsprechend beschäftigt sich der erste Teil dieses Abschnittes mit den Begriffen Information bzw. Informationsbedarf als zentrale Untersuchungsobjekte dieser Arbeit. In diesem Zusammenhang werden die bereits thematisierten Perspektiven des Informationsbedarfs von Patienten zur KH-Qualität - das informationsbezogene Involvement sowie die qualitätsbezogenen Informationspräferenzen - vertieft und definiert. Der besonderen Rolle von Patienten einerseits als zunehmend souveräne Konsumenten von Gesundheitsdienstleistungen, andererseits dem speziellen Kontext einer krankheitsbedingt belastenden Situation unterworfen, widmet sich der zweite Teil dieses Kapitels. Da sich der Informationsbedarf des Patienten in dieser Untersuchung auf das Bezugsobjekt der KH-Qualität richtet, werden folglich im Weiteren die Spezifika und Komplexität von Klinikdienstleistungen herausgestellt. Danach wird das Augenmerk auf die Vielschichtigkeit und Dimensionalität der KH-Qualität gelenkt, da diese Aspekte für die Konzeptualisierung diesbezüglicher Informationspräferenzen von Patienten relevant sind.

3.1. Die Begriffe Information und Informationsbedarf

Trotz der herausragenden Bedeutung des Terminus „Information" in verschiedenen Wissenschaftsdisziplinen wie der Betriebswirtschaftslehre, der Volkswirtschaftslehre, der Soziologie und der Informatik ist es bisher noch nicht gelungen, eine allgemein akzeptierte Definition zu entwickeln. Aufgrund seiner alltäglichen Verwendung erscheint der Begriff einfach.[122] Die fachspezifischen Begriffsbestimmungen unterschiedlicher Wissenschaftsgebiete sind jedoch zum Teil äußerst kontrovers.[123]

In den Wirtschaftswissenschaften nimmt der Begriff der Information ebenfalls eine große Bedeutung ein, wobei hier der Zweck bzw. die Nutzbarkeit in den Betrachtungsfokus gestellt wird. Am weitesten verbreitet ist die Definition nach Wittmann, wonach Informationen als zweckorientiertes Wissen zur Entscheidungsvorbereitung verstanden werden.[124] Dieses Begriffsverständnis soll auch für diese Arbeit gelten.

Informationen im Sinne von Wissen über Handlungsmöglichkeiten bilden damit die Grundlage jeglichen Agierens. Gesundheitsinformationen sind vor diesem Hintergrund als Orientierungs- und Entscheidungshilfe im Gesundheitswesen zu verstehen, sei es zur Information über krankheitsvorbeugende bzw. gesundheitsförderliche Maßnahmen, die

[122] Der begriffliche Wort-Ursprung „Information" stammt aus dem Lateinischen, „informatio" bzw. „in" und „forma" und bedeuted soviel wie „etwas Gestalt geben". Vgl. Lehner et al. (1995), S. 167.

[123] Vgl. Bode (1997), S. 449ff.; Krcmar (1991), S. 168ff. Eine Typologie zu diversen in der Literatur vorzufindenden Definitionsansätzen zum Begriff Information bietet Bode (1997), S. 449ff. Zu einer systemtheoretischen konstruktivistischen Betrachtung des Terminus Information siehe auch Krüger, Simon (1999).

[124] Vgl. Wittmann (1980), S. 894, adaptiert bei Stahlknecht, Hasenkamp (2002), S. 10; Heinrich (2001), S. 124.

Bewertung von Symptomen und Krankheiten, die Auswahl geeigneter Behandlungsmethoden bzw. Therapeuten und Gesundheitseinrichtungen u.a. Die Qualität der Information ist dabei entscheidend für die weiterführenden Aktivitäten und Planungen. Ist das Informationsangebot insuffizient, liegt es auf der Hand, dass auch die darauf aufbauenden Entscheidungen eine hohe Unsicherheit aufweisen. In Bezug auf das kritische Gut Gesundheit können die Folgen fatal sein.

Korrespondierend zum Begriff Information bzw. zur Bedeutung von Gesundheitsinformationen innerhalb der Patientenversorgung spielt die Frage nach dem Informationsverhalten bzw. Informationsbedarf von Patienten eine zentrale Rolle.

Das menschliche Informationsverhalten lässt sich vereinfacht in fünf Phasen unterscheiden:[125]

- Informationsbedarf
- Informationsbeschaffung
- Informationsverarbeitung
- Informationsspeicherung
- Informationsweitergabe

Ansatzpunkt jeglichen Informationsverhaltens ist der Informationsbedarf, der prinzipiell in objektiver als auch in subjektiver Hinsicht charakterisiert werden kann.

Der objektive Informationsbedarf *„..ist die Wissensmenge, die einem Informationssuchenden zur Lösung eines Problems fehlt..."*[126] oder die Summe derjenigen Informationen, die zur Befriedigung eines bestimmten informationellen Interesses erforderlich sind.[127] In subjektiver Hinsicht wird insbesondere auf die individuelle Wahrnehmung des Menschen abgestellt.

„The general concept of need is, of course, a psychological concept, since it refers to a mental state or states and a good deal attention has been given to the idea, its subjective character and the motivation for the expression of need or the physiological drives that result in the expression of need."[128]

Der subjektive Informationsbedarf, auch als Informationsbedürfnis bezeichnet, wird definiert als die Summe der Informationen, die zur Erfüllung eines individuell wahrgenommenen bzw. subjektiven Interesses notwendig sind.[129] Da als zentrales Thema dieser Arbeit der individuelle, vom Patienten wahrgenommene Informationsbedarf zur KH-Qualität im Mittelpunkt des Interesses steht, soll im Weiteren das subjektive Verständnis des Informationsbedarfs bzw. des Informationsbedürfnisses gelten.[130] Dabei wird das Konzept der Bedürfnisorientierung als Leitidee des strategischen Marketings verstanden, indem die Gestaltung von Informationsangeboten im Gesundheitswesen ausgehend von einer Analyse und Berücksichtigung der Informationsbedürfnisse der Patienten erfolgen soll.[131]

---

[125] Vgl. Raffée (1969), S. 93-97; Hefner, Fritz (1980), S. 41; Raffée, Silberer (1981), S. 21; Silberer (1981), S. 28; Fritz, Thiess (1986), S. 6ff. Die aufgezeigten Phasen stellen ein stark abstrahiertes Betrachtungsmodell dar. Die Informationsaktivitäten im Zeitablauf weisen in der Realität häufig keine so eindeutige Linearität auf, sind i.d.R. überlappt bzw. schwer abgrenzbar. Vgl. Raffée, Silberer (1981), S. 21.

[126] Terminosaurus Rex (2008).

[127] Vgl. Berthel (1980), S. 873.

[128] Vgl. Wilson (1996).

[129] Wird der Informationsbedarf des Patienten nicht vollständig gedeckt, liegt ein subjektives Informationsdefizit vor. Vgl. Dedler et al. (1984), S. 113.

[130] Die Begriffe Informationsbedarf und Informationsbedürfnis werden in dieser Arbeit gleichgesetzt.

[131] Vgl. Raffée (1985), S. 873. Darüber hinaus fordert der Leitgedanke der Bedürfnisorientierung im Rahmen des Marketings eine generelle Ausrichtung aller Informationsprozesse und Aktivitäten an den Patientenbe-

Wie bereits eingangs im Rahmen der Formulierung der Forschungsfragen dieser Arbeit aufgezeigt (siehe Abschnitt 1.2), soll der individuelle Informationsbedarf von Patienten zur KH-Qualität in zweierlei Hinsicht untersucht werden. Zum einen interessiert die Frage, wie hoch das Involvement von Patienten hinsichtlich KH-Qualitätsinformationen ist, d.h., welche Bedeutung bzw. Relevanz Informationen zur KH-Qualität für Patienten in genereller Hinsicht haben. Zum anderen soll erhoben werden, auf welche spezifischen Qualitätsinformationen sich der Informationsbedarf der Patienten richtet, d.h., welche Informationspräferenzen von Patienten zur KH-Qualität vorliegen.

Die Unterteilung des Informationsbedarfs in diese zwei Perspektiven folgt der Unterscheidung zwischen aktivierenden und kognitiven Prozessen bei der Betrachtung des Informationssuchverhaltens von Individuen in der Verhaltensforschung.[132] Als aktivierend werden alle Vorgänge definiert, die mit inneren Erregungszuständen und Spannungen verbunden sind und das Verhalten antreiben bzw. auslösen. Kognitive Prozesse umfassen die gedankliche Informationsverarbeitung, welche die Richtung bzw. Suchstrategie bestimmt.[133] Der hoch komplexe Prozess des Informationssuchverhaltens beinhaltet sowohl aktivierende als auch kognitive Elemente. Wir folgen hier dem Vorschlag von Kroeber-Riel und Weinberg, welche in dieser Unterteilung ein Ordnungsschema im „Wirrwarr der vielzähligen Variablen" der Informationssuche sehen.[134] Die Unterteilung in aktivierende sowie kognitive Aspekte des Informationsbedarfs bietet sich hier insbesondere an, da die Aktivierungskomponenten im Hinblick auf Konzepte des Involvements vorherrschen, während bei der Betrachtung der Informationspräferenzen die kognitiven Komponenten dominieren.[135]

Im Folgenden sollen die Konstrukte Involvement und Informationspräferenz in begrifflich-konzeptioneller Hinsicht näher bestimmt werden.

---

dürfnissen. Vgl. Fritz, Thiess (1986), S. 33. Gesundheitsinformationen sollten demnach in Art, Menge und Beschaffenheit so gestaltet sein, dass sie von Patienten beschafft, verarbeitet, gespeichert und weitergegeben werden können und damit das Informationsinteresse des Patienten erfüllen und Nutzen stiften. Vgl. Bürger (2003), S. 148.

[132] Vgl. Kroeber-Riel, Weinberg (2003), S. 248.

[133] Vgl. Kroeber-Riel, Weinberg (2003), S. 49; Pepels (1995), S. 14.

[134] Kroeber-Riel, Weinberg (2003), S. 248.

[135] Vgl. auch zur Dominanz bzw. Unterscheidung von kognitiven sowie aktivierenden Komponenten in komplexen psychischen Prozessen Kroeber-Riel, Weinberg (2003), S. 49ff.

3.1.1. Das Involvement von Patienten als Perspektive des Informationsbedarfs zur Krankenhausqualität

Obwohl das Involvement, umgangssprachlich als „Ich-Beteiligung" zu verstehen, in der Marketingforschung eine große Rolle spielt und als Konstrukt in einer Vielzahl von Studien eingesetzt wurde, ist eine eindeutige Definition bis jetzt nicht verfügbar.[136] Während noch in den 70er Jahren eine fehlende Definition bemängelt wurde, sind heute eine Vielzahl von Begriffsbestimmungen in der Literatur zu finden, eine gültige Übereinkunft hat sich bisher jedoch nicht durchgesetzt.[137] Die meisten Autoren tendieren zu einer sozialpsychologischen Definition des Konstrukts.[138]

Bezogen auf die Konzeptualisierung des Involvements von Patienten hinsichtlich Informationen zur KH-Qualität in dieser Arbeit kann der Involvement-Begriff i.S.d. persönlichen Relevanz hinsichtlich eines bestimmten Produkts bzw. Services herangezogen werden. Zaichkowsky versteht unter Involvement hier: *„A person's relevance of the object based on inherent needs, values and interests."*[139]

Ähnlich auch Ratchford: *"...attention to something because it is somehow relevant or important."*[140] Somit ist das Involvement bestimmt durch die Bedeutung, Relevanz, Wichtigkeit bzw. das persönliche Interesse, welches Patienten dem Thema KH-Qualitätsinformationen entgegenbringen.

Besonders interessant zur begrifflichen Bestimmung des Involvements in dieser Arbeit sind weiterhin Definitionsansätze, die eine starke Verbindung mit Prozessen der Informationsverarbeitung aufweisen. So sieht Rothschild nach Analyse bestehender Definitionen Involvement als *„...a state of motivation, arousal or interest. This state exists in a process...Its consequences are types of searching, information processing and decision*

---

[136] Das Involvement ist ein elementares und zugleich universelles Konstrukt in der Verhaltens- insbesondere der Marketingforschung. Ursprünglich wurde das Involvementkonstrukt in den 40er Jahren des 20. Jahrhunderts in der Sozialpsychologie eingeführt. Sherif und Cantril benutzten das Konstrukt erstmalig zur Erforschung der Einstellung von Individuen. Vgl. Sherif, Cantril (1947). Im Lauf der Jahre entwickelte sich das Involvementkonstrukt zu einer zentralen Erklärungsvariable der Konsumentenverhaltensforschung und wird als „Basiskonstrukt der Marketingtheorie" gesehen. Vgl. Kroeber-Riel (2000); Powell et al. (1999); Trommsdorff (2003), S. 54; Verplanken, Svenson (1997). Trommsdorff stellt hierzu fest: „Involvement... zählt zu den wichtigsten Konstrukten zur Beschreibung, Erklärung, Prognose und Beeinflussung des Käuferverhaltens." Trommsdorff (1995), Sp. 1067.

[137] Vgl. Schmücker (2006), S. 74. Einen ausführlichen Überblick über diverse Konzepte des Involvement sowie den Versuch einer Synthese siehe bei Mühling et al. (1993), S. 22ff. sowie S. 44ff.

[138] Neben den sozialpsychologischen Ansätzen werden die verhaltensbezogenen Begriffsbestimmungen des Involvement unterschieden. Hier wird das Involvement durch das gemessene Verhalten beschrieben. Je mehr Bücher ein Diabetespatient über seine Krankheit besitzt, um so höher sein Involvement. Damit sind die verhaltensbezogenen Ansätze das genaue Gegenteil der sozialpsychologischen Sichtweise, in der das Verhalten durch das Involvementkonstrukt erklärt wird. Je höher das Patienteninvolvement des Diabeteskranken, umso mehr Bücher über die Krankheit wird er besitzen. Vgl. zu verhaltensbezogenen Definitionsansätzen auch Schmücker (2006), S. 78. Zu unterschiedlichen sozialpsychologischen Involvementansätzen vgl. exemplarisch Involvement als grundlegender Zustand der Aktivierung, z.B. bei Kroeber-Riel, Weinberg (2003), S. 92; Begriffsdefinitionen mit Hilfe der Ursachen des Involvement, z.B. bei Jeck-Schlottmann (1988), S. 68;. Begriffsbestimmungen in Verbindung mit einer möglichen Operationalisierung des Involvement, z.B. bei Goossens (1993), S. 39.

[139] Zaichkowsky (1985), S. 242.

[140] Ratchford (1987), S. 25.

making."[141]

Noch intensiver befasst sich Trommsdorff mit der Erklärung des Involvement innerhalb seines Modells der menschlichen Informationsverarbeitung. Das Involvement bestimmt hier die Prozesskette von der Informationsaufnahme über die Informationsverarbeitung bis zur Informationsspeicherung[142] und wird definiert als „*Aktivierungsgrad bzw. die Motivstärke zur objektgerichteten Informationssuche, -aufnahme, -verarbeitung und -speicherung.*"[143]

Solomon et al. bestätigen nach Betrachtung relevanter Ansätze diese Sichtweise und sehen in Kurzform: „*Involvement kann als die Motivation, Informationen zu verarbeiten, betrachtet werden.*"[144]

In Anlehnung an die Definition von Trommsdorff wird für diese Arbeit das Involvement von Patienten hinsichtlich Informationen zur KH-Qualität als der Aktivierungsgrad bzw. die Motivstärke zur Suche, Aufnahme, Verarbeitung und Speicherung von Informationen zur Krankenhausqualität definiert.

Das zu untersuchende Involvement von Patienten richtet sich in dieser Arbeit auf die Qualitätsmerkmale eines Krankenhauses. Daher kann im weitesten Sinne von einem Produktinvolvement gesprochen werden, da der Begriff Produkt auch Dienstleistungen subsumiert.[145] Unter Produktinvolvement wird dabei in der Marketingliteratur das dauerhafte Interesse eines Konsumenten an einer Produktkategorie bzw. Produktart verstanden.[146] Im engeren Sinne zielt das Involvement hinsichtlich Informationen zur KH-Qualität auf eine spezielle Informationsdienstleistung. Informationen zur KH-Qualität können dabei als Teilleistung der Leistungen eines KH gesehen werden, wenn das KH diese z.B. in Form einer Patientenbroschüre oder im Internet selbst anbietet. Qualitätsinformationen zu KH können jedoch auch als eigenständiges Informationsangebot von anderen Dienstleistern, z.B. Anbietern von KH-Führern in Buchform oder als Internet-Portal, betrachtet werden.

Zur Messung der Intensität bzw. Höhe des Involvement wird traditionell in der Konsumentenforschung zwischen High- und Low-Involvement unterschieden.[147]

---

[141] Rothschild (1984), S. 217. Ähnlich auch Kroeber-Riel und Weinberg, welche den Begriff der Informationsneigung als persönliches Involvement verstehen und damit die individuelle Prädisposition eines Konsumenten, Informationen zu suchen und aufzunehmen, meinen. Vgl. Kroeber-Riel, Weinberg (2003), S. 249f. In seinem Modell der Informationsverarbeitung kommt van Raaij ebenfalls zu dem Schluss, dass eine primäre affective Reaktion (vergleichbar mit dem Involvement) notwendig ist, damit der Konsument überhaupt Informationen aufnimmt. Vgl. van Raaij (1988), S. 83.

[142] Hier werden starke Ähnlichkeiten zum bereits erwähnten Phasenmodell der menschlichen Informationsverarbeitung sichtbar. Vgl. Abschnitt 3.1.

[143] Tommsdorff (2003), S. 56.

[144] Solomon et al. (2003), S. 128.

[145] Vgl. Trommsdorf (2003), S. 58.

[146] Vgl. Trommsdorff (2003), 57ff. Anzumerken ist hier, dass der Begriff des Produktinvolvement nicht ganz richtig ist, weil es sich im Gegensatz zu obiger Definition nicht um das Involvement in ein bestimmtes Produkt handelt. Der präzisere Begriff wäre daher Produktart- oder Produktkategorien-Involvement. Vgl. hierzu auch Sauer (2003), S. 210.

[147] Vor dem Hintergrund der Lambda-Hypothese führt Low Involvement, wenn überhaupt zur passiven Informationsaufnahme während für die aktive Informationssuche ein mittleres bzw. hohes Involvement ideal ist. Bei sehr hoher Aktiviertheit tritt jedoch eine so genannte Überaktiviertheit ein, die z.B. wie in einer Prüfungssituation unter großer Aufregung zu gegenteiligen Effekten führt. Vgl. Tommsdorff (2003), S. 48f. sowie S. 54.

3.1.2. Die Informationspräferenzen von Patienten als Perspektive des Informationsbedarfs zur Krankenhausqualität

In Bezug auf die zweite Perspektive des zu untersuchenden Informationsbedarfs von Patienten zur KH-Qualität, den Informationspräferenzen, kann im Unterschied zum Involvementbegriff auf ein einheitlicheres terminologisches Verständnis aufgebaut werden. Der Begriff der Präferenz meint umgangssprachlich die Bevorzugung eines Objekts gegenüber anderen. Im Marketing konzentriert sich in ähnlicher Weise der Präferenzbegriff auf die *„...Bevorzugung eines Produkts oder eines Lieferanten gegenüber anderen Produkten bzw. Bezugsquellen seitens eines potentiellen Kunden.“*[148]
In der Marketingforschung ist das Konstrukt der Präferenz zum einen bestimmt als psychologische Variable, welche *„...die empfundene Vorteilhaftigkeit von Alternativen zum Ausdruck bringt.“*[149] Zum anderen wurde der Begriff der Präferenz im Rahmen der Untersuchung von Präferenzurteilen bezogen auf Produkte bzw. Dienstleistungen, bestehend aus einer Reihe spezifischer Produkteigenschaften bzw. Leistungsmerkmalen, geprägt (so genannte multiattribute Betrachtungsobjekte).[150] Hier steht der Präferenzbegriff in engem Zusammenhang mit dem Konzept des Nutzens. Präferenz wird entsprechend definiert als das Ergebnis eines von einer Person vorgenommenen Nutzenvergleichs, welcher sich auf eine bestimmte Menge von Betrachtungsmerkmalen einer Leistung bezieht.[151] Die Präferenz eines Individuums impliziert dabei eine Bewertung entsprechend des angestrebten individuellen Nutzens als Grad der potentiell möglichen Bedürfnisbefriedigung.[152]
Bezogen auf die in dieser Arbeit interessierenden Präferenzen von Patienten zum Thema Informationen zur KH-Qualität, bezieht sich die Bewertung ebenfalls auf eine Reihe bzw. Vielzahl spezifischer Qualitätsmerkmale bzw. einzelner Informationen zur KH-Qualität und dürfte entsprechend der individuellen Nutzenwahrnehmung der Patienten unterschiedlich ausgeprägt sein.
In Ableitung aus den dargestellten Diskussionsaspekten wird in dieser Arbeit unter dem Begriff der Informationspräferenz die von einem Patienten auf der Basis eines Nutzenvergleichs individuell empfundene Vorteilhaftigkeit einer bestimmten Information unter alternativen Informationen zur KH-Qualität verstanden.
Da sich die im Zusammenhang mit der vierten Forschungsfrage dieser Arbeit eingesetzten Verfahren der Präferenzmessung auf die Nutzenurteile von Individuen bezüglich mehrerer Beurteilungsobjekte richten (hier Qualitätsinformationen), i.S.e. Präferenzstruktur bzw. Präferenzordnung, wird im Folgenden der Plural des Begriffs in Form von Informationspräferenzen zur KH-Qualität verwendet.[153]

---

148 Kuß (2001), S. 1280.
149 Hammann, Erichson (1994), S. 305.
150 Siehe weiter führend hierzu Abschnitt 5.1.4.1.
151 Vgl. Howard, Sheth (1969), S. 26ff.
152 Vgl. Herrmann, Huber (2001), S. 1201; Homburg, Krohmer (2007), S. 511.
153 Siehe zu Verfahren der Präferenzmessung Abschnitt 5.1.4.1 sowie zum Best-Worst-Scaling als Messmethodik zur Erhebung der Informationspräferenzen zur KH-Qualität in dieser Untersuchung Abschnitt 5.1.4.2.

3.2. Der Patient als Kunde

Neben dem bereits erwähnten engeren Begriffsverständnis zum Terminus Patient[154] (siehe Abschnitt 2.2) werden nach einer weiter gefassten Definition des Sachverständigenrates für die Konzertierte Aktion im Gesundheitswesen, welche auch für diese Arbeit gelten soll, alle früheren, gegenwärtigen oder potentiellen Nutzer von Gesundheitsleistungen als Patienten bezeichnet.[155] Entscheidend hierbei ist die Rolle einer Person als Nutzer von Gesundheitsdienstleistungen unabhängig davon, ob die Person noch gesund, momentan krank oder wieder genesen ist.

Im Gesundheitswesen wird häufig nahezu „pauschal" vom Rollenwandel des Patienten hin zum Kunden gesprochen. Ein Kunde ist im Allgemeinen dadurch charakterisiert, dass er die freie Wahl, zwischen verschiedenen Produkten bzw. Leistungen und Leistungsanbietern hat. Diese Bedingungen sind im Prinzip im heutigen Gesundheitswesen gegeben.[156] Wie bereits in Abschnitt 2.2 ausgeführt, sind Patienten heute aktiver, vertrauen nicht mehr blind und folgen nicht mehr unkritisch in der Rolle des „Erleidenden" den Anweisungen des Arztes. Über ein oftmals gewünschtes partnerschaftliches Gespräch mit dem behandelnden Arzt hinaus suchen aktive Patienten nach zusätzlichen Informationen.

Dennoch darf nicht außer Acht gelassen werden, dass sich ein Patient, insbesondere ein Krankenhauspatient, im Unterschied zu einem Kunden in einer speziellen Situation befindet. *„The patient **comes unbidden** to a large organization which awes and irritates him, even as it also nurtures and cures. As he strips off his clothing so he **strips off**, too, his favored costume of **social roles**, his **favored style**, his **customary identity** in the world. **He becomes subject to a time schedule and a pattern of activity not of his own making.**"*[157] *[Hervorhebung durch den Verfasser]*

Die Situation, der sich ein Patient bedingt durch seine Erkrankung in einem Krankenhaus aussetzt, kann dabei durch folgende Merkmale charakterisiert werden:[158]

- Verunsicherung
- Isolation
- Aufhebung der normalen Lebensgewohnheiten
- Unfähigkeit der Kommunikation auf normalem Niveau

Je nach Art und Schwere der Erkrankung kann der Grad der Ausprägung dieser Merkmale stark variieren. Jeder Krankenhausaufenthalt ist jedoch immer mit einer ausgeprägten emotionalen Belastung, mit Stress und Abhängigkeit verbunden.[159] Vor diesem Hintergrund sollte aus Sicht des Verfassers dieser Arbeit auf den Patienten der Begriff des Kunden nicht unreflektiert angewendet werden.[160] Dem gewandelten Rollenverständnis des heutigen Patienten wird daher das Konzept des souveränen bzw. mündigen Patienten besser gerecht.

---

[154] Vgl. zur lateinischen Wurzel des Begriffs Patient auch Pschyrembel (2002), S. 1266.

[155] Vgl. SKAiG (1992), Tz. 352.

[156] Vgl. Neubauer (1998), S. 5.

[157] Wilson (1963), S. 70.

[158] Vgl. Taylor (1986), S. 273f.

[159] Vgl. Taylor (1986), S. 274.

[160] In einer Studie von Deber et al. (2005) konnte gezeigt werden, dass der Begriff Patient auch aus Patientensicht weiterhin Bestand hat. Bei der hypothetischen Auswahlentscheidung zwischen den Begriffsalternativen Patient, Kunde, Klient und Konsument wurden die Termini Kunde und Konsument am wenigsten als Bezeichnung akzeptiert (→S12).

Nach Dietz sind als Grundlagen für eine mündige Patientenrolle ein effizientes und intensives Informationsverhalten, ein kompetentes Wissen sowie eine ausgeprägte Mitbestimmung zu sehen.[161] Eine wesentliche Fassette der Patientenmündigkeit nimmt dabei das Informationsverhalten ein. Die Verfügbarkeit von Informationen und deren Nutzung ist eine wesentliche Voraussetzung für effiziente und souveräne Bewertungs- und Entscheidungsprozesse.[162] Vergleichbar mit den Marketingkonzepten der Konsumentensouveränität und des Konsumentenempowerment determiniert das Informationsverhalten auch im Konstrukt der Patientenmündigkeit effiziente und unabhängige Wahlentscheidungen bzw. die Erlangung von Macht und Kontrolle.[163]

3.3. Die Besonderheiten von Klinikdienstleistungen

Da Klinikdienstleistleistungen[164] einerseits zum äußerst heterogenen Wirtschaftssektor der Dienstleistungen gehören und damit viele Merkmale aufweisen, die auch anderen Dienstleistungen eigen sind, auf der anderen Seite jedoch auch sehr spezielle, für diese Arbeit relevante Eigenschaften beinhalten, sollen diese im Folgenden näher herausgearbeitet werden. An erster Stelle ist der Patient direkt, d.h. physisch, in den Leistungserstellungsprozess[165] eingebunden und determiniert damit das Ergebnis der Dienstleistung direkt bzw. indirekt – ein Aspekt, der im Dienstleistungsmanagement als Integration eines externen Faktors bezeichnet wird.[166] Darüber hinaus gilt jedoch in diesem Zusammenhang ein spezieller Aspekt. Die klinische Behandlung ist für den Patienten mit einem besonderen Risiko verbunden. Es besteht ein Risiko bezogen auf den Gesundheitszustand des Patienten, nicht selten besteht sogar eine lebensbedrohende Gefahr. Dieser Aspekt unterscheidet die Klinikdienstleistungen von anderen Dienstleistungen, bei denen in gewissem Maße ebenfalls Risiken im Sinne von Nichterfüllung bzw. nicht adäquater Leistungserfüllung oder Risiken in finanzieller, psychologischer oder sozialer Hinsicht denkbar sind, jedoch nur in seltenen Ausnahmefällen von solch hohen gesundheitsbezogenen Gefahren auszugehen ist.[167] Neben den objektiv messbaren Risiken einer medizinischen Behandlung ist aus individueller

---

[161] Vgl. Dietz (2006), S. 135.

[162] Vgl. Dietz (2006), S. 137.

[163] Vgl. Vienonen (2000), S. 67.

[164] Klinikleistungen können als immaterielle Güter interpretiert werden, die jedoch häufig mit materiellen Gütern, z.B. der Gabe von Arzneimitteln, dem Einbringen von Fixierungsmaterialien oder Implantaten, in enger Verbindung stehen. Vgl. Haubrock, Peters (1994), S. 22. Die Kernelemente von Klinikdienstleistungen sind in der Legaldefinition des Krankenhausfinanzierungsgesetzes zum Begriff Krankenhaus enthalten: „Krankenhäuser sind Einrichtungen, in denen durch ärztliche und pflegerische Hilfeleistungen Krankheiten und Leiden festgestellt, geheilt oder gelindert werden sollen oder Geburtshilfe geleistet wird und in denen die zu versorgenden Personen untergebracht und verpflegt werden können." Vgl. §2, Satz 1, Nr. 1 KHG. Entsprechend der Definition der WHO ist Gesundheit mehr als die Abwesenheit von Krankheit "Health is a state of complete physical, mental, and social well-being and not merely the absence of disease or infirmity." WHO (2007). Zum Begriff Gesundheitsleistung vgl. auch Behnke, Demmler, Unterhuber (2001), S. 2.

[165] Der Leistungserstellungsprozess von Gesundheitsleistungen auch als Behandlungsprozess bezeichnet, wird üblicher Weise in einen diagnostischen, präskriptiv-informativen und einen aktiv-therapeutischen Teil unterteilt. Vgl. Pauly (1978), S. 13.

[166] Vgl. Güthoff (1995), S. 4; Maleri (1985), S. 131; Meffert, Bruhn (1997), S. 48f. und S. 65ff.

[167] Vgl. Olandt (1998), S. 11.

Patientensicht das wahrgenommene Risiko von entscheidender Bedeutung (siehe auch Abschnitt 4.3.5).[168]
Des Weiteren gestaltet sich die Beziehung zwischen Patient und Klinik sehr personalintensiv[169] und ist durch eine direkte, zum großen Teil individuelle bzw. begrenzt standardisierbare Erstellung gekennzeichnet.[170] Als eine weitere Besonderheit ist vor diesem Hintergrund die hohe Komplexität von Klinikdienstleistungen zu sehen.[171] Zur Unterscheidung zwischen komplexen und einfach strukturierten Dienstleistungen entwickelte Güthoff einen Kriterienkatalog, der weiterführend auf den Bereich der Klinikdienstleistungen Anwendung finden soll, mit folgenden Merkmalen:[172]

- Leistungsmerkmale: Anzahl der Teilleistungen, Multipersonalität (i.S. unterschiedlicher Professionen bzw. notwendiger Mitarbeiterqualifikationen), Heterogenität der Teilleistungen, Länge der Dienstleistungserstellung, Individualität der Dienstleistung
- Persönlichkeitsmerkmale des Kunden: wahrgenommenes Risiko, Involvement

Stationäre Dienstleistungen zeichnen sich durch eine hohe Anzahl von heterogenen Teilleistungen aus, die von unterschiedlichen Gruppen bzw. Professionen des Klinikpersonals erbracht werden. Den Klinikaufenthalt eines Patienten kennzeichnen administrative Leistungen bei der Aufnahme und Entlassung, diverse ärztliche Maßnahmen bei Diagnostik und Therapie, vielfältige, über den Tag verteilte pflegerische Aktivitäten, begleitende Leistungen von Physiotherapie und anderen Therapeuten, Hoteldienstleistungen wie Unterbringung und Verköstigung, zusätzlichen Service wie Bibliothek, Cafeteria, seelsorgerischen Angeboten bis hin zu kostenpflichtigen Wahlleistungen wie Chefarztbehandlung.
Obwohl die mittlere Verweildauer eines Klinikaufenthaltes, bedingt durch die Rationalisierungsmaßnahmen im Gesundheitswesen, sank, ist jeder stationäre Aufenthalt aus Patientensicht mit einer relativ langen Zeitdauer verbunden. Bei chronischen Erkrankungen kann die Behandlung wiederholt notwendig sein, z.T. betrifft die Länge bzw. Dauer der Betreuung in Abständen die gesamte Lebenszeit.
Wie bereits aufgezeigt, ist jeder Krankenhausaufenthalt mit einem relativ hohen gesundheitlichen Risiko für den Patienten verbunden. Entsprechend hoch ist in der Regel das Involvement des Patienten als Maß für die persönlich empfundene Wichtigkeit einer Leistung (siehe auch Abschnitt 4.3.4).[173]
Nach Güthoff ist bereits nach Bewertung eines einzelnen Kriteriums als hoch, die entsprechende Dienstleistung als komplex einzustufen. Bei Vorliegen von Kombinationen, der offensichtlich voneinander nicht unabhängigen Merkmale, ist von einem noch höheren Komplexitätsniveau auszugehen.[174] Trotz der generellen Einordnung von Klinikdienstleistungen als hoch komplex darf jedoch die Varianz der Klinikdienstleistungen nicht vernachlässigt werden. Je nach Intention des Klinikaufenthaltes können z.B. zwischen einer geplanten

---

168 Vgl. zum wahrgenommen Risiko auch Bauer (1967), S. 24 und Cox (1967), S. 36ff.
169 Der Anteil der Personalkosten an den Krankenhauskosten (Bruttokosten) betrug in 2006 62%. Vgl. StBA (2006b).
170 Vgl. Olandt (1998), S. 10.
171 Vgl. zur Konzeptualisierung der Komplexität von Dienstleistungen Kebbel (2000), S. 31ff.
172 Vgl. Güthoff (1995), S. 31ff. sowie Benkenstein, Güthoff (1996), S. 516ff.
173 Vgl. Meffert (1992), S. 66.
174 Vgl. Güthoff (1995), S. 40f.

Gallenblasenentfernung und einer Herztransplantation große Unterschiede im Komplexitätsgrad der Klinikdienstleistung liegen.[175]
Bezogen auf die Qualitätswahrnehmung von Klinikdienstleistungen spielt die Komplexität bzw. die wahrgenommene Komplexität derselben aus Patientensicht eine große Rolle. Da eine höhere Komplexität von Leistungen höhere Ansprüche an die menschliche Informationsverarbeitung stellt, können Unterschiede im Informationsverhalten von Konsumenten und insbesondere bei der Bildung von Qualitätsurteilen erklärt werden.[176] Die Qualitätsbeurteilung von KH-Leistungen richtet sich auf eine Vielzahl von Teilleistungen, welche für den Patienten relevant und wichtig sind. Vor dem Hintergrund der hohen Komplexität sowie der begrenzten Kapazität der menschlichen Informationsverarbeitung können von Patienten nur ein Teil der KH-Leistung bewertet werden. Diese Auswahl wird von der individuellen Nutzenbeurteilung bzw. Präferenz des Patienten bestimmt.

3.4. Begriff und Dimensionen der Krankenhausqualität

Die ursprüngliche semantische Bedeutung des Begriffs „Qualität" ist auf den lateinischen Begriff „qualitas" zurückzuführen, der mit den Termini Eigenschaft bzw. Beschaffenheit oder Zustand gleichgesetzt werden kann. [177] Soweit, so eindeutig. Leider ist die weiterführende wissenschaftliche Beschäftigung mit dem Qualitätsbegriff weniger eindeutig, als der umgangsprachliche Gebrauch des Wortes Qualität vermuten lässt. Beispielsweise wird in der schon fast mit „Kultstatus" behafteten Managementlektüre Kaizen ausgeführt:

„Jede ernsthafte Diskussion über Qualität (...) verstrickt sich bald in Probleme wie Definition von Qualität, wie Qualität meßbar sei, und wie man sie durch Belohnung fördern könne. Es gibt so viele Definitionen der Qualität wie Leute, die sie definieren, und es besteht keine Einigkeit darüber, was Qualität ist oder sein sollte. "[178]

Ähnliche Schwierigkeiten sind (erwartungsgemäß) auch im medizinischen Bereich zu finden:

„So gibt es im medizinischen Bereich so viele Definitionen der Qualität, wie Ärzte, die diese definieren, und es besteht auch kaum Einigkeit darüber, was Qualität ist oder wie sie sein sollte. Es besteht aber auch keine Einigkeit darüber, was Qualität eigentlich ausmacht."[179]

Ursache für die fast als hoffnungslos zu bezeichnende Situation ist einerseits die Aufsplittung der Qualität in eine scheinbar unendliche Vielzahl von Einzelaspekten wie Leistungsergebnis, Zuverlässigkeit, Sicherheit, Vertrauenswürdigkeit, Wirtschaftlichkeit, Kommunikation, Image etc. [180] Auf der anderen Seite kann die Qualität aus unterschiedlichen wissenschaftlichen Sichtweisen beurteilt werden. Garvin unterscheidet in seinem Systematisierungsansatz folgende Definitionen:[181]

---

[175] Vgl. Olandt (1999), S. 13.
[176] Vgl. Güthoff (1995), S. 25ff.; Kupsch et al. (1978), S. 41ff., S. 174ff., S. 200ff. sowie Olandt (1999), S. 12.
[177] Vgl. Kamiske (1999), S.72.
[178] Imai (1996), S. 30.
[179] Jaster (1997), S. 25f. Zur Variabilität der Qualität in Krankenhäusern vgl. auch eine Fallstudie in Unterrieder (2004). Hierbei werden eine Vielzahl von Qualitätskriterien aus Patienten- und Personalsicht einer Inneren Klink exploratorisch, deskriptiv erhoben sowie mit Bewertung und Gewichtung dargestellt.
[180] Vgl. Pepels (1996), S. 39 sowie Seghezzi (1996), S. 19.
[181] Vgl. Garvin (1994), S. 25ff.

- transzendente Definition, d.h. die Qualität ist absolut und universell gegeben und kann daher nicht analysiert werden (absolute, „ästhetische" Qualitätsdefinition).
- produktbezogene Definition, d.h. die Qualität wird durch die Eigenschaften oder Bestandteile des Produkts definiert. Qualitätsunterschiede werden als Unterschiede in den quantitativen Produkteigenschaften gesehen. Bei gesetzten angenommenen einheitlichen Käuferbewertungen können die Produkte anhand einer Qualitätsscala einem Ranking unterzogen werden.
- nutzerbezogene Definition, d.h. die Qualität einer Leistung unterliegt ausschließlich der Kundenperspektive.
- fertigungsbezogene Definition, d.h. im Mittelpunkt hierbei steht der Herstellungsprozess verbunden mit einer pro-aktiven Fehlervermeidung, welche eine Verminderung der Qualität und erhöhte Folgekosten nach sich ziehen würde.
- wertbezogene Definition, d.h. eine Leistung wird hierbei gleichermaßen durch Qualität und Preis bzw. Kosten als bewertbare Komponenten definiert. Ein Qualitätsprodukt erfüllt eine bestimmte Leistung zu einem akzeptablen Preis.

Da das transzendente Begriffsverständnis jegliche Analyse und damit Messung der Qualität negiert, schließt sich eine Anwendung auf die Definition von KH-Qualität aus. Auch die produktbezogenen und die fertigungsbezogenen Sichtweisen zum Qualitätsbegriff erscheinen wenig geeignet, da hier der materielle Charakter von Produkten im Gegensatz zu Dienstleistungen sowie der Herstellungsprozess, i.S. der Fertigung von Gütern, den Schwerpunkt bilden. Die wertbezogene Sichtweise, in welcher Qualität in einer Preis-Leistungs-Relation bewertet wird, ist zwar prinzipiell zur Beschreibung der KH-Qualität geeignet, sind doch KH-Leistungen auch mit einem Preis bzw. Kosten verbunden. Jedoch spielt dieser Aspekt eher für die Krankenversicherungen als für die Patienten eine Rolle bei der Qualitätsbewertung von KH. Lediglich im Rahmen von individuellen Gesundheitsleistungen, die vom Patienten selbst zu zahlen sind (IGEL), kommt eine Preisbewertung zum Tragen.

Im nutzerbezogenen Begriffsverständnis wird die Qualität einer Leistung ausschließlich aus der Kundenperspektive definiert. *„Quality is fitness for use"*[182] und damit als subjektiver Wert zu verstehen. Dieser Definitionsansatz ist sowohl anwendbar auf die patientenorientierte Forschungsperspektive dieser Arbeit als auch auf den Charakter von KH-Leistungen als Dienstleistungen. Die Begriffsdefinition der Norm DIN ISO 8402 verfolgt einen ähnlichen Ansatz:

„Qualität ist die Gesamtheit von Merkmalen (und Merkmalswerten) einer Einheit bezüglich ihrer Eignung, festgelegte und vorausgesetzte Erfordernisse zu erfüllen."[183]

Auch hier erhält der Qualitätsbegriff erst Sinn in der Bewertung durch ein Wirtschaftssubjekt. Die Definition ist anwendbar sowohl auf Produkte als auch auf Dienstleistungen.[184] Darüber hinaus wird die Qualität als Konstrukt aus Merkmalen gesehen, welches die Abbildung der hohen Komplexität und Vielschichtigkeit von KH-Leistungen prinzipiell erlaubt.

---

[182] Juran (1988), S. 28.

[183] Vgl. DIN Deutsches Institut für Normung e.V. (1995), S. 35.

[184] Vgl. Hentschel (2000), S. 292.

In Anlehnung an die DIN ISO 8402 soll für diese Arbeit der Begriff Krankenhausqualität definiert werden als die Gesamtheit von Merkmalen (und Merkmalswerten) einer Krankenhausdienstleistung bezüglich ihrer Eignung, festgelegte und vorausgesetzte Erfordernisse zu erfüllen.

Die aufgezeigten Vorteile der Definition sind jedoch gleichzeitig mit Schwächen verbunden. Die bewusst offen gelassene Festlegung der einzelnen Variablen bedarf der Weiterentwicklung, sobald der Begriff Qualität einer Anwendung unterliegt, z.B. in praxisorientierter Hinsicht oder wie hier als Bezugsobjekt einer empirischen Untersuchung.

Im Folgenden sollen daher ergänzende definitorische Merkmale zur Krankenhausqualität in Form einer Weiterentwicklung des Ansatzes von Hentschel systematisiert werden:[185]

a. Beurteilungssperspektive der KH-Qualität: krankenhausorientiert, versicherungsorientiert bzw. patientenorientiert
b. Beurteilung der KH-Qualität: objektiv bzw. subjektiv
c. Beurteilungsebene der KH-Qualität: undifferenziert bzw. differenziert

Ad a. Die Erfordernisse an die KH-Qualität werden von den unterschiedlichen Intentionen der Anspruchsgruppen geprägt. Aus Sicht des Krankenhauses ist Qualität vor allem als Managementaufgabe zu verstehen. Die Anforderungen und Bedürfnisse der Patienten (aber auch aller anderen Stakeholder) müssen in Form von Qualitätsspezifikationen definiert und im Leistungserstellungsprozess umgesetzt werden. Da die Qualität, wie bereits ausgeführt (siehe auch Abschnitt 2.3), im Wettbewerb der Leistungsanbieter im Gesundheitswesen eine entscheidende Bedeutung einnimmt, hat sich das Qualitätsmanagement als wesentlicher Teil der strategischen Führungsaufgaben im KH entwickelt. Bei angestrebter Qualitätsführerschaft kommt der Leistungsqualität folgerichtig eine Schlüsselfunktion im Krankenhausmanagement zu. Aus Sicht der Kostenträger ist die KH-Qualität vor allem eine Leistungsanforderung, die aus der staatlich delegierten Aufgabe der Gesundheitsversorgung der Bevölkerung resultiert. Qualität ist jedoch aufgrund des Grundsatzes der Beitragsstabilität immer in Relation zu den damit verbundenen Kosten zu sehen.[186] Aufgrund des wachsenden Wettbewerbes ist die KH-Qualität aber auch ein Leistungskriterium, welches insbesondere bei der Schließung von Direktverträgen mit den Krankenkassen bzw. der Entwicklung neuer Geschäftsfelder der Patientenversorgung eine große Rolle spielt. Aus Sicht des Patienten in der Kundenrolle determiniert die KH-Qualität als Einflussgröße die Bewertung eines Krankenhauses sowie den Prozess der Auswahlentscheidung. Wesentlich ist zusammenfassend die Tatsache, dass zwischen dem Qualitätsverständnis aus dem Blickwinkel des Krankenhauses (Qualität als Führungskonzept), der Sichtweise der Krankenversicherung (Qualität in Relation zwischen Gesundheitsversorgung und Beitragsstabilität) und der Sicht des Patienten (Qualität als Grundlage für KH-Bewertungen und Auswahlentscheidungen) große Unterschiede bestehen können (so genannte „gaps“).[187]

---

[185] Vgl. Hentschel (2000), S. 292.

[186] Vgl. SGB V, § 71, zur Beitragssatzstabilität.

[187] Vgl. zu den unterschiedlichen Anforderungen an die KH-Qualität aus Sicht des KH, der Krankenversicherung, des Patienten sowie der Gesundheitspolitik am Beispiel von Akkreditierungssystemen auch Simon (2006), S. 30. Siehe auch generelle Ausführungen zu Qualitätsverständnissen aus Unternehmens- und Kundensicht bei Parasuraman et al. (1985); Lewis, Klein (1987); Zeithaml et al. (1988); Carman (1990); Brown, Swartz (1989); Kaspar, Lemmink (1989).

Ad b. Objektive Verfahren zur Beurteilung der Qualität einer Leistung basieren auf eindeutig definierten, extern nachprüfbaren Kriterien, häufig in Form von Indikatoren und Standards, die i.d.R. von Expertengruppen definiert werden. Sobald die hierbei festgelegten Anforderungen vorliegen, ist eine Objektivierung in Form eines Soll-Ist-Vergleichs möglich.[188] Auf den KH-Bereich übertragen, können dies z.B. die Anzahl von Behandlungsfehlern oder die Komplikationsrate sein.

Im Gegensatz zur objektiven Betrachtung geht die subjektive Bewertung der Qualität von den individuellen Präferenzen des Kunden, hier des Patienten und anderer Anspruchsgruppen, aus. Danach wird Qualität an der Übereinstimmung der Leistung mit den Erwartungen des Kunden gemessen. Je höher das Maß an Übereinstimmung, desto höher die Qualität einer Leistung aus Kundensicht.[189] Zur subjektiven Bewertung der KH-Qualität nach der Entlassung gehört beispielsweise die Patientenzufriedenheit.[190]

Ad c. *„Qualität kann mehr oder weniger differenziert bzw. auf verschiedenen Abstraktionsebenen beurteilt werden."*[191] In Bezug auf die KH-Qualität ist wesentlich, dass zwischen einer undifferenzierten Qualität sowie Teilqualitäten unterscheiden werden kann. Die undifferenzierte KH-Qualität kann dabei als höchste Abstraktionsebene betrachtet werden. Vergleichbar ist das undifferenzierte Qualitätsurteil mit der Gesamtnote einer Kundenzufriedenheitserhebung oder der Gesamtbewertung einer Leistung durch die Stiftung Warentest. Bei Betrachtung der undifferenzierten Qualität ist offensichtlich, dass ein unternehmensübergreifender, sogar branchenübergreifender Vergleich möglich wäre. Wie in Abschnitt 3.3 bereits ausgeführt, ist die Qualität eines KH als Ganzes schwerlich messbar.[192] Eine Qualitätsbeurteilung muss sich vielmehr in Form von Teilqualitäten auf die Vielzahl von Teilleistungen eine KH beziehen.

In Bezug auf Teilqualitäten sind entsprechend enger oder weiter gefasste Differenzierungsperspektiven möglich. In tiefster Differenzierung können einzelne Qualitätsmerkmale, bezogen auf ein bestimmtes Krankheitsbild, unterschieden werden, z.B. die Komplikationsrate bezogen auf perioperative Sondendislokation im Vorhof bei Herzschrittmacher-Implantationen. Es ist evident, dass Qualitätsmerkmale in dieser Differenzierung nur leistungsspezifisch je Klinik ermittelbar und vergleichbar sind.

Legt man jedoch ein höheres Aggregationsniveau an, können abstraktere Teilqualitäten, so genannte Qualitätsdimensionen erfasst werden, die eine Bewertung der KH-Qualität ermöglichen. Die Betrachtung der KH-Qualität in differenzierter Form mit Hilfe von Qualitätsdimensionen hat sich allgemein durchgesetzt und findet sich als Systematisie-

---

188 Vgl. Pepels (1996), S. 41.

189 Eine Erweiterung der subjektiven Beurteilung der KH-Qualität ist die relative Qualitätsbewertung, welche die Angebote und Leistungen der Wettbewerber einbezieht. Ein Kunde beurteilt eine Leistung im Kontext seiner Erfahrungen mit anderen vergleichbaren Angeboten. Vgl. Seghezzi (1996) S. 43. Was der Kunde hierbei als vergleichbar ansieht oder wie weit der jeweilige Erfahrungshorizont reicht, ist sehr individuell, so dass die daraus resultierende relative Beurteilung der Qualität vom Anbieter mitunter als „ungerechtfertigt" wahrgenommen werden kann. Als amüsantes Beispiel seien hier die Taxifahrer genannt. Es ist einschlägig bekannt, dass die Taxifahrer einer Stadt über „relative Qualitätssichten" der Leistungen ortsansässiger Krankenhäuser verfügen - oftmals von der Küchenqualität bis hin zur medizinischen Ergebnisqualität einzelner Chefärzte.

190 Messverfahren zur objektiven und subjektiven Beurteilung der KH-Qualität werden weiterführend in Abschnitt 4.1.3 behandelt.

191 Hentschel (2000), S. 295.

192 Siehe hierzu auch RKI (2006), S. 172.

rungsansatz von Qualitätsmerkmalen und in entsprechenden Qualitätsmessansätzen wieder. Am bekanntesten und in einer Vielzahl von wissenschaftlichen Arbeiten zum Qualitätsmanagement im Gesundheitswesen, aber auch anderer Dienstleistungsbereiche zu Grunde gelegt, kann der Ansatz zur Qualitätsbewertung von Donabedian gesehen werden.[193] Hierbei werden Struktur-, Prozess- und Ergebnisqualität unterschieden.

Die Strukturqualität beschreibt die strukturellen Bedingungen einer Einrichtung, die nach organisationsinternen und organisationsexternen Faktoren unterschieden werden können. Wesentliches Merkmal ist weiterhin eine angenommene Beständigkeit bzw. Statik dieser strukturellen Merkmale.[194] Faktoren der Strukturqualität sind vor allem die Mitarbeiterstruktur (wie Art und Anzahl von Fachpersonal, Qualifikations- bzw. Ausbildungsniveau, Motivation und Betriebsklima), die Organisationsstruktur, die bauliche Struktur, die Finanzstruktur sowie die technische Struktur (allgemeine Betriebsmittel, Ausstattung mit Medizintechnik sowie sonstiger technischer Infrastruktur und deren Wartung).

Als organisationsexterne Faktoren werden die gesellschaftlichen Rahmenbedingungen wie die Existenz eines Gesundheitssystems bzw. der Zugang zur Gesundheitsversorgung sowie vor allem die Finanzierung der Gesundheitsleistungen genannt. In Deutschland wären dies die gesetzlichen Krankenkassen bzw. privaten Krankenversicherungen sowie die duale Finanzierung von Krankenhausleistungen.

Die Strukturqualität ist, bezogen auf ihren Anteil an der Gesamtqualität, eher von nachrangiger Bedeutung, werden doch durch die Faktoren der Strukturqualität lediglich die Voraussetzungen zur Erbringung der Leistung geschaffen. Die Höhe der Strukturqualität beeinflusst damit nur die Wahrscheinlichkeit einer guten Versorgungsleistung.

Die Prozessqualität ist nach Donabedian von entscheidender Bedeutung für die Gesamtqualität.[195] Sie bezieht sich auf den gesamten Behandlungsablauf, d.h. auf die Summe aller Prozesse, welche die Leistungserbringung unter Einbeziehung aller notwendigen Ressourcen zum Ziel hat.[196] Damit sind, bezogen auf die Gesundheitsleistung, alle Interaktionen und Handlungen der diagnostischen, therapeutischen, pflegerischen und administrativen Leistungen inkludiert. Im Allgemeinen kann davon ausgegangen werden, je mehr der Behandlungsprozess an professionellen, wissenschaftlich anerkannten Standards ausgerichtet ist, die erreichbare Qualität desto höher ausfällt. Eine hohe Prozessqualität bedeutet, dass „das Richtige rechtzeitig und gut getan wird“[197].

Angesichts der Tatsache, dass die medizinische Leistungserbringung sehr komplex ist und hochspezialisiert erfolgt (in Abhängigkeit der Erkrankung sind unterschiedliche Fachdisziplinen gefordert),[198] kann bei der Standardisierung von medizinischen Leistungen von einer großen Herausforderung gesprochen werden. Verschärft wird das Problem zusätzlich durch die nicht wegzudiskutierende Individualität des Patienten und seiner Erkrankung. Vor diesem Hintergrund ist der Begriff „ärztliche Kunst“ zu sehen, der sehr

---

[193] Vgl. Donabedian (1980), S. 83ff.; derselbe (1982), S. 70ff. sowie derselbe (2003), S. 46ff. Auch in wissenschaftlichen Betrachtungen der Dienstleistungsqualität wird ein Ansatz in Anlehnung an Donabedian zu Grunde gelegt. Die Systematisierung erfolgt hier nach Potential-, Prozess- und Ergebnisqualität. Vgl. Pepels (1996), S. 199ff.

[194] Vgl. Donabedian (1982), S. 70.

[195] Vgl. Donabedian (1980), S. 79.

[196] Vgl. Ebner, Köck, (1996), S. 82.

[197] RKI (2006), S. 172.

[198] Vgl. auch Abschnitt 3.1.1.3.

wenig mit Standardisierung vereinbar scheint. Dennoch sind selbst im individuellen und hoch spezialisierten Bereich der Medizin qualitätsverbessernde, allgemeine Behandlungsstandards angezeigt und in Form zahlreicher fachspezifischer Leitlinien bzw. Behandlungspfade möglich.

Die Ergebnisqualität bezieht sich auf das Behandlungsergebnis und ist umso höher, je größer die tatsächliche Übereinstimmung mit dem definierten Behandlungsziel ist. Bezogen auf die Gesamtqualität ist die Ergebnisqualität damit von ausschlaggebender Bedeutung. Auch hierbei gibt es eine Vielzahl von messbaren Faktoren, z.B. Behandlungsfehler, Komplikationen, Wiederholungseingriffe sowie Mortalität als objektive Kriterien, aber auch komplexe Maßstäbe wie Verbesserung des Gesundheitszustandes, Lebensqualität, Befinden und soziale Reintegration. Hinzu kommen subjektive Komponenten wie die Patientenzufriedenheit, der Wissenszuwachs oder ein geändertes Risikoverhalten.

Bei der Ermittlung der Ergebnisqualität können diverse Probleme der Messbarkeit festgestellt werden. Die Bewertung des Gesundheitszustandes beispielsweise setzt eine Standardisierung der Ausgangssituation voraus (z.B. nach Aufnahmediagnose und Schweregrad).[199] Des Weiteren scheint eine Unterscheidung der gemessenen Ergebnisqualität in kurzfristige und langfristige Ergebnisse angezeigt. Auch müsste bei der Erhebung der Patientenzufriedenheit eine Ermittlung der Patientenbedürfnisse bzw. -erwartungen im Vorfeld der Behandlung einhergehen, um einen validen Vergleich sicherzustellen.[200] Dies dürfte eher selten der Fall sein.

3.5. Zwischenfazit

Zusammenfassend lässt sich feststellen, dass Patienten in ihrer Rolle im heutigen Gesundheitssystem viele Merkmale des Kunden bzw. Konsumenten aufweisen. Aufgrund der speziellen Situation, in der sich der Patient befindet, soll jedoch dem kundenorientierten Begriffskonzept des mündigen Patienten der Vorzug gegenüber dem Begriff des Kunden gegeben werden. Als wesentliche Dimension der Patientenmündigkeit ist das aktive Informationsverhalten definiert, als dessen Ausgangspunkt der Informationsbedarf des Patienten gesehen wird. Dieser wird für diese Arbeit in subjektiver Hinsicht, als Summe aller Informationen, die zur Erfüllung des individuell wahrgenommenen Interesses eines Patienten, notwendig sind, definiert. Der subjektive Informationsbedarf des Patienten ist dabei sowohl als Grundlage weiterer Aktivitäten der Informationssuche durch den Patienten als auch als Gestaltungsmaxime patientenorientierter Informationsangebote zu sehen. Da sich diese Arbeit im Schwerpunkt mit der Erhebung des Informationsbedarfs von Patienten zur KH-Qualität in zwei Perspektiven - Höhe und Richtung des Informationsbedarfs - befasst, wurde für die Konzeptionalisierung des Informationsbedarfs von Patienten zur KH-Qualität folgerichtig eine definitorische Unterscheidung zwischen dem Involvement sowie den Informationspräferenzen von Patienten zur KH-Qualität vorgenommen. Das Involvement wird dabei als der Aktivierungsgrad bzw. die Motivstärke zur Suche, Aufnahme, Verarbeitung und

---

[199] Vgl. Ebner, Köck (1996), S. 81.
[200] Vgl. Ebner, Köck (1996), S. 81f.

Speicherung von Informationen zur Krankenhausqualität definiert und spiegelt die wahrgenommene Bedeutung bzw. Relevanz von KH-Qualitätsinformationen für Patienten wider. Die Informationspräferenzen umfassen dagegen die auf der Basis eines individuellen Nutzensvergleiches empfundene Vorteilhaftigkeit von bestimmten Informationen im Vergleich zu alternativen Informationen zur KH-Qualität.

In der vorliegenden Arbeit bezieht sich der Informationsbedarf von Patienten auf die KH-Leistung bzw. die KH-Qualität. Die KH-Leistung ist dabei neben diversen Merkmalen, die generell auf Dienstleistungen zutreffen, durch die besonderen Aspekte der hohen Komplexität, insbesondere hinsichtlich der Anzahl und Heterogenität der klinischen Teilleistungen und des hohen Risikos bzw. der großen Bedeutung für den Patienten, gekennzeichnet.

Bei Auseinandersetzung mit dem Begriff der KH-Qualität waren die Besonderheiten von KH-Leistungen sowie die definitorischen Unschärfen des Terminus „Qualität" in der Fachliteratur gleichermaßen zu berücksichtigen. Nach Diskussion der verschiedenen definitorischen Ansätze wurde folgende Begriffsbestimmung abgeleitet: Die Krankenhausqualität ist definiert als die Gesamtheit von Merkmalen (und Merkmalswerten) einer Krankenhausdienstleistung bezüglich ihrer Eignung, festgelegte und vorausgesetzte Erfordernisse zu erfüllen. Darüber hinaus wurde eine Systematisierung von definitorischen Merkmalen zur weiteren Charakterisierung der KH-Qualität entwickelt. Diese unterscheidet die Betrachtungsperspektive in Bezug auf die Interessensgruppen, die Art der Bewertung (objektiv bzw. subjektiv) sowie die Beurteilungsebene hinsichtlich der Differenziertheit der Qualitätsaspekte (differenziert bzw. undifferenziert). Für diese Arbeit bilden folgerichtig die patientenorientierte sowie die differenzierte Perspektive der KH-Qualität den Schwerpunkt. Da der Informationsbedarf bezogen auf die KH-Qualität individuell von den Informationspräferenzen des Patienten bestimmt wird, sind objektive und subjektive Qualitätsaspekte von Klinikdienstleistungen gleichermaßen einzubeziehen. Der Ansatz von Donabedian bietet dabei eine gute Strukturierungshilfe zur Systematisierung der Vielzahl möglicher Qualitätsinformationen zur KH-Qualität, auf die sich die Informationspräferenzen von Patienten beziehen können.

4. Die Grundlagen der Untersuchung

Die Darstellung der Grundlagen der hier vorliegenden Untersuchung soll mit einer strukturierten Bestandsaufnahme bisher vorliegender Arbeiten beginnen.
Angesichts des im Rahmen der Bestandsaufnahme festgestellten wissenschaftstheoretischen Defizits erfolgt im zweiten Teil dieses Kapitels eine ausführliche Auseinandersetzung zur grundlegenden wissenschaftstheoretischen Konzeption dieser Untersuchung unter Berücksichtigung neuerer wissenschaftstheoretischer Diskussionen in der Betriebswirtschaftslehre im allgemeinen und in der Marketingforschung im besonderen.
Im dritten Teil dieses Kapitels werden theoretische Bezugspunkte zum Untersuchungsgegenstand dieser Arbeit dargestellt. Im Gegensatz zum ersten Teil dieses Kapitels geht es hier nicht um Arbeiten, die sich mehr oder weniger explizit auf das Thema des Informationsbedarfs von Patienten zur KH-Qualität beziehen, sondern um allgemeinere Theorien bzw. theoretische Modelle und Ansätze, aus deren Aussagen sich ein Bezug zum Untersuchungsobjekt dieser Arbeit herstellen lässt.
Im abschließenden Teil dieses Kapitels wird eine komparative Zusammenfassung vorgenommen und aufbauend auf den gewonnenen Erkenntnissen das bereits im einleitenden Kapitel dieser Arbeit skizzierte Forschungsmodell konkretisiert.

4.1. Die Bestandsaufnahme zum Forschungsgegenstand

4.1.1. Recherchestrategie

Die Recherche mit dem Ziel der Bestandsaufnahme bisheriger Arbeiten zum Forschungsgegenstand dieser Untersuchung richtete sich überwiegend auf Aufsätze aus Fachjournalen (so genannte peer reviewed journals) über einen Zeitraum von 15 Jahren (1992-4/2007), welche für den internationalen Raum über die Datenbank Pubmed,[201] für den nationalen Raum über das Portal des Thieme Verlags ermittelt wurden. Trotz der relativ aufwendigen Literaturanalyse konnten, ähnlich wie schon andere Autoren feststellten, nur wenige Aufsätze mit direktem Bezug zum Forschungsthema gefunden werden, sowohl hinsichtlich der Frage nach dem Informationsbedürfnis von Patienten zur Beurteilung der Krankenhausqualität als auch zum allgemeineren Thema des Informationsbedarfs hinsichtlich medizinischer Dienstleistung.[202] Daher wurden in die Betrachtung auch Arbeiten mit indirektem Bezug zum Forschungsthema bzw. zu relevanten Randbereichen herangezogen:[203]

- Aufsätze, welche die Nachfrage nach Informationen und die Bedeutung von Informationen für Patienten darstellen bzw. nachweisen (Patientenautonomie und

---

201 Beiträge aus Deutschland zum Untersuchungsgegenstand oder verwandten Themen sind hier eher eine Seltenheit.

202 Vgl. exemplarisch Bitzer, Dierks (2001), S. 174; Geraedt (2006), S. 154; Schaeffer (2006), S. 5.

203 Hierzu wurden relevante Arbeiten, ausgehend von Schwerpunkt- und Überblicksartikeln herangezogen. Relevante Aufsätze aus Sammelbänden und Fachbüchern wurden ergänzt. Vgl. ebenso Schaeffer (2006), S. 44ff.

Patientenpartizipation).

- Arbeiten zur Leistungsqualität aus der Versorgungsforschung, die sich mit der Frage der Qualitätswahrnehmung beschäftigen und damit, was Patienten in Bezug auf die medizinische Versorgung wichtig ist. Hierbei kann davon ausgegangen werden, dass Patienten zu den für sie als wichtig erachteten Qualitätsaspekten auch ein entsprechend großes Informationsbedürfnis anmelden.
- Artikel zur kritischen Beurteilung vorhandener Informationsangebote (hinsichtlich erzieltem Nutzen).

Im zweiten Teil der Bestandsaufnahme werden nationale und internationale Modelle der vergleichenden Qualitätsberichterstattung dargestellt und diskutiert. Da es keine nationalen bzw. internationalen Register zu Initiativen der Leistungsbewertung von Krankenhäusern gibt, konzentriert sich die Recherche hier auf Modelle, die in Fachzeitschriften (peer reviewed journals) erwähnt wurden. Die Analyse der Modelle und die Extraktion der wichtigsten Merkmale erfolgten i.d.R. auf Basis der entsprechenden Website. In die ausführliche Diskussion der vorliegenden Angebote werden vorhandene Studien zur Beurteilung ausgewählter Informationsangebote integriert. Die Rechercheergebnisse der Bestandsaufnahme zum Forschungsgegenstand dieser Arbeit werden in Form einer Synopse nochmals im Anhang aufgeführt.[204]

4.1.2. Kritische Würdigung inhaltlich verwandter Untersuchungen

4.1.2.1. Patientenpartizipation und die Bedeutung von Informationen zur Beurteilung der Krankenhausqualität für Patienten

Wie in Abschnitt 2.2 bereits diskutiert, hat sich das Rollenverständnis des Patienten hin zu mehr Patientenautonomie und Souveränität in den letzten Jahren stark gewandelt. In diesem Abschnitt sollen nun empirische Befunde mit engem Bezug zur zweiten Forschungsfrage, d.h. der von Patienten wahrgenommenen Relevanz bzw. generellen Bedeutung von Informationen zur KH-Qualität (i.S.d. Involvements)[205] sowie, wie sich zeigen wird, die in engem Zusammenhang stehenden Aspekte der Patientenpartizipation untersucht und kritisch gewürdigt werden.

Die Entwicklung vom „Betroffenen zum Beteiligten" ist begleitet von einem großen Informationsbedarf hinsichtlich Angebot und Qualität ambulanter und stationärer Leistungsanbieter.[206]

---

[204] Die aufgeführten Studien werden zur Unterstützung des Lesers in der jeweiligen Fußnote mit einem numerischen Verweis auf die Synopse im Anhang gekennzeichnet (→S).

[205] Der Terminus Involvement wird in den recherchierten bisherigen Arbeiten i.d.R. nicht verwendet. Da die in diesem Abschnitt dargestellten Studien jedoch auf die Ausprägung bzw. Höhe des Informationsbedarfs im Sinne der generellen Bedeutung und Relevanz von Informationen für Patienten bzw. des Aktivierungsgrades sowie der Motivstärke der Patienten zur Informationsverarbeitung abstellen und damit der inhaltlichen Definition des Involvements in dieser Arbeit weitgehend entsprechen (siehe auch 3.1.1), werden die dargestellten Befunde der zweiten Forschungsfrage der vorliegenden Arbeit zugeordnet.

[206] Vgl. Zok (2003), 111.

„Patienten (...) haben Anspruch auf alle Informationen, die sie befähigen, Eigenverantwortung für ihre Gesundheit zu übernehmen und Wahlentscheidungen im komplexen wenig durchschaubaren Gesundheitssystem zu treffen."[207]

Zunächst belegen diverse Studien die zunehmende Eigenverantwortung der Patienten und den damit verbundenen **Informationsbedarf bezogen auf das gesamte Behandlungsgeschehen**: So zeigte eine internationale Untersuchung im Jahr 2006 über 12 Länder zum Thema Patientenzentrierung / Patientenorientierung den großen Bedarf an akkuraten, vergleichbaren und verständlichen Informationen zur Unterstützung der Entscheidungsfreiheit (98%).[208] Gleichermaßen votierten die befragten Mitglieder der nationalen Patientenorganisationen für eine patientenzentrierte Versorgung als fundamentales Recht des Patienten (95%) sowie für das Recht auf Partizipation (Shared-Desicion-Making) (95%). Jedoch waren lediglich 51% der Teilnehmer zufrieden mit dem bisherigen Informationsangebot zu Behandlungsmethoden. Nach einer deutschen Studie von Isfort et. al. zum Thema Informationsverhalten und Mitentscheidung im hausärztlichen allgemeinmedizinischen Bereich möchten 75% der Patienten therapeutische und diagnostische Entscheidungen gemeinsam mit dem Arzt treffen.[209] Dieser Befund findet Bestätigung in einer jüngeren Studie von Dietz zum Thema Patientenmündigkeit, wonach mündige Patienten den Behandlungsweg (welche Untersuchung, welche Behandlung, welches Medikament) ebenfalls überwiegend in einem partnerschaftlichen Verhältnis mit dem Arzt entscheiden.[210]

Das Konzept der Patientenpartizipation bzw. des Shared-Decision-Making bei der Behandlung findet auch unter den Befragungsteilnehmern einer Studie, welche 2003 und 2005 in acht europäischen Ländern durchgeführt wurde, breite Akzeptanz.[211] Kritisiert wird jedoch von den befragten Bürgern, dass Gesundheitsdienstleister in Deutschland diesen Ansatz oftmals nicht unterstützen.

Im Vergleich unter den acht europäischen Ländern ragte (neben der Schweiz) insbesondere Deutschland heraus, da hier der Wunsch nach Partizipation, bei dem Patient und Arzt gemeinsam für Behandlung und Entscheidungen verantwortlich sind, besonders stark ausgeprägt war. 87% der Deutschen bevorzugen eine alleinige oder - nach Konsultation – eine alleinige bzw. eine gemeinsame Entscheidung mit dem Arzt (im Vergleich dazu ist bei polnischen Patienten das Partizipationsbedürfnis nur zu 59% ausgeprägt und bei spanischen Teilnehmern nur zu 44%).[212] Auf die Frage nach dem Ausmaß der tatsächlichen Entscheidungsbeteiligung waren nur 42% der deutschen Teilnehmer zufrieden im Vergleich zu Großbritannien und der Schweiz, wo 71% bzw. 63% die Einbeziehung in die Behandlungsentscheidung erhielten, die sie anstrebten.

---

[207] Knieps (2003), S. 83. Zitiert nach Zok (2003), S. 111.

[208] Vgl. Consensus Research Group Pfizer (2006), (→S5).

[209] Vgl. Isfort et al. (2002), (→S32).

[210] Vgl. Dietz (2006), S. 152, (→S7). 62% der als mündig klassifizierten Patienten gaben an, gemeinsam mit dem Arzt über durchzuführende Untersuchungen eine Entscheidung getroffen zu haben. 46% der mündigen Patienten entschieden gemeinsam mit dem Arzt über die Art der Behandlung und 47% über die Auswahl des Medikaments.

[211] Vgl. Coulter, Jenkinson (2005), (→S11); Coulter, Magee (2003), S. 205ff., (→S26).

[212] Im Durchschnitt der acht europäischen Länder findet das Modell der Patientenpartizipation bzw. der Patientenmitbestimmung bei Behandlungsentscheidungen (Shared Decision-Making) bei 51% der Befragten Anklang. 23% der Teilnehmer präferieren, dass der Patient allein bzw. nach Konsultation mit dem Arzt allein entscheidet. Nur 26% würden eine primäre Rolle des Arztes als Entscheider bevorzugen. Vgl. Coulter, Jenkinson (2005), (→S11); Coulter, Magee (2003), S. 205ff., (→S26).

Eine weitere Untersuchung aus Deutschland, hier bezogen auf eine Befragungsgruppe von Krebspatienten, ergab ein hohes Informationsbedürfnis und eine zunehmende Zahl von kompetenten Patienten, die sich aktiv an den medizinischen Therapieentscheidungen beteiligen. Die Befragten bemängelten jedoch das vorliegende Informations- und Beratungsangebot. (Der Anteil von zufriedenen Patienten mit verschiedenen Beratungsangeboten lag nur bei 35 bis 46%.)[213] In einer Studie zu Herzinfarktpatienten gaben 86% der Patienten an, über alles an ihrer Krankheit informiert werden zu wollen. Der hohe Informationsbedarf der Patienten in der Untersuchung geht mit einem eklatanten Wissensdefizit einher.[214]
Der gewachsene **Informationsbedarf des Patienten** und der Anspruch auf Entscheidungspartizipation im Behandlungsprozess spiegeln sich auch bei Untersuchungen wider, in denen die **Auswahl von Leistungsanbietern** betrachtet wurde:
Während noch 1988 über 80% der deutschen Patienten primär dem Klinikvorschlag ihres Hausarztes folgten,[215] sieht die Situation nur wenige Jahre später vollkommen anders aus. Eine neuere Untersuchung der Techniker Krankenkasse von 2007 zum Thema Krankenhaussuche belegte, dass eine große Mehrheit von 75% der Befragten die KH-Auswahl nicht allein ihrem Arzt überlassen möchte.[216] Zu einem ähnlichen Befund kam auch die bereits erwähnte europäische Studie zwei Jahre zuvor, in der 94% der deutschen Teilnehmer eine freie Krankenhauswahl wünschten.[217] Der Wunsch nach Entscheidungspartizipation bzw. -autonomie bei der KH-Wahl ist auch hier mit der Forderung nach mehr Informationen bzw. mit der Kritik an bestehenden relevanten Informationsangeboten verknüpft. Im ersten, qualitativ orientierten Teil der Untersuchung kritisierten die interviewten Fokusgruppen aus Deutschland insbesondere die Rolle der Leistungsanbieter in Deutschland, die aus Sicht der Teilnehmer zunehmend die Versorgungsaufgaben und wirtschaftliche bzw. finanzielle Interessen in Balance halten müssten. Informationsangebote für Patienten zur Qualität der Leistungsanbieter, im speziellen der KH-Qualität, werden daher als Mangel wahrgenommen:
„Participants felt less well informed about the quality of hospital or ambulatory care and about independent contact points for patients in hospitals – for example, ombudspersons or patient counselors. They wanted more access to information about the quality of GPs, specialists and hospitals and about the specialist interests and knowledge of doctors."[218]
Die Ergebnisse des qualitativen Teils der Untersuchung spiegeln sich in der quantitativen Erhebung wider. Die Frage nach dem Wunsch zu Auswahlmöglichkeiten von Leistungsanbietern im jeweiligen nationalen Gesundheitssystem wurde sehr eindeutig beantwortet. Die Autoren stellen hierzu fest: *„The overwhelming majority of respondents felt*

---

213 Vgl. Theobald et al. (2005), (→S22).

214 Das Wissen der Patienten zum Krankheitsbild wird mit Hilfe eine Wissenstests erhoben, welcher strukturierte Fragestellungen zum Krankheitsbild, Untersuchungen sowie Medikamenten auf Basis des Pschyrembels beinhaltet. Vgl. Möller et al. (2004), (→S25).

215 Allensbacher Studie 1988. Zitiert nach Schwartz (1996), S. 72. In ähnlicher Weise belegt eine englische Studie, dass nur bei 46,2% der befragten Zuweiser, Patienten manchmal ein bestimmtes KH präferieren würden. Vgl. Mahon et al. (1993), (→S40).

216 Vgl. TK, Forsa (2007), (→S3); Ähnliche Befunde ergab die Helios-Herbstumfrage der gleichnamigen Klinikkette in 2005, nach der sich nur jeder vierte bei der Krankenhauswahl ausschließlich auf den Rat seines Hausarztes verlässt. Zitiert nach Flieger (2006), S. 62.

217 Vgl. Coulter, Jenkinson (2005), (→S11); Coulter, Magee (2003), (→S26).

218 Coulter, Magee (2003), S. 40, (→S26).

patients ought to have a free choice of primary care doctors, specialist doctors or hospitals."[219]

Jedoch weniger als die Hälfte der Befragten hatte das Gefühl über ausreichende Informationen zu verfügen, um eine informierte Entscheidung zu treffen. So fordert bei den deutschen Studienteilnehmern zwar, wie bereits ausgeführt, eine große Mehrheit von 94% eine freie Krankenhauswahl. Jedoch nur 42% waren in der Lage, eine entsprechend informierte Entscheidung zu treffen. Darüber hinaus bestätigen nur 43% der Deutschen über ausreichende Möglichkeiten zur Auswahl des Leistungsanbieters zu verfügen (im Vergleich dazu Spanien 73% und Schweiz 70%, jedoch am anderen Ende der Rangliste noch schlechter Großbritannien mit 30% und Polen mit 15%).

In deutschen Studien wurden ähnliche Ergebnisse ermittelt: Wie schon eine ältere Studie im Jahr 1998 von Janssen-Cilag zeigte, forderten die Befragten mehr Informationen und Transparenz zur Beurteilung der Qualität der Leistungserbringer im deutschen Gesundheitssystem.[220] Eine Erhebung von 2002, ebenfalls durchgeführt von Janssen-Cilag, belegte, dass sich das Informationsdefizit nicht verringert hat. Die Mehrheit der befragten GKV-Versicherten stufen die Möglichkeiten, sich als Patient über die Qualität von Ärzten zu informieren, als unzureichend ein. (Nur 46% beurteilen das Informationsangebot als weitgehend bzw. vollkommen ausreichend.)[221] Die hohe Wertschätzung der freien Arzt- und KH-Wahl wird auch in der Untersuchung des Autors von 2005 deutlich. In einem Discrete-Choice-Experiment sind die Teilnehmer nur unter der Bedingung von deutlichen Senkungen des KV-Beitrags bereit, dieses Wahlrecht aufzugeben.[222]

Im Rahmen der Untersuchung des so genannten GKV-Monitors von 2002 bestätigen 77% der Befragten den Wunsch nach mehr Informationen zur Qualität von stationärer und ambulanter Behandlung.[223] Hier stoßen insbesondere Ranglisten in Zeitschriften oder im Internet auf großes Interesse.

Die bereits erwähnte Befragung der Techniker Krankenkasse im Jahr 2006 kommt zu ähnlichen Befunden. Nur 46% der TK-Versicherten schätzen die Qualität der Informationsmöglichkeiten zur Krankenhauswahl als eher gut bzw. sehr gut ein. 74% fordern zusätzliche Informationsmöglichkeiten zur Unterstützung der Krankenhauswahl.[224]

Eine Studie zum Thema Qualitätsberichte deutscher Krankenhäuser im selben Jahr unterstreicht den hohen Informationsbedarf zur Beurteilung der Krankenhausqualität.[225] Wie Geraedts feststellt, besteht trotz der geringen Bekanntheit der veröffentlichten Qualitätsberichte von Krankenhäusern ein ausgesprochen großer Wunsch an Qualitätsinformationen unter den Befragten. Innerhalb einer Rangliste der verschiedenen Leistungsanbieter im Gesundheitssystem rangiert der Bedarf an Qualitätsinformationen zu Krankenhäusern auf Platz zwei (86% der Befragten), dicht nach dem Informationswunsch hinsichtlich der Qualität von Fachärzten (89%).

---

219 Coulter, Jenkinson (2005), S. 357.
220 Vgl. Janssen-Cilag (1998), (→S38).
221 Vgl. Janssen-Cilag (2002), (→S33).
222 Vgl. Janssen-Cilag (2005), (→S18).
223 Vgl. Zok (2003), S. 113, (→S48).
224 Vgl. TK, Forsa (2007), (→S3).
225 Vgl. Geraedts (2006), S. 161f., (→S16).

Eine qualitative Untersuchung im Jahr 2006, die auf der Basis von Interviews mit Fokusgruppen durch das Picker Institut durchgeführt wurde, analysierte die Hintergründe des Informationsverhaltens von Patienten zur Krankenhauswahl.[226] Folgende Patientenzitate illustrieren den Entscheidungskontext.[227]

> *„Mein erster Gedanke war: Komme ich da wieder raus? Man weiß nicht, wie die Krankheit ausgeht."*
>
> *„Eine Garantie gibt es in nichts. Mit der Angst ist man allein gelassen."*
>
> *„Man hat es noch nie mitgemacht. Da ist man automatisch unsicher, auch wenn man Informationen hat. Es kann trotzdem alles ganz anders laufen."*
>
> *„Man weiß nicht, was auf einen zukommt und hat das Gefühl, man ist ausgeliefert."*
>
> *„Man weiß nicht, an wen man gerät. Den eigenen Arzt kennt man. Im Krankenhaus ist man ausgeliefert an Fremde."*

Im Ergebnis der Studie wird postuliert, dass die Suchsituation der Patienten durch eine hohe Unsicherheit geprägt ist, wobei entsprechende Informationsangebote zur Reduzierung jedoch nicht zur gänzlichen Ausräumung der Unsicherheit beitragen könnten. Des Weiteren führt die hohe wahrgenommene Bedeutung des Behandlungserfolges für den Patienten zu einem sehr hohen Informationsbedarf zur KH-Qualität, der jedoch aufgrund der fehlenden Informationsangebote nicht befriedigt werden kann:[228]

> *„Das Wichtigste ist, dass man wieder gesund wird. Am Anfang fragt man sich, wo man es machen lässt. Wo man in den besten Händen ist."*
>
> *„Ich hätte gerne mehr Informationen gehabt, aber es gibt keine. An wen sollte ich mich wenden?"*

Vor dem Hintergrund des großen Informationsbedarfs und Partizipationsbedürfnisses bei der KH-Auswahl bei gleichzeitig offenkundigem Mangel an geeigneten Informationen als Entscheidungsbasis stellt sich nun die Frage, wie sich Patienten bislang informieren. An erster Stelle werden hier in der Literatur mündliche Informationsquellen wie der behandelnde Arzt und das soziale Netzwerk, hier besonders Familie und Freunde, z.T. auch Verbraucherschutz und Selbsthilfe aufgeführt.[229] Jedoch scheinen zusätzliche Informationsquellen eine wachsende Rolle zu spielen, vor allem in Form von Printmedien und dem Internet.[230] In der Studie von Theobald et al. konnte gezeigt werden, dass die Befragten Broschüren/Zeitschriften sowie das Internet als bevorzugte Informationsquelle vor den Kategorien Selbsthilfegruppen und Freunde/Bekannte nutzen.[231] Auch frühere Studien, hier jedoch zum generellen Informationsbedarf von Patienten, stellen fest, dass Printmedien noch vor dem sozialen

---

[226] Vgl. Picker Institut (2006), (→S9).

[227] Patientenzitate entnommen aus Picker Institut (2006), S. 25, (→S9).

[228] Patientenzitate entnommen aus Picker Institut (2006), S. 25f., (→S9).

[229] Vgl. Coulter, Magee (2003), S. 211, (→S11); Schaefer (2006), S. 26ff., (→S45); Streuf et al. (2007), S. 117, (→S4); Picker Institut (2006), S. 26f., (→S9).

[230] Vgl. Coulter, Magee (2003), S. 211, (→S11); Geraedts (2006), S. 164, (→S16); Vgl. Isfort et al. (2002), (→S32); Streuf et al. (2007), S. 117, (→S4); Picker Institut (2006), S. 26f., (→S9). Siehe zum Thema Internet als Informationsquelle auch Fulda (2004); Schmidt-Kaehler (2003) sowie derselbe (2005). Die wachsende Rolle von Selbsthilfegruppen untersuchten Gaber, Hundertmark-Mayser (2003), (→S14). Zum Nutzen von speziellen Kontaktpersonen für Patienten in Krankenhäusern Großbritaniens siehe auch eine Studie von Abbott et al. (2005), (→S6).

[231] Vgl. Theobald et al. (2005), S. 127, (→S22).

Netzwerk in Form von Arzt und Familie präferiert werden.[232] In der Regel bevorzugen die Befragten mehrere Informationsquellen. Als Grund hierfür wird vermutet, dass durch das Heranziehen verschiedener Informationsquellen die Defizite einzelner Quellen ausgeglichen werden. Die Nutzung von zusätzlichen Medien wird daher auch als „principle fall-back source" gesehen.[233] Daher spielt bei der Bereitstellung von Qualitätsinformationen die Neutralität und Vertrauenswürdigkeit der Informationsquelle eine große Rolle:

„Every doctor will say: I am the best and every hospital as well. But if you're concerned you ask the consumer headquarters. Which doctor is really good? Or which hospital should I choose for my particular illness?"[234]

Insgesamt lässt sich aus den dargestellten Studien die Annahme ableiten, dass das Involvement von Patienten hinsichtlich Informationen zur KH-Qualität hoch ist. Ebenso kann aus den Befunden der bisherigen Arbeiten ein großes Bedürfnis nach Entscheidungsbeteiligung bei der KH-Auswahl als wesentliches Motiv bzw. Ursache für das informationsbezogene Involvement von Patienten festgestellt werden. Die Ergebnisse der qualitativen Untersuchung des Picker Instituts[235] geben einen weiteren Hinweis in Form der hohen von Patienten empfunden Unsicherheit, was ebenfalls als eine Erklärung für das hohe Involvement hinsichtlich KH-Qualitätsinformationen plausibel wäre – ein Aspekt, der auch von der Tendenz des Patienten mehrere Informationsquellen zu Rate zu ziehen gestützt wird.

Neben den wertvollen Erkenntnissen der bislang vorliegenden Studien zur zweiten Forschungsfrage dieser Arbeit ergeben sich jedoch aus der Analyse der Untersuchungen einige Kritikpunkte: Die Untersuchungen, welche fast ausschließlich exploratorischen Charakter aufweisen, verfügen mit Ausnahme einer einzigen Studie über keine theoretische Fundierung.[236] Zum Teil sind die Themen der Informationsbedürfnisse von Patienten im Behandlungsprozess mit Aspekten des Informationsbedarfs hinsichtlich der Auswahl von Leistungsanbietern generell und in Bezug auf die Wahlentscheidung zu einzelnen Leistungsanbietern (z.B. KH-Wahl und Arzt-Wahl) vermischt bzw. nicht deutlich voneinander abgegrenzt. Hinzu kommen methodische Aspekte: Die analysierten Studien basieren auf verschiedenen Stichproben (z.B. TK-Versicherte,[237] GKV-Versicherte[238] oder „gesunde" Bürger[239] sowie kranke Patienten wie z.B. Krebspatienten[240]), die einen Vergleich der Studienergebnisse streng genommen nicht zulassen. Des Weiteren wird in den analysierten Untersuchungen unterstellt, dass der Informationsbedarf von Patienten zur KH-Qualität eine direkt beobachtbare Variable darstellt.[241] Zur Messung wird daher in allen Studien ein einfaches Messinstrument in Form einer einzigen direkten Frage bzw. eines

---

[232] Vgl. Connell, Crawford (1988); Freimuth et al. (1989); Johnson, Meischke (1991).

[233] Vgl. Wilson (1996).

[234] Patientenzitat entnommen aus Coulter, Magee (2003), S. 49.

[235] Picker Institut (2006), S. 25, (→S9).

[236] Nur die Untersuchung von Dietz basiert auf einer theoretischen Fundierung. Vgl. Dietz (2006), (→S7).

[237] Vgl. TK, Forsa (2007), (→S3).

[238] Vgl. Zok (2003), S. 113, (→S48).

[239] Vgl. Coulter, Jenkinson (2005), (→S11).

[240] Vgl. Theobald et al. (2005), (→S22).

[241] Direkt beobachtbare Variablen, wie z.B. Körpergröße oder Alter, können „direkt" wahrgenommen bzw. gemessen werden. Im Unterschied dazu werden in der empirischen Sozialforschung nicht direkt beobachtbare Variablen (so genannte latente Variablen), wie z.B. die Einstellung oder die Selbstwirksamkeit, indirekt mit Hilfe der Konstruktion von Messinstrumenten (Skalen mit mehreren Indikatoren) gemessen. Vgl. hierzu auch Schnell et al. (2005), S. 129ff. sowie 179ff.

einzelnen Items eingesetzt, z.B. „Versicherte und Patienten sollen mehr Informationen über die Qualität von ambulanter und stationärer Behandlung erhalten."[242]

4.1.2.2. Informationspräferenzen der Patienten zur KH-Qualität

Nach den bisherigen Befunden zur generellen Relevanz bzw. Bedeutung von Qualitätsinformationen über Krankenhäuser für Patienten soll das Augenmerk in diesem Abschnitt auf Arbeiten, die sich mit der Frage nach den spezifischen Informationspräferenzen der Patienten zur Beurteilung der KH-Qualität bzw. KH-Wahl beschäftigen, gelenkt werden (Forschungsfrage 4). Hier können leider nur wenige aktuelle empirische Studien zur Erhellung beitragen.[243]

In einer qualitativen Studie des Picker Institutes von 2006 wurden auf der Basis von Interviews mit Teilnehmern einer Fokusgruppe Entscheidungskriterien zur KH-Wahl abgefragt.[244] Die im Gespräch gesammelten Entscheidungsaspekte wurden einer Gruppierung in hohe, mittlere und niedrige Relevanz durch die Gruppenteilnehmer unterzogen. Entscheidungskriterien mit hoher Relevanz für die Befragten waren der medizinische Schwerpunkt des Krankenhauses, die fachliche Qualifikation der Ärzte, Erfolgs- bzw. Komplikationsraten, Fallzahlen, Kooperationen mit anderen Einrichtungen, Zertifikate und die vertrauensvolle Beziehung zum Arzt. Als Qualitätskriterien mit mittlerer Relevanz wurden genannt: der Ruf des Krankenhauses, die Qualifikation der Pflegekräfte, die medizinische Ausstattung des KH, die Sauberkeit, die Zimmerausstattung und das Essen. Als gering relevant für die KH-Wahl empfanden die Studienteilnehmer Wartezeiten bei der Aufnahme und während der Behandlung, Titel und Alter der Ärzte, die räumliche Nähe des KH sowie die Anzahl der Betten.

In einer sehr umfangreichen weiteren exploratorischen Studie von Grande und Romppel im Jahr 2005, die sich allerdings nur auf Reha-Einrichtungen bezog, wurden insgesamt 77 Qualitätskriterien, die im Vorfeld durch eine qualitative Untersuchung ermittelt wurden, in Form eines Fragebogens aufgelistet.[245] Die Bedeutung der einzelnen Items wurde anhand einer Rating-Skala von ganz unwichtig bis sehr wichtig von den Befragungsteilnehmern eingestuft. Im Ergebnis der Studie konnten erhebliche Unterschiede in den Qualitätsvorstellungen zwischen den Befragungsgruppen der Patienten, Sozialdienstmitarbeitern und einweisenden KH-Ärzten festgestellt werden.[246] Unter den wichtigsten Qualitätsinformationen des berechneten Rankings aus Sicht der Befragungsgruppe der Patienten waren Informationen zur Ergebnisqualität wie die Wiederherstellung der Leistungsfähigkeit und die Verbesserung des körperlichen Zustandes, diverse Qualitätskriterien zum Personal, wie Kompetenz, Erfahrung und Fachrichtung der Ärzte ebenso die Qualifikation, Freundlichkeit und das Engagements des Personals allgemein und die Qualität der Therapiedurchführung

---

[242] Zok (2003), S. 113, (→S48).

[243] Auch im ambulanten Sektor gibt es hierzu nur wenige Arbeiten. Vgl. exemplarisch Dierks et al. (2001), S. 152; Schnee, Kirchner (2005), S. 44.

[244] Vgl. Picker Institut (2006), (→S9).

[245] Vgl. Grande, Romppel (2005), (→S15).

[246] Neben der Untersuchung von Grande und Rommpel analysiert Dobbelstein (2007), (→S1), die Entscheidungskriterien von einweisenden Ärzten zur KH-Wahl.

sowie die Sauberkeit der Zimmer. Am unwichtigsten wurden von den 77 Qualitätsitems Einrichtungsmerkmale wie Trägerschaft (Rang 76), Alter (Rang 73), Größe (Rang 77) sowie Entfernung zum Wohnort (Rang 75) und Zusammensetzung der Patienten (Rang 74) gesehen.
In einer ebenfalls sehr umfangreichen exploratorischen Studie von Garaedts in 2006 wurde die Bedeutung von einzelnen Qualitätsinformationen zur KH-Wahl erhoben.[247] Den Studienteilnehmern wurden insgesamt 33 Items im Rahmen einer schriftlichen Befragung vorgelegt. Anhand der gewählten Wichtigkeit wurde anschließend eine Rangliste ermittelt. Unter den wichtigsten Qualitätsinformationen zur KH-Wahl rangieren hier die Qualifikation der Ärzte und Pflegekräfte, Merkmale der Prozessqualität wie Sauberkeit, Behandlung nach den neuesten medizinischen Verfahren, Freundlichkeit und Einbeziehung des Patienten in die Behandlung, aber auch Informationen zur Ergebnisqualität wie Patientenzufriedenheit, Erfolgs- und Komplikationsraten sowie Empfehlung der Klinik durch Spezialisten. Auf den unteren Rangplätzen rangieren die Verfügbarkeit eines Patientenfürsprechers, die Berücksichtigung besonderer Belange von Patienten mit Migrationshintergrund, die Ausstattung der Klinik (mit Cafeteria, Bibliothek, Gebetsraum, Raucherraum etc.) sowie die Zusammenarbeit mit der Selbsthilfe.
In einer kleineren Befragung, die durch Streuf et al. am Rande einer Untersuchung der Barmer-Ersatzkasse zur Kundenzufriedenheit 2007 stattfand, wurden ebenfalls präferierte Qualitätsinformationen zur Bewertung eines KH ermittelt. Hier wurden allerdings nur sieben Qualitätsitems vorgegeben. Das anschließende Ranking ergab, dass den befragten Versicherten insbesondere der Ruf der Ärzte bzw. des KH insgesamt, die enge Zusammenarbeit des Hauses mit dem behandelnden Arzt und die Zahl der durchgeführten Behandlungen wichtig waren.
Eine umfangreichere Studie im Auftrag der Techniker Krankenkasse im selben Jahr ermittelte innerhalb von 13 vorgegebenen Qualitätsinformationen zur KH-Wahl als wichtigste Kriterien die Qualifikation und Kompetenz der Ärzte, die Behandlung und Versorgung durch die Ärzte sowie die Ausstattung des Krankenhauses in Form von Zimmerausstattung und technischer Ausstattung. Weniger wichtig erschienen Informationen zu Aufenthalt und Behandlung, Qualität des Essens und Nähe zum Wohnort. Des Weiteren wurde in der Untersuchung explizit nach der Wichtigkeit von Informationen aus Patientenbefragungen gefragt. Die Mehrheit der befragten Versicherten fanden die Idee, Ergebnisse von Patientenbefragungen zu veröffentlichen sehr gut (43%) bzw. eher gut (37%). Entsprechend gaben 80% der Befragten an, dass sie diese Informationen bestimmt bzw. wahrscheinlich zur Auswahl eines KH nutzen würden. Ein weiteres interessantes Ergebnis der Studie ist der Unterschied im Informationsbedarf an Qualitätsinformationen vor einem KH-Aufenthalt und während eines KH-Aufenthaltes. In der hypothetischen Situation bei bzw. während eines KH-Aufenthaltes nahmen Kriterien der Ergebnis- bzw. Prozessqualität höhere Rangplätze ein, z.B. der Behandlungserfolg, die medizinische Leistung der Ärzte oder die verständliche Beantwortung von Fragen durch Ärzte und Pflegepersonal. (Alle drei Qualitätskriterien waren 98% der Befragten sehr wichtig oder wichtig.) Offensichtlich spielen während eines KH-Aufenthaltes Qualitätskriterien mit einem hohen Anteil an Erfahrungseigenschaften, also Merkmalen, die

---

247 Vgl. Geraedts (2006), (→S16).

erst während der Leistungserstellung beurteilt werden können, eine größere Rolle.[248] Ein zusammenfassender Überblick über die Befunde der deutschen Studien zu präferierten Qualitätsinformationen der Patienten bei der KH-Wahl erfolgt in Tabelle 4.

Im internationalen Raum sind ebenfalls nur wenige Untersuchungen zur Erhebung von Informationspräferenzen zur KH-Qualität vorhanden.[249] In einer Studie zur Bedeutung einzelner Qualitätsmerkmale aus Patientensicht eines US-amerikanischen Krankenhauses findet Carman auf der Basis einer Conjoint-Analyse[250] Wahrnehmungsunterschiede zwischen technischen Merkmalen und Merkmalen der Servicequalität.[251] In einem Ranking von einer auf Grund der gewählten Untersuchungsmethodik sehr begrenzten Anzahl von sechs Qualitätsmerkmalen nimmt die pflegerische Betreuung den ersten Platz ein, gefolgt von der Ergebnisqualität (z.B. Gesundheitsstatus nach Entlassung) und der ärztlichen Betreuung. Weniger wichtig sind entsprechend der Patientenwahrnehmung die Unterbringung, die Entlassungsvorbereitung und das Essen. Es sei jedoch erwähnt, dass die Studie auf die Qualitätswahrnehmung nach der Entlassung von Patienten ausgerichtet war und daher nur eingeschränkt auf die gewünschten Qualitätsmerkmale vor einer KH-Wahl angewendet werden kann.

Ebenfalls mit der Methodik der Conjoint-Analyse wurden die Qualitätspräferenzen von Bürgern in Zambia zur KH-Beurteilung erhoben.[252] Unter sechs Kriterien hatte das Qualitätsmerkmal „Sorgfältigkeit der medizinischen Untersuchung" die höchste Präferenz, gefolgt von der Einstellung des medizinischen Personals (Freundlichkeit/Unhöflichkeit) und der Verfügbarkeit von Medikamenten. Dagegen waren Wartezeit, Kosten und Sauberkeit von vergleichsweise niedrigerer Bedeutung.

Die Präferenzstruktur von australischen Bürgern zur KH-Qualität untersuchten Jan et al.[253] Unter den Qualitätsmerkmalen Fahrtzeit zum Krankenhaus, öffentliche Verkehrsmittel/Parkmöglichkeiten, Medicare-Ausgaben,[254] Wartezeit für elektive Chirurgie, Wartezeit in der Unfallchirurgie und Komplikationsrate wurde eine besonders hohe Priorität für das Qualitätsmerkmal der Komplikationsrate ermittelt.

Eine Untersuchung über mehrere Notaufnahmen Schweizer Krankenhäuser erbrachte entsprechend des untersuchten Fachbereichs sehr spezielle Qualitätsindikatoren, die für die betroffenen Patienten wichtig waren.[255] Unter insgesamt 22 Aspekten der Qualitätswahrnehmung waren Vertrauen in Diagnosestellung, Vertrauen, dass alle notwendigen Untersuchungen und Test durchgeführt wurden, Qualifikation/Professionalität des Personals, Raumwärme, Komfort des Bettes, Abschirmung von anderen Patienten, Wartezeiten, Umgang mit Schmerzen und Versorgung mit Informationen sehr bedeutsam für die Patienten. Douglas und Douglas untersuchten 2003 und 2004 in Großbritannien die Qualitätswahrnehmung von

---

[248] Siehe zur Unterteilung von Qualitätsmerkmalen nach Such-, Erfahrungs-, und Vertrauenseigenschaften auch Abschnitt 4.3.2.

[249] Siehe Fußnote 34.

[250] Siehe zur Methodik der Conjoint-Analyse auch Abschnitt 5.1.4.

[251] Vgl. Carman (2000), (→S35).

[252] Vgl. Hanson et al. (2005), (→S17).

[253] Vgl. Jan et al. (2000), (→S36).

[254] Medicare ist die staatliche australische Krankenversicherung.

[255] Vgl. Schwappach et al. (2003), (→S29). Auch hier gilt die Einschränkung, dass die teilnehmenden Patienten zu ihrer Qualitätswahrnehmung nach der Behandlung befragt wurden. Des Weiteren ist in der Situation einer akut notwendigen Behandlung in einer Notaufnahme kaum von einer Wahlsituation des Patienten auszugehen.

Patienten zu den speziellen Qualitätsmerkmalen der Ausstattung des Krankenhauses und der Patientenzimmer und fanden heraus, dass insbesondere die Qualitätsmerkmale persönlicher Raum rund um das Bett, Intimsphäre und Würde sowie die Vermeidung von Lärm und anderen Störungen auf Station für Patienten wichtig sind.[256]

Bei der Erhebung von gewünschten Informationen zur Qualitätsbeurteilung von Krankenhäusern stellt sich des Weiteren die Frage nach geeigneten Qualitätsdimensionen, welche die Vielzahl von Einzelindikatoren bündeln würden. Dies hat sich traditionell bei der Betrachtung von Gesundheitsleistungen entwickelt. Exemplarisch sei hier die Einteilung der Qualitätsmerkmale nach Donabedian in die Dimensionen Struktur-, Prozess- und Ergebnisqualität genannt, welche zwar nicht empirisch validert ist, jedoch große praktische Verbreitung gefunden hat.[257] Ebenso erwähnenswert sind die Qualitätsdimensionen nach Olandt, welche nach Hotelleistungen, medizinischen Leistungen und pflegerischen Leistungen unterschieden werden, empirisch belegt sind und für die Qualitätsbeurteilung von KH-Leistungen i.S.d. Patientenzufriedenheit nach dem KH-Aufenthalt breite Verwendung gefunden haben.[258]

Für die Ex-ante-Beurteilung der KH-Qualität vor dem KH-Aufenthalt sind geeignete präferenzbasierte Qualitätsdimensionen kaum ermittelt. Lediglich in der Studie von Grande und Rommpel wurden auf der Basis einer exploratorischen Faktorenanalyse valide Qualitätsdimensionen, die sich allerdings auf Reha-Einrichtungen beziehen, extrahiert:[259]

- Renommee und Standards der Einrichtung
- Durchführung des Therapieprogramms
- Kompetenzen des Personals
- Hotelaspekte
- somatische Ergebnisqualität
- psychosoziale Ergebnisqualität

In der Untersuchung von Geraedts sind zwar auch Qualitätsdimensionen zu finden, diese wurden jedoch ausschließlich zu Strukturierungszwecken der Qualitätsitems verwendet und nicht qualitativ oder quantitativ hergeleitet.[260]

In einer ausführlichen internationalen Literaturrecherche zum Bedarf an Patienteninformationen über das Krankenhaus konnte Schaeffer sechs grundlegende Themenbereiche identifizieren, die als Qualitätsdimensionen interpretiert werden können:[261]

- Vertrauenswürdigkeit
- fachliche Expertise und Kompetenz
- Verhältnis/Beziehung zum Patienten

---

[256] Vgl. Douglas, Douglas (2004), (→S23); Douglas, Douglas (2005), (→S13).

[257] Vgl. Donabedian (1980), S. 83ff.; derselbe (1982), S. 70ff. sowie derselbe (2003), S. 46ff. sowie Abschnitt 3.4.

[258] Vgl. Olandt (1998), (→S39).

[259] Vgl. Grande, Rommpel (2005), S. 193ff., (→S15). Die Autoren legten folgende Gütekriterien zu Grunde: Für die Variable musste jeweils mindestens die Hälfte der insgesamt durch alle Faktoren aufgeklärten Varianz auf den betreffenden Faktor entfallen. Die Variable durfte jeweils keine bedeutsame Ladung auf einen anderen Faktor aufweisen. Die interne Konsistenz der Faktoren wurde mit Hilfe von Cronbachs Alpha geprüft.

[260] Vgl. Geraedts (2006), S. 165, (→S16).

[261] Vgl. Schaeffer (2005), S. 5, (→S45).

- Kommunikation/Information
- Organisation/Management der Krankenhausversorgung
- Umgebungsgestaltung/Atmosphäre

In einer früheren qualitativen Untersuchung von 1996 in den USA fanden Edgman-Levitan und Cleary auf der Basis einer Literaturrecherche, dem Review von diversen Forschungsprojekten und Interviews mit Health Care Professionals sechs, inhaltlich zu Schaeffer sehr ähnliche Qualitätsdimensionen, auf die der Informationsbedarf von Patienten zur Auswahl eines KH gerichtet ist:[262]

- Respekt für den Patienten (persönliche Werte, Präferenzen, Bedürfnisse)
- Koordination der Behandlung
- Information, Kommunikation, Aufklärung;
- körperliches Wohlbefinden und Schmerzmanagement
- emotionale Unterstützung und Verminderung von Angst
- Einbeziehung von Familie und Freunden sowie Kontinuität bei der Entlassung.

Eine international angelegte qualitative Studie von 2005 auf der Grundlage von Literaturanalysen und einer Metaanalyse empirischer Befunde, allerdings bezogen auf alle Leistungsanbieter im Gesundheitswesen (neben KH auch ambulanter Bereich, Pflegeeinrichtungen etc.), konnte folgende Dimensionen der Qualitätswahrnehmung von Patienten ableiten: Patientenorientierung, Zugang, Kommunikation und Information, Höflichkeit und emotionale Unterstützung, technische Qualität, Effizienz, Struktur sowie Einrichtung.[263]
Insgesamt lässt sich nach Sichtung der Studien zum Thema der Informationspräferenzen von Patienten zur Beurteilung der KH-Qualität bzw. zur KH-Auswahl feststellen, dass kein generalisierbares Ergebnis ableitbar ist. Durch die Zuordnung der am meisten präferierten Qualitätsinformationen in den einzelnen Studien in die Kategorien der Struktur-, Prozess- und Ergebnisqualität lässt sich lediglich als vereinendes Element festhalten, dass sich die je Studie unterschiedlich ausgeprägten Informationspräferenzen von Patienten zur KH-Qualität, über alle drei genannten Qualitätskategorien erstrecken (siehe Kennzeichnung Struktur-, Prozess- und Ergebnisqualität in Tabelle 4).
Ein Grund für die differenten Studienergebnisse ist zweifelsohne die geringe Zahl vorliegender Untersuchungen. Aber auch die Herleitung der vorgegebenen Qualitätsitems, auf denen dann ein Ranking basiert, scheint wenig systematisch erfolgt zu sein (die vorgegebene Auswahl von Qualitätsitems reicht von 7 bis 77). Entsprechende Methodiken (Literaturanalyse oder qualitative Vorstudie) wurden lediglich in der Studie von Grande und Romppel sowie in der qualitativen Untersuchung des Picker Institutes angewendet. So kann vermutet werden, dass die Bedeutungsunterschiede zwischen den einzelnen Qualitätsmerkmalen stark von den vorgegebenen Items abhängen. Hinzu kommt, dass teilweise die Abgrenzung einzelner Qualitätsinformationen für die Befragten schwer fallen dürfte. Beispielsweise sind starke Überlappungen zwischen „Betreuung allgemein" und „Betreuung und Versorgung durch das Pflegepersonal" sowie „Behandlung und Versorgung durch die Ärzte" in der TK-Studie feststellbar. Die Qualitätsmerkmale „Kompetenz und Erfahrung der Ärzte",

262 Vgl. Edgman-Levitan, Cleary (1996), (→S55).
263 Vgl. Sofaer, Firminger (2005), (→S46).

„Fachrichtung der behandelnden Ärzte“ sowie „Qualifikation des Personals“ in der Untersuchung von Grande und Romppel beziehen sich alle stark auf die Kompetenz und können z.T. als Teilmenge oder stark überlappend mit dem jeweils anderen Merkmal verstanden werden.

Ebenso fällt mit Blick auf die Qualitätsitems ein weiteres Problem auf. Offensichtlich wurde in den bisherigen Studien bei der Auswahl der vorgegebenen Qualitätsmerkmale kaum unterschieden, ob diese überhaupt prinzipiell vor dem eigentlichen Krankenhausaufenthalt durch den Patienten ermittelbar sind. Generell kann ein Patient bzw. potentieller Patient die Beurteilung der KH-Qualität nur unter Heranziehung von Qualitätsmerkmalen, welche überwiegend Sucheigenschaften aufweisen, vornehmen. Sucheigenschaften sind Leistungsmerkmale, die im Vorfeld der Leistungserstellung ermittelbar sind, wie z.B. die Qualifikation der Ärzte, Schwerpunkte und Leistungen des KH oder auch Fallzahl, Erfolgsquoten sowie Ergebnisse von Patientenzufriedenheitsbefragungen. Qualitätsmerkmale, die jedoch erst während oder nach der Leistungserstellung beurteilbar sind, also zum überwiegenden Teil durch Erfahrungs- oder sogar Vertrauenseigenschaften charakterisiert sind, können kaum vom Patienten zur Ex-ante-Beurteilung eines KH herangezogen werden. Hierzu gehören beispielsweise die Freundlichkeit des Personals, die Durchführung der Behandlung sowie der individuelle Behandlungserfolg. Es ist also essentiell notwendig, eine klare Unterscheidung zwischen der Qualitätsbeurteilung aus Patientensicht zur KH-Auswahl, d.h. vor einem KH-Aufenthalt und der Qualitätsbeurteilung nach dem KH-Aufenthalt beispielsweise in Form der Patientenzufriedenheit, zu treffen.

Ein weiterer Kritikpunkt bezieht sich auf die verwendeten Methodiken. Die Erhebungsmethodik der deutschen Untersuchungen basiert auf einfachen kompositionellen direkten Abfragetechniken mit z.T. Nachteilen bei der Ermittlung von eindeutigen Bedeutungsunterschieden zwischen den Qualitätsmerkmalen. Im internationalen Bercich werden zwar validere dekompositionelle Methoden, z.B. der Conjoint-Analyse, angewendet, die über die Ableitung einer Rangliste hinaus auch die Berechnung von tatsächlichen Teilnutzenwerten ermöglichen. Hier besteht jedoch der Nachteil der äußerst geringen Anzahl von Qualitätsmerkmalen, die in Form von Auswahlszenarien dem Probanden vorgegeben werden können.[264]

Des Weiteren beziehen sich die Erhebungen immer auf bestimmte Befragungsgruppen. Die Studien von der TK, von Steuff et al. sowie Geraedts befragen beispielsweise nur Versicherte. In den Untersuchungen von Grande und Romppel sowie des Picker Institutes werden ausschließlich betroffene Patienten bzw. Bürger mit KH-Erfahrung befragt. In keiner Studie werden beide Bezugsgruppen einbezogen. So kann beispielsweise keine Antwort auf die Frage gefunden werden, ob es Unterschiede bei den bevorzugten Qualitätsinformationen zwischen Versicherten und aktuell betroffenen Patienten gibt.

---

[264] Zu Vor- und Nachteilen von kompositionellen und dekompositionellen Erhebungsmethoden siehe auch Abschnitt 5.1.4.1.

	TK, Forsa (2007)	Streuf, Maciejek, Kleinfeld, Blumenstock, Reiland, Selbmann (2007)	Geraedts (2006)	Grande, Romppel (2005)	Picker Institut (2006)
Anzahl vorgegebener Items	**13**	**7**	**33**	**77**	**17 (hier nicht vorgegeben)**
Top-Ten der Qualitätsinformation innerhalb der Rangliste gewünschter Entscheidungskriterien	1. Qualifikation bzw. Kompetenz der Ärzte, Spezialisten (S) 2. Behandlung und Versorgung durch die Ärzte (P) 3. Ausstattung des Krankenhauses (z. B. Zimmer, technische Ausstattung) (S) 4. Betreuung und Versorgung durch das Pflegepersonal (P) 5. Sauberkeit, Hygiene (P) 6. gute Atmosphäre, freundliches Personal (P) 7. Ruf des Krankenhauses (E) 8. Betreuung allgemein (P) 9. dass Ärzte und Pflegepersonal sich ausreichend Zeit für meine Anliegen nehmen (P) 10. guter Behandlungserfolg (z. B. schnell wieder gesund entlassen werden) (E)	1. guter Ruf der Ärzte bzw. des Krankenhauses insgesamt (E) 2. enge Zusammenarbeit des Krankenhauses mit dem behandelnden Arzt (P) 3. bereits häufig erfolgte Durchführung der notwendigen Behandlung (S) 4. Offenlegung von Behandlungsergebnissen wie Sterblichkeits- oder Komplikationsstatistiken (E) 5. Nähe des Krankenhauses bzw. eine gute Lage und gute Erreichbarkeit (S) 6. Gute Hotel- und Serviceleistungen, z.B. bei der Verpflegung und Unterbringung (S) 7. Vorhandensein von Gütesiegeln und Zertifikaten (E)	1. Qualifikation der Ärzte (S) 2. Sauberkeit der Klinik und Patientenzimmer (P) 3. Qualifikation des Pflegepersonals (S) 4. Behandlung nach den neuesten und derzeit besten medizinischen Verfahren (P) 5. Freundlichkeit des medizinischen Personals (P) 6. Einbeziehung der Patienten bei der Behandlung (P) 7. Spezialkompetenzen der Klinik 8. Zufriedenheit der Patienten mit dieser Einrichtung (E) 9. Behandlungserfolge und Komplikationsraten der Klinik (E) 10. Empfehlung der Klinik durch Spezialisten (E)	1. Wiederherstellung der Leistungsfähigkeit (E) 2. Kompetenz und Erfahrung der Ärzte (S) 3. Verbesserung des körperlichen Zustandes (E) 4. Qualifikation des Personals (S) 5. Engagement und Motivation des Personals (P) 6. Fachrichtungen der behandelnden Ärzte (S) 7. Qualität der Therapiedurchführung (P) 8. Einfühlungsvermögen der Ärzte (P) 9. Freundlichkeit des Personals (P) 10. Sauberkeit der Zimmer (P)	Hohe Relevanz: - medizinischer Schwerpunkt des Krankenhauses (S) - fachliche Qualifikation der Ärzte (S) - Erfolgs- bzw. Komplikationsraten (E) - Fallzahlen (S) - Kooperationen mit anderen Einrichtungen (P) - Zertifikate (E) - vertrauensvolle Beziehung zum Arzt (P)

Legende: S - Strukturqualität, P - Prozessqualität, E - Ergebnisqualität

Tabelle 4: Überblick über deutsche Studien zu Patientenpräferenzen hinsichtlich gewünschter Qualitätsinformationen zur KH-Wahl

4.1.2.3. Determinanten des Involvements von Patienten hinsichtlich Informationen zur Krankenhausqualität

Wie die Bestandsaufnahme in Abschnitt 4.1.2.1 zeigt, sind Informationen zur KH-Qualität für Patienten von großer Bedeutung, das entsprechende Involvement ist hoch. Ungeachtet dieses generell hohen Niveaus kann es individuelle Ausprägungsunterschiede geben. Die Einflussfaktoren, welche Unterschiede im informationsbezogenen Involvement erklären könnten, beschränken sich fast ausschließlich in den vorliegenden Studien auf nahezu am Rande mit erhobene, sozio-demographische Merkmale, die im Folgenden kurz dargestellt werden. Eine detaillierte Analyse wird bei der Untersuchung der Einflussfaktoren auf das Involvement hinsichtlich KH-Qualitätsinformationen zur Ableitung von Hypothesen vorgenommen (siehe Abschnitt 7.1.3).

Das sozio-demographische Merkmal Alter wurde in mehreren Studien erfasst. Bis auf die Untersuchung von Coulter et al. stellen alle anderen Studien eine Zunahme des Interesses an Informationen zur KH-Qualität mit steigendem Alter der Patienten fest.[265] Die soziale Schicht, im Zusammenhang mit den Merkmalen Bildung, berufliche Position bzw. Einkommen, spielte in Studien zum Informationssuchverhalten ebenfalls eine positive Rolle als Einflussfaktor.[266] Das Merkmal Geschlecht wird häufig zur Beschreibung der Stichprobe mit erhoben. Bisherige empirische Befunde bei der Analyse von ggf. vorhandenen geschlechtsspezifischen Unterschieden beim Informationssuchverhalten lassen keinen generellen Einfluss dieses Merkmals vermuten.[267] Ebenfalls interessant ist die Frage nach dem möglichen Einfluss des Versicherungsstatus. Einige Studien haben den Einfluss hinsichtlich der Ausprägung „privat versichert" analysiert und einen positiven Effekt identifiziert.[268]

Weitere Einflussfaktoren in Form von psychologischen, krankheitsbezogenen oder Umfelddeterminanten wurden bisher kaum untersucht. Lediglich in einer Untersuchung von Longo werden auf Basis von qualitativen Fallstudien diverse Determinanten, welche das Informationssuchverhalten von Patienten beeinflussen, abgeleitet (siehe Tabelle 5).[269] Der genaue Einfluss dieser Variablen wurde jedoch nicht empirisch geprüft.

In einer zweiten Untersuchung zur Patientenmündigkeit konnten positive Effekte der psychologischen Determinanten Selbstwirksamkeit, Sprachkompetenz, Wichtigkeit der Gesundheit, wahrgenommenes Risiko und Einstellung zum Arzt auf das Informationsverhalten von Patienten empirisch nachgewiesen werden.[270]

Insgesamt muss jedoch festgestellt werden, dass die vorhandenen Befunde zu möglichen psychologischen, krankheitsbedingten u.a. Einflussfaktoren aus der Forschung zum Informationssuchverhalten von Patienten nur sehr begrenzt eine Formulierung von

---

[265] Vgl. Coulter, Magee (2003), S. 225, (→S26); Coulter, Jenkinson (2005), S. 358, (→S11); Grande, Romppel (2005), S. 212, (→S15); Zok (2003), S. 113 sowie 116, (→S48); Streuf et al. (2007), S. 118, (→S4).

[266] Vgl. Coulter, Magee (2003), S. 219f. (→S26); Geraedts (2006), S. 160, (→S8); Grande, Romppel (2005), 212, (→S15); Möller et al. (2004), S. 483, (→S25); Suhonen et al. (2005), S. 1170, (→S21).

[267] Vgl. Grande, Romppel (2005), S. 213, (→S15); Geraedts (2006), S. 162, (→S8); Streuf et al. (2007), S. 118, (→S4); Wildner et al. (2002), S. 308, (→S34).

[268] Vgl. Dietz (2006), S. 187f., (→S7); Gereadts (2006), S. 160, (→S8); Möller et al. (2004), S. 483, (→S25).

[269] Vgl. Longo (2005), (→S19).

[270] Folgende signifikante Beta-Koeffizienten auf Basis einer Regressionsanalyse wurden ermittelt: Selbstwirksamkeit 0,075; Sprachkompetenz 0,164; Wichtigkeit der Gesundheit 0,302; Wahrgenommenes Risiko 0,097 sowie Einstellung zum Arzt -0,041. Vgl. Dietz (2006), S. 187ff., (→S7).

Hypothesen zulassen. Weiterführende Anhaltspunkte sollen daher aus theoretischen und konzeptionellen Arbeiten anderer Gebiete zur Unterstützung abgeleitet werden.

Einflussfaktoren auf das Informationssuchverhalten sowie die Informationsnutzung von Patienten / Konsumenten	
Kontextbezogen	**Personenbezogen**
• Gesundheitszustand • Struktur des Gesundheitswesens • Zugang zur / Verfügbarkeit der Gesundheitsversorgung • Faktoren der Informationsumgebung (z.B. Informationsangebot) • Informationssuche für sich selbst, Familienmitglieder oder Freude entweder bei drohenden oder vorhandenen medizinischen Problemen	• demographische Faktoren • sozioökonomische Faktoren • Krankheitsgeschichte • genetische Faktoren • Krankheitsgeschichte der Familie • Bildung • Kultureller Hintergrund • Sprache • Einstellungen, Intensionen, Verhalten • aktueller Gesundheitsstatus

Quelle: Longo (2005), S. 92 (Übersetzung ins Deutsche vom Verfasser dieser Arbeit).
Tabelle 5: Einflussfaktoren auf das Informationssuchverhalten von Patienten

4.1.3. Informationsangebote zur vergleichenden Qualitätsdarstellung von Krankenhäusern

Damit die Qualität einer Leistung dargestellt bzw. in Form von Informationsangeboten für interessierte Nachfrager bereitgestellt werden kann, muss vorher eine Bewertung bzw. Messung der Qualität stattfinden. Bevor eine detaillierte Bestandaufnahme der bereits in Deutschland und anderen Ländern eingesetzten Messverfahren der KH-Qualität erfolgt, soll ein Systematisierungsansatz entwickelt werden. Eine Systematisierung der Messverfahren für die Beurteilung von Dienstleistungen wurde bereits von Bruhn erstellt, wobei die Messansätze zur Dienstleistungsqualität zwischen unternehmensorientierten und für diese Arbeit relevanten kundenorientierten Verfahren unterschieden werden.[271] Ebenso hilfreich für die weiterführenden Betrachtungen ist die Unterteilung der kundenorientierten Messverfahren in objektive und subjektive Qualitätsmessungen. Die objektive Qualitätsmessung erfolgt auf der Grundlage von objektiv formulierten und extern konkret nachvollziehbaren Kriterien- und Beurteilungsstandards. Die Entwicklung derartiger Qualitätsstandards in Form von Qualitätsindikatoren und -normen wird i.d.R. von Experten vorgenommen. Die subjektive Qualitätsmessung beinhaltet dagegen Verfahren zur Messung der Qualitätswahrnehmung aus Sicht des Kunden sowie anderer Anspruchsgruppen.[272]

Wie Abbildung 2 zeigt, sind unter den von Bruhn für den generellen Dienstleistungssektor zusammengetragenen Messansätzen auch einige Verfahren im Bereich der KH-Leistungen bekannt. Es wird jedoch auch deutlich, dass nicht alle Ansätze 1:1 im KH-Bereich eingesetzt werden. Darüber hinaus gibt es im Krankenhaussektor spezielle Messansätze zur Qualitätsbewertung, die im Systematisierungsansatz von Bruhn nicht aufgeführt werden.

---

[271] Vgl. Bruhn (2006), S. 212.
[272] Vgl. Bruhn (2006), S. 212 sowie Olandt (1998), S. 15.

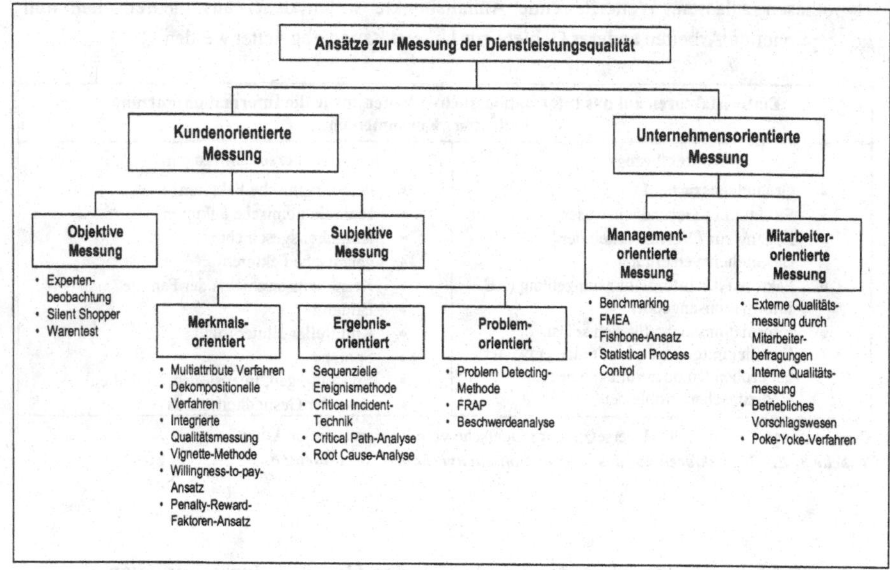

Quelle: Bruhn (2006), S. 212.

Abbildung 2: Ansätze zur Messung der Dienstleistungsqualität

Für die Strukturierung der im KH-Bereich eingesetzten kundenorientierten Messmodelle wird daher in abgewandelter Form die prinzipielle Unterteilung von Bruhn in objektive und subjektive Messansätze zu Grunde gelegt und mit einer weiterführenden krankenhausspezifischen Systematisierung eingesetzter Qualitätsmessansätzen unterlegt. Tabelle 6 gibt die Systematisierung sowie die Zuordnung exemplarischer Beispiele wieder.

Im KH-Bereich gehören in die Kategorie der objektiven Messmodelle Verfahren auf der Basis von Qualitätsindikatoren, Messmodelle der Akkreditierung bzw. Zertifizierung sowie Qualitätsmessverfahren in Form von Qualitätsberichten. Zu den subjektiven Beurteilungsverfahren können multiattributive Ansätze, dekompositionelle Verfahren[273] und die Analyse von Patientenbeschwerden gezählt werden.

Wie die weiterführende Darstellung der bisherigen Informationsangebote zur KH-Qualität in der Praxis zeigt, kommen die Messverfahren einzeln oder in Kombination von mehreren Verfahren vor. So kann beispielsweise das niederländische Messverfahren der Hospital Performance Indicators generell als Modell auf der Basis von Qualitätsindikatoren gesehen werden, es werden jedoch auch Aspekte der Patientenzufriedenheit als subjektive

[273] Multiattributive Messverfahren haben das gemeinsame Merkmal, dass globale Qualitätsurteile das Resultat der individuellen Beurteilungen verschiedener Qualitätsmerkmale sind. Innerhalb der Gruppe der multiattributiven Verfahren gibt es zahlreiche Varianten, die generell in zufriedenheitsorientierte und einstellungsorientierte Modelle eingeteilt werden. Im Gegensatz zu den multiattributiven Ansätzen der subjektiven Qualitätsmessung geht die Gruppe der dekompositionellen Verfahren von einer globalen Gesamtbeurteilung der Qualität aus, wobei nachträglich Rangreihen mehrerer Beurteilungsobjekte mit verschiedenen Merkmalsausprägungen z.B. in Form der Conjoint-Analyse berechnet werden. Zur detaillierten Beschreibung multiattributiver Verfahren und Analyse diverser Varianten vgl. auch Hentschel (2000), 290ff. Zur Gruppe der dekompositionellen Verfahren siehe auch Abschnitt 5.1.4.1 in dieser Arbeit.

Qualitätswahrnehmung ermittelt.[274]

Im Folgenden werden nun die Informationsangebote zur KH-Qualität im Einzelnen dargestellt und diskutiert. Darüber hinaus findet die Analyse der bereits vorhandenen Informationsangebote Eingang in den Prozess der Konzeptualisierung der Informationspräferenzen zur KH-Qualität, indem mögliche Qualitätsinformationen mit Relevanz zur KH-Wahl extrahiert und für die spätere Entwicklung des Messinstruments gesammelt werden (siehe Abschnitt 8.1.1). Bevor jedoch auf die einzelnen Angebote in Deutschland genauer eingegangen wird, sollen die Befunde aus dem internationalen Raum näher beleuchtet werden.

Objektive Messung	Subjektive Messung
• Qualitätsindikatoren zur Beurteilung von Krankenhausleistungen (z.B. die externe vergleichende Qualitätssicherung durch die BQS in Deutschland oder The Danish National Indicator Project in Dänemark)	• Multiattributive Verfahren (hierzu gehören z.B. diverse Methoden der Patientenzufriedenheitsmessung, aber auch die Bewertung durch Selbsthilfegruppen oder niedergelassene Ärzte)
• Verfahren zur Akkreditierung oder Zertifizierung von Krankenhäusern (z.B. KTQ-Zertifizierung in Deutschland oder Akkreditierung durch das ACHS In Australien)	• Dekompositionelle Verfahren (im deutschen Gesundheitswesen noch nicht sehr verbreitet, Standardverfahren der Marktforschung, Präferenzmessung durch ganzheitliche Messung des Gesamtnutzens und abgeleiteter Teilnutzenwerte einer Leistung – Conjoint Analyse)
• Qualitätsberichte von Krankenhäusern (z.B. der Qualitätsbericht im Rahmen der KTQ-Zertifizierung oder der gesetzlich vorgeschriebene Qualitätsbericht nach § 137 Abs. 1 SGB V)	• Analyse von Patientenbeschwerden

Tabelle 6: Systematisierungsansatz zu Messverfahren der KH-Qualität

4.1.3.1. Vergleichende Qualitätsdarstellung und kritische Würdigung internationaler Modelle

Die ersten vergleichenden Informationsangebote zur KH-Qualität entstanden in den USA.[275] Da das amerikanische Gesundheitssystem traditionell wettbewerbsorientiert ausgerichtet ist und eher einem Gesundheitsmarkt als einem staatlichen System entspricht, sind Patienten bzw. Arbeitgeber schwerpunktmäßig auf private Eigeninitiative zur Sicherung der Gesundheitsversorgung angewiesen und daher sehr an Leistungs- und Kosteninformationen, die Leistungsanbieter hingegen an Kundengewinnung und Kundenbindung interessiert. Den ersten Schritt machte das New York State Departement of Health mit der Einführung eines Berichtssystem zu Herzoperationen seit 1989.[276] Dargestellt werden neben der Anzahl der Fälle überwiegend klinische Qualitätsindikatoren der Mortalität.

Die KH des Bundesstaates Rhode Island veröffentlichen seit 2001 einen Report der Leistungsmessung, der neben klinischen Qualitätsindikatoren zu definierten Indikationen auch die Patientenzufriedenheit und Ergebnisse des Finanzmanagements der Häuser

---

[274] Zu weiteren Ausführungen über das niederländische Modell der Hospital Performance Indicators siehe auch Abschnitt 4.1.3.1 sowie (→S81).

[275] Vgl. Matthes, Wiest (2004), S. 50. Ebenda ein Überblick über die Qualitätsinitiativen in den USA seit 1990. Wir konzentrieren uns hier auf aktuelle Informationsangebote, die bis 2007 noch verfügbar sind.

[276] Vgl. New York State Department of Health (2004), (→S85).

enthält.[277] Des weiteren veröffentlicht die älteste Akkreditierungsorganisation zur KH-Qualität der Welt, die Joint Commission on Accrediation of Health Care Organisation (JCAHO), seit 2002 ein Set an klinischen Qualitätsindikatoren zu definierten Indikationsgebieten bundesstaatsübergreifend.[278]

Eine große Initiative, ebenfalls über mehrere Bundesstaaten angelegt, ist die so genannte Hospital Quality Alliance, in der sich die führenden Gesundheitsdachorganisationen und staatlichen Zuständigkeiten zusammengeschlossen haben. Veröffentlicht wird auf einer neu geschaffenen Website der KH-Vergleich (Hospital Compare) von Akutkrankenhäusern in Form von klinischen Indikatorensets zu den Leistungsbereichen Herzinfarkt, Herzinsuffizienz, Pneumonie und Infektionsprävention in der Chirurgie.[279] Hinzu kommen Ergebnisse der Patientenzufriedenheit sowie Basisinformationen je Klinik, eine Krankenhauscheckliste zur Unterstützung der KH-Wahl für Patienten und Informationen zu Patientenrechten im KH.

Eine weltweit agierende Organisation, mit Sitz in den USA, die Maryland Hospital Association, ist seit 1987 aktiv und bietet mit dem Quality Indicator Project eine Performancemessung für Krankenhäuser weltweit.[280] Die Qualitätsmessung für den Bereich Akut-Medizin beinhaltet 19 definierte Indikatorensets und bewertet u.a. die Aufenthaltsdauer in der Notaufnahme, ungeplante Wiederaufnahmen, ungeplante nochmalige Operationen und die Mortalität. Auch die Bereiche Psychiatrie, Langzeitpflege und Home care können evaluiert werden.

Auch Kananda hat bereits frühzeitig mit der Einführung von Qualitätsbewertung und Qualitätsdarstellung begonnen. Seit 1998 veröffentlichen die KH der Provinz Ontario einen Krankenhausbericht, der auf Basis einer auf Krankenhäuser angepassten Balance Score Card definierte Indikatoren in den Bereichen Systemintegration und Veränderung, KH-Inanspruchnahme und Ergebnisse, finanzielle Leistungen sowie die Patientenzufriedenheit bewertet.[281]

In Australien agiert ebenfalls eine Organisation, the Australian Council on Health Care Standards, die neben der Akkreditierung von Krankenhäusern seit 1993 auch einen vergleichenden Bericht zu klinischen Qualitätsindikatoren veröffentlicht.[282] Die umfangreiche Systematik enthält 22 Indikatorensets mit 308 Indikatoren und erfasst beispielsweise Nebenwirkungen von Medikamenten, diverse Wartezeiten oder ungeplante Wiederaufnahmen sowie nicht erfolgte Patientenaufnahmen bei Tagesoperationen.

In Europa haben die Briten wohl die meiste Erfahrung mit der vergleichenden Qualitätsdarstellung von KH gesammelt. Anders als in den USA entwickelte sich hier jedoch die Notwendigkeit der Qualitätsmessung aus akuten Qualitätsproblemen einzelner Leistungsanbieter heraus sowie dem Bedarf der britischen Patienten nach mehr Transparenz und Wahlmöglichkeiten innerhalb des streng reglementierten staatlichen Systems des NHS.[283] So veröffentlichte die Kommission für Gesundheitsentwicklung (Commission for Health Improvement – CHI) ein Steuerungsinstrument, welches von 2001 bis 2004 Assesments von

[277] Vgl. Rhode Island State Department of Health (2003), (→S86).
[278] Vgl. JCAHO (2007), (→S84).
[279] Vgl. Hospital Quality Alliance (2008), (→S83).
[280] Vgl. Maryland Hospital Association (2008), (→S87). Bis 2005 wurden ca. 1.300 Krankenhäuser bewertet.
[281] Vgl. HRRC (2005), (→S80), sowie Brown et al. (2004), S. 75ff.
[282] Eine umfangreiche Darstellung sowie kritische Beurteilung des Akkreditierungsverfahrens des ACHS ist in Simon (2007) zu finden.
[283] Vgl. Allen, Hommel (2006), S. 203; Bevan (2004), S. 97; Danner (2004), S. 51.

Akutkrankenhäusern vornahm und in entsprechenden Qualitätsberichten veröffentlichte.[284] Bewertet wurden u.a. die Bereiche Bewertung und Erfahrung von Patienten, Patienteneinbeziehung, Effektivität, Risiko- und Personalmanagement. Hinzu kamen klinische Audits. Diese Intitiative wurde 2004 durch die Healthcare Commission abgelöst, welche ein so genanntes Rating bzw. Star Rating - System zur Performancemessung einführte.[285] Die Leistungsbewertung erfolgt mit diversen Indikatoren über zwei Hauptbereiche: Der erste Bereich sind die so genannten Key Targets mit Indikatoren, z.B. zu Wartezeiten, Finanzmanagement und Hygiene. Der zweite Bereich umfasst Qualitätsbewertungen auf Basis einer angepassten Balanced Scorecard, u.a. zu den Dimensionen Patienteninformation und -partizipation, Qualifikation der Mitarbeiter, ungeplante Wiederaufnahmen oder Patientenbeschwerden. Des Weiteren sind in einer staatlich unabhängigen Initiative die so genannten Dr. Foster Hospital Guides online und in Buchform verfügbar.[286] Diese beinhalten in einer patientenorientierten Darstellungsform Indikatoren auf der Basis von Statistiken der Qualitätssicherung wie Mortalitätsraten, Indikatoren zur Patientenzufriedenheit, Wartezeiten während der Behandlung, Verweildauer, Belegung, Wartezeiten bis zur KH-Aufnahme sowie diverse Informationen zur Geräteausstattung und zu speziellen Behandlungsmöglichkeiten. Hinzu kommen ausführliche Zusatzinformationen je Klinik.

In Dänemark werden bereits seit 2000 alle Krankenhäuser mit Hilfe eines Systems von vorwiegend klinischen Qualitätsindikatoren zu sechs Indikationsgebieten bewertet: Schlaganfall, Hüftfraktur, Schizophrenie, akute Magen-Darm-Operation, Herzinsuffizienz und Lungenkrebs.[287] Die Qualitätsbewertung von Akutkrankenhäusern in Frankreich erfolgt ebenfalls auf der Grundlage eines klinischen Indikatorensystems, wobei das Einführungsprojekt bereits 1998 gestartet, jedoch noch nicht abgeschlossen ist.[288] Die Niederlande verfolgen seit 2004 ein umfangreicheres System zur Messung der Krankenhausperformance über vier Kategorien:[289]

- krankenhausweite Indikatoren
- Indikatoren der OP-, Intensiv- und Notfallbereiche
- interventionsspezifische Indikatoren
- managementbezogene Indikatoren

Hinzu kommen weitere Bewertungen zu Patientenzufriedenheit, Organisation und Qualitätsmanagement, Rahmenbedingungen und Aus- und Weiterbildung sowie Forschung.

In der Schweiz ist der Verein Outcome für die Qualitätsbewertung der KH zuständig. Die Qualitätsmessung erfolgt ebenfalls gegliedert in vier Hauptkategorien.[290] Diagnoseunabhängige Qualitätskriterien werden beispielsweise in Form von ungeplanten Wiederaufnahmen oder Komplikationen bei der Narkose erhoben. Die Kategorie Ergebniskriterien erfasst u.a. diverse Wartezeiten und die Zeitdauer bis zur Fertigstellung des Arztberichts. Hinzu kommen in der dritten Kategorie diagnoseabhängige Indikatoren zu definierten Krankheitsbildern. Die

---

284 Vgl. CHI (2004), (→S77); Bevan (2004), S. 99.
285 Vgl. Healthcare Commission (2008), (→S78); Bevan (2004), S. 102.
286 Vgl. Dr. Foster (2008), (→S79).
287 Vgl. Central Denmark Region (2008), (→S60); Mainz (2004), S. 45ff.
288 Vgl. Ministry of Health, French National Authority for Health (2008), (→S76); Bruneau (2006).
289 Vgl. Dutch Health Care Inspectorate (2008), (→S81); Ten-Asbroek et al. (2004), i65ff.
290 Vgl. Verein Outcome (2008), (→S82).

vierte Kategorie erfasst die Patientenzufriedenheit in detaillierter Form auf der Basis des Picker-Fragebogens.[291]
Abschließend sollen die aufgeführten Informationsangebote zur KH-Qualität im internationalen Raum anhand folgender Merkmale analysiert, kategorisiert und kritisch gewürdigt werden (siehe Tabelle 7):

- Teilnahme obligatorisch oder freiwillig
- Veröffentlichung der Qualitätsbewertungen
- Zielgruppe: Fachkreise / Patienten
- Art der Qualitätsmessung: objektiv / subjektiv

Wie die Systematik in Tabelle 7 zeigt, ist nur bei einem Teil der Verfahren eine Pflichtteilnahme der KH vorgesehen. Auch wenn die Qualitätsbewertungen i.d.R. mit dem (politischen) Ziel der Schaffung von Transparenz für die Patienten eingeführt wurden, ist der überwiegende Teil der Veröffentlichungen auf die Zielgruppe von Health Professionals ausgerichtet. Ebenso verwunderlich ist die Tatsache, dass nicht jede vergleichende Berichterstattung tatsächlich öffentlich transparent ist. In der Schweiz, in Dänemark und dem Qualitätsindikatoren-Projekt der weltweit tätigen Maryland Hospital Association werden die Berichte nicht veröffentlicht. Die JCAHO veröffentlicht lediglich die Information, dass eine KH-Bewertung stattgefunden hat, jedoch nicht die Ergebnisse der Qualitätsmessung. In Frankreich lässt die prinzipiell vorgesehene Veröffentlichung seit vielen Jahren auf sich warten.
Bei genauerer Untersuchung der einzelnen Informationsangebote, die ausdrücklich für Patienten bereitgestellt wurden, erscheint die Nutzbarkeit für Patienten eher eingeschränkt. Komplexe Informationen in Form gewöhnungsbedürftiger Darstellungen, verbunden mit medizinischem Fachvokabular, dürften die Verständlichkeit der Qualitätsbewertungen für Patienten zumindest erschweren. Als Ausnahme i.S. eines positiven Beispiels ragt hier der Dr. Foster Hospital Guide heraus.
Beim Blick auf die inhaltliche Konzeption der Verfahren überwiegen objektive Qualitätsmessungen vor allem in Form von klinischen Indikatorsystemen. Ebenfalls vorzufinden sind normative Akkreditierungssysteme, z.B. auf der Basis von angepassten Balanced Scorecards. Subjektive Qualitätsbewertungen, beispielsweise die Ergebnisse von Befragungen zur Patientenzufriedenheit, Patientenbeschwerden, Bewertungen von zuweisenden Ärzten oder Selbsthilfegruppen, sind selten. Am ehesten sind im Bereich subjektiver Qualitätsmessung noch Informationen zur Patientenzufriedenheit zu finden. Insgesamt differieren die inhaltlichen Konzepte der Qualitätsbewertung ähnlich wie auch die Gesundheitssysteme der einzelnen Länder stark. Ein zumindest theoretisch denkbarer und aus Sicht der Gesundheitspolitik nützlicher Vergleich von KH über Ländergrenzen hinweg erscheint kaum möglich.

---

291 Vgl. Picker Institut (2008); Ruprecht (2001), S. 181ff.

Land	Anbieter / Bezeichnung	Verbind-lichkeit		Ziel-gruppe		Qualitäts-messung	
		obligatorisch	veröffentlicht	Fachkreise	Patienten	objektiv	subjektiv
Australien und Neuseeland	Australian Council on Healthcare Standards (ACHS) ACHS Clinical Indicator Report		●	●		●	
Dänemark	Central Denmark Region The Danish National Indicator Project	●		●		●	
Frankreich	Ministry of Health / French National Authority for Health Quality Indicators (COMPAQH-Projekt)		◖	●		●	
Großbritannien	Commission for Health Improvement (CHI) Clinical Governance		●	●	◖	●	
	Healthcare Commission Performance Ratings / Star ratings	●	●	●	◖	●	
	Dr. Forster Dr. Foster Hospital Guides		●		●	●	◖
Kanada	Hospital Report Research Collaborative (HRRC) Hospital Report		●	●		●	◖
Niederlande	Dutch Health Care Inspectorate Hospital Performance Indicators	●	●	●		●	◖
Schweiz	Verein Outcome Outcome-Messungen			●		●	
USA	New York State Department of Health Cardiac Surgery Reporting System (CSRS)		●	●		●	
	Joint Commission on Accreditation of Health Care Organisation (JCAHO) ORYX Performance Measurement System	●	◖			●	
	Rhode Island State Department of Health Performance Measurement and Reporting	●	●	●		●	
	Hospital Qualiy Alliance Hospital Compare	◖	●	●	●	●	◖
	Maryland Hospital Association (USA) Quality Indicator Project (QIP)			●		●	

Legende: ● Merkmal trifft zu, ◖ Merkmal trifft teilweise zu, □ (leer) Merkmal trifft nicht zu

Tabelle 7: Systematisierung der Informationsangebote vergleichender Qualitätsdarstellungen von KH in verschiedenen Ländern

Diverse Befunde aus der Literaturrecherche bestätigen die festgestellten Kritikpunkte. In einer Literaturstudie und Metaanalyse empirischer Untersuchungen stellte bereits Hibbard im Jahr 1998 fest, dass die Veröffentlichung klinischer Ergebnisdaten in Form von Mortalitäts- bzw. Komplikationsindikatoren in den USA wenig wahrgenommen oder gar genutzt wird.[292] Als Hauptgründe werden unzureichende Verständlichkeit und Schwierigkeiten bezüglich der kognitiven Informationsverarbeitung aufgrund der hohen Komplexität dieser Ergebnisindikatoren herausgearbeitet. Des Weiteren leitet der Autor ab, dass Art und Weise der

[292] Vgl. Hibbard (1998), (→S53).

Informationsveröffentlichung einen Einfluss auf die Wahrnehmung und Interpretation der Ergebnisse haben können. Das bisherige Angebot deckt weiterhin nach Meinung der Autoren die Informationswünsche der Adressaten nicht ab. Wie die Studienergebnisse belegen, bevorzugen Leistungseinkäufer in den USA Qualitätsindikatoren zur Patientenzufriedenheit und die Akkreditierungsergebnisse durch anerkannte Organisationen. Konsumenten wünschen sich Informationen zu Patientenzufriedenheit, Behandlungsprozess und Behandlungserfolg und sind sogar bereit, für diese Angaben Geld auszugeben. In einer Analyse zu Barrieren der Informationsnutzung wird ebenfalls die Limitierung der rationalen Entscheidungsfindung herausgearbeitet.[293] Der Autor empfiehlt weitere Forschungen zur Art und Weise, wie Patientenentscheidungen getroffen werden und mit welchen Unterstützungsmaßnahmen (Leitlinien, Guides) der Entscheidungsprozess gefördert werden bzw. die falsche Nutzung von Informationen verhindert werden kann.

In einer weiteren Untersuchung zu Problemen der Performancemessung in den USA lokalisiert Eddy zwei Problembereiche:[294] Die „natürlichen" Probleme umfassen u.a. die geringe Rate an wichtigen Indikatoren sowie die potentielle Steuerungsmöglichkeit der Darstellung zur Ergebnisqualität. In den Bereich der „man-made"-Probleme fallen Aspekte wie zu viele Messungen bzw. Institutionen, welche die Messungen anfordern, inadäquate Informations- bzw. Messsysteme und Finanzierungsprobleme. Entsprechend empfiehlt der Autor die Entwicklung eines nationalen standardisierten Kernsets von evidenzbasierten Ergebnis-Indikatoren sowie die Hinzufügung von Merkmalen der Prozessqualität, verbunden mit einer politisch unabhängigen Finanzierung.

Ebenfalls zur Qualitätsmessung in den USA leiten Edgman-Levitan und Cleary auf der Grundlage von Literatursichtungen, der Analyse diverser Projekte und ergänzenden Interviews mit Akteuren des amerikanischen Gesundheitssystems einen großen Unterschied zwischen Informationsbedarf und bisherigen Informationsangeboten ab.[295] Sorgen um die Datenqualität, Validität und Stichprobe sind verbunden mit der Forderung nach Neutralität bei der Qualitätsbewertung. Viele Patienten ziehen daher aus Sicht der Autoren den Rat von Freunden und Familienmitgliedern vor. Großes Interesse besteht an Befragungsergebnissen zur Patientenzufriedenheit, wobei hier kritisch angemerkt wird, dass häufig unwichtige Kriterien wie die Ausgestaltung der Wartezone, des Parks oder das Essen beurteilt werden.

Umfassend angelegte Studien zum Nachweis von Effekten öffentlich publizierter Krankenhausleistungsdaten vertiefen die Problemfelder weiter. So postuliert Marshall et al., dass trotz mehr als zehn Jahren Erfahrung mit der Veröffentlichung von Qualitätsdaten zu KH kaum Forschungsarbeiten zur Evidenz der Berichterstattung zu finden sind.[296] Schlimmer noch, wenige Patienten und Leistungseinkäufer benutzen die Performanzdaten. Probleme bei der Verständlichkeit der Qualitätsdaten und dem Vertrauen der Patienten in die Datenqualität sind vorzufinden. Auch Ärzte sind eher skeptisch und nur ein kleiner Teil greift auf die Daten zu. Eine begrenzte Anzahl von analysierten Studien weist einen Zusammenhang zwischen der Veröffentlichung von Leistungsdaten und einer Steigerung der Ergebnisqualität nach. Hibbard und Peters schließen ebenfalls, dass die große Menge an vergleichenden Ergebnissen

---

[293] Vgl. Phillips, Bero (1996), (→S56).
[294] Vgl. Eddy (1998), (→S54).
[295] Vgl. Edgman-Levitan, Cleary (1996), (→S55).
[296] Vgl. Marshall et al. (2000), (→S52). Zu ähnlichen Ergebnissen kommen Schauffler, Mordavsky (2001), (→S51).

zu Gesundheitsleistungen nicht im Zusammenhang mit einer effektiven Nutzung in Entscheidungssituationen steht, sehen jedoch die Herausforderung eher im Entwickeln geeigneter Darstellungs- bzw. Präsentationsformen der Informationen.[297]

In einer aktuelleren übergreifenden Studie von 2006 zu Krankenhausbewertungen in Großbritannien und den USA wird deutlich, dass die meisten Probleme weiterhin bestehen. Zusammenfassend wird von den Autoren festgestellt:[298]

- Die Evidenz, dass die Veröffentlichungen zur KH-Qualität den theoretisch postulierten Zielen der Gesundheitspolitik bzw. Leistungsanbieter entsprechen, ist limitiert.
- Es bestehen Risiken bezüglich falscher Schlussfolgerungen durch die Adressaten.
- Ein allgemeines Misstrauen in der Öffentlichkeit ist festzustellen.
- Unterschiedliche Nutzergruppen haben unterschiedliche Informationsbedarfe.
- Bisherige Qualitätsveröffentlichungen fördern eher Durchschnittsqualität, denn Exzellenz der Krankenhäuser.
- „Paralysis of analysis", d.h. Messsysteme sind zu komplex und heterogen und verursachen daher Konfusion und Verschwendung von Mitteln (Datensammlungen mit ursprünglich anderer Zielsetzung sind wenig nutzbringend).

Eine international angelegte Literaturstudie von Schaeffer im Auftrag der Bertelsmann Stiftung kommt zu ähnlichen Befunden:[299]

- Erstellung von Patienteninformationsangeboten erfolgt häufig aus der Akteurs- anstatt der Patienten- bzw. Nutzerperspektive.
- Ausrichtung an Präferenzen und Wünschen der Nutzer bzw. zielgruppenorientierter Zuschnitt der Informationsdarstellung notwendig.
- Reine Sach- und Leistungsinformationen zur KH-Qualität sind nicht ausreichend.
- Informationen müssen vertrauenswürdig sein, um die Aufmerksamkeit von Patienten und Nutzern zu erhalten.
- Informationsvielfalt, zu komplexe, unübersichtliche bzw. zu kleinteilige Informationen verhindern die Informationsnutzung im Rahmen von Such- und Entscheidungsprozessen des Patienten zur KH-Wahl.

Auch die WHO beschäftigt sich mit dem Thema und stellt neben dem hohen Druck für KH zur Veröffentlichung von Leistungs- und Qualitätsdaten einen unterschiedlichen Bedarf an Qualitätsinformationen je Zielgruppe heraus.[300] Ebenso wird folgerichtig empfohlen, die Leistungsbewertung von KH nicht auf rein klinische Ergebnisdaten zu begrenzen.

---

[297] Vgl. Hibbard, Peters (2003), (→S47).
[298] Vgl. Mason, Street (2006), (→S44).
[299] Vgl. Schaeffer (2006), S. 41ff., (→S45).
[300] Vgl. Groene (2006), (→S42).

4.1.3.2. Vergleichende Darstellung und kritische Würdigung deutscher Informationsangebote zur Krankenhausqualität

Deutschland galt bis vor kurzem in Bezug auf vergleichende Qualitätsdarstellungen von Krankenhäusern eher als Entwicklungsland.[301] Auf Grund des wachsenden Informationsbedarfs in der Bevölkerung sowie der Maßnahmen der Gesundheitspolitik zur Wettbewerbssteigerung hat sich das Informationsangebot zur KH-Qualität jedoch sehr verändert. War noch 1998 und 1999 die Veröffentlichung von vergleichenden Kliniklisten durch die Stiftung Warentest und die Zeitschrift Fokus zwar mit ausgesprochen positivem Feedback verbunden, jedoch nur als Einmalaktionen zu werten, so steigerte sich das Angebot in den Folgejahren. 2001 startete die externe Qualitätssicherung durch die BQS. 2002 nahm die KTQ ihre Zertifizierungsverfahren in Betrieb. Der Klinik-Führer Rhein-Ruhr wurde erstmals 2004 online geschaltet. Man könnte fast von einem Boom im Jahr 2005 sprechen, als mit gleichzeitiger Veröffentlichung der strukturierten Qualitätsberichte der Krankenhausnavigator der AOK sowie der Kliniklotse des VDAK starteten, die jedoch zum größten Teil auf den Daten des Qualitätsberichts basieren. Ebenfalls 2005 veröffentlichte die Helios-Kette erstmalig den Helios-Klinikführer. 2007 gingen der TK-Klinikführer und auch der Hamburger Krankenhaus-Spiegel ans Netz. Auch in 2008 waren neue Aktivitäten zu verzeichnen. Die lange angekündigte Weisse Liste der Bertelsmann Stiftung ist verfügbar und Hannover folgte dem Beispiel Hamburgs und veröffentlichte ebenfalls einen Krankenhaus-Spiegel (siehe Abbildung 3). Im Weiteren werden die deutschen Angebote zur vergleichenden Qualitätsberichtserstattung detailliert dargestellt und kritisch analysiert.

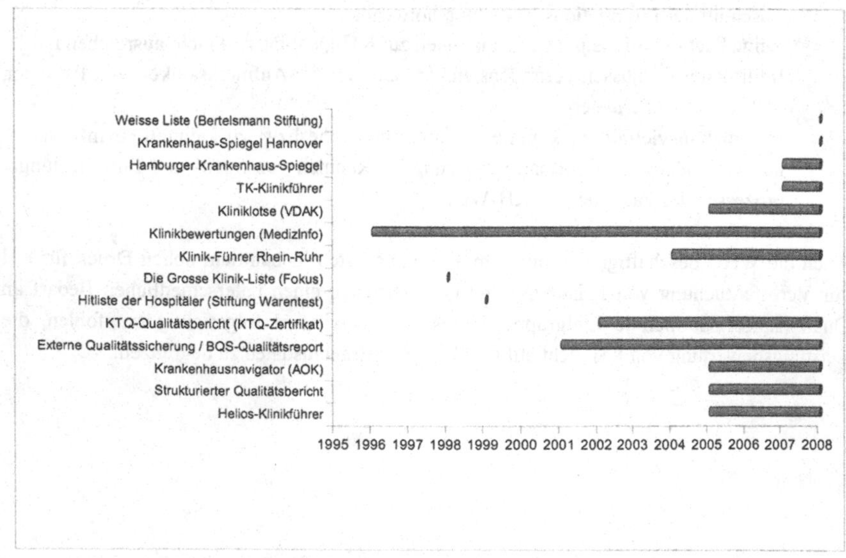

Abbildung 3: Chronologische Entwicklung der Informationsangebote der vergleichenden Qualitätsdarstellung von Krankenhäusern in Deutschland

[301] Vgl. Geraedts (2006), S. 157; Schaeffer (2006), S. 8f.; Viciano, Häberle (2008), S. 93.

4.1.3.2.1. Initiierte Informationsangebote aus der Gesundheitspolitik

Das Messverfahren der externen Qualitätssicherung (QS) nach § 137 Abs. 1 SGB V, welches in einem regelmäßigen Qualitätsreport mündet, ist für alle KH in Deutschland obligatorisch, ähnlich wie vergleichbare, auf Qualitätsindikatoren beruhende Verfahren anderer Länder auch.

Bereits 1995 wurde bei der Einführung von Fallpauschalen und Sonderentgelten durch die Bundespflegesatzverordnung ein Verfahren zur Qualitätssicherung festgelegt. Ziel war die Sicherstellung der Versorgungsqualität, die durch die Ablösung tagesgleicher Pflegesätze durch eine leistungsorientiertere Vergütung ggf. gefährdet sein könnte.[302] Das QS-Verfahren ist im Rahmen des GKV-Gesundheitsreformgesetzes 2000 rechtlich verankert. Anforderungen zur Qualitätssicherung und zum internen Qualitätsmanagement werden seit 2004 durch den Gemeinsamen Bundesausschuss (G-BA) formuliert und münden in weiterführende Empfehlungen bzw. Gesetzesvorlagen.

Die Qualitätssicherung basiert auf der digitalen Erfassung und Dokumentation von Behandlungsverfahren mittels so genannter QS-Bögen, die, wie bereits erwähnt, von der Bundesgeschäftsstelle für Qualitätssicherung (BQS) bereitgestellt und analysiert werden.[303] Ein hierarchisch aufgebautes, komplexes Bewertungssystem umfasst medizinische Qualitätsindikatoren für insgesamt 24 Leistungsbereiche von der Aortenklappenchirurgie bis zur Varizenchirurgie. Je Leistungsbereich werden zwischen 2 und 23 Messindikatoren verwendet, welche die Indikations-, Prozess und/oder die Ergebnisqualität krankheitsspezifisch abbilden. Die Qualitätsindikatoren enthalten wiederum eine oder mehrere Qualitätskennzahlen. Beispielsweise werden beim Leistungsbereich Kniegelenkserstimplantation als Qualitätsindikatoren u.a. der Anteil der Patienten mit richtiger Indikationsstellung anhand von Schmerzzustand und Stadium des Gelenkverschleißes[304] (Indikationsqualität), die postoperative Antibiotikaprophylaxe (Prozessqualität) sowie die Ergebnisqualität in Form von postoperativer Beweglichkeit, Gehfähigkeit bei Entlassung oder postoperative Komplikationen wie Wundinfektion oder Wundhämatome gemessen.[305]

Zweifelsohne sind die Ergebnisse der BQS-Auswertungen sehr wertvoll. Konnte doch u.a. nachgewiesen werden, dass eine Mindestmengenregelung i.S. der Gesundheitsreform Sinn macht.[306] Des Weiteren werden auffällige negative Ergebnisse dem betroffenen Krankenhaus zugänglich gemacht - Verbesserungsmaßnahmen werden mit Hilfe von Experten eingeleitet (der so genannte Strukturierte Dialog). Der Nutzen der Daten für die nationale und internationale Public Health – Forschung liegt ebenfalls auf der Hand. Auf der anderen Seite werden die Ergebnisse des Qualitätsreports, bezogen auf das einzelne Krankenhaus, nicht vollständig veröffentlicht. Lediglich eine für den Leistungsbereich summarisch ermittelte und damit anonymisierte Berichterstattung kann im Internet angeschaut werden. Damit kann zwar prinzipiell die Versorgungsqualität in Deutschland, jedoch nicht die Leistungsqualität eines einzelnen KH beurteilt werden. Um dieses Manko zu verbessern, jedoch gleichzeitig den

---

302 Vgl. Faber (2002), S. 2.

303 Vgl. BQS (2008), (→S64).

304 Die Bewertung des Schmerzzustandes und des Status des Gelenkverschleißes erfolgt nach einem Punkteschema auf Basis der radiologischen Kriterien des Kellgren- und Lawrence-Scores.

305 Vgl. BQS (2009) sowie die beispielhafte Darstellung im Anhang IV.

306 Vgl. Jentsch (2004), S. 69; Ohmann et al. (2008), S. 281.

gewünschten Schutz für die Krankenhäuser aufrechtzuerhalten,[307] wurde erst in jüngster Vergangenheit festgelegt, einzelne ausgewählte Qualitätsindikatoren der BGS für insgesamt 12 Leistungsbereiche in die zweite Version des für Patienten zugänglichen strukturierten Qualitätsberichts aufzunehmen,[308] ein Bewertungsmodell, welches im Folgenden beschrieben wird. Generell bleibt jedoch festzuhalten, dass der BQS-Qualitätsbericht schwerpunktmäßig an Fachkreise gerichtet ist und sich ausschließlich auf die Ergebnis- und Prozessqualität in Form von objektiven Qualitätsindikatoren der technisch medizinischen Qualität konzentriert. Für Patienten dürfte der BQS-Qualitätsreport, abhängig vom Vorhandensein statistischer Grundkenntnisse und von dem Verständnis medizinischer Fachtermini, Probleme beim Verstehen und Interpretieren der Aussagen verursachen. Des Weiteren scheinen wesentliche Qualitätsinformationen bereits veraltet oder in der Flut von Detaildaten unterzugehen.[309]
Entsprechend der Forderung nach mehr Qualitätstransparenz wurde im Zusammenhang mit dem Gesetz zur Einführung des diagnosebezogenen Fallpauschalensystems (DRG) für Krankenhäuser im April 2002 der strukturierte Qualitätsbericht nach §137 Abs. 1 SGB V festgelegt. Der Qualitätsbericht (erstmals im August 2005 veröffentlicht und dann zyklisch alle 2 Jahre) ist mit folgenden Zielen angetreten:[310]

- Information und Entscheidungshilfe für Patienten
- Orientierungshilfe hinsichtlich Einweisung und Weiterbetreuung für Vertragsärzte und Kassen
- Außendarstellung des Krankenhauses, Sichtbarmachung der eigenen Leistung

Die definierten Zielsetzungen gehen weit über die ursprünglich skizzierten Inhalte des Gesetzgebers in 2002 hinaus. Die vorgegebenen Inhalte bzw. Strukturdaten ließen jedoch an der Erreichung der gesetzten Ziele bereits in der ersten Version des Berichtes Zweifel aufkommen. Entsprechende Kritikpunkte waren vielfältig:[311]

- Umfangreiche Berichte zwischen 50 und 500 Seiten je Krankenhaus bieten wenig relevante und schwer auffindbare Qualitätsinformationen für Patienten.
- Tabellenstruktur des Basisteils mit entsprechenden medizinischen Fachtermini ist für die Lesbarkeit durch Patienten wenig geeignet.

---

307 Aus Versorgungssicht steht die Rückspiegelung der erreichten Ergebnisqualität i.S. eines BQS-Benchmarking im Vordergrund. Angesichts der Probleme bei der Risikoadjustierung sehen viele Krankenhäuser und Fachexperten eine vollständige Veröffentlichung der Daten oder ein denkbares Ranking kritisch. Vgl. Flieger (2006), S. 64.

308 Die zweiten Version des strukturierten Qualitätsberichts wurde im Oktober 2007 durch den Gemeinsamen Bundesausschuss über eine Änderung der Vereinbarung gemäß § 137 Abs. 1 Satz 3 Nr. SGB V beschlossen und betrifft die zu erstellenden strukturierten Qualitätsberichte ab 2009. Vgl. G-BA (2007).

309 Zwischen der Veröffentlichung des BQS-Qualitätsberichts und der Datenerfassung in den KH liegt ein Zeitraum von 1,5 Jahren. Beispielsweise bezieht sich der BQS-Qualitätsbericht 2007 auf das Erfassungsjahr 2006 und war ab Juli 2008 erhältlich. Der Seitenumfang der Berichte bewegt sich zwischen 180-210 Seiten, welches auf die Vielzahl von Indikationsgebieten und dem komplexen Indikatorensystem zur Bewertung zurückzuführen ist. Die Ergebnisdarstellung wird in Form statistischer Grafiken (für medizinische Fachkreise üblich) vorgenommen. Die BQS-Stelle versucht, die Verständlichkeit für Patienten mit einer Lesehilfe zu verbessern. Vgl. auch Conrad, Schrappe (2004), S. 24f.

310 Vgl. Selbmann (2004b), S. 713.

311 Vgl. Altenhöner, Schmidt-Kaehler (2007), 111ff.; BDPK (2006), S. 83f.; Conrad, Schrappe (2004), S. 24ff.; Flieger (2006) 61f.; Hildebrand (2004), S. 40; Leber (2004), S. 378ff.; Selbmann (2004b), S. 712ff.; Seyfarth-Metzger (2004), S. 651f.; Verbraucherzentrale Rheinland-Pfalz (2006).

- Systemteil, im wesentlichen Fließtext, ist für die Krankenhäuser frei gestaltbar und kann daher nicht zum Vergleich mit anderen Krankenhäusern herangezogen werden.

Der Qualitätsbericht in der ersten Version enthielt lediglich Strukturangaben und Leistungsmengen. Angaben zur Ergebnisqualität (z.B. Komplikationsrate oder Sterblichkeit) sind nicht verpflichtend und daher wenig vorhanden.[312]

Eine Befragung des BDPK in 2006 ermittelte, dass 66,3% der befragten Patienten weniger gut bis gar keine Informationen zum geplanten Klinikaufenthalt aus dem Qualitätsbericht ziehen können. 65% der einweisenden Ärzte können sich zur Qualität des Leistungserbringers weniger gut bis gar keinen Eindruck verschaffen.[313] Im Detail liefert eine Studie von Schwartze und Geraedts die Hintergründe für dieses Defizit.[314] Die Befragung ergab, dass 20% der Indikatoren im Qualitätsbericht für die Versicherten unverständlich waren. 11 von den 25 Qualitätsindikatoren des strukturierten Qualitätsberichts wurden als relativ unwichtig für die KH-Wahl eingestuft.[315] Dagegen wurden von den befragten Versicherten Indikatoren zur Empfehlung durch andere, wie die Patientenzufriedenheit, vermisst.

Zu vermuten ist, dass große Teile der Patienten von der Existenz der Qualitätsberichte nichts wissen. So fand Geraedts in einer weiteren Studie sieben Monate nach Publizierung der ersten Qualitätsberichte zwar generell ein positives Echo unter den Befragten, jedoch im Widerspruch dazu eine sehr geringe Bekanntheit der Qualitätsberichte.[316] Nur ein geringer Anteil der Bevölkerung (19%) hatte schon einmal von ihnen gehört. Von diesen 19% hatten lediglich 24% den Bericht interessant genug gefunden, diesen auch anzuschauen (umgerechnet auf die Gesamtbevölkerung ist das ein Anteil von 4%, welcher den Qualitätsbericht tatsächlich gelesen hatte). Herunter gebrochen auf die Befragungsgruppe der von einem KH-Aufenthalt Betroffenen, hatten nur vier von 109 Personen den Qualitätsbericht zur Beurteilung und Auswahl eines KH herangezogen.

Die momentan gültige zweite Version des strukturierten Qualitätsberichts ist inhaltlich ähnlich aufgebaut wie die Vorgängerversion und umfasst vier Teile (siehe Tabelle 8).[317]

Als wesentliche Weiterentwicklung bzw. zur Verbesserung des Mangels an Ergebnisqualität wurde Teil C mit dem Bereich der Qualitätssicherung eingeführt. Im Unterschied zur Vorgängerversion des strukturierten Qualitätsberichts ist nunmehr die Veröffentlichung von folgenden ausgewählten BQS-Qualitätsindikatoren verpflichtend für die KH:

- Halsschlagaderoperation

---

[312] Die freiwillige Angabe von Qualitätsindikatoren der BQS war im Abschnitt E3 des Qualitätsberichtes möglich. Jedoch machten nach einer Studie nur 28% der KH davon Gebrauch, die im Mittel Qualitätsindikatoren zu lediglich 5,5 Leistungsbereichen veröffentlichten. Hinzu kam, dass manche KH auch andere Kennzahlen als die BQS-Qualitätsindikatoren verwendeten. Als Probleme dieser Vorgehensweise wurden daher festgestellt: selektive Auswahl der Kennzahlen anhand nicht transparenter Kriterien, teilweise Verwendung ungeeigneter Kennzahlen, Berechnungsgrundlage nicht hinreichend bekannt, Datenerhebung nicht transparent, Richtigkeit der Qualitätsindikatoren ist nicht geprüft. Vgl. Döbler et al. (2007).

[313] Vgl. BDPK (2006), S. 84.

[314] Vgl. Geraedts, Schwartze (2005), (→S16).

[315] Als relativ unwichtige Qualitätsindikatoren wurden eingestuft: Krankenhausträger, Durchgangsarztverfahren, Anzahl ambulanter Patienten, Anzahl Betten, Anzahl stationärer Patienten, Akademisches Lehrkrankenhaus, Mindestmengenvereinbarung, Teilnahme an DMP, Anzahl Ärzte in Weiterbildung, Poliklinik sowie Nähe zum Wohnort.

[316] Vgl. Geraedts (2007), S. 157f.

[317] Vgl. G-BA (2009); GKV (2008), (→S65). Zu einem Vergleich des Qualitätsberichts in neuer und alter Version siehe auch Cruse (2006), S. 1014.

- Lungenentzündung
- Brusttumore
- Herzschrittmachereinsatz, Herzkathederuntersuchung und -behandlung
- Operation an den Herzkranzgefäßen
- Gallenblasenentfernung
- Frauenheilkunde
- Geburtshilfe

Abschnitt	Elemente des Qualitätsberichts je Abschnitt
Teil A	***Struktur- und Leistungsdaten des Krankenhauses*** - Allgemeine Daten (A-1 bis A-5) - Organisationsstruktur (A-6) - Regionale Versorgungsverpflichtung für die Psychiatrie (A-7) - Fachabteilungsübergreifende Versorgungsschwerpunkte (A-8) - Fachabteilungsübergreifende medizinisch-pflegerische Leistungsangebote (A-9) - Allgemeine nicht-medizinische Serviceangebote des Krankenhauses (A-10) - Forschung und Lehre des Krankenhauses (A-11) - Anzahl der Betten und Fallzahlen des Krankenhauses (A-12 und A-13)
Teil B	***Struktur- und Leistungsdaten der Organisationseinheiten und Fachabteilungen*** - Diagnosen nach ICD (B-[X].6)[318] - Prozeduren nach OPS (B-[X].7)[319] - Zulassung zum Durchgangsarztverfahren der Berufsgenossenschaft (B-[X].10) - Apparative Ausstattung (B-[X].11) - Personelle Ausstattung (B-[X].12)

Teil C	***Qualitätssicherung***
	- Teilnahme an der externen vergleichenden Qualitätssicherung (C-1)
	  - Leistungsbereiche und Dokumentationsrate (C-1.1)
	  - Ergebnisse für ausgewählte Qualitätsindikatoren aus dem BQS-Verfahren (C-1.2)
	- Externe Qualitätssicherung nach Landesrecht gemäß § 112 SGB V (C-2)
	- Qualitätssicherung bei Teilnahme an Disease-Management-Programmen (C-3)
	- Teilnahme an sonstigen Verfahren der externen vergleichenden Qualitätssicherung (C-4)
	- Umsetzung der Mindestmengenvereinbarung (C-5) und ergänzende Angaben nach der Ausnahmeregelung (C-6)

Teil D	***Qualitätsmanagement*** - Qualitätspolitik (D-1) - Qualitätsziele (D-2) - Aufbau des einrichtungsinternen Qualitätsmanagements (D-3) - Instrumente des Qualitätsmanagements (D-4) - Qualitätsmanagement-Projekte (D-5) - Bewertung des Qualitätsmanagements (D-6)

Quelle: G-BA (2009).

Tabelle 8: Aufbau des strukturierten Qualitätsberichts[320]

---

[318] ICD ist die internationale Klassifikation der Krankheiten („International Classification of Diseases") der Weltgesundheitsorganisation (WHO). Krankenhäuser sind gesetzlich verpflichtet, ihre Diagnosen nach der aktuellen Version des ICD-Katalogs, der jährlich vom Deutschen Institut für Medizinische Dokumentation und Information (DIMDI) herausgegeben wird, zu dokumentieren. Vgl. G-BA (2009).

[319] Der Operationsschlüssel nach § 301 SGB V (OPS) ist eine Klassifikation der Operationen, Eingriffe (z.B. mit dem Herzkatheter) und sonstigen (auch diagnostischen) Prozeduren und Untersuchungen. Er dient als Grundlage für Leistungsnachweise und die Abrechnung der Krankenhäuser gegenüber den Kostenträgern. In Deutschland zugelassene Krankenhäuser sind gesetzlich zur Dokumentation ihrer Leistungen nach dem OPS verpflichtet. Der aktuelle OPS-Katalog wird ebenso wie der ICD-Katalog jährlich vom DIMDI herausgegeben. Siehe auch Fußnote 318. Vgl. G-BA (2009).

Jedoch muss festgestellt werden, dass die neu geschaffene Transparenz definierter Qualitätsindikatoren der Qualitätssicherung u.U. durch ein betroffenes KH umgangen werden kann. Bei Einstufung eines Krankenhauses als „qualitativ auffällig" entsprechend der BQS-Schlüsselsystematik muss keine Veröffentlichung erfolgen, solange der Strukturierte Dialog zwischen Krankenhaus und BQS-Geschäftsstelle noch nicht abgeschlossen ist. Ein interessierter Patient kann in diesem Fall ein KH mit schlechterer Qualität in einem Leistungsbereich nicht identifizieren. Lediglich das Schlüsselkennzeichen 0 gibt dem kundigen Patienten einen kleinen Hinweis, dass hier ein noch offener Problempunkt vorliegen könnte.[321]

Auf die wesentlichsten Punkte reduziert, liegen die Schwächen des strukturierten Qualitätsberichts in der suboptimalen Verständlichkeit für die Patienten, der geringen Bekanntheit, in der Diskrepanz zwischen von Patienten als wichtig und als unwichtig erachteten Qualitätsinformationen und den im Qualitätsbericht dargebotenen Qualitätsinformationen sowie in den fehlenden Vergleichsmöglichkeiten der Krankenhäuser (neben den Patienten auch bedeutsam für die Krankenkassen). Somit können die ursprünglichen, generell begrüßenswerten, bereits aufgezeigten gesundheitspolitischen Zielsetzungen der Einführung des strukturierten Qualitätsberichts noch nicht erreicht werden.

---

[320] Siehe auch Anhang V, in dem beispielhaft die Ausführungen des G-BA zum Teil C Qualitätssicherung dargestellt werden.

[321] Die Bezeichnung „qualitativ auffällig" bezeichnet nach der BQS-Geschäftsstelle ein Krankenhaus, in welchem Qualitätsprobleme festgestellt wurden, die verbessert werden müssen. Auffällige Ergebnisse, bei denen die Bewertung im Strukturierten Dialog noch nicht abgeschlossen ist, sind jedoch von der Veröffentlichung ausgeschlossen. Diese Regelung gilt für die verpflichtenden und zur freiwilligen Veröffentlichung empfohlenen Indikatorgruppen. In diesen Fällen wird in den Qualitätsberichten der Krankenhäuser in der dritten Spalte in das Feld "Bewertung durch den Strukturierten Dialog" lediglich die Ziffer 0 eingetragen:

Schlüssel	Bewertung
0	Eine Einstufung als auffällig oder unauffällig ist noch nicht möglich, da der Strukturierte Dialog noch nicht abgeschlossen ist.

Auffällige Ergebnisse, deren Bewertung im Strukturierten Dialog abgeschlossen wurde, können veröffentlicht werden. In diesen Fällen wird in den Qualitätsberichten der Krankenhäuser in der dritten Spalte in das Feld "Bewertung durch den Strukturierten Dialog" mit Hilfe eines Schlüssels das Ergebnis der Bewertung durch die Fachexperten eingetragen. Dabei können folgende Bewertungsergebnisse festgestellt werden:

Schlüssel	Bewertung
1	Krankenhaus wird nach Prüfung als unauffällig eingestuft
6	Krankenhaus wird nach Prüfung als positiv auffällig, d. h. als besonders gut eingestuft
2	Krankenhaus wird für dieses Erhebungsjahr als unauffällig eingestuft, in der nächsten Auswertung sollen die Ergebnisse aber noch mal kontrolliert werden
3	Krankenhaus wird ggf. trotz Begründung erstmals als qualitativ auffällig bewertet
4	Krankenhaus wird ggf. trotz Begründung wiederholt als qualitativ auffällig bewertet
5	Krankenhaus wird wegen Verweigerung einer Stellungnahme als qualitativ auffällig eingestuft
9	Sonstiges (In diesem Fall ist auch der dem Krankenhaus zur Verfügung gestellte Kommentar in die Spalte 8 zu übernehmen.)

Vgl. BQS (2008).

4.1.3.2.2. Informationsangebote der Krankenkassen zur Krankenhausqualität

Mit Einführung des strukturierten Qualitätsberichts nach §137 Abs. 1 SGB V (siehe Abschnitt 4.1.3.2.1) wurde auch der Anstoß zu weiteren Informationsangeboten gegeben, in welchen die Daten dieser Qualitätsberichte der KH genutzt werden. Von daher kann die Meinung der Fachkreise bestätigt werden, dass bei aller Kritik, der strukturierte Qualitätsbericht zumindest als „erster Schritt in die richtige Richtung" gesehen werden kann.[322]
So bietet die AOK bereits seit verpflichtender Publikation der ersten Qualitätsberichte ein Navigationsportal im Internet unter dem Namen Krankenhausnavigator an, in dem die Patienten mit Hilfe einer Suchfunktion über PLZ und Suchradius einen bequemeren Zugriff auf die relevanten Berichte haben.[323] Einen Schritt weiter geht der Verband der Angestellten-Krankenkassen (VDAK), der über das Internetportal Klinik-Lotse nicht nur eine Suchfunktion zum schnelleren Auffinden relevanter Berichte, sondern auch aufbereitete Zusatzinformationen je Klinik bereitstellt.[324] Die Angaben bleiben jedoch beschränkt, da sie lediglich bereits vorhandene Daten aus dem Qualitätsbericht zeigen. Einen anderen Weg geht die Techniker Krankenkasse (TK). Der TK-Klinikführer veröffentlicht einen Qualitätsvergleich auf Basis einer subjektiven Qualitätsmessung in Form von Patientenurteilen.[325] Je Klinik wird die Patientenzufriedenheit in Relation zum Durchschnittsergebnis aller erhobenen Kliniken in folgenden Bereichen gemessen:

- Gesamtzufriedenheit
- Behandlungsergebnis
- Medizinisch-pflegerische Versorgung
- Information und Kommunikation
- Organisation und Unterbringung

Die schriftliche anonyme Befragung[326] bezieht poststationäre TK-Patienten, deren KH-Aufenthalt mehr als drei Tage in einer der 20 bevölkerungsbezogen größten Städte stattgefunden hat, ein. In Form einer einfachen Zufallsstichprobe wurden 2005 und 2006 insgesamt 106.812 Fragebögen versandt und eine Rücklaufquote von 52,1% erzielt. Das Erhebungsinstrument wurde wissenschaftlich validiert und umfasst eine Mischung aus Rating- und Reportingfragen. Die Ergebnisse der Patientenzufriedenheit werden auf Basis einer Schlüsselsystematik berechnet, wobei 12 Zufriedenheitspunkte eine maximale Zufriedenheit, 0 Punkte ein Maximum der Unzufriedenheit darstellen (entsprechende Zwischenstufen 3, 6, 9). Der prozentuale Gesamtwert der Patientenzufriedenheit für ein Krankenhaus berechnet sich, indem die erreichte Gesamtpunktzahl mit der maximal möglichen Punktzahl in Relation gesetzt wird. Aus den Zufriedenheitswerten werden zusätzlich bis zu fünf Stärken eines jeden KH durch eine Indexbildung über folgende drei

---

322 Vgl. Selbmann (2004b), S. 716.
323 Vgl. AOK (2005), (→S61).
324 Vgl. VDAK (2005), (→S74).
325 Vgl. TK (2008), (→S73). Zu diversen multiattributiven Verfahren der Messung von Patientenzufriedenheit siehe auch Dierks et al. (2001), 160ff.; Lanz (2004), 596ff.; Schupeta, Hildebrandt (1999), S. 38ff. Einen Gesamtüberblick gibt auch Satzinger et al. (2001). Zum Begriff Patientenzufriedenheit vgl. auch Reibnitz, Güntert (1996), S. 260.
326 Vgl. zur methodischen Vorgehensweise der Erhebung auch TK (2006).

Parameter abgeleitet und dargestellt:[327]

- erreichte Punktzahl bei den einzelnen Fragen in Bezug auf die maximal erreichbare Punktzahl pro Frage
- Abstand vom Durchschnittswert über alle einbezogenen KH je Frage
- Rangplatz des KH je Frage innerhalb der Rangordnung über alle einbezogenen KH

Neben den Ergebnissen der Patientenzufriedenheit stellt der TK-Klinikführer weitere Zusatzinformationen wie Fallzahl, Entfernung der Klinik, spezielle TK-Angebote, Fachabteilungen, Versorgungsschwerpunkte, Therapiemöglichkeiten, medizinische Geräte und die Möglichkeit ambulanter Operationen zur Verfügung.
Insgesamt ist der TK-Klinikführer als guter Ansatz zur vergleichenden Darstellung der KH-Qualität zu werten, werden doch objektive und subjektive Qualitätsinformationen gleichermaßen berücksichtigt. Auch wurden im Vorfeld der Entwicklung der Website zumindest ansatzweise Patienten in Form einer schriftlichen Befragung einbezogen.[328] Leider umfasst der TK-Klinikführer momentan nur 207 KH der bevölkerungsreichsten Metropolen. Weniger problematisch erscheint, dass nur die Qualitätsurteile von Versicherten der TK erfragt wurden.[329] Des Weiteren erscheint erwähnenswert, dass der TK-Klinikführer auf einem eigenen Fragebogen zur Erhebung der Patientenzufriedenheit basiert. Dies erschwert einen Vergleich der Zufriedenheitsergebnisse der KH im TK-Klinikführer mit Patientenzufriedenheitsergebnissen anderen KH, welche methodisch anders erhoben wurden, z.B. nach dem Picker-Fragebogen.[330] Da die fehlende methodische Standardisierung von Instrumenten zur Erhebung der Patientenzufriedenheit jedoch ein generelles Problem in Deutschland darstellt, kann dieser Aspekt hier nicht als Schwäche des TK-Klinikführers gewertet werden.

4.1.3.2.3. Initiativen von Seiten der Krankenhäuser

Über die politischen und gesetzlichen Erfordernisse zum Thema Qualitätstransparenz hinaus haben viele Einrichtungen die Notwendigkeit zur Erhöhung der Leistungstransparenz aus Marketinggründen erkannt. Angesichts der Festlegung von Preisen durch die DRG-Abrechnungssystematik, verbunden mit einer weitgehenden Deckelung der Budgets sowie vereinbarten Fallzahlen durch die Krankenkassen, gibt es nur wenige Stellgrößen im „Unternehmen Krankenhaus", um wirtschaftlich zu arbeiten. Im Festpreissystem nach DRG wird der Faktor Qualität nach Beendigung der Konvergenzphase in 2009 entscheidend bei den Budgetverhandlungen sein.

---

[327] Aus den drei Parametern wird für jede Frage ein so genannter Stärke-Index berechnet. Liegt der Stärke-Index des KH bei der entsprechenden Frage unter den besten 25% der Gesamtgruppe aller einbezogener KH wird dieser Aspekt als Stärke des KH ausgewiesen. Es werden bis zu fünf Fragen mit den höchsten Stärke-Indices als die fünf Stärken des Krankenhauses dargestellt. Vgl. TK (2006), S. 6.

[328] TK, Forsa (2007).

[329] Es gibt momentan keinen Anlass für die Annahme, dass sich die Qualitätsurteile von TK-Versicherten von Versicherten anderer gesetzlicher Krankenkassen oder privater Versicherungen unterscheiden. Es liegen jedoch auch keine Studien vor, welche dieser Frage nachgehen.

[330] Siehe Fußnote 348 sowie Abschnitt 4.1.3.2.4.

Entsprechend einer Umfrage hat sich der Anteil der deutschen Akut-Krankenhäuser, die ein Qualitätsmanagement einführen oder bereits umgesetzt haben von 25% im Jahr 1998 auf 61% in 2004 erhöht.[331] Nach Angaben der Krankenhäuser werden zu 78% Projekte zur Qualitätsverbesserung durchgeführt. 71% verfügen über einen hauptamtlichen Qualitätsmanager.

Unabhängig vom gewählten QM-Modell (z. B. EFQM oder DIN ISO 9001:2000) kann eine Verbesserung der internen Prozesse zumindest fallweise aufgrund positiver Einzelerfahrungen[332] in Krankenhäusern aufgezeigt werden, wenn auch keine Erfolgsgarantie gegeben werden kann, da die Effekte statistisch signifikant nicht nachweisbar sind.[333]

Als weiterer Ansatzpunkt für die wachsende Bedeutung von Qualitätstransparenz kann die zunehmende Marktorientierung, im Besonderen die Patientenorientierung, Einweiserbindung und Positionierung im Wettbewerb gegenüber anderen Krankenhäusern gesehen werden.

Auf folgende potentielle Zielgruppen kann eine Darstellung der Qualität nach außen gerichtet sein:

> Patienten / potentielle Patienten, niedergelassene Ärzte / Zuweiser, Behandlungspartner, Krankenkassen, Träger, Sonstige wie z.B. Sponsoren, Selbsthilfegruppen

Viele Krankenhäuser nutzen den frei gestaltbaren Strukturteil (Teil D) des strukturierten Qualitätsberichtes zur positiven Qualitätsdarstellung.[334] Andere Einrichtungen erweitern den Qualitätsbericht um einen eigens definierten Teil[335] oder publizieren eine spezielle zweite Variante z.B. für Patienten.[336]

Ein Informationsangebot zur vergleichenden Qualitätsdarstellung bieten die Helios-Kliniken seit 2005. Der Qualitätsvergleich erfolgt hier auf der Basis von Todesfällen, die zu insgesamt 33 Leistungsbereichen wie Erkrankungen des Herzens, Schlaganfall oder Erkrankungen der Lunge ausgewiesen werden. Je Leistungsbereich werden medizinische Unternehmensziele in Form einer zu erzielenden prozentualen Sollgröße vorgegeben und mit dem Ist-Ergebnis verglichen. Des Weiteren bietet der Helios-Klinikführer diverse Zusatzinformationen je Klinik:

- Darstellung des Leistungsspektrums in Form von wichtigen Krankheitsbildern und Fachabteilungen
- standardisierte Angaben zu Fallzahlen
- Darstellung von Basisdaten (allgemeine Merkmale, TOP 50 DRGs, Mitarbeiter pro Dienstart, ambulante Behandlungsmöglichkeiten, serviceorientierte Leistungsangebote, Spezialleistungen der jeweiligen Klinik)
- diagnostische und therapeutische Ausstattung

Auch wenn der Helios-Klinikführer als nahezu erstes gesundheitspolitisch unabhängiges

---

331 Blumenstock et al. (2005), S. 170ff.

332 Hier exemplarisch Köhler (2004), S. 381ff.

333 Vgl. auch eine Erhebung bei 16 kirchlichen Krankenhäusern zum Zusammenhang zwischen der Zertifizierung nach proCum Cert / KTQ und der Umsetzung der Qualitätskriterien von Greiling, Borchers (2004), S. 384 ff.

334 Hier exemplarisch Klinikum Stuttgart (2005) sowie Müller von der Grün (2006), S. 368ff.

335 Hier exemplarisch Bartels (2006), S. 7.

336 Hier exemplarisch Riedel (2006), S. 7.

Informationsangebot viel Beachtung gefunden hat,[337] erscheint der Qualitätsvergleich nahezu ausschließlich auf der Grundlage eines objektiven, medizinisch technischen Qualitätsindikators der Sterblichkeitsrate sehr eingeschränkt und eher an Fachkreise gerichtet. Es ist fraglich, ob die Sterblichkeit neben der Fallzahl aus Sicht des Patienten als einziger Qualitätsindikator zur Beurteilung der KH-Qualität ausreicht.[338]
Ein regionales Informationsangebot ist als eine Initiative der Hamburger Krankenhäuser in 2007 entstanden.[339] Der Hamburger Krankenhausspiegel bietet eine Website mit einem Qualitätsvergleich auf der Grundlage von BQS-Qualitätsindikatoren zu insgesamt 10 medizinischen Leistungsbereichen: Brustkrebsoperation, Gallenblasenoperation, Geburtshilfe, gynäkologische Operationen, Herzkathederanwendungen, Einsatz Herzschrittmacher, Hüftgelenkersatz, Kniegelenkersatz, Oberschenkelhalsbruch und Rekonstruktion Halsschlagader. Die patientenorientierte Darstellung wird durch verschiedene ausführliche Erläuterungen zum Krankheitsbild, zur Diagnostik und zu therapeutischen Möglichkeiten ergänzt. Das erfolgreiche Konzept wurde bereits Anfang 2008 von der Initiative der KH in Hannover übernommen, welche eine nahezu identische Website bereitstellen, jedoch nur vier Leistungsbereiche publizieren (Brustkrebsoperation, Gallenblasenoperation, Einsatz Herzschrittmacher, Kniegelenkersatz).[340]

4.1.3.2.4. Neutrale Informationsanbieter zur vergleichenden Krankenhausqualität

Unter neutralen Informationsanbietern verstehen wir hier Anbieter, welche nicht zu einer der Akteursgruppen im Krankenhauswesen (Gesundheitspolitik, KH, Krankenkassen, Patient) gezählt werden können. Natürlich ist eine vollständige Neutralität auch hier nicht gegeben, da den einzelnen Initiatoren auch ein gewisses Eigeninteresse unterstellt werden kann, jedoch dürfte dieses im Unterschied zu den eigentlichen Akteuren im KH-Sektor nicht so stark im Sinne eines finanziellen oder politischen Vorteils zu werten sein. Wie bereits in Abschnitt 4.1.2.1 gezeigt, legen die Patienten einen sehr hohen Wert auf neutrale Informationsangebote, da diesen ein größeres Vertrauen entgegengebracht wird.
Zwei frühe Einzelaktionen, einmal von der Zeitschrift FOKUS 1998 und ein Jahr später von der Stiftung Warentest, fanden großes Interesse in der Bevölkerung. In den Ausgaben 42-46 veröffentlichte die Zeitschrift FOKUS die so genannte Große Klinik-Liste, welche insgesamt 350 KH der Fachbereiche Chirurgie, Innere Medizin, Frauenheilkunde, Kinderheilkunde, Orthopädie und Urologie beinhaltete.[341] Es wurden nur die KH veröffentlicht, die von Fachärzten und Selbsthilfegruppen auf der Basis einer Befragung explizit empfohlen wurden. Die gelisteten Qualitätsinformationen je KH umfassten die Anzahl der Behandlungen, die Bettenzahl sowie die Anzahl an Ärzten und Pflegekräften. Auch Informationen zu Spezialisierungen bzw. Schwerpunkten der Klinik wurden aufgeführt, die Höhe des

[337] Vgl. Mansky et al. (2006), S. 510ff.; Volk (2006), S. 1017. In der Schweiz hat das Bundesamt für Gesundheit kürzlich die Einführung des Indikatorensystems der Helios-Kliniken in einer Pilotphase beschlossen. Vgl. Gaede (2008), S. 55.
[338] Vgl. Gaede (2008), S. 59 sowie Müller von der Grün (2006), S. 368f.
[339] Vgl. Tergau (2008), (→S66).
[340] Vgl. Thiel (2008), (→S67).
[341] Vgl. Fokus (1998), (→S75).

jeweiligen Einzelzimmer-Zuschlages sowie Angaben, ob es eine Patientenbefragung und/oder eine Qualitätssicherung in der jeweiligen Klinik gibt.
Ähnlich ging die Stiftung Warentest mit der Hitliste der Hospitäler vor.[342] Allerdings war der Qualitätsvergleich hier auf allgemeinchirurgische Fachabteilungen der KH in den Städten Düsseldorf, Essen und Köln beschränkt. Aber auch in der Hitliste der Hospitäler wurden ähnlich wie beim FOCUS ein Ärzteurteil (Empfehlungswertigkeit aus Sicht der niedergelassenen Ärzte) sowie ein Patientenurteil (Patientenzufriedenheit in den Kategorien Information, Interaktion, Organisation, Verpflegung, Ruhe, Komfort, sanitäre Einrichtungen, Tagesablauf) als Vergleichsmaßstab herangezogen. Neben den Ergebnissen des subjektiven Qualitätsurteils durch Patienten und niedergelassene Ärzte wurden hier auch weitere Informationen zur Strukturqualität wie Serviceangebote, Zimmerausstattung, Kosten für Wahlleistungen u.a. publiziert. Wie die ausgesprochen positive Reaktion der Bevölkerung zeigte, hat diese Art von Informationsangebot zumindest zu diesem Zeitpunkt dem Informationsbedarf der Bürger sehr entsprochen. Leider waren die beiden Angebote von FOCUS und der Stiftung Warentest nur Einmalaktionen mit z.T. eingeschränkter regionaler Ausrichtung.
Eine der ersten Organisationen, welche die Beurteilung der KH-Qualität aus neutraler Perspektive anstrebte, ist die Kooperation für Transparenz und Qualität im Gesundheitswesen. Die Gesellschafter der KTQ setzen sich aus den beteiligten Interessensgruppen der Spitzenverbände der Krankenversicherungen, der Deutschen Krankenhausgesellschaft (DKG), der Bundesärztekammer, dem Deutschen Pflegerat und dem Hartmannbund (Verband der Ärzte) zusammen. Die Qualitätsbewertung der KH erfolgt anhand eines Zertifizierungsverfahrens in sechs Hauptkategorien:[343]

1. Patientenorientierung im Krankenhaus
4. Informationswesen
2. Sicherstellung der Mitarbeiterorientierung
5. Krankenhausführung
3. Sicherheit im Krankenhaus
6. Qualitätsmanagement

Insgesamt sind 72 KTQ-Kriterien mit 671 unterlegten Einzelfragen während des Zertifizierungsprozesses durch das jeweilige KH zu bearbeiten. Der Bewertungsprozess erfolgt schrittweise über eine Selbstbewertung bis hin zur Fremdbewertung durch so genannte Visitoren, die von der KTQ-Geschäftsstelle benannt werden. Je Kriterium wird dabei ein Punktwert im Hinblick auf den PDCA-Zyklus sowie Durchdringungs- und Erreichungsgrad (Bewertungsmatrix) ermittelt. Ein Zertifikat wird bereits erteilt, wenn 55% der erreichbaren Punkte in jeder Kategorie erfüllt sind. Eine weitere Unterscheidung in verschiedene Ergebnisniveaus, wie bei Akkreditierungssystemen üblich, erfolgt nicht. Die Gewinner des jährlichen KTQ-Preises haben bisher eine Quote von knapp über 70% erreicht. Die Kritikpunkte an der KTQ-Zertifizierung sind vielfältig und liegen, auf Schwerpunkte reflektiert, in einem zu geringem Anspruchsniveau (Förderung von „gut genug"-Qualität statt Exzellenz), in einem hohen Aufwand (insbesondere internen Aufwand) und keiner

342 Vgl. Stiftung Warentest (1999), (→S72).
343 Vgl. KTQ (2008), (→S70).

ausreichenden Ausrichtung auf einzelne Zielgruppen. Daher ist der Nutzen dieser Qualitätsbewertung kaum nachweisbar. Indikatoren der Ergebnisqualität werden zu wenig berücksichtigt.[344]

Beispielsweise ist im KTQ-Qualitätsbericht des Klinikums Bremen Mitte in der Subkatergorie „1.3.3 Patientenorientierung während der Behandlung" folgendes Bewertungsergebnis zu lesen:

„In allen Patientenzimmern ist die Nutzung von Telefon und TV möglich. ***Ein großer Teil*** *ist mit Nasszellen ausgestattet, das Angebot wird bei Sanierungen erweitert. Es gibt Aufenthaltsräume, einen Andachtsraum, Cafe, Kiosk, Frisör, Bankautomat, Parkanlage mit Kunstwerken, Spielmöglichkeiten, Kindergarten, Krankenhausschule und vielfältige Schulungs- und Veranstaltungsangebote für Patienten und Angehörige. Die Besuchszeiten sind geregelt und werden auf Wunsch angepasst. Weckzeiten sind* ***überwiegend patientenbezogen****. Eltern und Angehörige können aufgenommen werden." [Hervorhebungen durch den Verfasser]*[345]

Der Leser dieser Passagen erhält allgemeine Informationen und einige ggf. wichtige Anhaltspunkte, die jedoch schwer zu interpretieren sind. Der Hinweis auf die Nasszellen, welche zum „großen Teil" vorzufinden sind, verrät nicht, ob dies als gut oder schlecht zu werten ist und ob ggf. die anderen Patientenzimmer noch nicht einmal ein Waschbecken besitzen. Der Aspekt zu den Weckzeiten, welche „überwiegend patientenorientiert" gestaltet sind, wirft eher negative Assoziationen hervor in Bezug auf Bereiche des KH, wo sich diese offenkundig noch nicht am Patientenwohl ausrichten.

Insgesamt kann festgestellt werden, dass die KTQ-Qualitätsbeurteilung und Qualitätsdarstellung in Form des KTQ-Qualitätsberichts zwar öffentlich zur Verfügung steht, jedoch aus einem Texturteil ohne klar erkennbare Wertung, gemessen an den KTQ-Qualitätsstandards oder gemessen an den Leistungen anderer medizinischer Einrichtungen, besteht. Der interessierte Patient kann zwar erkennen, ob das entsprechende KH eine Zertifizierung erfolgreich bestanden hat. Die erreichte Gesamtpunktzahl sowie Einzelergebnisse je Kategorie sind nicht verfügbar. Auch einzelne Stärken und Schwächen des KH bleiben im Dunkeln. Eine vergleichende Darstellung der Qualität mehrerer Einrichtungen auf Basis des KTQ-Qualitätsberichts in Textform ist nicht möglich. Ein potentieller KH-Vergleich auf Grundlage der erzielten Punkte je Bewertungskategorie wäre prinzipiell möglich, scheitert jedoch bis jetzt am notwendigen Commitment der Gesellschafter der KTQ und am Mangel einer zentralen Datenbank. Insgesamt ist daher der Informationswert eines KTQ-Zertifikats für den Patienten minimal.

Ebenfalls schon relativ lange bekannt ist eine Aktion des Portalanbieters MedizInfo, der sich, wie der Name bereits verrät, auf das Anbieten von Informationen aus dem Medizinbereich spezialisiert hat. Die Website Klinikbewertungen ermöglicht es Patienten seit 1997, eine Online-Zufriedenheitsbewertung zur Gesamtzufriedenheit, der Qualität der Beratung, der medizinischen Behandlung sowie zur Verwaltung und Abläufen zu geben.[346] Darüber hinaus gibt es die Möglichkeit, Erfahrungsberichte in Textform einzugeben. Der Anbieter zeigt

[344] Vgl. eine ausführliche Beschreibung sowie kritische Bewertung des Zertifizierungsverfahrens der KTQ in Simon (2006). Zu Kritikpunkten siehe auch Ament-Rambow (2007), S. 104; Gaag (2003), S. 67f.; Gaede (2006), S. 56ff.; Hildebrand (2004), S. 40f.; Selbmann (2003), S. 688.; Selbmann (2004a), S. 145f.; Selbmann (2007), S. 98ff.; Vormweg (2007), S. 108ff.

[345] Klinikum Bremen Mitte, NIS Zertifizierungs- und Umweltgutachter (2005), S. 84.

[346] Vgl. MedizInfo (2008), (→S71).

zudem die Anzahl an Bewertungen pro KH und bietet einen Link auf die Homepage der jeweiligen Klinik. Obwohl das Gesamtkonzept einen guten Ansatz zur Abbildung der subjektiven Qualitätswahrnehmung von Patienten darstellt, sind einige wesentliche Nachteile festzustellen. Trotzdem die Website bereits seit längerem online ist, sind nur wenige Patientenurteile pro KH verfügbar. Teilweise ist die Anzahl so gering, dass hier lediglich Einzelmeinungen widergespiegelt werden. Im Vergleich zu einer validen Messung der Patientenzufriedenheit mit einer ausreichenden Stichprobe und detaillierten Erhebungsinstrumenten erscheint das Informationsangebot der Klinikbewertungen von MedizInfo ein subjektiv verkürztes und stark eingeschränktes Qualitätsbild zu ergeben.

Seit 2004 veröffentlicht der Initiativkreis Ruhrgebiet alle zwei Jahre den Klinik-Führer Rhein-Ruhr sowohl in Buchform als auch online.[347] Als einer der ersten Klinikführer in dieser Form beinhaltet der Qualitätsvergleich 74 Krankenhäuser des Rhein-Ruhr-Gebietes, die anhand von vier Perspektiven beurteilt werden:

- Patientenbefragung (Picker-Fragebogen)[348]
- Ärztebefragung (Empfehlungsrate)
- Fallzahlenanalyse
- Qualitätsanalyse (BQS-Daten)

Ebenfalls aufgezeigt werden zusätzliche Informationen der Strukturqualität wie Fachabteilungen, Behandlungsschwerpunkte, Anzahl an Betten oder Anzahl an Mitarbeitern je Dienstart. Wie die Pressemitteilungen und Auflagenzahlen zeigen, findet der Klinikführer Rhein-Ruhr ein insgesamt sehr positives Echo.[349] Jedoch ist er nur für Patienten dieser Region verfügbar.

Ein bereits lang angekündigtes Vorhaben der Bertelsmann Stiftung ist als Initiative Anfang 2008 in Betrieb gegangen. Dieses Informationsangebot, benannt als „Weisse Liste", dürfte das bisher umfangreichste zur vergleichenden Qualitätsdarstellung von KH in Deutschland sein. Es besteht vorwiegend aus den Daten des strukturierten Qualitätsberichts und den verpflichtend zu veröffentlichenden Qualitätsindikatoren der BQS. In aufwendiger Detailarbeit über entsprechende Software wurden alle relevanten Qualitätsinformationen aus diesen beiden Datenquellen digital extrahiert, neu strukturiert und über folgende Kategorien, mit diversen Unterebenen (in Richtung höherer Detaillierungsgrad), dargestellt:

- Basis-Informationen (z.B. Entfernung, Adresse und Website der Klinik)
- Versorgungsschwerpunkte
- ärztliche Qualifikation
- personelle Ausstattung mit Ärzten und Pflegekräften (z.B. Fälle je Arzt)
- spezielles therapeutisches Personal (z.B. Diätassistenten, Physiotherapie)
- Apparative Ausstattung (z.B. CT/MRT)
- Medizinisch-pflegerische Leistungsangebote (z.B. Ernährungsberatung)

---

[347] Vgl. Initiative Rhein-Ruhr (2008), (→S69).

[348] Der Picker-Fragebogen ist als valides Instrument zur Erhebung der Patientenzufriedenheit allgemein anerkannt und international im Einsatz. Überblick über Fragebogen, Durchführung und Ergebnisdarstellung bei Picker Institut (2008). Eine ausführliche Beschreibung zu Inhalt, Entwicklung und Erprobung des Instruments siehe auch bei Ruprecht (2001), S. 181ff. Ein Vergleich des Picker Instruments mit der Erhebungsform der Stichtagsbefragung bietet Lanz (2003) sowie derselbe (2004).

[349] Vgl. Initiativkreis Rhein-Ruhr (2008), (→S69).

- Leistungskennzahlen: Behandlungshäufigkeit absolut und in Relation als Anteil an allen Behandlungen
- Ergebnisse der Qualitätssicherung des BQS-Verfahrens

Um dem Patienten angesichts der großen Vielfältigkeit und Komplexität des Angebots bei der Bewahrung des Überblicks zu helfen, wurden verschiedene Unterstützungstools entwickelt. Einmal gibt es, zusätzlich zu der auch bei anderen Seiten üblichen Suchfunktion nach KH, auf der Internetseite der Bertelsmann Stiftung verschiedene Einstiegspunkte (Behandlungswunsch, Ort/PLZ, KH-Name, geographische Karte oder Körperregion). Des Weiteren stellt die Seite neben einer Schnellsuche für bereits geübte Nutzer einen interaktiven Assistenten bereit, der den Patienten bei jedem Dialogschritt begleitet. Hinzu kommt ein Übersetzungstool, welches medizinische Termini in Umgangssprache übersetzt. Die Darstellung von Befragungsergebnissen zur Patientenzufriedenheit soll das Angebot zukünftig ergänzen. KH können dabei freiwillig eine Patientenzufriedenheitserhebung mit Hilfe eines Fragebogens der Bertelsmann Stiftung vornehmen und die Ergebnisse an die Bertelsmann Stiftung zur Veröffentlichung zurücksenden. Momentan sind jedoch noch keine diesbezüglichen Qualitätsinformationen zur Patientenzufriedenheit auf der Weissen Liste erhältlich.

Da das Informationsangebot zur KH-Qualität der Weissen Liste überwiegend auf dem strukturierten Qualitätsbericht sowie den Qualitätsindikatoren des BQS als Datenquellen beruht, treffen folglich alle Nachteile im Zusammengang mit diesen beiden Informationsangeboten auch auf die Weisse Liste zu. Es bleibt abzuwarten, ob die patientenorientierte Darstellungsform diese Nachteile ausgleicht und ob weitere relevante Qualitätsinformationen zur Erweiterung des Angebotes hinzukommen. Zumindest wurden im Vorfeld vor der Bereitstellung der Weissen Liste einige Forschungsarbeiten zur Ermittlung und Analyse des Informationsbedarfs von Patienten von der Bertelsmann Stiftung in Auftrag gegeben.[350] Offensichtlich konnten jedoch nicht alle Anregungen umgesetzt werden.

4.1.3.2.5. Zwischenfazit

Insgesamt ist das Bild zum Thema vergleichender Qualitätsdarstellung in Deutschland ähnlich wie bei den internationalen Informationsangeboten sehr heterogen (siehe Tabelle 9). Manche Informationsangebote konzentrieren sich stark auf die Darstellung von medizinischen Qualitätsindikatoren der technischen Ergebnisqualität. Andere bilden schwerpunktmäßig die Qualitätswahrnehmung von Patienten ab. Insgesamt überwiegen Verfahren der objektiven Qualitätsmessung. Informationen zu subjektiven Qualitätsurteilen sind eher wenig gegeben.

Bis auf einige Studien zum strukturierten Qualitätsbericht liegen nur wenige Arbeiten zu Wirkungen und Nutzen der einzelnen Informationsangebote vor, was jedoch auch darauf zurückzuführen ist, dass sich die meisten Angebote erst in den letzten Jahren entwickelt haben.

---

[350] Voruntersuchungen, welche im Auftrag der Bertelsmann Stiftung durchgeführt wurden, waren im wesentlichen Arbeiten von Geraedts (2006); Picker Institut (2006) und Schaefer (2006).

Zusammenfassend können folgende Schwachstellen der bisher vorliegenden Informationsangebote zur vergleichenden Darstellung der KH-Qualität festgestellt werden:

- nicht die gewünschten Qualitätsinformationen (zu viel, zu wenig, zu oberflächlich, zu tief, nicht relevant)
- Komplexität, Heterogenität
- Lesbarkeit / Niederschwelligkeit
- Bekanntheit
- Zweifel an Neutralität, Aussagekraft und Richtigkeit der Daten
- Defizite bei Ausrichtung auf die unterschiedlichen Zielgruppen

Im Vorfeld der Erstellung der einzelnen Angebote wurden nur in den seltensten Fällen Patienten oder Patientenvertreter einbezogen. Daher ist es kaum verwunderlich, dass das größte Defizit neben Mängeln in Bezug auf die Verständlichkeit in der inhaltlichen Diskrepanz zwischen gewünschten Qualitätsinformationen und dargestellten Qualitätsdaten der jeweiligen Angebote zu sehen ist. Folgerichtig stellt sich hier die bereits formulierte Forschungsfrage: Welche Qualitätsinformationen sind aus Patientensicht wünschenswert, wichtig bzw. relevant für die KH-Wahl? Angesichts der Unterschiedlichkeit der dargestellten Angebote im Hinblick auf die einzelnen Qualitätsinformationen ist ebenfalls von großem Interesse, auf welche Qualitätsdimensionen sich die Informationsbedürfnisse von Patienten richten. In der Literatur wird hierzu immer wieder auf die Ergebnisqualität hingewiesen, die doch „die eigentliche Qualität eines KH" ausmacht und deren Darstellung in den bisherigen Angeboten weitgehend fehlt. Es wird dabei vielfach unterstellt, dass Patienten an der Ergebnisqualität ein hohes Interesse haben. Daneben kann festgestellt werden, dass sich Patienten bei ihrer momentanen Suche nach Informationen zur KH-Qualität stark auf Strukturinformationen richten.[351] Ob dieses Suchverhalten eher der Tatsache geschuldet ist, dass bis vor kurzem kaum andere Informationsangebote vorlagen oder hier eine echte Präferenz vorliegt, wäre ebenfalls untersuchenswert. Des Weiteren ergibt sich ein dritter interessanter Untersuchungsaspekt. Aufgrund der bisher nur rudimentär vorhandenen Angebote weichen Patienten bei der Suche nach Qualitätsinformationen zur KH-Auswahl, wie bereits dargestellt, auf zwei Informationsquellen, den zuweisenden Arzt sowie Ratgeber i.S.v. Familie, Freunden, anderen bereits erfahrenen Patienten oder Selbsthilfegruppen u.ä., aus. Diese Art von Informationen sind als subjektive Qualitätsinformationen zu sehen. In diesem Zusammenhang wird in der Literatur häufig auf die Wichtigkeit subjektiver Qualitätsurteile, vor allem in Form der Patientenzufriedenheit, postuliert.[352] Die Frage, welche sich in diesem Zusammenhang stellt, ist daher: Werden subjektive Qualitätsinformationen generell von Patienten zur KH-Beurteilung vorgezogen oder ist dieser Informationsbedarf eher als Ausweichstrategie zu werten, da momentan kaum objektive Qualitätsinformationen verfügbar sind?

---

[351] Vgl. Dierks, Schaeffer (2004), S. 136.

[352] Vgl. Bitzer, Dierks (2001), S. 154, 156f.; Dierks, Schaeffer (2004), S. 136; Schupeta, Hildebrandt (1999), S. 19f.; Schröder et al. (2004), 680.

	Anbieter / Bezeichnung	Verbind-lichkeit		Ziel-gruppe		Qualitäts-messung	
		obligatorisch	veröffentlicht	Fachkreise	Patienten	objektiv	subjektiv
Informationsangebote der Gesundheitspolitik	Bundesgeschäftsstelle Qualitätssicherung (BQS) Externe Qualitätssicherung / BQS-Report	●	◖	●			
	GKV Strukturierter Qualitätsbericht	●	◖	●	◖	●	
Informationsangebote der Kostenträger	Allgemeine Ortskrankenkasse (AOK) Krankenhausnavigator	●	●		◖	●	
	Verband der Angestelltenkrankenkassen (VDAK) Klinik-Lotse	●	●		◖	●	
	Techniker Krankenkasse (TK) TK-Klinikführer		●		●	◖	●
Infomationsangebote von Seiten KH	Helios-Kliniken Helios-Klinikfüher	●	●	●		●	
	Hamburger KH Hamburger Krankenhausspiegel		●		●	●	
	KH in Hannover Krankenhausspiegel Hannover		●		●	●	
Neutrale Informationsanbieter	Fokus Die Große Klinikliste		●		●	◖	●
	Stiftung Warentest Hitliste der Hospitäler		●		●	◖	●
	Kooperation für Transparenz und Qualität im Gesundheitswesen (KTQ) KTQ-Qualitätsbericht (KTQ-Zertifikat)		◖	●	◖	●	
	Initiativkreis Rhein-Ruhr Klinik-Führer Rhein-Ruhr		●		●	●	●
	Bertelsmann Stiftung Weisse Liste	◖	●		●	●	●

Legende: ● Merkmal trifft zu, ◖ Merkmal trifft teilweise zu, □ (leer) Merkmal trifft nicht zu

Tabelle 9: Systematisierung der Informationsangebote vergleichender Qualitätsdarstellungen von KH in Deutschland

4.2. Die wissenschaftstheoretische Orientierung der Untersuchung

Die Bestandsaufnahme zum Forschungsgegenstand in Abschnitt 4.1.2. belegt einerseits den großen Forschungsbedarf zum Thema des Informationsbedarfs von Patienten zur KH-Qualität, auf der anderen Seite bringt das derzeitige Forschungsdefizit ein wissenschaftlich-methodisches Dilemma hinsichtlich der erforderlichen wissenschaftstheoretischen Ausrichtung dieser Untersuchung mit sich. Die kritische Würdigung der bisherigen Studien zeigte im Einzelnen folgende Mängel, die bei der wissenschaftstheoretischen Konzipierung dieser Studie berücksichtigt werden müssen:

- Nahezu keine Arbeit basiert auf einer relevanten theoretischen Fundierung.
- Ad hoc-Fragestellungen münden in überwiegend exploratorischen Untersuchungen mit direkten Erhebungstechniken zur Ableitung vorwiegend deskriptiver Aussagen.[353]
- Aufgrund der mangelnden Verwendung von Konstrukten zur Messung nicht direkt beobachtbarer Variablen[354] gelingt es in den bisher vorliegenden Studien kaum, explikative Aussagen abzuleiten.[355]

Daher kann für diese Untersuchung nicht auf ein vorhandenes Theoriegebäude oder zumindest ansatzweise bewährte theoretische Bezugspunkte zurückgegriffen werden. Auch das Heranziehen theoretisch fundierter und bereits geprüfter Hypothesen zu explikativen Fragestellungen, welche auch in dieser Untersuchung interessieren (vor allem die Frage nach den Einflussfaktoren auf das Involvement von Patienten hinsichtlich Informationen zur KH-Qualität), ist sehr limitiert. Ebenso besteht ein Mangel an validen Messinstrumenten, vor allem in Bezug auf die beiden hauptsächlichen Untersuchungsgegenstände dieser Arbeit, das Involvement und die Informationspräferenzen von Patienten hinsichtlich der KH-Qualität.

Diese Aspekte führen zu einem wissenschaftstheoretischen Spannungsfeld zwischen dem Paradigma des kritischen Rationalismus[356] und der wissenschaftlichen Realität, welches als generelles Problem in der wirtschaftswissenschaftlichen Wissenschaftstheorie nicht unbekannt ist. Homburg setzte sich in einem ausführlichen Diskurs mit dieser Problematik auseinander und argumentiert für den Ansatz des wissenschaftlichen Realismus als Untersuchungsgrundlage, welcher im Vorgriff auf die weiteren Ausführungen auch für diese Arbeit die wissenschaftstheoretische Basis bilden soll.[357]

---

353 Aussagen wissenschaftlicher Untersuchungen lassen sich in wissenschaftstheoretischer Hinsicht in deskriptive, explikative und instrumentelle Aussagen unterteilen. Während deskriptive Aussagen beschreibenden Charakter aufweisen, belegen explikative Aussagen einen Wirkungszusammenhang, i.d.R. eine Kausalbeziehung. Instrumentelle Aussagen einer empirischen Untersuchung beziehen sich auf die Entwicklung eines Messinstruments. Vgl. Fritz (1995), S. 60.

354 Den fragwürdigen Einsatz von Singel-Item-Messinstrumenten in der Marketingforschung kommentiert beispielsweise Churchill (1979), S. 66, als Aberwitz bzw. Dummheit: „the folly of using single-item measures“. Auch Jakoby (1978), S. 93, stellt polemisch fest: „How comfortable would we feel having our intelligence assessed on the basis of our response to a *single* question?“ [Hervorhebung im Original].

355 Siehe Fußnote 353.

356 Der wissenschaftliche Rationalismus wurde vorwiegend von Popper geprägt. Vgl. Popper (1934) sowie derselbe (1963).

357 Vgl. die Diskussion und kritische Würdigung des kritischen Rationalismus bei Homburg (2003), S. 61ff. Zu ebenfalls am wissenschaftlichen Realismus orientierte Arbeiten vgl. Eggert (1999), S. 58; Ernst (2001), S. 12; Peter (2001), S. 71ff.; Lihotzky (2003), S. 81ff. sowie implizit am wissenschaftlichen Realismus ausgerichtete Untersuchungen im Fachgebiet der Gesundheitswirtschaft vgl. Dietz (2006); Hohensohn

Im Folgenden sollen die wesentlichen Aspekte zur Begründung der wissenschaftstheoretischen Ausrichtung dieser Untersuchung dargestellt werden.
Grundsätzlich ist in weiten Teilen der Betriebswirtschafslehre, insbesondere in der Marketingforschung, eine Orientierung am kritischen Rationalismus erkennbar.[358] Entsprechend der Prinzipien wissenschaftlichen Arbeitens nach Popper sind Merkmale der empirischen Forschung deduktive, aus der theoretischen Durchdringung des relevanten Themenfeldes abgeleitete Aussagen und das Konfrontieren dieser Aussagen mit der Realität nach dem Falsifikationsprinzip.[359] Induktive Argumentationsweisen lehnt der kritische Rationalismus ab.[360] Eine konsequente Orientierung am kritischen Rationalismus in dieser Arbeit würde daher schon an der bislang insuffizienten theoretischen Durchdringung der Thematik des Informationssuchverhaltens von Patienten, insbesondere des Informationsbedarfs von Patienten zur KH-Qualität scheitern.[361]
Nach Homburg besteht ohnehin „... *bislang kein Konsens darüber, wie exakt sich die empirische Forschung in der Betriebswirtschaftslehre an Poppers Prinzipien wissenschaftlichen Arbeitens halten soll bzw. kann.*"[362] Auf der einen Seite besteht nach Schanz die Kritik der mangelnden theoretischen Fundierung vieler empirischer Arbeiten in der Betriebswirtschaftslehre und der Beschäftigung mit ad hoc-Hypothesen, „*ohne dass dabei auf allgemeine Erklärungsprinzipien zurückgegriffen wird*" sowie der zu großen „*Bodennähe*" bzw. Nähe zur empirischen Basis.[363] Die mangelnde deduktive Orientierung vieler empirischer Untersuchungen als Hauptkritikpunkt schließt, wie bereits erwähnt, eine Vereinbarkeit mit den Prinzipien des kritischen Rationalismus per se aus.
Homburg stellt jedoch mit Verweis auf Witte[364] sowie Untersuchungen von Martin[365] fest, dass die Forderung „...*nach stringenter Anwendung kritisch-rationaler Prinzipien in der empirischen betriebswirtschaftlichen Forschung wohl als realitätsfremd anzusehen sei.*"[366] Ein unrealistischer, auch als utopisch bezeichneter theoretischer Anspruch würde dazu führen, dass sich die Forschungen in einem Fachgebiet auf diejenigen Forschungsfragen

---

(1998); Keller (2002); Schmeißer (2002); Schwartze (2007). In der Medizin bzw. den Gesundheitswissenschaften bezieht die wissenschaftlich etablierte Vorgehensweise kaum den Aspekt der theoretischen Fundierung ein. Das momentan vorherrschende Forschungsparadigma der evidenzbasierten Medizin verzichtet z.T. bewusst auf die theorie- bzw. modellgeleitete Fundierung und Erklärung von Wirkungszusammenhängen, solange ein praktischer Wirksamkeitsnachweis empirisch zweifelsfrei erfolgt. Vgl. auch zum Thema Pragmatik und Pluralität in der Medizin Wiesing (2004), S. 7ff.

358 Vgl. Albach (1993), S. 9; Kern (1979), S. 11; von Kortzfleisch (1971), S. 3; Schanz (1988a) sowie derselbe (1988b).

359 Vgl. Popper (1963).

360 Vgl. Hunt (1991), S. 290 sowie die dort zitierte Literatur und Brown (1977), S. 69; Meyer (1979), S. 45.

361 Vgl. ebenso Homburg (2003), S. 65. Die mangelnde theoretische Fundierung zum Forschungsgegenstand dieser Arbeit schließt die übliche sich anschließende schrittweise deduktive Vorgehensweise natürlich ebenfalls aus (die auf dem jeweiligen theoretischen Modell aufbauende Ableitung von Hypothesen, die Darstellung von bereits vorliegenden empirischen Befunden zu diesen Hypothesen, die Bewertung der empirischen Ergebnisse nebst den vorhandenen Messmodellen sowie der deduktiven Ableitung des eigenen Ansatzes).

362 Homburg (2003), S. 63.

363 Vgl. Schanz (1975), S. 327 sowie derselbe (1977), S. 67. Schanz bezieht sich hierbei mit seiner Kritik auf die Rezensionen der Arbeiten von Witte (1972); Bronner (1973) und Grün (1973).

364 Vgl. Witte (1977), S. 272 sowie Witte et al. (1975), S. 797.

365 Im Ergebnis seiner Metaanalyse über empirische Arbeiten in der Betriebswirtschaftslehre zeigt Martin, dass die meisten Studien auf ad hoc-Hypothesen ohne umfassende Verankerung in einem theoretischen Aussagengebäude basieren. Vgl. Martin (1989), S. 184.

366 Homburg (2003), S. 64.

konzentrieren, bei denen schon weitgehend Vorarbeiten geleistet wurden.[367] Forschungsthemen mit größerer Lücke zum aktuellen Forschungsstand, wie in dieser Arbeit, müssten unberücksichtigt bleiben.

In Anlehnung an die Argumentation von Homburg sowie in Konklusion der anfänglich dargestellten Problempunkte aus der Analyse des aktuellen Forschungsstandes für diese Arbeit gilt daher, dass der kritische Rationalismus als wissenschaftstheoretische Basis für diese Untersuchung nicht tragfähig ist.

Aus der kritischen Diskussion um das Paradigma des kritischen Rationalismus in den letzten Jahren sind weiterführende wissenschaftstheoretische Konzeptionen entstanden, die insbesondere in Form des wissenschaftlichen Realismus Eingang in die empirische Forschung der Betriebswirtschaftslehre gefunden haben.[368] In Anlehnung an Homburg soll die Untersuchung dieser Arbeit auf den Prinzipien des wissenschaftlichen Realismus basieren und sich an folgenden wissenschaftstheoretischen Charakteristika orientieren:

- **Die Akzeptanz der induktiven Schlussweise:** „Sowohl Deduktion als auch Induktion tragen zum Erkenntnisgewinn bei."[369] Die Untersuchung folgt der Argumentation von Homburg, Witte sowie Zaltmann et al., wonach die prinzipielle Überlegenheit deduktiver Argumentation anerkannt, jedoch insbesondere bei theoretisch wenig durchdrungenen Erkenntnisobjekten die komplementäre Anwendung induktiver Methoden als erforderlich angesehen wird.[370] Die Akzeptanz induktiver Schlussweise schließt u.a. induktive Plausibilitätsbetrachtungen, Beobachtungen sowie Inhaltsanalysen als qualitative Methoden ein.[371]
- **Die Leitidee des theoretischen Pluralismus:** Angesichts der erforderlichen theoretischen Basisarbeit, die erstmalig für diesen Forschungsgegenstand geleistet werden soll, ist die Suche und Analyse bewusst auf ein breites Spektrum relevanter theoretischer Ansätze verschiedener Fachgebiete gerichtet. Hierbei werden theoretische Bezugspunkte gesucht, welche einen Beitrag sowohl zur Konzeptualisierung fehlender Messinstrumente liefern können (hier insbesondere zu den Konstrukten des Involvements sowie der Informationspräferenzen von Patienten hinsichtlich der KH-Qualität) als auch theoretische Ansatzpunkte bzw. Hinweise zur Frage nach möglichen Einflussfaktoren des Involvements bieten. In diesem Sinne handelt es sich

---

[367] Vgl. Witte (1977), S. 271. Witte spricht in diesem Zusammenhang von einem „utopischen Theorismus" des wissenschaftlichen Rationalismus.

[368] Vgl. eine synoptische Darstellung der wesentlichsten Diskussionsbeiträge bei Hunt (1991), S. 354ff. sowie die kritische Betrachtung von Kuhn (1962), der als Initiator der kritischen Auseinandersetzung mit dem kritischen Rationalismus gilt. Das wissenschaftstheoretische Prinzip des wissenschaftlichen Realismus (engl. Scientific realism) hat zwar nach Causey in der modernen Wissenschaftstheorie eine dominante Bedeutung erlangt, kann jedoch nicht als geschlossene Konzeption mit einheitlicher Terminologie betrachtet werden. Vgl. Causey (1979), S. 192 sowie Leplin (1984), S. 1. Die Orientierung am wissenschaftlichen Realismus in dieser Arbeit folgt der Position von Homburg in Anlehnung an Hunt. Vgl. Homburg (2003), S. 66ff. und Hunt (1984).

[369] Homburg (2003), S. 68.

[370] Vgl. Homburg (2003), S. 68; Witte (1977), S. 271; Zaltman et al. (1982), S. 97ff.

[371] Nach Homburg impliziert die Akzeptanz des induktiven Schließens geradezu zwingend die Benutzung qualitativer Methoden (neben dem Einsatz quantitativer Messinstrumente) und kritisiert in diesem Zusammenhang die einseitige Stützung auf interferenzstatistische Methoden innerhalb der Marketingforschung. Vgl. Homburg (2003), S. 68.

hierbei um einen „konkurrenzfreien, komplementären, theoretischen Pluralismus."[372]

- **Die positivistische Orientierung:**[373] Dementsprechend sollen die gestellten Forschungsfragen dieser Arbeit empirisch untersucht werden (mit Ausnahme der ersten konzeptionell orientierten Forschungsfrage). Dabei werden strukturen-entdeckende und strukturen-prüfende Verfahren angewandt.[374] Die strukturen-entdeckende Zielsetzung bezieht sich in dieser Untersuchung auf die Forschungsfragen zum Involvement und zu den Informationspräferenzen von Patienten zur KH-Qualität sowie präferenzbasierten Qualitätsdimensionen bzw. Patientensegmenten (Forschungsfragen 2, 4, 5 und 6) und richtet sich auf die Ableitung entsprechend deskriptiver Aussagen. Explikative Aussagen i.S. kausalanalytischer Prüfungen von Zusammenhängen (Strukturenprüfung) richten sich vornehmlich auf die dritte Forschungsfrage, welche das Identifizieren von Einflussfaktoren auf das Involvement von Patienten hinsichtlich Informationen zur KH-Qualität zum Ziel hat. Im Gegensatz zum kritischen Rationalismus, der nach dem Falsifikationsprinzip lediglich das Falsifizieren, d.h. das „Scheitern" von Hypothesen erlaubt, lässt der wissenschaftliche Realismus bei positivem Ergebnis der Konfrontation einer Hypothese mit der empirischen Realität eine „Bestätigung" der Hypothese zu.[375]
- **Die Konstruktmessung als grundlegende empirische Messmethode:** Da entsprechend der Erkenntnisse aus der Bestandsaufnahme zum Informationsbedarf von Patienten zur KH-Qualität nahezu weder eine Verwendung von Konstrukten noch eine Konstruktmessung i.S.e. Güteprüfung erfolgte, sollen entsprechend der Empfehlung Homburgs „*...Fragestellungen der Konstruktmessung, die in der betriebswirtschaftlichen empirischen Forschung häufig vernachlässigt werden...*"[376] in der vorliegenden Untersuchung besondere Beachtung finden. Die Konstruktmessungen in dieser Arbeit sollen der Güteprüfung auf Basis leistungsfähiger Methoden der Validitäts- und Reliabilitätsbeurteilung gerecht werden.[377]

---

372 Vgl. Fritz (1995), S. 27. Siehe auch zur Auswahl der theoretischen Bezugspunkte dieser Untersuchung Abschnitt 4.3.1.

373 Leitidee der positivistischen Sichtweise ist die Überzeugung, dass die empirische Prüfung von Forschungsfragen im Sinne von Beobachtung und Erfahrung eine wesentliche Wissensquelle darstellen. Damit lehnt die positivistische Orientierung grundsätzlich mögliche Überlegungen aus der Metaphysik ab. Vgl. Brown (1977), S. 21; Easton (1993); Schischkoff (1982), S. 550; Peter, Olson (1983), S. 118.

374 Zur Begriffsbestimmung und Unterscheidung zwischen strukturen-entdeckenden sowie strukturen-prüfenden Verfahren vgl. Backhaus et al. (2003), S. 7ff.

375 Vgl. Homburg (2003), S. 67. Aufgrund des Zulassens der induktiven Schlussweise ist zwar ein kumulativer Prozess der schrittweisen Näherung an die Wahrheit, jedoch kein absolut sicheres Wissen erreichbar. Die Vertreter des wissenschaftlichen Realismus sprechen hier vom Fallibilismus als inhärentes Merkmal und meinen damit, dass jede vermeintliche Wahrheit an einer kritischen Prüfung scheitern kann. Vgl. Hunt (1984); Leplin (1984), S. 1. Hunt spricht in diesem Zusammenhang auch von „fallibilistic realism". Vgl. Hunt (1990), S. 9; derselbe (1992), S. 308 sowie (1994), S. 151.

376 Homburg (2003), S. 69.

377 Im wissenschaftlichen Realismus wird von der Unvollkommenheit der empirischen Messinstrumente ausgegangen. Alle Variablen in den Sozialwissenschaften sind im Grunde latente Konstrukte, die nur mit mehr oder minder fehlerbehafteten Indikatoren gemessen werden können. Vgl. Hunt (1991), 386. Hier weist der wissenschaftliche Realismus enge Bezugspunkte zur Methodik der Kausalanalyse auf, welche explizit die Berücksichtigung von Messfehlern beinhaltet. Vgl. Bagozzi (1984). Siehe zur Güteprüfung von Konstrukten in dieser Arbeit weiterführend Abschnitt 5.1.2.

4.3. Die theoretischen Bezugspunkte der Untersuchung

4.3.1. Die Auswahl und die Interdependenzen der herangezogenen Theorien

Der vorgestellte Status Quo zum Forschungsgegenstand impliziert, dass einerseits der wissenschaftliche Erkenntnisprozess hinsichtlich des Informationsbedarfs von Patienten zur KH-Qualität noch am Anfang steht. Auf der anderen Seite ist ein immanenter Mangel an theoretischer Fundierung zu konstatieren, mit der Konsequenz, dass zum Untersuchungsgegenstand dieser Arbeit nicht auf bereits problembezogene entwickelte Theorien zurückgegriffen werden kann.

Entsprechend der Leitidee des theoretischen Pluralismus sollen daher in diesem Kapitel unterschiedliche Ansätze und Theorien aus benachbarten Disziplinen oder verwandten Themenfeldern herangezogen und zu einem Gesamtmodell integriert werden.[378] Vor dem Hintergrund des hier vorliegenden „Betretens von forschungstheoretischem Neuland" soll die Suche nach theoretischen Bezugspunkten bewusst weit bzw. extensiv angelegt werden, um möglichst viele Beiträge und Hinweise zur erstmaligen theoretischen Fundierung dieses Untersuchungsgegenstandes zu identifizieren.

Entnimmt ein Forscher jedoch Anleihen bei verschiedenen Theorien setzt er sich zugleich dem Vorwurf eines „naiven oberflächlichen Empirismus" aus.[379] Um diesem Problem zu begegnen, soll die Auswahl geeigneter Theorien folgenden Anforderungen entsprechen:

1. Erstens müssen die Theorien sowie theoretischen Modelle in der wissenschaftlichen Literatur fundiert sein und einen Erklärungsbeitrag für den Untersuchungsgegenstand dieser Arbeit liefern.
2. Die theoretischen Ansätze sollen in einer komplementären Beziehung zueinander stehen.[380]
3. Drittens muss der spezielle Kontext des Untersuchungsgegenstandes dieser Arbeit, welcher in Abschnitt 2 dargestellt wurde, Berücksichtigung finden bzw. darf zumindest nicht explizit ausgeschlossen werden:
    - die spezielle Rolle des Kunden als Patient (Begriffskonzept des mündigen Patienten)
    - die Erklärung des Informationsbedarfs in subjektiver Hinsicht aus der individuellen Wahrnehmung des Patienten
    - die Besonderheiten der KH-Dienstleistung bzw. der KH-Qualität

Im Zusammenhang mit der theoretischen Fundierung dieser Untersuchung kommen auch theoretische Ansätze in Betracht, die außerhalb der Betriebswirtschaftslehre liegen.[381] Das

---

[378] Vgl. Fritz (1995), S. 27; Homburg (2000), S. 69). Siehe auch zum Verständnis des theoretischen Pluralismus Schanz (1973) sowie derselbe (1990). Die Entwicklung von Untersuchungsmodellen auf Basis verschiedener Theorien sowie deren Adaption auf den spezifischen Untersuchungskontext und die anschließende empirische Überprüfung hat sich in verschiedenen, jedoch ähnlich gelagerten Problemstellungen als geeignetes Vorgehen erwiesen. Vgl. u.a. Bürger (2003);Dietz (2006); Hohensohn (1998).

[379] Vgl. Lingenfelder (1990), S. 54. Ebenso u.a. Kraus (2008), S. 39; Wieseke (2004), S. 60.

[380] Homburg spricht hier von einem „konkurrenzfreien, komplementären theoretischen Pluralismus". Vgl. Homburg (2000), S. 69. Ähnlich auch Kraus (2008), S. 38.

[381] Vgl. auch die Orientierung der Untersuchungen von Dietz (2006); Hohensohn (1998); Homburg (2000).

menschliche Informationssuchverhalten im weiteren Sinne wird in mehreren Wissenschaftsdisziplinen thematisiert:

- der Neuen Institutionenökonomie[382]
- der Konsumentenverhaltensforschung[383]
- den Forschungen zum Informationssuchverhalten als Teilgebiet der Informationswissenschaft[384]
- der Gesundheitsverhaltensforschung

Im Rahmen der Neuen Institutionenökonomie kommen insbesondere die Theorie der **Informationsökonomie** sowie die **Prinzipal-Agenten-Theorie** in Betracht, deren Erklärungsbeiträge hinsichtlich der durch Asymmetrien gekennzeichneten Informations- und Kommunikationssituation im Gesundheitswesen, der speziellen Gütereigenschaften von Gesundheitsdienstleistungen und der besonderen Rolle des Patienten als „informationsbedürftigen" Transaktionspartner besonders relevant sind.[385]
Innerhalb der Konsumentenverhaltensforschung werden **Ansätze des Produktinvolvements** zur Konzeptualisierung der aktivierenden Perspektive des Informationsbedarfs von Patienten zur KH-Qualität i.S.d. informationsbezogenen Involvements untersucht. Die **Risikotheorie nach Bauer** liefert einen Beitrag zur Erklärung des Informationssuchverhaltens bzw. des Involvements in Abhängigkeit von wahrgenommenen Risiken.
In der Forschung zum menschlichen Informationssuchverhalten als Teilgebiet der Informationswissenschaften gibt es eine immense Anzahl von Modellen und Ansätzen

---

382 Im Gegensatz bzw. in Kritik an der (klassischen) mikroökonomischen Haushaltstheorie, in der als Grundannahmen insbesondere uneingeschränkte Markttransparenz, vollständige Informationsverteilung und unbegrenzte Informationskapazität der Markteilnehmer postuliert werden, konzentriert sich die Neue Institutionenökonomie vor allem auf die Unsicherheitsprobleme bei Transaktionen, die Existenz von Informationsasymmetrien und opportunistischem Verhalten sowie die Ausgestaltung von Vertragsbeziehungen zwischen Transaktionspartnern. Vgl. Adler (1996), S. 5. Die Bezeichnung dieser neuen Forschungsrichtung ist in der Literatur jedoch nicht einheitlich. Neben der Bezeichnung „Neue Institutionenökonomie" sind ebenso Begriffe wie „Neue institutionelle Mikroökonomie", „Neue mikroökonomische Theorie" und „Neue Institutionenlehre" zu finden. Vgl. Adler (1996), S. 7.

383 Die Konsumentenverhaltensforschung entstand Mitte der 60er Jahre und hat ihre Wurzeln in der angewandten Psychologie sowie der sozialökonomischen Verhaltensforschung. Vgl. Kroeber-Riel, Weinberg (2003), S. 4. Hauptschwerpunkt der Erforschung des Konsumentenverhaltens im engeren Sinne ist die Erklärung, Prognose und Beeinflussung von Kaufentscheidungen. Der Kauf an sich stellt dabei eine Episode in einem umfassenden Prozess des Konsumierens von der vorgelagerten Informationssuche bis zu Aspekten des Verhaltens nach dem Kauf bzw. Konsum einer Leistung dar. Vgl. Pepels (1995), S. 14; Solomon et al. (2003), S. 22f. Neben dem enger gefassten Begriffsverständnis des Konsumentenverhaltens i.S.d. Kaufs bzw. Konsums von Wirtschaftsgütern bezieht sich die Forschung in zunehmendem Maße auf das erweiterte Begriffsverständnis des Konsumentenverhaltens, welches auch für diese Arbeit gelten soll. Kroeber-Riel und Weinberg (2003), S. 3, verstehen darunter: „Konsumentenverhalten i.w.S. ist ganz allgemein das Verhalten des „Letztverbrauchers" von materiellen und immateriellen Gütern, also auch das Verhalten von Kirchgängern, Wählern, Patienten usw."

384 „Informationswissenschaft untersucht das Auswerten/Selektieren, Erschließen, Bereitstellen / Wiederverwerten, Suchen, Vermitteln und Finden von relevantem Wissen durch Informations- und Kommunikationsprozesse." Stock (2007), S.4. Die Informationswissenschaft weist enge Bezüge zur Bibliothekswissenschaft, zum Informationsmanagement sowie zur Informatik auf. Vgl. Heinrich, Roithmayr (1989), S. 345f; Lehner et al. (1995), S. 328; Stickel et al. (1998), S. 343.

385 Weitere Teilgebiete der Neuen Institutionenökonomie sind die Property-Rights-Theorie und der Transaktionskostenansatz, welche jedoch für diese Arbeit nicht relevant sind. Vgl. Hax (1991), S. 55; Picot (1991), S. 144ff. Ein Überblick zu den vier Ansätzen der Neuen Institutionenökonomie bietet u.a. Bürger (2003), S. 34ff. Eine vergleichende Darstellung der Kernpunkte der Theorien siehe auch bei Adler (1996), S. 13 sowie Picot (1991), S.153.

unterschiedlicher Forschungsrichtungen. Wilson stellt hierzu im Rahmen einer übergreifenden Recherche fest: *„... it is not possible to provide a detailed account of the treatment of information-seeking behavior in all of the fields covered: that would require book-length treatment."*[386] Da das Herausgreifen eines einzigen Modells nicht suffizient ist, ein erschöpfender Überblick über alle Modelle aber diese Arbeit sprengen würde, erfolgt eine Fokussierung auf Beiträge, welche explizit den Informationsbedarf als Teil des Informationssuchverhaltens von Individuen betrachten. Dies sind im Einzelnen das **Modell der Informationsverarbeitung**, das **Modell der Informationssuche nach Krikelas**, das **Prozessmodell der Informationssuche nach Kuhlthau** sowie das **Modell der Informationssuche nach Wilson**.

Aspekte zum gesundheitsbezogenen Informationssuchverhalten von Patienten können prinzipiell in verschiedenen Forschungsdisziplinen des Gesundheitsverhaltens vermutet werden, in den Gesundheitswissenschaften, der Gesundheitskommunikation sowie der Gesundheitspsychologie. Zur Gesundheitswissenschaft[387] gehört beispielsweise die Gesundheitsberichterstattung, zu der auch die bereits untersuchten Informationsangebote der vergleichenden Krankenhausqualität zählen.[388] Hinweise zur theoretischen Fundierung dieses Untersuchungsgegenstandes können jedoch kaum im Rahmen der Gesundheitswissenschaften lokalisiert werden, da sich das Fachgebiet schwerpunktmäßig mit der Gesundheitsversorgung sowie Gesundheitsförderung auf gesellschaftlicher Ebene befasst. Das Forschungsgebiet der Gesundheitskommunikation erscheint zwar bezogen auf ihren Forschungsfokus als sehr viel versprechend: *„...die Vermittlung von Wissen, Meinungen und Gefühlen zwischen Menschen, die als professionelle Dienstleister oder Patienten/Klienten in den gesundheitlichen Versorgungsprozess einbezogen sind und/oder als Bürgerinnen und Bürger an Fragen von Gesundheit und Krankheit und öffentlicher Gesundheitspolitik interessiert sind."*[389] Aufgrund der noch nicht erfolgten Etablierung dieses relativ neuen Fachgebietes werden jedoch noch keine Ansatzpunkte für diese Arbeit geboten. Aus der Gesundheitspsychologie[390] hingegen kann ein theoretisches Modell identifiziert werden, welches bereits der genannten ersten Anforderung zur Auswahl relevanter Theorien entspricht. Das **transaktionale Stressmodell** setzt sich u.a. mit der Informationssuche von Patienten unter Belastungssituationen auseinander.

Die ausgewählten theoretischen Ansätze lassen sich, wie bereits im Abschnitt 1.2 zur generellen Einordnung des Forschungsgegenstandes dieser Arbeit ausgeführt, innerhalb des Rahmens der verhaltenswissenschaftlichen Forschung vereinen, da sie alle die Erklärung des

---

[386] Wilson (1996), S.1.

[387] Das sich seit den 90er Jahren etablierte Fachgebiet der Gesundheitswissenschaft (Public Health) umfasst nach der Definition von Haisch et al. (1999), S. 317, die "Wissenschaft und Praxis der Krankheitsverhütung, Lebensverlängerung und Gesundheitsförderung durch organisierte, gemeindebezogene Maßnahmen; ein interdisziplinäres Gebiet, das sich mit Gesundheit und ihren Determinanten befasst".

[388] Siehe Abschnitt 4.1.3.

[389] Hurrelmann, Leppin (2001), S. 11. Die Bestimmung des Forschungsfeldes der Gesundheitskommunikation ist entsprechend der Sichtweise der Autoren als Arbeitsdefinition zu verstehen und gleichzeitiger Versuch eines Brückenschlags zwischen den Fachgebieten der Gesundheitswissenschaft und der Kommunikationswissenschaft.

[390] Die Gesundheitspsychologie ist ein Teilgebiet der Psychologie und „...befasst sich mit dem menschlichen Erleben und Verhalten angesichts gesundheitlicher Risiken und Beeinträchtigungen sowie mit der Optimierung von Gesundheit (im Sinne von Fitness oder Wellness)." Schwarzer (2004), S. 1; ähnlich Taylor (1999), S. 3.

Verhaltens von Individuen betrachten (2. Auswahlkriterium).[391]
Abschließend ist zu prüfen, ob die ausgewählten theoretischen Ansätze und Modelle auf den speziellen Untersuchungskontext dieser Arbeit anwendbar sind (3. Auswahlkriterium).
In der Informationsökonomie sowie der Prinzipal-Agenten-Theorie steht die Untersuchung von Austauschbeziehungen zwischen Transaktionspartnern im Mittelpunkt. Dieser Ansatz ist auch auf die Transaktionspartner Patient und Krankenhaus übertragbar.[392] Die Hidden Characteristics bzw. Hidden Intentions des Leistungsanbieters und die daraus resultierenden Informationsbedürfnisse werden in Abhängigkeit von der individuellen Sichtweise des schlechter gestellten Transaktionspartners betrachtet.[393] Das Konzept der Marktunsicherheit sowie der Qualitätsunsicherheit bezieht sich ferner auf die Merkmale des Leistungsanbieters und des Leistungsangebotes, welches auch auf Krankenhäuser und die KH-Leistung anwendbar sind.[394] Insbesondere das Konzept der Gütereigenschaften wird der Vielschichtigkeit der KH-Leistung bzw. der damit verbundenen Qualitätsmerkmalen gerecht.[395]
Involvementmodelle und die Risikotheorie aus der Konsumentenverhaltensforschung sind entsprechend der erweiterten Definition des Konsumentenverhaltens ebenfalls auf Patienten anwendbar.[396] Das Informationssuchverhalten bzw. das informationsbezogene Involvement werden als individuell unterschiedlich in Abhängigkeit von diversen Einflussfaktoren gesehen.[397] Die Risikotheorie stellt hier insbesondere auf eine im Zusammenhang mit KH-Leistungen wichtige Besonderheit ab, das von Individuen wahrgenommene hohe Risiko,[398] einen Faktor, welcher wiederum das Involvement wesentlich beeinflusst.[399]
Die Ansätze des Informationssuchverhaltens aus der Informationswissenschaft beziehen sich generell auf Individuen als Informationsnutzer und deren subjektive Informationsbedürfnisse.[400] Der Übertragbarkeit auf den subjektiven Informationsbedarf von Patienten steht daher nichts entgegen. Die Komplexität der KH-Leistung wird hier insbesondere im Kontext der extensiven bzw. limitierten Informationssuche, welche sich i.d.R. auf eine Vielzahl von Leistungsmerkmalen richtet, berücksichtigt.[401] Letztendlich wird das transaktionale Stressmodell aus der Gesundheitspsychologie der Forderung, auf Patienten in einer Krankheitssituation anwendbar zu sein, besonders gerecht.[402] Das Informationssuchhalten stellt hier eine individuelle Bewältigungsreaktion dar, auch Copingstrategie genannt.[403] Das transaktionale Stressmodell als genereller Ansatz trifft zwar keine Aussage in Bezug auf die spezifische Art

---

[391] Die Informationstheorie sowie die Prinzipal-Agenten-Theorie erlauben hier im Fokus auf ihre einzelwirtschaftliche Perspektive die Einordnung in den verhaltenswissenschaftlichen Forschungsrahmen. Zur Unterscheidung zwischen einzelwirtschaftlicher und markttheoretischer Forschungsperspektive vgl. auch Bössmann (1992), S. 334.
[392] Vgl. Arrow (1963), S. 94; Bürger (2003), S. 60f.; Dietrich (2005), S. 28ff.; Musil (2003), S. 14ff.
[393] Vgl. Simon (1987), S. 266ff.
[394] Vdl. Kaas (1995a), S. 4.
[395] Vgl. Darbi, Karni (1973); Nelson (1970) sowie derselbe (1974).
[396] Vgl. Kroeber-Riel, Weinberg (2003), S. 3. Siehe auch Fußnote 389.
[397] Vgl. Engel et al. (1990), S. 257ff.; Trommsdorf (2003), S. 57; Zaichkowsky (1986), S. 6.
[398] Vgl. Brand, Cronin (1997).
[399] Vgl. Kroeber-Riel, Weinberg (1999), S. 523; Zaichskowsky (1985), S. 22f.
[400] Vgl. Henefer, Fulton (2005), S. 228; Wilson (2005), S. 32.
[401] Vgl. Kroeber-Riel, Weinberg (2003), S. 369; Meffert (2000), S. 141.
[402] Vgl. Taylor (2003), S. 218ff.
[403] Vgl. Hohensohn (1998); Jerusalem (1990); S. 14; Katz, Schmidt (1991), S. 12; Lazarus, Launier (1978, S. 316, Taylor (1986), S. 2002f.

der gesuchten Informationen, schließt jedoch eine prinzipielle Anwendung auf das Bezugsobjekt der Informationen zur KH-Qualität nicht aus.

4.3.2. Die Informationsökonomie

Nach Adler kommt der Informationsökonomie eine besondere Bedeutung unter den Ansätzen der Neuen Institutionenökonomie zu. Während die Teilgebiete der Property-Rights-Theorie, der Transaktionskostenansatz und die Prinzipal-Agenten-Theorie jeweils ein eng begrenztes Themengebiet abbilden, versucht die Informationsökonomie, die Informations- und Unsicherheitsprobleme von Austauschpartnern in genereller Weise zu erklären, indem sie die Ursachen der Unsicherheit auf asymmetrisch verteilte Informationen zurückführt.

Als wichtigste Annahme der Informationsökonomie gilt die asymmetrische Verteilung von Informationen, eine Situation, die insbesondere im Gesundheitssystem nicht fremd ist, wobei der Fokus der Informationsökonomie auf dem daraus resultierenden Unsicherheitsproblem des schlechter informierten Transaktionspartners (hier des Patienten) liegt.

„The special economic problems of medical care can be explained as adaptation to the existence of uncertainty in the incidence of disease and in the efficiency of treatment."[404]

Zurückzuführen auf Marschak[405] und Stigler[406] beschäftigt sich die Informationsökonomie im engeren Sinne mit einzelwirtschaftlichen Aspekten, im weiteren Sinne mit markttheoretischen Analysen.[407] In den einzelwirtschaftlichen Forschungen werden insbesondere die Informationsbeschaffung der schlechter informierten Marktseite, auch als Screening bezeichnet, bzw. die Aktivitäten der besser informierten Marktseite, das so genannte Signaling, wissenschaftlich untersucht.[408] Der für diese Arbeit relevante Begriff des Screening beinhaltet alle Aktivitäten, im Besonderen Informationsbeschaffungsmaßnahmen der schlechter informierten Markseite zur Reduzierung der Unsicherheit und damit des Risikos einer Fehlentscheidung.[409]

Die Nachfrager haben i.d.R. das Problem der unzureichenden Verfügbarkeit von Informationen über Produkte, Qualitäten und Preise der Anbieter.[410] Auf das Gesundheitssystem übertragen, können die bereits in Abschnitt 4.1.2 dargestellten Informationsprobleme der Patienten (oder anderer Nachfrager) bei der Qualitätsbeurteilung von KH als resultierender Informationsbedarf aufgrund der asymmetrischen Informationsverteilung i.S. der Informationsökonomie interpretiert werden. Das Informationsverhalten der Patienten zielt demnach auf die Reduktion von Unsicherheit und kann unterschiedliche Strategien und Aktivitäten des Screening beinhalten. Im Vergleich zu anderen Konsumgütermärkten ist die Informationsbeschaffung für Patienten mit hohen Kosten verbunden, da aufgrund der gesetzlichen Regelungen erstens die Möglichkeiten des Signaling für Gesundheitsanbieter, d.h. die aktive Informationsübermittlung an die schlechter

---

404 Arrow (1963), S. 94.
405 Vgl. Marschak (1954).
406 Vgl. Stigler (1991).
407 Vgl. Bössmann (1992), S. 334.
408 Vgl. Kaas (1995b), Sp. 974ff.
409 Vgl. Weiber, Adler (1995a), S. 67.
410 Vgl. Kaas (1995a), S. 4.

informierte Seite, hier des Patienten, begrenzt sind,[411] zweitens die Anreizsituation in Richtung Patientenorientierung im Gesundheitswesen insgesamt noch wenig entwickelt ist (siehe auch Abschnitt 2.3) und drittens die KH-Leistung aus einer großen Anzahl von Teilleistungen besteht (siehe auch Abschnitt 3.3). Ferner muss berücksichtigt werden, dass Signaling-Aktivitäten i.d.R. nicht getrennt von den strategischen Absichten des Anbieters gesehen werden können. So können KH dazu bewogen werden, leicht erkennbare Botschaften zu platzieren, um dem Patienten ein hohes Qualitätsniveau ohne tatsächlichen Bezug zur Leistungsqualität zu suggerieren, beispielsweise durch eine attraktive Eingangshalle, einen gut designten Internetauftritt oder ausgewählte positive Qualitätsinformationen aus der Qualitätssicherung. Aus ökonomischer Sicht wäre dies als Fehlallokation einzustufen.

Generell wird in den Modellen der Informationsökonomie zwischen Umwelt (Ergebnisunsicherheit) und Verhalten (Marktunsicherheit) unterschieden.[412] Die Ergebnisunsicherheit bezieht sich auf exogene, für die beteiligten Partner nicht beeinflussbare Größen und ist für diese Arbeit nicht relevant. Interessanter ist dagegen die Marktunsicherheit, welche als endogene Größe aus der Unsicherheit der Nachfrager hinsichtlich relevanter Informationen über die Anbieter resultiert.[413] Marktunsicherheitsmodelle untersuchen dabei unterschiedliche Aspekte hinsichtlich Suchkosten, Verhaltens- und Qualitätsunsicherheit in Assoziation zu Gütern und Anbietern. Richtungsweisend in Bezug auf die Forschungen zur Qualitätsunsicherheit ist die von Nelson vorgenommne Unterteilung von Gütern in Such- und Erfahrungsgüter.[414] Erweitert wurde diese Einteilung später von Darbi und Karni um eine dritte Kategorie – die Vertrauensgüter.[415] Die drei Güterkategorien werden dabei in Abhängigkeit des Schwierigkeitsgrades ihrer Qualitätsbeurteilung wie folgt charakterisiert:[416]

- Güter mit Sucheigenschaften sind dadurch gekennzeichnet, dass sie vom Nachfrager durch Inspektion des Angebotes oder im Ergebnis einer entsprechenden Informationssuche bereits vor dem Kauf vollständig beurteilt werden können.
- Güter mit Erfahrungseigenschaften können vom Nachfrager erst nach dem Kauf bzw. während der Leistungsinanspruchnahme beurteilt werden. Die Bewertung ist erst nach Ge- bzw. Verbrauch des Gutes möglich.
- Güter mit Vertrauenseigenschaften können aufgrund kognitiver, zeitlicher oder materieller Restriktionen des Nachfragers weder vor noch nach dem Kauf vollständig beurteilt werden.

In den meisten Produkten bzw. Leistungen sind alle drei Eigenschaftskategorien komplementär anzutreffen, wobei häufig eine bestimmte Eigenschaftskategorie als dominant festzustellen ist.[417]

Sucheigenschaften bei Gesundheitsleistungen sind vorwiegend im Bereich der Strukturqualität sowie bei einigen Aspekten der Prozessqualität zu finden.[418] Prinzipiell kann

---

[411] Vgl. Lüttecke (2004), S. 137ff. sowie Wallhäuser (2002), S. 834 ff. Siehe auch Abschnitt 2.3.
[412] Vgl. Hirshleifer (1973), S. 33ff.; Homburg, Krohmer (2003), S. 81f., Weiber, Adler (1995a).
[413] Vgl. Hopf (1983), S. 20f.; Kleinaltenkamp (1994), S. 10.
[414] Vgl. Nelson (1970 sowie derselbe (1974).
[415] Vgl. Darbi, Karni (1973).
[416] Vgl. Homburg, Krohmer (2002), S. 82; Mengen (1993), S. 128ff.; Weiber, Adler (1995b), S. 54.
[417] Vgl. Keller (2002), S. 91.
[418] Die weiterführenden Erläuterungen beziehen sich prinzipiell auf die Möglichkeit einer Qualitätsbeurteilung durch Patienten aufgrund der Gütereigenschaften von KH-Leistungen. Von der Frage, ob die aufgeführten

sich ein Patient über das Leistungsangebot, die Behandlungsschwerpunkte, die Ausstattung mit Medizintechnik sowie über Komfortaspekte, z.B. die Ausstattung der Patientenzimmer etc., als Qualitätsinformationen zur sachlichen Strukturqualität informieren. Suchinformationen zur persönlichen Strukturqualität wären beispielsweise die Qualifikation und Kompetenz der KH-Ärzte oder des Pflegepersonals. Ermittelbare Sucheigenschaften zur Prozessqualität sind z.B. die Zusammenarbeit mit anderen Einrichtungen. Prinzipiell denkbar wäre auch die durchschnittliche Wartezeit bis zur KH-Aufnahme oder die Wartezeit während einzelner Behandlungsschritte im KH, z.B. in der Radiologie.

Erfahrungseigenschaften von Gesundheitsleistungen lassen sich nicht vor der Inanspruchnahme prüfen. Eine Qualitätsbeurteilung ist erst während oder nach der Behandlung durch den Patienten möglich. Hierunter fallen vor allem Qualitätsmerkmale der Prozessqualität. Die Durchführung von Diagnostik und Therapie, die Kommunikation und Beratung durch Arzt und Pflegekräfte, die Freundlichkeit des Personals, die Einbeziehung des Patienten in die Behandlung etc. erschließen sich hinsichtlich der Qualitätserwartungen dem Patienten erst, wenn die Behandlung tatsächlich begonnen hat.

Vertrauenseigenschaften von Gesundheitsleistungen lassen sich nicht einmal im Rahmen gesammelter Erfahrungen von Patienten beurteilen. Begründet ist dies einerseits durch das Wissensgefälle zwischen Patient und Behandler, welches auch von besonders mündigen und kenntnisreichen Patienten nicht vollständig beseitigt werden kann. Die auf vertieftem Fachwissen und komplexen Prozessen basierte Gesundheitsdienstleistung ist für den Patienten nicht vollständig transparent und evaluierbar. Ein zweiter Grund besteht in der Wirkung der exogenen Effekte. Das heißt, es ist für den Patienten nicht eindeutig feststellbar, welche Leistungserfolge auf natürliche Heilungsprozesse oder auf die Wirkungseffekte von medikamentöser bzw. invasiver Behandlungsmaßnahmen zurückzuführen sind. Zu den Vertrauensmerkmalen werden insbesondere Aspekte der Prozessqualität wie Angemessenheit bzw. evidenzbasierte Durchführung diagnostischer und therapeutischer Maßnahmen sowie Merkmale der Ergebnisqualität, bezogen auf den individuellen Patienten, gesehen, wie z.B. der Behandlungserfolg oder Komplikationen während der Behandlung. Zur Beurteilung der Ergebnisqualität fehlen dem Patienten zu den bisher genannten Problemen außerdem häufig geeignete Bewertungsmaßstäbe, so dass er auch hier dem Arzt vertrauen muss.

Generell kann festgestellt werden, dass in Bezug auf KH-Dienstleistungen der Anteil an Erfahrungs- und Vertrauenseigenschaften überwiegt.[419] Insofern beschränken sich die Ex-ante-Informationsmöglichkeiten für den Patienten zur KH-Beurteilung in erster Linie auf die Sucheigenschaften der KH-Leistung. Allerdings können als Ausgleich für die nicht Ex-ante-Beurteilbarkeit der Erfahrungs- und Vertrauensmerkmale der KH-Qualität Ersatzindikatoren herangezogen werden, die eine antizipierbare Qualitätsbewertung aufgrund erzielter Leistungen in der Vergangenheit ermöglichen.[420] Dies sind vor allem objektive und subjektive Indikatoren zur Ergebnisqualität wie die Erfolgsrate, Mortalitätsquoten, Bewertungsergebnisse durch unabhängige Qualitätsgutachter sowie subjektive Ergebnisse zur Patientenzufriedenheit oder Zuweiserurteile etc.

Qualitätsinformationen tatsächlich bereits durch vorhandene Informationsangebote beziehbar sind sowie ob auf Patientenseite z.B. kognitive oder zeitliche Restriktionen vorliegen, wird an dieser Stelle bewusst abstrahiert.

[419] Vgl. Meffert, Bruhn (2006), S. 85ff.

[420] Vgl. Meffert, Bruhn (2006), S. 121.

Insgesamt determinieren nach Bürger die Ausprägungen der Gütereigenschaften die Informationslage und den Grad der Unsicherheit des Nachfragers.[421] Je weniger Sucheigenschaften der KH-Leistung durch den Patienten überprüfbar sind, desto schlechter ist dessen Informationslage und desto höher die vorhandene Unsicherheit bzw. das daraus resultierende Sicherheitsbedürfnis.

Die wesentlichen Bezugspunkte aus der Informationsökonomie für diese Arbeit sind in Tabelle 10 zusammengefasst.

Ansatz	Bezugspunkte zur Arbeit
Informations-ökonomie	- Asymmetrische Informationsverteilung zwischen KH und Patient ist systemimmanent. - Patient als Nachfrager ist in der Rolle des schlechter informierten Transaktionspartners. - Informationsbedarf des Patienten ist auf die Beurteilung von in Frage kommenden KH und deren Leistungsangebot gerichtet. - Informationsprobleme des Patienten bestehen in Form von Marktunsicherheit (Auswahl des Leistungsanbieters) und Qualitätsunsicherheit (Eigenschaften bzw. Qualität des Leistungsangebots). - KH-Leistungen als „Güter“ sind durch eine Kombination von Such-, Erfahrungs- und Vertrauenseigenschaften geprägt, wobei die letzten beiden Kategorien überwiegen. - Screening-Aktivitäten des Patienten zur Ex-ante-Beurteilung der KH-Qualität können nur die Sucheigenschaften der KH-Leistung sowie Ersatzindikatoren bezogen auf die Erfahrungs- und Vertrauenseigenschaften der KH-Leistung erfassen. - Je weniger Sucheigenschaften bzw. Ersatzindikatoren zur KH-Qualität durch den Patienten überprüfbar sind, desto schlechter ist die Informationslage bzw. desto höher ist das individuelle Sicherheitsbedürfnis.

Tabelle 10: Erkenntnisbeiträge der Informationsökonomie zur theoretischen Fundierung der Arbeit

4.3.3. Die Prinzipal-Agenten-Theorie

Die Prinzipal-Agenten-Theorie beschäftigt sich mit Auftragsbeziehungen zwischen einem Auftraggeber (Prinzipal, engl. principal) und einem Auftragnehmer (Agent, engl. agent) und gibt Hinweise zur deren Ausgestaltung.[422] Die Akteure handeln dabei *„in einer Welt partieller Interessenskonflikte und asymmetrischer Informationsverteilung."*[423] Das Grundproblem der Beziehung besteht darin, dass Transaktionen zwischen Akteuren entstehen, die nicht als gleichgestellt betrachtet werden können.

Obwohl sich in der Literatur bis heute keine einheitliche Definition der Prinzipal-Agenten-Beziehung durchsetzen konnte,[424] gelten folgende prinzipielle Merkmale:[425]

- Es existieren mindestens zwei Akteure, die in einem Umfeld unsicherer Erwartungen eigennützige Ziele verfolgen.[426]

---

[421] Vgl. Bürger (2003), S. 45
[422] Vgl. Elschen (1991), S. 1004; Kiener (1990), S. 19ff.; Picot (1991), S. 150ff.; Schneider (1987), S. 26f.
[423] Pfaff, Zweifel (1998), S. 184.
[424] Ein Überblick über diverse Definitionsversuche gibt Bürger (2003), S. 50f.
[425] Vgl. Adler (1996), S. 10; Dietz (2006), S. 82f.
[426] Im Gesundheitswesen kann zwar auch generell vom Prinzip der Maximierung der Eigeninteressen der Transaktionspartner ausgegangen werden, so dass die Anwendung der Prinzipal-Agenten-Theorie gerechtfertigt ist. Aufgrund des ärztlichen Selbstverständnisses, der Standesordnung, des Berufsethos und Verpflichtung der Mediziner zur Erhaltung bzw. Wiederherstellung der Gesundheit des Patienten liegt i.d.R. zumindest ein gemeinsames Oberziel von Patient und Arzt vor. Vgl. ebenso Evans (1984); Keller (2002), S. 93; Schwartz (1997), S. 60ff.

- Der Prinzipal delegiert hierbei vor dem Hintergrund eines erwarteten Nutzens eine Arbeit (inklusive der entsprechenden Verantwortung) an den Agenten, der hierfür einen Anspruch auf Entlohnung hat. Der Prinzipal kann jedoch das Handeln des beauftragten Agenten nicht vollständig bzw. kostenlos beobachten oder kontrollieren.
- Der Agent verfügt über Entscheidungsfreiheit, da er auf Grundlage eigenen Ermessens handelt. Daraus resultiert ein inhärenter Interessenkonflikt, da durch die implizierte Nutzenmaximierung des Agenten nicht davon auszugehen ist, dass die Interessen des Prinzipals vollständig erfüllt werden.
- Zwischen Auftragnehmer und Auftraggeber liegt eine asymmetrische Informationsverteilung zugunsten des Agenten vor. Das Vorhandensein unvollkommener Information begünstigt das Entstehen opportunistischen Verhaltens des Agenten und mündet im Extremfall im Marktversagen.
- Aufgrund des Vorliegens exogener Faktoren können die Leistungsergebnisse zwar wesentlich durch den Agenten beeinflusst, aber nicht vollständig auf die Handlungen des Agenten zurückgeführt werden.
- Das Umfeld der Prinzipal-Agenten-Beziehung wird als risikobehaftet charakterisiert. Die Risikoneigung des Prinzipals wird als neutral, die des Agenten als risikoadvers unterstellt.

Die aus einer Prinzipal-Agenten-Beziehung resultierenden Folgen bzw. Informationsmängel für den Prinzipal lassen sich im Allgemeinen wie folgt kategorisieren:[427]

- Hidden charakteristics: Der Prinzipal kennt die Eigenschaften des Angebotes bzw. der zur Auswahl stehenden Agenten ex ante, d.h. vor dem Vertragsabschluss, nicht.
- Hidden intentions: Die Absichten des Agenten sind dem Prinzipal ex ante nicht bekannt.
- Hidden action: Der Agent verfolgt ex post (nach Vertragsabschluss) seine Ziele, ohne dass der Prinzipal die Handlungen beobachten kann.
- Hidden information: Der Prinzipal kann die Handlungen des Agenten zwar beobachten, jedoch aufgrund fehlenden Wissens nicht beurteilen.

In der Situation der Agency-Problematik kann aufgrund der Interessenkonflikte und des opportunistischen Verhaltens des Agenten keine Lösung existieren, die kostenlose und vollständige Informationen für den Prinzipal bietet und gleichzeitig den Agenten ganz in Zielübereinkunft mit dem Prinzipal handeln lässt (so genannte „first-best"-Lösung).[428] Somit besteht das Bestreben des Prinzipals, eine „second-best"-Lösung zu erreichen, die der „first-best"-Lösung so nah wie möglich kommt.

An dieser Stelle soll zunächst die Agency-Problematik in Übertragung auf den KH-Sektor dargestellt werden, um dann im nächsten Schritt die Informationsprobleme des Patienten und die daraus resultierenden Auswirkungen zu untersuchen.[429]

---

[427] Vgl. Picot et al. (1999), S. 30, 88f.

[428] Vgl. Feldmann (1999), S. 134.

[429] Die Modellierung von Prinzipal-Agenten-Beziehungen im Gesundheitssystem ist aufgrund des vielschichtigen Beziehungsgeflechts verschiedener Aggregationsebenen sehr komplex. Die Anwendung auf die Beziehung zwischen Patient und KH als Institution ist zwar generell möglich, stellt jedoch eine ausgewählte Sichtweise dar, welche gleichzeitig die Betrachtung anderer Aspekte bewusst vernachlässigt. Da in dieser

Es können prinzipiell drei Instanzen unterschieden werden, die in Form von Prinzipal-Agenten-Beziehungen miteinander agieren (siehe Abbildung 4).[430] Dies sind auf der Finanzierungsseite die Krankenkassen bzw. die Krankenversicherungen als Leistungserstatter, auf der Angebotsseite das Krankenhaus als Leistungserbringer sowie auf der Nachfragerseite die Leistungsempfänger, d.h. Patienten und Versicherte. Damit können drei Prinzipal-Agenten-Beziehungen unterschieden werden:

a) die Agency-Beziehung zwischen Patient und Krankenhaus
b) die Agency-Beziehung zwischen Patient und Krankenversicherung
c) die Agency-Beziehung zwischen Krankenhaus und Krankenversicherung

Im Hinblick auf das Szenario einer bevorstehenden KH-Einweisung bzw. KH-Auswahl kommt als weitere Instanz auf der Seite der Leistungserbringer der einweisende Arzt hinzu und damit die vierte Prinzipal-Agenten-Konstellation:

d) die Agency-Beziehung zwischen Patient und einweisendem Arzt

Ad a) Der Patient als Prinzipal beauftragt[431] das KH als Agenten mit der Durchführung von erforderlichen diagnostischen und therapeutischen Maßnahmen mit der Nutzenerwartung der Wiederherstellung bzw. Verbesserung seines Gesundheitszustandes bzw. Wohlergehens und ist in der Regel abhängig von den Entscheidungen und Handlungen im Krankenhaus. Die Akteure im KH verfügen in aller Regel über einen deutlichen Wissensvorsprung gegenüber dem Patienten hinsichtlich diagnostischer und therapeutischer Fragestellungen. Darüber hinaus handelt das KH als Wirtschaftssubjekt. Es können daher eigene ökonomische Interessen vor dem Hintergrund des Leistungswettbewerbs im Gesundheitswesen unterstellt werden. Angesichts der Budgetdeckelung und der Abrechnungsrestriktionen des DRG-Systems im KH kann als opportunistisches Verhalten die tendenzielle Durchführung wirtschaftlich attraktiver diagnostischer bzw. therapeutischer Maßnahmen vor weniger gut honorierten Behandlungen angenommen werden, ohne dass der Patient gefragt wird bzw.

Untersuchung jedoch die Informationsprobleme des Patienten in der Ex-ante-Situation vor KH-Auswahl im Fokus stehen, wird eine Modellierung aller denkbaren Beziehungen einer Prinzipal-Agenten-Beziehung rund um den Patienten nicht als zielführend betrachtete. Zur Modellierung von Prinzipal-Agenten-Beziehungen auf übergeordneter Ebenen z.B. der Verbandsebene bzw. Gesundheitspolitik vgl. auch Bürger (2003), S. 58. Zu reziproken Prinzipal-Agenten-Beziehungen, in der beispielsweise der Patient auch als Agent des Arztes betrachtet werden kann, sowie Double-Prinzipal-Rollen bzw. Double-Agenten-Rollen vgl. auch Keller (2002), S. 93; Picot et al. (1999), S. 85; Blomquist (1991), S. 412. Die Prinzipal-Agenten-Beziehung im Binnen-Verhältnis zwischen Arzt und Patient betrachtet u.a. Arrow (1991), S. 38, 49; Hajen et al. (2004) S. 64; Keller (2002), S. 92. Dietrich (2005), S. 28ff. führt die diversen aktuellen Probleme des Gesundheitssystems, beispielsweise die angebotsinduzierte Nachfrage der Leistungserbringer, Anspruchsdenken, Leistungsausweitung und Trittbrettfahrerverhalten durch die Versicherten, ungenügende Patientenorientierung der Leistungserbringer und Leistungserstatter sowie steigende Leistungsausgaben der Krankenversicherung auf einen sich selbst verstärkenden Regelkreis diverser Prinzipal-Agenten-Beziehungen zurück, wobei im Rahmen dieser Arbeit auf eine weitere Vertiefung an dieser Stelle verzichtet wird.

[430] Vgl. Musil (2003), S. 14ff.

[431] Hierbei wird in der Regel zwischen KH und Patient ein Behandlungsvertrag geschlossen. Innerhalb von Prinzipal-Agenten-Beziehungen ist jedoch ein expliziter Vertrag keine notwendige Voraussetzung. Vielmehr wird von so genannten impliziten, unausgesprochenen Vertragsbeziehungen ausgegangen, die erst durch Existenz asymmetrisch verteilter Informationen zu Stande kommen. Vgl. Bürger (2003), S. 61.

diese im Interesse des Patienten sind, bis hin zu der Gefahr, dass unattraktive Patienten nicht aufgenommen werden.[432]

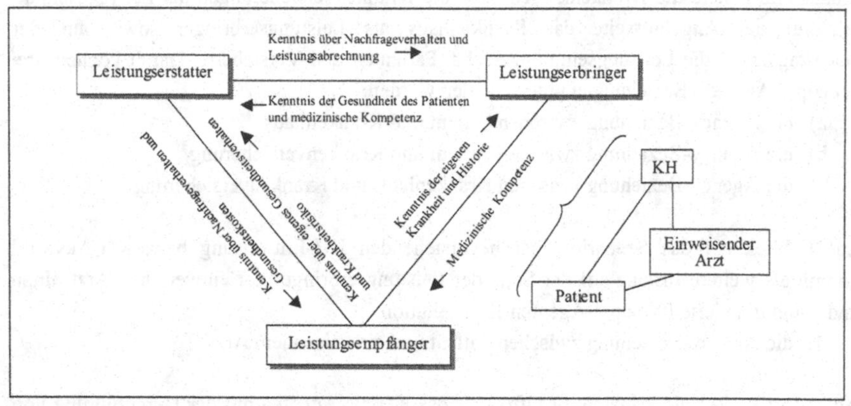

Quelle: In Anlehnung an Bürger (2003), S. 60.
Abbildung 4: Prinzipal-Agenten-Beziehung und Informationsasymmetrien zwischen Akteuren im KH-Sektor

Darüber hinaus kann das Behandlungsergebnis nicht allein auf die Aktivitäten im KH zurückgeführt werden, sondern unterliegt einer Reihe exogener zufallsbedingter Faktoren in Abhängigkeit vom Krankheitsbild, den individuellen, medizinisch relevanten Konditionen und Dispositionen des Patienten und ist zu einem erheblichen Teil abhängig von der aktiven Mitwirkung des Patienten.

Ad b) Auch im Verhältnis zwischen Leistungsempfänger und Leistungserstatter kann von einer Prinzipal-Agenten-Beziehung ausgegangen werden. Auch hier befindet sich der Patient in der Rolle des Prinzipals, der die Versicherung beauftragt, eine Versorgungsleistung umzusetzen. Die Versicherung als Agent ist in der Regel besser über das Leistungsspektrum und die Leistungsfähigkeit der KH informiert.[433] Allerdings sind die Versicherungen über Gesundheitsstand und Gesundheitsverhalten des Patienten in aller Regel schlechter informiert als dieser selbst. Eine vollständige Kontrolle dieser Patientenangaben würde zu hohe Überwachungskosten verursachen.

Neben der Informationsasymmetrie zwischen Versicherung und Versichertem kann als weiteres Element der Prinzipal-Agentenbeziehung ein Interessenskonflikt festgestellt werden. Der Patient wünscht sich an erster Stelle eine vollständige Übernahme der Versichertenleistung. Da durch den Versicherungsschutz und die damit einhergehende Befreiung von der direkten Zahlungspflicht kein Anreiz zur Leistungskontrolle durch den Patienten besteht,

[432] Naturgemäß wird für diese Arbeit der Fokus der Betrachtung auf den Patienten als schlechter informierter Transaktionspartner bzw. Prinzipal der Agency-Problematik gelegt. Es soll jedoch der Vollständigkeit halber nicht unerwähnt bleiben, dass, obwohl die wissenschaftliche Meinung generell zur Betrachtung des Patienten in deutlich benachteiligter Rolle ausgeht, auch andere Szenarien denkbar sind. Beispielsweise verfügt das KH i.d.R. auch nicht über vollständige Informationen zu Bedürfnissen, Erwartungen, Lebenslagen und Restriktionen des Patienten. Ferner kann auch der Patient opportunistisches Verhalten an den Tag legen, indem er z.B. ein verordnetes Ernährungsverhalten nicht umsetzt oder ein Medikament nicht einnimmt, ohne den behandelnden Arzt zu informieren (so genannte Non-Compliance). Vgl. Keller (2002), S. 94. Diese Szenarien sind in dieser Arbeit jedoch nicht relevant und werden daher nicht weiter verfolgt.

[433] Vgl. Cassel (2003), S. 10f.

tendiert der Versicherte zur erhöhten Inanspruchnahme von Leistungen, die auch über das normale Maß hinausgehen können.[434] Im Gegensatz hierzu verfolgen die Krankenversicherungen das Interesse, dass medizinische Leistungen streng im Rahmen des medizinisch Notwendigen erbracht werden. Das gilt insbesondere dann, wenn sie als gesetzliche Krankenkasse als Institutionen im Auftrag des Staates handeln und an den Grundsatz der Beitragsstabilität gebunden sind.[435]

Ad c) Eine weitere Prinzipal-Agenten-Beziehung besteht zwischen dem Leistungserbringer (z.B. dem KH) und der Krankenversicherung als Leistungserstatter.[436] Die Krankenversicherung befindet sich hier bezüglich der Informationsasymmetrie in einer ähnlich ungünstigen Lage wie der Patient, da nur der Leistungserbringer selbst über die Angemessenheit von diagnostischen und therapeutischen Maßnahmen vollständig urteilen kann. Ein großer Teil der medizinischen Leistungen entzieht sich der direkten Überwachung durch die Versicherung.[437] Somit ist prinzipiell die Möglichkeit der Hidden Action durch den Leistungserbringer gegeben.

Ad d) In aller Regel (mit Ausnahme von Notfällen) erfolgt die KH-Auswahl über einen einweisenden Arzt. Dieser fungiert i.S.d. Prinzipal-Agenten-Beziehung ebenso als Agent für den Patienten.[438] In Abhängigkeit vom individuellen Mitwirkungsszenario entscheidet der Patient autonom und selbstständig über das auszuwählende KH, trifft die Entscheidung gemeinsam mit dem Arzt oder delegiert teilweise oder vollständig die Beurteilung und Auswahl des KH an den einweisenden Arzt, der nun ebenso vor dem Problem der Hidden Characteristics, bezogen auf Leistungsanbieter und Leistungsangebot, steht. Allerdings verfügt der einweisende Arzt i.d.R. über ein größeres Wissen über die in Frage kommenden Leistungsanbieter als der Patient. Die Gefahr der suboptimalen bzw. falschen Auswahl besteht jedoch weiterhin, wobei die Konsequenzen in jedem Fall der Patient zu tragen hat. Es kann auch hier unterstellt werden, dass der einweisende Arzt Eigeninteressen verfolgt, in dem er Krankenhäuser bevorzugt vorschlägt bzw. bestimmt, die vorteilhaft für das eigene Praxisgeschäft sind (z.B. aufgrund persönlicher Beziehungen zu KH-Ärzten, der Erlangung von attraktiven Incentives für Einweiser durch das KH oder der hohen Wahrscheinlichkeit einer Rücküberweisung durch das KH). Der zunehmend mündige Patient sieht den einweisenden Arzt als wichtige Informationsquelle im Rahmen seiner Screeningaktivitäten (siehe auch Abschnitt 4.1.2.1). Die bewusste Zurückhaltung von Informationen bzw. die durch Eigeninteressen gesteuerte selektive Information durch den einweisenden Arzt kann den Patienten veranlassen, zur gleichen Entscheidung wie der Arzt zu kommen bzw. die Entscheidung des Arztes als „einzig richtige" zu sehen.

Bei Betrachtung der Auswirkungen der Informationsasymmetrien muss prinzipiell zwischen der Situation ex ante, d.h. vor Vertragsabschluss, bzw. ex post, d.h. nach Vertragsabschluss unterschieden werden. Nach dem Vertragsabschluss besteht aufgrund der Probleme der Hidden Action, dem Patient ist es nicht möglich, die Handlungen des Agenten zu beobachten, bzw. der Hidden Informationen, dem Patient ist es zwar möglich, die Handlungen zu

---

[434] Vgl. Arrow (1963), S. 961f.; Arrow (1991), S. 38.
[435] Vgl. SGB V, § 71, zur Beitragssatzstabilität.
[436] Vgl. Cassel (2003), S. 10f.
[437] Die Versicherungen versuchen durch Einsatz der MDK-Prüfungen in KH dieses Informationsdefizit zumindest teilweise auszugleichen, was jedoch nichts an der Gesamtproblematik ändert.
[438] Vgl. Schwartz (1996), S. 71ff.

beobachten, kann sie jedoch aufgrund fehlenden Wissens nicht beurteilen, die Gefahr des Moral-Hazard-Verhalten des Agenten. Diese besteht in einer nicht dem Patienteninteresse entsprechenden medizinischen Leistungserstellung (in Art, Angemessenheit, Qualität und / oder Quantität). Die Gefahr dieses opportunistischen Verhaltens des KH als Agenten ist um so größer, je breiter der Entscheidungsspielraum der Akteure im KH und je geringer das Wissen, das Beobachtungsvermögen und die Kontrollmöglichkeit des Patienten. Da in der vorliegenden Arbeit jedoch nicht die Situation nach Vertragsabschluss Gegenstand der Betrachtung ist, erfolgt hier keine weitere Ausführung. Im Folgenden wird der Fokus der Betrachtung auf Ex-ante-Informationsasymmetrien sowie die daraus resultierenden Informationsprobleme des Patienten als Prinzipal gerichtet.

Informationsasymmetrien ex ante, d.h. vor Vertragsabschluss, i.S. der Beurteilung einer medizinischen Leistung bzw. der Auswahl eines KH, bedingen für den Prinzipal die Gefahr der adversen Selektion sowie des Hold up. Hierfür sind zwei Mechanismen verantwortlich, die so genannte Hidden Characteristics und die Hidden Intention.

Aufgrund der Hidden Characteristics des KH kann der Patient das Leistungsangebot eines KH nicht beurteilen und dessen wahre Eigenschaften bzw. Qualität bestenfalls ex post, d. h. während der Behandlung erkennen. Diese Form der Unsicherheit wird auch, wie bereits erwähnt, als Qualitäts- bzw. Eigenschaftsunsicherheit (Quality Uncertaincy) bezeichnet.[439]

Das Problem der Hidden Characteristics betrifft nicht nur das Leistungsangebot an diagnostischen und therapeutischen Behandlungsmöglichkeiten, sondern auch die Beurteilung bzw. Auswahl eines geeigneten Anbieters (die bereits genannte Marktunsicherheit bzw. Market Uncertaincy). Vorausgesetzt, es existiert nicht nur ein einziger Anbieter am Markt (generell vorstellbar z.B. für sehr seltene Erkrankungen), steht der Patient vor dem Problem mehrerer potentieller Leistungsanbieter. Auch hier kann der Patient aufgrund der verborgenen Eigenschaften des potentiellen Auftragnehmers nicht bzw. nur unzureichend beurteilen, welcher Anbieter z.B. über die Qualifikation, Diagnose- und Interventionsmöglichkeiten sowie Erfahrungen verfügt, um die erforderliche medizinische Leistung zu erbringen bzw. am besten auszuführen.[440]

Die Unsicherheit des Patienten hinsichtlich Produkt- bzw. Leistungsqualität einerseits und in Bezug auf die Anbieter von KH-Leistungen auf der anderen Seite liegen in der Praxis aus Sicht des Patienten häufig eng beieinander. Zweifel an der Qualität des Anbieters medizinischer Dienstleistungen bedingen häufig auch Zweifel an der Qualität des medizinischen Leistungsangebotes und umgekehrt. Hinzu kommt die häufig anzutreffende Situation, dass ein bestimmtes KH auf ein ganz spezielles Behandlungsverfahren spezialisiert ist und nur dieses anbietet. Es ist daher im KH-Bereich z.T. von einer Abhängigkeit zwischen Behandlungsverfahren und deren Anbietern auszugehen.

Bei Vorliegen der Hidden Characteristics besteht für die Nachfragerseite nicht nur das Risiko der bereits erwähnten adversen Selektion durch Wahl eines ungeeigneten bzw. schlechten Anbieters. Aus marktwirtschaftlicher Perspektive kommt die Gefahr des Verschwindens qualitativ hochwertiger Angebote vom Markt hinzu.[441]

---

[439] Vgl. Bürger (2003), S. 68.
[440] Vgl. Bayòn (1997), S 41.
[441] Vgl. Picot et al. (1999), S. 88; Akelof (1970), S. 490f.

Für die Beurteilung von KH und deren Leistungsangeboten besteht daher nicht nur das Problem an ungenügenden Informationen zur Qualität der Anbieter sowie Diagnose- und Therapiemöglichkeiten vor Behandlungsbeginn für den Patienten. Die ungenügende Informiertheit von Patienten führt dabei neben der falschen bzw. ungeeigneten Auswahl einer Klinik auch zu Enttäuschungen aufgrund unrealistischer Erwartungen und der Unfähigkeit zur Wahrnehmung qualitativ hochwertiger Leistungen. Letzteres kann dazu führen, dass KH weniger Anreize haben, in die Qualität ihrer Dienstleistung zu investieren. Dies trifft umso mehr zu, wenn aufgrund der DRG-Leistungsabrechnung keine Honorierung der Leistungsqualität vorgesehen ist.[442] Im Endeffekt begünstigt dieser Mechanismus eine insgesamt niedrigere Leistungsqualität im Gesundheitswesen.
Bei Vorliegen des zweiten Ex-post-Informationsproblems, der Hidden Intention, kennt der Patient die Absichten des leistungsanbietenden KH im Vorfeld der Behandlung nicht. Das Problem entsteht, wenn der Patient zu diesem Zeitpunkt bereits irreversible Investitionen tätigt und damit in ein Abhängigkeitsverhältnis zum KH gerät. Dieses kann später vom Agenten, ohne dass der Prinzipal Sanktionsmöglichkeiten hat, ausgenutzt werden. In diesem Fall spricht man von Hold up.[443]
Im Verhältnis zwischen Patient und potentiellem KH vor Vertragsabschluss können Aufwendungen für die Informationsbeschaffung zur Qualitätsbeurteilung des KH, ein bereits vereinbarter Termin in der Klinikambulanz, Aufwendungen bei der Schilderung der Problematik und des bisherigen Krankheitsverlaufes durch den Patienten oder bereits vorgenommene Voruntersuchungen mit entsprechenden Unterlagen (z.B. Laborbefunde, Röntgenbilder) in der Klinikambulanz als Investitionen betrachtet werden.
Auch eine bereits vom zuweisenden Arzt vorweg genommene Entscheidung nebst Versendung von Ambulanzunterlagen vom überweisenden Arzt an das KH kann als Investition gesehen werden, die zwar zunächst nicht vom Patienten getätigt wurde, die aber bei Revision dieser Entscheidung durch den Patienten zu zusätzlichen Aufwendungen führt. Hinzu kommen Abhängigkeitsverhältnisse bei chronischen Erkrankungen bzw. länger andauernden Behandlungen wie die Einstellung von Diabetikern oder bei Chemotherapie. Je höher der Spezifikationsgrad einer solchen Behandlung ist, das heißt, je höher die Abhängigkeit von der Kontinuität der Behandlung durch spezielle Behandlungsverfahren und ggf. besonders spezialisiertes Behandlungspersonal ist, desto weniger hat der Patient die Möglichkeit, bei Unzufriedenheit und erneutem Behandlungsbedarf das KH zugunsten eines besser qualifizierten Anbieters zu wechseln.[444] Diese bereits erbrachten Aufwendungen des Patienten können als Investitionen klassifiziert werden, welche die Weiterführung der Behandlung durch ein anderes KH verhindern.
In Abbildung 5 sind die bereits geschilderten Probleme und Auswirkungen der Ex-ante-Agency-Problematik zusammengefasst.

---

[442] Der Gesetzgeber versucht dieser Tendenz entgegen zu steuern durch verschiedene Regelungen zur Qualitätssicherung. Siehe auch Abschnitt 2.1.
[443] Vgl. Picot et al. (1999), S. 88.
[444] Vgl. Bürger (2003), S. 72.

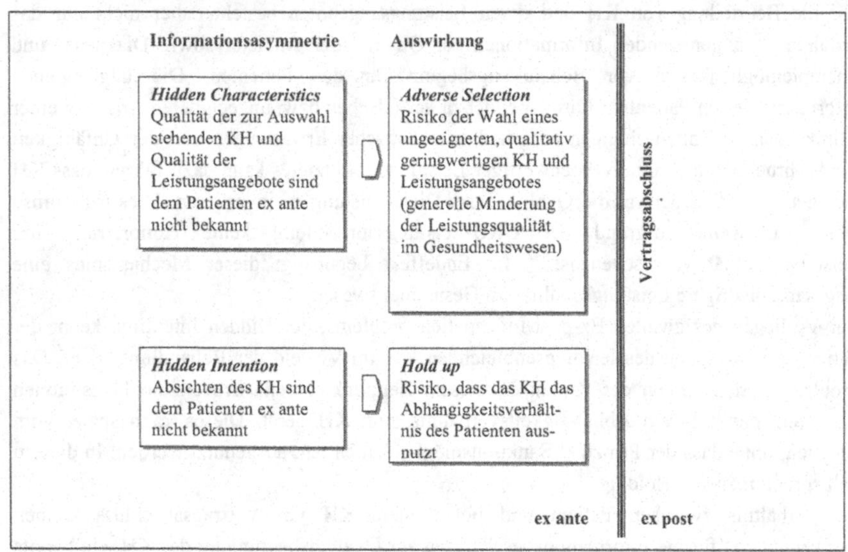

Abbildung 5: Ex-ante-Agency-Problematik vor Vertragsabschluss (Informationsasymmetrien und deren Auswirkungen)

Abschließend sei noch ein Phänomen angesprochen, welches im Gesundheitswesen nicht selten zu beobachten ist: Patienten überlassen bewusst die Entscheidungsfindung dem Arzt.[445] In diesem Fall wird der generelle Wunsch nach Informationen nicht mit dem Wunsch nach aktiver Entscheidung verbunden. Der Patient delegiert die Entscheidung vollständig an den Arzt und entzieht sich damit völlig seiner Verantwortung. Dieses Phänomen lässt sich mit dem Auftreten von „anxiety costs" auf Seiten des Patienten erklären. Nach McGuire et al. entsteht diese Art von Kosten im Regelfall bei Vorliegen von Krankheit.[446] Mit zunehmender Schwere der Krankheit ist ein Individuum von immer intensiver werdenden Angstzuständen betroffen, die mit steigenden „anxiety costs" verbunden sind. Shelley stellt hierzu fest, dass der Angstzustand besonders ausgeprägt ist, wenn zur *„anxiety from the illness itself"* auch noch eine *„anxiety from the prospekt of hospitalisation"*[447] hinzukommt. Die Beurteilung von Leistungsangebot und Leistungsanbieter sowie die Verantwortung für die richtige KH-Auswahl werden mit Ansteigen dieser Kosten zunehmend an den Arzt delegiert.

„There is a demand from the patient to shift risk bearing regarding outcome to the doctor and as part of the agency relationship an acceptance of this ‚cost' by the doctor."[448]

Eine Entscheidungsdelegation kann auch dann erfolgen, wenn der Patient prinzipiell zur Beschaffung der relevanten Informationen in der Lage wäre, jedoch der Patient *„too anxious or irrational to interpret facts and help make appropriate decisions"*[449] ist.

Die wesentlichen Aussagen der Prinzipal-Agenten-Theorie in Bezug zum Untersuchungsgegenstand dieser Arbeit sind abschließend in Tabelle 11 dargstellt.

---

445 Vgl. Schwartz (1996), 87f.
446 Vgl. McGuire et al. (1988), S. 156.
447 Shelley (1979), S. 159.
448 Mooney, McGuire (1988), S. 9.
449 Howard (1975), S. 81.

Ansatz	Bezugspunkte zur Arbeit
Prinzipal-Agenten-Theorie	- Patient auf der Suche nach Qualitätsinformationen zum KH steht in einer Ex-ante Beziehung als Prinzipal zum KH als Agenten / Leistungserbringer vor der Auftragserteilung. - Risiko für Patienten der adversen Selektion durch Hidden Characteristics des KH u./o. der Leistungen des KH sowie des Risikos des Hold up aufgrund von Hidden Intention des leistungsanbietenden KH. - Einweisender Arzt fungiert ebenfalls in der Rolle des Agenten für den Patienten bei der KH-Wahl. - Das Qualitätsurteil von Zuweisern spielt als eine mögliche Qualitätsinformation bei der Beurteilung der KH-Qualität durch zunehmend autonome Patienten eine Rolle. - Das Phänomen der vollständigen Entscheidungsdelegation des Patienten an den einweisenden Arzt kann auf der Basis des Konzepts der „anxiety costs" erklärt werden. Die Tendenz des Patienten zur Entscheidungsdelegation an den Arzt steigt mit zunehmender Schwere der Krankheit.

Tabelle 11: Erkenntnisbeiträge der Prinzipal-Agenten-Theorie zur theoretischen Fundierung der Arbeit

4.3.4. Ansätze des Produktinvolvement

Neben den theoretischen Ansatzpunkten zum Konstrukt Involvement, die bereits in Abschnitt 3.1.1 zur Bestimmung des Involvementbegriffs herangezogen wurden, sollen an dieser Stelle Involvementansätze im Hinblick auf potentielle Einflussfaktoren sowie Bezugspunkte zur Konzeptualisierung des Involvements von Patienten hinsichtlich Informationen zur KH-Qualität untersucht werden. Da diese Art von Involvement, wie bereits dargelegt, im weiteren Sinne zum Produktinvolvement gezählt werden kann, konzentrieren sich die folgenden Ausführungen auf Ansätze bzw. Modelle des Produktinvolvement.
Im bereits erwähnten Involvementmodell von Trommsdorff werden die Einflussfaktoren des Involvements allgemein unterschieden in (siehe Abbildung 6):[450]

- personenspezifische Faktoren
- situationsspezifische Faktoren
- stimulusspezifische Faktoren (Produkt, Medium, Botschaft)

Ähnlich auch Zaichkowsky, welche den Zusammenhang zwischen Involvement und relevanten Determinanten in Kurzform in folgender Formel zusammenfasst:

Involvement = f(Person, Situation, Object)[451]

Im Involvementmodell von Kuß und Tomczak wird die Ausprägung des Involvements in vergleichbarer Weise auf die Einflussparameter Person, Situation und Produkt zurückgeführt. Ebenso erwähnenswert ist, dass die Autoren von Wechselwirkungen zwischen den Determinanten ausgehen.[452] Beispielsweise ist das Involvement eines Kunden an einem Produkt besonders groß, wenn die Produkteigenschaften zentrale Personeneigenschaften wie Werte berühren.

[450] Siehe auch Abschnitt 3.1.1.1.1.
[451] Zaichkowsky (1986), S. 6.
[452] Vgl. Kuß, Tomczak (2000), S. 66.; Trommsdorf (2003), S. 60; Zaichkowsky (1985), S. 342.

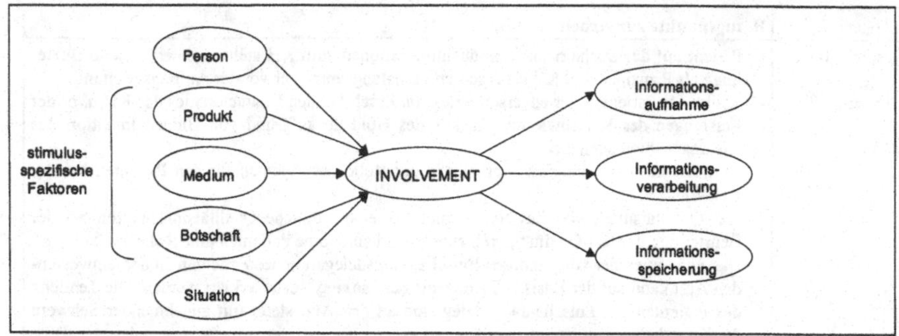

Quelle: Trommsdorf (2003), S. 57.
Abbildung 6: Involvementmodell

Insgesamt kann festgehalten werden, dass sich die Ausprägung des Involvements eines Individuums in Abhängigkeit von persönlichen, situationsbezogenen und objektbezogenen Faktoren unterscheidet. In Anlehnung an Zaichkowsky werden die drei Kategorien an Einflussfaktoren wie folgt näher charakterisiert:[453]

- Person: inhärente Interessen, Motive, Werte oder Bedürfnisse einer Person
- Bezugsobjekt: Charakteristik bzw. Eigenschaften des Bezugsobjekts (Produkt, Dienstleistung, Werbung etc.)
- Situation: Aspekte, welche temporär die Relevanz des Bezugsobjektes erhöhen

Diese Systematisierung von involvement-beeinflussenden Determinanten ist zweifelsohne prinzipiell auch auf die im Rahmen dieser Untersuchung interessierende Fragestellung nach den potentiellen Einflussfaktoren des Involvements von Patienten, bezogen auf Informationen zur KH-Qualität, anwendbar. Jedoch ist die beschriebene Nomenklatur eher allgemeiner Natur und tendenziell auf Konsumenten in Kaufsituationen ausgerichtet. Im Folgenden sollen daher weiterführende Überlegungen im Hinblick auf die relevante Fragestellung in dieser Arbeit (Forschungsfrage 3), der möglichen Einflussfaktoren auf das Patienteninvolvement bezüglich KH-Qualitätsinformationen, unter Anwendung der dargestellten drei Kategorien angestellt werden.

Als persönliche Faktoren spielen Werte bzw. Bedürfnisse des Individuums eine große Rolle. Die Gesundheit wird allgemein als zentraler Wert angenommen und zählt zu den grundlegenden Bedürfnissen des Menschen.[454] Die Wichtigkeit der Gesundheit als persönlicher Wert steht in Wechselwirkung mit den Eigenschaften des Bezugsobjekts, hier den Informationen zur KH-Qualität. Die KH-Leistung ist eng mit der Erhaltung bzw. Wiederherstellung von Gesundheit verbunden. Informationen, die eine Beurteilung der KH-Qualität ermöglichen, entsprechen der zentralen Relevanz der Gesundheit. Die meisten Autoren sind sich darin einig, dass das Involvement generell höher ausgeprägt ist, wenn das Produkt bzw. die Leistung wichtige Werte und Bedürfnisse einer Person anspricht.[455]

[453] Vgl. Zachkowsky (1985), S. 342.
[454] Vgl. Maslow (1975), S. 394. Zur Diskussion der Begriffe Wert und Bedürfnisse sowie ihrer gemeinsamen motivationalen Funktion vgl. auch Schlöder (1993), S. 142ff. sowie Schürmann (1988), S. 27ff.
[455] Vgl. exemplarisch Engel et al. (1990), S. 259; Deimel, (1989), S. 154f.; Kuß, Tomczak (2000), S. 66.

Entsprechend kann davon ausgegangen werden, dass das Involvement von Patienten hinsichtlich relevanter Informationen zur KH-Qualität von der persönlichen Wertigkeit bzw. Bedeutung der Gesundheit für den Patienten positiv beeinflusst wird.

Die Kategorie der situativen Faktoren umfasst eine nahezu unüberschaubare Vielzahl von Aspekten der psychischen bzw. Umweltsituation, in der sich eine Person befindet.[456] Bezüglich der Frage nach möglichen situativen Einflussfaktoren des hier interessierenden Involvements von Patienten in Bezug auf KH-Qualitätsinformationen können keine direkten Bezugspunkte aus der Literatur entnommen werden. Es ist jedoch zu vermuten, dass hauptsächlich situative Aspekte, die aus einem Krankheitsereignis mit entsprechender stationärer Behandlungsbedürftigkeit resultieren bzw. mit diesem eng verknüpft sind, eine Rolle spielen. Dies sind insbesondere das vom Patienten wahrgenommene Informationsangebot zur KH-Qualität, der wahrgenommene Gesundheitszustand sowie die Schwere bzw. Bedrohlichkeit der Erkrankung, letzteres kann auch als wahrgenommenes Risiko der Krankheit interpretiert werden.

Die Verfügbarkeit von Informationen zur KH-Qualität und die Bedeutung dieser Informationen für Patienten weisen, wie die Analyse der bisher vorliegenden Studien zeigte, eine große Nähe auf.[457] In den bisherigen Studien werden zwar keine Zusammenhänge zwischen beiden Aspekten untersucht, jedoch wird „nahezu automatisch" eine implizite Beziehung vorausgesetzt, welche i.d.R. sowohl in der Feststellung einer großen Bedeutung von Qualitätsinformationen besteht, als auch im gleichen Atemzug in der Forderung nach einem besseren Informationsangebot zur KH-Qualität zum Ausdruck kommt.

In der Involvementforschung sind generelle Beziehungszusammenhänge zwischen der subjektiven Attraktivität eines Produkts und dem wahrgenommenen Produktangebot bekannt, welche auf der vom Konsumenten empfundenen Knappheit beruhen. Neben Ansätzen, welche sich insbesondere mit Produkten aus dem Konsumgüterbereich befassen, können auch zwei Theorien zur Erklärung der Beziehung zwischen dem Involvement und relevanten Informationsangeboten herangezogen werden.

Nach der Reaktanz-Theorie von Brehm wird die Aufmerksamkeit einer Person von einer aktuell wahrgenommenen oder in Zukunft befürchteten Einschränkung beeinflusst.[458] Je größer die empfundene Einschränkung, umso höher erscheint die Relevanz bzw. Bedeutung des betreffenden Bezugsobjekts für das Individuum. Wird dieser Zusammenhang auf das Angebot von Informationen zur KH-Qualität angewendet, ergibt sich die Schlussfolgerung, dass das Involvement in KH-Qualitätsinformationen bei Individuen um so größer ausgeprägt ist, je eingeschränkter das Informationsangebot wahrgenommen wird.

Ein zweiter Ansatz, die Commodity-Theorie von Brock, impliziert die gleiche Beziehung.[459] Informationen als Gut (Commodity) werden umso wertvoller eingeschätzt, „*...je weniger Anbieter (der Information) es gibt, je weniger diese motiviert sind, ihr Wissen weiterzugeben,*

---

[456] Vgl. Trommsdorff (2003), S. 58ff.

[457] Vgl. Abschnitt 4.1.2.1.

[458] Grundlage der Reaktanz-Theorie ist die Annahme, dass Menschen Freiheit als einen wichtigen Bestandteil ihres Lebens einschätzen. Die meiste Zeit fühlen sich Menschen relativ frei in ihrer Wahl zwischen möglichen Verhaltensweisen und auf beliebig viele Tatbestände bezogene Auswahlmöglichkeiten. Eine aktuell wahrgenommene oder für die Zukunft antizipierte Einschränkung der Verhaltensfreiheit führt zu einem Zustand der Störung, den Brehm als psychologische Reaktanz bezeichnet. Vgl. Brehm (1972), S. 2.

[459] Als „Commodities" bezeichnet Brock wertvolle Güter, zu denen er insbesondere die Informationen zählt, anhand derer er seine theoretischen Überlegungen ausführt. Vgl. Brock (1968), S. 246.

je schwieriger es ist, ihnen dieses Wissen zu entlocken...“[460] Zweifelsohne eine Aussage, welche sich auch auf den angenommenen Zusammenhang zwischen dem Involvement von Patienten und dem wahrgenommenen Angebot an KH-Qualitätsinformationen übertragen lässt.

Der vom Patienten wahrgenommene aktuelle Gesundheitszustand als Einflussfaktor wird im Rahmen der auf „gesunde“ Konsumenten ausgerichteten Involvementforschung nicht thematisiert. Weitere erhellende Ansatzpunkte werden daher in der gesundheitsbezogenen Verhaltensforschung insbesondere in Ansätzen der Stress- und Copingforschung im Abschnitt 4.3.10 untersucht.

Das wahrgenommene Risiko kann nach Zaichkowsky als eine entscheidende Einflussgröße auf das Involvement identifiziert werden.[461] Die Rolle des wahrgenommenen Risikos als Einflussfaktor auf das Involvement wird weiterhin im Rahmen von Risikotheorien thematisiert, welche im nachfolgenden Abschnitt 4.3.5 näher untersucht werden.

Im zweiten Teil dieses Kapitels sollen nun Bezugspunkte zur Konzeptualisierung des Involvements von Patienten hinsichtlich KH-Qualitätsinformationen analysiert werden. In Anlehnung an Homburg wird die Erarbeitung von Dimensionen eines Konstrukts als Konzeptualisierung verstanden, während die Operationalisierung die darauf aufbauende Entwicklung eines Messinstruments meint.[462] Da mit Blick in die Literatur die Konzeptualisierung und Operationalisierung des Involvementkonstrukts kaum zu trennen sind, werden an dieser Stelle Aspekte der Konstruktoperationalisierung, welche zur erforderlichen Konzeptionalisierung des Involvements von Patienten in Bezug auf Informationen zur KH-Qualität beitragen können, aufgeführt.

Zunächst ist festzustellen, dass es aufgrund des Mangels einer allgemeingültigen Definition[463] auch keine einheitliche Konzeptualisierung geben kann, welche allen Sichtweisen des Produktinvolvement entspricht.[464]

Bei der Konzeptualisierung des Involvements stellt sich zuerst die Frage nach der Dimensionalität des Konstrukts. Generell können eindimensionale und mehrdimensionale Sichtweisen unterschieden werden. Zu den herausragenden Vertretern gehörten in den 80er Jahren Zaichkowsky mit dem Personal Involvement Inventory (PII)[465] als Instrument zur eindimensionalen Konzeptualisierung bzw. Operationalisierung sowie Laurent und Kampferer mit dem Consumer Involvement Profile (CIP)[466] als mehrdimensionalem Modellansatz. Die beiden Ansätze befruchteten die Involvementforschung entscheidend und wurden von diversen Autoren aufgegriffen, kritisch gewürdigt und erweitert.[467]

Die Sichtweise von Zaichkowsky unterstellt eine direkte Erhebbarkeit bzw. Messbarkeit des Involvements einer Person.[468] Dabei definiert sich das Produktinvolvement hier ausschließlich über eine Dimension, dem wahrgenommenen Interesse bzw. der wahrgenommenen

[460] Gierl, Plantsch (2007), S. 122.
[461] Vgl. Zaichkowsky (1984), S. 22f.
[462] Vgl. Homburg (2000), S. 13.
[463] Siehe hierzu auch Abschnitt 3.1.1.1.1.
[464] Vgl. Schmücker (2005), S. 83.
[465] Vgl. Zaichkowsky (1994).
[466] Vgl. Kampferer, Laurent (1985); Laurent, Kampferer (1985).
[467] Vgl. Celsi, Olson (1988); Laurent, Kampferer (1986); Jain, Srinivasan (1990) New Involvement Profile (NIP); McQuarrie, Munson (1987), Revised Personal Involvement Inventory (RPII); McQuarrie, Munson (1992), Revised RPII (RRPII).
[468] Vgl. Schmücker (2005), S. 92.

Bedeutung des Bezugsobjektes.[469] Das PII wurde in einer Vielzahl von Studien unterschiedlicher Produktkategorien und Stichproben getestet und gilt als Messinstrument mit hoher Reliabilität.[470] Die ursprünglich angebrachten Kritikpunkte bezüglich der Länge der Itembatterie (die leicht zur Ermüdung der Probanden führt), der vermuteten Redundanz der Wortpaare und des zum Teil gehobenen Sprachniveaus wurden durch nachfolgende Weiterentwicklungen des PII weitgehend behoben.[471] Der größte Problempunkt des Instruments, die von Zaichkowsky postulierte Eindimensionalität des Konstrukts, bleibt jedoch bestehen.[472]

Diese Schwäche wird durch mehrdimensionale Involvementansätze behoben, welche in der Konsumentenverhaltensforschung der letzten Jahre zunehmend diskutiert werden.[473] In der Literatur zur empirischen Erhebung des Produktinvolvement zeigt sich eine deutliche Tendenz zur Bildung von mehrdimensionalen Involvementkonstrukten (so genannten Involvementprofilen), welche die im eindimensionalen Ansatz ungenügend beachteten Dimensionen bzw. Facetten des Konstrukts berücksichtigen.[474] Ein Überblick über wesentliche mehrdimensionale Ansätze des Produktinvolvement von Konsumgütern bzw. -dienstleistungen gibt Tabelle 12 wieder. Gemeinsames Merkmal dieser Involvementprofile ist neben der Mehrdimensionalität die indirekte Messung des Konstrukts auf Basis der relevanten Ursachen des Involvement anstatt einer direkten Erhebung. Laurent und Kampferer, die „Begründer" mehrdimensionaler Messansätze, betonen, dass sich Involvement im Gegensatz zum Ansatz von Zaichkowsky nur indirekt, in Form eines hypothetischen Konstrukts, messen lasse.[475] Der Verfasser der vorliegenden Arbeit folgt dieser Auffassung und geht bei der erforderlichen Konzeptualisierung des Involvement hinsichtlich Informationen zur KH-Qualität von einer Mehrdimensionalität des Konstrukts auf Basis einer indirekten Erhebung der Ursachen dieses Involvements aus. Entsprechend

---

[469] In der Grundform wurde, basierend auf der Annahme, dass das Konstrukt eindimensional bzw. einfaktoriell sei, eine Itembatterie mit 20 gegensätzlichen Adjektivpaaren entwickelt, die dem Probanden in Form eines siebenstufigen Semantischen Differentials vorgelegt wurden. Exemplarische Gegensatzpaare aus dem PII sind: important – unimportant, of concern – of no concern, relevant – irrelevant, means a lot to me – means nothing to me. Vgl. Zaichkowsky (1985), S. 350. Durch Addition der einzelnen Itembewertungen ergeben sich für das gemessene Involvement ein Minimalwert von 20 und ein Maximalwert von 140 Punkten. Die Höhe des Punktwertes bestimmt dabei die Höhe des Involvements, wobei Mittelwert und Streuung des Involvement je nach Produkt bzw. Leistungskategorie unterschiedlich sein können. Beispielsweise ergab die Anwendung des PII auf Automobile einen Mittelwert von 122, Jeans 99, Instantkaffee 66. Vgl. Sood (1986), S. 483; Zaichkowsky (1985), S. 341ff.

[470] Vgl. exemplarisch Higie, Feick (1989), Mittal (1989), S. 698.

[471] Vgl. Bearden, Netemeyer (1999), S. 200; McQuarrie, Mundson (1987), S. 36f. Zaichkowsky selbst zeigt in der letzten Variante des PII ein auf 10 Items reduziertes Instrument mit guter Reliabilität. Vgl. Zaichkowsky (1994).

[472] Faktoranalytische Untersuchungen ergaben teilweise eine duale oder mehrdimensionale Faktorenstruktur. McQuarrie und Munson konnten bei Anwendung der Original-Skala bei einigen Produkten, z.B. Autos oder Taschenrechnern, bis zu fünf Faktoren finden. Vgl. McQuarrie und Munson (1992), S. 112. Zaichkowsky zeigt mit der reduzierten PII-Skale eine zweifaktorielle Struktur, wobei sie feststellt „...the two components are far from independent...", Zaichkowsky (1994), S. 62.

[473] Vgl. Beyer (2006), S. 102.

[474] Vgl. Deimel (1989), S. 153ff.; Meffert (1992), S. 66; Mühlbacher (1988), S. 86. Methodisch wird zur Konstruktentwicklung i.d.R. eine strukturen-entdeckende Faktorenanalyse über eine vorher formulierte Itembatterie durchgeführt, bzw. die Faktorenanalyse wird genutzt, um die zuvor mit Hilfe der Items angelegten Struktur zu prüfen. Vgl. Schmücker (2005), S. 83f.

[475] Vgl. Laurent, Kampferer (1986), S. 42; ebenso auch Kroeber-Riel, Weinberg (2002), S. 371f.; Schmücker (2005), S. 92 sowie Sauer (2003), S. 211.

stellt sich als nächstes die Frage nach den relevanten Ursachen des Involvements von Patienten hinsichtlich Informationen zur KH-Qualität.

Mit Blick auf die in Tabelle 12 zusammengetragenen Konstrukte zum Produktinvolvement wird einerseits deutlich, dass die involvementverursachenden Konstruktdimensionen der einzelnen Ansätze mehr oder minder ausgeprägte Abwandlungen des ursprünglichen Modells von Laurent und Kampferer sind, welche folgende Involvementdimensionen unterscheiden:[476]

- The perceived importance of the product (its personal meaning)
- The perceived risk associated with the product purchase, which has in turn two facets:
  - The perceived importance of negative consequences in case of poor choice
  - The perceived probability of making such a mistake
- The symbolic or sign value attributed by the consumer to the product, its purchase, or its consumption
- The hedonic value of the product, its emotional appeal, its ability to provide pleasure and affect

Autor(en)	**Bezeichnung**	**Konzeptualisierung** (Dimensionalität / Faktorstruktur)
Laurent, Kampferer (1985)	Consumer Involvement Profile (CIP)	5 Faktoren: importance, risk importance, risk probability, pleasure, sign
McQuarrie, Munson (1987)	Revised Personal Involvement Inventory (RPII)	4 Faktoren: importance, pleasure, risk, sign
Mittal, Lee (1988)	-	4 Faktoren: importance, sign value, hedonistic value, risk
Higie, Feick (1989)	Enduring Involvement Scale (EIS)	2 Faktoren: self expression, hedonism
Jain, Srinivasan (1990)	New Involvement Profile (NIP)	5 Faktoren: relevance, pleasure, sign, risk importance, risk probability
McQuarrie, Munson (1992)	Revised RPII (RRPII)	2 Faktoren: importance, interest

Quelle: In Anlehnung an Sauer (2003), S. 214, und Hupp (1998), S. 36f.

Tabelle 12: Ansätze zur mehrdimensionalen Konzeptualisierung des Produktinvolvements

Auf der anderen Seite können die für Produkte und Leistungen aus dem Konsumgüterbereich ermittelten Involvementfacetten nicht eins zu eins auf das Involvement in Bezug auf Informationen zu Gesundheitsleistungen bzw. die KH-Qualität angewendet werden.

Die Dimension Spaß am Produkt, welche durch Aussagen wie - Freude am Kaufen, sich selbst ein Geschenk machen und Freude am Produkt - konzeptualisiert wird, ist schwerlich auf die Informationsthematik zur KH-Qualität übertragbar. Auch die Facette „Bedeutung für die eigene Identität" / „Selbstdarstellung" (der Kauf sagt etwas über meine Person aus, reflektiert meine Persönlichkeit) hat keine Relevanz als Ursache für ein Involvement

---

[476] Vgl. Laurent, Kampferer (1985), S. 43. Die von den Autoren konzeptualisierten fünf Involvementdimensionen wurden in Form einer Messskala mit insgesamt 16 Indikatoren abgebildet. Die originale CIP-Operationalisierung des Involvementkonstrukts wurde jedoch erst 1993 veröffentlicht und ins Englische übersetzt. Vgl, Laurent, Kampferer (1993), S. 349. Eine weitere Übersetzung ist bei Rodgers und Schneider zu finden. Vgl. Rodgers, Schneider (1993), S. 336. Das CIP-Messinstrument des Involvement ist für diverse Produktkategorien und auch Dienstleistungen aus dem Konsumgüter- sowie Freizeitbereich eingesetzt worden, u.a. Brot, Schokoladen-Riegel, Champagner, Zahnpasta, Golf, Skifahren, Vogelbeobachtung und Reisen.

bezüglich KH-Qualitätsinformationen. Sehr relevant dürfte die Konstruktdimension „Bedeutung / Interesse am Produkt“ sein, da auch beim Involvement zur KH-Qualität das persönliche Interesse, die Bedeutung oder Relevanz dieses Themas eine Rolle spielt. Auch die beiden Risikodimensionen der Risikowahrscheinlichkeit und der Risikobedeutung (i.S. möglicher Folgen einer fehlerhaften Konsumentscheidung) erscheinen insbesondere in Bezug auf Krankenhausleistungen relevant. Die empirische Prüfung zeigt hier jedoch Reliabilitätsprobleme. Die Involvementursachen „Bedeutung / Interesse am Produkt“ und „Risikobedeutung“ lassen sich faktoranalytisch nicht ausreichend genug abgrenzen.[477] Darüber hinaus weisen die beiden Risikodimensionen „Risikowahrscheinlichkeit“ und „Risikobedeutung“ eine zu geringe interne Konstruktkonsistenz sowie einen zu niedrigen Zusammenhang mit der Gesamtskala auf.[478]

Insgesamt kann angenommen werden, dass das Involvement bezogen auf KH-Qualitätsinformationen nicht nur aus einer Ursache resultiert, sondern ein mehrdimensionales Konstrukt darstellt und folgerichtig eine mehrdimensionale Konzeptualisierung angezeigt wäre. Vorhandene Ansätze des Produktinvolvements aus dem Konsumgüterbereich sind jedoch wenig tauglich. Lediglich die Involvementdimension der Bedeutung bzw. des Interesses für das Produkt ist auch auf das Involvement hinsichtlich des Bezugsobjektes Informationen zur KH-Qualität übertragbar.

Weitere relevante, zur Konstruktentwicklung beitragende Involvementursachen müssen auf der Basis von Bezugspunkten anderer Theorien sowie empirischen Beobachtungen i.S. von Ansatzpunkten aus vorliegenden Studien abgeleitet werden. Ein Überblick über die identifizierten Ansatzpunkte aus den Modellen des Produktinvolvements gibt Tabelle 14 wider.

Ansatz	**Bezugspunkte zur Arbeit**
Ansätze des Produkt-involvements	- Kategorien von Einflussfaktoren auf das Involvement sind Person, Situation und Bezugsobjekt. - Als personenbezogener Einflussfaktor kann die Wichtigkeit der Gesundheit als zentraler persönlicher Wert identifiziert werden, der in starker Wechselwirkung mit den bezugsobjektbezogenen Eigenschaften der KH-Leistung steht. - Als situationsbezogene Determinanten spielen insbesondere Aspekte, welche mit einem Krankheitsereignis mit entsprechend stationärem Behandlungsbedarf in Verbindung stehen, eine Rolle. Dies sind insbesondere der Gesundheitszustand, die Bedrohlichkeit der Erkrankung sowie das wahrgenommene Informationsangebot zur KH-Qualität. - Mehrdimensionale Ansätze der Konzeptualisierung des Produktinvolvements basieren auf der indirekten Erhebung von Involvementursachen und berücksichtigen damit mehrere Facetten des Konstrukts. - Involvementursachen, bezogen auf Produkte und Leistungen aus dem Konsumgüterbereich, unterscheiden sich von den potentiellen Involvementursachen hinsichtlich KH-Qualitätsinformationen. - Zur Messung des Involvements von Patienten hinsichtlich Informationen zur KH-Qualität können Messansätze des Produktinvolvements kaum angewendet werden (lediglich die Involvementfacette „Bedeutung / Interesse am Bezugsobjekt“ ist übertragbar).

Tabelle 13: Erkenntnisbeiträge der Ansätze des Produktinvolvements zur theoretischen Fundierung der Arbeit

[477] So laden die Faktoren Importance und Risk Importance z.T. auf einen Faktor, der dann vom Autor als „Imporisk“ bezeichnet wurde. Vgl. Laurent, Kampferer (1985), S. 42f.; ebenso Bearden, Netemeyer (1999), S. 180ff., für die neueste Version des CIP. Ähnliche Reliabilitätsprobleme weisen die Faktoren Pleasure und Interest auf, deren Items häufig auf einen gemeinsamen Faktor laden und daher zu einer Dimension zusammengefasst werden. Vgl. Havitz, Dimanche, Howard (1993), S. 349; Kim, Scott , Crompton (1997); Schmücker (2005), S. 193.

[478] Vgl. Kim, Scott , Crompton (1997); Schmücker (2005), S. 193.

4.3.5. Die Risikotheorie nach Bauer

Die Beziehung zwischen dem Informationssuchverhalten von Konsumenten und dem wahrgenommenen Risiko wurde erstmalig von Bauer 1960 analysiert. Nach Bauer besteht die grundlegende Annahme, dass jede Handlung eines Konsumenten mit Konsequenzen verbunden ist, die nicht sicher antizipiert werden können, ggf. unerfreulich oder nachteilig sind.[479] Hoyer und McInnis definieren das wahrgenommene Risiko des Konsumenten daher als *„... the extend to which the consumer is uncertain about consequences of an action (buying a product or service)."*[480] In ähnlicher Weise sieht Asche das wahrgenommene Risiko als die *„...negativen, vom Kunden nicht vorhersehbaren Folgen seiner Entscheidung."*[481]

Das wahrgenommene Risiko des Konsumenten ergibt sich folgerichtig aus dem unvollständigen Informationsstand, verbunden mit der Unsicherheit im Hinblick auf potentielle Verluste. Letzteres bedingt den Grad des wahrgenommenen Risikos in Form der Wahrscheinlichkeit der Verlustrealisation (Grad der Wahrscheinlichkeit, mit der die negativen Konsequenzen eintreten) sowie des erwarteten Verlustumfangs (Ausmaß und Art der negativen Konsequenzen).[482]

In der Literatur werden verschiedene Dimensionen des Risikos bzw. Arten des Verlustes unterschieden.[483] In einer weit verbreiteten Klassifikation von Jakoby und Kaplan werden fünf Risikoarten formuliert:[484]

- funktionales Risiko (Unsicherheit eines Konsumenten hinsichtlich gewünschter Eigenschaften eines Produkts oder einer Dienstleistung)
- finanzielles Risiko (Sorge eines Konsumenten, dass sich getätigte Investitionen ggf. nicht auszahlen)
- soziales Risiko (Schaden, der mit Kauf oder Gebrauch eines Produkts entsteht und sich auf das Ansehen der Person in der Gesellschaft bezieht)
- psychologisches Risiko (Bezieht sich auf die mit dem Kauf verbundenen Dissonanzen)
- physisches Risiko (Bezieht sich auf die mögliche Schädigung der Gesundheit)

In Bezug auf Dienstleistungen ist aufgrund ihrer Eigenschaften im Vergleich zu Sachgütern generell ein höheres wahrgenommenes Risiko feststellbar, welches jedoch je nach Dienstleistungsart variieren kann.[485] Nach einer Studie von Brand und Cronin in den Bereichen Einzelhandel, Fitnessclubs, Fast Food und Gesundheitswesen wurde eindeutig festgestellt, dass die Inanspruchnahme von Gesundheitsleistungen mit dem höchsten Risiko innerhalb der untersuchten Felder verbunden wurde.[486]

Mit Blick auf die fünf dargestellten Risikoarten dürften in Bezug auf Gesundheitsleistungen,

---

[479] Vgl. Bauer (1960), S. 389ff.
[480] Hoyer, McInnis (2007), S. 62.
[481] Vgl. Asche (1990), S. 18f.
[482] Vgl. Immes (1993), S. 19f.; Peter, Olson (1984), S. 87; Plinke (1995).
[483] Vgl. Cunningham (1967); Homburg, Krohmer (2003) S. 75f.; Hoyer, McInnes (2007), S. 62f.; Immes (1993), S. 31ff.
[484] Vgl. Kaplan et al. (1974); Panne (1977), S. 61f.
[485] Vgl. Friedmann, Smith (1993), S. 47ff.; Fryar (1991), S. 53ff.; Zeithaml (1991), S. 43ff.
[486] Vgl. Brand, Cronin (1997).

vor allem die hier interessierende KH-Leistung, insbesondere das physische Risiko und das funktionale Risiko eine Rolle spielen.[487]
Das physische Risiko eines anstehenden Krankenhausaufenthaltes, aufgrund einer stationären Behandlungsbedürftigkeit, ist evident, bezieht sich auf die körperliche Sicherheit und Gesundheit des Patienten und ist vor allem durch das Risiko der eigentlichen Erkrankung bestimmt. Es besteht jedoch auch ein funktionelles Risiko im Hinblick darauf, dass der Leistungsanbieter, in dem Fall das Krankenhaus, nicht die gewünschten Eigenschaften, Fähigkeiten und Kompetenzen, kurz gesagt Qualitäten, aufweist. Dies entspricht dem Risiko der Krankenhausauswahl.[488]
Eine zentrale Annahme der Risikotheorie sagt weiterhin aus, dass jedes Individuum eine Risikoschwelle besitzt. Bei Überschreitung der subjektiven Akzeptanzschwelle besteht ein natürliches Bestreben zur Reduktion des Risikos durch geeignete Risikoreduzierungsstrategien.[489] Abgesehen von den in der Literatur zur Risikotheorie genannten Strategien der Hersteller- und Markenloyalität, der Nutzung von Proben sowie der Aushandlung von Rückgaberechten wird von Individuen als Risikoreduzierungsstrategie insbesondere die Suche und Verarbeitung zusätzlicher Informationen angewandt.[490] Das Bedürfnis nach mehr Wissen und Sicherheit bei einer bevorstehenden Entscheidung korrespondiert dabei direkt mit der Höhe der wahrgenommenen Risiken der geplanten Transaktion.[491] In ähnlicher Weise wird mehrfach ein Zusammenhang zwischen Involvement und wahrgenommenem Risiko postuliert.[492] Zaichkowsky führt das wahrgenommene Kaufrisiko als entscheidende Einflussgröße des Produktinvolvement an.[493]
Entsprechend kann abgeleitet werden, dass das in dieser Untersuchung interessierende Involvement von Patienten in Bezug auf KH-Qualitätsinformationen von den wahrgenommenen Risiken abhängt. Die für den Patienten relevanten Risiken können sich hier sowohl auf das physische Risiko, i.S. des Risikos der Krankheit, als auch auf das funktionale Risiko, d.h. das individuell empfundene Risiko der KH-Wahl, beziehen.
Auch wenn hier, ebenso wie zum generellen Thema der Einflussfaktoren auf das Patienteninvolvement in Bezug auf KH-Qualitätsinformationen, keine Untersuchungen vorliegen (mit Ausnahme einzelner Arbeiten zu sozio-demographischen Faktoren),[494] sind einige wenige Anhaltspunkte aus anderen gesundheitswirtschaftlichen Arbeiten vorhanden.

---

487 Es sind auch Konstellationen vorstellbar, in denen das soziale Risiko eine Rolle spielt, beispielsweise bei Patienten, die aufgrund der Wahl einer alternativen Behandlungsmethode bzw. eines Naturheilverfahrens um Anerkennung dieser Behandlungswahl durch nahe stehende Bezugspersonen (Freunde, Familie etc.) kämpfen. Desgleichen kann sich ein finanzielles Risiko aufgrund der teilweise, jedoch zunehmenden, durch den Patienten zu tragenden Anteile von medizinischen Behandlungen ergeben (bei alternativen Heilverfahren muss der Patient häufig die gesamten Kosten der Behandlung übernehmen). Vgl. auch Keller (2002), S. 103. Aufgrund der geringen Relevanz dieser Risikoaspekte für das Forschungsziel dieser Arbeit werden diese jedoch nicht weiter verfolgt.

488 Vgl. hierzu auch Dietz (2006), S. 90f. und Keller (2002), 103.

489 Vgl. Berndt (1996), S. 74ff., Kroeber-Riel, Weinberg (2003) S. 251; Assael (1998), S. 271f.

490 Vgl. Dowling, Staelin (1994), S. 119; Gemünden (1995), S. 27; Immes (1993), S. 75; Mitra et al. (1999), S. 212; Urbany et al. (1989), Vann (1983), S. 445.

491 Diese Hypothese wurde durch eine Reihe von empirischen Studien bestätigt. Vgl. hierzu ein Überblick bei Kroeber-Riel, Weinberg (1999), S. 523.

492 Vgl. Beatty et al. (1988), S. 145; Engel et al. (1993), S. 276; Laurent, Kampferer (1985), S. 43; Zaltmann, Wallendorf (1983), S. 338.

493 Vgl. Zaichkowsky (1985), S. 22f. Siehe auch Abschnitt 4.3.4.

494 Vgl. Abschnitt 4.1.2.3.

In einer Studie von Hohensohn im Pharmabereich hatte das funktionelle Risiko der Wirkung bzw. Nebenwirkung eines Medikaments einen Einfluss auf das Behandlungsinvolvement von Patienten sowie auf das Involvement bezogen auf die gemeinsame mit dem Arzt zu treffende Medikamentenentscheidung.[495] Dietz belegt einen eindeutigen positiven Zusammenhang zwischen dem wahrgenommenen Risiko der Krankheit und dem aktiven Informationsverhalten von Patienten.[496]

Des Weiteren besteht die Annahme, dass das wahrgenommene Risiko sowie die Tendenz zu risikoreduzierenden Strategien mit zunehmendem Alter ansteigt, da bei älteren Patienten eine höhere Risikoaversion festzustellen ist als bei jüngeren.[497] Ebenso wird auf Basis von Plausibilitätsüberlegungen ein Zusammenhang zwischen einem eingeschränkten bzw. sich verschlechternden Gesundheitszustand und der Höhe des wahrgenommenen Risikos vermutet.[498]

In Tabelle 14 sind die zentralen Bezugspunkte der Risikotheorie nach Bauer im Überblick dargestellt.

Ansatz	**Bezugspunkte zur Arbeit**
Risikotheorie nach Bauer	- Das wahrgenommene Risiko beeinflusst das Informationssuchverhalten sowie das Produktinvolvement von Individuen. - Entsprechend der Systematisierung von Risikokategorien sind das physische Risiko (Risiko der Krankheit) sowie das funktionale Risiko (Risiko im Hinblick auf die Qualität des Dienstleisters - Risiko der KH-Wahl) als Determinanten des Involvements von Patienten bezüglich KH-Qualitätsinformationen relevant. - Alter und Gesundheitszustand können das wahrgenommene Risiko von Patienten beeinflussen.

Tabelle 14: Erkenntnisbeiträge der Risikotheorie nach Bauer zur theoretischen Fundierung der Arbeit

4.3.6. Das Modell der Informationsverarbeitung

Der Ansatz der Informationsverarbeitung, welcher insbesondere im Rahmen der Konsumentenverhaltensforschung zur Erklärung der Informationssuche und Entscheidungsfindung von Konsumenten angewendet wurde, entstammt ursprünglich aus der Informationswissenschaft.[499] Im Unterschied zu den untersuchungsrelevanten Ansätzen des Produktinvolvements sowie der Risikotheorie, die sich als Partialmodelle auf eine bzw. wenige Variablen als erklärend für das Konsumentenverhalten konzentrieren, ist das Modell der Informationsverarbeitung als Totalmodell zu charakterisieren, da es auf die ganzheitlichen

[495] Die Kausalanalyse ergab einen positiven Einfluss des wahrgenommenen Risikos bezüglich der Wirkungen bzw. Nebenwirkungen eines Medikamentes auf das Involvement des Patienten der Produktentscheidung (ML-Schätzwert 0,20). Je höher das wahrgenommene funktionale Risiko im Zusammenhang mit dem Medikament wahrgenommen wurde, desto geringer war jedoch das Involvement der Patienten bezüglich der vorgesehenen Behandlung (ML-Schätzwert -0,27). Vgl. Hohensohn (1998), S. 96.

[496] Nach der Untersuchung von Dietz (2006), S. 188ff. besteht ein positiver Effekt zwischen dem wahrgenommenen Risiko der Krankheit und dem aktiven Informationsverhalten des Patienten hinsichtlich relevanter Krankheitsinformationen (Regressionskoeffizient 0,097).

[497] Vgl. Aust (1994), S. 29f.; Federsel-Lieb (1992).

[498] Vgl. Keller (2002), S. 104.

[499] Vgl. Atkinson, Shiffrin (1968), S. 89ff.

Beschreibung des Informations- bzw. Entscheidungsverhaltens ausgerichtet ist.[500]
Aufgrund der zunehmenden Kritik von Forschern an den behavioristischen Ansätzen wurde in den sechziger und siebziger Jahren des zwanzigsten Jahrhunderts in der psychologischen Forschung ein Paradigmenwechsel, die so genannte „kognitive Wende“, eingeleitet. Im Zentrum des neuen Ansatzes, der auch in der Konsumentenverhaltensforschung schnell Fuß fasste, stand die Betrachtung des menschlichen Organismus als Informationsverarbeitungssystem. *„Our theory of human thinking and problem solving postulates that the human operates as an information processing system.“*[501]
Auch wenn die Betrachtung des Konsumentenverhaltens als Informationsverarbeitungsprozess aufgrund der engen Orientierung an der neu entstandenen Wissenschaft der Informatik und den technischen Prozessen eines Computers in den Anfangsjahren ausschließlich logisch-rationalen Prinzipien folgte und daher zunächst sehr eingeengt mechanistisch geprägt war, hat der Informationsverarbeitungsansatz einen festen Platz innerhalb der Konsumentenverhaltensforschung, vor allem zur Erklärung kognitiver Prozesse des Informationsverhaltens, erhalten.[502]
„Kognitive Vorgänge lassen sich als gedanklich („rationale“) Prozesse kennzeichnen... Sie dienen vor allem dazu, das Verhalten gedanklich zu kontrollieren und willentlich zu steuern.“[503]
Zur Darstellung elementarer kognitiver Elemente der Informationsverarbeitung oder in synonymer Weise des Informationsverhaltens wird traditionell in der Literatur zum Konsumentenverhalten das Drei-Speicher-Modell herangezogen, welches aus den Elementen sensorischer Speicher, Kurzzeitspeicher und Langzeitspeicher besteht.[504]
Aufbauend auf dem Drei-Speicher-Modell werden die Aktivitäten der Informationsverarbeitung als prozesshafter Ablauf begriffen, der prinzipiell in fünf Phasen unterteilt wird:[505]

- Informationsbedarf
- Informationsaufnahme
- Informationsspeicherung
- Informationsbewertung
- Informationsweitergabe

Die Erforschung des Informationsverhaltens von Konsumenten auf Basis des Informationsverarbeitungsansatzes folgt dem Paradigma der optimalen Zielerreichung. In diesem Sinne

---

500 Zur Unterscheidung von Partial- und Totalmodellen siehe auch Kroeber-Riel, Weinberg (2003), S. 373f.
501 Vgl. Newell, Simon (1972), S. 19.
502 Zu (computer) – programmorientierten Modellen der menschlichen Informationsverarbeitung vgl. u.a. Neisser (1979), S. 19; Newell, Simon (1972), S. 23.
503 Kroeber-Riel, Weinberg (2003), S. 225. Dabei beinhalten kognitive Prozesse neben den kognitiven Komponenten auch aktivierende Elemente, die, wie bereits erwähnt, für die Aktivierung und Motivation bzw. Bereitschaft zum Handeln des Individuums verantwortlich sind. Vgl. Kroeber-Riel, Weinberg (2003), S. 225.
504 Vgl. Behrens (1991), S. 191; Kintsch, Ericson (1996), S. 543f.; Lindsay, Norman (1981), S. 237; Kroeber-Riel, Weinberg (2002), S. 226ff.; Trommsdorff (2003), S. 228. Dabei wird der Begriff „Speicher“ als Gedächtniskomponente verstanden, der neben der Speicherung von Informationen in Doppelfunktion auch gleichzeitig die Verarbeitung beinhaltet. Eine detaillierte Beschreibung des Drei-Speicher-Modells ist in Kroeber-Riel, Weinberg (2002), S. 226ff. zu finden.
505 Vgl. Fritz, Thiess (1986), S. 6ff.; Hefner, Fritz (1980), S. 41; Raffée (1969), S. 93ff.; Raffée, Silberer, (1981), S. 21; Silberer (1981), S. 28. In der Literatur findet sich anstatt des Fünf-Phasen-Modells häufig auch das verkürzte Modell, bestehend aus den drei Phasen Informationsaufnahme, Informationsspeicherung, Informationsbewertung, vgl. u.a. Kroeber-Riel, Weinberg (2003), S. 225. Zum Teil werden die Phasen Informationsspeicherung und -bewertung auch zusammengefasst, vgl. Kuß (1987), S. 39.

findet Informationssuche und -verarbeitung statt, mit dem Ziel bzw. dem Motiv, optimale Entscheidungsergebnisse zu erhalten.[506]

„Decision-making is the process of sufficiently reducing uncertainty and doubt about alternatives to allow a reasonable choice to be made among them. The definition stresses the information gathering function of decision-making."[507]

Das Modell der Informationsverarbeitung, insbesondere der Prozessschritt der Informationssuche, wird daher häufig mit Ansätzen des Entscheidungsverhaltens verknüpft. So unterteilen Engel et al. beispielsweise folgende Schritte:[508]

- Need Recognition
- Search for Information
- Alternative Evaluation
- Purchase
- Outcomes

Durch Integration der Phasen der Informationsverarbeitung und der Prozessschritte der Entscheidungsfindung entwickelte Schmücker ein Prozessketten-Modell des Informationsverhaltens, in dem die Informationsbedürfnisse als Ausgangspunkt definiert sind und über diverse Stufen der Informationsverarbeitung zur Entscheidungsfindung führen. (siehe Abbildung 7). *„Grundlage der gesamten Informationsverarbeitung sind die individuellen Informationsbedürfnisse, die direkten Einfluss auf die Informationsaufnahme haben."*[509]

Als Ursachen für die Entstehung eines Informationsbedarfs, i.S.d. Bedürfnisses nach externen Informationen, wird im Modell der Informationsverarbeitung die Wahrnehmung einer Informationslücke zwischen gewünschtem und aktuell vorliegendem Informationsstand verstanden und / oder ein vom Individuum als unsicher eingeschätztes bereits vorhandenes Wissen gesehen (im Modell als interne Informationen bezeichnet).[510]

Des Weiteren schließt das Modell das Konzept der so genannten kontinuierlichen Informationssuche ein (ongoing search). Dieses besagt, dass unter bestimmten Voraussetzungen der Informationsbedarf und die Informationsverarbeitung nicht erst dann entstehen, wenn ein konkretes Entscheidungsproblem ansteht, sondern kontinuierlich erfolgen.[511] Nach dem Rahmenkonzept von Bloch et al. liegt das Motiv der kontinuierlichen Informationssuche in *„build a bank of information for future use"* mit dem Ergebnis eines *„increased product and market knowledge leading to future buying efficiencies [and] personal influence..."*[512] Das Konzept erklärt damit das Interesse bzw. das Involvement hinsichtlich Informationen zur KH-Qualität auch dann, wenn der Patient gerade nicht erkrankt ist und damit keine aktuelle Entscheidung zu Therapie und Krankenhaus getroffen

---

[506] Vgl. Raffée (1969), S. 70.

[507] Harris (1998).

[508] Vgl. Engel et al. (1990), S. 43.

[509] Schmücker (2005), S. 46.

[510] Die Suche nach externen Informationen wird gegenüber dem Abruf von bereits vorhandenem Wissen - im Modell als interne Informationen bezeichnet - generell als aufwändiger charakterisiert und erfolgt erst dann, wenn die genannten Ursachen in der Wahrnehmung des Individuums vorliegen. Vgl. Homburg, Krohmer (2003), S. 75.

[511] Vgl. Homburg, Krohmer (2003), S. 75.

[512] Bloch, et al. (1986), S. 120.

werden muss.[513]

Als weiterer Aspekt kann aus dem Modell der Informationsverarbeitung in Verbindung mit den Ansätzen zum Produktinvolvement[514] abgeleitet werden, dass die Intensität des Informationsbedarfs, i.S. der Höhe des Involvements, und die Ausprägung der entscheidungsorientierten Informationssuche eng zusammenhängen.[515]

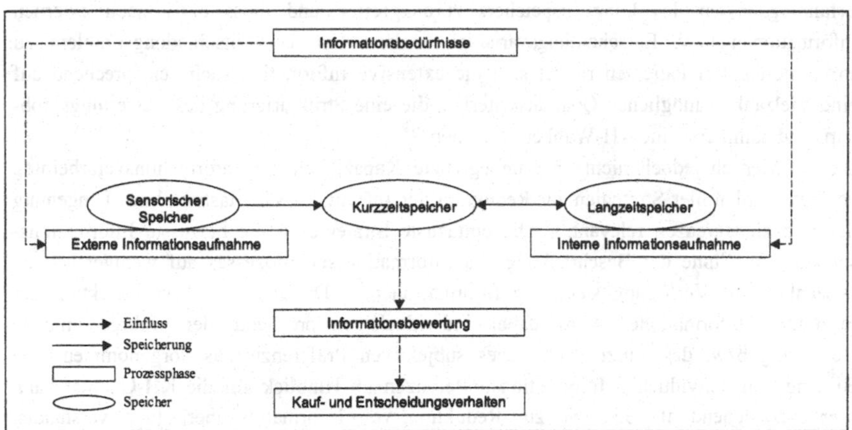

Quelle: Schmücker (2005), S. 46.

Abbildung 7: Prozesskette der Informationsverarbeitung

Bei schwachem Produktinvolvement wird kaum eine aktive Informationssuche vorgenommen. Es überwiegen impulsive und habitualisierte Entscheidungsverhaltensweisen. Bei vielen gesundheitsrelevanten Entscheidungssituationen kann von einer habitualisierten Entscheidung ohne Informationssuche ausgegangen werden, beispielsweise wenn bei kaltem Wetter warme Kleidung angezogen oder bei einem Schnupfen das bewährte Nasenspray eingekauft wird. Auch impulsive Entscheidungen sind denkbar, z.B. wenn bei der Beschaffung des Nasensprays in der Apotheke auch gleich eine attraktive Gesichtspflege, die ins Auge gefallen ist, mitgekauft wird.[516]

Ein hohes Produktinvolvement ist dagegen mit einer ausgeprägten Informationssuche verbunden.[517] Das Informationssuchverhalten im Hinblick auf die KH-Qualität kann dabei als extensiv oder limitiert charakterisiert werden.

---

513 Wie die bereits dargestellten empirischen Studien zum Informationsbedarf hinsichtlich Informationen zur KH-Qualität von Seiten Versicherter zeigen, kann die Annahme der kontinuierlichen Suche hier bestätigt werden. Siehe Abschnitt 3.1.1.

514 Siehe zum Produktinvolvement auch Abschnitt 4.3.4.

515 Vgl. Kroeber-Riel, Weinberg (2003), S. 373.

516 Vgl. zum impulsiven sowie habitualisierten Entscheidungstyp auch Kroeber-Riel, Weinberg (2003), S. 369; Meffert (2000), S. 141.

517 Vgl. Kroeber-Riel, Weinberg (2003), S. 373.

Die extensive Informationssuche[518] ist vor allem bei neuartigen Entscheidungssituationen anzutreffen, welche auf Patienten mit keiner oder nur geringer KH-Erfahrung zutreffen und dient der Konzeptbildung in kognitiver Hinsicht. Typische Merkmale der extensiven Informationssuche sind neben dem hohen Involvement eine relativ lange Zeitdauer der Informationssuche sowie eine große Anzahl von Bewertungskriterien, auf welche die Informationssuche gerichtet ist. Das Individuum kann dabei nicht auf bereits vorhandenes Erfahrungswissen des Langzeitspeichers zurückgreifen und muss aktiv nach externen Informationen bzw. Entscheidungsvariablen suchen, um das Entscheidungsproblem zu strukturieren. Bei Patienten richtet sich die extensive Informationssuche entsprechend auf eine Vielzahl an möglichen Qualitätskriterien, die eine Strukturierung des Bewertungsproblems und damit erst eine KH-Wahl ermöglichen.[519]

Da der Mensch jedoch nicht über unbegrenzte Kapazitäten der Informationsverarbeitung verfügt, werden hier Strategien zur Reduktion der Informationsüberlastung bzw. Umgehung der Kapazitätsgrenzen relevant.[520] Die einfachste Strategie ist die bewusste Informationsselektion im Sinne der Beschränkung des Informationssuchprozesses auf weniger als die tatsächlich zur Verfügung stehenden Informationen.[521] Die Auswahl bzw. Selektion der relevanten Informationen wird dabei individuell entsprechend der wahrgenommene Bedeutung bzw. des Nutzens i.S. eines subjektiven Präferenzurteils vorgenommen. Die Bildung von individuellen Informationspräferenzen im Hinblick auf die KH-Qualität kann hier entsprechend als Strategie zur Reduktion von Informationsüberlastung verstanden werden.

Eine zweite Strategie zur Überwindung von Kapazitätsgrenzen der Informationsverarbeitung ist die Suche nach so genannten Schlüsselinformationen. Als Schlüsselinformationen werden Informationen bezeichnet, welche eine komplexe Zusammensetzung von einzelnen Bewertungsattributen darstellen und daher einen besonders hohen Nutzen als Bewertungskriterien versprechen. In der Literatur zur Konsumentenforschung werden als Beispiele für solche verdichteten Informationen neben dem Preis und der Marke auch Qualitätsurteile genannt, die in Form einer Information höherer Ordnung gleich mehrere Aussagen, z.B. zur Sicherheit, Langlebigkeit, technischen Daten etc., in einem Wert kombinieren.[522]

In Bezug auf die Qualität von Krankenhausleistungen sind Schlüsselinformationen als verdichtete Informationen ebenfalls in Form von Qualitätsurteilen vorzufinden (z.B. ein KTQ-Zertifikat mit Aussagen zur Patientenorientierung, Mitarbeiterorientierung, Patientensicherheit, Unternehmensführung des Krankenhauses etc.). Aber auch Informationen zur Patientenzufriedenheit (mit Bewertungen i.d.R zu Medizin, Pflege sowie Hotelaspekten) oder Qualitätsurteile von niedergelassenen Ärzten können zur Kategorie der Schlüsselinformation gezählt werden.

---

[518] Neben dem Begriff der extensiven Informationssuche bzw. Entscheidung finden sich in der Literatur auch die Termini echte Entscheidung, Suchkauf, Planungshandeln, nicht programmierte Entscheidung, innovative Entscheidung und komplexe Entscheidung, welche die wesentlichen Charakteristika extensiver Informationssuche widerspiegeln, vgl. Kroeber-Riel, Weinberg (2003), S. 382.

[519] Vgl. Bürger (2003), S. 152.

[520] Nach Jakoby nimmt die Entscheidungsqualität mit steigender Informationsversorgung zunächst zu, um dann wieder abzunehmen. Entsprechend wird ein optimales Informationsniveau angenommen, bei dessen Überschreiten die Entscheidungsqualität abnimmt. Vgl. Jakoby (1977); Jakoby, Speller, Krohn (1974).

[521] Vgl. Kuß (1987), S. 181ff.; Trommsdorff (2003), S. 296.

[522] Vgl. Schmücker (2005), S. 51.

Beim limitierten Informationssuchverhalten geht das Individuum geplant und überlegt, jedoch nicht mehr extensiv, aber auch noch nicht habitualisiert vor.[523] Im Unterschied zur extensiven Informationssuche versucht der Konsument in erster Linie auf interne Informationen in Form von bereits vorhandenem Wissen sowie Erfahrungen zuzugreifen. Das limitierte Informationssuchverhalten betrifft daher insbesondere Patienten, welche bereits Erfahrungen mit Krankenhäusern gesammelt haben, z.B. bei chronischer Krankheit, oder Patienten, die bereits im Vorfeld ohne konkreten Anlass Wissen zur Beurteilung von Krankenhausleistungen erworben haben (entsprechend des Konzepts der kontinuierlichen Suche). Erst wenn die internen Informationen nicht ausreichen bzw. als unsicher eingeschätzt werden, erfolgt die aktive externe Suche nach Informationen. Die Selektion der bewertungsrelevanten Informationen bzw. Schlüsselinformationen erfolgt auch hier entsprechend der individuellen Nutzeneinschätzung bzw. Präferenzen, welche auf der Basis des bisherigen Wissens- bzw. Kenntnisstandes gebildet werden. Eine Strategie zur Reduktion von Informationsüberlastung ist daher auch im limitierten Informationssuchverhalten vorzufinden, richtet sich hier jedoch eher auf die Vermeidung, neue Bewertungsmaßstäbe sowie Entscheidungsregeln entwickeln zu müssen.

Letztendlich ist Ursache und gleichzeitiges Ziel des Informationssuchverhaltens im Modell der Informationsverarbeitung eine Entscheidungsfindung. Dabei werden in der Konsumentenverhaltensforschung zwei Stufen der Produktentscheidung unterschieden:[524]

1. die Produktbeurteilung
2. die Produktauswahl (für den Kauf bzw. den Konsum)

Wie bereits gezeigt, bedingt die Leistungsbeurteilung der Stufe 1 bei hohem Involvement ein extensives bzw. limitiertes Informationssuchverhalten, in dem entsprechend der individuellen Präferenzen eine Anzahl an Einzelinformationen sowie Schlüsselinformationen gleichzeitig berücksichtigt werden. Zur Art der herangezogenen Merkmale führt Trommsdorff aus:

„Selbstverständlich ziehen Konsumenten Produktmerkmale zur Entscheidungsfindung heran, die sie für wichtig erachten. Merkmalswichtigkeiten können durch Befragung ziemlich gut ermittelt werden... Außerdem ist zu unterscheiden, ob es sich um eine Primärinformation... oder um eine Schlüsselinformation handelt...“[525]

Bei extensiver bzw. limitierter Informationssuche strebt der Konsument danach, die Alternative zu wählen, bei der die Differenz zwischen dem wahrgenommenen Nutzen der Leistungsmerkmale, also den kognitiv verknüpften Qualitätsinformationen und den wahrgenommenen Kosten in Form von Preisinformationen oder anderweitigem Aufwand am größten ist. Diese so genannte Kosten-Nutzen-Algebra in der zweiten Stufe entspricht dem klassischen ökonomischen Denken bzw. den Modellen der rationalen Entscheidung.[526] Nachdem im Krankenhausbereich der Preis nur bei einem relativ geringen Anteil der Leistungen eine Rolle spielt (z.B. den Wahlleistungen), dürfte der Entscheidungsschwerpunkt

[523] Vgl. Kroeber-Riel, Weinberg (2003), S. 384ff.

[524] Vgl. Kroeber-Riel, Weinberg (2003), S. 386.

[525] Trommsdorff (2003), S. 295.

[526] Die eigentliche Produktauswahl wird in Form von diversen komplexen Modellen zu Entscheidungsregeln beschrieben, auf die an dieser Stelle jedoch nicht näher eingegangen wird. Vgl. Kroeber-Riel, Weinberg (2003), S. 387.

auf der Beurteilung des Nutzens, d.h. den Qualitätsinformationen liegen.[527]
Abschließend sei noch zu erwähnen, dass zur Frage möglicher Einflussfaktoren auf die Informationssuche bzw. das informationsbezogene Involvement wenige Aussagen aus dem Modell der Informationsverarbeitung abgeleitet werden können. Lediglich Bleicker entwickelte auf Basis einer Metaanalyse über Arbeiten aus dem Konsumgüterbereich ein Modell zur menschlichen Informationsverarbeitung, in welchem Einflussfaktoren eine Rolle spielen.[528] Zu den personalen Einflussfaktoren zählt Bleicker u.a. das Alter bzw. den soziökonomischen Status als soziodemographische Merkmale. Zu den situationalen Aspekten gehören so genannte informationale Einflussfaktoren wie die Unvollständigkeit des Informationsangebotes. Die empirische Überprüfung des von Bleicker abgeleiteten Modells bzw. der postulierten Hypothesen steht jedoch noch aus.
Tabelle 15 gibt abschließend einen Überblick über die Erkenntnisbeiträge des Modells der Informationsverarbeitung zur Fundierung dieser Arbeit.

Ansatz	**Bezugspunkte zur Arbeit**
Modell der Informations-verarbeitung	- Der Informationsbedarf ist die erste Phase und damit Ausgangspunkt für den gesamten Informationsverarbeitungsprozess. - Ursache und gleichzeitiges Ergebnis der Informationssuche bzw. des Informationsbedarfs zur KH-Qualität ist die Entscheidungsfindung i.S. einer Qualitätsbeurteilung und KH-Auswahl (zielorientiertes Paradigma). - Das Konzept der kontinuierlichen Informationssuche (ongoing search) erklärt die Entstehung des Informationsbedarfs zur KH-Qualität auch bei aktuell nicht betroffenen Individuen (Versicherten). - Ein hohes Involvement hinsichtlich KH-Qualitätsinformationen impliziert ein extensives bzw. limitiertes Informationssuchverhalten und führt das Bestehen von individuellen Informationspräferenzen auf Strategien zur Reduktion der Informationsüberlastung zurück. - Auf Basis der individuellen Informationspräferenzen werden einzelne Qualitätsinformationen selektiert oder verdichtete Informationen ausgewählt (so genannte Schlüsselinformationen). - Alter und sozialer Status als personenbezogene Determinanten sowie die Unvollständigkeit des Informationsangebotes als situationsbezogener Einflussfaktor bestimmen die Informationsverarbeitung.

Tabelle 15: Erkenntnisbeiträge des Modells der Informationsverarbeitung zur theoretischen Fundierung der Arbeit

4.3.7. Das Modell der Informationssuche nach Krikelas

Im Mittelpunkt des Modells der Informationssuche nach Krikelas steht das individuelle Sicherheitsempfinden: *„He [Krikelas] ...conzeptualizes information as any stimulus that affects one's certainty."*[529]
Krikelas konzipiert als Grundlage seines Modells Information als jede Art von Stimuli, welche die Sicherheit in kognitiver Hinsicht beeinflussen. Da dieser Prozess jedoch nicht direkt beobachtbar ist, sei das Verstehen der Intentionen bzw. der Motive hinter dem

[527] Einen umfassender Überblick zu detaillierten Entscheidungsmodellen bzw. Heuristiken gibt Schmücker (2005), S. 60ff.
[528] Vgl. Bleicker (1983), S. 99ff.
[529] Henefer, Fulton (2005), S. 225.

Informationssuchverhaltens entscheidend: „*...how can one study the internal processes of an individual reducing uncertainty? He [Krikelas] contends that observing information-seeking behavior in isolation will not provide reliable data, but must be accompanied by a clear understanding of the purpose behind the behavior.*"[530]

Aus dieser Überlegung heraus entwickelt Krikelas sein Modell basierend auf drei Basis-Informations-Aktivitäten:

- Information gathering
- Information seeking
- Information giving

Zentraler Mittelpunkt im Modell ist der Informationsbedarf, der als „*...a state of uncertainty regognized by an individual*"[531] definiert ist. Dieser Informationsbedarf wird im Weiteren unterschieden in sofortige Bedürfnisse (immediate needs), welche mit der Basisaktivität der Informationssuche verknüpft sind, und aufgeschobene Bedürfnisse (deferred need), welche sich auf die Aktivität der Informationssammlung beziehen (siehe Abbildung 8). Des Weiteren wird der Informationsbedarf beeinflusst von bereits vorhandenen Informationen bzw. Informationen, welche das Individuum in einer gegebenen Situation aktuell empfängt (information giving).

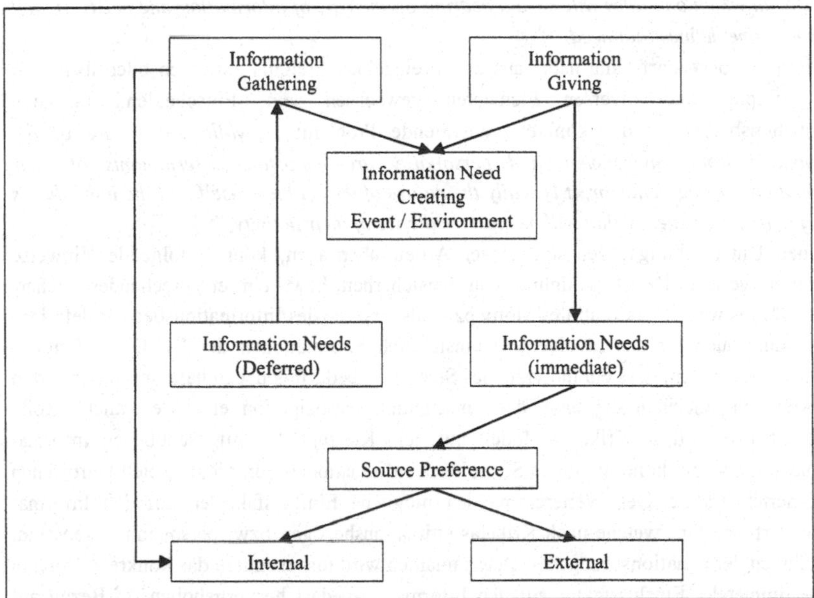

Quelle: In Anlehnung an Krikelas (1983), S. 17.

Abbildung 8: Modell der Informationssuche nach Krikelas

---

[530] Henefer, Fulton (2005), S. 226.

[531] Henerfer, Fulton (2005), S. 226. Nach Sichtweise der Autoren wird die zusätzliche Annahme getroffen, dass es sich hierbei um einen bewusst wahrgenommenen Informationsbedarf handelt. Unbewusste Bedürfnisse sind unrelevant für das Modell. Wir folgen dieser Sichtweise in dieser Arbeit.

Das Konzept der aufgeschobenen Informationsbedürfnisse beschreibt den Bedarf an Informationen für eine mögliche Nutzung in der Zukunft ohne die Notwendigkeit eines unmittelbaren Gebrauchs und ist damit eng mit dem Konzept der kontinuierlichen Informationssuche im Modell der Informationsverarbeitung verknüpft (ongoing search). Das Informationssammeln für einen möglichen und notwendigen Gebrauch in der Zukunft kann dabei speziell und zielgerichtet erfolgen, z.B. wenn ein Wissenschaftler fachspezifische Recherche betreibt, oder auch in Form einer „day-to-day basis" nahezu nebenbei, automatisch bzw. ungerichtet sein: „*...the purpose behind this type of activity is an instinct human drive to create an array of mental constructs to deal with uncertainty.*"[532]

Die aktive Informationssuche, welche hinter den sofortig zu erfüllenden Informationsbedürfnissen steht, wird in Krikelas Modell nochmals je nach präferierter Informationsquelle in interne und externe Informationsressourcen unterschieden. In Widerspiegelung des Drei-Speicher-Modells werden hier unter internen Informationsquellen auch bereits vorhandenes Wissen und Erfahrungen des Gedächtnisses verstanden. Während externe Informationsquellen sowohl direkte persönliche Kontakte zu Personen mit dem gesuchten Wissen als auch indirekte Informationsquellen, als „*indirect, impersonal, material ressources*" umfassen, wie Bücher, Zeitschriften, Dokumente etc. Modellbestimmend sind des Weiteren die Umwelt und die Persönlichkeit, welche den Informationsbedarf steuern: „*The environment in which one works or in which one lives will have a bearing on the type of information one needs as well as on how one defines that need.*"[533]

Der Informationsbedarf kann dabei aus einem einzelnen Ereignis entstehen oder aber auch aus multiplen und diversen Elementen gewachsen sein. Entscheidend für den Informationsbedarf ist das konkrete, auslösende Problem: „*...while the nature of the individual's work environment and personality are important determinants of their information-seeking behavior, it is really the nature of the problem itself and the individual's perception of it's urgency that will be most predictive of their activity.*"[534]

Auf den Untersuchungsgegenstand dieser Arbeit übertragen, können folgende Hinweise abgeleitet werden. Die Beseitigung von Unsicherheit bzw. ein entsprechendes Sicherheitsbedürfnis werden als zentrales Motiv bzw. als Ursache des Informationsbedarfs definiert. Daher kann auch für das Involvement hinsichtlich Informationen der KH-Qualität davon ausgegangen werden, dass ein individuelles Sicherheitsbedürfnis neben handlungsorientierten Aspekten der Entscheidung bzw. der Entscheidungspartizipation eine wesentliche Rolle spielt. Ebenso wird in Krikelas Modell mit dem Konzept der aufgeschobenen Informationsbedürfnisse die kontinuierliche Suche nach Informationen von nicht aktuell betroffenen Versicherten erklärt. Des Weiteren werden mögliche Einflussfaktoren auf den Informationsbedarf erwähnt, welche nach Krikelas sitituationsbezogen bzw. personenbezogen sind. Im Rahmen der situationsbezogenen Determinanten wird insbesondere das konkrete Problem als bestimmender Einflussfaktor auf den Informationsbedarf hervorgehoben. In Bezug auf den Untersuchungsgegenstand dieser Arbeit wären das auslösende Problem für das Involvement in Bezug auf KH-Qualitätsinformationen die Beurteilungsproblematik bzw. Auswahl eines KH sowie die Erkrankung als problematisches Ereignis selbst.

---

[532] Krikelas (1983), S. 9.
[533] Henefer, Fulton (2005), S. 228.
[534] Henefer, Fulton (2005), S. 228.

Eine abschließende Zusammenfassung der Bezugspunkte aus dem Modell der Informationssuche nach Krikelas ist in Tabelle 16 zu finden.

Ansatz	Bezugspunkte zur Arbeit
Modell der Informationssuche nach Krikelas	- Motiv bzw. zentrale Ursache des Informationsbedarfs ist das Vorhandensein von Unsicherheit bzw. das individuelle Bedürfnis nach Sicherheit. - Das Konzept der aufgeschobenen Informationsbedürfnisse erklärt die Entstehung des Informationsbedarfs zur KH-Qualität auch bei aktuell nicht betroffenen Individuen (Versicherten). - Der Informationsbedarf kann sich auf interne Informationsquellen (bereits vorhandenes Wissen bzw. Erfahrungen) sowie auf externe Informationsquellen beziehen. - Umwelt und Persönlichkeit steuern den Informationsbedarf. - Als entscheidender Einflussfaktor auf das Informationssuchverhalten gilt das konkrete Problem bzw. auslösende Ereignis. Auf den hier vorliegenden Untersuchungskontext übertragen, ist dies das Problem der Beurteilung der KH-Qualität sowie das Krankheitsereignis selbst.

Tabelle 16: Erkenntnisbeiträge des Modells der Informationssuche nach Krikelas zur theoretischen Fundierung der Arbeit

4.3.8. Das Prozessmodell der Informationssuche nach Kuhlthau

Ein weiteres Modell, welches sich mit dem Informationssuchverhalten von Individuen beschäftigt, ist der Ansatz nach Kuhlthau. Auch hier wird der Aspekt der Unsicherheit hervorgehoben und weiterführend ausgebaut. Kuhlthau postuliert Unsicherheit als Basiskonzept des Informationssuchverhaltens und bezeichnet dies als *„uncertainty principle"*: *„This uncertainty principle states that uncertainty is a cognitive state that commonly causes affective symptoms of anxiety and lack of confidence. Uncertainty and anxiety can be expected in the early stages of the process."*[535]

Nach Kuhlthau wächst insbesondere in den ersten Stadien des Informationssuchverhaltens die wahrgenommene Unsicherheit, entsprechend nimmt das Gefühl von Sicherheit bzw. Zuversicht ab.[536] Aufbauend auf der „personal construct theory"[537] versteht Kuhlthau die Informationssuche als Konstruktionsprozess, in dem Bedeutungen gesucht werden (nicht nur das reine Finden bzw. Reproduzieren von Informationen) und Kognition mit Emotionen und Aktionen eng verknüpft sind, bestehend aus sechs Stadien:[538]

1. Initiation: a person becomes aware of a lack of knowledge or understanding, making uncertainty and apprehension common
2. Selection: a general area or topic or problem is identified and initial uncertainty often gives way to a brief sense of optimism and readiness to begin the search
3. Exploration: inconsistent, incompatible information is encountered and uncertainty, confusion, and doubt frequently increase
4. Formulation: a focused perspective is formed and uncertainty disminishes as confidence begins to increase

---

535 Kuhlthau (2005), S. 232.
536 Vgl. Kuhlthau (2005), S. 231f.
537 Vgl. Kelly (1963)
538 Vgl. Kuhlthau (2005), S. 230f.

5. Collection: information pertinent to the focused perspective is gathered and uncertainty subsides as interest and involvement in the project deepens
6. Presentation: the search is completed, with a new understanding enabling the person to explain his or her learning to others, or to some way to put the learning to use

Innerhalb dieses Prozesses der Informationssuche trifft das Individuum eine Vielzahl von Entscheidungen und Auswahlen, welche wiederum von vier prinzipiellen Fragen gesteuert werden:

- What am I trying to accomplish?
- What do I find personally interesting?
- How much time do I have?
- What information is available to me?

Auch im Modell nach Kuhlthau wird das Informationssuchverhalten daher beeinflusst von Umweltfaktoren (hier Aufgabe, Zeit und Informationsangebot) und der Persönlichkeit des Individuums, hier in Form von Interesse.
Kuhlthaus Modell des Informationssuchverhaltens ist an dieser Stelle eng verknüpft mit der so genannten PAIN-Hypothese von Bruce.[539] Die Abkürzung PAIN referenziert auf das Konzept des persönlich antizipierten Informationsbedarfs *(concept of personal anticipated information need)* und beinhaltet fünf wesentliche Annahmen:
Der persönlich antizipierte Informationsbedarf ist beeinflusst durch Informationsereignisse in Form verschiedener Informationsangebote, -quellen und -kanäle aus der Umwelt. Diese Informationsstimuli werden entsprechend des individuellen Informationsbedarfs bewertet und münden entweder in eine sofortige Nutzung oder werden nach positiver Nutzenfeststellung für einen späteren, d.h. antizipierten Nutzungszeitpunkt aufgenommen. Eine weitere Prämisse besteht in den individuellen Unterschieden, bezogen auf Sensitivität und Reaktion einer Person. Die Reaktion auf eine Informationsquelle bzw. einen Informationskanal hängt von den unterschiedlichen persönlichen Fähigkeiten und Kompetenzen zur Interpretation der Informationen, zur Entscheidungsfindung, Lösung einer Aufgabe oder von der Erkenntnis eines Wertes für die zukünftige Nutzung ab. Als dritte Annahme wird postuliert, dass der persönlich antizipierte Informationsbedarf dynamisch ist und im Zeitablauf Änderungen in der individuellen Wahrnehmung unterliegt. Ein vierter Aspekt bezieht sich auf die Notwendigkeit des Investierens von kognitivem Aufwand und Zeit. Das Ausmaß dieses Investments ist ebenfalls unterschiedlich und hängt von der individuellen Wahrnehmung der Relation zwischen antizipiertem Informationsbedarf und den bereitgestellten Informationen ab. In letzter Annahme wird die Bedeutung einer so genannten „key literacy" hervorgehoben. Damit ist ähnlich wie bei der Lese- und Schreibfähigkeit eine Art Bildung im Sinne von

[539] Vgl. Bruce (2005), S. 270. Der Autor des Modells wendet die PAIN-Hypothese zwar in erster Linie auf die Erklärung von Informationsverhalten im Speziellen in Bezug auf das persönliche Informationsmanagement bzw. persönliche Informationssammlungen an (in Form von Dokumenten, Webpages, Briefen, Notizen, Adressbüchern etc. sowie den zugehörigen Strukturelementen wie Ordnern und Verzeichnissen sowie Referenzen zu Personen und Links). Dies schließt jedoch eine Nutzung des Ansatzes zur prinzipiellen Erklärung des dahinter liegenden Konzepts des antizipierten (vorweggenommenen, voraussichtlichen) Informationsbedarfs nicht aus.

speziellen Fähigkeiten und speziellem Wissen gemeint, welche das Individuum in die Lage versetzen, Informationen aufzunehmen, zu verstehen und effizient zu nutzen.
In einer über 8 Jahre angelegten Fallstudie untersuchte Kuhlthau das grundlegende Motiv der Unsicherheit bei der Informationssuche am Beispiel eines Wertpapier-Analysten (als typischen „information worker"). Im Ergebnis der Fallstudie postuliert Kuhlthau einen Zusammenhang zwischen der Komplexität der Aufgabe bzw. Schwierigkeit des Problems und der Höhe des unsicherheitsinduzierten Informationsbedarfs. Dieser Informationsbedarf richtet sich dann in Form einer extensiven Informationssuche auf eine große Anzahl von Informationen bzw. Informationsquellen.[540]
Eine Zusammenfassung der Bezugspunkte aus dem Prozessmodell von Kuhlthau ist in Tabelle 17 dargestellt.

Ansatz	**Bezugspunkte zur Arbeit**
Prozessmodell der Informationssuche nach Kuhlthau	- Das Prinzip der Unsicherheit bestimmt alle Phasen des Informationssuchverhaltens, ist jedoch insbesondere in der Initialphase wesentliches Motiv für die Entstehung des Informationsbedarfs zur KH-Qualität. - Der Informationsbedarf wird beeinflusst von Umweltfaktoren (Aufgabe, Zeit und Informationsangebot) sowie Persönlichkeitsfaktoren (Fähigkeiten und Kompetenzen, insbesondere der so genannte „Key Literacy"). - Ein hoher unsicherheitsinduzierter Informationsbedarf zur KH-Qualität führt zu einer extensiven Informationssuche bzw. richtet sich auf eine Vielzahl von Qualitätsinformationen.

Tabelle 17: Erkenntnisbeiträge des Prozessmodells der Informationssuche nach Kuhlthau zur theoretischen Fundierung der Arbeit

4.3.9. Das Modell des Informationssuchverhaltens nach Wilson

Wilson versteht sein Modell des Informationssuchverhaltens als Teil eines übergeordneten Erklärungsansatzes für das menschliche Informationsverhalten. Zentrales Element des Modells ist das Konzept des Informationsbedarfs: "*At the root of the problem of information-seeking behaviour is the concept of information need, which has proved intractable ... need is a subjective experience which occurs only in the mind of the person in need and, consequently, is not directly accessible to an observer. The experience of need can only be discovered by deduction from behaviour or through the reports of the person in need.*"[541]
Der Informationsbedarf als psychologisches Konzept bezieht sich auf einen mentalen subjektiven Status, der generell in physiologische, affektive und kognitive Bedürfnisse unterschieden werden kann.[542] Darauf aufbauend unterscheidet Wilson fünf generelle Typen von Informationsbedürfnissen:[543]

- need for new information;
- need to elucidate the information held
- need to confirm information held

[540] Vgl. Kuhlthau (1997); derselbe (1999a) sowie derselbe (1999b).
[541] Wilson (1996), S. 3.
[542] Vgl. Wilson (2005), S. 32.
[543] Vgl. Wilson (1996), S. 4f., in Erweiterung von Weigts et al. (1993).

- need to elucidate beliefs and values held
- need to confirm beliefs and values held

In einem ähnlichen Modell von Chew werden die hinter dem Informationssuchverhalten eines Individuums liegenden Informationsbedürfnisse in Form von drei generellen Fragestellungen formuliert, welche die Aspekte Orientierung, Reorientierung und Problemlösung/Entscheidung widerspiegeln.[544]

- questions to discover what is happening (orientation);
- questions to check that the person is "on the right track" (reorientation), and
- questions to form an opinion or solve a problem (construction)

Auch im Ansatz von Todd, der sich schwerpunktmäßig mit der Nutzung von Informationen auseinandersetzt, können fünf Ziele kognitiver Informationssuche beschrieben werden:[545]

- Get a complete picture – build an expanded, more complex picture: add specific details; add new facets or dimensions to an existing idea; make new connections between existing ideas; trigger to remembering and recalling ideas not thought of at the time
- Get a changed picture – to make changes to existing ideas; correcting specific facts and broader perceptions
- Get a clearer picture – to see existing ideas and how these ideas are related together, with greater understanding and clarity
- Get a verified picture – to verify existing ideas when some doubt existed as to the certainty of these ideas, even though on surface the idea appeared stated certain
- Get a position in a picture – to express an opinion, state a viewpoint or estimation of constructed pictures as a personal value judgment guess, interference or conclusion

In Weiterentwicklung seiner vorherigen Modelle[546] postuliert Wilson in seinem überarbeiteten Ansatz (siehe Abbildung 9) eine Art Zwischenstadium, in dem der Informationsbedarf aktiviert wird bzw. in aktives Informationssucheverhalten mündet: *"In particular, we see a need to include a stage between what we shall call the person-in-context and the decision to seek information."*[547] Daher fügt Wilson als Bestandteil seines Modells Aktivierungsmechanismen ein, wobei er hier auf Stress- und Copingtheorien zurückgreift, die er als Erklärung der Motivationsquelle bzw. der Aktivierung begreift.[548]

---

[544] Vgl. Chew (1994).

[545] Todd versteht die Information Intents gleichzeitig als Treiber und Ergebnis des Informationsverhaltens, vgl. Todd (2005), S. 198ff.

[546] Vgl. hierzu die Modelle „The information user and the universe of knowledge" sowie „Information need and seeking" in Wilson (1981).

[547] Wilson (1996), S. 31.

[548] Der Aktivierungsmechanismus von Wilson als aktivierende Komponente des Informationsbedarfs verstanden, weist große Ähnlichkeit mit den informationsbezogenen Begriffsverständnissen des Involvements auf und unterstützt die Unterscheidung des Informationsbedarfs in dieser Arbeit in eine aktivierende Perspektive in Form des informationsbezogenen Involvements und in eine kognitive Perspektive, der spezifischen Informationspräferenzen. Den von Wilson gegebenen Hinweis auf Stress- bzw. Copingtheorien zur Erklärung von Aktivierungsmechanismen des Informationsbedarfs bzw. des Involvements hinsichtlich Informationen greifen wir auf und analysieren weiterführende Bezugspunkte für diese Arbeit in Abschnitt 4.3.10.

Im weiteren Prozess des Informationssuchverhaltens postuliert Wilson einen weiteren Unterschied zwischen definiertem Informationsbedarf und dem aktiven Bestreben, diesen zu erfüllen: *Research also suggests the need for a further intermediate stage (or activating mechanism) between the determination of need and the initiation of action to satisfy the need.*[549] Auch hier greift Wilson auf Aktivierungsmechanismen zurück, die hier jedoch aus der Risk/Reward-Theory und aus der Social-Learning-Theory entlehnt werden.[550]
Das aus dem aktivierten Informationsbedarf über die dargestellten Stadien resultierende Informationssuchverhalten wird dann in folgende Kategorien unterteilt:

- aktive Suche
- kontinuierliche Suche
- passive Aufmerksamkeit
- passive Suche

Wie traditionell in den Informationswissenschaften anzutreffen, impliziert auch Wilsons Modell die Kategorie der aktiven Informationssuche als den „principle mode", in der Individuen aktiv und zielgerichtet Informationen suchen. Ähnlich wie im Modell der Informationsverarbeitung ist die kontinuierliche Informationssuche ebenfalls als aktive Suche definiert, jedoch unabhängig von einer konkreten Kauf- bzw. Entscheidungssituation und folgt der Motivation des Aufbaus einer Wissensbasis für zukünftige Bedarfe und Nutzungen.[551]

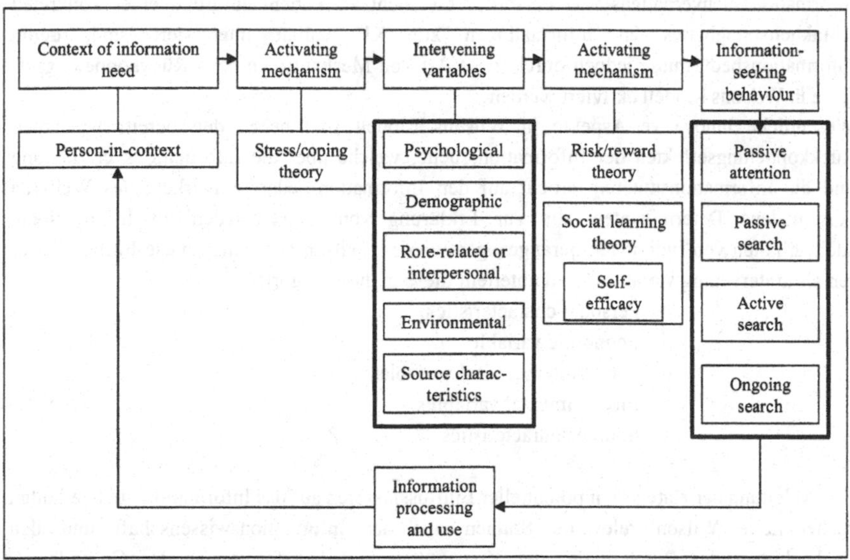

Quelle: Wilson (1996), S. 32 (Hervorhebungen im Original).
Abbildung 9: Das Modell der Informationssuche nach Wilson

549 Wilson (1996), S. 31.
550 Das Konzept der Selbstwirksamkeit wird hierbei in den Kontext des Modells des sozialen Lernens gestellt, könnte jedoch, wie Wilson aufzeigt, auch den ersten Aktivierungsmechanismen auf Basis der Stress- und Copingtheorie zugeordnet werden. Vgl. Wilson (1996), S. 31.
551 Vgl. Bloch, et al. (1986).

Unter passiver Aufmerksamkeit sowie passiver Suche versteht Wilson folgendes:[552]

- *passive attention: such as listening to the radio or watching television programmes, where there may be no information-seeking intended, but where information acquisition may take place nevertheless*
- *passive search: which seems like a contradiction in terms, but signifies those occasions when one type of search (or other behaviour) results in the acquisition of information that happens to be relevant to the individual*

Die vier Kategorien der Informationssuche können auf das Konzept der Informationsbedürfnisse von Patienten übertragen werden. Ein akuter Informationsbedarf, z.B. aufgrund einer Krankheit mit stationärem Behandlungsbedarf oder wenn ein Familienangehöriger oder enger Freund betroffen ist, kann zu einer entsprechend aktiven Suche nach Informationen zur KH-Qualität führen. Desgleichen kann bei großem Interesse an Gesundheitsthemen, beispielsweise aufgrund einer chronischen Krankheit, ein Informationsbedarf vorliegen, der in Form einer kontinuierlichen Suche Befriedigung findet. Die passive Aufmerksamkeit sowie die passive Suche nach Informationen zur KH-Qualität werden streng genommen nicht durch einen bereits vorhandenen entsprechenden Informationsbedarf ausgelöst. Jedoch ist es ohne weiteres denkbar, dass entsprechende Informationsangebote, z.B. durch eine Sendung im Fernsehen oder das zufällige Finden einer Internet-Seite zum Thema Krankenhausführer, zu passiver Aufmerksamkeit bzw. Suche führen. Diese beiden letzten Kategorien der Informationssuche sind, wie auch die kontinuierliche Suche, relevant für die Erklärung des Informationssuchverhaltens von Personen, die nicht als Patient aufgrund eines konkreten Krankheitsereignisses an Informationen zur KH-Qualität interessiert sind, deren Informationsbedürfnisse jedoch durch diese Art von Mechanismen bzw. Rückkoppelungseffekte in Wilsons Modell aktiviert werden.

Wesentliche innovative Aspekte in Wilsons Modell sind neben den bereits benannten Rückkoppelungseffekten der Informationssuche, welche über die Informationsverarbeitung und die Informationsnutzung erneut auf den Informationsbedarf einwirken, des Weiteren verschiedene Determinanten, die zur Erklärung von Unterschieden im Informationssuchverhalten von Individuen herangezogen werden. Wilson bezeichnet diese Einflussfaktoren als „intervening variables" und unterteilt diese in die Kategorien:[553]

- Personal characteristics
- Economic variables
- Social/interpersonal variables
- Environmental variables
- Source characteristics

Zur Ableitung der Kategorien potentieller Einflussfaktoren auf das Informationssuchverhalten recherchierte Wilson relevante Studien aus der Informationswissenschaft und den Fachgebieten der Psychologie, der Konsumentenverhaltensforschung, der Gesundheitspsychologie sowie der Entscheidungsfindung.[554] Im Folgenden werden die Ergebnisse dieser

---

[552] Wilson (1996), S. 21.
[553] Vgl. Wilson (1996), S. 12.
[554] Vgl. Wilson (1996), S. 1, sowie S. 12ff. und die dort aufgeführten Quellen.

Recherche im Hinblick auf potentielle Einflussfaktoren auf die aktivierende Komponente des Informationsbedarfs zur KH-Qualität (i.S.d. Involvements) dargestellt:
Aus Studien zum Informationsverhalten von Patienten resultieren physiologische Beeinträchtigungen wie Schwerhörigkeit, kognitive Barrieren wie ein Defizit an medizinischem Grundwissen sowie emotionale Faktoren wie Nervosität.[555] Weitere persönliche Variablen sind Bildung bzw. soziale Schicht[556] und vorhandenes Wissen,[557] welche das Informationssuchverhalten beeinflussen. Ebenso werden demographische Variablen wie Alter und Geschlecht als persönliche Charakteristika identifiziert.[558]
Ökonomische Einflussfaktoren, welche das Informationssuchverhalten determinieren, können generell in Kosten bzw. Aufwendungen der Informationssuche und Zeit unterteilt werden. Da sich beide Faktoren eher auf die eigentliche Suche und die damit verbundenen aktiven Handlungen und weniger auf den Informationsbedarf bzw. das informationsbezogene Involvement beziehen, wird an dieser Stelle auf eine Detaillierung verzichtet.
Soziale bzw. interpersonale Faktoren beziehen sich auf Probleme, die entstehen, wenn die Informationsquelle, auf die sich die Informationssuche bezieht, eine Person ist bzw. wenn eine Interaktion mit anderen Personen notwenig ist, um Zugang zu den gewünschten Informationen zu erhalten. In Bezug auf den Informationsbedarf zur KH-Qualität ist der behandelnde Arzt oft die erste Informationsquelle für einen Patienten.[559] Des Weiteren sind viele Quellen wie z.B. der BQS-Report, das Ergebnis einer Qualitätszertifizierung oder Befragungsergebnisse zur Patientenzufriedenheit nicht öffentlich verfügbar und, wenn überhaupt, nur über eine zugangsberechtigte Person, i.d.R. einen Arzt, der entsprechenden Einrichtung einsehbar. Des Weiteren kann selbst der Zugang zu öffentlich verfügbaren Informationen zur KH-Qualität die Interaktion mit Personen erfordern, welche über entsprechendes fachliches Spezialwissen verfügen, wie z.B. Patientenberater, Selbsthilfegruppen oder Ärzte, da viele Informationsmedien zur KH-Qualität komplex, schwer verständlich sind und einer Interpretation bedürfen.
Zu den Umwelt- bzw. Situationsvariablen, welche das Informationssuchverhalten beeinträchtigen können, gehören nach Wilson neben national-kulturellen Unterschieden[560] und geographisch verursachten Barrieren (Stadt- bzw. Landbewohner)[561] vor allem der Faktor Zeit, der in Überlappung bereits bei den ökonomischen Determinanten in Wilsons Modell genannt wurde.[562]
Merkmale der Informationsquelle bilden die letzte Kategorie von Einflussfaktoren des Informationssuchverhaltens. An erster Stelle wird hier der generelle Zugang zu den gesuchten Informationen genannt. Mit anderen Worten, wenn es generelle Probleme gibt, relevante Informationen zu erhalten (Wilson verweist hier explizit auf eine Studie aus dem KH-Bereich),[563] wird das Informationssuchverhalten sehr beeinträchtigt. Weitere Merkmale der

---

[555] Vgl. Borgers, et al. (1993) ; Kassulke, et al. (1993).
[556] Vgl. Ippolito, et al., (1979); Ippolito, Mathios (1990); Schucker, et al., (1983).
[557] Vgl. Bettman, Park (1980); Harris (1992); MacInnis, Jaworski (1991); Moorman, Matulich (1993); Radecki, Jaccard (1995).
[558] Vgl. Connell, Crawford (1988); Feick, et al. (1986); Slevin, et al. (1988).
[559] Siehe hierzu auch Abschnitt 4.1.2.1.
[560] Vgl. Hofstede (1980); derselbe (1991).
[561] Vgl. Connell, Crawford (1988).
[562] Vgl. Borgers, et al. (1993) ; Cameron, et al. (1994); Marcus, Tuchfield (1993).
[563] Vgl. Phillips, Zorn (1994).

Informationsquelle sind die Verlässlichkeit, ein Aspekt, ebenfalls nicht unbekannt im Bereich der Gesundheitsinformationen, sowie die Art des Informationskanals, d.h. ob die Information direkt/persönlich oder indirekt, z.B. über Massenmedien, kommuniziert wird.
Eine Zusammenfassung wesentlicher Aspekte aus Wilsons Ansatz des Informationssuchverhaltens für diese Arbeit ist in Tabelle 18 dargestellt.

Ansatz	**Bezugspunkte zur Arbeit**
Modell des Informationssuchverhaltens nach Wilson	- Der Informationsbedarf zur KH-Qualität ist zentrales Element des diesbezüglichen Informationssuchverhaltens von Patienten. - Der Informationsbedarf zur KH-Qualität beinhaltet eine aktivierende Komponente (als Aktivierungsmechanismus bezeichnet). - Informationsbedürfnisse zur KH-Qualität resultieren aus dem Bedarf nach Erklärung sowie Bestätigung (Sicherheitsbedürfnisse) sowie aus den Beweggründen der Problemlösung bzw. Entscheidung. - Die kontinuierliche Informationssuche sowie die passive Aufmerksamkeit und die „passive Suche" erklären den Informationsbedarf von Versicherten zur KH-Qualität. - Das Informationssuchverhalten wird beeinflusst durch diverse Determinanten der Persönlichkeit (Alter, Geschlecht, Bildung/soziale Schicht, vorhandenes Wissen, Kompetenz, vorhandene Beeinträchtigungen), interpersonale Faktoren (Zugang zu Informationen über Dritte und Interpretationshilfen) sowie Merkmale der Informationsquellen (Vorhandensein und Qualität des Informationsangebotes zur KH-Qualität).

Tabelle 18: Erkenntnisbeiträge des Modells des Informationssuchverhaltens nach Wilson zur theoretischen Fundierung der Arbeit

4.3.10. Das transaktionale Stressmodell

Auslöser für die Auseinandersetzung eines Patienten mit dem Thema Krankenhausleistung und Krankenhausqualität ist in der Regel ein Gesundheitsproblem mit entsprechend stationärem Behandlungsbedarf. Von solch einem Krankheitsereignis Betroffene stehen unter Stress und empfinden eine entsprechende Belastungssituation.[564]
Neben dem Stress durch die Krankheit selbst können die Krankheitssymptome als Stressoren wirken. Auch Folgeerscheinungen der Erkrankung wie Einschränkungen in der Lebensgestaltung in Beruf und Freizeit sowie die Perspektive einer notwendigen Krankenhausbehandlung mit den bereits dargestellten Unsicherheiten führen zu Stress. Lazarus beschreibt sechs Varianten von psychologisch stressvollen Stimuli, die mit einem KH-Aufenthalt verbunden sind:[565]

- *uncertainty about physical survival*
- *uncertainty about maintaining one's identity*
- *inability to control the immediate environment*
- *pain and privation*
- *loss of loved ones*
- *disruption of community life*

---

[564] Vgl. zum Thema Stress und Gesundheit u.a. House (1981) und Kobasa (1982).
[565] Vgl. Lazarus (1966) zitiert nach Bolten, Britain (1994), S. 118.

Stressmodelle wurden z.T. mit Schwerpunktsetzung auf den Bewältigungsprozess (daher auch als Copingansätze bezeichnet) in diverser Form auf gesundheitsrelevante Fragestellungen angewendet.[566] Des Weiteren werden Stress- und entsprechende Copingansätze insbesondere zur Erforschung des Patientenverhaltens vor dem Hintergrund kritischer Lebensereignisse herangezogen.[567] Wenngleich nach Kenntnisstand der Autorin dieser Arbeit Copingansätze bisher nicht auf Fragestellungen im Zusammenhang mit dem Informationssuchverhalten von Patienten zur KH-Qualität oder ähnlich gelagerten Themen angewendet wurden, so liegt es doch nahe, zur weiteren Beleuchtung des speziellen stressbelasteten Kontextes, vor dessen Hintergrund der Informationsbedarf von Patienten erwächst, ein Stressmodell heranzuziehen. Hierzu sollen zunächst die wesentlichen Elemente von Copingmodellen in Bezug auf potentielle Erklärungsbeiträge hinsichtlich des Informationssuchverhaltens von Patienten untersucht werden. Darüber hinaus interessieren mögliche Hinweise auf Einflussfaktoren des Informationssuchverhaltens von Patienten.

Die generelle Grundidee in der Stressforschung, die bereits erste Bezugspunkte zum Thema des Informationssuchverhaltens von Patienten aufweist, geht davon aus, dass die Wahrnehmung und Verarbeitung von Stress (i.S.v. Bewältigung bzw. Coping) als Informationsverarbeitungsprozess zu verstehen ist, welcher Bewertungen, Gefühle und Handlungen nach sich zieht.[568] Stresstheorien sind eng mit der so genannten Sicherheitssignal-Hypothese verbunden.[569] Danach verfügt der Mensch über ein primäres Bedürfnis nach Sicherheit. Der normale Mensch empfindet erst dann Bedrohung, wenn sich eine konkrete Gefahr ankündigt, z.B. die Ankündigung eines schweren Schneesturms durch einen Nachrichtensprecher mit ernsten Gefahren für das eigene Haus oder eine Hautverbildung, die als Zeichen einer Krebserkrankung gewertet werden könnte.[570] Die Sicherheitssignal-Hypothese sagt entsprechend aus, dass der Mensch eine Vielzahl von Sicherheitssignalen benötigt, deren Ausbleiben ihm ein Leben ohne Gefahr ermöglicht. Mit anderen Worten, das Ausbleiben von Warnsignalen für bestimmte stressrelevante Ereignisse gestattet dem Menschen, seine Aufmerksamkeit auf andere Dinge des normalen Lebens zu lenken.

„Der normale Mensch wird zum Beispiel nicht von Angst vor chirurgischen Eingriffen befallen sein. Er fühlt sich solange sicher, bis ein Arzt ihm die Notwendigkeit einer Operation mitteilt. Von diesem Augenblick an bis zum Termin der Operation lebt der Patient nach der oben genannten Definition im Zustand der Furcht."[571]

---

[566] Vgl. Übersicht über Studien zum Thema Coping und Erkrankungen bei Kiyak, Bosten (1992), S. 141ff sowie Melamed (1984), S. 53ff.

[567] Vgl. Hohensohn (1998), S. 65. Alltagsbelastungen, die nach McLean (1967) als Quelle kleiner, sich wiederholender persönlicher und sozialer Frustrationen definiert sind, können beispielsweise praktische Probleme sein, wie das Verlieren von Gegenständen oder ein Verkehrsstau, aber auch die soziale Umwelt betreffen, wie Auseinandersetzungen in der Familie, Enttäuschungen oder Überforderung im Beruf. Vgl. Katz, Schmidt (1991), S. 35. Zur Charakterisierung kritischer Lebensereignisse verwenden Katz und Schmidt vier Unterscheidungskriterien: das Ausmaß der Lebensveränderung, das Ausmaß an Adaptionsanforderungen, die Valenz (Bedeutung bzw. Wertigkeit des Ereignisses) sowie der Belastungsgrad. Vgl. Katz, Schmidt (1991) S. 37, in Anlehnung an Filipp (1981), S. 23ff. Eine anstehende Krankenhausbehandlung als kritisches Lebensereignis kann dabei je nach Ausprägung der einzelnen Merkmale graduelle Unterschiede bezüglich der Bedrohlichkeit aufweisen. So ist die operative Korrektur einer Nasenscheidewand wesentlich weniger kritisch einzuschätzen als eine Organtransplantation.

[568] Vgl. Jerusalem (1990), S. 7.

[569] Vgl. Seligmann (1979), S. 107.

[570] Vgl. Schwarzer (1993), S. 141.

[571] Schwarzer (1993), S. 141f.

In der Phase zwischen Warnsignal und kritischem Ereignis finden stressrelevante Auseinandersetzungen statt, die weitestgehend bestimmt werden durch kognitive Prozesse, mit denen die Anforderungssituation und die zur Verfügung stehenden Gegenkräfte eingeschätzt werden.[572] Diese Prozesse bilden den Schwerpunkt der Stress- bzw. Copingforschung. Im Laufe der theoretischen und empirischen Stressforschung in den 70er und 80er Jahren haben sich relationale Stressmodelle durchgesetzt:[573]

„... most current definitions of stress emphasize the relationship between the individual and the environment. Stress is the consequence of a person's appraisal processes: the assignment of weather personal resources are sufficient to meet the demands of environment."[574]

Insbesondere die Forschergruppe um Lazarus hat hier mit der Entwicklung des übergreifenden transaktionalen Stressmodells einen wesentlichen Anteil an der Forschungsarbeit im Bereich relationaler Stressforschung.[575] *„Stress bezieht sich darin auf einen transaktionalen Prozess kognitiver Bewertungen, die eine erlebte Beanspruchung bzw. Überforderung eigener Handlungskompetenzen durch eine situativ vorliegende Problemstruktur zum Inhalt haben."*[576]

Mit anderen Worten, Stress ist eine erlebte Überforderung bzw. Bedrohung, die aufgrund eines wahrgenommenen Missverhältnisses zwischen subjektiv bedeutsamen Anforderungen und persönlichen Handlungsmöglichkeiten entsteht.[577] Im transaktionalen Stressmodell wird Stress explizit als prozesshaftes Geschehen im Rahmen einer Person-Umwelt-Transaktion verstanden.[578] So stellt auch Schwarzer in seiner zentralen Hypothese heraus:

„Stress läst sich als Kräftespiel von Person und Umwelt darstellen, wobei beide Seiten aus der Perspektive des Betroffenen zu sehen sind. Die Verarbeitung von Informationen ist zentral für den Stressvorgang, sowohl für die Bewertungs- (appraisals) als auch für die Bewältigungsphase."[579]

Im Mittelpunkt der Stressforschung steht die Vorstellung, dass über die Bewältigung (coping) das gestörte Umwelt-Person-Passgefüge wiederhergestellt wird.[580] Wesentliche Komponenten

---

572 Schwarzer (1993), S. 144. Ähnlichkeiten sind hier auch zu den Health-Belief-Modellen festzustellen. Als Einflussfaktoren auf das Gesundheitsverhalten gelten hier ebenso ein kritisches, bedrohliches Krankheitsereignis und die Einschätzung von individuell vorhandenen Bewältigungsfähigkeiten: „...the indivudual must also feel threatended by the disease… and must feel that he or she has some power to overcome it. Thus, in light of their expectations… people make decisions." DiMateo, DiNicola (1982). Zitiert nach Bolten, Britain (1994), S. 122. Das Health-Belief-Modell wurde bereits in den 60er Jahren entwickelt, vgl. Rosenstock (1966) sowie Becker (1974), ist in unzähligen Abwandlungen in der Literatur vorzufinden und hat generell das Ziel, Gesundheitsverhalten bzw. Gesundheitsverhaltenswahrscheinlichkeiten in Abhängigkeit von modifizierenden Faktoren und Wahrnehmungen von Patienten zu erklären. Vgl. Kotler, Clarke (1987), S. 274ff. Der Wert des Modells wird in der Wissenschaft äußerst kontrovers diskutiert. Hohensohn spricht hier von „rein theoretisch" und „empirisch gescheitert" bis zu „praktisch nutzbar". Vgl. Hohensohn (1998), S. 60.

573 Vgl. Jerusalem (1990), S. 6. Zu reaktionsbezogenen sowie situationsbezogenen Stresskonzepten vgl. auch derselbe S. 1ff.

574 Taylor (1986), S. 145f.

575 Vgl. Lazarus (1991); Lazarus, Folkmann (1987); Lazarus, Folkmann (1984). Vgl. auch Darstellungen zum transaktionalen Stressmodell im deutschen Sprachraum von Jerusalem (1990); Krohne (1990); Schwarzer (1993).

576 Jerusalem (1990), S. 7.

577 Vgl. Jerusalem (1990), S. 5.

578 Vgl. Cox, Mackay (1981); Lazarus (1966); Lazarus, Folkmann (1984); Lazarus, Launier (1978); Schönpflug (1986); Schwarzer (1993).

579 Schwarzer (1993), S. 14.

580 Vgl. Katz, Schmidt (1991), S. 12.

dieses Bewältigungs- bzw. Copingprozesses sind subjektive Bewertungen und Copingreaktionen bzw. Copingstrategien, die im Folgenden kurz beschrieben werden.

Die Komponente Bewertung hat in Form von zwei Aspekten einen Erklärungsanteil im transaktionalen Stressmodell. Einmal erfolgt eine Bewertung der Situation, auch als primäre Bewertung bezeichnet (primary appraisal), zum anderen beurteilt der Betroffene seine Möglichkeiten zur Bewältigung der Situation, auch als sekundäre Bewertung definiert (secondary appraisal).[581] Die Bezeichnungen „primär“ und „sekundär“ implizieren dabei weder eine zeitliche Abfolge noch eine Bedeutungsabstufung.[582] Im Fortgang des Bewältigungsprozesses erfolgen Neubewertungen (Reappraisals), die als Wiederholungen der primären und sekundären Einschätzungen zu sehen sind und eine Art Rückkoppelung zur Überprüfung darstellen, ob das Bewältigungsverhalten in die richtige Richtung geht.

Entsprechend der primären und sekundären Bewertung durch den Betroffenen werden verschiedene Bewältigungsreaktionen bzw. -strategien determiniert. Der Begriff der Bewältigung bzw. des Coping umfasst nach Lazarus und Launier alle Anstrengungen einer Person, mit der stressrelevanten Situation fertig zu werden.[583] Vergegenwärtigt man sich die Breite der Definition, so wird deutlich, dass Art und Anzahl möglicher Copingreaktionen sehr groß sind. So stellt auch Taylor fest: *"There are literally hundreds of coping strategies an individual might use in confronting a stressful event."*[584]

Daher haben sich Forscher der Copingtheorie mit unterschiedlichen Klassifizierungsansätzen auseinandergesetzt, die sich sehr gut mit dem Untersuchungsgegenstand dieser Arbeit verknüpfen lassen. Generelle Einigkeit besteht bei der grundlegenden Einordnung der Copingreaktionen in vier Kategorien, von manchen Autoren auch als Bewältigungsformen bezeichnet:[585]

- Informationssuche (information seeking)
- Direkte Handlung (direct actions)
- Unterdrückung von Handlungen (inhibition of action)
- Intrapsychische Prozesse (intrapsychic efforts)

Die Informationssuche als Copingreaktion ist dabei von herausragender Bedeutung, einerseits aufgrund des direkten Bezugs zu dieser Arbeit, andererseits aber auch durch die diversen Beziehungen zu den anderen Bewältigungskategorien des Coping. Im Folgenden werden diese Aspekte sowie die Ursachen bzw. Motive der Informationssuche weiter herausgearbeitet.

An erster Stelle sei der enge Zusammenhang zwischen dem Informationsbedarf und der Informationssuche erwähnt. Wie bereits in Abschnitt 3.1 zur Begriffsdefinition dargestellt, setzt eine aktive Informationssuche einen entsprechenden Informationsbedarf und in dem

[581] Nach Lazarus und Folkmann (1984), S. 35, wird die sekundäre Bewertung als ein komplexer Bewertungsprozess definiert, der die verfügbaren Bewältigungsmöglichkeiten, deren verschiedene Erfolgsaussichten und die Wahrscheinlichkeit, dass bestimmte Strategien wirksam eingesetzt werden können, berücksichtigt.

[582] Die vom Individuum vorgenommene subjektive Einschätzung kann in beiden Aspekten gleichzeitig vorgenommen werden. Die Bewertung kann bewusst oder unbewusst erfolgen. Neben dem zunächst vordergründig kognitiven Charakter der subjektiven Einschätzung kommen begleitende Emotionen hinzu, so dass die primäre und sekundäre Bewertung in einem komplexen, dynamischen Wechselverhältnis von Kognition, Emotion und Motivation steht. Vgl. Katz, Schmidt (1991), S. 12.

[583] Vgl. Lazarus, Launier (1978), S. 316.

[584] Taylor (1986), S. 202.

[585] Vgl. Hohensohn (1998), S. 70; Jerusalem (1990), S. 14; Taylor (1986), S. 202f.

Zusammenhang ein diesbezügliches Involvement als aktivierendes Moment voraus. Das entstehende informationsbezogene Involvement aufgrund einer stressbedingten Situation kann demnach auch als wesentlicher Teil einer Copingreaktion verstanden werden.[586]
Betrachten wir die Ursachen bzw. Motive, die im transaktionalen Stressmodell hinter der Informationssuche stehen, können weitere Aspekte zur Erklärung des Informationssuchverhaltens bzw. des Involvements in Bezug auf Informationen gewonnen werden: *"Information seeking involves gathering information about the stressful event – information that may then be used for problem solving or emotional regulation. The person exposed to chronic aircraft noise might seek more information about the noise either to reduce anxiety or make decisions about his future actions."*[587]
Die Unterscheidung zwischen „problem-focused coping" und „emotion-focused coping" ist zentral bei der Betrachtung der Motive von Bewältigungsreaktionen. Während das problemorientierte Coping eine Veränderung der Problemlage zum Ziel hat, richtet sich die emotionsorientierte Bewältigungsreaktion auf eine Verbesserung der Befindlichkeit des Betroffenen. Das problemorientierte Coping hat dabei enge Bezüge zur Kategorie der direkten Handlung, indem der Informationsbedarf bzw. die Informationssuche eine direkte Aktion vorbereitet bzw. erst ermöglicht. Die emotionsorientierten Motive einer Copingreaktion stehen in engem Zusammenhang einerseits zur Kategorie der Aktivitätenhemmung, andererseits zur Bewältigungsart der intrapsychischen Prozesse: *"Intrapsychic efforts involve processes like denial, avoidance, or intellectualization of a stressor and are primarily orientated toward emotional regulation."*[588]
Die Frage nach den Ursachen des Involvements von Patienten hinsichtlich KH-Qualitätsinformationen hatte sich vor dem Hintergrund der erforderlichen Konzeptualisierung mehrdimensionaler Involvementkonstrukte im Rahmen der Untersuchung von Ansätzen des Produktinvolvements im Abschnitt 4.3.4 gestellt. In Konklusion der Aussagen zur Informationssuche im Copingmodell kann zur Beantwortung dieser Fragestellung einmal ein emotionsfokussiertes Motiv hergeleitet werden. Dabei ist das Informationsinteresse, i.S.d. Involvement, auf die Herstellung des emotionalen Gleichgewichts gerichtet bzw. folgt dem Motiv, negative emotionale Zustände unter Kontrolle zu bringen (durch Verminderung von

[586] Neben dem informationsbezogenen Involvement könnten theoretisch auch die spezifischen Informationspräferenzen als Teil der Copingreaktion der Informationssuche aufgefasst werden. Da im transaktionalen Stressmodell jedoch keine Differenzierung der Informationssuche hinsichtlich spezifischer Informationspräferenzen vorgenommen wird, können hierzu keine weiteren Erkenntnisse abgeleitet werden. Im Folgenden wird daher auf das Involvement hinsichtlich Informationen als aktivierende und zugleich undifferenzierte Perspektive des Informationsbedarfs und damit Teil der Informationssuche als Copingstrategie im transaktionalen Stressmodell abgestellt.
[587] Taylor (1986), S. 202. Auch in Konzepten zur Lebensereignis-Forschung werden die Formen der Auseinandersetzung in ereigniszentrierte und selbstzentrierte, d.h. eher auf die Person gerichtete Reaktionen unterteilt. Im Modell nach Jäger wird das Bewältigungsverhalten in einen Reaktionsbezug und einen Handlungsbezug in Form von Auseinandersetzung oder Vermeidung unterschieden. Vgl. Jäger (1990) S. 121ff; Ziegler, Jäger, Schüle (1989), S. 80.
[588] Taylor (1986), S. 203.

Gefühlen wie Unsicherheit und Angst sowie durch Intellektualisierung[589] unklarer und belastender Emotionen).[590]

Zweitens wird die handlungs- bzw. problemfokussierte Ursache der Informationssuche als Involvementursache gesehen. Das Involvement von Patienten hinsichtlich Informationen zur KH-Qualität kann auf eine direkte Aktion im Sinne der Beurteilung der Krankenhausqualität sowie der Auswahl eines Krankenhauses gerichtet sein. Die alleinige, vollkommen autonome KH-Wahl durch den Patienten ist dabei eine Ausprägung des handlungsorientierten Coping. Ebenso können hier, wie bereits an anderer Stelle gezeigt, auch weitere Ausprägungsformen der Mitentscheidung bzw. Partizipation, gemeinsam mit dem zuweisenden Hausarzt, als handlungsfokussierte Involvementursachen gesehen werden.

Des Weiteren ist es denkbar, dass das Involvement in Informationen zur KH-Qualität auf eine Art „Überprüfung" der Entscheidung bzw. Empfehlung des Arztes gerichtet ist und damit eine Art Vergewisserung darstellt. Diese Bewältigungsfunktion hat daher neben der problemorientierten auch einen emotionsregulierenden Effekt. Die Unterscheidung in emotionsorientierte sowie handlungsorientierte Copingreaktionen ist auch nach dem transaktionalen Stressmodell nicht isoliert zu sehen. In der Regel werden beide Bewältigungsformen angewendet: *„Typically, people use both problem-focused and emotion-focused coping in their stressful episodes, suggesting that both types of coping are useful for most stressful events."*[591]

In Abhängigkeit von der Situation des Betroffenen werden problem-fokussierte Aktionen bevorzugt, wenn die subjektive Bewertung induziert, dass etwas Konstruktives getan werden kann. In belastenden Situationen, in denen die Personen kaum Veränderungsmöglichkeiten bzw. Kontrollmöglichkeiten sehen, stehen Anpassung und Akzeptanz eher im Vordergrund, und es werden tendenziell emotionsorientierte Bewältigungsstrategien angewendet.[592]

Insbesondere beim Umgang mit Gesundheitsproblemen wird daher festgestellt, dass emotions-fokussierte Copingstrategien überwiegen.[593]

„Health problems, in contrast, lead to more emotion-focust coping, perhaps a threat to one's health is an event that must be tolerated but is not necessarily amenable to direct action. When health problems are amenable to direct coping efforts, however, problem-focused coping is beneficial."[594]

Diese Situation kann auch für ein Krankheitsereignis mit stationärer Behandlungsbedürftigkeit angenommen werden.

---

[589] Der Terminus Intellektualisierung ist ein Fachbegriff aus der Psychologie und meint die „Ausflucht" in abstrakte, intellektualisierende Argumentationsweisen bzw. die Überbetonung des „Verstandesmäßigen" als Abwehrreaktion. Das Verhalten wird damit erklärt, dass die Person durch abstraktes Denken bzw. Generalisierung emotionale Konflikte kontrollieren oder minimieren will. Vgl. Haubl et al. (1986), S. 192.

[590] Hier wird auch der enge Bezug zur Transitionstheorie deutlich, in deren Mittelpunkt ebenfalls der Aspekt der Unsicherheit und dem entsprechend abgeleiteten Sicherheitsbedürfnis steht. Nach Wingenfeld (2005), S. 161, resultiert das Sicherheitsbedürfnis vor dem Hintergrund von Krankheitsereignissen vor allem aus der „... Desorientierung in Bezug auf derzeitige und zukünftige Handlungsoptionen. Ggf. kann nicht einmal das, was gerade geschieht, gedeutet werden. Es entsteht vorübergehend eine andere, fremdartige Realität, angefüllt mit unbekannten und in ihrer Entwicklung nicht prognostizierbaren Phänomenen. Das betrifft ganz besonders die nach einem Krankheitsereignis... zu erwartende gesundheitliche Entwicklung."

[591] Taylor (2003), S. 229.

[592] Vgl. Braukmann, Filipp (1984); Folkmann, Lazarus (1980).

[593] Pakenham (1999); Vitaliano et al. (1990).

[594] Taylor (2003), S. 229.

Bei der weiteren Analyse von Copingreaktionen stellt sich in der Stressforschung immer wieder die Frage nach der Variabilität des Bewältigungsverhaltens. Auch wenn der Auslöser eine spezifische, belastende Situation oder wie in unserem Fall ein Krankheitsereignis darstellt und das Ziel der Bewältigung generell in der Wiederherstellung des Person-Umwelt-Passgefüges gesehen wird, stellt sich die Frage, warum bei ähnlicher Problemlage verschiedene Menschen sich unterschiedlich beansprucht, überfordert, bedroht bzw. „gestresst" fühlen und entsprechend unterschiedliche Copingreaktionen entwickeln.[595]
Dies führt zur Thematik der Determinanten von Copingverhalten. Wie eingangs erwähnt, sollen an dieser Stelle insbesondere Hinweise auf mögliche Einflussfaktoren auf das Involvement von Patienten in Bezug auf Informationen als Teil des Informationssuchverhaltens analysiert werden.
Generell wird angenommen, dass der Copingprozess entsprechend der bereits angesprochenen primären und sekundären Bewertungsprozesse wechselseitig von situativen und personalen Merkmalen bestimmt wird.[596] Im Rahmen der primären Bewertung der situationsbezogenen Anforderungen wird zunächst entsprechend der individuellen subjektiven Bedeutsamkeit entschieden, ob die Situation irrelevant, angenehm-positiv oder stressrelevant ist.[597] Da eine anstehende Krankenhausbehandlung i.d.R. für den Betroffenen zweifelsohne außerordentlich „relevant" sein dürfte sowie in den seltensten Fällen auch unter positiver Behandlungsperspektive und sehr hoher Genesungswahrscheinlichkeit als „angenehm-positiv" eingeschätzt wird, darf angenommen werden, dass die dritte Kategorie zur primären Bewertung der Situation als „stressrelevant" zutrifft.
In weiterer Differenzierung der subjektiven Stressrelevanz können die Kategorien Schädigung (harm) bzw. Verlust (loss) sowie Bedrohung (threat) bzw. Herausforderung (challenge) unterschieden werden,[598] wobei die Klassifizierung hier keine eindeutige Zuordnung erfordert, sondern vielmehr der näheren Analyse des Stressfaktors bzw. der Determinanten des Stress- bzw. Bewältigungsverhaltens dient. Es ist nicht selten, dass stressrelevante Situationen Aspekte zu mehreren Kategorien aufweisen - im subjektiven Erleben Einschätzungsprozesse und emotionale Befindlichkeiten gemischt sind.[599]
Die Kategorie Schädigung und Verlust bezieht sich auf eine schon vorliegende Beeinträchtigung des Wohlergehens, die nicht mehr abwendbar ist. In Bezug auf ein Krankheitsereignis mit stationärer Behandlungsbedürftigkeit bezieht sich die Schädigung auf den beeinträchtigten Gesundheitszustand des Individuums, wobei hier die subjektive Einschätzung des Gesundheitszustandes gemeint ist.[600] Der allgemeine Gesundheitszustand als biophysikalische Reserve des Organismus wird generell in der Stressforschung als wichtiger Prädiktor für die Effektivität von Anpassungsprozessen, und maßgeblich am Bewältigungsprozess beteiligt, verstanden.[601]

---

595 Wie spezifisch die individuellen Copingstrategien sein können, zeigt folgendes Statement einer Krebspatientin auf die Frage, wie sie es schafft, so gut mit ihrer Erkrankung klar zu kommen: „*I try to have cracked crab and raspberries every week.*" Zitat entnommen aus Taylor (1993), S. 230.
596 Vgl. Schwarzer (1993), S. 12.
597 Vgl. Lazarus, Launier (1978).
598 Vgl. Jerusalem (1990), S. 10; Schwarzer (1993), S. 12.
599 Vgl. Hohensohn (1998), S. 67; Jerusalem (1990), S.10.
600 So können der objektiv z.B. von einem Arzt feststellbare Gesundheitszustand eines Menschen und die subjektiv empfundene Befindlichkeit stark differieren. Wie Studien zeigen, ist der Zusammenhang zwischen subjektiven und objektiven Faktoren oft gering. Vgl. Jerusalem (1990), S. 29.
601 Vgl. Ziegler et al. (1989).

Während Determinanten des Copingverhaltens der Kategorie Schädigung/Verlust vergangenheits- bzw. gegenwartsorientiert sind, beziehen sich Einflussfaktoren der Kategorie Bedrohung bzw. Herausforderung auf die Zukunft: *„Eine Bedrohung stellt die kognitive Vorwegnahme bzw. Befürchtung eines drohenden Verlustes dar."*[602]
Im Unterschied zur Einschätzung als Schädigung bzw. Verlust sind hier präventive Bewältigungsstrategien möglich, um die tatsächliche Konfrontation mit dem Ereignis „überstehen" zu können. I.d.R. wird die Situation jedoch als sehr schwierig erlebt, so dass die Einschätzung einer Situation als Bedrohung häufig mit Besorgnis, Furcht und Angst bis hin zu Befürchtungen, der Situation nicht gewachsen zu sein, verbunden ist.[603] Bezogen auf ein stationär behandlungsbedürftiges Krankheitsereignis lassen sich potentielle Determinanten der Ereignisklassifikation Bedrohung in zweierlei Hinsicht unterscheiden. Einmal kann die weitere Entwicklung der Krankheit als Bedrohung wahrgenommen werden, in Form eines befürchteten Therapiemisserfolgs oder einer Verschlechterung des Gesundheitszustandes. Zum anderen werden Krankenhausaufenthalte auch aus Gründen der Diagnostik ggf. drohender Erkrankungen bzw. differenzierter Analyse vorhandener Symptome notwendig (z.B. bei diversen Tumorerkrankungen oder genetisch bedingten Krankheiten). Hier spielt daher die ggf. zukünftige Bedrohung durch eine erst zu diagnostizierende Erkrankung den Mittelpunkt der bedrohlichen Einschätzung. Zum zweiten kann der Krankenhausaufenthalt selbst als Bedrohung wahrgenommen werden. Hier spielen insbesondere die Schwierigkeit der Beurteilung der Qualität des KH im Hinblick auf die benötigten Diagnostik- und Therapieleistungen sowie die Befürchtung einer suboptimalen ggf. falschen KH-Auswahl mit entsprechend bedrohlichen Folgen eine Rolle. Hinzu kommen der Verlust der bisher gewohnten Lebensumgebung, verbunden mit einer zumindest teilweisen Aufgabe der eigenen Handlungsautonomie sowie der häufig empfundenen Intransparenz eines Krankenhauses, Aspekte, welche zu Unsicherheiten, verbunden mit Empfindungen der Bedrohung, führen.[604]
Neben den ereignisbezogenen Kontextfaktoren, welche auf das Copingverhalten einwirken, werden in Einzelfällen auch die soziale Schichtzugehörigkeit[605] sowie das zur Verfügung stehende Informationsangebot[606] als situationsbezogene Determinanten in der Stressforschung genannt.

---

[602] Jerusalem (1990), S. 9. Im Gegensatz zur Kategorie Bedrohung überwiegen bei der Kategorie der Herausforderung eher die positiven Aspekte der eingeschätzten Situation (die Einschätzung einer erfolgreichen Bewältigung der Situation sowie die Möglichkeit die eigenen Kompetenzen zu erweitern und etwas dazu zu lernen). Vgl. Jerusalem (1990), S. 9; Katz, Schmidt (1991), S. 67. Auch hier entscheidet die individuelle Sichtweise des Patienten. Z.B. wird i.d.R. eine Tumorerkrankung als bedrohlich und sehr belastend angesehen, eine Nierentransplantation jedoch von der eher positiven Perspektive der Genesung nach langer chronischer Krankheit wahrgenommen. Tendenziell dürfte jedoch die Wahrnehmung einer Bedrohung im Zusammenhang mit Krankheitsereignissen überwiegen.

[603] Vgl. Jerusalem (1990), S. 9.

[604] Die wahrgenommene Bedrohung als Einflussfaktor des Copingverhaltens weist enge Bezüge zum wahrgenommenen Risiko in der Konsumentenverhaltensforschung auf. Die wahrgenommene Bedrohung durch die Erkrankung selbst entspricht dem Risiko der Krankheit, während die empfundene Bedrohung durch den Krankenhausaufenthalt eng mit dem Risiko der KH-Wahl verknüpft ist. Siehe auch Abschnitt 4.3.5.

[605] Vgl. Katz, Schmidt (1991), S. 22.

[606] Vgl. Hohensohn (1997), S. 69 sowie Katz (1991), S. 22ff. In Health-Belief-Ansätzen spielen Informationsangebote als Einflussfaktoren auf das generelle Gesundheitsverhalten von Patienten ebenfalls eine Rolle. So charakterisiert Troschke (1993), S. 164, gesundheitsbezogene Informationsangebote wie Aufklärungsmaßnahmen durch Massenmedien, Ratschläge durch andere, z.B. Familie, Artikel in Zeitschriften u.a., als verhaltensbeeinflussend. Ähnlich auch in der Transitionstheorie, in der die Eignung bzw. Qualität von

Stehen bei der primären Einschätzung Einflussfaktoren der stressverursachenden Situation im Vordergrund, ist die sekundäre Einschätzung abhängig von den subjektiven Ressourcen des Betroffenen selbst.[607] Die subjektiven Ressourcen bzw. Vulnerabilitäten als Determinanten stressbezogener Bewältigungsprozesse nehmen in der Stressforschung eine große Bedeutung ein, wobei sich die Ressourcen als positiver Pol günstig auf das Coping auswirken, Vulnerabilitäten als negativer Pol die Bewältigung negativ beeinflussen.[608]

„Der Begriff Ressource / Vulnerabilität bezieht sich dabei auf das Ausmaß, in dem sich Personen generell den unterschiedlichen Umfeldanforderungen gewachsen bzw. unterlegen fühlen."[609]

Zu den Faktoren der Ressourcen einer Person werden verschiedene Konstrukte der Handlungskompetenz sowie Kontroll- bzw. Kompetenzerwartung gezählt.[610] Kompetenzerwartungen sind ein Teil des Selbstmodells einer Person. Das Selbstmodell determiniert die subjektive Einschätzung von belastenden Situationen und Ereignissen und steuert die Aktivierung von Verhaltensweisen mit dem Ziel der Stressbewältigung und Problemlösung. Entsprechend des Ansatzes des Selbstmodells kann man davon ausgehen, dass Menschen, die sich als kompetent erleben, aktiver und optimistischer an die Problembewältigung herangehen als Menschen, die sich inkompetent und hilflos fühlen und daher eher dem Problem aus dem Weg gehen und versuchen, die belastende Situation zu vermeiden.[611] Dies trifft auch auf das Verhalten von Patienten zu *"...patients with an internal locus of control are likely to know more about their condition, ask more question of their doctor and are less easily satisfied with information they are given than patients with an external locus of control."*[612]

Zur Konzeptualisierung der Kompetenzerwartung ist in den letzten Jahren das Konstrukt der Selbstwirksamkeit (self-efficacy) in den Vordergrund gerückt, welches sich nicht nur innerhalb der Stressforschung, sondern auch auf anderen psychologischen Forschungsgebieten, z.B. Untersuchungen zu schulischen Leistungen, Karierentscheidungen und insbesondere in der Gesundheitsverhaltensforschung, bewährt hat (Bewältigung von Stress, Ertragen von Schmerzen, Umgang mit chronischen Krankheiten, Abbau von Abhängigkeit, Entwicklung von positiven Gesundheitsverhaltenweisen u.a.).[613] Das Konzept der Selbstwirksamkeit ist begründet in der kognitiv-sozialen Theorie von Bandura (ursprünglich soziale Lerntheorie

---

Informationsangeboten als Einflussfaktor auf das Bewältigungsverhalten in krankheitsbedingten Übergangssituationen thematisiert wird. Vgl. Selder (1989), 437f.

[607] Vgl. Jerusalem (1990), S. 11.

[608] Als Vulnerabilitäten i.S.v. negativ wirkenden personenbezogenen Determinanten können krankheitsbedingte Beeinträchtigungen des Gesundheitszustandes und Belastungen gezählt werden, welche sich kaum von der bereits thematisierten situationsbezogenen Determinante des Verlusts bzw. der Schädigung der Gesundheit trennen lassen und daher nicht nochmals explizit aufgeführt werden. Vgl. Jerusalem (1990), S. 29. Ähnliche Vulnerabilitäten sowie Verluste bzw. antizipierte, zu befürchtende Verluste spielen auch in der Transitionstheorie als Einflussfaktoren auf die Bewältigung von krankheitsbedingten Übergängen eine Rolle. Vgl. Wingenfeld (2005), S. 162. Zu anderen Vulnerabilitäten, z.B. Hilflosigkeit und Depression, siehe auch Schwarzer (1993), S. 88ff.

[609] Jerusalem (1990), S. 29.

[610] Vgl. Taylor (2003), S. 224f.; Katz, Schmidt (1991), S. 20ff.; Jerusalem (1990), S. 31ff. Kompetenzen und problemorientierte Fähigkeiten des Patienten werden auch als Faktoren der Bewältigung in der Transitionstheorie identifiziert. Vgl. Selder (1989), S. 439; Wingenfeld (2005), S. 161.

[611] Vgl. Katz, Schmidt (1991), S. 21f.

[612] Bolten, Britain (1994), S. 122.

[613] Vgl. Schwarzer (1993), S. 183. Eng verwandte Konstrukte zu Selbstwirksamkeit sind Widerstandsfähigkeit, Kontrollerwartung und Optimismus, auf die im Weiteren jedoch nicht näher eingegangen wird.

genannt) und wurde in vielfältiger Weise empirisch validiert.[614] Bandura definiert Selbstwirksamkeit als „*...people's judgement of their capabilities to organize and execute courses of action to attain designated types of performances. It is concerned not with the skills one has but with judgements of what one can do with whatever skills one possesses.*"[615]
Das heißt, die betroffene Person muss sich selbst die Fähigkeit zusprechen, mit einem gewissen Grad an Anstrengung und Überwindung die kritische Situation bzw. das anstehende Problem unter Kontrolle bringen zu können. Diese Überzeugung, in einer Situation selbst wirksam sein zu können, gibt dem Konstrukt seinen Namen. Wie die Verhaltensforschung zeigt, versuchen Betroffene in Konfrontation mit stressrelevanten Ereignissen und dem Glauben, der Situation nicht gewachsen zu sein, diese Situation zu vermeiden bzw. zu verdrängen. Bei hoch ausgeprägter Selbstwirksamkeit dagegen ist die Person überzeugt, über genügend Kompetenzen und Handlungsmöglichkeiten zu verfügen, um der Situation zuversichtlich und aktiv zu begegnen. Schwierige Aufgaben werden als Herausforderungen interpretiert und basieren auf einer generellen Neigung zur Exploration von Neuartigem. In emotionaler Hinsicht ist eine geringe Selbstwirksamkeitserwartung verbunden mit Depressivität, Angst, geringem Selbstwertgefühl und einer pessimistischen Einstellung. Hohe Selbstwirksamkeitserwartungen sind verknüpft mit Optimismus und dem Gefühl, die Situation unter Kontrolle zu haben.[616]

„*Control is important for most people going trough stressful events... It may be especially important for vulnerable populations, such as medical patients, children and the elderly, who are at risk for health problems.*[617]

Somit kann abgeleitet werden, dass in Bezug auf das Informationssuchverhalten von Patienten die Selbstwirksamkeit einen positiven Einfluss ausübt. Es ist davon auszugehen, dass mit einer hohen Selbstwirksamkeit auch ein hohes Involvement zu Informationen der KH-Qualität einhergeht. Eine geringe Selbstwirksamkeitserwartung wird dagegen ein eher passives Informationssuchverhalten bedingen, so dass das Involvement hinsichtlich relevanter Qualitätsmerkmale von Krankenhäusern gering ausgeprägt ist.
Während die Selbstwirksamkeit zur allgemeinen Kompetenzerwartung eines Individuums zählt, wird das Konzept der Sprachkompetenz als spezifische Kompetenzerwartung verstanden.[618] Nach Dietz ist die Sprachkompetenz definiert als „*...Grad, indem ein Individuum meint, über sprachliche Fähigkeiten und Fertigkeiten zu verfügen, um sich entsprechend artikulieren und zum anderen in einem Gespräch mit einem Experten auch behaupten zu können.*"[619] Bezogen auf das Involvement von Patienten in Bezug auf Informationen zur KH-Qualität erscheint die Sprachkompetenz als möglicher Einflussfaktor relevant, da einerseits sprachliche Fähigkeiten zum Verstehen und Interpretieren von Qualitätsinformationen im medizinisch-fachlichen Sprachkontext wesentlich sind.[620] Auf der

[614] Zur sozial-kognitiven Theorie von Bandura vgl. Bandura (1977), (1986), (1998), (2001). Ein Überblick über diverse Studien im Zusammenhang mit dem Konstrukt der Selbstwirksamkeit bietet Schwarzer (1993), S. 182ff. Eine eingehende Beschreibung der Beziehung zwischen Selbstwirksamkeit und Gesundheitsverhalten gibt Taylor (2003), S. 97ff.
[615] Bandura (1986), S. 391.
[616] Vgl. Schwarzer (1993), S. 12., S. 175, S. 182.
[617] Taylor (2003), S. 225.
[618] Vgl. Dietz (2006), S. 16fff.
[619] Dietz (2006), S. 166.
[620] Damit verbunden sind oftmals die bereits ausgeführten Forderungen nach niederschwelligen und verständlichen Informationen für Patienten. Siehe auch Abschnitt 4.1.3.2.5.

anderen Seite kann der Sprachkompetenz eines Patienten ein Einfluss auf die Fähigkeit, sich zu artikulieren, d.h. Wahlentscheidungen zu treffen bzw. an Entscheidungen zur KH-Wahl zu partizipieren, unterstellt werden.[621] Ähnlich wie bei der Selbstwirksamkeit kann auch zur Kompetenzerwartung der Sprachkompetenz ein positiver Einfluss auf das Involvement von Patienten hinsichtlich KH-Qualitätsinformationen angenommen werden.

Die Delegation von Kompetenz bzw. der Verzicht auf Kontrolle als Phänomen des individuellen Verhaltens spielen ebenfalls im Rahmen der Konzepte zur Kompetenzerwartung eine Rolle. Individuen streben nicht immer danach, selbst Kontrolle auszuüben. In bestimmten Situationen wird die Kompetenz an andere Personen übertragen, die Kontrolle sowie Verantwortung abgegeben.[622] Als Gründe für dieses Verhalten werden neben rationalen Überlegungen die wahrgenommene Unsicherheit der Situation, die Schwierigkeit, eine Handlung durchzuführen sowie sich selbst verantwortlich bzw. „schuldig" fühlen zu müssen, genannt.[623] Die Abgabe von Kontrolle bzw. Delegation von Kompetenz ist im Kontext von Krankheitsereignissen besonders relevant. Im Rahmen der Ausführungen zum Patienten als Kunden[624] sowie der gewandelten Rolle des Patienten, insbesondere im Zusammenhang mit Shared-Decision-Modellen,[625] kann zwar von zunehmender Autonomie, jedoch nicht von einer uneingeschränkten Souveränität des Patienten ausgegangen werden. Inwieweit ein Patient bestrebt ist, autonom bzw. aktiv mit einer problembehafteten Krankheitssituation umzugehen, kann daher neben der Selbstwirksamkeitserwartung sowie der Sprachkompetenz auch von seinem individuellen Verhaltensmuster innerhalb der Arzt-Patienten-Interaktion abhängen, i.S. seiner Neigung, Kontrolle bzw. Verantwortung an den Arzt zu delegieren. Diese Neigung, Kontrolle abzugeben, wird im Arzt-Patienten-Kontext auch als Paternalismuspräferenz bezeichnet und ist definiert als Grad der patientenindividuellen Übertragung von Entscheidungskompetenz sowie Verantwortung auf den Arzt.[626] Bei hoher Ausprägung der Paternalismuspräferenz dürfte das Involvement des Patienten hinsichtlich relevanter Informationen zur KH-Qualität entsprechend gering ausgeprägt sein.

In Abbildung 10 ist die Anwendung des transaktionalen Stressmodells auf das Konzept der Informationssuche bzw. des informationsbezogenen Involvements von Patienten zur KH-Qualität zusammenfassend dargestellt. Die wesentlichen Bezugspunkte des transaktionalen Stressmodells für diese Arbeit sind nochmals in Tabelle 19 zusammengetragen.

---

[621] Dietz führt die Kompetenzerwartung der Sprachkompetenz auch auf die Konzepte der Kundenemanzipation sowie der Konsumer-Kompetenz zurück, welche ebenfalls die Überzeugung eines Individuums beinhalten, sich in Verhandlungs- und Austauschprozessen mit anderen Marktpartnern hinsichtlich der eigenen Meinung sowie der Wahrung eigener Interessen durchsetzen zu können. Vgl. Dietz (2006), S. 166f.

[622] Vgl. Frey, Jonas (2002), S. 22f.

[623] Vgl. Dolinski (1998), S. 321ff.; Frey, Jonas (2001), S. 23. Hier können Parallelen zur Prinzipal-Agenten-Theorie festgestellt werden, in der die Delegation bzw. Abgabe von Entscheidungskompetenz ebenfalls thematisiert wird. Die Ursache für das Verhalten wird hier auf Basis des Konzepts der „anxiety costs" auf Unsicherheitswahrnehmungen und Angst zurückgeführt, welche durch die Beeinträchtigungen des Gesundheitszustandes negativ verstärkt werden. Siehe auch Abschnitt 4.3.3.

[624] Siehe auch Abschnitt 3.2.

[625] Siehe auch Abschnitt 2.2.

[626] Vgl. Pfaff et al. (2001), S. 188.

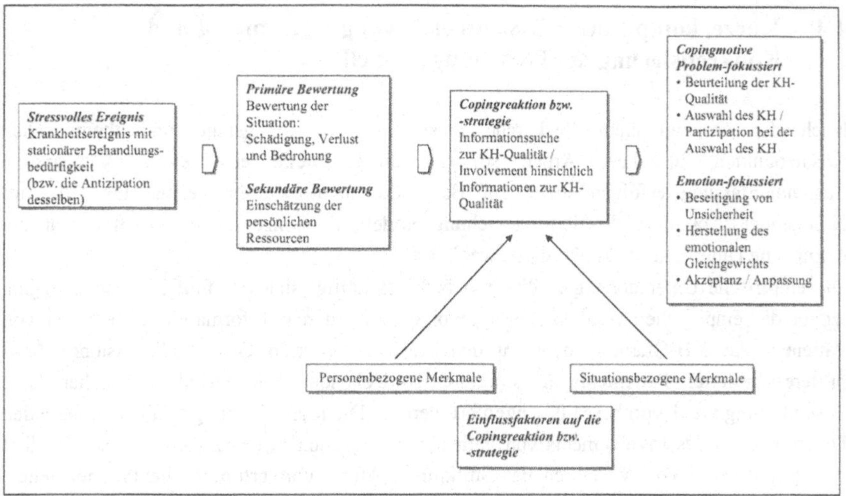

Quelle: Eigene Darstellung auf Basis des allgemeinen Coping-Modells nach Taylor (2003), S. 220.

Abbildung 10: Die Informationssuche zur KH-Qualität im Coping-Prozess

Ansatz	Bezugspunkte zur Arbeit
Transaktionales Stressmodell	- Das Involvement hinsichtlich Informationen zur KH-Qualität kann als Teil einer Copingreaktion bzw –strategie verstanden werden. - Aus den Motiven, die hinter der Informationssuche als Copingreaktion stehen, können zur Konzeptualisierung des Involvementkonstrukts zwei ursachenbezogene Dimensionen abgeleitet werden: emotions-fokussiert (Beseitigung von Unsicherheit, Herstellung eines emotionalen Gleichgewichts etc.) sowie problem-fokussiert (Beurteilung der KH-Qualität, KH-Wahl bzw. Mitendscheidung bei der KH-Wahl). - Die Ausprägung der Informationssuche als Copingreaktion wird von subjektiven Einschätzungsprozessen zur Situation und den persönlichen Ressourcen beeinflusst - Situationsbezogene Einflussfaktoren des Involvements von Patienten in Bezug auf KH-Qualitätsinformationen sind die subjektive Beeinträchtigung des Gesundheitszustandes sowie die wahrgenommene Bedrohung durch die Krankheit bzw. die Bedrohung durch den Krankenhausaufenthalt selbst, hier insbesondere die bedrohlichen Folgen einer suboptimalen KH-Wahl. - Personenbezogene Determinanten sind persönliche Ressourcen in Form von Kontroll- bzw. Kompetenzerwartungen, insbesondere die Selbstwirksamkeit, die Sprachkompetenz sowie die Paternalismuspräferenz.

Tabelle 19: Erkenntnisbeiträge des transaktionalen Stressmodells zur theoretischen Fundierung der Arbeit

4.4. Kurze, komparative Zusammenfassung zu Kapitel 4 und Konkretisierung des Forschungsmodells

Nach der umfangreichen Recherche hinsichtlich Forschungstand und theoretischen Ansatzpunkten für diese Arbeit soll an dieser Stelle eine kurze, komparative Zusammenfassung erfolgen sowie auf Basis der identifizierten Bezugspunkte das im einleitenden Abschnitt skizzierte Forschungsmodell als konzeptuelle Grundlage für die empirische Untersuchung konkretisiert werden.

Die empirische Untersuchung in dieser Arbeit beschäftigt sich mit fünf Forschungsfragen, wobei die empirischen Analysen zum Involvement, zu den Informationspräferenzen von Patienten zur KH-Qualität sowie zu den präferenzbasierten Qualitätsdimensionen bzw. präferenzbasierter Patiententypen strukturen-entdeckender Natur sind und daher ohne Formulierung von Hypothesen durchgeführt werden. Die Identifizierung von beeinflussenden Determinanten des Involvements von Patienten hinsichtlich Informationen zur KH-Qualität erfolgt mit Hilfe von Verfahren der Strukturenprüfung und erfordert die theoriegeleitete Generierung von entsprechenden Hypothesen. Hinzu kommt die Notwendigkeit der Entwicklung neuer Messinstrumente, vor allem für die Erhebung des Involvements sowie der Informationspräferenzen zur KH-Qualität, welches im ersten Fall eine Konstruktentwicklung mit theoriegeleiteter Konzeptualisierung, im zweiten Fall die Entwicklung eines geeigneten Instruments zur Präferenzmessung erfordert.

Wie bereits dargestellt, orientiert sich diese Untersuchung in wissenschaftstheoretischer Hinsicht am wissenschaftlichen Realismus. Die theoretische Fundierung bzw. Generierung eines geeigneten Forschungsmodells zur Untersuchung der relevanten empirischen Forschungsfragen dieser Arbeit erfolgt nach Kenntnisstand des Verfassers dieser Arbeit hier erstmalig.

Im Folgenden sollen die identifizierten Ansatzpunkte aus den vorliegenden verwandten Studien zum Untersuchungsgegenstand sowie den analysierten relevanten Theorien zusammengefasst und in Bezug auf die jeweilige Forschungsfrage im Überblick dargestellt werden (siehe auch Tabelle 20).

Die Analyse diverser verwandter Untersuchungen zum Themenbereich der Bedeutung und Relevanz von Informationen zur KH-Qualität für Patienten lässt insgesamt den Schluss zu, dass sich Patienten für die Qualität im Gesundheitswesen sehr interessieren, insbesondere für die KH-Qualität und die damit verbundenen Qualitätsinformationen. Entsprechend kann von einer diesbezüglichen hohen Beteiligung bzw. ausgeprägtem Involvement ausgegangen werden. Als wesentlicher Beweggrund für das Involvement von Patienten hinsichtlich KH-Qualitätsinformationen konnten neben der generellen Relevanz bzw. empfundenen Wichtigkeit vor allem das Bedürfnis nach Mitwirkung sowie die Entscheidungspartizipation ermittelt werden.

Studien zur Erhebung von Informationspräferenzen i.S.v. spezifischen Informationswünschen zur Beurteilung der KH-Qualität bzw. zur KH-Auswahl sind von geringer Zahl und liefern ein heterogenes Bild, sowohl bezogen auf die Erhebungsmethodik als auch auf die Untersuchungsergebnisse. Die individuellen Nutzenurteile zu gleichen bzw. ähnlichen Qualitätsaspekten fallen zwar je Studie höchst unterschiedlich aus, als gemeinsames Element lässt sich jedoch zumindest festhalten, dass eine Präferenzstruktur vorliegt, d.h. die Nutzenurteile über die Qualitätsinformationen nicht gleich verteilt sind. Des Weiteren ist ungeachtet der divergierenden Einzelergebnisse der jeweiligen Studie allen Untersuchungen gemeinsam, dass sich die Informationspräferenzen der Patienten sowohl auf die Struktur- als auch auf die Prozess- und Ergebnisqualität der KH-Leistung richten.

Noch seltener wurden im Rahmen vorliegender Studien relevante präferenzbasierte Qualitätsdimensionen zur Ex-ante-Beurteilung der KH-Qualität thematisiert. Dabei konnte neben auf normativem Wege festgelegten Qualitätsdimensionen lediglich eine Untersuchung empirisch abgeleitete Qualitätsdimensionen zeigen.[627] Zur Frage nach typischen Patientensegmenten mit ähnlichen Informationspräferenzen liegen zum bisherigen Forschungsstand keine Ergebnisse vor.

Die Thematik möglicher Einflussfaktoren auf das Informationssuchverhalten zur KH-Qualität bzw. das Involvement hinsichtlich relevanter Informationen spielt in nur wenigen quantitativen Studien eine Rolle. Ergebnisse, die i.d.R. eher am Rande der jeweiligen Untersuchung ermittelt wurden, liegen ausschließlich zu sozio-demographischen Determinanten, wie dem Alter, dem Geschlecht, der sozialen Schicht und dem Versicherungsstatus vor. Nur eine Arbeit liefert auf der Basis einer qualitativen Literaturrecherche einige Hinweise zu kontextbezogenen sowie psychologischen Einflussgrößen.[628]

Die Erarbeitung der theoretischen Bezugspunkte war entsprechend des weitgehenden Fehlens einer theoretischen Grundlage für den Forschungsgegenstand der vorliegenden Arbeit extensiv und interdisziplinär angelegt:

Die Informationsökonomie und die Prinzipal-Agenten-Theorie liefern einen Erklärungsbeitrag für die generellen Steuerungsprobleme, resultierend aus Informationsasymmetrien und Interessenskonflikten im Verhältnis zwischen KH und Patient. Der Patient befindet sich hier in der Rolle des schlechter informierten Transaktionspartners. Der daraus resultierende inhärente Informationsbedarf ist auf die Beurteilung der KH-Qualität und Auswahl des Leistungsanbieters gleichermaßen gerichtet. Die Screeningaktivitäten des Patienten zielen auf die Reduzierung dieser Marktunsicherheit bzw. Qualitätsunsicherheit und somit auf die Vermeidung einer suboptimalen oder falschen KH-Auswahl.

Die Analyse von Ansätzen zum Produktinvolvement führte zur Erkenntnis, dass die Konzeptualisierung des Involvements von Patienten bezüglich Informationen zur KH-Qualität zwar keine 1:1-Übertragbarkeit bestehender Ansätze des Produktinvolvements zulässt, jedoch von einem mehrdimensionalen Konstrukt auszugehen ist, wobei die Konzeptualisierung in Form eines indirekten Ansatzes über relevante Auslöser, Motive bzw. Ursachen des Involvements erforderlich ist.[629] Die Frage nach den relevanten Ursachen bzw. Motiven des informationsbezogenen Involvements zur KH-Qualität ergab einige Bezugspunkte in den Theorien bzw. Ansätzen, die im Weiteren untersucht wurden:

Aus den Ansätzen des Produktinvolvements resultiert die Involvementfacette der generellen Wichtigkeit des Bezugsobjektes, eine Konstruktfacette, die sich bereits in Form der wahrgenommen (hohen) Bedeutung bzw. Wichtigkeit von KH-Qualitätsinformationen für Patienten in den diversen vorliegenden Studien wieder findet. Aus der Informationsöko-

---

[627] Vgl. Grande, Rommpel (2005), S. 193ff.
[628] Vgl. Longo (2005), S. 92.
[629] Vgl. Kampferer, Laurent (1985).

mie, dem Modell der Informationsverarbeitung, dem Modell des Informationssuchverhaltens nach Wilson sowie dem transaktionalen Stressmodell lässt sich als weitere verursachende Dimension des Involvements das problem-fokussierte bzw. handlungsorientierte Bedürfnis nach Entscheidung ableiten. Im Kontext von Gesundheitsleistungen ist in Abwandlung hierzu das Entscheidungsbedürfnis von Patienten nicht ausschließlich als alleinige Entscheidung von Seiten des Patienten sondern in Form des Shared-Desicion-Making als mehr oder minder gemeinsame Entscheidung zur KH-Auswahl zusammen mit dem zuweisenden Arzt zu verstehen. Im Untersuchungskontext dieser Arbeit wird das Entscheidungsbedürfnis von Patienten daher als Partizipationsbedürfnis bezeichnet.

Als weitere Involvementursache und damit Konstruktdimension konnte das Sicherheitsbedürfnis identifiziert werden. Das Bedürfnis nach Sicherheit bzw. Reduktion von Unsicherheit lässt sich als wesentlicher Aktivierungsmechanismus bzw. Beweggrund für das Entstehen von Informationsbedürfnissen aus den Modellen zum Informationssuchverhalten ableiten (insbesondere dem Modell nach Krikelas, den Ansätzen von Kuhlthau und von Wilson). Auch im transaktionalen Stressmodell spielt das Bedürfnis nach Sicherheit als emotions-fokussiertes Motiv eine wesentliche Rolle.

Zur Beantwortung der Forschungsfrage nach den relevanten Einflussfaktoren des informationsbezogenen Involvements von Patienten zur KH-Qualität wurde aufgrund des bereits genannten Mangels an diesbezüglichen Forschungsergebnissen (mit Ausnahme von einigen relevanten sozio-demographischen Merkmalen) eine breit angelegte Recherche insbesondere zu psychologischen sowie situationsbezogenen Determinanten vorgenommen. Die untersuchten Theorien bzw. Modelle lieferten diverse Anhaltspunkte für potentielle Determinanten des Informationsbedarfs, welche sich auch auf das informationsbezogene Involvement als eine Perspektive des Informationsbedarfs von Patienten übertragen lassen. Über die theoriegeleitete Identifikation potentieller Determinanten hinaus werden jedoch in den wenigsten Fällen theoretisch fundierte und empirisch bestätigte Wirkungszusammenhänge aufgezeigt, welche eine deduktive Ableitung von Hypothesen im hier vorliegenden Untersuchungskontext ermöglichen würden. Die identifizierten Determinanten werden daher an dieser Stelle zunächst nochmals zum Überblick aufgeführt und in Form eines theoretisch abgeleiteten Ordnungsrahmens strukturiert. Die Ableitung konkreter Hypothesen erfolgt dann weiterführend bzw. bezogen auf den jeweiligen Einflussfaktor im Kapitel 7 auf Basis der bereits dargestellten Vorgehensweise des wissenschaftlichen Realismus.

Aus der Risiko-Theorie nach Bauer kann das Risiko der Erkrankung als auch das Risiko der KH-Wahl als Determinanten des Involvements abgeleitet werden. Das Risiko der KH-Wahl wird in Form der Gefahr durch die „Hidden Characteristics" bzw. „Hidden Intentions" von KH in der Prinzipal-Agenten-Theorie ebenfalls thematisiert. Auch aus dem transaktionalen Stressmodell können diese zwei risikobezogenen Einflussfaktoren abgeleitet werden (hier als Bedrohung durch die Krankheit sowie die als bedrohlich empfundene Situation im Zusammenhang mit der KH-Auswahl und dem bevorstehenden KH-Aufenthalt).

Das wahrgenommene Informationsangebot bzw. ein mangelhaftes oder unzureichendes Informationsangebot als Einflussfaktor auf das Involvement von Patienten hinsichtlich KH-Qualitätsinformationen ist ebenfalls in mehreren Theorien zu finden, der Informationsökonomie, dem Produktinvolvement, dem Modell der Informationsverarbeitung sowie dem Modell des Informationssuchverhaltens nach Wilson. In den vorliegenden Studien zum Informa-

tionsbedarf von Patienten zur KH-Qualität wird ebenfalls das große Bedürfnis nach relevanten Informationen häufig „in einem Atemzug" mit einem als unzureichend wahrgenommenen Informationsangebot zur KH-Qualität verknüpft.
Aus der Stressforschung entstammen Hinweise auf psychologische kompetenzbezogene Einflussfaktoren in Form der Selbstwirksamkeit bzw. der Sprachkompetenz sowie der Paternalismuspräferenz. Letzterer Aspekt ist auch als Neigung zur Entscheidungsdelegation bekannt, ein Faktor, der auch in der Prinzipal-Agenten-Theorie vorkommt und dort auf Basis des Phänomens der „anxiety costs" zurückgeführt wird.
Aus den Ansätzen des Produktinvolvements entstammt der Bezugspunkt zur Determinante der wahrgenommenen Wichtigkeit der Gesundheit. Das Involvement hinsichtlich eines Bezugsobjektes ist dabei besonders ausgeprägt, wenn mit dem Bezugsobjekt wichtige persönliche Werte des Individuums verknüpft sind. Die Wichtigkeit der Gesundheit ist dabei als Wert von hoher persönlicher Bedeutung zu verstehen und eng mit dem Bezugsobjekt des hier interessierenden Involvements verbunden (in Form der Informationen zur KH-Qualität).
Aus den Ansätzen zum Informationssuchverhalten sowie zu dem gesundheitsbezogenen Verhaltensansatz des Stressmodells wird die Grundstrukturierung der Einflussfaktoren in Form der generellen Kategorien Person sowie Situation/Umfeld übernommen. In Konkretisierung hierzu werden in dieser Untersuchung die personenbezogenen Einflussfaktoren in die Kategorien sozio-demographische Merkmale sowie psychologische Determinanten unterschieden. Die eher allgemeine Kategorie der Situation wird entsprechend des spezifischen Untersuchungskontextes als Kategorie der krankheitsbezogenen Determinanten bezeichnet.
Im Hinblick auf die Konzeptualisierung der Informationspräferenzen von Patienten zur KH-Qualität liefern die vorliegenden Studien die Erkenntnis, dass sich die Informationswünsche von Patienten auf eine Vielzahl von Qualitätsinformationen der Struktur-, Prozess- und Ergebnisqualität beziehen. Entsprechend der Bezugspunkte aus der Informationsökonomie zu den Gütereigenschaften richten sich die Informationspräferenzen von Patienten vor einer KH-Einweisung (Ex-ante-Beurteilung der KH-Qualität) primär auf Sucheigenschaften bzw. Ersatzindikatoren für die nicht ex ante ermittelbaren Erfahrungs- bzw. Vertrauenseigenschaften der KH-Qualität. Entsprechend des Modells der Informationsverarbeitung kann die Bildung bzw. das Vorhandensein von Informationspräferenzen als Strategie zur Reduktion von Informationsüberlastungen erklärt werden. Insbesondere, bei der mit einem hohen Involvement verbundenen, extensiven bzw. limitierten Informationssuche werden eine Vielzahl von Einzelinformationen sowie Schlüsselinformationen in Abhängigkeit von den individuellen Präferenzen des Individuums selektiert.
Insgesamt bleibt abschließend festzuhalten, dass die Analyse zum bisherigen Forschungsstand wertvolle Erkenntnisse erbrachte, jedoch auch den eingangs dargestellten großen Forschungsbedarf zum Thema KH-Qualität bzw. der darauf ausgerichteten Informationsbedürfnisse von Patienten bestätigte. Darüber hinaus musste konstatiert werden, dass für diese Untersuchung weder auf ein vorhandenes Theoriegebäude aufgebaut werden konnte, noch ansatzweise bewährte theoretische Bezugspunkte vorliegen. Dieses Dilemma führte zur wissenschaftstheoretischen Orientierung dieser Arbeit am wissenschaftlichen Realismus, welcher sich insbesondere für Forschungsarbeiten mit „größerer Lücke" zum bisherigen Forschungsstand eignet. Auf Basis der dargestellten extensiv angelegten Analyse von theoretischen Ansätzen und Modellen verschiedener Wissenschaftsdisziplinen sowie

empirischen Beobachtungen konnte in Kombination aus deduktiver und induktiver Vorgehensweise ein Forschungsmodell abgeleitet werden, welches vor dem Hintergrund des exploratorischen Charakters dieser Untersuchung als hinreichend angesehen wird (siehe Abbildung 11).

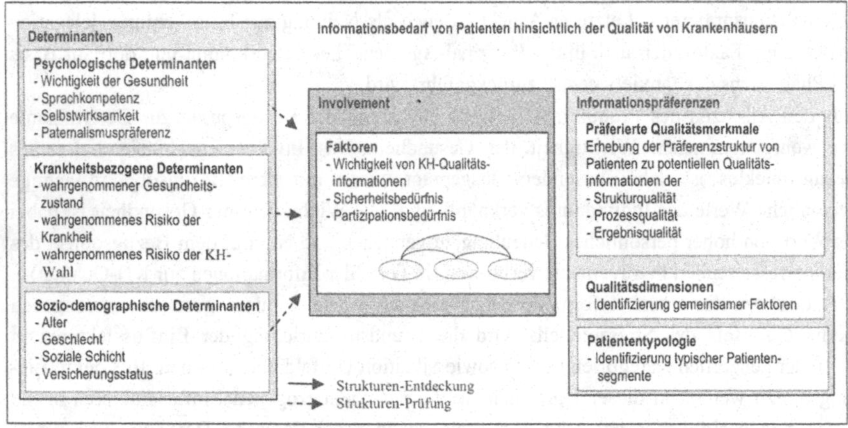

Abbildung 11: Das Forschungsmodell dieser Arbeit

	Involvement von Patienten in Bezug auf Informationen zur KH-Qualität (2. Forschungsfrage / Konzeptualisierung)	Determinanten des Involvements von Patienten in Bezug auf Informationen zur KH-Qualität (3. Forschungsfrage)	Informationspräferenzen von Patienten zur KH-Qualität (4. Forschungsfrage)	präferenzbasierte Qualitätsdimensionen (5. Forschungsfrage)	präferenzbasierte Patiententypen (6. Forschungsfrage)
Empirische Bezugspunkte					
Studien zum Informationsbedarf von Patienten zur KH-Qualität und verwandter Aspekte	- generelle Wichtigkeit von Informationen zur KH-Qualität als Facette des Involvements - Bedürfnis nach Partizipation bei der KH-Auswahl als Facette des Involvements	- mangelhaftes / unzureichendes Informationsangebot			
Studien zu Informationspräferenzen von Patienten zur KH-Qualität			- Informationspräferenzen identifizierbar (jedoch starke Abhängigkeit vom jeweiligen Messinstrument) - Informationspräferenzen ausgerichtet auf eine Vielzahl von Informationen der Struktur-, Prozess- und Ergebnisqualität	- einzelne Hinweise auf das Vorhandensein von Qualitätsdimensionen	
Studien zu Determinanten des Informationssuchverhaltens zur KH-Qualität		- Alter, Geschlecht, soziale Schicht, Versicherungsstatus - Hinweis auf kontextbezogene und psychologische Einflussgrößen			
Theoretische Bezugspunkte					
Informationsökonomie	- Bedürfnis zur Beurteilung der KH-Leistung sowie Entscheidung zur KH-Auswahl als Facette des Involvements	- mangelhaftes / unzureichendes Informationsangebot	- Informationspräferenzen zur Ex-ante-Beurteilung der KH-Qualität auf Sucheigenschaften sowie Ersatzindikatoren ausgerichtet (für die nicht Ex-ante beurteilbaren Erfahrungs- und Vertrauenseigenschaften)		
Prinzipal-Agenten-Theorie	- Bedürfnis zur Beurteilung der KH-Leistung sowie Entscheidung zur KH-Auswahl als Facette des Involvements	- Risiko der KH-Wahl - Paternalismuspräferenz (Tendenz zur Entscheidungsdelegation aufgrund von „Anxiety Costs")	- Qualitätsurteil vom zuweisenden Arzt als wesentliche Qualitätsinformation für mündige Patienten		
Ansätze des Produktinvolvement	- Involvement von Patienten in KH-Qualitätsinformationen bestehend aus mehreren Facetten nur indirekt über relevante Involvementursachen konzeptualisierbar (mehrdimensionales Konstrukt)	- Wichtigkeit der Gesundheit - mangelhaftes / unzureichendes Informationsangebot			

Fortsetzung von Tabelle 20

	Involvement von Patienten in Bezug auf Informationen zur KH-Qualität (2. Forschungsfrage / Konzeptualisierung)	**Determinanten des Involvements von Patienten in Bezug auf Informationen zur KH-Qualität (3. Forschungsfrage)**	**Informationspräferenzen von Patienten zur KH-Qualität (4. Forschungsfrage)**	**präferenzbasierte Qualitätsdimensionen (5. Forschungsfrage)**	**präferenzbasierte Patiententypen (6. Forschungsfrage)**
Ansätze des Produktinvolvement (Fortsetzung)	- wahrgenommene Wichtigkeit von Informationen zur KH-Qualität als Facette des Involvementkonstrukts				
Risikotheorie nach Bauer		- Risiko der Krankheit - Risiko der KH-Wahl			
Modell der Informationsverarbeitung	- Entscheidungsfindung als Facette des Involvementkonstrukts	- Alter, sozialer Status, mangelhaftes / unzureichendes Informationsangebot	- Informationspräferenzen richten sich auf Vielzahl von Qualitätsinformationen (extensive bzw. limitierte Informationssuche) - Informationspräferenzen als Strategie zur Reduktion der Informationsüberlastung (individuelle Selektion von Einzel- sowie Schlüsselinformationen)		
Modell der Informationssuche nach Krikelas	- Bedürfnis nach Sicherheit als Facette des Involvementkonstrukts	- Umwelt und Persönlichkeit			
Prozessmodell der Informationssuche nach Kuhlthau	- Bedürfnis nach Sicherheit als Facette des Involvementkonstrukts	- Umweltfaktoren und Persönlichkeitsfaktoren	- auf Vielzahl von Qualitätsinformationen gerichtet (extensive Informationssuche)		
Modell des Informationssuchverhaltens nach Wilson	- Sicherheitsbedürfnis sowie Problemlösungs- bzw. Entscheidungsbedürfnis als Facette des Involvementkonstrukts	- Persönlichkeit (Alter, Geschlecht, Bildung/soziale Schicht, Kompetenzen, Beeinträchtigungen) sowie Zugang zu und Qualität von Informationsangeboten			
Transaktionales Stressmodell	- Sicherheitsbedürfnis (emotionsfokussiert) sowie Entscheidungsbedürfnis (problem-fokussiert) als Facette des Involvementkonstrukts	- situationsbezogene Faktoren: Gesundheitszustand, Bedrohung durch die Krankheit, Bedrohung durch die KH-Wahl - personenbezogene Faktoren: Selbstwirksamkeit, Sprachkompetenz, Paternalismuspräferenz			

Tabelle 20: Wesentliche Erkenntnisbeiträge der empirischen Bestandsaufnahme und der theoretischen Bezugspunkte zur Fundierung der Arbeit im Überblick

5. Die Konzeption der empirischen Untersuchung

Nachdem in den vorangegangenen Kapiteln die erforderlichen Grundlagen geschaffen und ein hinreichendes Forschungsmodell zur Erhebung des Informationsbedarfs von Patienten zur KH-Qualität entwickelt wurde, soll nachfolgend die empirische Vorgehensweise in dieser Untersuchung dargestellt werden. Zu diesem Zweck werden zunächst die angewandten statistischen Untersuchungsmethoden beschrieben und begründet. Danach wird die Vorgehensweise der Datenerhebung dargestellt und im Anschluss daran die Datengrundlage hinsichtlich Stichprobe, Rücklaufquote und Repräsentativität beschrieben.

5.1. Die methodischen Aspekte der empirischen Untersuchung

5.1.1. Die eingesetzten statistischen Untersuchungsmethoden

Wie im Abschnitt 4.2. bereits dargestellt, werden in der empirischen Untersuchung strukturen-entdeckende und strukturen-prüfende Analysemethoden sowie Verfahren zur Konstruktmessung angewendet. Dies sind im Einzelnen:

- das Vorgehensmodell von Homburg und Giering zur Überprüfung von Messmodellen, welches zur Prüfung des mehrdimensionalen Involvementkonstrukts eingesetzt wird (Involvement von Patienten hinsichtlich Informationen zur KH-Qualität) sowie die im Vorgehensmodell enthaltenen Gütekriterien, die ebenso zur Prüfung der eindimensionalen Messmodelle der Determinanten herangezogen werden
- die Kausalanalyse sowie die Varianzanalyse als strukturen-prüfende Verfahren zur Untersuchung der Beziehungszusammenhänge zwischen den identifizierten Einflussfaktoren und dem Involvement der Patienten in Bezug auf KH-Qualitätsinformationen
- die Methodik des Best-Worst-Scaling (BWS) als choice-basiertes strukturen-entdeckendes Verfahren zur Erhebung der Informationspräferenzen von Patienten zur KH-Qualität
- die exploratorische Faktorenanalyse (EFA), ebenso als strukturen-entdeckende Methode angewendet, zur Aufdeckung von präferenzbasierten Dimensionen der KH-Qualität
- die Two-Step-Clusteranalyse, auch als strukturen-entdeckendes Verfahren zu charakterisieren, zur Identifizierung von Patiententypen mit ähnlichen Informationspräferenzen

Im den folgenden Abschnitten dieses Kapitels werden die für diese Untersuchung geltenden Gütekriterien der Konstruktmessung diskutiert und festgelegt (siehe Abschnitt 5.1.2.) sowie die Besonderheiten der nicht so weit verbreiteten Methoden des Best-Worst-Scaling und der Two-Step-Clusteranalyse eingehend dargestellt (siehe Abschnitte 5.1.4. und 5.1.5.). Die in der Marketingforschung als einschlägig bekannt geltenden Verfahren der Kausal- und Varianzanalyse werden lediglich im Hinblick auf wesentliche Aspekte der Anwendung in dieser Untersuchung thematisiert (siehe Abschnitt 5.1.3.). Das Verfahren der EFA wird bereits im Rahmen der Konstruktprüfung benötigt und entsprechende Erläuterungen sind daher in Abschnitt 5.1.2. integriert. Auf eine grundlegende Darstellung dieser Verfahren in der vorliegenden Arbeit soll mit Hinweis auf die entsprechende Fachliteratur verzichtet werden.

5.1.2. Die Gütekriterien der Konstruktmessung

Zur empirischen Überprüfung von Messmodellen schlagen Homburg und Giering ein schrittweises Vorgehen vor, welches auch für diese Untersuchung gelten soll (siehe Tabelle 21).[630]

	Betrachtungsebene	**Methoden**
Untersuchungsstufe A	Betrachtung der Indikatoren, für die noch keine hypothetische Faktorenstruktur vorliegt	Exploratorische Faktorenanalyse
Untersuchungsstufe B	Betrachtung der einzelnen Faktoren	Cronbachs Alpha Exploratorische Faktorenanalyse Konfirmatorische Faktorenanalyse
Untersuchungsstufe C	Betrachtung des gesamten Messmodells	Exploratorische Faktorenanalyse Konfirmatorische Faktorenanalyse Beurteilung der Diskriminanzvalidität auf der Basis der konfirmatorischen Faktorenanalyse (Fornell-Larcker-Kriterium) Kausalanalytische Beurteilung der Inhaltsvalidität

Quelle: In Anlehnung an Homburg, Giering (1996), S. 12.
Tabelle 21: Vorgehensweise zur Überprüfung von Messmodellen

Zur Beurteilung der Güte komplexer Konstrukte werden diverse Reliabilitäts- und Validitätskriterien angewendet, die sich in Ansätze der ersten und zweiten Generation unterteilen lassen. In dieser Arbeit kommen beide Ansätze zur Anwendung. Verwendete Gütekriterien der ersten Generation sind:

- die exploratorische Faktorenanalyse (EFA)
- die Item-to-Total-Korrelation und
- das Cronbachsche Alpha

Die **exploratorische Faktorenanalyse** dient der Ermittlung einer Faktorenstruktur innerhalb einer Gruppe von Indikatoren. Als strukturen-entdeckendes Verfahren erfolgt dies im Gegensatz zur konfirmatorischen Faktorenanalyse ohne die vorherige Formulierung von

[630] Vgl. Homburg, Giering (1996), S. 12ff. Die ursprünglich bei Homburg und Giering aufgeführte Untersuchungsstufe C entfällt hier, da keine Subkonstrukte bzw. Dimensionen vorliegen. Entsprechend wird die bei Homburg und Giering dargestellte Stufe D hier mit Untersuchungsstufe C bezeichnet.

Hypothesen bezüglich der Faktorenstruktur.[631] Die exploratorische Faktorenanalyse wird einerseits in Untersuchungsstufe A eingesetzt zur Gewinnung einer Faktorenstruktur für Variablen, die noch keine ausreichende theoretische Grundlage haben. Indikatoren, die nicht eindeutig auf einen Faktor laden, d.h. deren Zuordnung nicht eindeutig ist, werden eliminiert.[632] In zweiter Hinsicht dient die exploratorische Faktorenanalyse der Reduktion von Indikatoren, mit dem Ziel der möglichst guten Abbildung der Datenstruktur durch möglichst wenige Faktoren.[633] Indikatoren, die nicht ausreichend hoch auf einen Faktor laden, werden von der weiteren Analyse ausgeschlossen.[634] Zur Bestimmung der Anzahl der Faktoren wird in dieser Untersuchung das Kaiser-Kriterium[635] und zur Interpretation der Faktoren das Varimax-Verfahren[636] zugrunde gelegt. Es werden folgende Gütekriterien der EFA für diese Arbeit festgelegt:[637]

- Als Prüfgrößen zur Anwendbarkeit der EFA (Prüfung, ob Variablen in der Erhebungsgesamtheit korreliert sind) werden ein signifikanter Bartlett-Test (bei einer Irrtumswahrscheinlichkeit von 0,05) sowie das Kaiser-Meyer-Olkin Kriterium, auch als „measure of sampling adequacy" (MSA) bezeichnet, mit einem Mindestwert von 0,6 gefordert.[638]
- Der durch eine Faktorenstruktur erklärte Varianzanteil der ihm zugeordneten Indikatoren sollte mindestens 50% betragen.
- Werden verschiedene Faktoren gemeinsam gemessen, sollen die Ladungen von Indikatoren zum relevanten Faktor mindestens 0,5 zu den anderen Faktoren maximal 0,4 betragen.

Die **Item-to-Total-Korrelation** misst die Korrelation zwischen einem Indikator und der Summe aller dem Faktor zugeordneten Indikatoren. Angestrebt werden hohe Korrelationswerte, welche auf eine hohe Reliabilität sowie Konvergenzvalidität schließen lassen.[639]

---

631 Zur Beschreibung des Verfahrens siehe z.B. Backhaus et al. (2003), S. 259ff.; Hüttner, Schwarting (2008), S. 175ff.

632 Vgl. Churchill (1979), S. 69; Gerbig, Anderson (1988), S. 189.

633 Vgl. Backhaus et al. (2003), S. 292.

634 Vgl. Malhotra (1993), S. 619.

635 Nach diesem Wert entspricht die Anzahl der zu extrahierenden Faktoren der Anzahl von Faktoren, deren Eigenwert größer als 1 ist. Der Eigenwert ist das Maß für den Beitrag des Faktors zur Erklärung der Varianz der Indikatoren und errechnet sich aus der Summe der quadrierten Faktorladungen über alle Indikatoren des Faktors.Vgl. Kaiser (1974).

636 Zur leichteren Interpretation der Faktoren wird im Rahmen der EFA empfohlen, eine Rotation durchzuführen. Häufig angewendetes Rotationsverfahren ist die orthogonale Rotation nach der Varimax-Methode. Vgl. Backhaus et al. (2003); S. 299ff.

637 Vgl. Backhaus (2003), S. 259ff.; Homburg, Giering (1996), S. 12ff.

638 In der Literatur wird das KMO-Kriterium als das beste zur Verfügung stehende Verfahrung zur Eignungsprüfung einer Korrelationsmatrix für eine EFA angesehen. Vgl. Backhaus et al. (2003), S 276, und die dort angegebenen Quellen. Nach Kaiser und Rice kann folgender Beurteilungsmaßstab herangezogen werden:

KMO-Kriterium	
< 0,5	*unacceptable (untragbar)*
≥ 0,5	*miserable (kläglich)*
≥ 0,6	*mediocre (mittelmäßig)*
≥ 0,7	*middling (ziemlich gut)*
≥ 0,8	*meritorious (verdienstvoll)*
≥ 0,9	*marvelous (erstaunlich)*

Ein KMO unter 0,5 wird als nicht akzeptabel für eine EFA angesehen. Vgl. Kaiser, Rice (1974), S. 111ff.

639 Vgl. Nunnally (1978), S. 274; Nunnally, Bernstein (1994), S. 245.

Entsprechend der Empfehlung von Churchill wird die Prüfgröße in dieser Arbeit zur Elimination von Indikatoren verwendet, wenn der Wert des Cronbachschen Alpha zu niedrig ist.[640] In diesem Fall wird sukzessive der Indikator mit der niedrigsten Item-to-Total-Korrelation entfernt.

Das trotz aller Kritik[641] traditionell am häufigsten verwendete Gütemaß zur Beurteilung der Reliabilität ist das **Cronbachsche Alpha**, welches die interne Konsistenz der Indikatorengruppe eines Konstrukts misst. Der Wertebereich des Cronbachschen Alpha liegt zwischen 0 und 1, wobei hohe Werte wünschenswert sind. In der Literatur werden zumeist Werte von 0,7 als zufrieden stellend angegeben,[642] wobei bei Untersuchungen mit exploratorischer Ausrichtung ein Schwellenwert von 0,6 als ausreichend gilt.[643] Wie Homburg aufzeigt, finden sich allerdings in zahlreichen angesehenen Fachzeitschriften der Marketingforschung Studien, bei denen das Cronbachsche Alpha z.T. deutlich geringere Werte aufweist.[644] Neuere Untersuchungen rechtfertigen niedrigere Werte bei Vorliegen einer geringen Zahl von Indikatoren.[645] Nach Ohlwein erweist sich ein Zwei-Indikatoren-Konstrukt als zuverlässig bei einem Cronbachschen Alpha von mindestens 0,5, ab drei Indikatoren sollten 0,6 erreicht werden.[646] Für diese Untersuchung wird generell ein Mindestmaß für das Cronbachsche Alpha von 0,6 angestrebt. Bei Konstrukten mit niedriger Anzahl von Indikatoren werden auch geringere Werte entsprechend der Vorgabe von Ohlwein akzeptiert.

Aufgrund der zahlreichen Schwächen der Gütekriterien erster Generation[647] wird in der Marketingforschung als allgemein geforderter Vorgehensstandard die Anwendung der Prüfgrößen der zweiten Generation empfohlen. Grundlage der Ansätze der zweiten Generation ist die **konfirmatorische Faktorenanalyse** (KFA). Diese kommt in den Untersuchungsstufen B und C im Rahmen der Konstruktmessung sowie zur Prüfung von Zusammenhängen hinsichtlich der Einflussgrößen in Form der Kausalanalyse zur Anwendung (siehe Abschnitt 5.1.3).

Die konfirmatorische Faktorenanalyse stellt eine Methode zur Messung komplexer Konstrukte mittels Indikatoren bei gleichzeitiger Messung der Modellgüte dar.[648] Im Unterschied zur EFA ist die KFA ein strukturen-prüfendes Verfahren, in dem ein so genanntes Messmodell spezifiziert, d.h. Zahl und Zuordnung der Indikatoren zu den Faktoren a priori festgelegt werden. Dies setzt das Vorhandensein konkreter Vorüberlegungen zum Messmodell voraus. Neben der inhaltlich konzeptionellen Begründung muss auch

---

640 Vgl. Churchill (1979), S. 68.

641 Das Gütemaß des Cronbachschen Alpha ist abhängig von der Anzahl der Indikatoren und weist mit wachsender Indikatorzahl höhere Werte aus, ohne dass hierdurch gleichzeitig auch die Reliabilität als wahrer Beurteilungsmaßstab gesteigert wurde. Vgl. Churchill, Peter (1984); Finn, Kayande (1997); Voss et al. (2000).

642 Vgl. Murphy, Davidshofer (1988); Nunnally, Bernstein (1994); Peterson (1994).

643 Vgl. u.a. Malhotra (2007), S. 285; ebenso Kraus (2008), S. 158; sowie Wieseke (2004), S. 189.

644 Vgl. Homburg (2000), S. 89 und die dort aufgeführten Quellen.

645 Vgl. Ohlwein (1999), S 224; Malhotra (1993), S. 308f.; Nunnally (1978), S. 245.

646 Vgl. Ohlwein (1999), S 224; siehe auch Keller (2002), S. 151.

647 Erhebliche Kritikpunkte sind z.B. die sehr restriktiven Annahmen sowie die Beurteilung von Validitätsaspekten, die im Wesentlichen auf Faustregeln basiert. Des Weiteren ist die explizite Schätzung von Messfehlern oder die interferenzstatistische Prüfung der Modellparameter nicht möglich. Vgl. z.B. Gerbig, Anderson (1988), S. 189ff.

648 Die KFA basiert im Wesentlichen auf den Arbeiten von Jöreskog (1966), (1967) sowie derselbe (1969).

entschieden werden, ob es sich um reflektive bzw. formative Konstrukte handelt.[649] Entsprechend der Zuordnung auf Basis des empfohlenen Kriterienkataloges nach Jarvis et al. wird in dieser Arbeit die reflektive Messphilosophie angewendet (durch Übernahme bereits vorhandener geeigneter Konstrukte bzw. deren Neuentwicklung).[650] Nach der Modellierung des Konstrukts werden dann in der KFA die Parameter des Messmodells geschätzt und hinsichtlich ihrer Konsistenz mit der Datenbasis überprüft. Messfehler werden explizit berücksichtigt. Zur Schätzung der Modellparameter stehen verschiedene Methoden zur Verfügung.[651] In dieser Untersuchung wird die Maximum-Likelihood-Methode (ML) angewendet, welche aufgrund ihrer Leistungsfähigkeit und Robustheit (auch bei Nichtvorliegen multinormal verteilter Daten) als das am häufigsten angewendete Schätzverfahren der KFA gilt.[652] Wie Werner und Schermelleh-Engel anmerken, ist das Vorliegen von normal verteilten Daten bei psychologischen Konstrukten eher als selten anzusehen und daher regelmäßig ein Problem empirischer Untersuchungen.[653] In diversen Simulationsstudien wurde die Robustheit des ML-Verfahrens gegenüber der Verletzung der Normalverteilung nachgewiesen.[654] Obwohl in dieser Arbeit keine groben Verletzungen der Normalverteilung vorliegen, wird zusätzlich zur ML-Schätzmethode das Verfahren der ungewichteten kleinsten Quadrate (Unweighted Least Squares – ULS), welches keine Normalverteilung der Variablen voraussetzt, zur Untermauerung der Ergebnisse eingesetzt.[655]
Die KFA ist ein Spezialfall der Kausalanalyse oder genauer der Kovarianzstrukturanalyse.[656] Zur Beurteilung der Reliabilität und Validität des Messmodells im Rahmen der KFA gibt es in der Literatur eine Vielzahl von Gütemaßen und interferenzstatistischen Tests, wobei zwischen lokalen und globalen Gütemaßen unterschieden wird. In dieser Arbeit werden folgende in der empirischen Marketingforschung bewährten Gütemaße angewendet:

---

649 Auf der Basis der grundlegenden kausalen Zusammenhänge zwischen einem Konstrukt und den zugeordneten Indikatoren lassen sich zwei Messphilosophien unterscheiden. Die als „reflektiv" bezeichnete Messphilosophie geht davon aus, dass die Ausprägungen einzelner Indikatoren durch die zugrunde liegende Variable determiniert wird. Das heißt, es wird ein kausaler Einfluss der latenten Variablen auf die zugeordneten Indikatoren angenommen. In der „formativen" Messphilosophie ist der kausale Zusammenhang genau umgekehrt. Die Ausprägungen der Indikatoren sind hier Ursache für die Ausprägung des Konstrukts. Vgl. S. 200; Homburg, Giering (1996), S. 6; Homburg et al. (2008), S. 293; Jarvis et al. (2003).

650 Vgl. Jarvis et al. (2003), S. 203. Die Autoren unterscheiden die Kriterien Richtung der Kausalität, Austauschbarkeit der Indikatoren, Korrelation der Indikatoren sowie nomologisches Netz der Indikatoren. Eine Beschreibung zur Vorgehensweise sowie die Übersetzung des Kriterienkataloges ist bei Homburg et al. (2008), S. 294 zu finden.

651 Als gängige Schätzmethoden gelten die Maximum-Likelihood-Methode (ML), die Methode der ungewichteten kleinsten Quadrate (Unweighted Least Squares - ULS), die Methode der verallgemeinerten kleinsten Quadrate (Generalized Least Squares- GLS), die Methode der skalenunabhängigen kleinsten Quadrate (Scale Free Least Squares - SLS) sowie der asymptotisch verteilungsfreien Schätzer (Asymptotically Distribution Free Estimation - ADF). Ein Überblick ist zu finden in Bachkaus et al. (2003), S. 362ff.; Buch (2007), S. 27ff. sowie Homburg (1989), S. 167ff.

652 Vgl. Kline (1998), S. 209.

653 Werner, Schermelleh-Engel (2008), S. 2. Nach einer umfangreiche Metaanalyse von Micceri sind normalverteilte Variablen in psychologischen Daten de facto sogar eher die Ausnahme. Häufig kommen vielmehr schiefe sowie multimodale Verteilungen vor. Vgl. Micceri (1989).

654 Vgl. Bagozzi, Baumgartner (1994), S. 296; Bentler, Chou, (1987), S. 89; Olsson et al. (2000), S. 557ff.; Tanaka, Bentler (1984), S. 661.

655 Das ULS-Schätzverfahren bietet jedoch keine interferenzstatistischen Tests und keine Signifikanzprüfung der Modelparameter.

656 Für eine ausführliche Beschreibung der konfirmatorischen Faktorenanalyse sei auf Backhaus et al. (2003), S. 333ff. sowie Homburg et al. (2008), S. 271ff. verwiesen.

- die deskriptiven Maße Goodness of Fit Index (GFI), Adjusted Goodness of Fit Index (AGFI), Comparative Fit Index (CFI)
- der Root Mean Squared Error of Approximation (RMSEA)
- der Chi-Quadrat-Test (χ^2-Test)
- die Indikatorreliabilität (IR)
- die Signifikanz der Faktorladung
- die Faktorreliabilität (FR) sowie
- die durchschnittlich erfasste Varianz eines Faktors (DEV)

Im Folgenden wird das geforderte Anspruchsniveau der Prüfgrößen kurz dargestellt, auf eine ausführliche Diskussion der inhaltlichen Grundlagen wird jedoch mit Verweis auf die diesbezügliche Literatur verzichtet.
Zur Bestimmung der globalen Güte dienen die Fit-Indizes des **GFI, AGFI** und **CFI,**[657] welche einen Wertebereich zwischen 0 und 1 aufweisen. I.d.R. wird ein Mindestwert von 0,9 als zufrieden stellend angesetzt.[658] Der **RMSEA**[659] sowie der **χ^2-Test**[660] sind interferenzstatistische Anpassungsmaße. Bei Werten des RMSEA bis 0,8 kann von einem akzeptablen Modellfit ausgegangen werden.[661] Der χ^2-Test unterliegt allerdings einer Reihe von Schwächen, welche die Anwendung dieses Wertes in empirischen Studien stark einschränkt.[662] Daher wird für die praktische Empirie das Verhältnis des χ^2–Wertes zur Zahl der Freiheitsgrade empfohlen.[663] Als Mindestwert wird z.T. ein Wert kleiner als drei,[664] bei weniger strenger Betrachtung kleiner als fünf bzw. maximal zehn gefordert.[665] Für diese Arbeit wird der Quotient aus χ^2–Wert und Anzahl der Freiheitsgrade (freedom of degree – df) kleiner als fünf angesetzt.
Lokale Gütemaße erlauben die Beurteilung der Modellgüte auf Faktor- bzw. Indikatorebene. Die **Indikatorreliabilität** ist ein Maß für die Zuverlässigkeit der Messung der latenten Variablen in einem Modell. Der Wertebereich liegt zwischen 0 und 1. In der Literatur werden i.d.R. Mindestwerte von 0,4 angegeben,[666] wobei die Angabe eines IR-Mindestwertes in der Literatur generell in Frage gestellt wird und bei größeren Stichproben auch deutlich geringere Werte akzeptiert werden.[667] Für diese Arbeit soll ein IR-Mindestwert von 0,4 gelten. Die

---

657 Die Kriterien GFI und AGFI stellen beide ein Maß für die im Modell erklärte Varianz dar (der AGFI berücksichtigt im Unterschied zum GFI zusätzlich die Zahl der Freiheitsgrade). Vgl. Jöreskog, Sörbom (1989), S. 26f. Der CFI gehört zur Gruppe der inkrementellen Fit-Indizes, welche insbesondere bei kleineren Stichproben und komplexeren Modellen, wie in dieser Arbeit vorliegend, empfohlen werden. Hier neigen der GFI und AGFI tendenziell zur Unterschätzung des Modellfit. Vgl. Bentler (1990), S. 238ff; Homburg (1992), S. 506.

658 Vgl. Backhaus et al. (2003), S. 372ff. ; Homburg, Baumgartner (1995), S. 167f.

659 Der RMSEA misst die Güte der Approximation des Modells an die Realität. Vgl. Browne, Cudeck (1993), S. 136ff.

660 Im χ^2-Test wird die Nullhypothese, die Übereinstimmung der empirischen mit der modelltheoretischen Kovarianzmatrix, geprüft. Vgl. Bühner (2004), S. 202f.

661 Vgl. Browne, Cudeck (1993), S. 136ff.

662 Hier sind z.B. Restriktionen durch die Stichprobengröße und Limitationen bei der Verwendung komplexer Modelle zu nennen. Ausführliche Betrachtungen nehmen Bagozzi, Baumgartner (1994); Bentler, Bonett (1980) sowie Homburg (1989), S. 188ff. vor.

663 Vgl. Jöreskog, Sörbom (1989), S. 43; Homburg (2003), S. 93.

664 Vgl. Bollen (1989), S. 278; Homburg (2003), S. 93.

665 Vgl. Balderjahn (1986), S. 109; Fritz (1995), S. 140; Hildebrandt (1983), S. 105.

666 Vgl. Backhaus et al. (2003), S. 371f. ; Bagozzi, Baumgartner (1994), S. 402.

667 Vgl. Bagozzi, Yi (1988), S. 82; Homburg (1992), S. 506.

ermittelten Faktorladungen sind ebenfalls ein Maß, wie gut die zugeordneten Indikatoren den relevanten Faktor messen. Die **Signifikanz der Faktorladung** wird mit dem entsprechenden **t-Wert** getestet (t-Wert der Faktorladung bei einseitigem Signifikanztest von mindestens 1,282 bei 10% Signifikanzniveau, von 1,654 bzw. 2,326 bei 5% bzw. 1% Signifikanzniveau). Im Amos entspricht der t-Wert dem **Critical Ratio** (C.R.) der Faktorenladung (C.R. bei zweiseitigem Signifikanztest von mindestens 1,645 bei 10% Signifikanzniveau, von 1,96 bzw. 2,58 bei 5% bzw. 1% Signifikanzniveau). Die **Konstruktreliabilität** (KR) und die **durchschnittlich erfasste Varianz** (DEV) beziehen sich auf die Güte eines Faktors und bestimmen, wie gut ein Faktor durch die Menge der ihm zugeordneten Indikatoren abgebildet wird. Der Wertebereich beider Prüfkriterien liegt zwischen 0 und 1. In der Literatur werden als Grenzwert für die KR 0,6, für die DEV ein Wert von 0,5 angesetzt[668] - Maßstäbe, welche auch für diese Arbeit gelten sollen.

Kriterien der ersten Generation	**Anspruchsniveau**
Erklärte Varianz der exploratorischen Faktoranalyse	≥ 0,5
Cronbachsches Alpha	≥ 0,6
Item-to-Total-Korreleation	Elimination des Indikators mit der niedrigsten Item-to-Total-Korrelation für den Fall, dass das Cronbachsche Alpha < 0,7 ist.
Kriterien der zweiten Generation	**Anspruchsniveau**
χ^2/ df	≤ 5
RMSEA	≤ 0,08
GFI	≥ 0,9
AGFI	≥ 0,9
CFI	≥ 0,9
Indikatorreliabilität	≥ 0,4
Signifikanz der Faktorladung	t-Wert: 10%: t-Wert >= 1,282; 5%: t-Wert >= 1,654; 1%: t-Wert >=2,326 C.R.: 10%: C.R. >= 1,645; 5%: C.R. >= 1,90; 1%: C.R. >=2,58
Faktorreliabilität	≥ 0,6
DEV	≥ 0,5
Fornell-Larcker-Kriterium	DEV (Faktor i) > quadrierte Korrelation zwischen Faktor i und Faktor j für alle i ≠ j

Quellen: Eigene Zusammenstellung unter Verwendung von Backhaus et al. (2003); 370ff.; Homburg (2008), S. 282ff.; Homburg, Baumgartner (1995), S. 167ff.; Homburg, Giering (1996), S. 13.

Tabelle 22: Gütekriterien zur Beurteilung von Messmodellen

Abschließend sei noch das **Fornell-Larcker-Kriterium** genannt. Im Unterschied zu den bisher dargestellten Prüfkriterien, welche der Beurteilung von Reliabilität und Konvergenzvalidität dienen, prüft das Fornell-Larcker-Kriterium die Diskriminanzvalidität eines

668 Vgl. Bagozzi, Yi (1988); Homburg, Baumgartner (1995), S. 170. Da die beiden Prüfgrößen in AMOS nicht verfügbar sind, werden die Berechnungen entsprechend der ausgewiesenen Formeln aus Homburg et al. (2008), 286f. vorgenommen.

Messmodells.[669] Als Maßstab hierbei soll das DEV von jeweils zwei zu prüfenden Faktoren größer sein als die quadrierte Korrelation zwischen diesen beiden Faktoren.[670]
Es sei an dieser Stelle noch darauf hingewiesen, dass nicht die gleichzeitige Erfüllung aller definierten Prüfkriterien zur Beurteilung eines Messmodells gefordert wird. In Anlehnung an Homburg sollen geringfügige Verletzungen aufgrund der Nichterfüllung einzelner Kriterien nicht zwangsläufig zur Ablehnung des Messmodells führen.[671] Werden allerdings mehrere Werte nicht erreicht, soll dies als Indiz für die Notwendigkeit einer Modifikation des Modells betrachtet werden.
Die für diese Arbeit zur Anwendung kommenden Gütekriterien werden in Tabelle 22 nochmals zusammengefasst. Die empirischen Untersuchungen werden mit Hilfe der Programmpakete SPSS, Version 16.0, und AMOS, Version 16.0 durchgeführt.

5.1.3. Die dependenzanalytischen Verfahren der Kausal- und Varianzanalyse

Die Kausalanalyse (KA) gilt als eine der leistungsfähigsten Methoden zur Untersuchung von Beziehungen zwischen latenten, d.h. nicht beobachtbaren Variablen.[672] Im Unterschied zur multiplen Regressionsanalyse, ebenfalls ein gängiges Verfahren zur Überprüfung von Ursache-Wirkungs-Zusammenhängen, berücksichtigt die KA Messfehler und auch Kausalbeziehungen zwischen den erklärenden Variablen.[673]
Hierzu werden bei Anwendung der KA zwei Modelle spezifiziert – das so genannte Mess- und das Strukturmodell.[674]
Das Messmodell entspricht der bereits dargestellten Vorgehensweise der konfirmatorischen Faktorenanalyse zur Messung von Konstrukten (siehe Abschnitt 5.1.2) und stellt die Beziehung zwischen hypothetischem Konstrukt bzw. latenter Variable und den zugeordneten, beobachtbaren Indikatoren dar, welche das Konstrukt indirekt messen. Das Strukturmodell dient der Abbildung und Überprüfung der Abhängigkeitsbeziehungen zwischen den latenten Variablen. Ziel der Modellschätzung in der KA ist die Identifikation des spezifizierten Modells. Eine positive Modellidentifikation erfolgt, wenn die reproduzierte Varianz-Kovarianz-Matrix der empirischen Matrix entspricht bzw. möglichst ähnlich ist. Die zugehörige Diskrepanzfunktion sollte daher möglichst minimal sein.[675] Zur Bestimmung der Güte der Modelle können die gleichen lokalen und globalen Gütemaße wie bei der

---

669 Vgl. Fornell, Larcker (1981), S. 46.
670 Vgl. Homburg, Giering (1996), S. 11; Homburg (2003), S. 94.
671 Vgl. Homburg (2003), S. 89; Homburg (2008), S. 567.
672 Vgl. z.B. Homburg (1992), S. 499, sowie Homburg et al. (2008), S. 549. Da der Schluss auf kausale Wirkungszusammenhänge nur unter bestimmten Voraussetzungen zulässig ist, wird die Bezeichnung Kausalanalyse häufig in der Literatur kritisiert. Der Begriff Strukturgleichungsmodell, der ebenfalls in der Literatur zu finden ist, bezeichnet das Verfahren korrekter. Vgl. z.B. Backhaus et al. (2003), S. 333. Der Terminus Kausalanalyse hat sich jedoch in der empirischen Praxis durchgesetzt und soll daher auch in dieser Arbeit verwendet werden. Siehe auch Homburg et al. (2008), S. 549.
673 Vgl. Homburg (2008), S. 549; sowie Ohlwein (1999), S. 220. Ein Vergleich zwischen Kausalanalyse und multipler Regressionsanalyse ist bei Homburg (1992), S. 499f. zu finden.
674 Zur detaillierten Erläuterung von Mess- und Strukturmodell sowie der mathematischen Darstellung vgl. Backhaus et al. (2003), S. 333ff. sowie Homburg et al. (2008), S. 554ff.
675 Vgl. Bachkaus et al. (2003), S. 360f.; Homburg et al. (2008), S. 557ff.

konfirmatorischen Faktorenanalyse verwendet werden (siehe Abschnitt 5.1.2.). Darüber hinaus kann die Stärke der Zusammenhangmaße (Pfadkoeffizienten), deren Werte zwischen 0 und 1 liegen, auf statistische Signifikanz geprüft werden. Für die in dieser Untersuchung bedeutsamen Zusammenhänge zwischen den latent exogenen und latent endogenen Variablen werden die jeweiligen γ-Koeffizienten, mit dem bereits dargestellten t-Wert auf statistische Signifikanz geprüft.

Neben einer hinreichend großen Stichprobe,[676] welche in dieser Arbeit gegeben ist, setzt die Kausalanalyse ein metrisches Skalenniveau der Variablen voraus. Das heißt, die Einflussgrößen in dieser Arbeit, welche ein nominales Skalenniveau aufweisen, müssen mit einer anderen multivariaten Methodik im Hinblick auf die postulierten Zusammenhänge untersucht werden. In der vorliegenden Arbeit wird die einfaktorielle Varianzanalyse (Analysis of Variance, auch als ANOVA bezeichnet)[677] zur Überprüfung der Hypothesen im Zusammenhang mit den nominal-skalierten Variablen Geschlecht und Versicherungsstatus angewendet. Ziel der Varianzanalyse ist die Untersuchung von Varianzunterschieden der abhängigen Variablen, welche durch die Faktorstufen der unabhängigen Variablen verursacht werden bzw. die Erklärung eines möglichst großen Varianzanteils der abhängigen Variablen durch die Stufen des Einflussfaktors.[678]

Ob der Einfluss des Faktors auf die unabhängige Variable signifikant ist, wird mit dem F-Test gemessen.[679] Zur Abschätzung der Stärke des Faktoreinflusses auf die abhängige Variable wird die Maßgröße Eta-Quadrat (η^2) herangezogen, welche aus dem Quotienten der durch den Faktor erklärten Streuung und der Gesamtstreuung gebildet wird. Der Wertebereich von η^2 liegt zwischen 0 und 1. Hohe Werte belegen einen großen Effekt des Faktors auf die abhängige Variable.[680]

Abschließend sei erwähnt, dass die VA als robust gegen moderate Verletzungen der Normalverteilung gilt.[681] Zur Absicherung der Ergebnisse werden jedoch entsprechend der Empfehlung von Bortz verteilungsfreie Tests hinzugezogen.[682] In dieser Untersuchung kommen der Mann-Whitney U-Test, der Kolmogorov-Smirnov Z-Test sowie der Kruskal-Wallis H-Test zur Anwendung.[683]

676 In der Literatur werden Mindestgrößen von $n \geq 100$, manchmal auch $n > 200$, $n \geq 5xq$ und $n-q > 50$ angegeben (q=Anzahl der Parameter). Vgl. Bagozzi (19981), S. 380; Bagozzi, Yi (1988), S. 80; Bentler (1985), S. 3; Boomsma (1983), S. 113; Loehlin (1987), S. 60f.

677 Die Varianzanalyse (VA) eignet sich für Dependenzuntersuchungen, wenn die unabhängigen Messgrößen ein nominales Skalenniveau aufweisen, die abhängige Variable jedoch metrisch skaliert ist. Die unabhängigen Variablen werden in der VA auch als Faktoren, die Variablenausprägungen als Faktorstufen bezeichnet. Anhand der Anzahl der Faktoren lassen sich unterschiedliche Varianten der VA unterscheiden. Vgl. zu ausführlichen Darstellungen der Varianzanalyse Backhaus et al. (2003), S. 117ff.; Herrmann, Landwehr (2008), S. 578ff.; S. 290; Tuner, Thayer (2001).

678 Da jedoch immer nur ein Teil der Varianz erklärbar ist (erklärte oder systematische Varianz), d.h. noch andere Einflussgrößen die Varianz der abhängigen Variable bestimmen, bleibt eine unerklärte oder auch so genannte Fehlervarianz übrig. In der VA werden systematische Varianz und Fehlervarianz ins Verhältnis gesetzt, indem die Mittelwerte der durch die Faktorstufen determinierten Gruppen auf Signifikanz geprüft werden (Gruppenmittelwerte). Dabei wird die systematische Varianz umso größer, je mehr sich die Gruppenmittelwerte unterscheiden. Vgl. Herrmann, Landwehr (2008), S. 583.

679 Vgl. Hair et al. (1995), S. 262f. Wenn der empirische F-Wert größer ist als der theoretische, kann die Nullhypothese verworfen werden. Vgl. Backhaus et al. (2003), S. 127.

680 Vgl. Herrmann, Landwehr (2008), S. 590; Homburg, Krohmer (2003), S. 401.

681 Vgl. Herrmann, Landwehr (2008), S. 584; Bortz (1993), S. 284ff.

682 Vgl. Bortz (1993), S. 287.

683 Eine eingehende Beschreibung nichtparametrischer Tests sowie deren Anwendung in SPSS geben Janssen, Laatz (2007), S. 559ff. Zum Kolmogorov-Smirnov Z-Test (auch unter der Bezeichnung Kolmogorov-

5.1.4. Die Präferenzmessung

5.1.4.1. Kompositionelle und dekompositionelle Verfahren der Präferenzmessung

Prinzipiell können zur Untersuchung von Fragestellungen der Präferenzmessung[684] zwei Vorgehensweisen bzw. Messinstrumente unterschieden werden:

- kompositionelle Verfahren und
- dekompositionelle Verfahren

Kompositionelle Ansätze sind durch eine direkte Befragung zur Wichtigkeit und Beurteilung einzelner Merkmale bzw. Merkmalsausprägungen gekennzeichnet. Aus den ermittelten Einzelurteilen wird dann i.d.R. mittels Wichtung und additiver Verknüpfung der Gesamtnutzen des Betrachtungsobjektes ermittelt, zusammengesetzt oder komponiert. Daher wird dieser Ansatz auch als „kompositionell" bezeichnet. Obwohl kompositionelle Verfahren bei Fragestellungen zur Nutzenmessung über lange Zeit, bedingt durch ihre geringe Komplexität und einfache Handhabung, vorherrschend waren und auch einzelne Arbeiten zum Forschungsgegenstand dieser Arbeit kompositionellen Charakter aufweisen (vgl. auch Abschnitt 4.1.2.2.), überwiegen in der jüngeren Literatur eher kritische Sichtweisen.[685] Folgende wesentliche Schwachstellen können nach einer Analyse von Voeth konstatiert werden:[686]

- geringe Realitätsnähe (Nutzendimensionen werden in der Realität nicht isoliert, sondern ganzheitlich beurteilt)
- geringe Validität von Prognosen
- Tendenz zur sog. „Anspruchsinflation" (Überbewertung unwichtiger Nutzendimensionen als Folge der monadischen Erhebungsweise)
- Annahme der Beurteilungsunabhängigkeit der Nutzendimensionen
- kognitive Überforderung (Individuen müssen z.T die Objektbeurteilung mit Hilfe. einer hohen Vielzahl von Teildimensionen vornehmen, die in der Realität nicht isoliert wahrgenommen werden)

Insbesondere bei der direkten Abfrage zur Bedeutung möglicher relevanter Qualitätsinformationen zu Krankenhäusern besteht die Gefahr, dass die jeweiligen Einschätzungen kaum differenziert werden („alles ist wichtig").

Im Gegensatz hierzu ist das Verfahren der Conjoint-Analyse als dekompositioneller Ansatz zu charakterisieren, in dem Gesamtbeurteilungen von Betrachtungsobjekten erhoben und anschließend in Einzelurteile zerlegt bzw. „dekomponiert" werden. Das Verfahren wird

---

Smirnov Omnibus-Test in der Literatur bekannt) vgl. Bortz (2008), S. 240ff. Zum Kruskal-Wallis H-Test vgl. Bortz et al. (1990), 6.1.2.

684 Fragestellungen für den Einsatz einer Präferenzmessung sind beispielsweise: Welche Merkmale eines Autos sind für den Konsumenten wichtig? Welche Informationsdienstleistungen einer Bibliothek sind für den Bibliotheksnutzer von hoher Präferenz? Welche Anreize stiften bei der Gestaltung eines Programms zur Mitarbeitermotivation den größten Nutzen? Welche Betreuungsdienstleistungen einer Klinik sind für Patienten besonders wünschenswert?

685 Vgl. eine Gegenüberstellung von Conjoint-Analyse und kompositionellen Verfahren bei Melles (2001), S. 15ff.; Voeth (2000), S. 27ff.

686 Vgl. Voeth (2000), S. 28.

hauptsächlich zur Analyse von Präferenzen und Einstellungen sowie zur Prognose von Entscheidungen bzw. Kaufabsichten realer wie auch hypothetischer Güter eingesetzt.[687] Die Conjoint-Analyse (CA), auch als Conjoint-Measurement, Trade-Off-Analyse, Verbundmessung oder konjunkte Analyse bezeichnet, gehört zu den multivariaten Analysemethoden und wurde 1964 in ihren mathematischen Grundzügen von Luce und Tukey entwickelt.[688] Zunächst nur in der Psychologie angewendet, fand die Conjoint-Analyse große Verbreitung im Wissenschaftszweig der empirischen Marktforschung.[689] Wenngleich die Conjoint-Analyse im Vergleich zum Marketing in anderen Wissenschaftszweigen weniger bekannt ist, so ist doch in den letzten Jahren eine wachsende Verbreitung zu beobachten, die auch im Gesundheitswesen anzutreffen ist (siehe auch Tabelle 23). Beiträge zur Anwendung von Verfahren der Conjoint-Analyse im Healthcare-Bereich wurden insbesondere von Wissenschaftlern aus dem englischen/amerikanischen Sprachraum veröffentlicht. In Deutschland sind entsprechende Veröffentlichungen noch selten.

Autor	Anwendungsbereich
Schmeißer (2002)	Präferenzbestimmung von Ärzten bei Beratungs- und Informationsangeboten ärztlicher Netze
Fraenkel et al. (2001)	Patientenpräferenzen bei der Behandlung von Lupus Nephritis
Jan et al. (2000)	Bürgerpräferenzen hinsichtlich Serviceleistungen öffentlicher Krankenhäuser
Carman (2000)	Patientenwahrnehmung, bezogen auf die Servicequalität von Krankenhäusern
Decker et al. (2003)	Optimierung des internen Leistungsangebotes von Krankenhausabteilungen
Ryan, Farrar (2000)	Patientenpräferenzen bei kieferorthopädischen Krankenhausleistungen
Phillips et al. (2002)	Patientenpräferenzen bei der Durchführung von HIV-Tests
Fraenkel et al. (2006)	Patientenpräferenzen bei der Behandlung von Osteoporose
Fung et al. (2005)	Patientenpräferenzen hinsichtlich technischer versus interpersoneller Qualität niedergelassener Ärzte

Tabelle 23: Anwendungsbeispiele der Conjoint-Analyse im Gesundheitswesen

Die Bezeichnung der CA als empirisches Verfahren darf jedoch nicht zu eng gefasst werden, da die Conjoint-Analyse kein eigenständiges statistisches Verfahren, sondern nach Theuerkauf „*eine Kombination aus einer besonderen Erhebungstechnik, einer multivariaten statistischen Methode und speziellen Analysetechniken (insbesondere Simulationsmodellen)...*"[690] darstellt. Daher wird der Begriff der Conjoint-Analyse in der Literatur häufig

[687] Für eine ausführliche Beschreibung des Verfahrens der Conjoint-Analyse siehe Backhaus et al. (2003), S. 543-604; Hair et al. (1995), S. 556-615.

[688] Luce, Tukey (1964).

[689] Baier, Säuberlich (1997); Green et al. (2001); Cattin, Wittink (1992); Wittink, Cattin (1989); Wittink, Vriens, Burhenne (1994) verwiesen bereits 1994 auf ca. 1.000 kommerzielle Anwendungen in Europa. Die Bandbreite der Studiendesigns reicht dabei von der reinen Konsumgüterindustrie über Banken, Versicherungen, Telekommunikation bis zu Umweltschutz, Bibliotheken und dem öffentlichen Sektor. Einen guten Überblick über den Stand der Forschung zur Conjoint-Analyse in Deutschland gibt Voeth (1999).

[690] Theuerkauf (1989), S. 1.179.

großzügig verwendet, und es existiert eine Vielzahl von Definitionen.[691]
Hinzu kommt, dass die Conjoint-Analyse eine Vielzahl von Potentialen eröffnet, die in vielfältiger Weise zu wissenschaftlichen Weiterentwicklungen geführt hat.
„New development in Conjoint-Analysis are arriving so fast that even specialists find it difficult to keep up."[692]
Nach einer Definition von Backhaus et al. ist die CA *„... ein Verfahren, das auf Basis empirischer Gesamtnutzenwerte versucht, den Beitrag einzelner Komponenten zum Gesamtnutzen zu ermitteln."*[693]
Aufbauend auf dem Grundgedanken, dass jedes Produkt bzw. jede Dienstleistung als Kombination spezifischer Produkteigenschaften bzw. Leistungsmerkmale betrachtet werden kann, findet die Conjoint-Analyse immer dann Anwendung, wenn Präferenzen für diese so genannten multiattributiven Betrachtungsobjekte untersucht werden sollen.[694] Dabei wird unter dem Begriff der Präferenz, wie bereits in Abschnitt 3.1.2. dargelegt, das Ergebnis eines von einer Person vorgenommenen Nutzenvergleichs verstanden, welcher sich auf eine bestimmte Menge solcher Beurteilungsobjekte bezieht.[695]
Beispielsweise kann der Gesamtnutzen eines Erfrischungsgetränks aus den Merkmalen oder Nutzendimensionen Preis, Geschmack, Marke, „look" und Kalorien bestehen. Aber auch die Bewertung von Dienstleistungen wie Hoteldienstleistungen kann in Teilbewertungen hinsichtlich des Nutzenbeitrages von z.B. Preis, Service, Sauberkeit, Komfort etc. zerlegt werden.
Im Vergleich zu Verfahren der direkten Nutzenmessung werden der Conjoint-Analyse entscheidende Vorteile zugesprochen. Jedoch empfiehlt sich eine sensible Auswahl des jeweiligen anzuwendenden Verfahrens vor dem Hintergrund diverser, ebenfalls in der Literatur beschriebener Nachteile. Einen Überblick zu den Vorteilen der beiden Verfahrensansätze zeigt Tabelle 24.[696]
Mit Blick auf die Vorteile des dekompositionellen Ansatzes kann unterstellt werden, dass sich ein Verfahren der Conjoint-Analyse als multivariate Messmethode besonders für die vierte Fragestellung dieser Arbeit eignet, d.h. für die Erhebung von Informationspräferenzen der Patienten innerhalb einer Anzahl unterschiedlicher Qualitätsinformationen im Verhältnis zum Gesamtnutzen eines hypothetischen Informationsangebots zur Qualität eines Krankenhauses. Die Anwendbarkeit auf eine große Merkmalszahl sowie die niedrigere Beanspruchung der Probanden - hinsichtlich der Einbeziehung von KH-Patienten besonders relevant - empfehlen im Gegensatz dazu jedoch eher ein kompositionelles Verfahren.
Zur zumindest teilweisen Überwindung der angeführten Kritikpunkte der Conjoint-Analyse fanden, wie bereits erwähnt, in älterer und jüngerer Vergangenheit diverse Weiterentwicklungen statt, die in einer Vielzahl jeweils eigenständiger Verfahren mündeten.

---

[691] Vgl. Schmeißer (2002), S. 38f., Hermelbracht (2006), S. 52f.
[692] Carroll, Green (1995), S. 389.
[693] Backhaus et al. (2003), S. 544.
[694] Vgl. Klein (2002), S. 8.
[695] Vgl. Howard, Sheth (1969), S. 26ff.
[696] Vgl. Melles (2001), S. 15ff. Zu einer ausführlichen Betrachtung der Kritikpunkte der Conjoint-Analyse siehe auch Voeth (2000), S. 34ff.

Dekompositionelles Verfahren	Kompositionelles Verfahren
- Erhebung ähnelt realen Entscheidungssituationen	- geringe kognitive Beanspruchung des Probanden
- höhere externe Validität	- einfache und schnelle Datenerhebung
- besser geeignet, um Wichtigkeit von Merkmalen zu messen	- Möglichkeit, eine große Anzahl von Merkmalen und Merkmalsausprägungen zu berücksichtigen
- geringere Gefahr von Verfälschungstendenzen im Sinne sozialer Erwünschtheit	- Kostenvorteile
- geringere Gefahr von Fehlinterpretationen und Überlagerungen von Merkmalen und Merkmalsausprägungen	

Quelle: In Anlehnung an Melles (2001), S. 15ff.

Tabelle 24: Vorteile von dekompositionellen und kompositionellen Verfahren der Präferenzmessung

Der Informationsbedarf von Patienten zur Beurteilung der Krankenhausqualität kann sich auf eine Vielzahl von Qualitätsdimensionen bzw. -indikatoren beziehen. Es ist daher wichtig, dass das zu verwendende Verfahren eine größere Anzahl von Merkmalen abdecken kann. Des Weiteren interessieren insbesondere bei der Ausgestaltung zukünftiger Angebote die Qualitätsinformationen mit den höchsten Präferenzen, d.h. den größten Teilnutzenwerten für die Probanten. Hierbei sollte eine möglichst hohe Prognosesicherheit gegeben sein. Eine Besonderheit dieser Erhebung ist, dass im Unterschied zu den meisten Verfahren der Conjoint-Analyse bei dieser Untersuchung kein Interesse an konkreten Ausprägungen einzelner Qualitätsmerkmale besteht (z.B. die konkrete Höhe der Mortalitätsquote im Zeitraum X), da nicht die Gestaltung möglicher Leistungsangebote spezieller Krankenhäuser und deren Bevorzugung durch die Patienten gegenüber anderen Angeboten erfragt werden soll. Im Mittelpunkt dieser Untersuchung steht der Informationsbedarf, bezogen auf das multiattributive Betrachtungsobjekt der Krankenhausqualität. Vor dem Hintergrund der Komplexität des Erhebungsobjekts und der damit verbundenen Wahlentscheidungen sowie im Hinblick auf die teilweise gesundheitliche Beeinträchtigung der Patienten ist ein Verfahren auszuwählen, welches die Probanden nicht überlastet. Letztendlich spielt auch eine Rolle, dass das Verfahren nicht nur computerbasiert, sondern auch in einer „paper and pencil"-Variante eingesetzt werden kann.

Die Forderungen der Anwendbarkeit für eine größere Zahl an Merkmalen und die Möglichkeit des Treffens von Auswahlabsichten führt bei Betrachtung einzelner weiterentwickelter Varianten dekompositioneller Verfahren auf den ersten Blick zu der Erkenntnis, dass beide Prämissen in einem Verfahren nicht abdeckbar sind (siehe Abbildung 12).[697] Bei näherer Untersuchung der Ansätze ergibt sich jedoch bei den Verfahren der choice-based CA, auch als Discrete-Choice-Analyse (DCA) bezeichnet, ein guter Ansatzpunkt. Insbesondere eine Weiterentwicklung der DCA – die Methode des Best-Worst-Scaling – erweist sich als Ansatz, bei dem die Vorteile von kompositionellen und dekompositionellen Erhebungsmethoden verbunden werden. Im folgenden Abschnitt wird daher die Methode des Best-Worst-Scaling im Hinblick auf die gestellten Anforderungen zur

[697] Auf eine Diskussion der Vor- und Nachteile der einzelnen Ansätze wird an dieser Stelle mit Verweis auf Voeth (2000), S. 74ff. verzichtet. Einen Überblick zu alternativen Untersuchungsansätzen der Conjoint-Analyse geben auch Carroll, Green (1995).

Beantwortung der hier vorliegenden vierten Forschungsfrage, der Informationspräferenzen von Patienten zur KH-Qualität, detailliert dargestellt.

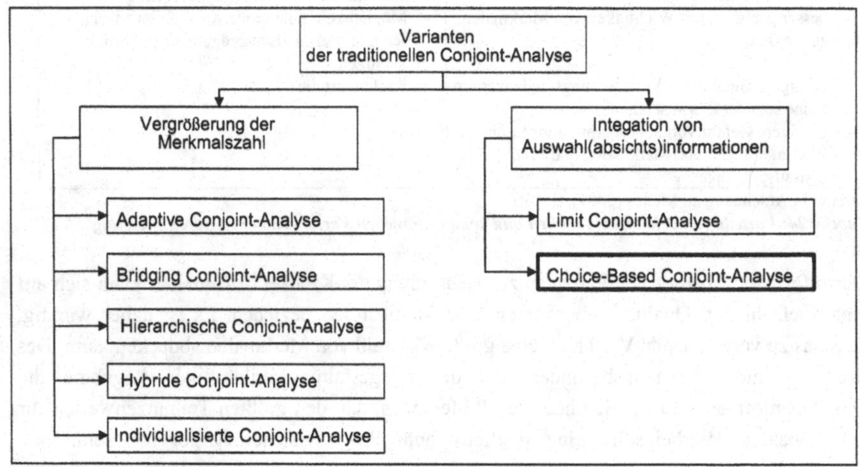

Quelle: Voeth (2000), S. 74.

***Abbildung 12:** Weiterentwickelte Varianten der traditionellen Conjoint-Analyse zur Vergrößerung der Merkmalszahl sowie der Integration von Auswahlinformationen*

5.1.4.2. Die Methode des Best-Worst-Scaling

Die Methode des Best-Worst-Scaling (BWS) wurde als Weiterentwicklung der Discrete-Choice-Analyse (DCA) von Louviere entwickelt, kombiniert Aspekte der dekompositionellen und kompositionellen Präferenzmessung und ist im Vergleich zu anderen CA-Verfahren als relativ jung einzuschätzen.[698] DCA wurden insbesondere in den letzten Jahren zunehmend im Gesundheitswesen eingesetzt, um Präferenzstrukturen zu erheben, z.B. im Hinblick auf die Anwendung medizinischer Behandlungen, die Lebensqualität von Patienten sowie relevanter Servicemerkmale, bezogen auf die Patientenversorgung (siehe auch Tabelle 25).[699]

Das BWS bietet dabei eine Lösung für ein häufiges Problem in der Marktforschung, welches auch auf die Fragestellung dieser Arbeit zutrifft. Wie können Präferenzen innerhalb einer Reihe ähnlich gearteter Merkmale gemessen werden, z.B., wenn Studienteilnehmer nach der Wichtigkeit der Kriterien Wartezeiten, fachliche Kompetenz des Arztes, Behandlungserfolg etc. gefragt werden.

Bisher gängige Messskalen, die auf eine solche Fragestellung zur Ermittlung der Präferenzstruktur angewendet werden, sind:[700]

- Rating – Einstufung der Stimuli auf einer Skala, z.B. zwischen den Polen „sehr wichtig" bis „vollkommen unwichtig"

[698] Vgl. Louviere et al. (1994); Finn, Louviere (1995); Louviere et al. (1995); McIntosh, Louviere (2002).
[699] Vgl. Coast et al. (2006), 249f.
[700] Vgl. Lee et al. (2007), S. 1094 ; Louviere, Islam (2004), S. 4ff.

- Ranking – Bildung einer Rangreihe durch Sortierung der Stimuli entsprechend der individuellen Wichtigkeit
- Punktverteilung / Allokation – Verteilung eines Punktebudgets (z.B. 100 Punkte) auf eine Reihe vorgegebener Stimuli

Autor	**Anwendungsbereich**
Bech et al. (2007)	Präferenzen von Schmerzpatienten bei der häuslichen Betreuung
Brau, Bruni (2008)	Bürgerpräferenzen hinsichtlich Langzeitpflege im Alter
King et al. (2007)	Präferenzen von Asthma-Patienten hinsichtlich Medikation
Kjär et al. (2006)	Patientenpräferenzen hinsichtlich Psoriasis-Therapie
Hansen et al. (2005)	Patientenpräferenzen hinsichtlich Krankenhausqualität
Ryan et al. (2005)	Präferenzen von Schwangeren hinsichtlich Down-Syndrom-Diagnostik
Salkeld et al. (2005)	Patientenpräferenzen hinsichtlich der chirurgischen Behandlung von Darmkrebs
Sculpher et al. (2004)	Patientenpräferenzen bei der Behandlung von nicht-metastasierendem Prostatakarzinom
Bech (2003)	Präferenzstruktur von Politikern und Krankenhaus-Managern hinsichtlich Krankenhausfinanzierungs-Programmen
Gyrd-Hansen (2003)	Zahlungsbereitschaft von Bürgern per QALY (Quality-Adjusted-Life-Year bzw. Qualitätskorrigiertes Lebensjahr)
Ubach et al. (2003)	Präferenzstruktur von leitenden Ärzten bezüglich Arbeitsbedingungen
Hall et al. (2002)	Prognose zur Beteiligungsrate bei Programmen zur Windpocken-Immunisierung
Gyrd-Hansen , Sogaard (2002)	Bürgerpräferenzen hinsichtlich Programmen zur Krebsfrüherkennung
McKenzie et al. (2001)	Patientenpräferenzen hinsichtlich der Symptombeurteilung bei Asthma
Johnson et al. (2000)	Zahlungsbereitschaft für Gesundheitsverbesserungen bei Atemwegs- und kardiovaskulären Beschwerden
Ratcliffe (2000)	Bürgerpräferenzen bei der Verteilung von Organspenden zur Lebertransplantation
Ryan et al. (2000)	Präferenzen zwischen Lokation und Wartezeit bei elektiven chirurgischen Maßnahmen
Bryan et al. (1998)	Patientenpräferenzen zum Einsatz des MRT bei Knieuntersuchungen
Ryan, Hughes (1997)	Präferenzstruktur von Frauen bei der Behandlung von Fehlgeburten

Tabelle 25: Überblick über Anwendungen der Discrete-Choice-Analyse im Gesundheitswesen (1997-2007)[701]

Die inhärenten Schwachstellen dieser drei Verfahren bergen jedoch die Gefahr unbefriedigender Studienergebnisse:[702]

- **Rating:** Rating-Skalen liefern oftmals keine ausreichend trennscharfen Ergebnisse (alle Merkmale werden nahezu gleich bewertet). Daneben besteht die Gefahr der Überforderung der Probanden (die individuelle Präferenzstruktur muss auf das vorgegebene Skalenniveau übersetzt werden) und von Antworttendenzen, insbesondere *"...three response*

[701] Die Suchstrategie erstreckte sich auf Fachartikel der Datenbank Pubmed im Zeitraum 1997-2007, welche das Schlüsselwort „Discrete Choice Analysis" bzw. „choice-based Conjoint Analysis" im Abstrakt aufwiesen.

[702] Vgl. Lee et al. (2007), S. 1094 ; Louviere, Islam (2004), S. 4ff.

biases that may occur when rating scales are used, including social desirability bias which is a tendency to lie or fake, acquiescence bias which is a tendency to agree, and extreme response bias which is a tendency to use extreme points on a scale."[703]

- **Ranking:** Das Ranking ist ungeeignet bei einer größeren Menge von Merkmalen und aufgrund der Ordinalskala für weitere Auswertungen sehr begrenzt einsetzbar.
- **Punktverteilung / Allokation:** Punkteverteilungs-Skalen stellen hohe Anforderungen an den Studienteilnehmer, insbesondere bei einer größeren Anzahl von Merkmalen. Häufig wird die vorgegebene Gesamtsumme der Punkte als künstlich wahrgenommen. Darüber hinaus konzentrieren sich die Probanden tendenziell zu sehr auf die vollständige Verteilung der Punkte. Die Abbildung der relevanten individuellen Präferenzstruktur gerät dabei in den Hintergrund der Suche des Probanden nach der rechnerisch richtigen Gesamtsumme, welche die Punkteverteilung ergeben muss.

Dagegen nutzt das BWS die bewährte Methode der Paarvergleiche, die bereits Anfang des 20. Jahrhunderts von Thurstone entwickelt wurde.[704] Im Unterschied zur klassischen DCA muss der Studienteilnehmer jedoch nicht zwischen einzelnen Entscheidungspaaren wählen. Das BWS arbeitet mit einem größeren Subset von Stimuli bzw. Merkmalen. Dabei erhält der Proband eine Reihe von Aufgaben. Jede Aufgabe besteht aus einem Subset von i.d.R. drei bis fünf Merkmalen bzw. Attributen. Bei jeder Aufgabe wählt der Proband das jeweils wichtigste bzw. wünschenswerteste (the best) sowie das unwichtigste bzw. am wenigsten wünschenswerte (the worst) aus. Ein Beispiel zur Veranschaulichung eines BWS-Designs ist in Abbildung 13 zu finden.

Damit wählt der Proband genau das Paar an Merkmalen unter allen möglichen Paarkombinationen innerhalb des Subsets, welches die größte Differenz hinsichtlich Präferenz bzw. Bedeutung aufweist. Aus diesem Grund wird das BWS in der Literatur mitunter auch als MaxDiff-Verfahren bezeichnet (MaxDiff = Maximale Differenz).[705] Der methodische Ansatz des BWS führt dabei zu einer Weiterentwicklung bzw. Verfeinerung der Methode des Paarvergleichs, weil nahezu automatisch bei jeder Best-Worst-Wahl des Probanden eine Reihe von Zusatzinformationen mit erhoben wird. Wählt beispielsweise ein Proband aus einem Subset, bestehend aus den vier Merkmalen A, B, C, D, das Item A als wichtigstes und D als unwichtigstes, impliziert dies gleichzeitig Informationen über weitere fünf von möglichen sechs Paarvergleichen, nämlich:

A>B, A>C, A>D, B>D, C>D

(„>" bedeutet „wichtiger als" bzw. „mehr präferiert als")

Lediglich über das Paar C versus B können keine Aussagen getroffen werden.

---

[703] Lee et al. (2008), S. 3. Vgl. auch Baumgartner, Steenkamp (2001); Craig, Douglas (2000); Paulhus (1991).

[704] Vgl. Thurstone, L. L. (1927).

[705] Wenngleich die Bezeichnung des Verfahrens als MaxDiff-Methode besonders in der amerikanischen Literatur überwiegt und auch durch die gleichnamige Software der Fa. Sawtooth bekannt ist, soll in dieser Arbeit die Bezeichnung Best-Worst-Scaling bzw. BWS vorgezogen werden. Der Verfasser folgt damit dem berechtigten Wunsch des Entwicklers des Verfahrens, Herrn Prof. Louviere, der die vorliegende Arbeit durch die Zusendung schwer zugänglicher Veröffentlichungen und interessanter Anregungen unterstützte: „In an early paper I referred to best-worst as providing a model of the choice of the two options that are the fartest apart on the underlying latent scale; hence, the two options that are the "maximum difference apart". The Americans call it "Max-Diff"; I'm trying to get everyone else to call it Best-Worst." (aus dem Mailverkehr zwischen Prof. Louviere und dem Verfasser dieser Arbeit).

Die Aufgaben des BWS sind relativ leicht für Probanden zu verstehen. Darüber hinaus kann davon ausgegangen werden, dass die Entscheidung für das jeweils wichtigste bzw. unwichtigste Paar als „Extrempositionen" leichter fällt, als zwischen einer Menge von Merkmalen mittlerer Präferenz zu werten.[706]

Die Trennschärfe bezüglich der Präferenzunterschiede unter einer Anzahl gegebener Merkmale wird durch Anwendung der BWS deutlich erhöht: *„Properly designed, MaxDiff will require respondents to make trade-offs among benefits. By doing so, we do not permit anyone to like or dislike all benefits.* ***By definition we force the relative importance out of the respondent.*** *"*[707] [Hervorhebung durch den Verfasser]

Question No.	Which issue matters LEAST to you? (tick ONLY ONE box for each question)	Sets of social and ethical issues for you to consider	Which issue matters MOST to you? (tick ONLY ONE box for each question)
1	□	Animal rights	□
	□	Product biodegradability	□
	□	Products made from recyclables	□
	□	Product safety information provided	□
2	□	Human rights	□
	□	Product biodegradability	□
	□	Packaging recyclability	□
	□	Product disposability	□
3	□	Product biodegradability	□
	□	Paying minimum wages	□
	□	Unions allowed	□
	□	Minimum living conditions met	□

Quelle: Auger et al. (2004), S. 44.

Abbildung 13: Ausschnitt aus einem BWS-Experiment mit dargestellten drei Frageboxen (Sets) mit jeweils vier Merkmalen (aus insgesamt 8 Sets über 16 Merkmalen bzw. Attributen zu sozialen und ethischen Themen/Werten)

Des Weiteren überwindet das BWS eine grundlegende, jedoch bisher wenig untersuchte Schwachstelle von CA (auch der klassischen DCA) – von ausgewiesenen Experten auch als „issue of separating attribute weights and scales" bezeichnet.[708] Danach ist die in einigen Studien anzutreffende Praxis, Aussagen über die Wichtigkeit einzelner Merkmale im Vergleich mit anderen Merkmalen zu treffen, methodisch unzulässig.

„Conjoint Analysis permits ***intra-attribute*** *comparisons of levels, but does not permit* ***across attribute*** *comparisons. "*[709] [Hervorhebungen im Original]

Kritischer wird das von Flynn et al. an einem Beispiel aus dem Gesundheitswesen ausgedrückt: *„Statements like ‚quality of care is more highly valued than waiting time' can*

---

[706] Vgl. Louviere, J. J. (1994).

[707] Cohen (2003), S. 5.

[708] Vgl. Flynn et al. (2007), S. 172.

[709] Cohen (2003), S. 5. Innerhalb von CA werden Auswahlentscheidungen der Probanden auf Ebene der Merkmalsausprägungen getroffen, jedoch kein Vergleich der Merkmale selbst durchgeführt. Ein Aufsummieren der Teilnutzenwerte einzelner Merkmalsausprägungen zur Bestimmung der Gesamtpräferenz eines Merkmals und dessen Vergleich mit anderen Merkmalen ist methodisch nicht zulässig, da die Skalen zur Erfassung der Ausprägungen des jeweiligen Merkmals nicht vergleichbar sind.

neither be supported nor refuted by comparisons of utility parameters from a traditional discrete choice experiment ..."[710]

Der Ansatz des BWS erlaubt sowohl den Vergleich zwischen Attributen bzw. Merkmalen als auch den Vergleich auf Ebene der Attributslevel (bzw. Merkmalsausprägungen). Da für die Studie in dieser Arbeit der Vergleich auf Merkmalsebene im Mittelpunkt des Interesses steht, ist dieser Vorteil des BWS besonders herausragend.

Entsprechend der entwickelten Methodik müssen zur Anwendung der BWS folgende Schritte durchlaufen werden:[711]

1. Auswahl eines Sets von Merkmalen, die untersucht werden sollen
2. Strukturierung der Merkmale in kleinere Subsets mit Hilfe eines Experimentierplans (in Abhängigkeit von der jeweiligen Anwendung typischerweise mehr als 12 Subsets, bestehend aus jeweils drei bis sechs Merkmalen bzw. Items zur Auswahl)
3. Präsentation jedes Subsets einzeln als Auswahlaufgabe für den Probanden: Auswahl des wichtigsten (best) und des am wenigsten wichtigen (worst) Item durch den Probanden pro Subset,[712] Ausweis der maximalen Differenz durch dieses Best-Worst-Paar
4. Durchführung der Ergebnisanalyse: Ermittlung von Nutzenwerten mit Hilfe der multinominalen logistischen Regression oder der Methode der Hierarchical Bayes.
5. Analyse bereits im Vorfeld festgelegter Subgruppen mit derselben Technik wie unter 4
6. Weiterführende Analysen wie z.B. Segmentation nach unterschiedlichen Präferenzgruppen bzw. Clusteranalysen i.d.R. durch das Latent-Class-Verfahren

Dabei sind zur Erstellung eines optimalen Studiendesigns folgende Bedingungen zu erfüllen:[713]

- Frequency balance: Die Anzahl an Präsentationen ist für jedes Merkmal gleich.
- Orthogonality: Jedes Item ist mit jedem anderen Item gleich häufig kombiniert.
- Connectivity: Ein Set von Items ist dann verbunden (*connected*), wenn die Merkmale nicht in zwei Gruppen unterteilt werden können in der Art und Weise, dass Items in der einen Gruppe niemals mit Items in der anderen Gruppe kombiniert sind.
- Positional balance: Jedes Merkmal wird in der gleichen Anzahl auf der jeweilig möglichen Position im Subset gezeigt.

Obwohl das Verfahren der BWS relativ neu ist, wurde bereits eine theoretische Fundierung vorgenommen und die Güte der Erhebungsmethodik empirisch geprüft. Die mathematisch

---

[710] Flynn et al. (2007), S. 171.
[711] Vgl. Cohen (2003), S. 5; McIntosh, Louviere (2002); Louviere et al. (1995).
[712] Generell ist es auch möglich, die Option einer „Nichtwahl" im Sinne einer Entscheidung gegen das jeweilige Subset zu integrieren. Da diese Option für die vorliegende Arbeit jedoch nicht relevant ist, wird auf eine weiterführende Beschreibung verzichtet.
[713] Vgl. Sawtooth (2007), S. 6.

formale Darstellung gelang Marley und Louviere im Jahr 2005 im Journal of Mathematical Psychology:

"General classes of best–worst choice models have not been studied previously in a systematic way, and, as far as we know, our results constitute the first formal presentation of the properties of some of these models. The results suggest that best–worst choice tasks and the associated models are both theoretically and empirically interesting, with the potential to provide important insights into preference and choice processes."[714]

Eine Studie von Cohen zeigt die Überlegenheit des BWS gegenüber traditionellem Rating sowie gegenüber der Methode von Paarvergleichen.[715] Lee et al. kommen zu ähnlichen Ergebnissen beim Vergleich des BWS mit den Methoden des Rating und des Ranking.[716] Innerhalb eines umfangreichen Methodenvergleichs belegen Chrzan und Golovashkina, dass das BWS innerhalb von sechs Ansätzen der Präferenzmessung die besten Ergebnisse in Bezug auf die Differenzierungsfähigkeit der Bedeutung unter den Attributen sowie hinsichtlich der Validität erzielt.[717] Die Güte des Verfahrens bestätigt sich auch in diversen Veröffentlichungen zur Anwendung des BWS (siehe Tabelle 26).

Autor	**Anwendungsbereich**
Lee et al. (2007) 201 Respondents	Messung von generellen Werten (Lebensstil- und Werte-Konzept)
Flynn et al. (2006) 30 respondends	Präferenzen zu Kriterien der Lebensqualität
Coast et al. (2006a) 151 (319) Respondents	Entwicklung eines Indexes der Fähigkeiten alter Menschen (in Verbindung mit Lebensqualität)
Coast et al. (2006b) 93 Respondents	Patientenpräferenzen hinsichtlich Leistungsmerkmalen niedergelassener Dermatologen
Auger et al. (2004) 600 Respondents	Internationale Studie zur Untersuchung der Präferenzstruktur von Bürgern zu sozialen und ethischen Themen
Finn, Louviere (1992) 80 Respondents	Konsumentenbedenken zum Thema Lebensmittelqualität und -sicherheit

Tabelle 26: Anwendungsbeispiele des Best-Worst-Scaling

Zusammenfassend können folgende Vorteile aufgeführt werden, welche die Eignung des BWS als Messmethode zur Erhebung der Patientenpräferenzen hinsichtlich Qualitätsinformationen zur Beurteilung von Krankenhäusern unterstreichen:[718]

- für eine größere Anzahl von Merkmalen geeignet
- Messung der Präferenzunterschiede zwischen den relevanten Merkmalen möglich
- höhere Trennschärfe bei ähnlichen Merkmalen
- geringere kognitive Anforderungen an den Probanden als bei anderen Verfahren der CA

---

[714] Marley, Louviere (2005), S. 15. Vgl. auch Louviere, Islam (2004).

[715] Vgl. Cohen (2003).

[716] Vgl. Lee et al. (2007).

[717] Vgl. Chrzan, Golovashkina (2006). Neben dem BWS wurden in den Methodenvergleich folgende Verfahren einbezogen: ratings, Q-sort, unbounded ratings, magnitude scaling, constant sum.

[718] Weitere Vorteile, die aber aufgrund geringer Relevanz für die Themenstellung dieser Arbeit hier nicht weiter verfolgt werden, sind z.B. die Eignung für internationale Studiendesigns durch Überwindung kulturell bedingter Skalen-Probleme. Vgl. auch Cohen, Markowitz (2002).

- theoretisch mathematisch fundiertes und empirisch getestetes Verfahren
- erfolgreiche Anwendungen des Verfahrens in Forschung und Praxis vorhanden
- weiterführende Auswertungen, z.B. zur Segmentierung unterschiedlicher Subgruppen möglich

Folgende Aspekte sind als Nachteile der BWS-Methode einzuschätzen und werden daher in dieser Untersuchung besonders berücksichtigt:[719]
- explizite Erklärungsbedürftigkeit des Verfahrens, da die BWS-Methode den Probanden kaum bekannt
- kognitive Anforderungen an die Probanden im Vergleich mit anderen Conjoint-Analysen geringer, jedoch in Bezug auf die Verwendung einfacher Rating-Skalen, z.B. bei kompositionellen Messmethoden, höher
- Ähnlich wie bei anderen Verfahren der Conjoint-Analyse aufwendigere Datenerhebung und -auswertung sowie Vorausetzung spezifischer Kenntnisse

Eine abschließende Verortung des BWS-Verfahrens in Anlehnung an eine Strukturierung von Green und Srinivasan zeigt Quelle: In Anlehnung an Green, Srinivasan (1978), S. 105.
Tabelle 27.[720] Zur Durchführung des BWS-Verfahrens, d.h. zur Entwicklung des Experimentier-Plans sowie der Ermittlung der individuellen Nutzenwerte wird die Software MaxDiff der Firma Sawtooth, Version 2.0, eingesetzt.

	Mögliche Methoden	**Best-Worst-Scaling**
Präferenzmodell	Vektor-Model, Ideal-Punkt-Modell, Teilnutzen-Wert-Modell, gemischte Methode	Teilnutzen-Wert-Modell
Erhebungsdesign	fraktioniertes faktorielles Design, Random Sampling	fraktioniertes faktorielles Design
Präsentation der Stimuli	verbale Beschreibung, Paragraph-Beschreibung, Präsentation mit Bildern bzw. Grafiken, Präsentation mit dreidimensionalen Modellen	verbale Beschreibung
Messskala	Paarvergleich, Rangbildung, Rating, Punktverteilung, Kategoriebeurteilung	Paarvergleich (weiterentwickelte Form, multiple choice extension)
Schätzmethode	MONANOVA, PREFMAP, LINMAP, Johnson's nonmetric tradeoff algorithm, OLS, multiple regression, LOGIT, PROBIT, Latent-Class, Hierarchical Bayes (HB)	Hierarchical Bayes (HB)

Quelle: In Anlehnung an Green, Srinivasan (1978), S. 105.
Tabelle 27: Einordnung des Best-Worst-Scaling innerhalb der Methoden der Conjoint-Analyse

[719] Siehe auch Abschnitt 5.2 zur Datenerhebung.
[720] Vgl. Green, Srinivasan (1978), S. 105. Ähnliche Strukturierungen der CA finden sich auch bei Stallmeier (1993), S. 26 und Backhaus et al. (2003), S. 547.

5.1.5. Die Two-Step-Clusteranalyse

Die Two-Step-Clusteranalyse gehört zur Gruppe der Clusterverfahren,[721] deren gemeinsames Merkmal in der Identifikation homogener Teilmengen von Objekten aus einer heterogenen Objektgesamtheit besteht.[722] Entsprechend dieser Zielsetzung soll in dieser Untersuchung geprüft werden, ob sich aus der heterogenen Gesamtheit der Informationspräferenzen von Patienten zur KH-Qualität homogene Teilgruppen im Sinne von Patientenclustern bzw. Patientensegmenten mit ähnlichen Präferenzen empirisch ermitteln lassen.

Als exploratorisches Verfahren werden in der Clusteranalyse i.d.R., ähnlich wie in der exploratorischen Faktorenanalyse, keine Hypothesen geprüft. Ziel ist die Entdeckung von Strukturen in der Datenbasis und die Reduktion von Komplexität.[723] In der Literatur lassen sich eine große Anzahl von Clustermethoden finden,[724] wobei die Bandbreite immer schwerer zu überblicken ist[725] und kein Standardverfahren i.S. einer „besten Klassifizierung" oder eines „Gold-Standard" identifizierbar ist.

Da in dieser Arbeit eine eindeutige Zuordnung, Klassifikation bzw. Segmentierung der Patienten zu Präferenztypen angestrebt wird, kommen prinzipiell Clustermethoden mit eindeutiger Objektzuordnung in Frage.[726] Diese lassen sich in hierarchische, partitionierende und probabilistische Clusterverfahren unterteilen. Jensen bezeichnet die hierarchischen Verfahren[727] und die partitionierenden Verfahren[728] als die „klassischen Methoden".[729] Im Unterschied hierzu gehört die probabilistische Methode zu den neueren Entwicklungen. Da die Two-Step-Clusteranalyse eine probabilistische Methode darstellt, werden nachfolgend

---

721 Der Begriff Clusteranalyse subsumiert in der empirischen Forschung eine Vielzahl von Verfahren und ist vom Terminus der Clustermethode zu unterscheiden. Unter der Clusteranalyse wird der gesamte Prozess von der Auswahl des Dateninputs über die Clusterbildung bis zur Interpretation der Cluster verstanden. Die Clustermethode hingegen ist ein Step innerhalb der Clusteranalyse und bezeichnet den eigentlichen Klassifizierungsalgorithmus, also die Methode der Gruppenbildung. Vgl. Milligan (1996), S. 342.

722 Vgl. Backhaus et al. (2003), S. 481.; Bortz (2006), S. 377; Ketchen, Shook (1996), S. 441; Sharma (1996), S. 185.

723 Im Unterschied zur EFA, deren Intention in der Verdichtung mehrerer Variablen auf wenige zentrale Faktoren besteht, wird in der Clusteranalyse versucht, eine Vielzahl von Erhebungsobjekten bzw. -fällen in Cluster zu bündeln. Vgl. Backhaus et al. (2003), S. 12f.; Jensen (2008), 337.

724 Einen Überblick bieten beispielsweise Backhaus et al. (2003), S. 499ff.; Milligan, Cooper (1987), S. 329ff.; Moosbrugger, Frank (1995), S. 34ff.

725 Vgl. Jensen (2008), S. 338.

726 Entsprechend der Fragestellung, ob eine eindeutige oder mehrdeutige Zuordnung der Objekte angestrebt wird, lassen sich die Clustermethoden grundsätzlich in zwei Gruppen einteilen Zur Gruppe der mehrdeutigen Zuordnung zählen die überlappenden Clustermethoden (weiterführend hierzu Carroll, Arabie (1983); DeSarbo (1982); DeSarbo, Mahajan (1984); Grover, Srivansan (1987), (1989); Shepard, Arabie (1979)) sowie die Fuzzy-Clustermethoden (vgl. Bezdek (1974); Dunn (1974); Hruschka (1986); Manton et al. (1994)). In der Marketingforschung überwiegen die eindeutigen Clustermethoden, da i.d.R. eine klare Zuordnung bzw. Klassifizierung angestrebt wird. Jensen stellt in ähnlicher Weise hierzu fest: „Bei der Marktsegmentierung, die das Hauptziel der Clusteranalyse ist, wäre es nicht wirtschaftlich, beliebig viele Zwischentöne zu berücksichtigen. Deshalb werden in der Marketingforschung eindeutige Zuordnungen von Nachfragern zu Segmenten bevorzugt, selbst wenn dafür eine Vereinfachung in Kauf genommen werden muss." Jensen (2008), S. 340.

727 Zur hierarchischen Clustermethode vgl. weiterführend Backhaus et al. (2003), S. 503ff.; Bortz (1999), S. 153f.; Büschken, von Taden (2000), S. 352ff.; Jensen (2008), S. 340ff. Details zu den einzelnen Verfahren der hierarchischen Clustermethode bietet auch Gordon (1996), S. 72ff.

728 Eine genauere Beschreibung partitionierender Verfahrung ist u.a. zu finden bei Backhaus et al. (2003), S. 500ff.; Bortz (1999), S. 156f.; Büschken, von Taden (2000), S. 363ff.; Jensen (2008), S. 349f.

729 Vgl. Jensen (2008), S. 340.

die Vorteile und die genaue Vorgehensweise, welche in dieser Untersuchung zur Anwendung kommt, aufgezeigt.

Im Gegensatz zu den klassischen Verfahren bzw. der in der Praxis häufig vorzufindenden hybriden Vorgehensweise unter Kombination von hierarchischer und partitionierender Methodik arbeitet die probabilistische Clustermethode nicht mit Heuristiken, sondern verwendet ein statistisches Modell. Die Methodik basiert auf Arbeiten von Gibson, Lazarsfeld und Henry sowie Wolfe und kann als Spezialfall der Latent-Class-Analyse charakterisiert werden.[730] Kern der probabilistischen Methode ist die Modellierung der Beobachtungen als Stichprobe einer vorliegenden Mischverteilung, die aus einer Anzahl unbekannter Gruppen (latent classes) besteht. Ziel ist das „Entmischen" auf der Basis von ermittelten Wahrscheinlichkeiten für die Ausprägungen der Clustervariablen sowie die Zugehörigkeit der Objekte zu den Gruppen. Die Untersuchungsobjekte werden dabei der Gruppe zugeordnet, für die sie die höchste Zugehörigkeitswahrscheinlichkeit aufweisen.[731]

Die probabilistische Clustermethode ähnelt zwar im Grundsatz den partitionierenden Verfahren, da sie auch die Optimierung einer Zielfunktion beinhaltet, weist jedoch entscheidende Vorteile gegenüber diesen Algorithmen auf:[732]

- Das Verfahren stellt weniger Restriktionen an den Dateninput. Es entstehen keine Verzerrungen durch unterschiedliche Wertebereiche der metrischen Variablen. Die Kovarianzen zwischen den Clustervariablen werden explizit modelliert.
- Die Methodik basiert auf konventionellen statistischen Schätzverfahren und Theorien. Die Bestimmung der optimalen Anzahl der Cluster - das Kernproblem jeder Clusteranalyse[733] – erfolgt mit Hilfe eindeutiger statistischer Kriterien
- Ausreißerfälle können separiert werden.

Aufgrund der Vorteile sowie der Einführung entsprechender Softwareprodukte hat sich seit den 90er Jahren die probabilistische Clustermethodik stark verbreitet.[734] Die Vorzüge des Verfahrens, insbesondere die Vermeidung der häufig zu beobachtenden Praxis, die Zahl der Cluster anhand deren „guten Interpretierbarkeit" zu bestimmen, meist ungeachtet der eindeutigen Klärung, ob überhaupt eine eindeutige Clusterstruktur vorliegt, führen auch zur Anwendung der probabilistischen Clustermethodik in Form der Two-Step-Clusteranalyse in dieser Untersuchung.

---

[730] Vgl. Gibson (1959), Lazarsfeld, Henry (1968); Wolfe (1970). Siehe zur Latent-Class-Analyse auch Hagenaars, McCutcheon (2002).

[731] Vgl. Jensen (2008), S. 349ff.

[732] Vgl. Janssen, Laatz (2007), S. 491; Jensen (2008), S. 350. Des Weiteren können auch gleichzeitig metrische und kategoriale Variablen einbezogen werden, ein Vorteil, der in dieser Untersuchung jedoch keine Rolle spielt.

[733] Bei der Methodik der hierarchischen Clusteranalyse wird beispielsweise das Ellbogenkriterium zur Bestimmung der Clusterzahl herangezogen. Das Ellbogenkriterium liefert jedoch in manchen Studien keinen Anhaltspunkt auf das Vorhandensein von Clustern oder eine mögliche Anzahl derselben, da entweder kein „Knick" oder mehrere „Knicke" vorliegen. Daher wird das Festlegen der Clusterzahl auf Basis des Ellbogen-Kriteriums kritisiert. Weitere Kriterien wie das CCC (Cubic Clustering Criterion) sowie das Pseudo-F-Kriterium liefern zwar Ergebnisse mit größerer Sicherheit, häufig können hier jedoch mehrere Clusterlösungen identifiziert werden. Die Auswahl der am besten passenden Clusterzahl obliegt dann der subjektiven Beurteilung durch den Forscher. Die optimale Clusterzahl kann nicht statistisch eindeutig bestimmt werden. Vgl. Jensen (2008), S. 350f.

[734] Vgl. Jensen (2008), S. 349.

Im Weiteren soll nun die Vorgehensweise der Two-Step-Clusteranalyse in dieser Untersuchung anhand der von Jensen empfohlenen Prozessschritte[735] und die damit zusammenhängenden Fragestellungen genauer beschrieben werden (siehe Tabelle 28).

Der **erste Prozessschritt** besteht in der Auswahl derjenigen Variablen, auf deren Grundlage die Klassifizierung erfolgen soll. Da dieser Schritt für die Clusterbildung entscheidend ist, sollen die Inputvariablen sorgfältig ausgewählt, durch inhaltliche Überlegungen begründet sowie für den Untersuchungsgegenstand bedeutsam und vollständig sein.[736] Für die hier durchgeführte Clusteranalyse werden, wie bereits dargestellt, die ermittelten Teilnutzenwerte oder Präferenzurteile der Patienten hinsichtlich der KH-Qualitätsinformationen herangezogen. Für den Fall, dass die Clustervariablen mit unterschiedlichen Skalen erhoben wurden, sollte eine Standardisierung vorgenommen werden, da es sonst zu verzerrten Ergebnissen bei der Clusteranalyse kommen kann.[737] Eine Standardisierung ist in der vorliegenden Untersuchung nicht notwendig, da alle Clustervariablen mit der gleichen Skala erhoben wurden.

Bezüglich der Anzahl der einzubeziehenden Clustervariablen sowie deren möglichen Abhängigkeit untereinander gibt es in der Literatur kein einheitliches Meinungsbild. Diskutiert wird einerseits ein sparsamer Einsatz von Clustervariablen bzw. das Vorschalten einer exploratorischen Faktorenanalyse zur Variablenreduktion.[738] Andere Autoren empfehlen den Ausschluss korrelierter Variablen.[739] Die Clusteranalyse setzt jedoch nicht die Unkorreliertheit der einbezogenen Variablen voraus. Zahlreiche Autoren zeigen zudem, dass durch eine vorgeschaltete EFA wesentliche Ähnlichkeitsinformationen fehlen könnten und somit die Entdeckung der Clusterstruktur eingeschränkt wird.[740] Daher folgen wir hier der Empfehlung von Jensen und beziehen alle Präferenzvariablen der KH-Qualität ein.[741]

Die wesentliche, nächste Frage beschäftigt sich mit der Festlegung des geeigneten Proximitätsmaßes, mit dem die Ähnlichkeit bzw. Unterschiedlichkeit zwischen den zu gruppierenden Objekten bestimmt werden soll. Generell gibt es hier zwei Ansätze – die Ähnlichkeitsmaße, welche sich auf die Betrachtung des Gleichverlaufs der Profile zweier Objekte beziehen, sowie die Distanzmaße, welche den absoluten Abstand zwischen den Objekten messen.[742] Bei metrischem Skalenniveau, wie in dieser Untersuchung, kommen üblicherweise Distanzmaße zum Einsatz.[743] Vor der eigentlichen Clusterbildung sollten Ausreißer, d.h. Objekte mit untypischen Merkmalsausprägungen, die ergebnisverzerrend wirken könnten, identifiziert und eliminiert werden. Diese Funktion ist bereits in die Methodik der Two-Step-Clusteranalyse eingebettet und muss nicht wie bei anderen Verfahren explizit durchgeführt werden.[744]

---

735 Vgl. Jensen (2008), S. 358.

736 Vgl. Rich (1992), S. 767.

737 Vgl. Büschken, von Taden (2000), S. 342f.; Janssen, Laatz (2007), S. 506.

738 Vgl. z. B. Backhaus et al. (2003), S. 538.

739 Vgl. z.B. Sneath, Sokal (1973).

740 Vgl. Jensen (2008), S. 359 und die dort zitierten Quellen.

741 Vgl. Jensen (2008), S. 359.

742 Vgl. Backhaus et al. (2003), S. 496.

743 Vgl. Berekoven et al. (2001), S. 222.

744 Vgl. Janssen, Laatz (2007), S. 506. Zu Verfahren der Ermittlung von Ausreißern bei hierarchischen sowie partitionierenden Clustermethoden siehe auch Jensen (2008), S. 361.

Der **zweite Prozessschritt** der Clusteranalyse besteht in der Clusterbildung. Der Fusionsalgorithmus in dieser Untersuchung ist die Two-Step-Clustermethode.[745] Wie der Name bereits verrät, werden zwei Schritte durchlaufen. Im ersten Schritt findet eine so genannte Vor-Clusterung statt, indem alle Objekte auf Basis des Distanzmaßes in Subcluster klassifiziert und in einer Baumstruktur abgelegt werden. In dieser Stufe werden die Ausreißer-Fälle (auch als „Rauschen" bezeichnet) in ein spezielles Subcluster eingruppiert. Da die entstehende Baumstruktur von der Reihenfolge der Fälle in der Datenbasis beeinflusst werden kann, wird eine zufällige Anordnung der Objekte, z.B. mit Hilfe von Zufallszahlen, vor Beginn der Analyse empfohlen. Im zweiten Schritt erfolgt dann die schrittweise Zusammenführung der Subcluster auf Basis der agglomerativen hierarchischen Clustermethode zu Endclustern. Es werden die Subcluster zu Clustern zusammengefasst, welche, gemessen am Distanzmaß der Log-Likelihood, zur geringsten Erhöhung der Distanz führen. Dies wird solange fortgeführt, bis die optimale Clusterzahl erreicht ist.

Für die Ermittlung der optimalen Clusterzahl in der endgültigen Clusterlösung werden ebenfalls zwei Schritte durchlaufen. Zunächst wird das Gütekriterium Akaike Information Criterion (AIC) berechnet.[746] Generell gilt, je kleiner das AIC ausgeprägt ist, desto besser ist die Anpassungsgüte des geschätzten Modells.[747] Die Entscheidungsregel des kleinsten AIC kommt jedoch nicht als Auswahlkriterium für die optimale Clusterzahl per se in Frage, da sich in Simulationsstudien erwiesen hat, dass die Clusterlösung mit dem niedrigsten AIC tendenziell zu einer hohen Clusterzahl führt.[748] Daher wird das AIC nur zur Bestimmung der Obergrenze für die optimale Clusterzahl sowie für die weitere Verbesserung der Lösung genutzt. Im zweiten Schritt wird ein weiteres Auswahlkriterium hinzugezogen, das so genannte R_2, welches aus dem Verhältnis der Distanzerhöhung eines Fusionsschrittes relativ zur Distanzerhöhung des vorherigen Fusionsschrittes berechnet wird. Die optimale Clusteranzahl liegt vor, wenn R_2 maximal ist. Die Two-Step-Clusteranalyse ermittelt aufgrund der Gütekriterien AIC sowie R_2 quasi automatisch die optimale Clusteranzahl. Sollten keine Cluster in der Datenstruktur entdeckt werden, wird auch keine Clusterung durchgeführt.

Im **dritten und letzten Prozessschritt** werden die generierten Cluster inhaltlich interpretiert.[749] Hierzu werden einmal die berechneten signifikanten Mittelwerte der Clustervariablen zur Interpretation der entdeckten Patientensegmente herangezogen. Darüber hinaus werden zur weiterführenden Beschreibung andere Variablen der Untersuchung einbezogen. Schlussendlich wird die Interpretation der Cluster durch die Vergabe sprechender Bezeichnungen für die identifizierten Segmente abgeschlossen.

---

[745] Kernidee dieser probabilistischen Clustermethode ist die Maximierung der Wahrscheinlichkeit (Likelihood), dass die vorliegende Datenbasis einem definierten Clustermodell entspricht. Im Modell werden hierzu die zu maximierende Funktion formuliert (als die für alle Variablen gemeinsame Wahrscheinlichkeitsdichte für die Daten) und die Modellparameter mittels Maximum-Likelihood-Schätzmethode geschätzt. Bei Erreichen des Maximums der (logarithmierten) Wahrscheinlichkeitsfunktion (maximale Log-Likelihood) gibt es keine bessere Lösung, d.h. keine bessere Zuordnung der Objekte zu den Variablen, gemessen am Kriterium der maximalen Wahrscheinlichkeit. Eine detaillierte Beschreibung der Two-Step-Clustermethodik ist bei Janssen, Laatz (2007), S. 491ff. zu finden sowie Chiu et al. (2001).

[746] Vgl. Janssen, Laatz (2007), S. 495.

[747] Vgl. Jensen (2008), S. 356.

[748] Vgl. Janssen, Laatz (2007), S. 495.

[749] Vgl. Jensen (2008), S. 363ff.

Prozessschritte	Fragestellung	Durchführung
1. Auswahl des Dateninputs	Welche Clustervariablen sind relevant?	insgesamt 35 Clustervariablen der Informationspräferenzen der Probanden zur KH-Qualität
	Ist eine Standardisierung notwendig?	keine Notwendigkeit, da bei allen Clustervariablen die gleiche Skala verwendet wird
	Wie wird die Ähnlichkeit bzw. Unterschiedlichkeit gemessen?	Distanzmaß
	Wie werden Ausreißer identifiziert?	im Rahmen des ersten Steps der Clustermethode
2. Clusterbildung	Welche Clustermethode wird eingesetzt?	Two-Step-Cluster-Methode
	Wie wird die Anzahl der Cluster bestimmt?	Auswahlkriterien AIC sowie R_2
3. Interpretation der Cluster	Wie werden die identifizierten Cluster beschrieben?	auf Basis der aktiven Clustervariablen (inklusive Signifikanzprüfung der Mittelwerte) sowie unter Hinzuziehung der andere Variablen der Untersuchung

Tabelle 28: Prozessschritte der Two-Step-Clusteranalyse in dieser Untersuchung

5.2. Die Datenerhebung

Zur Erreichung der Untersuchungsziele dieser Arbeit wurden an das Instrument zur Datenerhebung besondere Anforderungen gestellt. Die Datenerhebungsmethodik musste sowohl die Ermittlung des Involvements der Patienten hinsichtlich Informationen zur KH-Qualität, potentielle Einflussgrößen als auch die Erhebung der Informationspräferenzen der Patienten zur KH-Qualität unterstützen. Die Erhebung der Indikatoren zur Operationalisierung des Involvementkonstrukts sowie der definierten Einflussgrößen legt die Anwendung einer standardisierten schriftlichen Befragung nahe. Die Ermittlung der Präferenzurteile des spezifischen Informationsbedarfs erfordert, wie bereits bei den methodischen Aspekten detailliert beschrieben, die Durchführung eines BWS-Experiments (siehe Abschnitt 5.1.4.2). Daher ist für diese Studie ein Erhebungsinstrument zu entwickeln, welches beiden Anforderungen gerecht wird. Es wurde daher ein standardisierter schriftlicher Fragebogen erstellt, der eingebettet ein BWS-Experiment zur Erhebung der spezifischen Informationspräferenzen zur KH-Qualität enthielt.

Da die BWS-Messskala, wie bereits erwähnt,[750] bisher weitgehend unbekannt ist und auch das Experiment selbst einer Erklärung zur Benutzung für die Patienten bedurfte, wurden die Fragebögen persönlich verteilt. Die Einweisung erfolgte in Gruppengesprächen vorab oder bei ans Bett gebundenen Patienten in den Patientenzimmern. Bei den Erläuterungen zur methodischen Verwendung des Fragebogens wurde streng darauf geachtet, dass keine inhaltliche Beeinflussung der Probanden stattfand. Wie die Rücklaufquote als erstes Indiz

[750] Siehe zu Vor- und Nachteilen der Anwendung der BWS-Methodik auch Abschnitt 4.3.4.2.

zeigt, hat sich die gewählte Erhebungsmethodik als erfolgreich erwiesen.[751] Auch konnte ein guter Kompromiss zwischen den bei Wahl-Experimenten (aufgrund der Erhebungstechnik) normalerweise recht kleinen Stichprobengrößen und den für multivariate Analysen notwendigen Mindest-Stichprobengrößen gefunden werden.[752]

Die Gestaltung des verwendeten Fragebogens folgte dem Leitfaden von Homburg und Krohmer:[753]

1. Entscheidung über Frageninhalte
2. Entscheidung über Fragenformate
3. Entscheidung über Fragenformulierungen
4. Entscheidung über Fragenreihenfolge
5. Entscheidung über äußere Gestaltung des Fragebogens
6. Pre-Test, Revision und endgültige Feststellung des Fragebogens

Es liegt auf der Hand, dass sich die im ersten Schritt festzulegenden Inhalte des Fragebogens in dieser Untersuchung auf die Beantwortung der Forschungsfragen zwei bis sechs richteten. Zur Begrenzung der Fragebogenlänge war des Weiteren die Fokussierung auf wesentliche Untersuchungsvariablen notwendig, da nicht alle Sachverhalte abgefragt werden können.[754] Der Aspekt der Fragebogenlänge stellte aufgrund der Eingliederung des BWS-Experiments eine spezielle Herausforderung dar. Die Anzahl von acht Seiten entsprach nach einer Untersuchung von Pfaff et al. jedoch noch einem gut tolerierbaren Fragebogenumfang.[755]

Im Schritt zwei wurden die Fragenformate festgelegt. In dieser Untersuchung finden geschlossene Fragen Anwendung, die nach Kuß folgende Vorteile aufweisen:[756]

- einfache Beantwortung
- einfache Kodierung und Analyse
- gedankliche Unterstützung der Probanden durch vorgegebene Items
- gute Vergleichbarkeit

Sofern es möglich war, wurde auf bereits vorhandene Messinstrumente zurückgegriffen oder diese ggf. durch Adaption angepasst.[757] Aufgrund des exploratorischen Charakters dieser Arbeit sowie den vorliegenden Forschungsdefiziten (siehe auch Abschnitt 4.1) war es zudem notwendig, neue Messinstrumente zu entwickeln.[758] Für die Messung der verwendeten Einzelindikatoren wurden fünf-stufige Likert-Skalen[759] eingesetzt mit den Antwortpolen „trifft gar nicht zu" und „trifft völlig zu". Eine differenziertere Skalenabstufung (z.B. sechs-stufige bzw. sieben-stufige Likert-Skalen) wurde in Anbetracht der erhöhten Schwierigkeit

---

751 Siehe zur Güteprüfung der Stichprobe weiterführend Abschnitt 5.3.

752 Vgl. zu geforderten Stichprobengrößen, z.B. für die Kausalanalyse, Bagozzi (19981), S. 380; Bagozzi, Yi (1988), S. 80; Bentler (1985), S. 3; Boomsma (1983), S. 113; Loehlin (1987), S. 60f.

753 Vgl. Homburg, Krohmer (2008), S. 43. Detaillierte Hinweise zur Fragebogengestaltung gibt auch Bortz, Döring (1995), S. 231ff.

754 Vgl. Homburg, Krohmer (2008), S. 44.

755 Nach Pfaff et al. konnten keine signifikanten Unterschiede im Rücklauf von Fragebögen zwischen 4 bis 12 Seiten festgestellt werden. Vgl. Pfaff et al. (2001), S. 48.

756 Vgl. Kuß (2004), S. 113ff., 118f.

757 Vgl. Bortz, Döring (1995), S. 232.

758 Die Operationalisierung der verwendeten Konstrukte dieser Untersuchung in Form vorhandener, adaptierter oder neuer Messinstrumente wird in den jeweiligen Abschnitten der empirischen Messung erläutert.

759 Vgl. Likert (1932).

bei der Urteilsbildung für die Befragten,[760] was insbesondere bei der Befragung von KH-Patienten mit i.d.R. eingeschränkten physischen und kognitiven Fähigkeiten zu wesentlich größeren Belastungen führen würde, als nicht sinnvoll erachtet.
Die Messung der Informationspräferenzen der Probanden zur KH-Qualität basierte auf einem entwickelten Erhebungsdesign auf der Grundlage des Best-Worst-Scaling.[761]
Die Formulierung der einzelnen Fragen im dritten Schritt folgte nachstehenden Grundsätzen:[762]

- Einfachheit: Die Fragen sind einfach und klar formuliert. Komplexe Sätze und ggf. unbekannte Fachbegriffe sind zu vermeiden.
- Neutralität: Die Fragen sollen keine direkten oder indirekten Hinweise enthalten, welche Antworten ggf. erwartet werden. Suggestive Fragestellungen sind zu vermeiden.
- Eindeutigkeit: Fragen sind so zu formulieren, dass der Proband eindeutig erkennt, welche Informationen von ihm erwartet werden. Unklare Fragen durch unfokussierte oder mehrdeutige Fragestellungen sind zu vermeiden.

Der Fragebogenaufbau im vierten Schritt beinhaltet einerseits den logischen Ablauf der Fragenbeantwortung, andererseits sollen möglichst geringe Abbruchquoten sichergestellt werden. Daher ist es sinnvoll, einen attraktiven Einleitungstext, welcher hier um den ebenso wichtigen Hinweis auf Anonymität ergänzt wurde, zu formulieren. Ferner wurde versucht, die schriftliche Erläuterung zum eingebauten Experiment spannend und einfach zu gestalten. Um etwaige Ausstrahlungseffekte zu vermeiden, wurden die Fragen zum Involvement vorwiegend im Anfangsteil des Fragebogens gestellt. Das Experiment zur Erhebung der Informationspräferenzen als für die Probanden aufwendigsten Teil des Fragebogens befand sich im Mittelteil. Nach der ersten Hälfte des Experiments wurde ein „Durchhalte-Statement" eingebaut, um ein vorzeitiges Abbrechen zu verhindern. Ggf. als sensibel wahrgenommene Fragen zur Person, wie z.B. zum wahrgenommenen Gesundheitszustand oder Einkommen, fanden im hinteren Teil des Fragebogens Platz.
Im letzten Schritt erfolgte der Pretest, der trotz des hohen Zeitaufwandes insbesondere bei umfangreichen und kostenintensiven Untersuchungen empfohlen wird.[763] Für den Pretest in dieser Studie wurden insgesamt 20 Personen aus der Zielgruppe ausgewählt. Darüber hinaus fand eine Diskussion des Fragebogens mit Mitgliedern der Selbsthilfegruppe von Erwachsenen mit Leukämien und Lymphomen in Stuttgart statt.[764] Als Ergebnis des Pretests wurde das Qualitätsmerkmal der „Mortalitätsrate" in den Begriff „Sterblichkeitsrate" umgewandelt. Des Weiteren erfolgte eine alphabetische Neuordnung der vorgegebenen

---

[760] Vgl. Viswanathan et al. (2004), S. 123.

[761] Da die BWS-Methodik metrische Erhebungswerte ermittelt, welche auch als prozentuale Teilnutzenwerte im Verhältnis zum Gesamtnutzen interpretiert werden können, sind die Ergebnisse mit Befunden anderer Studien prinzipiell vergleichbar. Weil jedoch die Bestandsaufnahme zeigt, dass bisherige Studien zu Informationspräferenzen hinsichtlich der KH-Qualität in nur geringer Zahl vorliegen und diverse Kritikpunkte aufweisen, z.B. in Bezug auf die eher eingeschränkte Auswahl der Qualitätsmerkmale, ist ein Vergleich nur eingeschränkt möglich. Vgl. Abschnitt 4.1.2.2. Siehe zu den Grundlagen eines BWS-Erhebungsdesigns auch Abschnitte 4.3.4.2. sowie zur Entwicklung des BWS-Designs für diese Untersuchung Abschnitt 6.1.1.

[762] Vgl. Homburg, Krohmer (2008), S. 45.

[763] Vgl. Homburg, Krohmer (2008), S. 46.

[764] An dieser Stelle sei dem Leiter der Selbsthilfegruppe, Herrn Kolo, besonders gedankt.

Qualitätsmerkmale und deren Beschreibung im Erklärungsteil des Experiments zum spezifischen Informationsbedarf, um ein ggf. nochmaliges Nachschauen der Probanden zu erleichtern und das ursprünglich an erster Stelle stehende Merkmal der Sterblichkeitsrate in der Position zu ändern. Besonders letztere Änderung wurde als absolut notwendig angesehen, um negative Assoziationen der Probanden zu vermeiden.

5.3. Die Datengrundlage

Die Datenerhebung wurde in den Monaten Januar, Februar und März 2008 durchgeführt. Da bisher kaum Studien systematisch sowohl Versicherte/Bürger als auch Patienten einbezogen haben (siehe auch Abschnitt 4.1.2.), wurde diese Untersuchung auf beide Zielgruppen ausgerichtet. Intention dieser Untersuchung war die Ableitung generalisierbarer Aussagen, die sich auf momentan Betroffene und aktuell Nichtbetroffene (im Folgenden als potentielle Patienten bezeichnet) gleichermaßen beziehen.[765]

Zur Befragung von Krankenhaus-Patienten konnte ein KH der Maximalversorgung in Baden-Württemberg als Kooperationspartner gewonnen werden.[766] Die Möglichkeit der Befragung von Patienten, die aktuell aufgrund einer stationär behandlungsbedürftigen Erkrankung vor einer KH-Einweisung standen, wurde in Absprache mit der Krankenhausleitung aus ethischen Gründen verworfen. Um die Forderung der Ex-ante-Betrachtung der KH-Qualität auch für gerade betroffene Patienten zu erfüllen (KH-Patienten), wurde bei der Befragung, wie bei Verfahren der Präferenzmessung durchaus nicht selten,[767] ein virtuelles Informationsangebot kreiert, in welchem eine Ex-ante-Situation für alle Probanden (KH-Patienten und potentielle Patienten) simuliert wurde, i.S.e. hypothetischen Qualitätsbeurteilung eines KH vor der stationären Aufnahme.[768]

---

[765] Die Einbeziehung von nicht akut betroffenen Patienten in die Untersuchung stützt sich neben vorliegenden empirischen Befunden zum Informationsbedarf von Versicherten zur KH-Qualität (siehe auch Abschnitt 4.1.2.1) auf das in den Modellen des Informationssuchverhaltens verankerte und bereits dargestellte Konzepts der kontinuierlichen Informationssuche (ongoing search), wonach der Informationsbedarf von Individuen antizipativ, bezogen auf die Zukunft fortdauernd vorliegen kann (siehe auch Abschnitte 4.3.6, 4.3.7 sowie 4.3.9. Da die hier vorliegende Untersuchung erstmals beide Zielgruppen berücksichtigt, wird eine explizite Prüfung der empirischen Ergebnisse in Bezug auf Unterschiede zwischen den beiden Befragungsgruppen integriert. Identifizierte Unterschiede werden, falls vorhanden, im Rahmen der Darstellung der Untersuchungsergebnisse aufgeführt.

[766] Die Auswahl des KH sollte mögliche Verzerrungen aufgrund einer einseitigen klinischen Spezialisierung, z.B. Sportklinik oder Herzzentrum oder einer speziellen Trägerschaft wie z.B. konfessionelle Träger vermeiden Das gewählte KH kann als typische Einrichtung der Maximalversorgung angesehen werden. Es werden alle klinischen Fachbereiche abgedeckt. Den Träger des KH bildet eine Stiftung (ohne konfessionellen Hintergrund).

[767] Insbesondere in der Marktforschung werden hypothetische bzw. fiktive Angebote als Ausgangsbasis für Verfahren der CA verwendet, um die Kundenpräferenzen zu ermitteln bevor das Produkt bzw. die Dienstleistung am Markt eingeführt wird. Vgl. auch Backhaus et al. (2003) S. 544f. Auch in unserer Untersuchung ist die Entwicklung eines hypothetischen Angebotes, hier Informationsangebot zur KH-Qualität, angezeigt, da erstens bisher kein Angebot in der Realistät vorliegt, welches die in Frage kommenden relevanten Qualitätsinformationen zur Ex-ante-Beurteilung der KH-Qualität umfasst. Und zweitens eine Simulation der Ex-ante-Situation vor einem KH-Aufenthalt für die befragten Bürger und betroffenen Patienten angezeigt war.

[768] Hierzu wurde ein entsprechender Einleitungstext entwickelt und vor das eigentliche BWS-Experiment im Fragebogen platziert. Siehe hierzu Anhang VI.

Die Befragung von Versicherten/Bürgern (von potentiellen Patienten) sollte möglichst unterschiedliche Lebensbereiche abdecken. Hier wurden eine evangelische Gemeinde, ein Dienstleistungsunternehmen, eine Volkshochschule, eine katholische Studentengruppe sowie ein Fitness Club akquiriert.

Die Befragung im Krankenhaus bezog alle Stationen mit folgenden Fachbereichen ein: Allgemeine Chirurgie, Herzchirurgie, Allgemeine Innere Medizin, Gastroenterologie, Hämatologie, Gynäkologie, Geburtsheilkunde, Kardiologie, Hämatologie, Nephrologie, Onkologie. Auch Patienten von Privatstationen wurden befragt. In Absprache mit der Krankenhausführung wurden operative Intensivstationen, chirurgische sowie internistische Überwachungsstationen sowie Palliativstationen ausgeschlossen, da eine Teilnahme dieser Probanden aufgrund der kognitiven Einschränkungen - z.T. waren diese Patienten nicht bei Bewusstsein - nicht sinnvoll und auch ethisch fragwürdig wäre. Befragt wurden erwachsene Personen ab 18 Jahre. Wie in Tabelle 29 zu sehen, konnten insgesamt 433 Fragebögen verteilt werden. Bei einer ausgesprochen guten Rücklaufquote von 71% über beide Befragungsgruppen wurden 306 Fragebögen beantwortet. Da jedoch nicht alle Fragebögen auswertbar waren, bilden 276 Fragebögen die effektive Stichprobe. Wie zu erwarten, war die Quote an nicht auswertbaren Fragebögen, welche zumeist auf Probleme mit dem BWS-Experiment zurückgeführt werden konnten, bei den KH-Patienten mit 15% höher als bei den potentiellen Patienten mit 4%. Insgesamt ist die Zahl der auswertbaren Fragebögen jedoch als sehr gut zu werten.

	verteilte Fragebögen	**Rücklauf**	**auswertbare Fragebögen**
KH-Patienten	193	167	142
potentielle Patienten	240	139	134
gesamt	**433**	**306**	**276**

Tabelle 29: Verteilte Fragebögen, Rücklauf und auswertbare Fragebögen

Zur Überprüfung, inwieweit die erhobene Stichprobe der Grundgesamtheit entspricht, bieten sich hier die Merkmale Alter, Geschlecht, Versicherungsstatus und soziale Schicht an. Zur Beschreibung der Grundgesamtheit wurden als Quellen das Statistische Bundesamt (StBA), die Statistik der PKV sowie der soziale Schichtindex nach Winkler herangezogen. Die Zusammensetzung der Stichprobe sowie die entsprechenden Werte der Grundgesamtheit sind in Tabelle 30 gegenübergestellt. In der Untersuchung wurden 44,1% Männer und 55,9% Frauen befragt. Die Geschlechterverteilung der Stichprobe entspricht der Verteilung in der Grundgesamtheit. Der χ^2-Test ergibt keine signifikanten Verteilungsunterschiede ($\chi^2 = 2{,}595$, df=1, Signifikanzniveau 0,05). Auch die Altersverteilung zeigt zwar kleinere Abweichungen, entspricht jedoch noch signifikant der Grundgesamtheit ($\chi^2 = 8{,}088$, df=4, Signifikanzniveau 0,05). In der Befragung gehörten 21,6% der Unterschicht, 47,7% der mittleren Schicht und 30,7% der Oberschicht an. Entsprechend verprobt mit dem Schichtindex nach Winkler können auch hier keine signifikanten Verteilungsunterscheide festgestellt werden. Die H0-Hypothese kann beibehalten werden ($\chi^2 = 5{,}786$, df=2, Signifikanzniveau 0,05).

Lediglich bei der Verteilung des Versicherungsstatus zeigt sich in der Erhebung eine signifikante Überrepräsentativität von Privatversicherten (24,9%) gegenüber gesetzlich versicherten Probanden (75,1%). Da jedoch keine grobe Missverteilung vorliegt und die

Sichtweise Privatversicherter in dieser Erhebung von explizitem Interesse ist,[769] werden die Unterschiede als akzeptabel eingestuft. Insgesamt wird die Stichprobe aufgrund der nicht signifikanten Unterschiede bei den Merkmalen Alter, Geschlecht und soziale Schicht sowie den tolerierbaren Differenzen in der Merkmalsverteilung zur Krankenversicherung im Hinblick auf die vorliegenden Merkmalsausprägungen der Grundgesamtheit als repräsentativ betrachtet.[770]

In Tabelle 31 sind nochmals die zentralen Aspekte der empirischen Erhebung zusammengefasst.

Merkmal	**Eigene Erhebung**	**Quellen**
Alter		**StBA**
18-29	19,6	16,0
30-39	12,7	16,7
40-49	18,5	20,5
50-59	19,9	16,1
über 60	29,3	30,7
Krankenversicherung		**Statistik der PKV/GBE Bund**
Privat	24,9	10,4*
Gesetzlich	75,1	85,4*
Geschlecht		**StBA**
männlich	44,1	49,0
weiblich	55,9	51,0
Soziale Schicht		**Schichtindex nach Winkler**
Unterschicht	21,6	27,8
Mittelschicht	47,7	46,5
Oberschicht	30,7	25,7

Anmerkung: Alle Angaben in %; *Die Differenz von 4,2% zu 100% kommt durch Selbstzahler, Nichtversicherte und Sonstiges z.B. Soldaten zustande.
Quellen: Eigene Erhebung; StBA (2006a); PKV (2007); GBE des Bundes (2007); Winkler (1998); Winkler, Stolzenberg (2007)

Tabelle 30: Struktur der Stichprobe

Zentrale Aspekte der Erhebung	**Umsetzung**
Kooperationspartner	- Krankenhaus der Maximalversorgung in Baden-Württemberg, - evangelische Gemeinde, Dienstleistungsunternehmung, Volkshochschule, Fitness Club, katholische Studentengruppe
Form der Datenerhebung	schriftliche, anonyme Befragung mit eingebettetem BWS-Experiment
Erhebungszeitraum	Januar, Februar, März 2008
effektive Stichprobengröße	n = 276

Tabelle 31: Zentrale Elemente der empirischen Erhebung im Überblick

[769] Privatversicherte stellen aus Sicht eines KH eine attraktive Zielgruppe dar. Dar Informationsbedarf von Privatversicherten zur KH-Qualität ist daher in dieser Untersuchung von besonderer Bedeutung.

[770] Ein Anspruch auf Allgemeingültigkeit wird nicht erhoben, da die Befragung nur ein KH und eine begrenzte Zahl von Lebensbereichen potentieller Patienten einbezieht. Diese entsprechen jedoch, wie gezeigt, den Merkmalen der Grundgesamtheit.

6. Das Involvement von Patienten hinsichtlich Informationen zur Krankenhausqualität

In diesem Kapitel steht die Erhebung des Involvements von Patienten hinsichtlich Informationen zur KH-Qualität im Fokus der Betrachtung (siehe auch Abbildung 14). Bevor hierzu eine empirische Bestandsaufnahme erfolgen kann, ist es zuerst notwendig, ein geeignetes Messinstrumentarium zu entwickeln und empirisch zu prüfen. Die Aufgabe der Konzeptualisierung des Involvements von Patienten hinsichtlich KH-Qualitätsinformationen als spezielle Form des Produktinvolvements führte zur Beschäftigung mit der Frage nach potentiellen Auslösern, Motiven bzw. Ursachen dieses Involvements und damit folgerichtig zur Erkenntnis, dass es sich notwendigerweise um ein mehrdimensionales Konstrukt handeln muss. Auf Basis der bewährten, bereits dargestellten schrittweisen Vorgehensweise nach Homburg und Giering[771] werden die aus den empirischen und theoretischen Bezugspunkten abgeleiteten drei Involvementfacetten,[772] Wichtigkeit von KH-Qualitätsinformationen für Patienten, Sicherheitsbedürfnis und Partizipationsbedürfnis, operationalisiert, im Einzelnen empirisch geprüft und die Güte des Gesamtkonstrukts eingehend evaluiert.

Im zweiten Abschnitt dieses Kapitels wird die Ausprägung bzw. Höhe des Involvements von Patienten in Bezug auf KH-Qualitätsinformationen dargestellt und somit die zweite Forschungsfrage dieser Arbeit beantwortet.

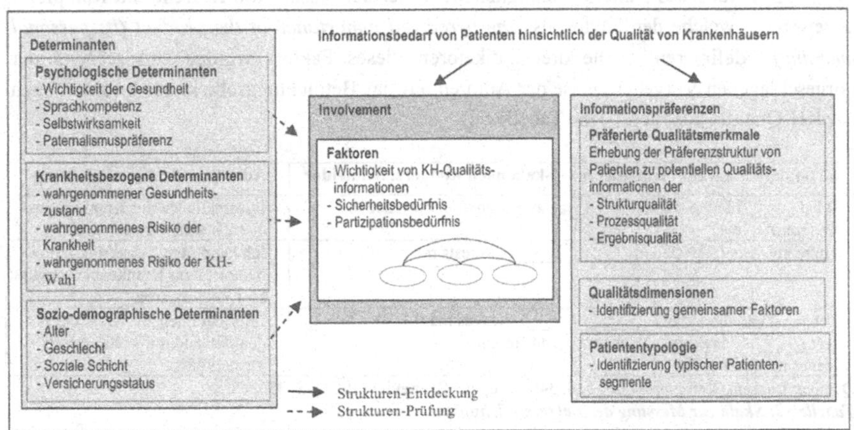

***Abbildung 14:** Die Messung des Involvements von Patienten hinsichtlich KH-Qualitätsinformationen als ersten Untersuchungsschritt im Forschungsmodell dieser Arbeit*

[771] Vgl. Abschnitt 5.1.2.

[772] Die Begriffe Dimension bzw. Facette bei mehrdimensionalen Konstrukten werden vor allem in der Phase der Konzeptualisierung verwendet (Identifikation bzw. Ableitung der inhaltlichen Dimensionen bzw. Strukturierung einer nicht direkt beobachtbaren Messgröße), während in der Phase der Operationalisierung und Messung der Terminus Faktor entsprechend der zur Anwendung kommenden faktoranalytischen Verfahren bevorzugt wird. Vgl. Homburg (2003), S. 13, sowie S. 87ff.

6.1. Die Überprüfung des Messinstrumentariums

6.1.1. Operationalisierung und Messung der relevanten Faktoren

6.1.1.1. Modellierung des Faktors Wichtigkeit

Ein wesentlicher Faktor zur Bestimmung des Involvements von Patienten hinsichtlich KH-Qualitätsinformationen ist die persönliche Relevanz bzw. die wahrgenommene Wichtigkeit von Informationen zur Krankenhausqualität. Wie bereits angeführt, lässt sich der Faktor aus diversen empirischen Studien ableiten, in welchen die Bedeutung von bzw. der Wunsch nach Informationen zur KH-Qualität nachgewiesen wird.[773]
Des Weiteren liefern die theoretischen Bezugspunkte Hinweise auf den Faktor Wichtigkeit als Auslöser des informationsbezogenen Involvements von Patienten zur KH-Qualität.[774] Der Faktor Wichtigkeit ist insbesondere in den Ansätzen des Produktinvolvements verankert. Bereits im Definitions- und Konzeptualisierungsansatz von Zaichkowsky wird die persönliche Relevanz eines Produktes bzw. einer Leistung als Grundlage zur Bestimmung des Involvement gesehen. Die subjektive Relevanz, die Wichtigkeit bzw. das Interesse an einer entsprechenden Leistung, findet sich als gemeinsames Element in diversen Begriffsbestimmungen zum Involvement wieder. Folgerichtig ist der Faktor Wichtigkeit i.S.v. „Importance" und „Relevance" auch in nahezu allen mehrdimensionalen Messansätzen des Produktinvolvements zu finden.
Zur Modellierung des Faktors Wichtigkeit wird hier der Ansatz von Laurent und Kampferer angewendet, welche den Faktor als *„the perceived importance of the product (its personal meaning)"* definieren.[775] Die drei Indikatoren dieses Faktors wurden entsprechend der vorgeschlagenen Vorgehensweise der Autoren auf das Betrachtungsobjekt der Informationen zur KH-Qualität adaptiert (siehe Tabelle 32).

Skala nach Laurent / Kampferer	Skala nach Rodgers, Schneider	Adaption für diese Erhebung
What_____ I buy is extremely important to me.	I attach great importance to.	Informationen zur Krankenhausqualität sind mir sehr wichtig.
I'm really very interested in _____.	_____ interests me a lot.	Ich kann sagen, dass mich Informationen zur Krankenhausqualität sehr interessieren.
I couldn't care less about _____ (or: _____ is something which leaves me quite cold.)	_____ leaves me totally indifferent.	Informationen zur Krankenhausqualität sind mir vollkommen gleichgültig.

Quellen: Laurent, Kampferer (1993), S. 349; Rodgers, Schneider (1993), S. 336.
Tabelle 32: Skala zur Messung des Faktors Wichtigkeit

Da der dritte Indikator negativ formuliert ist, erfolgt hier eine reverse Codierung, wie im Originalinstrument.

---

[773] Vgl. zur Konzeptualisierung auch Abschnitt 4.1.2.1. sowie die Zusammenfassung in Abschnitt 4.4.
[774] Vgl. zur Konzeptualisierung auch Abschnitte 4.3.4. und 4.3.4.(Tabelle 12) sowie die Zusammenfassung in Abschnitt 4.4.
[775] Laurent, Kampferer (1985), S. 43. Die englische Übersetzung der Skala erfolgte zeitgleich von Laurent/ Kampferer sowie Rodgers/Schneider in derselben Ausgabe des Journals Psychology & Marketing. Die Übersetzungen unterscheiden sich inhaltlich nur marginal. Vgl. Laurent, Kampferer (1993), S. 349, sowie Rodgers, Schneider (1993), S. 336. Die Reliabilität und Validität des Messinstruments weisen Laurent und Kampferer mit dem Cronbachschen Alpha (0,80) und einer EFA nach.

Die Bewertung des Messmodels mit den drei Indikatoren erweist sich im Hinblick auf das Gütekriterium Cronbachsches Alpha sowie der exploratorischen Faktorenanalyse als sehr gut. Auch die konfirmatorische Faktorenanalyse fällt sehr positiv aus. Lediglich ein Indikator erreicht nicht ganz den angestrebten Gütewert der Indikatorreliabilität Alle Indikatoren werden beibehalten, das Messmodell zum Faktor Wichtigkeit findet somit Bestätigung (siehe Tabelle 33).

Informationen zum Faktor "Wichtigkeit von KH-Qualitätsinformationen"			
Gütekriterien der 1. Generation		Globale Gütekriterien der 2. Generation	
Cronbachsches Alpha	0,79	χ^2-Wert / df	-**
Erklärte Varianz	0,70	RMSEA	-**
Lokale Gütekriterien der 2. Generation		CFI	-**
Faktorreliabilität	0,81	GFI	-**
DEV	0,60	AGFI	-**

Informationen zu den Indikatoren des Faktors "Wichtigkeit von KH-Qualitätsinformationen"			
Indikator	Item-to-Total-Korrelation	Indikatorreliabilität	C.R.
Informationen zur Krankenhausqualität sind mir sehr wichtig.	0,71	0,74	8,92
Ich kann sagen, dass mich Informationen zur Krankenhausqualität sehr interessieren.	0,67	0,64	9,17
Informationen zur Krankenhausqualität sind mir vollkommen gleichgültig.	0,53	0,35	*

* Eine Berechnung des Wertes ist nicht möglich, da die Variable als Referenzindikator zur Standardisierung der Varianz des betreffenden hypothetischen Konstrukts fungiert.
** Bei drei Indikatoren hat ein konfirmatorisches Modell keine Freiheitsgrade. Die Berechnung dieser Maße ist daher nicht sinnvoll.

Tabelle 33: Informationen zum Faktor Wichtigkeit

6.1.1.2. Modellierung des Faktors Partizipationsbedürfnis

Wie die Analyse der vorliegenden empirischen Studien zur Bedeutung bzw. Relevanz von Informationen zur KH-Qualität für Patienten zeigt, ist als ein Hauptmotiv bzw. eine weitere Ursache für das Involvement von Patienten im Hinblick auf KH-Qualitätsinformationen der Wunsch zur Entscheidungsbeteiligung bei der KH-Auswahl zu sehen.[776] Insbesondere in Deutschland stellt die freie Wahl von Leistungsanbietern ein hohes Gut dar. Dabei ist dieses Bedürfnis generell stark ausgeprägt, unabhängig davon, ob momentan nicht akut betroffene Versicherte oder Patienten befragt werden.

Dies wird begründet durch die zunehmende Mündigkeit des Patienten, die sich wiederum in neuen Beziehungsstrukturen zwischen Arzt und Patient in Form von partizipativen Entscheidungsmodellen bzw. des Shared-Decision-Making niederschlägt.[777]

Das Bedürfnis nach Entscheidung lässt sich, wie bereits erörtert, ebenfalls aus dem Ansatz der Informationsökonomie sowie der Principal-Agenten-Theorie ableiten.[778] Auch aus den

[776] Vgl. auch Abschnitte 4.1.2.1.
[777] Vgl. auch Abschnitt 2.2.
[778] Vgl. die weiteren theoretischen Ansatzpunkte zur Konzeptualisierung des Konstrukts auch in den Abschnitten 4.1.2.1, 4.3.6, 4.3.9, 4.3.10 sowie die Zusammenfassung in Abschnitt 4.4.

Theorien des Informationssuchverhaltens, insbesondere aus dem Modell der Informationsverarbeitung sowie aus dem Ansatz des Informationssuchverhaltens nach Wilson, resultiert das Motiv der Entscheidungsfindung als auslösende Größe des Informationssuchverhaltens von Individuen. Das transaktionale Stressmodell der Stressforschung gibt ebenfalls einen Ansatzpunkt für den Faktor Partizipationsbedürfnis. Hier kann die Informationssuche bzw. das informationsbezogene Involvement des Patienten als Bewältigungsreaktion bzw. Copingstrategie in belastenden Situationen verstanden werden. Eine wesentliche Intention bzw. wesentliches Motiv des Coping liegt dabei in der Handlungsorientierung und beinhaltet alle aktiven Verhaltensweisen der Problemlösung i.S. aktiver Mitwirkung und Beteiligung.

Da zur Operationalisierung des Partizipationsbedürfnisses im Hinblick auf die KH-Auswahl noch keine Messskala vorliegt, wird für diese Forschungsarbeit eine eigene Messskala mit drei Indikatoren entwickelt.[779] Wie Tabelle 34 zeigt, kann das Messinstrument insgesamt als zufrieden stellend angenommen werden. Die durchschnittlich erfasste Varianz liegt jedoch unter dem vorgegebenen Wert und die Indikatorreliabilität wird bei zwei Indikatoren leicht unterschritten.

Informationen zum Faktor "Partizipationsbedürfnis"			
Gütekriterien der 1. Generation		Globale Gütekriterien der 2. Generation	
Cronbachsches Alpha	0,65	χ^2-Wert / df	-**
Erklärte Varianz	0,59	RMSEA	-**
Lokale Gütekriterien der 2. Generation		CFI	-**
Faktorreliabilität	0,66	GFI	-**
DEV	0,39	AGFI	-**

Informationen zu den Indikatoren des Faktor "Partizipationsbedürfnis"			
Indikator	Item-to-Total-Korrelation	Indikatorreliabilität	C.R.
Ich möchte bei der Auswahl des Krankenhauses durch den einweisenden Arzt einbezogen werden.	0,45	0,37	*
Die Auswahl des Krankenhauses sollte von einweisendem Arzt und Patient gleichermaßen getroffen werden.	0,45	0,36	5,86
Ich will auf die Auswahl des Krankenhauses einen wesentlichen / entscheidenden Einfluss haben.	0,48	0,44	5,74

* Eine Berechnung des Wertes ist nicht möglich, da die Variable als Referenzindikator zur Standardisierung der Varianz des betreffenden hypothetischen Konstrukts fungiert.

** Bei drei Indikatoren hat ein konfirmatorisches Modell keine Freiheitsgrade. Die Berechnung dieser Maße ist daher nicht sinnvoll.

Tabelle 34: Informationen zum Faktor Partizipationsbedürfnis

[779] Lediglich Hohensohn hat ein Messinstrument zur Erhebung der Beteiligungseinstellung von Patienten für die Medikamentenauswahl entwickelt, welches jedoch im Hinblick auf die Skalengüte nicht beurteilbar und daher neben der inhaltlichen Ausrichtung auf Medikamente nicht auf die hier vorliegende Fragestellung übertragbar ist. Vgl. Hohensohn (1997), S. 124. Des Weiteren liegt eine Messskala von Pfaff et al. (2001), S. 124, zum Partizipationsbedürfnis von Patienten bei generellen Behandlungsentscheidungen vor, deren Güte mit Hilfe einer EFA sowie des Cronbachschen Alpha (0,82) geprüft wurde. Für die Entwicklung der drei Items der hier verwendeten Messskala zum Partizipationsbedürfnis bei der KH-Wahl wurden daher Anregungen zur inhaltlichen Formulierung der Items aus der Skala von Pfaff et al. gewonnen.

6.1.1.3. Modellierung des Faktors Sicherheitsbedürfnis

Als dritte Dimension bzw. Faktor des mehrdimensionalen Involvementkonstrukts wurde, wie bereits dargestellt, das Sicherheitsbedürfnis von Patienten abgeleitet.[780]
Während im überwiegenden Teil der bisher vorliegenden empirischen Studien die Bedeutung von KH-Qualitätsinformationen für Patienten in engem Zusammenhang mit dem Bedürfnis nach Entscheidung bzw. Mitentscheidung bei der KH-Auswahl gesehen wird, gibt die qualitative Erhebung des Picker Instituts bereits einen Hinweis auf die eklatanten Sicherheitsbedürfnisse, welche Patienten in Informationssuchsituationen im Vorfeld zu einer KH-Behandlung artikulieren.[781] Auch die theoretischen Modelle zum Informationssuchverhalten weisen Bezugspunkte zum Sicherheitsbedürfnis als zentrale Ursache des informationsbezogenen Involvements auf. Im Modell der Informationssuche von Krikelas sowie im Prozessmodell nach Kuhlthau ist Unsicherheit bzw. das entsprechende Sicherheitsbedürfnis in der Initialphase des Informationssuchverhaltens wesentliches Motiv für die Entstehung von Informationsbedarf. Im umfassenden Modell des Informationssuchverhaltens von Wilson ist der Unsicherheitsaspekt ebenfalls als zentrales Motiv für die Aktivierung des Informationsbedarfs zu finden.
Schließlich spielt das Sicherheitsbedürfnis eine entscheidende Bedeutung im transaktionalen Stressmodell, in dem, wie bereits erwähnt, das informationsbezogene Involvement von Patienten als eine Copingreaktion bzw. Copingstrategie zur Situationsbewältigung eingestuft werden kann. Motivatoren finden sich dabei in zwei Kategorien, erstens in der bereits erwähnten Problemorientierung in Form von aktiven Handlungen, dem Bedürfnis nach Entscheidung bzw. Entscheidungspartizipation, zweitens als emotions-fokussiert bezeichnet, das Motiv der Beseitigung von Unsicherheit und der Erlangung eines emotionalen Gleichgewichts. Entsprechend der Aussagen des transaktionalen Stressmodells sind in stressvollen Situationen i.d.R. beide Bewältigungsstrategien zu finden. So wurden im mehrdimensionalen Involvementkonstrukt der hier vorliegenden Untersuchung auch beide Faktoren, das Partizipationsbedürfnis sowie das Sicherheitsbedürfnis, berücksichtigt. Der Faktor Partizipationsbedürfnis wurde im vorherigen Abschnitt bereits dargestellt und gemessen.
Im Folgenden wird der Faktor Sicherheitsbedürfnis modelliert. Da auch hier für ein geeignetes Messmodell nicht auf vorhandene Vorarbeiten zurückgegriffen werden konnte, wurde ein eigener Ansatz entwickelt. Auf Basis des theoretischen Ansatzes der wahrgenommenen Unsicherheit nach Atkins sowie der Information-Intents-Theorie nach Todd ließen sich vier Messindikatoren formulieren.[782] Im Rahmen der konfirmatorischen Faktorenanalyse musste ein Indikator entfernt werden.[783] Für das resultierende Vier-Indikatoren-Messmodell wurden nochmals die relevanten Berechnungen zur Prüfung des

[780] Vgl. die weiteren theoretischen Ansatzpunkte zur Konzeptualisierung des Konstrukts auch in den Abschnitten 4.3.7, 4.3.8, 4.3.9 sowie die Zusammenfassung in Abschnitt 4.4.
[781] Vgl. Picker Institut (2006); siehe hierzu auch Abschnitt 4.1.2.1.
[782] Nach Atkin umfassen Sicherheitsbedürfnisse in inhaltlicher Hinsicht die Kategorien Kontrolle/Orientierung, Auswahl/Alternativen, Entscheidungsaufgabe und Bestätigung. Vgl. Atkin (1973), S. 208ff.; ähnlich auch Todd (2005), S. 198ff. Die Formulierung der Items zur Messskala des Faktors Sicherheitsbedürfnis in dieser Untersuchung spiegelt diese Kategorien inhaltlich wider.
[783] Die Entfernung des Indikators wurde aufgrund eines schlechten Modell-Fit vorgenommen (χ^2-Wert / df: 61,12 / 5; RSMEA: 0,202; AGFI: 0,740).

Konstrukts durchgeführt (siehe Tabelle 35). Die erklärte Varianz der EFA sowie das Cronbachsche Alpha weisen sehr gute Werte auf. Die Gütekriterien der KFA sind bis auf das RSMA gut bis sehr gut, so dass das Messmodell für den Faktor Sicherheitsbedürfnis hinsichtlich Validität und Reliabilität angenommen werden kann.

Informationen zum Faktor "Sicherheitsbedürfnis"				
Gütekriterien der 1. Generation		Globale Gütekriterien der 2. Generation		
Cronbachsches Alpha	0,85	χ^2-Wert / df	8,82 / 2	
Erklärte Varianz	0,69	RMSEA	0,111	
Lokale Gütekriterien der 2. Generation		CFI	0,986	
Faktorreliabilität	0,85	GFI	0,985	
DEV	0,59	AGFI	0,925	
Informationen zu den Indikatoren des Faktor "Sicherheitsbedürfnis"				
Indikator		Item-to-Total-Korrelation	Indikatorreliabilität	C.R.
Informationen zur Krankenhausqualität geben mir mehr Sicherheit bei der Frage, ob ein Krankenhaus und dessen medizinische Behandlungsmöglichkeiten meinen Bedürfnissen entsprechen.		0,63	0,50	*
Informationen zur Krankenhausqualität helfen mir bei der Orientierung zwischen mehreren / verschiedenen Krankenhäusern und Behandlungsangeboten.		0,72	0,61	11,58
Informationen zur Krankenhausqualität helfen mir zu beurteilen, ob die Empfehlung meines Arztes für ein Krankenhaus gut ist.		0,65	0,53	10,88
Informationen zur Krankenhausqualität geben mir mehr Sicherheit, wenn ich mich zwischen mehreren Krankenhäusern entscheiden muss.		0,76	0,73	12,25

* Eine Berechnung des Wertes ist nicht möglich, da die Variable als Referenzindikator zur Standardisierung der Varianz des betreffenden hypothetischen Konstrukts fungiert.

Tabelle 35: Informationen zum Faktor Sicherheitsbedürfnis

6.1.2. Untersuchung des Drei-Faktoren-Involvementkonstrukts

Nachdem im vorangegangenen Abschnitt die einzelnen Faktoren sowie die zugeordneten Indikatoren untersucht wurden, soll nun die gesamte Messskala betrachtet werden. Wir folgen hier der bereits vorgestellten Untersuchungsstufe C im Vorgehensmodell von Homburg und Giering (siehe auch Tabelle 21).[784] Das Messmodell entspricht einem Involvementkonstrukt mit drei Faktoren und insgesamt 10 Indikatoren.

Die exploratorische Faktorenanalyse (bei Anwendung der Hauptkomponentenanalyse, Varimax-Rotation und dem Kaiser-Kriterium) ergibt drei Faktoren, die insgesamt 67,5% der Varianz der Indikatorvariablen erklären. Die Überprüfung der einzelnen Faktorladungen der Indikatoren stimmt genau mit der angenommenen Faktorenstruktur überein. Dabei erklärt der Faktor Sicherheitsbedürfnis den größten Varianzanteil, gefolgt vom Faktor Wichtigkeit sowie dem Faktor Partizipationsbedürfnis (siehe Tabelle 36).

[784] Vgl. Homburg, Giering (1996), S. 12ff. sowie Abschnitt 5.1.2.

Die Überprüfung der Gütekriterien zeigt einen hoch signifikanten Bartlett-Test und einen sehr guten Kaiser-Meyer-Olkin-Wert (KMO) von 0,820 (auch die einzelnen KMO-Wert der Indikatoren entsprechen diesem Ergebnis). Insgesamt weisen die Ergebnisse der exploratorischen Faktorenanalyse auf ein hohes Maß an Konsistenz des Drei-Faktoren-Konstrukts mit der empirischen Datenbasis hin.

	Faktor				
Indikator	**Kommu-nalität**	**Sicherheits-bedürfnis**	**Wichtigkeit**	**Partizipations-bedürfnis**	**KMO-Kriterium**
Informationen zur Krankenhausqualität sind mir sehr wichtig.	0,76		0,82		0,790
Ich kann sagen, dass mich Informationen zur Krankenhausqualität sehr interessieren.	0,71		0,78		0,812
Informationen zur Krankenhausqualität sind mir vollkommen gleichgültig.	0,66		0,81		0,861
Die Auswahl des Krankenhauses sollte vom einweisenden Arzt und Patient gleichermaßen getroffen werden.	0,62			0,79	0,730
Ich will auf die Auswahl des Krankenhauses einen wesentlichen / entscheidenden Einfluss haben.	0,62			0,77	0,719
Ich möchte bei der Auswahl des Krankenhauses durch den einweisenden Arzt einbezogen werden.	0,55			0,69	0,865
Informationen zur Krankenhausqualität geben mir mehr Sicherheit bei der Frage, ob ein Krankenhaus und dessen medizinische Behandlungsmöglichkeiten meinen Bedürfnissen entsprechen.	0,62	0,68			0,869
Informationen zur Krankenhausqualität helfen mir bei der Orientierung zwischen mehreren / verschiedenen Krankenhäusern und Behandlungsangeboten.	0,73	0,81			0,860
Informationen zur Krankenhausqualität helfen mir zu beurteilen, ob die Empfehlung meines Arztes für ein Krankenhaus gut ist.	0,67	0,78			0,851
Informationen zur Krankenhausqualität geben mir mehr Sicherheit, wenn ich mich zwischen mehreren Krankenhäusern entscheiden muss.	0,81	0,89			0,780
Erklärter Varianzanteil des Faktors (in %)		27,41	21,76	18,36	
Eigenwert des Faktors		2,741	2,176	1,836	
Extraktionsmethode: Hauptkomponentenanalyse. Rotationsmethode: Varimax mit Kaiser-Normalisierung. Die Rotation ist in fünf Iterationen konvergiert. Anmerkung: Aus Gründen der Übersichtlichkeit wurde darauf verzichtet, Faktorladungen <= 0,5 anzuführen.					

Tabelle 36: Ergebnisse der exploratorischen Faktorenanalyse

Im zweiten Schritt der Modellprüfung wurde eine konfirmatorische Faktorenanalyse durchgeführt. Das Messmodell findet hier ebenso eine Bestätigung. Wie Tabelle 37 zeigt, entsprechen alle Gütemaße für das Gesamtmodell den Anforderungen. Auch die Anpassungsmaße der einzelnen Faktoren sind sehr positiv. Lediglich bezogen auf die Ebene der Indikatoren wird die Indikatorreliabilität für zwei Werte nicht ganz erreicht. Das Konstrukt erfüllt daher alle Anforderungen. Weitere Modifikationen sind nicht notwendig.

Messmodell des Drei-Faktoren-Involvementkonstrukts							
Globale Gütemaße							
χ^2 / df	84,625 / 32	CFI	0,95				
		GFI	0,95	(0,99)			
RMSEA	0,077	AGFI	0,91	(0,98)			

	Indikator-reliabilität	C.R.	Item-to-Total Korrelation	Cronbach-sches Alpha	Erklärte Varianz (EFA)	Faktor-reliabilität	DEV
Faktor 1: Wichtigkeit							
Informationen zur Krankenhausqualität sind mir sehr wichtig.	0,72	9,44	0,71	0,79	0,70	0,81	0,74
Ich kann sagen, dass mich Informationen zur Krankenhausqualität sehr interessieren.	0,67	9,40	0,67				
Informationen zur Krankenhausqualität sind mir vollkommen gleichgültig.	0,35	*	0,53				
Faktor 2: Sicherheitsbedürfnis							
Informationen zur Krankenhausqualität geben mir mehr Sicherheit bei der Frage, ob ein Krankenhaus und dessen medizinische Behandlungsmöglichkeiten meinen Bedürfnissen entsprechen.	0,53	*	0,63	0,85	0,69	0,85	0,66
Informationen zur Krankenhausqualität helfen mir bei der Orientierung zwischen mehreren / verschiedenen Krankenhäusern und Behandlungsangeboten	0,65	12,36	0,72				
Informationen zur Krankenhausqualität helfen mir zu beurteilen, ob die Empfehlung meines Arztes für ein Krankenhaus gut ist.	0,53	11,32	0,65				
Informationen zur Krankenhausqualität geben mir mehr Sicherheit, wenn ich mich zwischen mehreren Krankenhäusern entscheiden muss.	0,67	12,52	0,76				
Faktor 2: Partizipationsbedürfnis							
Ich möchte bei der Auswahl des Krankenhauses durch den einweisenden Arzt einbezogen werden.	0,44	*	0,45	0,65	0,59	0,65	0,51
Die Auswahl des Krankenhauses sollte vom einweisenden Arzt und Patient gleichermaßen getroffen werden.	0,31	6,28	0,45				
Ich will auf die Auswahl des Krankenhauses einen wesentlichen / entscheidenden Einfluss haben.	0,42	6,58	0,48				

* Eine Berechnung des Wertes ist nicht möglich, da die Variable als Referenzindikator zur Standardisierung der Varianz des betreffenden hypothetischen Konstrukts fungiert.
( ) – Werte der ULS-Schätzung[785]

Tabelle 37: Ergebnisse der konfirmatorischen Faktorenanalyse

[785] Neben der ML-Schätzung wurde zur zusätzlichen Bestätigung der Schätzergebnisse eine ULS-Schätzung vorgenommen. Siehe auch detaillierte Erläuterungen im Abschnitt 5.1.2.

Im Schritt drei der Untersuchungsstufe C wird die Diskriminanzvalidität der drei Faktoren untersucht. Hierzu soll, wie bereits beschrieben, das Fornell-Larcker-Kriterium herangezogen werden. Wie Tabelle 38 zeigt, wird ein hohes Maß an Diskriminanzvalidität erreicht.

Faktor			Faktor 1 Wichtigkeit	Faktor 2 Sicherheitsbedürfnis	Faktor 3 Partizipationsbedürfnis
		DEV	**0,74**	**0,66**	**0,51**
Faktor 1	**Wichtigkeit**	**0,74**	-		
Faktor 2	**Sicherheitsbedürfnis**	**0,66**	0,36	-	
Faktor 3	**Partizipationsbedürfnis**	**0,51**	0,16	0,24	-

Tabelle 38: Untersuchung der Diskriminanzvalidität der drei Faktoren des Involvementkonstrukts auf Basis des Fornell-Larcker-Kriteriums

Entsprechend der Vorgehensweise zur Überprüfung von Messmodellen besteht der vierte und letzte Schritt in der Untersuchung der Inhaltsvalidität. Neben der qualitativen Herleitung der Messgrößen auf Basis von Literaturanalysen und qualitativen Studien, welche auch in dieser Arbeit angewendet wurden, empfiehlt Homburg eine quantitative Überprüfung.[786]
Hierzu wird das entwickelte Messmodell zu einem Faktor in Beziehung gesetzt, dessen Indikatoren eine direkte Messung enthalten. Die Beurteilung der Inhaltsvalidität erfolgt dabei über Stärke und Signifikanz der kausalanalytischen Beziehung von indirektem Konstrukt auf die direkte Messung. In der vorliegenden Untersuchung wurde die direkte Erhebung des Involvements hinsichtlich Informationen zur KH-Qualität mit sieben Indikatoren erhoben, die in Anlehnung an Zaichkowski die Höhe des Involvements hinsichtlich Informationen zur KH-Qualität direkt erheben.[787] Hierzu wurden in die Formulierung der Items Begrifflichkeiten zur Wichtigkeit, Relevanz, Bedeutung, Interesse etc. explizit eingebaut. Das Konstrukt zur direkten Messung des Involvement bezüglich Informationen zur KH-Qualität wurde ebenso einer Überprüfung von Reliabilität und Validität unterzogen wie das entwickelte mehrfaktorielle Messmodell. Auf die Darstellung der Ergebnisse soll jedoch an dieser Stelle verzichtet werden. Das in Abbildung 15 dargestellte Kausalmodell zeigt einen hoch signifikanten Pfadkoeffizienten von 0,71, was die Schlussfolgerung einer sehr guten Inhaltsvalidität erlaubt.

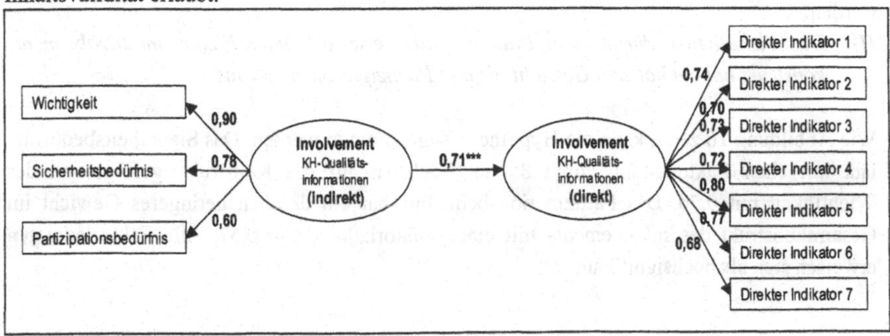

***: Signifikanz auf dem 1%-Niveau

Abbildung 15: Ergebnisse der quantitativen Analyse zur Inhaltsvalidität

[786] Vgl. Homburg 2000, S. 98 sowie 124f.; Homburg, Giering (1996), S. 17f.

[787] Vgl. Zaichkowsky (1994), S. 350.

Insgesamt kann festgestellt werden, dass die Überprüfung des Messmodells auf allen Untersuchungsstufen sowohl für die drei Faktoren als auch für das Gesamtmodell erfolgreich war. Alle Anforderungen an eine Messskala konnten gut erfüllt werden, was angesichts dieses erstmalig neu entwickelten Konstrukts zur Erhebung des Involvements von Patienten hinsichtlich Informationen zur KH-Qualität bemerkenswert ist.
Für die Güte des Messmodells sprechen auch die Ergebnisse der konfirmatorischen Faktorenanalyse, bezogen auf das Konstrukt zweiter Ordnung (das so genannte Second Order CFA Model). Ein Konstrukt zweiter Ordnung entsteht, wenn die Indikatorvariablen des Konstrukts wiederum aus latenten Variablen bestehen, d.h. die Faktoren erster Ordnung zu einem Faktor zweiter Ordnung zusammengeführt werden.[788] In der entsprechenden konfirmatorischen Faktorenanalyse wird überprüft, in welchem Maße die gefundenen Faktoren auf das übergeordnete Konstrukt laden und wie gut der Modell-Fit ist. Neben einer weiteren Qualitätsprüfung, bezogen auf das entwickelte Konstrukt, können die Faktorladungen zur Beantwortung einer interessanten Frage dieser Untersuchung herangezogen werden. Wie bereits ausgeführt, bestehen die wesentlichen verursachenden Faktoren des Involvements von Patienten in Bezug auf KH-Qualitätsinformationen neben der generellen Relevanz, d.h. der wahrgenommen Wichtigkeit, in einem Sicherheits- sowie Partizipationsbedürfnis. Generell liegen beide Motive vor. Entsprechend haben beide Faktoren auch Eingang in die Konstruktmodellierung gefunden. Interessant ist hierbei jedoch die Fragestellung, ob die handlungs-fokussierten Involvementursachen die eher emotions-fokussierten Motive überwiegen oder umgekehrt. Mit anderen Worten, welches Motiv bzw. welche Ursache für das hier interessierende Involvement, bezogen auf KH-Qualitätsinformationen, ist höher ausgeprägt - das Partizipationsbedürfnis oder das Sicherheitsbedürfnis? Wie bereits aus den Forschungen zum Gesundheitsverhalten bekannt, werden problemfokussierte Handlungsaktionen tendenziell bevorzugt, wenn die subjektiven Bewertungsprozesse ergeben, dass etwas Konstruktives getan werden kann. Gelangt der Betroffene jedoch zu der Erkenntnis, dass Handlungs- und Kontrollmöglichkeiten eingeschränkt sind, werden tendenziell emotionsfokussierte Bewältigungsstrategien bevorzugt.[789] So wurde insbesondere bei der Bewältigung von Gesundheitsproblemen festgestellt, dass emotionsorientierte Reaktionen bzw. Strategien überwiegen.[790] Daher kann für diese Untersuchung die Hypothese formuliert werden:

H_1: *Das Sicherheitsbedürfnis von Patienten als verursachender Faktor im Involvementkonstrukt hat ein höheres Gewicht als das Partizipationsbedürfnis.*

Wie Abbildung 16 zeigt, kann die Hypothese angenommen werden. Das Sicherheitsbedürfnis lädt mit einer Faktorladung von 0,85 am höchsten auf das Konstrukt, gefolgt von der Wichtigkeit mit 0,70. Das Partizipationsbedürfnis hat ein deutlich geringeres Gewicht im Gesamtkonstrukt des Involvements mit einer Faktorladung von 0,57. Alle Faktorladungen erweisen sich als hochsignifikant.

---

788 Vgl. Homburg et al. (2008), S. 296ff.; Langer (2002), S. 38ff.; Rindskopf, Rose (1988), S. 51ff.
789 Vgl. Abschnitt 4.3.10.
790 Vgl. Pakenham (1999); Vitaliano et al. (1990).

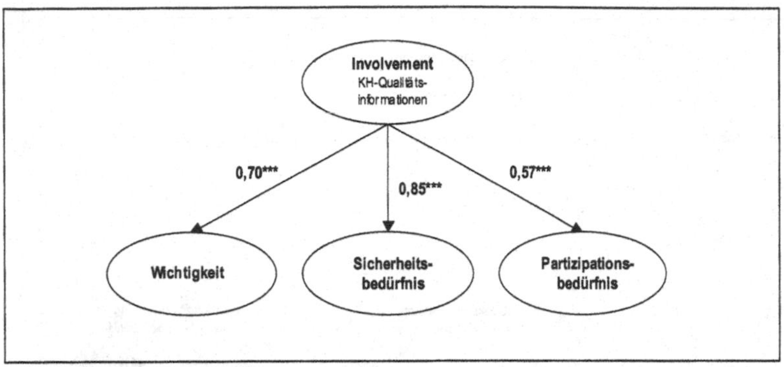

***: Signifikanz auf dem 1%-Niveau
Abbildung 16: KFA-Modell zweiter Ordnung

6.2. Die Bestandsaufnahme des Involvements von Patienten hinsichtlich Informationen zur Krankenhausqualität

Nachdem die Messskala zur Erhebung des Involvements hinsichtlich KH-Qualitätsinformationen entwickelt und geprüft wurde, soll der derzeitige Status quo innerhalb der Befragungspopulation dargestellt und damit die zweite Forschungsfrage dieser Untersuchung beantwortet werden. Da in dieser Studie zum ersten Mal gleichermaßen Krankenhauspatienten (KH-Patienten)[791] und derzeit nicht erkrankte Personen (hier als potentielle Patienten bezeichnet)[792] einbezogen wurden, sollen des Weiteren die Ergebnisse auf vorhandene Unterschiede zwischen den beiden Befragungsgruppen geprüft werden.
Im Folgenden werden die Ergebnisse der deskriptiven Statistik dargestellt. Hierzu wurden die Mittelwerte der einzelnen Indikatoren der Konstrukte aggregiert und auf eine Skala von 1 bis 5 transformiert, wobei 5 den höchsten Wert darstellt und der Wert 1 das niedrigste Niveau repräsentiert. Wie in Abbildung 17 zu sehen, ist das Involvement der befragten Patienten hinsichtlich KH-Qualitätsinformationen generell hoch ausgeprägt. Die Mehrheit zeigt ein hohes (51%) oder sehr hohes (41%) informationsbezogenes Involvement zur KH-Qualität. Dieses Ergebnis trifft generell auch auf die drei Faktoren bzw. Facetten des Involvementkonstrukts zu, wobei hier auch einzelne Unterschiede festzustellen sind. Beim Faktor Sicherheitsbedürfnis ist eine ähnliche Verteilung festzustellen wie beim Gesamtkonstrukt. Das Partizipationsbedürfnis ist bei 49% der Befragten sehr hoch ausgeprägt und bei 44% hoch. Der Faktor Wichtigkeit fällt im Vergleich zu den anderen beiden Facetten etwas ab (für 54% der Befragten spielt die persönliche Wichtigkeit von Informationen zur KH-Qualität eine mittlere Rolle, 39% geben diesem Faktor einen hohen Wert).

[791] Um die Forderung der Ex-ante Betrachtung der KH-Qualität auch für aktuell betroffenen Patienten (KH-Patienten) zu erfüllen, wurde in Form eines Experiments ein virtuelles, hypothetisches Informationsangebot kreiert, in welchem eine Ex-ante-Situation für die Probanden simuliert wurde (Qualitätsbeurteilung eines KH vor der stationären Aufnahme). Das Experiment wurde natürlich in gleicher Weise auch für die Befragungsgruppe der potentiellen Patienten angewendet. Siehe auch Fußnote 767.

[792] Siehe auch die Definition zum Terminus Patient in Abschnitt 3.2.

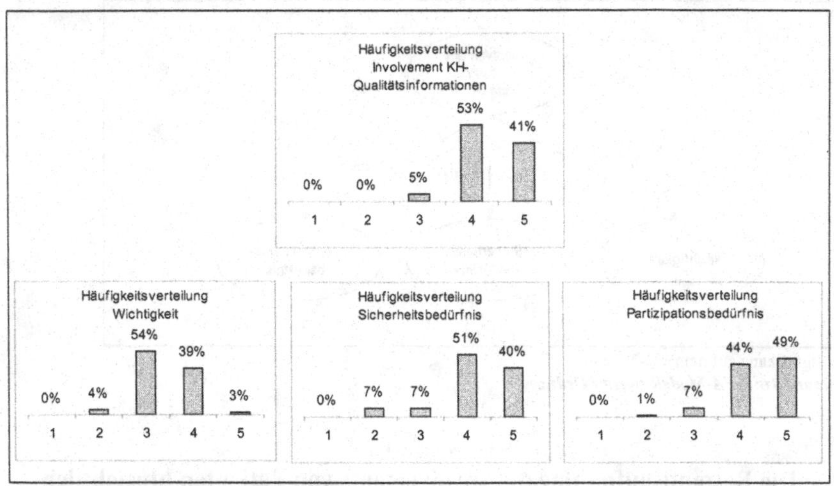

Abbildung 17: Häufigkeitsverteilung des Involvements hinsichtlich KH-Qualitätsinformationen sowie der einzelnen Faktoren des Messkonstrukts

Die Unterschiede zwischen den beiden Befragungsgruppen sind minimal (siehe Abbildung 18). Die Überprüfung der in Tabelle 39 aufgeführten Mittelwerte auf signifikante Unterschiede[793] ergab für das Gesamtkonstrukt sowie für die Facetten Sicherheitsbedürfnis und Partizipationsbedürfnis keine signifikanten Unterschiede. Lediglich der Faktor Wichtigkeit wies im t-Test einen signifikanten Unterschied aus (Signifikanzniveau von 5%), der jedoch im Kolmogorov-Smirnov-Test nicht bestätigt werden konnte. Bei Berechnung der etwaigen Einflussstärke der Befragungsgruppe auf die Variable Wichtigkeit wurde außerdem ein sehr niedriges Eta² von 0,018 festgestellt, so dass dieser Unterschied vernachlässigt werden kann.

Die Ergebnisse zum Status Quo des Involvements von Patienten in Bezug auf KH-Qualitätsinformationen in dieser Untersuchung bestätigen die Befunde zum bisherigen Forschungsstand.[794] Alle bisher vorliegenden Studien, die sich mit verwandten Fragestellungen beschäftigten, kommen zu ähnlichen Ergebnissen. Die Wichtigkeit, Bedeutung bzw. die Relevanz von Informationen zur KH-Qualität für Patienten sowie der Wunsch nach freier Entscheidung bzw. Mitentscheidung bei der KH-Wahl sind unisono (unabhängig vom einzelnen Messinstrument) hoch ausgeprägt. Die entsprechenden Forderungen der Gesundheitspolitik nach Informationsangeboten, welche diesem Patientenbedürfnis gerecht werden, können an dieser Stelle nur unterstützt werden.

Des Weiteren ist eine Übereinstimmung mit den Annahmen verschiedener Modelle des Informationssuchverhaltens festzustellen, welche in der Initial- bzw. Aktivierungsphase des

---

[793] Angewendet wurde der t-Test. Nach Bortz mit Hinweis auf durchgeführte Monte-Carlo-Studien reagiert der t-Test auf Verletzungen seiner Voraussetzungen (hier die Normalverteilung) zwar robust, vgl. Bortz (1993), S. 141. Zur Untermauerung der Ergebnisse des t-Tests wurden jedoch weitere, nicht-parametrische Tests herangezogen: Mann-Whitney U-Test, Kolmogorov-Smirnov Z-Test sowie der Kruskal-Wallis H-Test, siehe auch Abschnitt 5.1.3.

[794] Vgl. auch Abschnitt 4.1.2.1.

Informationsbedarfs ein besonders hoch ausgeprägtes Sicherheitsbedürfnis konstatieren.[795] Das Sicherheitsbedürfnis findet sich, wie bereits dargestellt, als emotionsfokussiertes Copingmotiv ebenfalls im transaktionalen Stressmodell wider und dient hier neben den handlungsbezogenen Motiven insbesondere in stressbelasteten Situationen mit subjektiv wenig Veränderungsmöglichkeiten der Herstellung eines emotionalen Gleichgewichts.[796]

Im Unterschied zu den bisher vorliegenden inhaltlich verwandten Studien, die sich jeweils auf spezifische Stichproben ausrichteten (z.B. GKV-Versicherte, TK-Patienten, chronisch Kranke ausgewählter Indikationsgebiete, Krebspatienten), kann mit dieser Untersuchung ein Befund mit größerer Aussagekraft gewonnen werden. Das Involvement hinsichtlich Informationen zur KH-Qualität ist sowohl aus Sicht der hier befragten kranken Patienten als auch der aktuell nicht von Krankheit betroffenen Befragungsteilnehmer gleichermaßen hoch. Die festgestellten Abweichungen zwischen den beiden Befragungsgruppen sind sehr gering und wie bereits gezeigt, vernachlässigbar.

Letztendlich soll nicht unerwähnt bleiben, dass das hier ermittelte hohe Involvement von Patienten zum Thema KH-Qualität die insgesamt gewandelte Rolle zum mündigen, zunehmend souverän handelnden Patienten widerspiegelt[797] und zugleich die Besonderheiten von Klinikleistungen unterstreicht, welche i.d.R. von Patienten als besonders komplexe und mit speziellen Risiken verbundene Dienstleistungen wahrgenommen werden.[798]

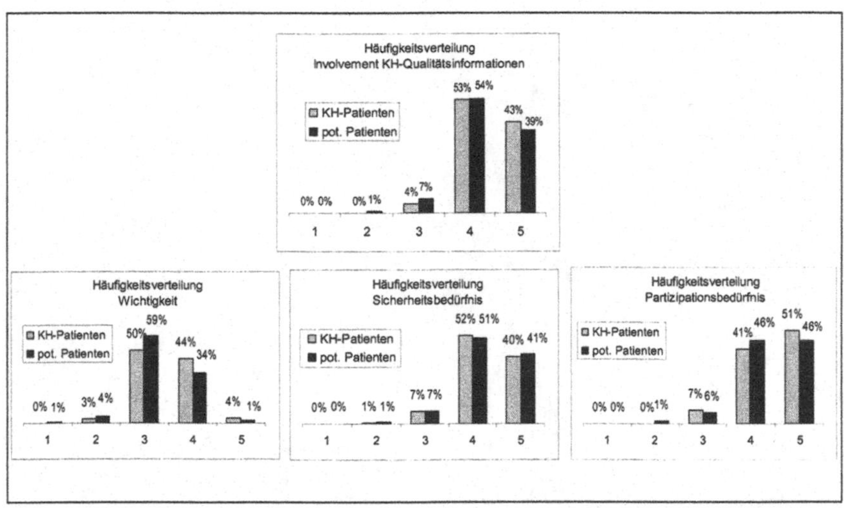

Abbildung 18: Häufigkeitsverteilung des Involvements von KH-Patienten und potentiellen Patienten hinsichtlich KH-Qualitätsinformationen sowie der einzelnen Faktoren des Messkonstrukts

[795] Siehe auch Abschnitte 4.3.7, 4.3.8 sowie 4.3.9.

[796] Siehe auch Abschnitt 4.3.10.

[797] Siehe auch Abschnitte 2.23.2.

[798] Siehe auch Abschnitt 3.3.

	Involvement hinsichtlich Informationen zur KH-Qualität	Faktoren		
		Wichtigkeit	Sicherheits-bedürfnis	Partizipations-bedürfis
KH-Patienten	4,37	3,38	4,26	4,42
Potentielle Patienten	4,29	3,25	4,23	4,38
Gesamt	4,33	3,31	4,25	4,40

Tabelle 39: Mittelwerte

7. Die Determinanten des Involvements von Patienten hinsichtlich Informationen zur Krankenhausqualität

Wie die Bestandsaufnahme in Abschnitt 6.2 zeigt, sind Patienten hoch bis sehr hoch in die Thematik der KH-Qualitätsinformationen involviert. Trotz dieses generell hohen Niveaus besteht die Frage, ob messbare Ausprägungsunterschiede des Involvements hinsichtlich Informationen zur KH-Qualität feststellbar sind sowie welche potentiellen Einflussfaktoren diese verursachen könnten. Die dritte Forschungsfrage, welche in diesem Kapitel beantwortet werden soll, beschäftigt sich mit dieser Aufgabenstellung (siehe Abbildung 19).

Aus den Grundlagen der hier vorliegenden Arbeit ist es gelungen, empirische und theoretische Bezugspunkte zu identifizieren, welche die hinreichend fundierte Ableitung potentieller Einflussfaktoren sowie die Einordnung in einen strukturierten Ordnungsrahmen erlauben. Die untersuchten Ansatzpunkte geben jedoch nur teilweise explizite Hinweise bezüglich der Richtung des jeweiligen Wirkungszusammenhanges. Entsprechend der wissenschaftstheoretischen Orientierung dieser Arbeit am wissenschaftlichen Realismus werden daher in Kombination von Deduktion und Induktion (inklusive induktiver Plausibilitätsbetrachtungen sowie empirischer Beobachtungen) die angenommenen Hypothesen formuliert.[799] Zur leichteren Nachvollziehbarkeit der Argumentation für den Leser werden die wesentlichen theoretischen bzw. empirischen Bezugspunkte in den folgenden Abschnitten nochmals in kompakter Form aufgezeigt. Im letzten Abschnitt dieses Kapitels erfolgt die Überprüfung der kausalanalytischen Zusammenhänge im Gesamtmodell, welches aufgrund der krankheitsbezogenen Determinanten ausschließlich auf die Befragungsgruppe der KH-Patienten angewendet wird.[800]

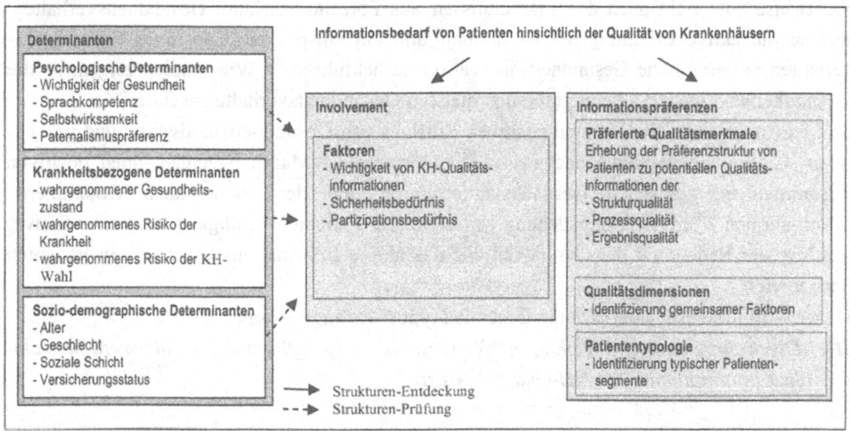

***Abbildung 19:** Die Messung der Determinanten des Involvements von Patienten hinsichtlich KH-Qualitätsinformationen als zweiten Untersuchungsschritt im Forschungsmodell dieser Arbeit*

799 Vgl. auch Abschnitt 4.2. Ebenso Homburg (2000), S. 63f.; Dietz (2006), S. 156ff.; Sauer (2003), S. 210ff.

800 Da eine Überprüfung des Gesamtmodells für die Befragungspopulation (alle Fälle der Stichprobe) aufgrund des Fehlens der krankheitsbedingten Einflussfaktoren bei den potentiellen Patienten keinen Sinn macht, jedoch die ermittelten Befunde bezüglich der Wirkungszusammenhänge auf der Ebene der einzelnen Einflussfaktoren wertvolle Erkenntnisbeiträge liefern, werden diese zusätzlich zur Befragungsgruppe der KH-Patienten auch für die gesamte Befragungspopulation (alle Fälle) im jeweiligen Abschnitt dargestellt.

7.1. Die Hypothesenbildung, Operationalisierung und Messung der Kausalbeziehungen relevanter Determinanten

7.1.1. Psychologische Determinanten

7.1.1.1. Wichtigkeit der Gesundheit

Die Gesundheit hat generell eine hohe individuelle Bedeutung. Die WHO spricht von der Gesundheit des Menschen als höchstes Gut und versteht unter Gesundheit weit mehr als die bloße Abwesenheit von Krankheit: *"Health is a state of complete physical, mental, and social well-being and not merely the absence of disease or infirmity."*[801]

In den Ansätzen des Produktinvolvements ist eine Leistung, welche hohe Werte des Konsumenten tangiert, mit einem hohen Involvement verbunden.[802] Hohensohn führt Gesundheit als Wert von fundamentaler Bedeutung auf die Bedürfnishierarchie nach Maslow zurück.[803] Vor dem Hintergrund einer angenommenen Rangfolge bzw. Ordnung von Bedürfnissen in Form der Maslow'schen Bedürfnishierarchie rangiert das Bedürfnis nach Gesundheit bzw. (soweit möglich) nach Wiederherstellung derselben unter den Existenz- bzw. Sicherheitsmotiven. Der hohe Stellenwert der Gesundheit in unserem Leben spiegelt sich auch in vielen Umfragen wider.[804]

Auch wenn die Bedeutung der Gesundheit generell auf hohem Niveau angesiedelt ist, kann sich der Wert individuell unterscheiden. Nach Dietz ist vor dem Hintergrund des gewandelten Gesundheitsbewusstseins in der heutigen Gesellschaft ein wesentlicher Indikator für die individuelle Gesundheitsmotivation die Bereitschaft zur Inanspruchnahme von Vorsorgemaßnahmen und aktiver Prävention, die unterschiedlich ausgeprägt sein können. Diese Sichtweise entspricht auch den Erkenntnissen aus Forschungen zum Gesundheitsverhalten, welche die aktive Erhaltung der Gesundheit und ein entsprechend positives Gesundheitsverhalten auf eine hohe Gesundheitsmotivation zurückführen.[805] Wie Studien zeigen, ist die Gesundheitsmotivation assoziiert mit den meisten Gesundheitsverhaltensweisen.[806]

So können Jayanti / Burns einen positiven Einfluss von Gesundheitsmotivation und präventivem Gesundheitsverhalten nachweisen.[807] Moormann / Matulich zeigen einen positiven Zusammenhang zwischen Gesundheitsmotivation und der Suche nach Gesundheitsinformationen.[808] In der Untersuchung von Dietz zur Patientenmündigkeit wird ein positiver Einfluss der Bedeutung der Gesundheit auf das aktive Informationsverhalten von Patienten nachgewiesen.

Daher wird für diese Untersuchung folgende Hypothese angenommen:

H_2: *Die wahrgenommene Wichtigkeit der Gesundheit beeinflusst das Involvement hinsichtlich Informationen zur KH-Qualität positiv.*

---

801 WHO (2007).

802 Vgl. auch Abschnitt 4.3.4.

803 Vgl. Maslow (1975); Maslow (1984).

804 Vgl. Ahlstich (1999), 53 ; Faltermaier (1994), S. 11; Fargel (1991), S. 38; Klas (2000), S. 12; Lüschen et al. (1995) S. 65; Wippermann (1996), S. 192.

805 Vgl. Troschke (1993), S. 164; Schwarzer (2004), S. 42., sowie Abschnitt 4.3.10.

806 Vgl. Moormann, Matulich (1993), S. 210 und die dort zitierten Quellen.

807 Vgl. Jayanti, Burns (1998), S. 7.

808 Vgl. Moormann, Matulich (1993), S. 218.

Die Operationalisierung des Konstrukts der wahrgenommenen Wichtigkeit der Gesundheit wurde nach dem Messinstrument von Dietz vorgenommen. Die Reliabilität sowie Validität der aus drei Indikatoren bestehenden Messskala weist Dietz durch eine EFA, die Untersuchung des Cronbachschen Alpha sowie durch eine KFA nach.[809] Wie Tabelle 40 zeigt, wird ein sehr guter Fit erreicht.[810] Alle Indikatoren der Messskala konnten beibehalten werden.

Informationen zum Faktor "Wichtigkeit der Gesundheit"			
Gütekriterien der 1. Generation		Globale Gütekriterien der 2. Generation	
Cronbachsches Alpha	0,77	χ^2-Wert / df	-**
Erklärte Varianz	0,68	RMSEA	-**
Lokale Gütekriterien der 2. Generation		CFI	-**
Faktorreliabilität	0,78	GFI	-**
DEV	0,55	AGFI	-**
Informationen zu den Indikatoren des Faktor "Wichtigkeit der Gesundheit"			
Indikator	Item-to-Total-Korrelation	Indikatorreliabilität	C.R.
Meine Gesundheit ist für mich das Wichtigste in meinem Leben.	0,55	0,40	*
Ich sorge mich um meine Gesundheit, indem ich entsprechende Vorsorgemaßnahmen treffe (z.B. Sport treiben, nicht rauchen, gesund essen).	0,58	0,45	8,85
Die Beschäftigung mit meiner Gesundheit hat für mich einen hohen Stellenwert.	0,68	0,78	8,28

* Eine Berechnung des Wertes ist nicht möglich, da die Variable als Referenzindikator zur Standardisierung der Varianz des betreffenden hypothetischen Konstrukts fungiert.
** Bei drei Indikatoren hat ein konfirmatorisches Modell keine Freiheitsgrade. Die Berechnung dieser Maße ist daher nicht sinnvoll.

Tabelle 40: Informationen zum Faktor Wichtigkeit der Gesundheit

Die kausalanalytische Prüfung des Einflusses der Wichtigkeit der Gesundheit auf das Involvement hinsichtlich Informationen zur KH-Qualität ergibt einen hoch signifikanten, starken Zusammenhang (siehe Tabelle 41). Damit kann die Hypothese H_2 bestätigt werden.

[809] Dietz entwickelte das Messinstrument auf der Grundlage der Messskalen von Jayanti/Burns bzw. Moormann/Matulich. Vgl. Jayanti, Burns (1998), S. 14; Moormann, Matulich (1993), S. 221. Im Rahmen der Untersuchung von Dietz wurden folgende Gütewerte für das Messinstrument ermittelt: Cronbachsches Alpha 0,71; erklärte Varianz 0,64; Faktorreliabilität 0,72; DEV 0,47; Indikatorreliabilität zwischen 0,36 und 0,69. Vgl. Dietz (2006), S. 174.

[810] Die Fitwerte liegen sogar noch über den Werten in der Untersuchung von Dietz. Siehe Fußnote 809.

Beziehungszusammenhang		γ	Gütekriterien		
Alle Fälle[811]			χ2-Wert / df	12,564 / 8	
Wichtigkeit der Gesundheit ⟶	Involvement hinsichtlich KH-Qualitätsinformationen	0,40***	RMSEA	0,046	
			CFI	0.992	
			GFI	0,985	(0,997)
			AGFI	0,961	(0,993)
KH-Patienten			χ2-Wert / df	5,355 / 8	
Wichtigkeit der Gesundheit ⟶	Involvement hinsichtlich KH-Qualitätsinformationen	0,41***	RMSEA	0,000	
			CFI	1,000	
H (+) bestätigt			GFI	0,987	(1,000)
			AGFI	0,967	(0,999)

Signifikanzniveau der standardisierten Koeffizienten (zweiseitiger Test)
* - 10% (C.R. >= 1,645) ** - 5% (C.R. >= 1,96) *** - 1% (C.R. >=2,58)
( ) – Werte der ULS-Schätzung

Tabelle 41: Die Kausalbeziehung zwischen den Variablen Wichtigkeit der Gesundheit und Involvement hinsichtlich KH-Qualitätsinformationen

7.1.1.2. Sprachkompetenz

Die Sprachkompetenz ist eine spezifische Erwartungskompetenz, deren Ausprägung als wahrgenommene persönliche Ressource innerhalb eines individuellen Bewertungsprozesses, ausgelöst durch ein problembehaftetes Ereignis, bestimmt wird.[812] Das Ergebnis dieser individuellen Ressourcenbewertung beeinflusst nach der Copingtheorie das Informationssuchverhalten, entsprechend auch das Involvement hinsichtlich relevanter Informationen als Teil der Bewältigungsreaktion eines Patienten. Auch die Theorien zum Informationssuchverhalten geben Hinweise auf die Sprachkompetenz als Einflussfaktor. Unter der so genannten „key literacy" wird, ähnlich wie bei der Lese- und Schreibfähigkeit, eine Art Bildung verstanden, welche das Individuum in die Lage versetzt, spezielle Informationen aufzunehmen, zu verstehen und effizient zu nutzen.

Im Gesundheitswesen ist die Sprachkompetenz als Einflussfaktor auf das Informationssuchverhalten von Patienten zweifach relevant. Auf der einen Seite ist die Sprachkompetenz entscheidend bei der Erschließung von Informationen und Wissen, insbesondere im medizinischen Umfeld. Sprachliche Kompetenzen und kognitive Fähigkeiten wirken sich generell positiv auf das Lernen und den Wissenserwerb aus.[813] Aufgrund der medizinischen Fachsprache resultieren jedoch nicht selten besondere Kommunikationsprobleme und Interpretationsschwierigkeiten auf Patientenseite,[814] die bei unzureichender Sprachkompetenz zu Barrieren führen können.[815] Umgedreht kann sich eine hohe Sprachkompetenz, d.h. die Kompetenzerwartung, entsprechend relevante Informationen aus dem medizinischen Umfeld

[811] Siehe Fußnote 800.
[812] Vgl. auch Abschnitt 4.3.10.
[813] Vgl. Dietz (2006), S. 166f.
[814] Vgl. zur Arzt-Patienten-Kommunikation im medizinischen Alltag Hömberg (2004), S. 288ff. sowie Schaefer (2006), S. 33.
[815] Hieraus resultieren die vielfachen Forderungen nach niederschwelligen Informationsangeboten für Patienten. Vgl. exemplarisch Schaefer (2006), S. 33ff. Die Bertelsmann Stiftung versucht dem Problem in ihrem Portal zur KH-Auswahl mit einem Diagnose-Übersetzer zu begegnen. Vgl. Bertelsmann Stiftung (2008).

verstehen und verarbeiten zu können, aktivierend auf das Informationssuchverhalten auswirken. In zweiter Hinsicht ist die Sprachkompetenz auch wesentlich für die Kommunikationsfähigkeit des Patienten, sich entsprechend artikulieren und in Entscheidungssituationen beteiligen zu können.[816] Ohne entwickelte und entsprechend selbst eingeschätzte Sprachfähigkeiten ist weder die Aufnahme und Verarbeitung relevanter Informationen zur KH-Qualität noch die Bewertung für eine Auswahlentscheidung möglich. Der subjektiven Bewertung der eigenen Sprachkompetenz kann daher ein Einfluss auf das Involvement hinsichtlich KH-Qualitätsinformationen unterstellt werden. Des Weiteren vermuten wir einen Einfluss der Bedeutung der Gesundheit für einen Patienten auf die Sprachkompetenz. Je höher der Wert der Gesundheit, je wichtiger die Aktivitäten zur Vorbeugung von Krankheiten und Erhaltung der Gesundheit sind, umso mehr werden die sprachlichen Fähigkeiten im Kontext von Medizin und Gesundheit gebraucht und entsprechend der subjektiven Beurteilung entwickelt sein. Es sollen folgende Hypothesen gelten:

H$_3$: *Die Sprachkompetenz beeinflusst das Involvement hinsichtlich Informationen zur KH-Qualität positiv.*

H$_4$: *Die Wichtigkeit der Gesundheit beeinflusst die Sprachkompetenz positiv.*

Informationen zum Faktor "Sprachkompetenz"			
Gütekriterien der 1. Generation		Globale Gütekriterien der 2. Generation	
Cronbachsches Alpha	0,80	χ^2-Wert / df	-**
Erklärte Varianz	0,71	RMSEA	-**
Lokale Gütekriterien der 2. Generation		CFI	-**
Faktorreliabilität	0,80	GFI	-**
DEV	0,57	AGFI	-**

Informationen zu den Indikatoren des Faktor "Sprachkompetenz"			
Indikator	Item-to-Total-Korrelation	Indikatorreliabilität	C.R.
Es fällt mir leicht, meine Gedanken in Worte zu fassen.	0,65	0,59	*
Im Vergleich mit anderen Personen kann ich mich gut ausdrücken.	0,66	0,60	10,26
Ich kann anderen Personen auch schwierige Sachverhalte verständlich erklären.	0,62	0,52	10,11

* Eine Berechnung des Wertes ist nicht möglich, da die Variable als Referenzindikator zur Standardisierung der Varianz des betreffenden hypothetischen Konstrukts fungiert.
** Bei drei Indikatoren hat ein konfirmatorisches Modell keine Freiheitsgrade. Die Berechnung dieser Maße ist daher nicht sinnvoll.

Tabelle 42: Informationen zum Faktor Sprachkompetenz

Zur Operationalisierung des Faktors Sprachkompetenz wurde die Messskala von Dietz verwendet, welche bezüglich Reliabilität und Validität gute Werte aufweist.[817] Im Rahmen der Konstruktmessung in dieser Untersuchung mussten jedoch aufgrund insuffizienter Werte

[816] Gestützt wird diese Annahme durch die Untersuchung von Dietz, welche eine positive Wirkung der Sprachkompetenz auf die Intensität des Informationsverhaltens und auf den Grad der Mitbestimmung als Dimensionen der Patientenmündigkeit von Patienten nachwies. Vgl. Dietz (2006), S. 166 sowie S. 189.

[817] Im Rahmen der Untersuchung von Dietz wurden folgende Gütewerte für das Messinstrument ermittelt: Cronbachsches Alpha 0,86; erklärte Varianz 0,65; Faktorreliabilität 0,87; DEV 0,57; Indikatorreliabilität zwischen 0,34 und 0,78; verwendete globale Gütekriterien der 2. Generation zufrieden stellend bis gut. Vgl. Dietz (2006), S. 167.

der Indikatorreliabilität zwei Items entfernt werden.[818] Die verbleibenden drei Indikatoren bilden jedoch das Konstrukt inhaltlich ausreichend gut ab. Im Rahmen der nochmaligen Konstruktmessung weisen die Gütekriterien einen sehr guten Fit auf (Tabelle 42).

Die kausalanalytische Überprüfung der Beziehungshypothese zeigt einen hochsignifikanten Einfluss der Sprachkompetenz auf das Involvement hinsichtlich KH-Qualitätsinformationen (siehe Tabelle 43). Auch der unterstellte Zusammenhang zwischen der Wichtigkeit der Gesundheit und der Sprachkompetenz kann bestätigt werden (siehe Tabelle 44).

Beziehungszusammenhang		γ	**Gütekriterien**		
Alle Fälle			χ2-Wert / df	10,275 / 8	
Sprachkompetenz →	Involvement hinsichtlich KH-Qualitätsinformationen	0,16**	RMSEA	0,032	
			CFI	0,996	
			GFI	0,988	(0,999)
			AGFI	0,968	(0,998)
KH-Patienten			χ2-Wert / df	8,796 / 8	
Sprachkompetenz →	Involvement hinsichtlich KH-Qualitätsinformationen	0,33***	RMSEA	0,027	
			CFI	0,997	
H (+) bestätigt			GFI	0,980	(0,998)
			AGFI	0,947	(0,994)

Signifikanzniveau der standardisierten Koeffizienten (zweiseitiger Test)

* - 10% (C.R. >= 1,645) ** - 5% (C.R. >= 1,96) *** - 1% (C.R. >=2,58)

( ) – Werte der ULS-Schätzung

Tabelle 43: Die Kausalbeziehung zwischen den Variablen Sprachkompetenz und Involvement hinsichtlich KH-Qualitätsinformationen

Beziehungszusammenhang		□	**Gütekriterien**		
Alle Fälle			χ2-Wert / df	26,785 / 10	
Wichtigkeit der Gesundheit →	Sprachkompetenz	0,26***	RMSEA	0,078	
			CFI	0,966	
			GFI	0,969	(0,988)
			AGFI	0,935	(0,974)
KH-Patienten			□2-Wert / df	26,785 / 10	
Wichtigkeit der Gesundheit →	Sprachkompetenz	0,34***	RMSEA	0,065	
			CFI	0,977	
H (+) bestätigt			GFI	0,963	(0,986)
			AGFI	0,923	(0,971)

Signifikanzniveau der standardisierten Koeffizienten (zweiseitiger Test)

* - 10% (C.R. >= 1,645) ** - 5% (C.R. >= 1,96) *** - 1% (C.R. >=2,58)

( ) – Werte der ULS-Schätzung

Tabelle 44: Die Kausalbeziehung zwischen den Variablen Wichtigkeit der Gesundheit und Sprachkompetenz

---

[818] Die Indikatorreliabilität des Indikators 4 erreichte nur einen Wert von 0,11; der Indikator 5 nur einen Wert von 0,19.

7.1.1.3. Selbstwirksamkeit

Konzepte des Selbstbildes und der Kompetenzerwartung sind generell in den Forschungen zum Gesundheitsverhalten von großer Bedeutung. Im Rahmen des Health-Belief-Modells ist der Glaube, selbst etwas zur Gesundheit beitragen zu können, wesentliche Erklärungsvariable für gesundheitsorientiertes Verhalten. Ausgelöst durch krankheitsbedingte kritische Ereignisse, bestimmen, wie in Abschnitt 4.3.10 ausgeführt, Konzepte der Kompetenzeinschätzung wesentlich das Bewältigungsverhalten. Wie bereits erwähnt, sind hierbei spezifische Fähigkeitseinschätzungen wie z.B. die bereits behandelte Sprachkompetenz und allgemeine Kompetenzerwartungen zu unterscheiden. Die allgemeine Selbstwirksamkeit (self-efficacy) stellt ein wesentliches Konstrukt allgemeiner Kompetenzerwartung dar und gilt als Determinante individueller Copingprozesse angesichts schwieriger Leistungsanforderungen. Als persönliche Ressource bildet die allgemeine Selbstwirksamkeit die generelle Kompetenzeinschätzung eines Patienten zur Bewältigung kritischer Situationen ab und entspricht damit dem Grad des Vertrauens bzw. Glaubens in die eigenen Fähigkeiten, mit schwierigen Situationen umgehen zu können. Je positiver die persönliche Einschätzung, über eigene Handlungsmöglichkeiten im Umgang mit der problembehafteten Situation zu verfügen, umso aktiver und optimistischer fällt die Problembewältigung aus. Eine niedrig empfundene Selbstwirksamkeit ist dagegen mit passiven Leistungshandlungen und ggf. Vermeidungsstrategien verbunden. Bezogen auf das informationsbezogene Involvement kann also vermutet werden, dass Personen mit hoher Selbstwirksamkeit insgesamt ein höheres Aktivierungsniveau aufweisen, Informationen zur KH-Qualität eine höhere Bedeutung zumessen und ein höheres Bedürfnis hinsichtlich Kontrollmöglichkeiten durch Reduzierung von Unsicherheit und Mitwirkung haben. Bei niedriger Selbstwirksamkeit ist ein entsprechend umgekehrtes Wirkungsmuster zu erwarten. Des Weiteren wird ein Zusammenhang zwischen allgemeiner Selbstwirksamkeit und Sprachkompetenz unterstellt. Personen, die generell aktiver und lösungsorientierter mit Problemsituationen umgehen, sind eher bestrebt, sich entsprechende sprachliche Kompetenzen zum Wissenserwerb bzw. zur Kommunikation anzueignen und schätzen ihre Fähigkeiten in dieser Hinsicht positiver ein.
Es werden daher folgende Hypothesen formuliert:

H_5: *Die Selbstwirksamkeit beeinflusst das Involvement hinsichtlich Informationen zur KH-Qualität positiv.*

H_6: *Die Selbstwirksamkeit beeinflusst die Sprachkompetenz positiv.*

Zur Operationalisierung des Konstrukts Selbstwirksamkeit wird die bewährte Messskala nach Schwarzer und Jerusalem in der von Dietz gekürzten Version eingesetzt.[819] Die Gütekriterien

[819] Das Messinstrument besteht aus zehn Indikatoren und steht als Übersetzung in 29 Sprachen zur Verfügung. Die Güte des Instruments wurde innerhalb der letzen 20 Jahre in diversen Studien bestätigt, i.d.R. auf Basis einer EFA sowie des Cronbachschen Alpha mit Werten zwischen 0.76 und 0.90.Vgl.; Schwarzer, Jerusalem (1999); Jerusalem, Schwarzer (1999). Dietz nahm mit dem Ziel der Vermeidung unnötiger Belastung und Beanspruchung der Patienten, ein Beweggrund, der auch für diese Untersuchung gilt, eine Kürzung der Messskala auf sechs Indikatoren vor, unter Beibehaltung der wesentlichen inhaltlichen Aspekte der Originalskala. Die zu Grunde gelegten lokalen und globalen Gütemaße erreichen folgende Werte: Cronbachsches Alpha 0,89; erklärte Varianz 0,64; Faktorreliabilität 0,89; DEV 0,57; Indikatorreliabilität zwischen 0,46 und 0,70; verwendete globale Gütekriterien der 2. Generation zufrieden stellend bis sehr gut. Vgl. Dietz (2006), S. 165.

in Tabelle 45 erreichen bis auf den RMSEA und die DEV die gestellten Anforderungen, so dass die Messskala als insgesamt zufrieden stellend angenommen werden kann.

Informationen zum Faktor "Selbstwirksamkeit"					
Gütekriterien der 1. Generation		Globale Gütekriterien der 2. Generation			
Cronbachsches Alpha	0,84	χ^2-Wert / df	34,26 / 9		
Erklärte Varianz	0,55	RMSEA	0,101		
Lokale Gütekriterien der 2. Generation		CFI	0,954		
Faktorreliabilität	0,84	GFI	0,958	(0,994)	
DEV	0,46	AGFI	0,903	(0,986)	
Informationen zu den Indikatoren des Faktors "Selbstwirksamkeit"					
Indikator		Item-to-Total-Korrelation	Indikatorreliabilität	C.R.	
Es bereitet mir keine Schwierigkeiten, meine Absichten und Ziele zu verwirklichen.		0,56	0,38	*	
Die Bewältigung schwieriger Probleme gelingt mir immer, wenn ich mich darum bemühe.		0,62	0,48	8,96	
Wenn ich mit einer neuen Sache konfrontiert werde, weiß ich, wie ich damit umgehe.		0,60	0,45	8,76	
Für jedes Problem kann ich eine Lösung finden.		0,66	0,54	9,37	
In unerwarteten Situationen weiß ich, wie ich mich am besten verhalten soll.		0,61	0,46	8,88	
Was auch immer passiert, ich werde schon klar kommen.		0,61	0,47	8,92	

* Eine Berechnung des Wertes ist nicht möglich, da die Variable als Referenzindikator zur Standardisierung der Varianz des betreffenden hypothetischen Konstrukts fungiert.
( ) – Werte der ULS-Schätzung

Tabelle 45: Informationen zum Faktor Selbstwirksamkeit

Das Ergebnis der kausalanalytischen Überprüfung des Einflussfaktors Selbstwirksamkeit ist in Tabelle 46 dargestellt. Die Faktorladung entspricht zwar dem unterstellten Beziehungszusammenhang, ist jedoch überraschenderweise sehr schwach und nicht signifikant. Die Hypothese kann daher nicht bestätigt werden. Die Höhe des Involvements hinsichtlich KH-Qualitätsinformationen hängt also nicht bzw. nur unbedeutend von der wahrgenommenen Selbstwirksamkeit ab. Das heißt, auch Patienten mit niedriger Selbstwirksamkeit können ein hohes Bedürfnis nach Informationen zur KH-Qualität aufweisen, unabhängig von der selbst eingeschätzten Fähigkeit, die Lage aktiv meistern zu können.

Die Überprüfung des Wirkungseinflusses des Faktors Selbstwirksamkeit auf die Sprachkompetenz ergibt einen starken, hoch signifikanten Einfluss, wie die Ergebnisse in Tabelle 47 zeigen.

Beziehungszusammenhang			γ	Gütekriterien		
Alle Fälle				χ2-Wert / df	32,620 / 25	
Selbstwirksamkeit	⟶	Involvement hinsichtlich KH-Qualitätsinformationen	0,01 n.s.	RMSEA	0,033	
				CFI	0,991	
				GFI	0,975	(0,996)
				AGFI	0,955	(0,993)
KH-Patienten				χ2-Wert / df	32,771 / 25	
Selbstwirksamkeit	⟶	Involvement hinsichtlich KH-Qualitätsinformationen	0,11 n.s.	RMSEA	0,047	
				CFI	0,984	
H (+) nicht bestätigt				GFI	0,945	(0,994)
				AGFI	0,902	(0,989)

Signifikanzniveau der standardisierten Koeffizienten (zweiseitiger Test)
* - 10% (C.R. >= 1,645) ** - 5% (C.R. >= 1,96) *** - 1% (C.R. >=2,58)
( ) – Werte der ULS-Schätzung

Tabelle 46: Die Kausalbeziehung zwischen den Variablen Selbstwirksamkeit und Involvement hinsichtlich KH-Qualitätsinformationen

Beziehungszusammenhang			γ	Gütekriterien		
Alle Fälle				χ2-Wert / df	49,476 / 25	
Selbstwirksamkeit	⟶	Sprachkompetenz	0,55***	RMSEA	0,060	
				CFI	0,972	
				GFI	0,960	(0,991)
				AGFI	0,929	(0,984)
KH-Patienten				χ2-Wert / df	47,385 / 25	
Selbstwirksamkeit	⟶	Sprachkompetenz	0,48***	RMSEA	0,080	
				CFI	0,952	
H (+) bestätigt				GFI	0,932	(0,984)
				AGFI	0,877	(0,970)

Signifikanzniveau der standardisierten Koeffizienten (zweiseitiger Test)
* - 10% (C.R. >= 1,645) ** - 5% (C.R. >= 1,96) *** - 1% (C.R. >=2,58)
( ) – Werte der ULS-Schätzung

Tabelle 47: Die Kausalbeziehung zwischen den Variablen Selbstwirksamkeit und Sprachkompetenz

7.1.1.4. Paternalismuspräferenz

In den aktuellen Konzepten der Patientenbeteiligung und des Shared-Desicion-Making bilden die gewachsenen Informations- und Partizipationsbedürfnisse des Patienten die Grundlage normativer Gestaltungsempfehlungen im Arzt-Patienten-Verhältnis.[820] Der mündige Patient bzw. der Patient als Kotherapeut agiert dabei als aktiver Partner im Behandlungsprozess und ist an allen entsprechenden Entscheidungen zu Diagnostik und Therapie und demzufolge auch an den Auswahlentscheidungen bezüglich geeigneter Leistungsanbieter beteiligt. Das Modell der partizipativen medizinischen Entscheidungsfindung bewegt sich jedoch, bezogen auf einen individuellen Patienten, in einem Kontinuum zwischen den Polen der paternalistischen Entscheidung allein durch den Arzt und dem Informationsmodell, in dem der Patient alleine entscheidet. Der Grad der Neigung des Patienten zu einer Entscheidung durch den Arzt hängt

[820] Vgl. auch Abschnitt 2.2.

dabei von der generellen paternalistischen Einstellung ab, auch als Paternalismuspräferenz bezeichnet. Vergleichbare Erkenntnisse sind, wie bereits dargestellt, im Rahmen der Konzepte zur Kompetenzerwartung in der Stress- bzw. Copingforschung bekannt.[821] Auch hier übertragen Individuen, insbesondere aus Gründen von hoher wahrgenommener Unsicherheit der Situation oder antizipierten Schwierigkeiten bei der Problemlösung, die Kompetenz an andere Personen, geben bewusst die Kontrolle sowie Verantwortung ab. Der Beweggrund Angst ist auch aus der Prinzipal-Agenten-Theorie bekannt und erklärt hier ebenso auf der Basis des Konzepts der „anxiety costs" eine bewusste Entscheidungsdelegation vom Prinzipal auf den Agenten, hier vom Patienten auf den Arzt.[822]
Es ist daher zu vermuten, dass paternalistisch orientierte Patienten auch ein weniger aktives Informationssuchverhalten zeigen. Je mehr der Patient dazu tendiert, die Verantwortung für seine Gesundheit, das Abwägen unterschiedlicher Behandlungsalternativen und die medizinischen Entscheidungen dem Arzt zu überlassen, um so geringer ist er vermutlich an Informationen zur KH-Qualität interessiert. Bezogen auf das Involvement von Patienten hinsichtlich Informationen zur KH-Qualität wird daher folgende Hypothese unterstellt.

H_7: *Die Paternalismuspräferenz beeinflusst das Involvement hinsichtlich Informationen zur KH-Qualität negativ.*

Die Operationalisierung des Konstrukts Paternalismuspräferenz erfolgte nach derzeitigem Forschungsstand bisher lediglich von Pfaff et al.[823] Die Autoren weisen auf Basis des Cronbachschen Alpha von 0,75 sowie einer EFA die Reliabilität und Validität ihres aus vier Indikatoren zusammengesetzten Messinstruments nach. Die Prüfung des Messinstruments in dieser Untersuchung lässt ebenfalls auf einen guten Fit schließen, lediglich der RMSEA-Wert ist leicht erhöht (siehe Tabelle 48).
Die Überprüfung der Hypothese ergibt ein unerwartetes Ergebnis (siehe Tabelle 49). Der Einfluss der Paternalismuspräferenz auf das informationsbezogene Involvement zur KH-Qualität ist sehr gering und nicht signifikant (auch das Vorzeichen entspricht nicht dem unterstellten Beziehungszusammenhang). Offensichtlich ist das Involvement von Patienten hinsichtlich Informationen zur KH-Qualität unabhängig davon zu sehen, ob der Patient eher dazu tendiert, dem Arzt die Behandlung und alle damit zusammenhängenden Entscheidungen zu überlassen, oder, anders ausgedrückt, besteht ein diesbezügliches Involvement unabhängig vom entgegengebrachten Vertrauen in den Arzt. Das auf den ersten Blick widersprüchliche Ergebnis entspricht jedoch einigen vorliegenden empirischen Befunden, welche eine hohe Relevanz von KH-Qualitätsinformationen für Patienten belegen sowie gleichzeitig die hohe generelle Vertrauensstellung des Arztes postulieren.[824] Insbesondere, wenn der behandelnde Arzt als wichtigste Informationsquelle zur Befriedigung der Informationsbedürfnisse zur KH-Qualität betrachtete wird, kann ein gewisser Widerspruch unterstellt werden, der jedoch die derzeitige reale Situation abbildet.

---

[821] Vgl. auch Abschnitt 4.3.10.
[822] Vgl. auch Abschnitt 4.3.3.
[823] Vgl. Pfaff et al. (2001), S. 124.
[824] Vgl. Coulter, Magee (2003), S. 211; Schaefer (2006), S. 26ff.; Streuf et al. (2007), S. 117; Picker Institut (2006), S. 26f.

Informationen zum Faktor "Paternalismuspräferenz"				
Gütekriterien der 1. Generation		Globale Gütekriterien der 2. Generation		
Cronbachsches Alpha	0,86	χ^2-Wert / df	7,33 / 2	
Erklärte Varianz	0,70	RMSEA	0,098	
Lokale Gütekriterien der 2. Generation		CFI	0,990	
Faktorreliabilität	0,86	GFI	0,987	(0,999)
DEV	0,62	AGFI	0,934	(0,994)

Informationen zu den Indikatoren des Faktors "Paternalismuspräferenz"			
Indikator	Item-to-Total-Korrelation	Indikatorreliabilität	C.R.
Ärztlichen Empfehlungen sollte man ganz und gar Folge leisten.	0,61	0,41	*
Als medizinischer Laie sollte ich dem Arzt die Entscheidung überlassen.	0,75	0,74	11,31
Der Arzt als Fachmann sollte entscheiden, was zu tun ist.	0,78	0,79	11,46
Die Behandlung von Krankheiten ist in erster Linie die Sache des Arztes.	0,68	0,51	9,92

* Eine Berechnung des Wertes ist nicht möglich, da die Variable als Referenzindikator zur Standardisierung der Varianz des betreffenden hypothetischen Konstrukts fungiert.
( ) – Werte der ULS-Schätzung

Tabelle 48: Informationen zum Faktor Paternalismuspräferenz

Beziehungszusammenhang			γ	Gütekriterien		
Alle Fälle				χ2-Wert / df	21,815 / 13	
Paternalismuspräferenz	→	Involvement hinsichtlich KH-Qualitätsinformationen	0,07 n.s.	RMSEA	0,050	
				CFI	0,989	
				GFI	0,978	(0,998)
				AGFI	0,953	(0,996)
KH-Patienten				χ2-Wert / df	13,466 / 13	
Paternalismuspräferenz	→	Involvement hinsichtlich KH-Qualitätsinformationen	0,07 n.s.	RMSEA	0,016	
				CFI	0,999	
H (-) nicht bestätigt				GFI	0,972	(0,997)
				AGFI	0,940	(0,994)

Signifikanzniveau der standardisierten Koeffizienten (zweiseitiger Test)
* - 10% (C.R. >= 1,645) ** - 5% (C.R. >= 1,96) *** - 1% (C.R. >=2,58)
( ) – Werte der ULS-Schätzung

Tabelle 49: Die Kausalbeziehung zwischen den Variablen Paternalismuspräferenz und Involvement hinsichtlich KH-Qualitätsinformationen

7.1.2. Krankheitsbezogene Determinanten

7.1.2.1. Wahrgenommener Gesundheitszustand

Wie bereits aufgezeigt, spielt der Gesundheitszustand eines Patienten in der Forschung zum Gesundheitsverhalten insbesondere in der Stressforschung als verhaltensbeeinflussende Determinante eine wesentliche Rolle.[825] Dabei ist der Zusammenhang zwischen dem objektiv (d.h. durch einen Arzt festgestellten Gesundheitszustand) und der subjektiv wahrgenommenen Befindlichkeit gering. Für das gesundheitsbezogene Informationssuchverhalten ist jedoch die subjektive Wahrnehmung des Patienten entscheidend. Im Rahmen der Copingtheorie stellen Beeinträchtigungen des wahrgenommenen Gesundheitszustandes eine negative Ressource, d.h. eine Vulnerabilität des Patienten dar, welche die Bewältigung des Krankheitsereignisses negativ beeinflusst. Eingeschränkte physische Fähigkeiten, Schmerzen oder anderer Belastungen durch eine ernsthafte Erkrankung wirken sich generell negativ auf die Aktivitätspotentiale von Patienten aus. So ist zu vermuten, dass das Involvement hinsichtlich relevanter Informationen aufgrund eines schlechten Gesundheitszustandes geringer ausgeprägt ist.

Allerdings zeigt Zok in seiner Studie einen gegensätzlichen Befund. Bei schlechtem wahrgenommenen Gesundheitszustand war das Interesse der Befragungsteilnehmer an Informationen zu ambulanten und stationären Leistungsanbietern besonders hoch.[826] In der Studie wurden jedoch ausschließlich Versicherte befragt, also Personen, die in der Regel nicht so schwere Gesundheitsbeeinträchtigungen aufweisen wie KH-Patienten. Wir folgen daher den grundsätzlichen Erkenntnissen aus der Stressforschung, in der ein beeinträchtigter Gesundheitszustand als negative Ressource das Informationssuchverhalten beeinflusst und kommen zu der Hypothese:

H_8: *Je schlechter der wahrgenommene Gesundheitszustand, desto geringer ist das Involvement hinsichtlich Informationen zur KH-Qualität.*

Auf Grundlage des bereits dargestellten Konzepts der „anxiety costs“ kann eine Beeinträchtigung des Gesundheitszustandes im Zusammenhang mit der empfundenen Angst, die Tendenz des Patienten, seine Entscheidungsverantwortung an den Arzt zu delegieren, verstärken.[827] Es wird daher die weitere Hypothese unterstellt:

H_9: *Je schlechter der wahrgenommene Gesundheitszustand, desto stärker ist die Paternalismuspräferenz.*

Die Operationalisierung des wahrgenommenen Gesundheitszustandes erfolgt in Anlehnung an Keller mit einer eindimensionalen Rating-Skala folgender Kategorien:[828]

1 - sehr schlecht, 2 - eher schlecht, 3 - weder schlecht noch gut, 4 - gut, 5 - sehr gut

---

825 Vgl. Abschnitt 4.3.10.
826 Vgl. Zok (2003), S. 113.
827 Vgl. Abschnitt 4.3.3.
828 Vgl. Keller (2002), S. 187.

Wie in Tabelle 50 zu sehen, weist das kausalanalytische Modell gute Fitmaße aus. Der vorhergesagte Einfluss des Faktors wahrgenommener Gesundheitszustand ist jedoch nur schwach signifikant.

Beziehungszusammenhang			γ	**Gütekriterien**		
KH-Patienten				χ2-Wert / df	0,903 / 2	
Gesundheitszustand	→	Involvement hinsichtlich KH-Qualitätsinformationen	-0,14 n.s.	RMSEA	0,000	
				CFI	1,000	
H (-) nicht bestätigt				GFI	0,987	(1,000)
				AGFI	0,984	(0,998)

Signifikanzniveau der standardisierten Koeffizienten (zweiseitiger Test)

* - 10% (C.R. >= 1,645) ** - 5% (C.R. >= 1,96) *** - 1% (C.R. >=2,58)

( ) – Werte der ULS-Schätzung

Tabelle 50: Die Kausalbeziehung zwischen den Variablen wahrgenommener Gesundheitszustand und Involvement hinsichtlich KH-Qualitätsinformationen

Mit Blick auf die Auswertung in der Kreuztabelle ist die Ursache hierfür leicht erkennbar (siehe Tabelle 51). Das Involvement hinsichtlich Informationen zur KH-Qualität steigt mit zunehmender Beeinträchtigung des Gesundheitszustandes, mit Ausnahme der letzten Kategorie. Hier wird der Gesundheitszustand von den Befragten als sehr schlecht beurteilt. Die Kreuztabelle zeigt, dass das Involvement der Patienten hinsichtlich KH-Qualitätsinformationen hier wieder abnimmt. Damit erklären sich die Befunde in der Studie von Zok. In dieser Untersuchung wurden nur tendenziell gesunde Versicherte befragt, welche im Vergleich zu KH-Patienten keine so stark ausgeprägte Beeinträchtigung ihres Gesundheitszustandes aufweisen, so dass nicht der Schwellenwert erreicht wurde, ab dem die Höhe des entsprechenden Involvements wie bei den KH-Patienten wieder abnimmt.

Die empirische Datenbasis zeigt also keinen linearen Zusammenhang, sondern erst ein Anwachsen des Involvements hinsichtlich KH-Qualitätsinformationen mit zunehmender Beeinträchtigung des Gesundheitszustandes und dann ein Abnehmen des Involvements ab einem als sehr schlecht wahrgenommenen Gesundheitszustand. Hypothese 8 gilt daher als nicht bestätigt.

Wahrgenommener Gesundheitszustand	**Involvement hinsichtlich KH-Qualitätsinformatioen** (Mittelwerte)
1 = sehr schlecht	4,409
2 = eher schlecht	4,496
3 = weder schlecht noch gut	4,404
4 = gut	4,252
5 = sehr gut	4,215
Insgesamt	4,323

Tabelle 51: Darstellung der Variablen wahrgenommener Gesundheitszustand und Involvement hinsichtlich KH-Qualitätsinformationen in einer Kreuztabelle

Der Einfluss des wahrgenommenen Gesundheitszustandes auf die Paternalismuspräferenz ist jedoch eindeutig und signifikant (siehe Tabelle 52). Auch die Gütemaße sind bis auf den RMSEA zufrieden stellend. Somit kann Hypothese 9 angenommen werden.

Beziehungszusammenhang			γ	Gütekriterien		
KH-Patienten				χ2-Wert / df	11,062 / 5	
Gesundheitszustand	→	Paternalismuspräferenz	-0,20**	RMSEA	0,093	
				CFI	0,973	
H (-) bestätigt				GFI	0,971	(0,995)
				AGFI	0,914	(0,985)

Signifikanzniveau der standardisierten Koeffizienten (zweiseitiger Test)

* - 10% (C.R. >= 1,645) ** - 5% (C.R. >= 1,96) *** - 1% (C.R. >=2,58)

( ) – Werte der ULS-Schätzung

Tabelle 52: Die Kausalbeziehung zwischen den Variablen wahrgenommener Gesundheitszustand und Paternalismuspräferenz

7.1.2.2. Wahrgenommenes Risiko der Krankheit und wahrgenommenes Risiko der Krankenhauswahl

Risikobezogene Einflussfaktoren lassen sich aus verschiedenen Bezugspunkten ableiten.[829] Die Prinzipal-Agenten-Theorie betrachtet das Entscheidungsrisiko des schlechter informierten Transaktionspartners aufgrund der bestehenden Marktunsicherheit. Aus der Risikotheorie lassen sich zum ersten das physische Risiko als wahrgenommenes Risiko der Krankheit sowie zum zweiten das funktionale Risiko, hier als wahrgenommenes Risiko der KH-Wahl, als untersuchungsrelevant ableiten. Im Zusammenhang mit den Involvementansätzen gilt das wahrgenommene Risiko als wesentliche Determinante des Involvements in eine bestimmte Produktart. Wie Mitra et al. zeigt, wird bei Dienstleistungen mit hohem Anteil an Erfahrungs- und Vertrauenseigenschaften ein höheres Risiko wahrgenommen und ein intensiveres Informationssuchverhalten gezeigt.[830] Dies bestätigt auch die Untersuchung von Kuhlthau, in welcher besonders komplexe Probleme zu einem hohen Interesse an Informationen und zu ausgeprägtem Informationsverhalten führen.[831]

Das wahrgenommene Risiko der Krankheit findet sich ebenfalls wieder in der Stress- bzw. Copingforschung in Form der subjektiv eingeschätzten Bedrohlichkeit des Krankheitsereignisses sowie der Bedrohlichkeit der KH-Behandlung und damit der KH-Wahl. Des Weiteren belegt Hohensohn den Einfluss des wahrgenommen funktionalen Risikos eines Medikaments auf das Behandlungs- und Produktwahlinvolvement von ambulanten Patienten.[832] In der Studie von Dietz wird das aktive Informationsverhalten von Patienten vom wahrgenommenen Risiko der Krankheit beeinflusst.[833]

Ebenfalls wurde festgestellt, dass sich mit zunehmendem Alter die Wahrnehmung von krankheitsbedingten Risiken verstärkt.[834] Auch die subjektiv wahrgenommene Beeinträchtigung des Gesundheitszustandes kann das wahrgenommene Risiko der Erkrankung beeinflus-

[829] Vgl. zur Ableitung der Variablen auch die Abschnitte 4.3.3., 4.3.5, 4.3.8, 4.3.10. sowie die Zusammenfassung in Abschnitt 4.4.

[830] Vgl. Mitra et al. (1999).

[831] Vgl. Kuhlthau (1997), sowie derselbe (1999a) und (1999b).

[832] Vgl. Hohensohn (1998), S. 96.

[833] Vgl. Dietz (2006), S. 189.

[834] Vgl. Aust (1994), S. 29f.; Federsel-Lieb (1992).

sen.[835] Aufgrund von Plausibilitätsüberlegungen erscheint es wahrscheinlich, dass ein Patient mit stark beeinträchtigtem Befinden bzw. antizipiertem schlechten Gesundheitszustand auch ein höheres Risiko, bezogen auf seine Erkrankung, wahrnimmt. Ebenso erscheint es plausibel, dass Patienten, denen ihre Gesundheit besonders am Herzen liegt, tendenziell das Risiko ihrer Erkrankung höher einschätzen. Zum vierten kann zwischen dem physischen Risiko und dem funktionalen Risiko ein Zusammenhang vermutet werden. Patienten mit hohem wahrgenommenen Risiko durch eine ernsthafte Krankheit werden die Auswahl eines geeigneten Leistungsanbieters bzw. Behandlungsangebotes mit einem höheren Risiko verbinden als Patienten, welche ihre Erkrankung als weniger bedrohlich beurteilen.

Zusammengefasst werden folgende risikobezogenen Hypothesen formuliert:

***H₁₀*:** *Das wahrgenommene Risiko der Krankheit beeinflusst das Involvement hinsichtlich Informationen zur KH-Qualität positiv.*

***H₁₁*:** *Das wahrgenommene Risiko der KH-Wahl beeinflusst das Involvement hinsichtlich Informationen zur KH-Qualität positiv.*

***H₁₂*:** *Das Alter beeinflusst das wahrgenommene Risiko der Krankheit positiv.*

***H₁₃*:** *Je schlechter der wahrgenommene Gesundheitszustand, desto höher ist das wahrgenommene Risiko der Krankheit.*[836]

***H₁₄*:** *Je wichtiger die Gesundheit, desto höher ist das wahrgenommene Risiko der Krankheit.*

***H₁₅*:** *Das wahrgenommene Risiko der Krankheit beeinflusst das wahrgenommene Risiko der KH-Wahl positiv.*

Zur Operationalisierung des Risikos der Krankheit wird ein Konstrukt mit zwei Indikatoren nach Dietz angewendet.[837] Der Faktor Risiko der KH-Wahl wird in Anlehnung an die Skala von Kampferer und Laurent operationalisiert.[838] Wie in Tabelle 53 und Tabelle 54 zu sehen, erreichen beide Messinstrumente ein gutes Anforderungsniveau.

Die Überprüfung der Wirkung des wahrgenommenen Risikos der Krankheit auf das informationsbezogene Involvement zur KH-Qualität ergibt ein eindeutiges, hoch signifikantes Ergebnis (siehe Tabelle 55). Auch der Einfluss des wahrgenommenen Risikos der KH-Wahl auf das Involvement hinsichtlich KH-Qualitätsinformationen kann nachgewiesen werden (siehe Tabelle 56).

Ebenso steigt mit zunehmendem Alter das wahrgenommene Risiko der Krankheit (siehe Tabelle 57). Ein gleichfalls eindeutiger Zusammenhang besteht zwischen dem subjektiven Gesundheitszustand und dem wahrgenommenen Risiko der Krankheit, welches umso höher ausfällt, je schlechter der Gesundheitszustand eingeschätzt wird (siehe Tabelle 58). Auch die angenommene Wirkungsbeziehung zwischen der Wichtigkeit der Gesundheit und dem Risiko der Erkrankung kann bestätigt werden (siehe Tabelle 59). Je wichtiger die Gesundheit eingeschätzt wird, desto höher wird auch das Risiko der Erkrankung wahrgenommen.

---

835 Vgl. Keller (2002), S. 104.

836 Die Hypothese 13 steht im Widerspruch zu Hypothese 9. Um ein eindeutiges Ergebnis zu erreichen, wird eine Überprüfung im Gesamtmodell erfolgen.

837 In der Untersuchung von Dietz wird die Reliabilität und Validität des Messinstruments auf Basis des Cronbachschen Alpha von 0,79 sowie einer EFA nachgewiesen. Vgl. Dietz (2006), S. 177.

838 Die Autoren belegen die Validität und Reliabilität der Messskala auf Basis einer EFA sowie dem Cronbachschen Alpha, welches Werte zwischen 0,72 und 0,90 erreichte. Vgl. Kapferer, Laurent (1993), S. 349.

Informationen zum Faktor "Wahrgenommenes Risiko der Krankheit"			
Gütekriterien der 1. Generation		Globale Gütekriterien der 2. Generation	
Cronbachsches Alpha	0,92	χ^2-Wert / df	-**
Erklärte Varianz	0,77	RMSEA	-**
Lokale Gütekriterien der 2. Generation		CFI	-**
Faktorreliabilität	-**	GFI	-**
DEV	-**	AGFI	-**

Informationen zu den Indikatoren des Faktors "Wahrgenommenes Risiko der Krankheit"			
Indikator	Item-to-Total-Korrelation	Indikatorreliabilität	C.R.
Ich halte meine Krankheit für eine ernst zu nehmende Erkrankung.	0,84	-	-
Ich denke, dass meine Krankheit mit einem hohen gesundheitlichen Risiko verbunden ist.	0,84	-	-

** Bei zwei Indikatoren hat ein konfirmatorisches Modell eine negative Zahl von Freiheitsgraden. Eine konfirmatorische Faktoranalye ist daher nicht möglich.

Tabelle 53: Informationen zum Faktor Risiko der Krankheit

Informationen zum Faktor "Risiko der Krankenhaus-Wahl"			
Gütekriterien der 1. Generation		Globale Gütekriterien der 2. Generation	
Cronbachsches Alpha	0,77	χ^2-Wert / df	-**
Erklärte Varianz	0,68	RMSEA	-**
Lokale Gütekriterien der 2. Generation		CFI	-**
Faktorreliabilität	0,77	GFI	-**
DEV	0,54	AGFI	-**

Informationen zu den Indikatoren des Faktors "Risiko der Krankenhaus-Wahl"			
Indikator	Item-to-Total-Korrelation	Indikatorreliabilität	C.R.
Wenn ich mich für ein Krankenhaus entscheiden soll, fühle ich mich immer etwas verloren.	0,60	0,52	*
Einen Krankenhausaufenthalt vorzubereiten, ist ziemlich kompliziert.	0,62	0,58	9,06
Wenn man ein Krankenhaus ausgewählt hat, weiß man nie, ob man die richtige Wahl getroffen hat.	0,59	0,49	9,03

* Eine Berechnung des Wertes ist nicht möglich, da die Variable als Referenzindikator zur Standardisierung der Varianz des betreffenden hypothetischen Konstrukts fungiert.

** Bei drei Indikatoren hat ein konfirmatorisches Modell keine Freiheitsgrade. Die Berechnung dieser Maße ist daher nicht sinnvoll.

Tabelle 54: Informationen zum Faktor Risiko der KH-Wahl

Letztendlich gibt es auch eine eindeutige Beziehung zwischen der Wahrnehmung zum Risiko der Erkrankung und dem Risiko der KH-Wahl (siehe Tabelle 60). Je negativer das Risiko der Erkrankung gesehen wird, desto höher wird auch das Risiko, welches mit der KH-Wahl verbunden ist, eingeschätzt. Zusammenfassend können die Hypothesen 10 bis 15 angenommen werden.

Beziehungszusammenhang			γ	Gütekriterien		
				χ2-Wert / df	5,874 / 4	
Risiko der Krankheit	→	Involvement hinsichtlich KH-Qualitätsinformationen	0,34***	RMSEA	0,058	
				CFI	0,994	
H (+) bestätigt				GFI	0,984	(1,000)
				AGFI	0,939	(0,999)

Signifikanzniveau der standardisierten Koeffizienten (zweiseitiger Test)

* - 10% (C.R. >= 1,645) ** - 5% (C.R. >= 1,96) *** - 1% (C.R. >=2,58)

( ) – Werte der ULS-Schätzung

Tabelle 55: Die Kausalbeziehung zwischen den Variablen Risiko der Krankheit und Involvement hinsichtlich KH-Qualitätsinformationen

Beziehungszusammenhang			γ	Gütekriterien		
Alle Fälle				χ2-Wert / df	4,778 / 8	
Risiko der KH-Wahl	→	Involvement hinsichtlich KH-Qualitätsinformationen	0,42***	RMSEA	0,000	
				CFI	1,000	
				GFI	0,994	(1,000)
				AGFI	0,985	(0,999)
KH-Patienten				χ2-Wert / df	4,714 / 8	
Risiko der KH-Wahl	→	Involvement hinsichtlich KH-Qualitätsinformationen	0,49***	RMSEA	0,000	
				CFI	1,000	
H (+) bestätigt				GFI	0,989	(1,000)
				AGFI	0,971	(0,999)

Signifikanzniveau der standardisierten Koeffizienten (zweiseitiger Test)

* - 10% (C.R. >= 1,645) ** - 5% (C.R. >= 1,96) *** - 1% (C.R. >=2,58)

( ) – Werte der ULS-Schätzung

Tabelle 56: Die Kausalbeziehung zwischen den Variablen Risiko der KH-Wahl und Involvement hinsichtlich KH-Qualitätsinformationen

Beziehungszusammenhang			γ	Gütekriterien		
KH-Patienten				χ2-Wert / df	1,256 / 1	
Alter	→	Risiko der Krankheit	0,30***	RMSEA	0,043	
				CFI	0,999	
H (+) bestätigt				GFI	0,994	(1,000)
				AGFI	0,964	(1,000)

Signifikanzniveau der standardisierten Koeffizienten (zweiseitiger Test)

* - 10% (C.R. >= 1,645) ** - 5% (C.R. >= 1,96) *** - 1% (C.R. >=2,58)

( ) – Werte der ULS-Schätzung

Tabelle 57: Die Kausalbeziehung zwischen den Variablen Alter und Risiko der Krankheit

Beziehungszusammenhang			γ	Gütekriterien		
KH-Patienten				χ2-Wert / df	0,033 / 1	
Gesundheitszustand	→	Risiko der Krankheit	-0,46***	RMSEA	0,000	
				CFI	1,000	
H (-) bestätigt				GFI	1,000	(1,000)
				AGFI	0,999	(1,000)

Signifikanzniveau der standardisierten Koeffizienten (zweiseitiger Test)

* - 10% (C.R. >= 1,645) ** - 5% (C.R. >= 1,96) *** - 1% (C.R. >=2,58)

( ) – Werte der ULS-Schätzung

Tabelle 58: Die Kausalbeziehung zwischen den Variablen Gesundheitszustand und Risiko der Krankheit

Beziehungszusammenhang			γ	Gütekriterien		
KH-Patienten				χ2-Wert (df)	11,527 (6)	
Wichtigkeit der Gesundheit	→	Risiko der Krankheit	0,33***	RMSEA	0,081	
				CFI	0,984	
H (+) bestätigt				GFI	0,970	(0,994)
				AGFI	0,924	(0,986)

Signifikanzniveau der standardisierten Koeffizienten (zweiseitiger Test)

* - 10% (C.R. >= 1,645) ** - 5% (C.R. >= 1,96) *** - 1% (C.R. >=2,58)

( ) – Werte der ULS-Schätzung

Tabelle 59: Die Kausalbeziehung zwischen den Variablen Wichtigkeit der Gesundheit und Risiko der Krankheit

Beziehungszusammenhang			γ	Gütekriterien		
KH-Patienten				χ2-Wert / df	1,805 / 5	
Risiko der Krankheit	→	Risiko der KH-Wahl	0,21**	RMSEA	0,000	
				CFI	1,000	
H (+) bestätigt				GFI	0,995	(0,999)
				AGFI	0,984	(0,996)

Signifikanzniveau der standardisierten Koeffizienten (zweiseitiger Test)

* - 10% (C.R. >= 1,645) ** - 5% (C.R. >= 1,96) *** - 1% (C.R. >=2,58)

( ) – Werte der ULS-Schätzung

Tabelle 60: Die Kausalbeziehung zwischen den Variablen Risiko der Krankheit und Risiko der KH-Wahl

7.1.2.3. Wahrgenommenes Informationsangebot zur Krankenhausqualität

Wie die Analyse empirischer Studien im In- und Ausland in Abschnitt 4.1.3 ergab, wird das Informationsangebot zur Beurteilung der KH-Qualität und Auswahl eines Krankenhauses von den Studienteilnehmern unisono als unzureichend eingeschätzt. Gleichzeitig wird in aller Regel eine hohe Relevanz bzw. Bedeutung von Informationen zur KH-Qualität für die Befragten gemessen. Entsprechend stellt sich die Frage nach einem vermutlichen Zusammenhang zwischen beiden Konstrukten, dem wahrgenommenen Informationsangebot zur KH-Qualität und dem diesbezüglichen Involvement von Patienten. Da die vorliegenden Studien darüber aufgrund des überwiegend deskriptiven Charakters keine Auskunft geben, soll in dieser Untersuchung eine kausalanalytische Überprüfung erfolgen.

Neben den empirischen Anhaltspunkten ergeben die theoretischen Bezugspunkte ebenfalls Hinweise.[839] Aus der Informationsökonomie lässt sich ableiten, je größer die Informationsassymetrien zwischen Leistungsanbieter und Patient ausfallen, d.h., je schlechter das Informationsangebot zur Beurteilung der Qualität des einzelnen KH sowie im Hinblick auf den gewünschten Vergleich zu möglichen Alternativen ist (i.S.v. beurteilbaren Sucheigenschaften), desto größer wird die Informationsassymetrie und damit die Relevanz diesbezüglicher Informationen von Patienten empfunden. Aus den Ansätzen zum Produktinvolvement ergeben sich Hinweise auf einen Zusammenhang zwischen dem wahrgenommenen Informationsangebot und dem Produktinvolvement auf Basis der empfundenen Knappheit von Informationen. Entsprechend der Annahmen der Reaktanz- sowie der

[839] Vgl. zur Ableitung der Variablen auch die Abschnitte 4.3.3 sowie die Zusammenfassung in Abschnitt 4.4.

Commodity-Theorie steigt das Involvement hinsichtlich eines Gutes, je knapper bzw. eingeschränkter ein Zugriff auf dieses Bezugsobjekt wahrgenommen wird. Auch im Modell der Informationsverarbeitung sowie im Modell des Informationssuchverhaltens nach Wilson wird die Qualität des Informationsangebots als Einflussfaktor thematisiert.
Insgesamt lässt sich also schließen, je schlechter das vorhandene Informationsangebot zur KH-Qualität beurteilt wird, desto stärker ist das diesbezügliche Involvement ausgeprägt. Wir leiten daher die Hypothese ab:

***H₁₆*:** *Das wahrgenommene Informationsangebot zur KH-Wahl beeinflusst das Involvement hinsichtlich Informationen zur KH-Qualität negativ.*

Des Weiteren vermuten wir einen Einfluss der Sprachkompetenz auf die Wahrnehmung des Informationsangebots, da nur mit suffizienten sprachlichen Fähigkeiten eine Beurteilung des derzeitigen Angebots, welches i.d.R. diverse medizinische Fachtermini enthält, möglich erscheint und mit wachsendem Ausmaß der sprachlichen Beurteilungskompetenz kritischer ausfallen dürfte. Ebenso unterstellen wir einen Einfluss der sozialen Schicht auf die Wahrnehmung des Informationsangebotes zur KH-Wahl, da mit höherer sozialer Schicht eine höhere Beurteilungsfähigkeit und damit kritische Einschätzung des vorliegenden Angebotes einhergeht. Entsprechend werden folgende zwei Hypothesen ergänzt.

***H_{17}*:** *Die Sprachkompetenz beeinflusst das wahrgenommene Informationsangebot zur KH-Wahl negativ.*

***H_{18}*:** *Die soziale Schicht beeinflusst das wahrgenommene Informationsangebot zur KH-Wahl negativ.*

Informationen zum Faktor "Wahrgenommenes Informationsangebot"			
Gütekriterien der 1. Generation		Globale Gütekriterien der 2. Generation	
Cronbachsches Alpha	0,85	χ^2-Wert / df	-**
Erklärte Varianz	77,10	RMSEA	-**
Lokale Gütekriterien der 2. Generation		CFI	-**
Faktorreliabilität	0,86	GFI	-**
DEV	0,67	AGFI	-**
Informationen zu den Indikatoren des Faktors "Wahrgenommene Informationsangebot"			
Indikator.	Item-to-Total-Korrelation	Indikatorreliabilität	C.R.
Es gibt viele Informationen zur Krankenhaus-Qualität.	0,70	0,63	*
Es gibt viele Informationsangebote, um unterschiedliche Krankenhäuser miteinander zu vergleichen (z.B. Krankenhaus-Führer).	0,76	0,79	13,99
Das Informationsangebot zur Bewertung der Krankenhausqualität ist gut.	0,69	0,60	13,16

* Eine Berechnung des Wertes ist nicht möglich, da die Variable als Referenzindikator zur Standardisierung der Varianz des betreffenden hypothetischen Konstrukts fungiert.
** Bei drei Indikatoren hat ein konfirmatorisches Modell keine Freiheitsgrade. Die Berechnung dieser Maße ist daher nicht sinnvoll.

Tabelle 61: Informationen zum Faktor Informationsangebot zur KH-Qualität

Für die Operationalisierung des Konstrukts des wahrgenommenen Informationsangebots zur KH-Wahl wird mangels Verfügbarkeit eine eigene Messskala entwickelt, welche in inhaltlicher Hinsicht Angebotsumfang und Qualität an Informationen zur KH-Qualität abdeckt. Wie Tabelle 61 zeigt, erreicht das Messmodell sehr gute Fitwerte und kann zur Prüfung der Hypothesen eingesetzt werden.

Die Überprüfung des Einflusses des Faktors wahrgenommenes Informationsangebot zur KH-Qualität ergibt einen eindeutigen, hoch signifikanten Zusammenhang (siehe Tabelle 62). Auch die Hypothese zum negativen Einfluss der sozialen Schicht auf das wahrgenommene Informationsangebot zur KH-Wahl kann bestätigt werden (siehe Tabelle 64).

Der vermutete Zusammenhang zwischen Sprachkompetenz und der Wahrnehmung des Informationsangebotes zur KH-Qualität gilt, wie in Tabelle 63 zu sehen, nur für die KH-Patienten. Eine Erklärung hierfür kann sein, dass die nicht aktuell betroffenen Patienten tendenziell keine Erfahrung mit konkreten Informationsangeboten haben und gleichzeitig in dieser Befragungsgruppe eher ein generell schlechtes Image zum Thema Informationsangebot zur KH-Qualität vorliegt, welches jedoch unabgängig von den sprachlichen Fähigkeiten ist. Dagegen könnten die KH-Patienten bereits Erfahrungen mit konkreten Informationsangeboten zur KH-Beurteilung haben, so dass hier der postulierte Zusammenhang zum Tragen kommt.

Beziehungszusammenhang			γ	**Gütekriterien**		
Alle Fälle				χ2-Wert / df	5,802 / 8	
Informationsangebot	→	Involvement hinsichtlich KH-Qualitätsinformationen	-0,18***	RMSEA	0,000	
				CFI	1,000	
				GFI	0,993	(0,999)
				AGFI	0,982	(0,998)
KH-Patienten				χ2-Wert / df	2,906 / 8	
Informationsangebot	→	Involvement hinsichtlich KH-Qualitätsinformationen	-0,48***	RMSEA	0,000	
				CFI	1,000	
H (-) bestätigt				GFI	0,993	(1,000)
				AGFI	0,982	(0,999)

Signifikanzniveau der standardisierten Koeffizienten (zweiseitiger Test)

* - 10% (C.R. >= 1,645) ** - 5% (C.R. >= 1,96) *** - 1% (C.R. >=2,58)

( ) – Werte der ULS-Schätzung

Tabelle 62: Die Kausalbeziehung zwischen den Variablen Informationsangebot zur KH-Qualität und Involvement hinsichtlich KH-Qualitätsinformationen

Beziehungszusammenhang		γ	Gütekriterien		
Alle Fälle			χ2-Wert / df	4,384 / 9	
Sprachkompetenz →	Informationsangebot zur KH-Wahl	-0,02n.s.	RMSEA	0,000	
			CFI	1,000	
			GFI	0,995	(0,998)
			AGFI	0,988	(0,996)
KH-Patienten			χ2-Wert / df	8,001 / 9	
Sprachkompetenz →	Informationsangebot zur KH-Wahl	-0,23**	RMSEA	0,000	
			CFI	1,000	
H (-) bedingt bestätigt			GFI	0,981	(0,992)
			AGFI	0,956	(0,981)

Signifikanzniveau der standardisierten Koeffizienten (zweiseitiger Test)
* - 10% (C.R. >= 1,645) ** - 5% (C.R. >= 1,96) *** - 1% (C.R. >=2,58)
( ) – Werte der ULS-Schätzung

Tabelle 63: Die Kausalbeziehungzwischen den Variablen Sprachkompetenz und Informationsangebot zur KH-Qualität

Beziehungszusammenhang		γ	Gütekriterien		
Alle Fälle			χ2-Wert / df	0,262 / 1	
Soziale Schicht →	Informationsangebot zur KH-Wahl	-0,25***	RMSEA	0,000	
			CFI	1,000	
			GFI	1,000	(1,000)
			AGFI	0,995	(1,000)
KH-Patienten			χ2-Wert / df	0,894 / 1	
Soziale Schicht →	Informationsangebot zur KH-Wahl	-0,40***	RMSEA	0,000	
			CFI	1,000	
H (-) bestätigt			GFI	0,997	(1,000)
			AGFI	0,968	(1,000)

Signifikanzniveau der standardisierten Koeffizienten (zweiseitiger Test)
* - 10% (C.R. >= 1,645) ** - 5% (C.R. >= 1,96) *** - 1% (C.R. >=2,58)
( ) – Werte der ULS-Schätzung

Tabelle 64: Die Kausalbeziehung zwischen den Variablen soziale Schicht und Informationsangebot zur KH-Qualität

7.1.3. Sozio-demographische Determinanten

Wie bereits erwähnt, hat die Analyse bereits vorliegender Studien zum Forschungsgegenstand einige Befunde zum Einfluss sozio-demographischer Faktoren auf das Informationssuchverhalten von Patienten bzw. das Involvement hinsichtlich Informationen zur KH-Qualität ergeben.[840] Diese werden im Folgenden zur Ableitung relevanter Hypothesen detailliert dargestellt.

---

[840] Vgl. auch Abschnitt 4.1.2.3.

7.1.3.1. Alter

In der europäischen Studie von Coulter und Magee wurde zwar festgestellt, dass jüngere Menschen tendenziell kritischer bei der Beurteilung des Gesundheitssystems sind und eine höhere Erwartung an die Einbeziehung bei Behandlungsentscheidungen haben.[841]
In Bezug auf das eigentliche Untersuchungsobjekt dieser Arbeit, das Involvement hinsichtlich Informationen zur Beurteilung der KH-Qualität, stellt sich das Bild jedoch anders dar. Nach der Studie von Zok ist das Interesse an relevanten Informationen zur Beurteilung ambulanter und stationärer Leistungsanbieter im mittleren Alter besonders groß.[842] Auch in der Befragung von Streuf et al. nimmt mit zunehmendem Alter die angegebene Wichtigkeit der Qualitätsinformationen generell zu.[843] Bestätigung findet dieser Befund in der Erhebung von Geraedts, der eine signifikante Erhöhung der wahrgenommenen Wichtigkeit aller Qualitätsinformationen bei Personen ab 60 feststellt. Grande und Romppel fanden einen deutlichen Einfluss des Alters auf die empfundene Relevanz von Qualitätsinformationen und stellen als Gesamtergebnis in Abstraktion von einzelnen Qualitätsaspekten der Studie fest: *„...zahlreiche Indikatoren wurden von älteren Patienten als wichtiger eingeschätzt als von jüngeren."*[844] Zusammenfassend kann daher die Hypothese abgeleitet werden:

H*$_{19}$*: *Das Alter beeinflusst das Involvement hinsichtlich Informationen zur KH-Qualität positiv.*

Das Alter wurde in der vorliegenden Untersuchung direkt abgefragt. Der vermutete Einfluss des Alters kann im Einklang mit den aufgeführten Studien wie in Tabelle 65 zu sehen, bestätigt werden.

Beziehungszusammenhang			γ	**Gütekriterien**		
Alle Fälle				χ2-Wert / df	0,502 / 1	
Alter	→	Involvement hinsichtlich KH-Qualitätsinformationen	0,36***	RMSEA	0,000	
				CFI	1,000	
				GFI	0,999	(1,000)
				AGFI	0,991	(1,000)
KH-Patienten				χ2-Wert / df	4,3 / 1	
Alter	→	Involvement hinsichtlich KH-Qualitätsinformationen	0,33***	RMSEA	0,154	
				CFI	0,978	
H (+) bestätigt				GFI	0,985	(1,000)
				AGFI	0,851	(1,000)

Signifikanzniveau der standardisierten Koeffizienten (zweiseitiger Test)
* - 10% (C.R. >= 1,645) ** - 5% (C.R. >= 1,96) *** - 1% (C.R. >=2,58)
( ) – Werte der ULS-Schätzung

Tabelle 65: Die Kausalbeziehung zwischen den Variablen Alter und Involvement hinsichtlich KH-Qualitätsinformationen

841 Vgl. Coulter, Magee (2003), S. 225. Im Gegensatz dazu liegen jedoch bei älteren Befragungsteilnehmern mehr Berichte über die tatsächliche Einbeziehung bei Behandlungsentscheidungen durch den Arzt vor. Vgl. Coulter, Jenkinson (2005), S. 358.

842 Vgl. Zok (2003), S. 113.

843 Vgl. Streuf et al. (2007), S. 118. Einzige Ausnahme bildete hier das Qualitätsmerkmal „Vorhandensein eines Qualitätssiegels", welches insbesondere in der Altergruppe 16-25 sehr geschätzt wurde. Diese Feststellung findet Bestätigung bei Zok bezüglich des Qualitätsmerkmals „Ärzte-TÜV". Vgl. Zok (2003), S. 116.

844 Grande, Romppel (2005), S. 212.

7.1.3.2. Soziale Schicht

Möller et al. fanden in ihrer Studie zum Informationsbedarf und Wissensstand von Herzinfarktpatienten, dass ein höherer sozioökonomischer Status mit dem Wunsch nach adäquaten Informationen und alternativen Informationsquellen einhergeht.[845] Zu diesem Ergebnis kommen ebenfalls Suhonen et al. bei der Befragung von KH-Patienten. Patienten mit höherer Bildung messen Informationen zur Krankheit und Behandlung generell eine höhere Bedeutung bei.[846] Dies steht im Zusammenhang mit dem Befund von Coulter et al., nach dem die Befragten mit höherer Bildung eher der Meinung waren, dass Patienten eine aktive Rolle bei der Behandlungsentscheidung spielen sollten.[847]
In Bezug auf Informationen zur KH-Wahl bekundeten diese Studienteilnehmer mit signifikant größerer Wahrscheinlichkeit zu wenig Informationen zur Verfügung zu haben, um eine informierte Entscheidung treffen zu können.[848] Auch Geraedts stellt fest, dass Angehörige der obersten sozialen Schicht signifikant häufiger Vergleichslisten, Informationen über Selbsthilfe und Verbraucherberatungsstellen zur KH-Auswahl heranziehen würden.[849] Lediglich Grande und Romppel kommen zu abweichenden Ergebnissen und stellen bei ausgewählten Qualitätsmerkmalen ein höheres Interesse bei Patienten niedrigerer Schichtzugehörigkeit fest.[850] Wir unterstellen daher die Hypothese.

H*$_{20}$*: Die soziale Schicht beeinflusst das Involvement hinsichtlich Informationen zur KH-Qualität positiv.

Zur Operationalisierung der sozialen Schicht wird die Messskala und Berechnungsvorschrift nach Winkler angewendet.[851] Das Messmodell, welches im Auftrag des Robert-Koch-Instituts entwickelt und in regelmäßigen Erhebungen aktualisiert wird, enthält drei Dimensionen, welche entsprechend einer Berechnungsvorschrift mit Punktwerten versehen und zu einem Gesamtindex der sozialen Schichtzugehörigkeit aggregiert werden:

- Bildung: Schulabschluss (7 Items), Berufsabschluss (7 Items)
- berufliche Position (19 Items)
- Nettoeinkommen (7 Items)

Die Überprüfung des kausalen Beziehungszusammenhangs ergibt eine hohe Übereinstimmung mit der empirischen Datenbasis, so dass die Hypothese bestätigt werden kann (siehe Tabelle 66).

---

845 Vgl. Möller et al. (2004), S. 483.
846 Vgl. Suhonen et al. (2005), S. 1170.
847 Vgl. Coulter, Magee (2003), S. 219.
848 Vgl. Coulter, Magee (2003), S. 221.
849 Vgl. Geraedts (2006), S. 160.
850 Höhere Skalenwerte zeigten sich für Patienten niedrigerer Schichtzugehörigkeit bei den Qualitätsmerkmalen Renommee und Standards der Einrichtung, Alltagsnähe, Vorhandensein ambulanter Rehabilitationsangebote, Erreichbarkeit mit öffentlichen Verkehrsmitteln sowie Trägerschaft der Einrichtung, vgl. Grande, Romppel (2005), 212.
851 Vgl. Winkler (1998), Winkler, Stolzenberg (2007).

Beziehungszusammenhang		γ	Gütekriterien		
Alle Fälle			χ2-Wert (df)	2,907 (2)	
Schicht	→ Involvement hinsichtlich KH-Qualitätsinformationen	0 ,20***	RMSEA	0,041	
			CFI	0,997	
			GFI	0,995	1,000
			AGFI	0,974	1,000
KH-Patienten			χ2-Wert (df)	4,555 (2)	
Schicht	→ Involvement hinsichtlich KH-Qualitätsinformationen	0,33***	RMSEA	0,096	
			CFI	0,983	
H (+) bestätigt			GFI	0,984	1,000
			AGFI	0,922	1,000

Signifikanzniveau der standardisierten Koeffizienten (zweiseitiger Test)
* - 10% (C.R. >= 1,645) ** - 5% (C.R. >= 1,96) *** - 1% (C.R. >=2,58)
( ) – Werte der ULS-Schätzung

Tabelle 66: Die Kausalbeziehung zwischen den Variablen soziale Schicht und Involvement hinsichtlich KH-Qualitätsinformationen

7.1.3.3. Geschlecht

In der Untersuchung von Wildner et al. zum Thema Patientenrechte wurden keine Geschlechterunterschiede bezüglich des Interesses an Patienteninformationen gefunden.[852] Nur bei 9 von insgesamt 77 Qualitätsinformationen ermittelten Grande und Romppel signifikante Geschlechterunterschiede bei der eingeschätzten Wichtigkeit.[853] Auch bei Streuf et al. hatte das Geschlecht keinen Einfluss auf die wahrgenommene hohe Bedeutung von Qualitätsinformationen zur KH-Wahl.[854] Keine geschlechtsspezifischen Unterschiede ergab auch die Untersuchung von Geraedts beim generellen Wunsch nach Qualitätsinformationen zur KH-Beurteilung.[855] Daher kann als Hypothese abgeleitet werden:

***H_{21}:** Das Geschlecht hat keinen Einfluss auf das Involvement hinsichtlich Informationen zur KH-Qualität.*

Das Geschlecht weist naturgemäß als nominalskalierte Variable kein metrisches Skalenniveau auf. Die abgeleitete Hypothese wird daher, wie bereits dargestellt, mit der einfaktoriellen Varianzanalyse geprüft.[856]

Wie Tabelle 67 zeigt, kann kein Einfluss des Geschlechts auf das Involvement von Patienten hinsichtlich Informationen zur KH-Qualität nachgewiesen werden. Die Hypothese gilt daher als bestätigt.

---

[852] Vgl. Wildner et al. (2002), S. 308.

[853] Vgl. Grande, Romppel (2005), S. 213.

[854] Vgl. Streuf et al. (2007), S. 118.

[855] Der Vollständigheit halber soll erwähnt werden, dass jedoch signifikant höhere Informationsbedürfnisse bei Frauen zu Qualitätsinformationen ambulanter Leistungsanbieter festgestellt wurden. Vgl. Geraedts (2006), S. 162.

[856] Vgl. auch zur Varianzanalyse Abschnitt 5.1.3. Die zusätzliche Prüfung durch die nicht-parametrischen Tests (Mann-Whitney U-Test, Kolmogorov-Smirnov Z-Test sowie Kruskal-Wallis H-Test) bestätigten die Ergebnisse der Varianzanalyse.

Involvement hinsichtlich KH-Qualitätsinformationen		
Geschlecht	Alle Fälle	KH-Patienten
männlich	4,38	4,45
weiblich	4,34	4,35
Σ	4,36	4,40
Signifikanz F-Test	0,485 (n.s.)	0,175 (n.s.)

Tabelle 67: Das Ergebnis der einfaktoriellen Varianzanalyse zur Variable Geschlecht

7.1.3.4. Versicherungsstatus

Da Privatversicherte auf Grund des Kostenerstattungsprinzips mehr Eigenverantwortung haben, wird generell ein höherer Informations- und Mitbestimmungsbedarf dieser Patientengruppe angenommen.[857] In der Untersuchung von Möller et al. haben privatversicherte Patienten deutlich häufiger offene Fragen und zeigen ein insgesamt aktiveres Informationsverhalten.[858] In der Studie von Dietz zur Patientenmündigkeit war die Konstruktdimension „Mitbestimmung" bei Privatversicherten signifikant höher ausgeprägt.[859] Nach Geraedts gaben Privatversicherte signifikant häufiger an, Vergleichslisten, Informationen der Selbsthilfe und Verbraucherberatungsstellen zur KH-Auswahl nutzen zu wollen.[860] Auch wenn die Befunde zum Versicherungsstatus eher gering sind, lässt sich im Zusammenhang mit dem höheren sozialen Status von Privatversicherten schließen:

H_{22}*: *Privatversicherte haben ein höheres Involvement hinsichtlich Informationen zur KH-Qualität.

Der Versicherungsstatus wurde anhand der Kategorien „gesetzliche Krankenversicherung"[861] und „private Krankenversicherung" direkt erhoben. Aufgrund des nominalen Skalenniveaus der Variable „Versicherungsstatus" kann hier keine Kausalanalyse erfolgen. Wie schon beim Einflussfaktor „Geschlecht" wird die Überprüfung der Hypothese auf Basis einer einfaktoriellen Varianzanalyse vorgenommen.[862] Wie Tabelle 68 zeigt, kann die Hypothese bestätigt werden. Privatversicherte weisen ein signifikant höheres Involvement hinsichtlich KH-Qualitätsinformationen auf. Allerdings ist der Einfluss des Faktors Versicherungsstatus auf das Involvement, gemessen am Eta², nur gering ausgeprägt.

---

[857] Vgl. Dietz (2006), S. 187; Schwartz (1997), S. 72.

[858] Vgl. Möller et al. (2004), S. 483.

[859] Allerdings war der Einfluss des Versicherungsstatus auf die Konstruktdimensionen „Informationsverhalten" und „Wissen" nicht signifikant. Vgl. Dietz (2006), S. 189.

[860] Vgl. Geraedts (2006), S. 160.

[861] Innerhalb der gesetzlichen Krankenversicherung wurden die Unterkategorien „mit Zusatzversicherung" sowie „mit Wahltarif (z.B. Selbstbehalt, Hausarztmodell u.a.)" erfasst, jedoch aufgrund der geringen Zahl der Nennungen nicht explizit in weiterführende Analysen einbezogen (23 befragte KH-Patienten / 14 potentielle Patienten verfügten über eine GKV mit Zusatzversicherung, 1 KH-Patient / 4 potentielle Patienten verfügten über eine GKV mit Wahltarif).

[862] Vgl. auch zur Varianzanalyse Abschnitt 5.1.3. Die zusätzliche Prüfung mit Hilfe der nicht-parametrischen Tests (Mann-Whitney U-Test, Kolmogorov-Smirnov Z-Test sowie Kruskal-Wallis H-Test) erbrachte ebenfalls einen signifikanten Einfluss des Faktors Versicherungsstatus auf das Involvement hinsichtlich KH-Qualitätsinformationen.

Involvement hinsichtlich KH-Qualitätsinformationen		
Versicherungsstatus	Alle Fälle	KH-Patienten
gesetzlich	4,32	4,32
privat	4,49	4,57
Σ	4,36	4,40
Signifikanz F-Test	0,003	0,001
Eta²	0,034	0,082

Tabelle 68: Das Ergebnis der einfaktoriellen Varianzanalyse zur Variable Versicherungsstatus

7.2. Das Gesamtmodell der Kausalanalyse und die zusammenfassende Interpretation der Ergebnisse

Im Folgenden sollen der Einfluss der aufgezeigten Determinanten auf das Involvement von Patienten hinsichtlich Informationen zur KH-Qualität in einem gemeinsamen Modell dargestellt und die im einzelnen bereits aufgezeigten Beziehungszusammenhänge geprüft werden. Es werden alle Einflussfaktoren mit metrischem Skalenniveau einbezogen bis auf die Faktoren Paternalismuspräferenz sowie Selbstwirksamkeit, die aufgrund der bereits abgewiesenen Hypothesen in der Einzelanalyse nicht mit aufgenommen werden.

Wie in Abbildung 20 dargestellt, können nahezu alle Wirkungszusammenhänge verifiziert werden. Entsprechend der Faktorladungen haben das wahrgenommene Informationsangebot zur KH-Wahl, das wahrgenommne Risiko der KH-Wahl sowie die Wichtigkeit der Gesundheit den stärksten Einfluss auf das Involvement hinsichtlich KH-Qualitätsinformationen, gefolgt von den Faktoren Alter und soziale Schicht. Beim Faktor Sprachkompetenz erweist sich der in der Einzelanalyse dargestellte Zusammenhang zum informationsbezogenen Involvement als Scheinkausalität.[863] Bei Hinzunahme der anderen Variablen ist kein signifikanter direkter Einfluss auf das Involvementkonstrukt nachzuweisen. Ein indirekter signifikanter Einfluss der Sprachkompetenz ergibt sich jedoch über den Faktor des wahrgenommenen Informationsangebots zur KH-Wahl.

In gleicher Weise ist der ursprünglich gezeigte positive Einfluss des wahrgenommenen Risikos der Krankheit nicht verifizierbar. Dagegen bestätigt sich der starke negative Einfluss des Gesundheitszustandes auf das wahrgenommene Risiko der Krankheit. Ebenso Bestätigung findet die Wirkungskette subjektiver Gesundheitszustand → wahrgenommenes Risiko der Krankheit → wahrgenommenes Risiko der KH-Wahl. Die postulierten Beziehungszusammenhänge zwischen Alter und sozialer Schicht sowie Alter und wahrgenommenem Risiko der Krankheit werden ebenfalls verifiziert. Der Einfluss der sozialen Schicht auf die Sprachkompetenz und in negativer Hinsicht auf das wahrgenommene Informationsangebot zur KH-Wahl ist auch signifikant. Der bereits dargestellte Beziehungszusammenhang zwischen der Wichtigkeit der Gesundheit und dem wahrgenommenen Risiko der Krankheit kann eindeutig bestätigt werden. Dagegen zeigt sich

863 Bei Scheinkausalität liegt, wie der Name bereits indiziert, ein scheinbarer Zusammenhang zwischen zwei Variablen vor, der bei Hinzukommen einer dritten Variable verschwindet. Vgl. auch Kühnel, Krebs (2004), S. 473.

der Einfluss der Sprachkompetenz auf das wahrgenommene Informationsangebot zur KH-Qualität als nicht signifikant.

Die Gütemaße des Gesamtmodells weisen ein zufrieden stellendes bis sehr gutes Niveau auf. Lediglich der GFI- sowie der AGFI-Wert liegen in der ML-Schätzung unter den Anforderungen, erreichen jedoch in der ULS-Schätzung ein sehr gutes Niveau.[864] Die ursprüngliche Zielsetzung der vorliegenden Untersuchung bestand in der Entwicklung eines Partialmodells zur Erklärung des Involvements von Patienten hinsichtlich Informationen zur KH-Qualität. Wie der Erklärungsgehalt von 0,59 jedoch zeigt, ist der erklärte Varianzanteil des Involvementkonstrukts im geprüften Modell außerordentlich hoch und bestätigt einmal mehr die Güte des Modells.[865]

In Tabelle 69 sind nochmals alle Hypothesen dieses Kapitels sowie die Ergebnisse der dependenzanalytischen Überprüfungen im Überblick dargestellt.

Zusammenfassend lässt sich inhaltlich interpretieren, dass das Involvement bezogen auf KH-Qualitätsinformationen generell hoch ausgeprägt ist. Entsprechend der geprüften Einflussfaktoren kann, überspitzt formuliert, ein besonders hohes Involvement von älteren, privat versicherten KH-Patienten in gehobener sozialer Schicht festgestellt werden, denen ihre Gesundheit besonders wichtig ist, die das Informationsangebot zur KH-Wahl in Verbindung mit ihrer höheren sozialen Schicht kritischer beurteilen und die das Risiko der KH-Wahl, beeinflusst vom Risiko der Erkrankung und dem subjektivem Gesundheitszustand, eher hoch einschätzen. Ein entsprechend gegensätzliches Muster bedingt ein geringer ausgeprägtes Involvement zum Bezugsobjekt KH-Qualitätsinformationen innerhalb des generell hohen Niveaus, wie die deskriptiven Auswertungsergebnisse zeigen.[866]

Kein signifikanter Zusammenhang besteht zwischen dem Involvement hinsichtlich Informationen zur KH-Qualität und der Selbstwirksamkeit sowie der Paternalismuspräferenz. Das heißt, das Bedürfnis nach Informationen besteht interessanterweise unabhängig von dem Wunsch bzw. der Neigung des Patienten, Entscheidungen im Behandlungsprozess dem Arzt zu überlassen sowie der Einschätzung zur eigenen Handlungsfähigkeit in Problemsituationen. Mit anderen Worten, auch Patienten, die letztendlich die Entscheidung zur Behandlung und KH-Wahl an ihren Arzt delegieren bzw. diese ihm überlassen, können in Bezug auf Informationen zur KH-Qualität hoch involviert sein. Auch bei Patienten, die über keine hohe Selbstwirksamkeitserwartung verfügen und daher eher zu passiven, kaum problemorientierten Strategien neigen, kann dennoch ein hohes Involvement in Bezug auf Informationen zur KH-Qualität gegeben sein.

---

[864] Das ULS-Schätzverfahren ist im Vergleich zur ML-Schätzung besser geeignet bei Untersuchungen mit Variablen, die keine Normalverteilung aufweisen. Die ermittelten GFI- und AGFI-Werte der ULS-Schätzung in diesem Modell sind daher vorzuziehen. Da das ULS-Schätzverfahren jedoch keine interferenzstatistischen Tests sowie Signifikanzprüfungen der Modellparameter bietet, wird es i.d.R. bei Kausalanalysen zur Unterstützung der ML-Schätzung hinzugezogen. Siehe auch Abschnitt 5.1.2.

[865] Ebenso Homburg et al. (2008), S. 571.

[866] Vgl. auch Abschnitt 6.2.

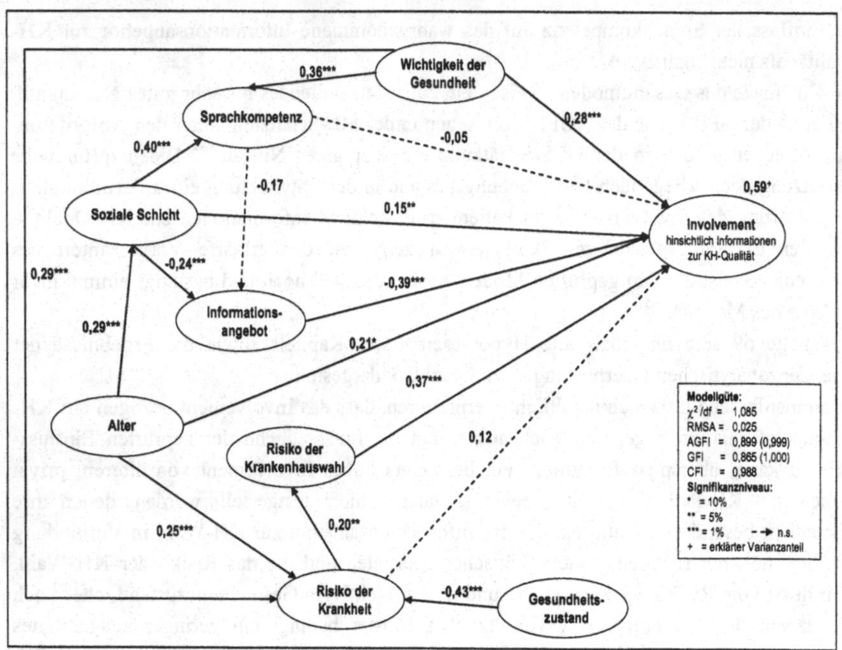

Abbildung 20: Gesamtmodell der Kausalanalyse

Hypothese	Ergebnis
H_2: *Die wahrgenommene Wichtigkeit der Gesundheit beeinflusst das Involvement hinsichtlich Informationen zur KH-Qualität positiv.*	✓
H_3: *Die Sprachkompetenz beeinflusst das Involvement hinsichtlich Informationen zur KH-Qualität positiv.*	(-)
H_4: *Die Wichtigkeit der Gesundheit beeinflusst die Sprachkompetenz positiv.*	✓
H_5: *Die Selbstwirksamkeit beeinflusst das Involvement hinsichtlich Informationen zur KH-Qualität positiv.*	-
H_6: *Die Selbstwirksamkeit beeinflusst die Sprachkompetenz positiv.*	✓
H_7: *Die Paternalismuspräferenz beeinflusst das Involvement hinsichtlich Informationen zur KH-Qualität negativ.*	-
H_8: *Je schlechter der wahrgenommene Gesundheitszustand, desto geringer ist das Involvement hinsichtlich Informationen zur KH-Qualität.*	-
H_9: *Je schlechter der wahrgenommene Gesundheitszustand, desto stärker ist die Paternalismuspräferenz.*	✓
H_{10}: *Das wahrgenommene Risiko der Krankheit beeinflusst das Involvement hinsichtlich Informationen zur KH-Qualität positiv.*	(-)
H_{11}: *Das wahrgenommene Risiko der KH-Wahl beeinflusst das Involvement hinsichtlich Informationen zur KH-Qualität positiv.*	✓
H_{12}: *Das Alter beeinflusst das wahrgenommene Risiko der Krankheit positiv.*	✓
H_{13}: *Je schlechter der wahrgenommene Gesundheitszustand, desto höher ist das wahrgenommene Risiko der Krankheit.*	✓
H_{14}: *Je wichtiger die Gesundheit, desto höher ist das wahrgenommene Risiko der Krankheit.*	✓
H_{15}: *Das wahrgenommene Risiko der Krankheit beeinflusst das wahrgenommene Risiko der KH-Wahl positiv.*	✓
H_{16}: *Das wahrgenommene Informationsangebot zur KH-Wahl beeinflusst das Involvement hinsichtlich Informationen zur KH-Qualität negativ.*	✓
H_{17}: *Die Sprachkompetenz beeinflusst das wahrgenommene Informationsangebot zur KH-Wahl negativ.*	(-)
H_{18}: *Die soziale Schicht beeinflusst das wahrgenommene Informationsangebot zur KH-Wahl negativ.*	✓
H_{19}: *Das Alter beeinflusst das Involvement hinsichtlich Informationen zur KH-Qualität positiv.*	✓
H_{20}: *Die soziale Schicht beeinflusst das Involvement hinsichtlich Informationen zur KH-Qualität positiv.*	✓
H_{21}: *Das Geschlecht hat keinen Einfluss auf das Involvement hinsichtlich Informationen zur KH-Qualität.*	✓
H_{22}: *Privatversicherte haben ein höheres Involvement hinsichtlich Informationen zur KH-Qualität.*	✓

Legende: ✓ Hypothese bestätigt - Hypothese nicht bestätigt (-) Hypothese in der Einzelkausalprüfung bestätigt, im Gesamtmodell jedoch nicht verifiziert

Tabelle 69: Überblick zu den Ergebnissen der Hypothesenprüfung in Kapitel 7

8. Die Informationspräferenzen von Patienten zur Krankenhausqualität

Nach der Untersuchung des Involvements von Patienten hinsichtlich Informationen zur KH-Qualität (als eine Perspektive des Informationsbedarfs) sowie der beeinflussenden Determinanten soll nun der Forschungsfrage nach den spezifischen Informationspräferenzen von Patienten zur KH-Qualität (als zweite Perspektive des Informationsbedarfs zur KH-Qualität) nachgegangen werden (Forschungsfrage 4). Wie bereits dargestellt, besteht die KH-Qualität als komplexe Dienstleistung aus einer Vielzahl von Qualitätsinformationen bzw. Qualitätsmerkmalen der Struktur-, Prozess- und Ergebnisqualität.[867]

Die Bewertung vorhandener und die Gestaltung zukünftiger Informationsangebote setzt daher voraus, dass die Informationspräferenzen von Patienten hinreichend bekannt sind, m.a.W., welche Qualitätsinformationen von Patienten als besonders wichtig erachtet und entsprechend zur Beurteilung und Auswahl von KH herangezogen werden. Der erste Abschnitt dieses Kapitels beschäftigt sich mit der Beantwortung dieser Fragestellung (Forschungsfrage 4). Da das angewendete empirische Verfahren des Best-Worst-Scaling (BWS) im Gesundheitswesen, wie bereits aufgezeigt, noch nicht einschlägig bekannt ist, soll den einzelnen Verfahrensschritten der Operationalisierung und Messung ausreichend Raum gegeben werden.[868] Daran anschließend wird auf Basis der ermittelten Präferenzurteile eine Analyse hinsichtlich potentiell vorhandener Qualitätsdimensionen zur Beantwortung der fünften Forschungsfrage vorgenommen. Der letzte Abschnitt dieses Kapitels befasst sich mit der Beantwortung der sechsten Forschungsfrage, welche die Identifikation präferenzbasierter Patientensegmente zum Ziel hat.

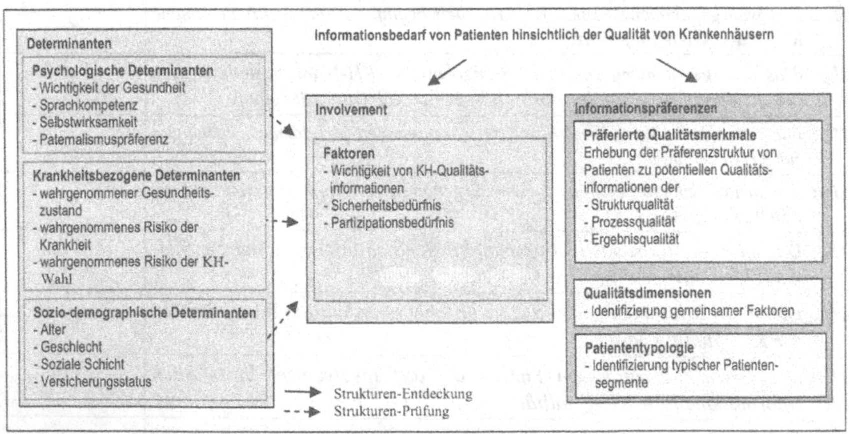

Abbildung 21: Die Messung der Informationspräferenzen von Patienten zur KH-Qualität als dritten Untersuchungsschritt im Forschungsmodell dieser Arbeit

[867] Vgl. Abschnitt 3.4.

[868] Zur detaillierten Erläuterung der methodischen Grundlagen der Präferenzmessung sowie des Verfahrens des Best-Worst-Scaling siehe auch Abschnitt 5.1.4.

Die Ermittlung von Informationspräferenzen zur KH-Qualität als dritter Untersuchungsschritt dieser Arbeit richtet sich auf die Gewinnung von strukturen-entdeckenden Erkenntnissen (siehe Abbildung 21). Eine Formulierung von Hypothesen ist daher nicht angezeigt.[869]

8.1. Die Messung der Informationspräferenzen zur Krankenhausqualität

8.1.1. Operationalisierung – Merkmalsgewinnung und experimentelles Design

Das BWS wird als conjoint-basiertes, multivariates Verfahren i.d.R. zur Entdeckung von potentiell vorhandenen Strukturen eingesetzt. Eine Anwendung als Methodik zur Strukturenprüfung ist zwar prinzipiell möglich, setzt jedoch zum Zweck der Formulierung von Hypothesen das Vorhandensein von weitgehenden Vorarbeiten zum Forschungsgegenstand voraus. Dies entspricht darüber hinaus den wenigsten Anwendungsfällen der CA, welche i.d.R. überwiegend für strukturen-entdeckende Fragestellungen eingesetzt werden.[870] Auch in dieser Untersuchung verfolgen wir das exploratorische Ziel der Entdeckung einer Präferenzstruktur in der empirischen Datenbasis.[871]
Aus der Analyse der bereits vorliegenden empirischen Befunde zu Bedeutungsunterschieden einzelner Merkmale der KH-Qualität kann lediglich die grundlegende Annahme abgeleitet werden, dass der von Patienten wahrgenommene Nutzen nicht einheitlich verteilt ist, sondern von einer individuellen Bevorzugung bzw. Präferenz bezüglich bestimmter Qualitätsinformationen im Vergleich zu anderen Merkmalen auszugehen ist, m.a.W., eine entsprechende Präferenzstruktur innerhalb der Patientenpopulation vorliegt.
Zur Operationalisierung der Informationspräferenzen zur KH-Qualität, d.h. zur Entwicklung des BWS-Erhebungsexperiments müssen, wie bereits im Abschnitt 5.1.4.2 erwähnt, zwei Verfahrensschritte durchlaufen werden:

1. die Identifizierung und Auswahl der Qualitätsinformationen bzw. Qualitätsmerkmale zur Ex-ante-Beurteilung der KH-Leistung
2. die Entwicklung eines Experimentierplans (BWS-Design)

Der erste Schritt der Merkmalsgewinnung ist aufgrund des komplexen Charakters der KH-Dienstleistung eine große Herausforderung. Auf der einen Seite sollen alle potentiellen Qualitätsinformationen, auf die sich die Präferenzen der Patienten beziehen könnten, möglichst vollständig abgebildet werden. Somit ergibt sich die Anforderung, alle relevanten Qualitätsmerkmale der Struktur- Prozess- und Ergebnisqualität in die Untersuchung einzubeziehen. Auf der anderen Seite ist die Methode des BWS zwar besonders gut geeignet, eine

[869] Vgl. Backhaus et al. (2003), S. 15.

[870] Eines der wichtigsten Anwendungsgebiete von conjoint-basierten Verfahren ist die Neuproduktentwicklung und in diesem Rahmen die exploratorische Ermittlung von Kundenbedürfnissen bzw. Merkmalspräferenzen der Kunden. Vgl. Backhaus et al. (2003), S. 544; Klein (2002), S. 7f.

[871] Außerdem lässt der bisherige Forschungsstand nicht annäherungsweise eine Hypothesenformulierung auf Basis der hier zu Grunde gelegten Prinzipien des wissenschaftlichen Realismus zu, weder in Bezug auf Präferenzen bzw. Teilnutzenwerte von einzelnen Qualitätsinformationen aus der Vielzahl möglicher Merkmale zur KH-Qualität noch hinsichtlich einer umfassenden Präferenzstruktur, bezogen auf ein ganzes Merkmalsset von Qualitätsinformationen. Zur kritischen Würdigung bisherigen Arbeiten zur Erhebung von Informationspräferenzen zur KH-Qualität vgl. auch Abschnitt 4.1.2.2.

größere Anzahl von Merkmalen zu untersuchen, jedoch hat auch hier die Zahl möglicher Fragensets inklusive zugeordneter Attribute aufgrund der kognitiven Verarbeitungskapazität des Menschen eine natürliche Grenze.

Des Weiteren gilt es, entsprechend des theoretischen Ansatzes der Informationsökonomie die unterschiedlichen Ausprägungen von Gütereigenschaften zu berücksichtigen. Die Informationspräferenzen von Patienten zur KH-Qualität richten sich daher tendenziell auf Qualitätsinformationen, welche den Charakter von Sucheigenschaften aufweisen, also auf Qualitätsmerkmale, die durch den Patienten auch wirklich vor der Aufnahme in ein KH prinzipiell gesucht und zur KH-Beurteilung herangezogen werden können. Hinzu kommen Ersatzindikatoren, die als Ausgleich für die nicht ex ante beurteilbaren Erfahrungs- und Vertrauensmerkmale herangezogen werden können, da sie eine Antizipation der Qualität aufgrund erzielter Qualitätsergebnisse in der Vergangenheit ermöglichen. Insbesondere fallen in diesen Bereich Informationen zur objektiven und subjektiven Ergebnisqualität wie die Erfolgsrate, Mortalitätsquoten, Bewertungsergebnisse unabhängiger Qualitätsinstitute oder auch Ergebnisse von Patientenzufriedenheitsbefragungen. Die beiden letztgenannten Qualitätsinformationen können zudem als Schlüsselinformationen definiert werden – eine Kategorie, die entsprechend des Modells der Informationsverarbeitung bei extensivem Informationssuchverhalten neben präferierten Einzelmerkmalen als Strategie gegen Informationsüberlastung besonders wichtig ist.[872] Die Charakterisierung im Hinblick auf Suchinformationen kann somit als Filter bei der Auswahl relevanter Qualitätsinformationen für das BWS-Erhebungsinstrument herangezogen werden.

Schlussendlich sei erwähnt, dass bei der Recherche in Frage kommender Qualitätsinformationen ein syntaktisches Problem zu bewältigen ist. Da es keine einheitliche Nomenklatur für Qualitätsinformationen, Qualitätsmerkmale oder Qualitätsindikatoren gibt, wie z.B. für Diagnosen in Form des ICD, liegen sehr unterschiedliche Formulierungen inhaltlich ähnlicher oder gleicher Merkmale vor. Beispielsweise verweisen die Bezeichnung „Qualitätssiegel für Krankenhäuser", „Qualitätszertifikat" oder „unabhängige Qualitätsbewertung der Klinik" auf eine gemeinsame semantische Basis.

Die Gewinnung der Qualitätsmerkmale in der vorliegenden Untersuchung basiert auf der wissenschaftstheoretischen Grundlage der Methodik der qualitativen Inhaltsanalyse[873] sowie der Komparatistik.[874] Zur Inhaltsanalyse wurde zunächst eine Untersuchung der bereits vorhandenen qualitativen und quantitativen Studien, in denen spezifische Qualitätsmerkmale zur KH-Leistung thematisiert wurden, vorgenommen. Des Weiteren erfolgte eine Ermittlung relevanter Qualitätsinformationen aus der Vielzahl der bereits vorhandenen Informations-

---

872 Vgl. auch Abschnitt 4.3.6.

873 Die Inhaltsanalyse (content analysis) ist eine wissenschaftliche Methode zur systematischen Erfassung und Auswertung von Print- und elektronischen Medien mit vorgegebenen Merkmalen. Einen Überblick zur Inhaltsanalyse gibt Heidel (2008), S. 139f. Zur detaillierten Beschreibung vgl. Mayring (2000a).

874 Die Komparatistik ist eine wissenschaftliche Methodik, welche ihre Wurzeln in der allgemeinen und vergleichenden Literaturwissenschaft hat. Die Vorgehensweise wird von Corbineau-Hoffmann wie folgt beschrieben: „Zu einem jeweils gegebenen, ausgewählten Text (comparandum) werden andere Texte vergleichend in Beziehung gesetzt (als comparata) und unter einem bestimmten Gesichtspunkt (tertium comparationis) miteinander verglichen. Dabei bildet das eine (comparandum) den Kontext für das jeweils andere (comparatum), so dass die ‚Rollen' von Text und Kontext sich je nach Perspektive verändern können. Schließlich und nach dem Durchgang durch die verschiedenen Schritte des Vergleichens entsteht (...) ein Textkorpus mit charakteristischen Ähnlichkeiten und Unterschieden." Vgl. Corbineau-Hoffmann (2000), S. 40.

angebote im In- und Ausland, ergänzt um Hinweise aus konzeptionellen Literaturbeiträgen.[875] Die so extrahierten Qualitätsinformationen wurden im nächsten Schritt auf Basis der induktiven Kategorienbildung einer Hauptstruktur entsprechend der Qualitätsdimensionen Struktur-, Prozess- und Ergebnisqualität zugeordnet (einen Überblick hierzu gibt Abbildung 22). Danach erfolgte für syntaktisch ähnliche Merkmalsformulierungen sowie für Qualitätsmerkmale unterschiedlicher Detaillierungstiefe eine Vereinheitlichung. Da eine vollständige Darstellung der Merkmalsgewinnung an dieser Stelle aufgrund der Vielzahl an Einzelmerkmalen nicht möglich ist, soll ein Beispielausschnitt in Abbildung 23 die Vorgehensweise verdeutlichen.

In diesem Zusammenhang sei noch anzumerken, dass nicht nur Qualitätsinformationen, die bereits heute für Patienten zur Verfügung stehen, einbezogen wurden, wie z.B. Schwerpunkte bzw. Spezialkompetenzen einer Klinik. Im Hinblick auf die Gestaltung zukünftiger Qualitätsangebote erstreckte sich die Merkmalsgewinnung bewusst auch auf Qualitätsmerkmale, die prinzipiell erhoben bzw. dargestellt werden könnten, jedoch momentan noch nicht bzw. sehr selten angeboten werden, wie z.B. die Ergebnisse von Patientenzufriedenheitsbefragungen (die zwar häufig erhoben, jedoch selten veröffentlicht werden) sowie Qualitätsurteile zuweisender Ärzte oder Wartezeiten während der Behandlung, z.B. vor dem Röntgen (die momentan noch selten ermittelt werden).[876]

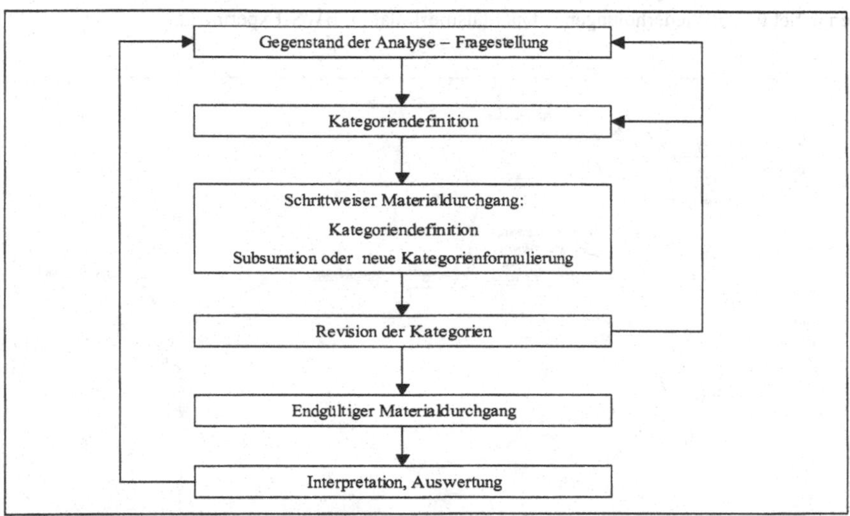

Quelle: Mayring (2000a) sowie derselbe (2000b).

Abbildung 22: Ablauf und Methode der induktiven Kategorienbildung

[875] Vgl. eine ähnliche, jedoch nicht ganz so systematische methodische Vorgehensweise bei Schwarzte (2007), S. 66ff. sowie Geraedts (2006), S. 165ff.

[876] Somit wurde, wie bereits dargestellt, ein virtuelles bzw. hypothetisches Informationsangebot zur KH-Qualität als Basis für die Auswahlentscheidungen der Probanden entwickelt. Siehe auch Fußnote 767.

Insgesamt wurden im Prozess der Merkmalsgewinnung in der ersten Recherchestufe 116 Einzelmerkmale zur Qualitätsbeurteilung von KH identifiziert und sukzessive durch Zuordnung, Vereinheitlichung und Zusammenführung 35 Qualitätsmerkmale abgeleitet.
Im nächsten Schritt ist der notwendige Experimentier-Plan, auch als BWS-Design bezeichnet, zu entwickeln. Mit Hilfe des BWS-Designs, welches aufgrund der aufgezeigten Anforderungen (frequency balance, orthogonality, connectivity, positional balance) computerbasiert erfolgen muss, werden die optimalen Mischungen der Items in den Fragesets bestimmt. Zuvor muss jedoch die Anzahl der Items pro Frageset festgelegt werden. Chrzan and Patterson empfehlen, auf der Basis des empirischen Vergleichs mehrerer Studien mit Varianten zwischen 3 und 8 Items je Fragebox innerhalb des BWS-Designs, eine optimale Anzahl von 4 oder 5 Items pro Frageset.[877] Entsprechend der weiteren Empfehlung, jedes Item, d.h. jedes Qualitätsmerkmal, dreimal innerhalb des BWS-Designs (über alle Fragesets) zu zeigen bzw. dem Probanden zur Wahl zu stellen, ergibt sich rechnerisch die Gesamtsumme an Fragesets mit folgender Formel:

*Anzahl der BWS-Items / Anzahl der Items je Frageset * Anzahl der Wiederholungen = Anzahl der Fragesets*

In unserem Design ergeben sich also insgesamt 21 Fragensets mit jeweils 5 Qualitätsmerkmalen je Set und 3 Wiederholungen je Qualitätsmerkmal im BWS-Experiment.

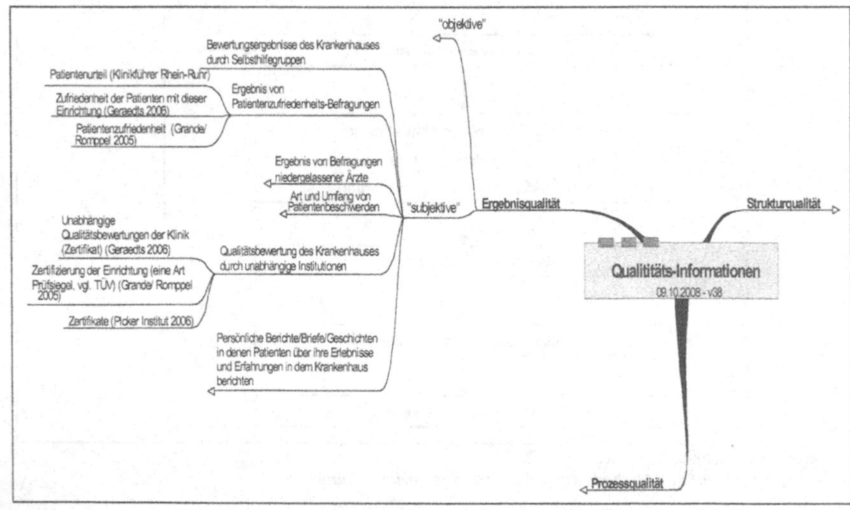

Abbildung 23: Beispiel zur Gewinnung der Qualitätsmerkmale

[877] Vgl. Chrzan, Patterson (2006).

Die Anzahl der Fragesets ist damit im Vergleich mit anderen Studien relativ groß, hat sich jedoch im bereits erwähnten Pretest als bewältigbar erwiesen (siehe auch Abschnitt 5.3). Im Vergleich dazu würde ein einfacher Paarvergleich mit 35 Merkmalen k(k-1)/2 mögliche Paarvergleiche ergeben, d.h. in unserem Fall 35(35-1)/2 = 595 Paarvergleiche. Wie man leicht erkennen kann, wäre dies ein unmögliches Unterfangen. Nach Festlegung der Anzahl von Fragesets, Items pro Frageset und Wiederholungen pro Item kann das konkrete Experimentierdesign auf der Basis eines computerbasierten Algorithmus der Software MaxDiff errechnet werden. Der Algorithmus bestimmt innerhalb einer Gesamtzahl von 1 Mio. Iterationen das BWS-Design, welches die gesetzten Kriterien optimal erfüllt (das Startset der BWS-Items hierfür wird jeweils zufällig erzeugt).[878] In unserem Fall wurde die 824.081 Iteration mit drei verschiedenen BWS-Designvarianten als optimal ausgewählt. Ein Ausschnitt aus dem Experimentaldesign ist in Abbildung 24 dargestellt.[879]

Entscheiden Sie, welche Qualitätsinformation ist für Sie am wichtigsten sowie am wenigsten wichtig.

Beispiel

am wichtigsten (Bitte nur ein ☒ pro Fragen-Set)	**Qualitätsmerkmale zur Krankenhaus-Qualität**	**am wenigsten wichtig** (Bitte nur ein ☒ pro Fragen-Set)
☐	Komplikationsrate	☐
☐	Reputation und Qualifikation des Chefarztes	☐
☒	Ergebnis von Patientenzufriedenheitsbefragungen	☐
☐	Kosten für Wahlleistungen	☐
☐	Qualität des Essens	☒

nur ein Kreuz für das *wichtigste*

nur ein Kreuz für das un*wichtigste*

1. Fragebox

Nr.	**am wichtigsten** (Bitte nur ein ☒ pro Fragen-Set)		**am wenigsten wichtig** (Bitte nur ein ☒ pro Fragen-Set)
1.	☐	Zeitmanagement während der Behandlung	☐
	☐	Zusammenarbeit mit Selbsthilfegruppen	☐
	☐	Kosten für Wahlleistungen	☐
	☐	Wartezeit bis zur Aufnahme ins Krankenhaus	☐
	☐	Länge der Wege innerhalb des Krankenhauses	☐

Abbildung 24: Ausschnitt aus dem Experimentaldesign zur Erhebung der Informationspräferenzen zur KH-Qualität

Da die Qualitätsmerkmale in den Frageboxen jeweils nur in Kurzform abgebildet sind sowie aus Gründen der Vorbeugung von Missverständnissen bzw. Interpretationsschwankungen wurden alle verwendeten Merkmale im Erklärungsteil des Experiments in Form einer Übersicht mit kurzer Erläuterung abgebildet (siehe Tabelle 70). Neben der Erläuterung zur Funktionsweise des Experiments bzw. zum Umgang mit den Frageboxen erfolgte die aktive Aufforderung der Probanden zum expliziten Durchlesen der Merkmalsliste. Daneben diente die Liste auch zur Orientierung bzw. zum nochmaligen Nachschlagen, falls während der Bearbeitung der Fragesets nochmals Klärungsbedarf bestand.

[878] Vgl. Sawtooth (2007), S. 8.
[879] Ein vollständiges BWS-Design dieser Untersuchung wird im Anhang VI gezeigt.

Alter der Ärzte	**Kosten für Wahlleistungen** – z.B. Chefarztbehandlung, Ein- oder Zweibett-Zimmer
Anzahl bzw. Häufigkeit von bestimmten medizinischen **Eingriffen bzw.** speziellen **Behandlungsverfahren** – z.B. Anzahl von Bypass-Operationen am Herzen im Jahr	**Länge der Wege innerhalb des Krankenhauses**
Anzahl der bereits behandelten Patienten mit meiner Krankheit	**Persönliche Berichte/Briefe/Geschichten von Patienten** über Erlebnisse und Erfahrungen in dem Krankenhaus (z.B. veröffentlicht über das Internet)
Anzahl und Art von medizinischen Behandlungsfehlern – ärztliche Kunstfehler mit schwerwiegenden Folgen für den Patienten	**Qualität des Essens** – z.B. Anzahl der Menüs, Möglichkeiten der Auswahl und Zusammenstellung für den Patienten
Anzahl und Art von Patientenbeschwerden	**Qualitätsbewertung** des Krankenhauses **durch unabhängige Institutionen** – Qualitäts-Zertifizierung als eine Art Prüfsiegel, vergleichbar mit dem TÜV oder der Stiftung Warentest
Ausstattung der Patientenzimmer – z.B. Anzahl der Betten pro Zimmer, Telefon, TV, Toilette	**Rate an ungeplanten Wiedereinweisungen** – Anteil der Patienten, die erneut stationär behandelt werden mussten
Ausstattung des Krankenhauses – z.B. Cafeteria, Shop, Bibliothek, Gebetsraum, Raucherraum, Park	**Reputation und Qualifikation des Chefarztes**
Ausstattung mit medizinisch-technischen Geräten – z.B. im OP, Röntgen, Labor	**Sauberkeit und Hygiene** – z.B. Hygienestandards
Bewertungsergebnisse des Krankenhauses **durch Selbsthilfegruppen** – z.B. Bewertung des KH durch Selbsthilfegruppen durch eine jährliche Befragung (erfahrene, aktive Patienten)	**Schwerpunkte bzw. Spezialkompetenzen der Klinik** – Spezialisierung auf bestimmte Erkrankungen, Leistungsspektrum, ambulante Behandlungsmöglichkeiten, alternative Therapieangebote etc.
Empfehlungsrate niedergelassener Ärzte – z.B. einmal pro Jahr Befragung von Hausärzten und Fachärzten, wo sie sich selbst oder Familienangehörige behandeln lassen würden	**Sterblichkeitsrate** – Anteil der Patienten, die im Laufe einer Behandlung verstorben sind
Entfernung zum Wohnort / Erreichbarkeit des Krankenhauses	**Verfügbarkeit eines Patientenfürsprechers / Patientenbeauftragten** im Krankenhaus, an den man sich bei Problemen und Fragen wenden kann
Erfolgsrate – Anteil der Patienten mit gutem Behandlungserfolg (z.B. Heilung, Wiederherstellung der Leistungsfähigkeit, Schmerzreduktion, Verbesserung des Zustandes)	**Wartezeit bis zur Aufnahme in KH** – Wartezeit in Wochen von der Feststellung, dass ein Krankenhausaufenthalt notwendig ist bis zur eigentlichen Aufnahme
Ergebnis von Patientenzufriedenheits-Befragungen – z.B. anonyme Bewertung des Krankenhauses durch Patienten nach der Entlassung durch einen Zufriedenheits-Fragebogen, i.d.R. mittels Noten zwischen 1 bis 5	**Wartezeiten während der Behandlung** – z.B. bei der Aufnahme, Wartezeit vor dem Röntgen oder EKG, bei der Entlassung
Fachliche Qualifikation der Ärzte – Ausbildung, Kompetenz, Erfahrung	**Wirtschaftlichkeit** – Einsatz von kostengünstigen Behandlungsverfahren bei gleicher Behandlungsqualität
Fachliche Qualifikation des Pflegepersonals – Ausbildung, Kompetenz, Erfahrung	**Zeitmanagement während der Behandlung** – Morgendliche Weckzeiten, Häufigkeit und Dauer der Arztkontakte, Anzahl der Patienten pro Mitarbeiter, Termintreue der Diagnose- und Behandlungsaktivitäten
Forschungsaktivitäten – Erforschung neuer Untersuchungs- und Behandlungsverfahren sowie Veröffentlichung der Ergebnisse in med. Fachzeitschriften	**Zusammenarbeit des Krankenhauses mit Partnern** – z.B. mit dem behandelnden Arzt / Hausarzt, anderen Krankenhäusern, Rehabilitationseinrichtungen
Größe des Krankenhauses – z.B. Anzahl der Betten, Anzahl der Fachabteilungen	**Zusammenarbeit mit Selbsthilfegruppen**
Komplikationsrate – Anteil der Patienten, bei denen Komplikationen während der Behandlung aufgetreten sind (z.B. Infektionen nach der OP, Nebenwirkungen von Medikamenten)	

Tabelle 70: Übersicht der Qualitätsmerkmale des BWS-Experiments mit kurzer inhaltlicher Erläuterung

8.1.2. Messung und Ergebnisse des BWS-Experiments

8.1.2.1. Schätzmethodik

Nachdem die Erhebung der Daten durch entsprechende Präsentation des BWS-Designs im Fragebogen erfolgte, auf dessen Grundlage die Probanden ihre Auswahlentscheidung zu den einzelnen Qualitätsinformationen treffen konnten, folgt im nächsten Schritt die eigentliche Messung der Auswahlergebnisse. Als Schätzmethodik wird das Hierarchische Bayes-Verfahren (hierarchical bayes, kurz HB) angewendet, welches sich mit Aufkommen computerunterstützter Systeme zur Bestimmung individueller Nutzenwerte etabliert hat.[880] In einer Metaanalyse von Heidebrink zum Vergleich von Verfahren der Präferenzmessung, welche sich auf einen Zeitraum von 35 Jahren erstreckte, erreichte die HB-Schätzung die höchste Validität unter den conjoint-basierten Verfahren. Insgesamt kommt die Autorin zu dem Schluss: *„Um eine gute Messgüte zu erreichen, sollte in nachfolgenden Präferenzmessungen eine wahlbasierte Conjoint-Analyse mit einem HB-Verfahren zur Individualisierung der Teilnutzenwerte verwendet werden.“*[881]

Bei der HB-Methode werden die individuellen Teilnutzenwerte aus der Kombination der individuellen Wahlentscheidungen des einzelnen Probanden und den Informationen der erhobenen Teilnutzenwerte aller Probanden errechnet.[882]

Die Güte der HB-Schätzung wird auf Basis des RLH-Wertes sowie des Percent-Certainty-Kriteriums überprüft.[883] Die Bewertung des Percent-Certainty-Kriteriums in der hier vorliegenden Analyse soll nach der Nomenklatur von Struhl vorgenommen werden (siehe Tabelle 71).

Percent Certainty	***Large Models***	***Small Models***
0,0 –0,2	Poor	Poor
0,2 – 0,3	Poor - Reasonable	Fair
0,3 –0,5	Reasonable - Good	Good
05 – 0,8	Good - Excellent	Excellent
0,8 –1,0	Excellent	Wow!

Quelle: Struhl (1994), S. 7.

Tabelle 71: Gütemaße für das Percent-Certainty-Kriterium

In der hier vorliegenden Schätzung der Teilnutzenwerte der einzelnen Qualitätsmerkmale wurde ein Mean-RLH von 0,507 erreicht, welcher für eine gute Modellgüte spricht, da er deutlich über dem Minimum von 0,2 liegt, welches dem Zufallslevel entsprechen würde. Der

[880] Vgl. Heidebrink (2006), S. 33.

[881] Heidebrink (2006), S. 114.

[882] Die Schätzung der individuellen Teilnutzenwerte pro BWS-Item erfolgt mit der so genannten iterativen Gibbs-Sampling-Prozedur. Vgl. Heidebrink (2006), S. 33. Eine Beschreibung der HB-Methode bietet u.a. Orme (2000), S. 2ff.

[883] Vgl. Hauser (1978), S. 408; Orme (1999), S. 24f.; Sawtooth (2005), S. 15. Der Mean RLH ist das geometrische Mittel der Likelihood-Berechnungen (Mean Root Likelihood) und bewegt sich in einem Wertebereich zwischen dem Minimum, gebildet durch die Formel 1 / Anzahl der Optionen und einem Maximum von 1. Der Minimalwert bedeutet, dass die erreichten Werte zufallsbedingt sind. Der Wert der Percent Certainty nimmt Werte zwischen 0 und 1 an und beschreibt, an welcher Stelle zwischen einem reinen Zufallsmodell und einem perfekten Fit sich das aktuelle Schätzmodell befindet.

Percent-Certainty-Wert liegt nach den Maßstäben von Struhl bei einem sehr guten Wert von 0,564.

8.1.2.2. Teilnutzenwerte der Qualitätsinformationen

Nach der Messung und Einschätzung der Gütewerte wollen wir uns nun der Frage nach den Präferenzurteilen bzw. Teilnutzenwerten, bezogen auf die einzelnen Qualitätsmerkmale zuwenden. Wie bereits dargelegt, erfolgte in Form eines BWS-Experiments eine Auswahlentscheidung der Probanden zwischen 35 Qualitätsinformationen der Struktur-, Prozess- und Ergebnisqualität. Tabelle 72 zeigt die ermittelten Präferenzwerte bzw. Teilnutzenwerte des HB-Verfahrens. Beispielsweise wird der Nutzen der Qualitätsinformation „fachliche Qualifikation der Ärzte" (5,566) als doppelt so hoch von den befragten Patienten bewertet als vergleichsweise der Nutzen des Qualitätsmerkmals „Forschungsaktivitäten" (2,738).
Des Weiteren weisen die Werte metrisches Niveau auf und können als relative Teilnutzenwerte gleichzeitig als Prozentwerte interpretiert werden (in Relation zu einem Gesamtnutzen von 100). Ferner ist ein Ranking möglich. Zur besseren Anschaulichkeit werden die Teilnutzenwerte, geordnet nach Rangfolge, zusätzlich in Form eines Diagramms abgebildet (siehe Abbildung 25).
Die Auswertungsergebnisse zeigen insgesamt, wie bereits angenommen, dass die Probanden einzelnen Qualitätsmerkmalen zur Beurteilung der KH-Qualität sehr unterschiedliche Bedeutungen beimessen bzw. einen sehr differenzierten Nutzen je Qualitätsinformation für die Beurteilung der KH-Leistung sehen (m.a.W., es liegt eine Präferenzstruktur vor). Bei Betrachtung der einzelnen Qualitätsmerkmale ergibt sich ein interessantes Bild. Die Top-Ten der Qualitätsinformationen mit der höchsten Präferenz bzw. Nutzeneinschätzung wird von Informationen zur Strukturqualität dominiert, wobei Informationen zur Qualifikation von Ärzten und Pflege sowie zum Leistungsangebot der Klinik die ersten drei Plätze belegen:

1. Fachliche Qualifikation der Ärzte
2. Schwerpunkte bzw. Spezialkompetenzen der Klinik
3. Fachliche Qualifikation des Pflegepersonals
4. Ausstattung mit medizinisch-technischen Geräten
5. Sauberkeit und Hygiene
6. Erfolgsrate
7. Anzahl der bereits behandelten Patienten mit meiner Krankheit
8. Qualitätsbewertung durch unabhängige Institutionen
9. Anzahl bzw. Häufigkeit von Eingriffen bzw. Behandlungsverfahren
10. Reputation und Qualifikation des Chefarztes

Während am oberen Ende die fachliche Qualifikation der Ärzte mit Abstand das Qualitätsmerkmal mit der höchsten Präferenz für die Patienten ist, wird das „Schlusslicht" von den Qualitätsmerkmalen „Alter der Ärzte", „Länge der Wege innerhalb des KH" und „Größe des KH" gebildet. Wie die Einzelwerte pro Qualitätsmerkmal, bezogen auf die Häufigkeit der Wahl als wichtigste bzw. unwichtigste Qualitätsinformation, in der jeweiligen Fragenbox des BWS-Experiments deutlich zeigen, besteht eine große Einigkeit unter den

Probanden, sowohl bei den Top-Qualitätsmerkmalen als auch bei den Qualitätsinformationen mit der niedrigsten Präferenz. Das Mittelfeld zeigt ein heterogenes Bild, ein Aspekt, der bei der Clusteranalyse wieder aufgegriffen wird (siehe Abschnitt 8.3.). Hier finden sich überwiegend die Merkmale zur Prozessqualität und einige weitere Merkmale der Strukturqualität. Qualitätsinformationen zur Ergebnisqualität zeigen eine sehr unterschiedliche Verteilung im Gesamtranking.

Weiterführend werden im Folgenden die erreichten Präferenzwerte der Qualitätsinformationen entsprechen ihrer Zuordnung zur Struktur-, Prozess- und Ergebnisqualität der KH-Leistung detaillierter betrachtet.

Die Qualitätsinformation mit der höchsten Priorität für die Patienten sowohl innerhalb der Strukturqualität als auch im Gesamtranking ist die fachliche Qualifikation der Ärzte. Dieses Merkmal findet sich auch in den wenigen bereits vorliegenden Studien zum Thema Informationspräferenzen zur KH-Qualität auf dem ersten oder zweiten Platz wieder (siehe auch Tabelle 4).[884] Wie die wahrgenommene Nützlichkeit weiterer Aspekte der Strukturqualität zeigt, werden offensichtlich Qualitätsinformationen, welche wesentliche Aspekte der Leistung des KH und der Qualifikation des Personals repräsentieren, deutlich höher präferiert als Hotelmerkmale bzw. Convenience-Aspekte der KH-Leistung wie die Ausstattung der Patientenzimmer, die Entfernung zum Wohnort bzw. Erreichbarkeit des KH, die Qualität des Essens und ggf. entstehende Kosten für Wahlleistungen. Auch die Bedeutung von Patientenvertretern sowie Selbsthilfegruppen spielt im Gegensatz zum derzeitigen Meinungsbild (der Gesundheitspolitik) in der Befragungspopulation zumindest im Zusammenhang mit der KH-Beurteilung und Auswahlentscheidung noch keine große Rolle.

Wenn, gemessen am mittleren Teilnutzenwert der Gesamtmessung (hier 2,739), die aus Patientensicht am wichtigsten eingestuften Qualitätsinformationen der Strukturqualität aufgelistet und aggregiert werden, kommt man zu den in Abbildung 26 gezeigten acht Qualitätsinformationen. Diese bilden insgesamt einen Anteil von 38% gemessen am Gesamtnutzen der spezifischen Qualitätsinformationen zur KH-Leistung. Oder anders ausgedrückt, wenn diese acht aufgeführten Qualitätsinformationen in Form eines entsprechenden Angebots zur Verfügung gestellt werden, sind bereits ca. zwei Fünftel der Informationspräferenzen von Patienten zur KH-Qualität abgedeckt. Mit Blick auf die Inhalte der Qualitätsmerkmale müssten diese Informationen auf jeden Fall in den Krankenhäusern vorliegen. Zum Teil erfolgt bereits eine Dokumentation auf Internetseiten oder im Qualitätsbericht, jedoch mit unterschiedlicher Darstellungsqualität.[885] Insgesamt müsste es jedoch relativ aufwandsarm möglich sein, diese Art von Informationen einer vergleichenden Qualitätsdarstellung von Krankenhäusern zur Verfügung zu stellen.

---

[884] Der Verweis soll an dieser Stelle nicht unerwähnt bleiben, wenngleich ein Vergleich mit den vorliegenden Untersuchungen aufgrund der bereits aufgezeigten Kritikpunkte methodisch limitiert ist. Vgl. auch die kritische Würdigung in Abschnitt 4.1.2.2.

[885] Der Aspekt der Darstellungsqualität von Informationen zur KH-Qualität wurde in der vorliegenden Untersuchung nicht thematisiert, da dies den Umfang dieser Forschungsarbeit sprechen würde. Vgl. zur Darstellungsqualität von Qualitätsinformationen zur KH-Qualität exemplarisch Schaefer (2005), S. 33ff.

Nr.	Qualitätsinformation	Auswahl als wichtigste Qualitäts-information (Anzahl)	Auswahl als unwichtigste Qualitäts-information (Anzahl)	Teilnutzen (HB-Wert)	Rang
13	**Fachliche Qualifikation der Ärzte**	552	2	5,566	**1**
18	**Schwerpunkte bzw. Spezialkompetenzen der Klinik**	447	17	5,242	**2**
15	**Fachliche Qualifikation des Pflegepersonals**	342	10	5,149	**3**
19	**Ausstattung mit medizinisch-technischen Geräten**	291	21	5,005	**4**
35	**Sauberkeit und Hygiene**	201	10	4,879	**5**
3	**Erfolgsrate**	252	45	4,658	**6**
20	**Anzahl der bereits behandelten Patienten mit meiner Krankheit**	271	70	4,483	**7**
11	**Qualitätsbewertung durch unabhängige Institutionen**	310	55	4,455	**8**
21	**Anzahl bzw. Häufigkeit von Eingriffen bzw. Behandlungsverfahren**	249	36	4,380	**9**
14	**Reputation und Qualifikation des Chefarztes**	236	65	4,235	**10**
28	**Ausstattung des Krankenhauses**	180	28	4,048	**11**
2	**Anzahl und Art von medizinischen Behandlungsfehlern**	177	45	4,034	**12**
4	**Komplikationsrate**	153	59	3,812	**13**
9	**Empfehlungsrate niedergelassener Ärzte**	199	93	3,796	**14**
33	**Zeitmanagement während der Behandlung**	176	122	3,341	**15**
30	**Wartezeit bis zur Aufnahme ins Krankenhaus**	134	111	3,197	**16**
17	**Forschungsaktivitäten**	112	133	2,739	**17**
34	**Wartezeiten während der Behandlung**	119	116	2,636	**18**
8	**Ergebnis von Patientenzufriedenheits-Befragungen**	103	127	2,550	**19**
32	**Zusammenarbeit des Krankenhauses mit Partnern**	119	133	2,550	**20**
29	**Ausstattung der Patientenzimmer**	73	150	2,120	**21**
5	**Rate an ungeplanten Wiedereinweisungen**	64	199	1,947	**22**
10	**Anzahl und Art von Patientenbeschwerden**	91	208	1,898	**23**
22	**Entfernung zum Wohnort / Erreichbarkeit des Krankenhauses**	78	261	1,743	**24**
1	**Sterblichkeitsrate**	58	159	1,663	**25**
12	**Persönliche Berichte/Briefe/Geschichten von Patienten**	79	278	1,563	**26**
27	**Qualität des Essens**	59	225	1,507	**27**
26	**Kosten für Wahlleistungen**	57	211	1,423	**28**
7	**Bewertungsergebnisse durch Selbsthilfegruppen**	37	262	1,243	**29**
24	**Verfügbarkeit eines Patientenfürsprechers / Patientenbeauftragten**	36	298	1,050	**30**
25	**Zusammenarbeit mit Selbsthilfegruppen**	25	264	0,906	**31**
6	**Wirtschaftlichkeit**	23	305	0,830	**32**
23	**Größe des Krankenhauses**	22	396	0,516	**33**
31	**Länge der Wege innerhalb des Krankenhauses**	16	420	0,436	**34**
16	**Alter der Ärzte**	17	411	0,398	**35**

Tabelle 72: Ergebnisse des BWS-Experiments (HB-Schätzung)

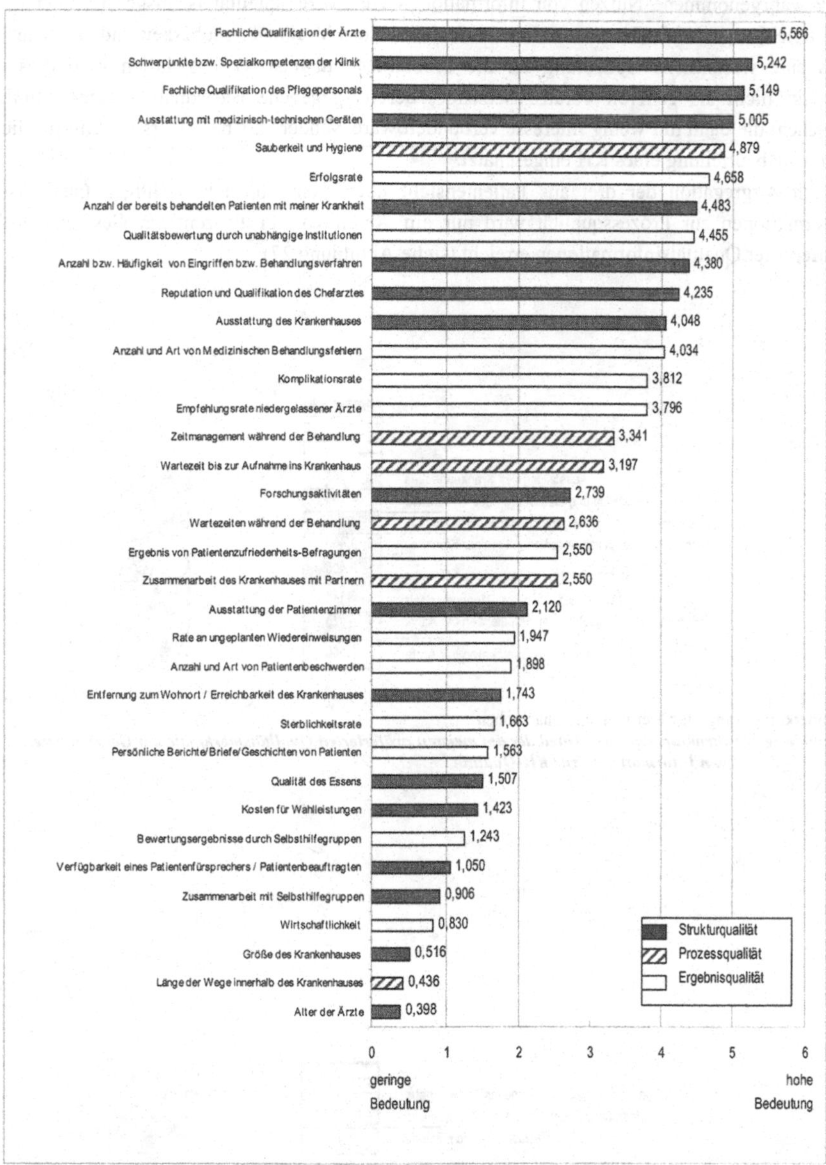

Abbildung 25: Rangfolge und Teilnutzenwerte der KH-Qualitätsmerkmale

Der wahrgenommene Nutzen von Informationen zur Prozessqualität ist insgesamt eher im Mittelfeld angesiedelt. Eine Ausnahme bildet jedoch das Merkmal „Sauberkeit und Hygiene“, das eine wesentliche Bedeutung für die Probanden aufweist. Offensichtlich wird dieser Aspekt nicht als generell vorauszusetzende, bereits gegebene Basisqualität einer Klinik gesehen, die dann mit wenig Interesse verbunden wäre, sondern als besonders wichtig für die Qualitätsbeurteilung eines KH eingeschätzt.

Durch Aggregation der drei aus Patientensicht überdurchschnittlich wichtigen Qualitätsinformationen zur Prozessqualität wird nur ein Anteil von 11 Prozent am Gesamtbedarf präferierter Qualitätsinformationen erreicht (siehe Abbildung 27).

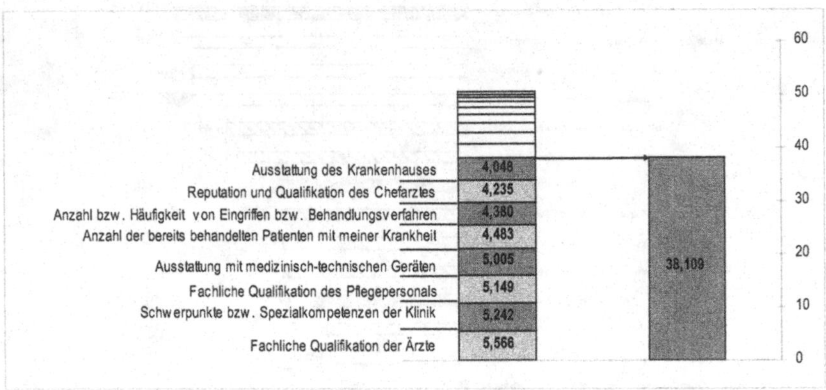

Anmerkung: Rangfolge hier von unten nach oben

Abbildung 26: ***Strukturqualität – Anteil der am meisten präferierten Qualitätsmerkmale am Gesamtnutzen von Informationen zur KH-Qualität***

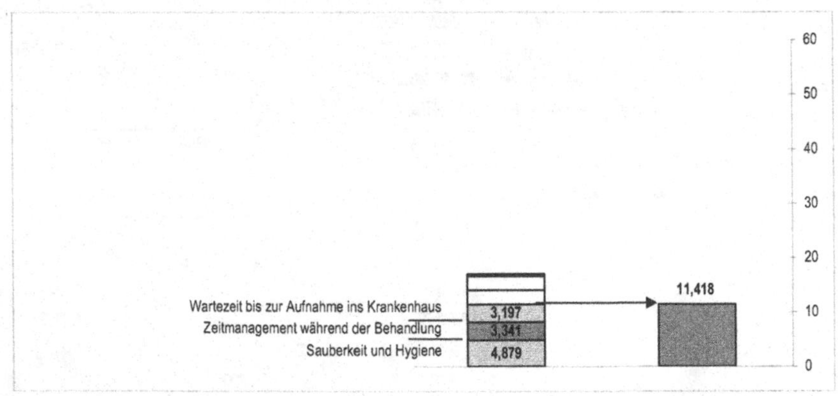

Anmerkung: Rangfolge hier von unten nach oben

Abbildung 27: ***Prozessqualität – Anteil der am meisten präferierten Qualitätsmerkmale am Gesamtnutzen von Informationen zur KH-Qualität***

Unter den Informationen zur Ergebnisqualität von Kliniken erreichen die Erfolgsrate sowie die Qualitätsbewertung durch unabhängige Institutionen die höchsten Präferenzwerte. Andere objektive Informationen zur Ergebnisqualität, wie die Komplikationsrate sowie medizinische Behandlungsfehler, sind ebenfalls im oberen Bereich zu finden. Dagegen sind subjektive Merkmale der Ergebnisqualität tendenziell nur von mittlerer bis niedriger Bedeutung für die Probanden. Von den subjektiven Merkmalen der Ergebnisqualität wird noch am ehesten die Empfehlungsrate niedergelassener Ärzte präferiert. Dies zeigt, dass einerseits die aufgezeigten objektiven Qualitätsinformationen wichtiger als die Qualitätsempfehlung von Zuweisern sind, andererseits dieser Aspekt unter allen anderen Informationen der subjektiven Ergebnisqualität am wichtigsten eingeschätzt wird. Mit anderen Worten, in Situationen, in denen der informationssuchende Patient kaum oder nur eingeschränkt auf andere Informationen zugreifen kann, wird das Qualitätsurteil des Zuweisers als subjektives Merkmal in Relation zu anderen potentiellen Informationen der subjektiven Ergebnisqualität bevorzugt. So erreicht die Qualitätsinformation „Ergebnis von Patientenzufriedenheits-Befragungen" nur einen mittleren Rang Auch andere subjektive patientenbezogene Qualitätsinformationen wie Patientenbeschwerden oder persönliche Berichte, Briefe bzw. Geschichten von Patienten scheinen nicht von vordergründigem Interesse bei der Beurteilung von KH. Am wenigsten wird die Qualitätsinformation der Sterblichkeitsrate präferiert. Angesichts der hohen Bedeutung, welche aktuell dem auf Mortalitätsquoten basierenden Qualitätsvergleich der Heliosgruppe beigemessen wird,[886] können hier deutliche Unterschiede zwischen der Sichtweise der Fachkreise und der befragten Patienten konstatiert werden. Patienten scheinen wesentlich weniger Wert auf diese Qualitätsinformation zu legen. Ergebnisinformationen hinsichtlich der Wirtschaftlichkeit eines Krankenhauses werden als noch weniger relevant erachtet.

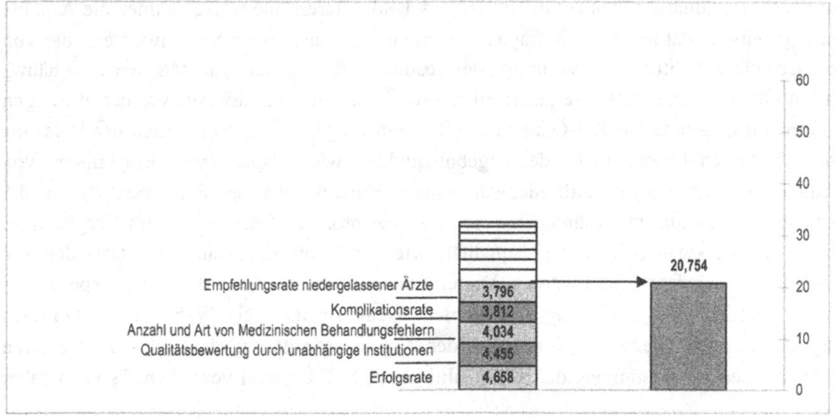

Anmerkung: Rangfolge hier von unten nach oben

Abbildung 28: Ergebnisqualität – Anteil der am meisten präferierten Qualitätsmerkmale am Gesamtnutzen von Informationen zur KH-Qualität

Bei Aggregation der Teilnutzenwerte der am meisten präferierten Merkmale der Ergebnisqualität ergibt sich ein Anteil von 21 Prozent (siehe Abbildung 28). Das heißt, circa ein Fünftel der insgesamt präferierten Qualitätsmerkmale wird von den aufgeführten fünf

[886] Vgl. Gaede (2008), S. 55; Helios (2008).

Informationen zur Ergebnisqualität eingenommen. Mit anderen Worten, werden die hier gewünschten fünf Qualitätsinformationen in einem entsprechenden Informationsangebot dargestellt, wäre ein Fünftel der spezifischen Informationspräferenzen zur KH-Qualität abgedeckt.

Zusammenfassend kann festgehalten werden, dass sich die Informationspräferenzen der befragten Patienten zur Ex-ante-Beurteilung der KH-Qualität auf alle drei Kategorien der Struktur- Prozess- und Ergebnisqualität richten. Aus der Analyse bestehender Informationsangebote zur vergleichenden Qualitätsdarstellung resultierten verschiedene offene Fragestellungen,[887] die entsprechend der vorliegenden Untersuchungsergebnisse nun fundiert beantwortet werden können.

Zunächst wird der Befund, dass sich Patienten zur Beurteilung und Auswahl von KH tendenziell an Informationen zur Strukturqualität orientieren, bestätigt.[888] Die damit verknüpfte Frage, ob diese Tendenz eher zu beobachten ist, weil momentan überwiegend keine oder nur sehr limitierte Qualitätsinformationen zur Prozess- und Ergebnisqualität veröffentlicht werden, kann aufgrund unserer Untersuchungsergebnisse klar verneint werden. Es ist anzunehmen, dass Patienten die aufgezeigten Merkmale zur Leistungsqualität und Qualifikation der klinischen Mitarbeiter aufgrund ihrer Charakterisierung als Sucheigenschaften präferieren, d.h., diese Informationen zur Strukturqualität sind in der Wahrnehmung der Probanden ohne große Probleme zur Ex-ante-Beurteilung der KH-Qualität heranziehbar und bewertbar.[889] Merkmale zur Prozessqualität werden zwar auch nicht als absolut unwichtig eingeschätzt, liegen jedoch eher im Mittelfeld der Informationspräferenzen der Probanden.

Die Befunde zu den Präferenzurteilen der Befragungsteilnehmer in Bezug auf Informationen zur Ergebnisqualität ergeben ein differenziertes Bild. Interessanterweise nehmen die Aspekte der Ergebnisqualität unter den befragten Patienten nicht den hohen Stellenwert ein, der von der Gesundheitspolitik sowie Vertretern der gesundheitsbezogenen Qualitätsforschung häufig unisono dem Patienteninteresse unterstellt wird.[890] Auch die aus der Analyse der bisherigen Informationsangebote zur KH-Qualität abgeleiteten Fragestellung hinsichtlich der Relevanz von subjektiven Informationen der Ergebnisqualität, wie beispielsweise Ergebnissen von Befragungen der Patientenzufriedenheit, eine Thematik, welche sich ebenfalls in der aktuellen Diskussion im Gesundheitswesen als sehr prominent darstellt,[891] im Vergleich zu objektiven Merkmalen der Ergebnisqualität, wie der Erfolgsrate, kann auf Basis der hier erhobenen Ergebnisse erhellt werden. Die erhobenen Präferenzwerte des BWS-Experiments zeigen deutlich, dass die befragten Patienten, wenn sie die freie Wahl haben, zwischen subjektiven oder objektiven Merkmalen der Ergebnisqualität, tendenziell die objektiven Informationen zur Beurteilung der KH-Qualität bzw. KH-Auswahl vorziehen. Es kann daher

---

[887] Siehe auch das Zwischenfazit in Abschnitt 4.1.3.2.5.

[888] Vgl. Dierks, Schaeffer (2004), S. 136.

[889] Auch Bürger plädiert für eine stärkere Nutzung beispielsweise von Informationen über medizinische Qualifikationen, Tätigkeitsschwerpunkte und Spezialisierungen der Leistungsanbieter, da aus Sicht der Autorin der direkte Informationstransfer bei Erfahrungs- und Vertrauenseigenschaften ex ante versagt. Vgl. Bürger (2003), S. 330.

[890] I.d.R. wird die große Bedeutung der Ergebnisqualität als das „eigentliche Spiegelbild der KH-Qualität" postuliert, verbunden mit entsprechenden Forderungen hinsichtlich der Umgestaltung bzw. Neugestaltung entsprechender Methoden zur Messung und Darstellung der KH-Qualität. Vgl. exemplarisch Hildebrand (2005), S. 43f.; Leber (2005), S. 165ff.; Leber (2004), S. 378ff.; Schrappe (2005), S. 21f.

[891] Vgl. Bitzer, Dierks (2001), S. 154, 156f.; Dierks, Schaeffer (2004), S. 136; Schupeta, Hildebrandt (1999), S. 19f.; Schröder et al. (2004), 680.

vermutet werden, das subjektive Informationen zur Ergebnisqualität, beispielsweise die Ergebnisse von Patientenzufriedenheitsbefragungen, momentan für Patienten eher als Ausweichstrategie fungieren, weil die höher präferierten Informationen zur objektiven Ergebnisqualität nicht oder nur stark eingeschränkt zur Verfügung stehen. Mit Blick auf die Gruppe der subjektiven Ergebnismerkmale wird weiterhin deutlich, dass die befragten Patienten dem Qualitätsurteil von Experten in Form der Empfehlungsrate niedergelassener Ärzte wesentlich mehr vertrauen als den Qualitätsurteilen von Patienten oder Selbsthilfegruppen.[892]

Schlussendlich wollen wir uns an dieser Stelle noch einem Aspekt zuwenden, dessen Untersuchung im Rahmen dieser Studie zum ersten Mal möglich ist. Wie bereits gezeigt, wurden bezüglich der Informationspräferenzen von Individuen zur KH-Qualität in der vorliegenden Fachliteratur zwischen betroffenen KH-Patienten und Personen, die nicht aktuell von einer KH-Behandlung betroffen sind, keine Unterschiede gemacht. Unabhängig davon, ob die Studien entweder nur Versicherte oder nur Patienten einbezogen, wurden die ermittelten Ergebnisse von den Autoren als allgemeingültig deklariert.[893] In unserer Untersuchung empirisch fundiert geprüft werden, ob die Informationspräferenzen hinsichtlich der Befragungsgruppe signifikante Abweichungen aufweisen.

Im Ergebnis des t-Tests wurden in der Mehrheit der Präferenzurteile keine signifikanten Unterschiede festgestellt. Wie in Tabelle 73 zu sehen, besteht nur bei 7 von 35 Qualitätsmerkmalen eine signifikante Abweichung zwischen den Informationspräferenzen der KH-Patienten und der potentiellen Patienten.[894] Die zugehörigen Eta²-Werte belegen durchweg eine sehr geringe Einflussstärke des Gruppenmerkmals. Entsprechend sind die Unterschiede in den Präferenzen der Patientengruppen nicht hoch.

Nr.	Qualitätsinformation	HB-Wert KH-Patienten	HB-Wert pot. Patienten	t-Test	Eta²
6	Wirtschaftlichkeit	1,006	0,658	3,271**	0,041
10	Anzahl und Art von Patientenbeschwerden	1,653	2,138	-2,600*	0,026
11	Qualitätsbewertungen durch unabhängige Institutionen	4,177	4,726	-3,613**	0,050
14	Reputation und Qualifikation des Chefarztes	4,529	3,949	3,242**	0,040
17	Forschungsaktivitäten	3,074	2,412	3,728**	0,053
33	Zeitmanagement während der Behandlung	3,653	3,037	2,913**	0,033
34	Wartezeiten während der Behandlung	3,013	2,267	3,550**	0,048

Tabelle 73: Qualitätsmerkmale mit signifikanten Präferenzunterschieden zwischen den Patientengruppen

Offensichtlich legen KH-Patienten einen etwas geringeren Wert auf die Qualitätsinformation zu Patientenbeschwerden und der Qualitätsbewertung durch unabhängige Institutionen als die potentiellen Patienten. Begründet werden kann dies damit, dass die KH-Patienten selbst besser die Ergebnisqualität anhand ihrer eigenen Erfahrungen beurteilen können und nicht ganz so stark wie potentielle Patienten auf diese Ersatzindikatoren zur Antizipation zukünftiger Behandlungsergebnisse angewiesen sind.

[892] Vgl. ebenso Bürger (2003), S. 330.

[893] Vgl. Abschnitt 4.1.2.2.

[894] Die Ergebnisse des t-Tests wurden, wie bereits beschrieben, durch den Kruskal-Wallis-Test, Kolmogorov-Smirnov-Test und Mann-Whitney-Test ergänzt. Es werden nur die Qualitätsmerkmale aufgeführt, deren Mittelwertsunterschiede in allen vier Tests signifikant waren.

Eine relativ höhere Wünschenswertigkeit gegenüber den potentiellen Patienten haben für KH-Patienten dagegen die zeitbezogene Qualitätsinformationen, wie das Zeitmanagement und die Wartezeiten während der Behandlung. Ebenso wird mehr Wert auf die Reputation und Qualifikation des Chefarztes sowie die Forschungsaktivitäten und die Wirtschaftlichkeit des KH gelegt. Auch hier ist anzunehmen, dass die KH-Patienten aus ihrer aktuellen Erfahrung schöpfen und den Nutzen dieser Qualitätsinformationen für die KH-Bewertung etwas höher bewerten. Beispielsweise kann der Wert einer Information zu den Wartezeiten während der Behandlung zur KH-Beurteilung für KH-Patienten höher sein, da diese „hautnah" erlebt haben, wie belastend eine übermäßig lange Wartezeit z.B. bei notwenigen Röntgen- oder Laboruntersuchungen sein kann. Ebenso trifft dies auf die morgendlichen Weckzeiten zu oder die Anzahl der Patienten, welche gleichzeitig von einem Mitarbeiter betreut werden müssen, Aspekte, die nicht unwesentlich für das aktuelle Wohlbefinden und die Versorgung sind. Weiterhin kann interpretiert werden, dass die Rolle des Chefarztes sowie der medizinischen Forschungsaktivitäten zu neuen Untersuchungs- und Behandlungsverfahren in den Augen von Patienten mit KH-Erfahrung deutlicher hervortreten als aus Sicht nicht betroffener Probanden (zumal ein stationärer Behandlungsbedarf nicht selten mit einer relativ ernsthaften Erkrankung oder einem chronischen Verlauf verbunden ist, was ein generelles Interesse an der Kompetenz am Chefarzt als ärztlichen „Kopf" der Klinik sowie medizinischen Innovationen mit verbesserten Perspektiven für den Patienten impliziert). Des Weiteren spricht einiges dafür, dass Probanden mit KH-Erfahrung die Bedeutung der KH-Führung bzw. des Managements, gemessen am Qualitätsmerkmal Wirtschaftlichkeit, als organisatorische Rahmenbedingung für alle Funktionen und Prozesse eines KH eher wahrnehmen und daher etwas mehr präferieren.

Insgesamt bleibt jedoch festzuhalten, dass die gemessenen Informationspräferenzen zur KH-Qualität über alle Probanden des BWS-Experiments hinweg, bis auf marginale Abweichungen bei den aufgeführten sieben Qualitätsmerkmalen, keine Unterschiede aufweisen.

8.2. Die Identifikation präferenzbasierter Qualitätsdimensionen

Die Strukturierung von Qualitätsmerkmalen in Form von Dimensionen hat sowohl im Dienstleistungsbereich als auch im Gesundheitswesen eine lange Tradition. Hauptursache hierfür ist der hoch komplexe Charakter der Qualität von Dienstleistungen und, wie bereits aufgeführt, insbesondere von medizinischen bzw. KH-Dienstleistungen.[895] Die Definition von Qualitätsdimensionen auf Basis normativer Beweggründe oder empirischer Belege erfolgt damit hauptsächlich zur Komplexitätsreduktion. Die Bündelung einzelner Qualitätsmerkmale zu übergeordneten Dimensionen bzw. Faktoren ist dabei nicht nur wichtig für die Forschung, z.B. zur Entwicklung von Messinstrumenten oder zur Erkundung von gemeinsamen Faktoren, die sich hinter einzelnen Indikatoren verbergen.[896]

Auch in der Praxis haben Qualitätsdimensionen eine große Bedeutung bei der Identifikation von Schlüsselinformationen, welche als aggregierte Größe mehrere Einzelinformationen

---

[895] Vgl. Abschnitt 3.3.

[896] Vgl. Backhaus et al. (2003).

enthalten und daher von besonderem Informationswert für Patienten sind. Qualitätsdimensionen dienen darüber hinaus auch als Strukturierungshilfe bei der Entwicklung von Konzepten zur Qualitätsdarstellung. Am bekanntesten ist im Gesundheitswesen, wie bereits an anderer Stelle dargestellt, die Unterteilung in die Basisdimensionen der Qualität nach Donabedian, welche auch in anderen Dienstleistungsbranchen große Verbreitung gefunden hat. Aber auch im Rahmen der Beurteilung von KH-Leistungen nach dem KH-Aufenthalt in Form von Patientenzufriedenheits-Befragungen werden Qualitätsdimensionen traditionell eingesetzt.[897]

Wie bereits aufgezeigt, liegen in Bezug auf Informationspräferenzen zur Ex-ante-Beurteilung der KH-Qualität und KH-Auswahl kaum empirisch belegte Befunde zur Identifikation von entsprechend präferenzbasierten Qualitätsdimensionen vor.[898] Daher wird in diesem Abschnitt die Frage beantwortet, ob sich auf Basis der ermittelten patientenseitigen Teilnutzenwerte aus den 35 Qualitätsinformationen relevante Qualitätsdimensionen identifizieren lassen (Forschungsfrage 5). Es steht also eine strukturen-entdeckende Zielsetzung im Mittelpunkt der nachfolgenden Analyse, welche mit Hilfe des multivariaten Verfahrens der exploratorischen Faktorenanalyse durchgeführt wird.[899]

Da die EFA über die Präferenzurteile der Merkmale zur Prozessqualität insgesamt eine unzureichende Modellgüte aufwies, werden hier keine separaten Ergebnisse aufgeführt.[900] In Alternative zum vollständigen Ausschluss aus der exploratorischen Analyse konnten die Merkmale der Prozessqualität jedoch aufgrund der relativ großen inhaltlichen Nähe zu den Qualitätsinformationen der Strukturqualität in eine gemeinsame EFA integriert werden, wie der folgende Abschnitt zeigt. Im zweiten Teil dieses Kapitels werden dann die Befunde der EFA zu den Informationspräferenzen der Ergebnisqualität dargestellt.

---

[897] Z.B. verwendet das Picker Institut acht normativ gesetzte Qualitätsdimensionen, wie Zugang zur Versorgung, Koordination der Behandlung oder leibliches Wohlbefinden zur Strukturierung des Erhebungsinstrumentariums der Patientenzufriedenheit. Vgl. Picker Institut (2008). Olandt leitet auf Basis einer KFA die Qualitätsdimensionen Hotelleistungen, medizinische Leistungen und pflegerische Leistungen aus den erhobenen Zufriedenheitswerten von Patienten zur KH-Qualität nach der Entlassung ab. Vgl. Olandt (1998), S. 85ff.

[898] Vgl. Abschnitt 4.1.2.2.

[899] Eine kurze Erläuterung des Verfahrens sowie der Gütekriterien wurde bereits in Abschnitt 5.1.2 vorgenommen.

[900] Das KMO-Gütekriterium wies einen insuffizienten Wert von 0,581 auf.

8.2.1. Ergebnisse der exploratorischen Faktorenanalyse zu Informationspräferenzen der Struktur- und Prozessqualität

Die exploratorische Faktorenanalyse erfolgte stufenweise unter Berücksichtigung der gesetzten Güteanforderungen.[901] Entsprechend der Empfehlung von Backhaus wurden in den einzelnen Durchgängen jeweils die Variablen mit dem niedrigsten KMO oder einer unzureichenden Kommunalität entfernt.[902] Dies betraf folgende Merkmale:

- Forschungsaktivitäten (KMO 0,453)
- Alter der Ärzte (KMO 0,444)
- Verfügbarkeit eines Patientenfürsprechers (KMO 0,499)
- Größe des Krankenhauses (Kommunalität 0,378)
- Kosten für Wahlleistungen (Kommunalität 0,499)

Des Weiteren wiesen die Variablen „Anzahl bzw. Häufigkeit von Eingriffen bzw. Behandlungsverfahren“ sowie „Anzahl bereits behandelter Patienten mit meiner Krankheit“ keine ausreichende Faktorladung auf einen der Faktoren auf. Wie später noch dargestellt, ließen sich diese Merkmale der Ergebnisqualität zuordnen.

Die im finalen Step erzielte Faktorenstruktur zeigt einen hoch signifikanten Bartlett-Test und einen guten KMO-Wert von 0,720.

Wie in Tabelle 74 zu sehen, ergibt sich eine Struktur, bestehend aus vier Faktoren, welche insgesamt 64,17% der Gesamtvarianz erklären. Auf den ersten Faktor laden alle Merkmale im Zusammenhang mit der Qualifikation von Ärzten, Pflege und wesentliche Qualitätsinformationen zur medizinischen Leistungsfähigkeit des KH wie die Schwerpunkte und Spezialkompetenzen, die Geräteausstattung bzw. die generelle Ausstattung des KH. Daher wird diese Qualitätsdimension als „Qualifikation und Leistungsfähigkeit“ interpretiert und entsprechend bezeichnet. Den zweiten Faktor kennzeichnen Qualitätsinformationen zu Hotelmerkmalen wie Qualität des Essens und der Patientenzimmer, aber auch Sauberkeit und Hygiene, Entfernung und Erreichbarkeit sowie Wartezeit bis zur Aufnahme. Diese Qualitätsdimension kann also als „Service und Convenience“ bezeichnet werden. Qualitätsinformationen mit einem zeitlichen Bezug bestimmen den dritten Faktor, der mit der Bezeichnung „Zeitmanagement“ versehen wird. In der vierten Qualitätsdimension befinden sich die Merkmale zur Zusammenarbeit des KH mit Partnern und Selbsthilfegruppen. Für die Bezeichnung wird entsprechend der Terminus „Kooperation“ gewählt.

Bei anschließender Überprüfung der Reliabilität zeigt das Cronbachsche Alpha insgesamt gute Werte (Faktor 1 – 0,77; Faktor 2 – 0,78; Faktor 3 - 0,62), mit Ausnahme der Qualitätsdimension „Kooperation“, deren Cronbachsches Alpha von 0,44 den Maßstab bei nur zwei Indikatoren von 0,5 nicht erreicht. Insgesamt entspricht die exploratorische Faktorenanalyse über die Präferenzurteile der Struktur- und Prozessqualität den gestellten Anforderungen mit guten Ergebnissen.

---

[901] Vgl. Abschnitt 5.1.2.

[902] Vgl. Backhaus et al. (2003), S. 277 sowie S. 317.

Die identifizierte Faktorenstruktur auf Basis der Informationspräferenzen von Patienten zur Struktur- und Prozessqualität besteht aus den Qualitätsdimensionen:

- Qualifikation und Leistungsfähigkeit
- Service und Convenience
- Zeitmanagement
- Kooperation

Indikator	Faktor					
	Kommunalität	Qualifikation und Leistungsfähigkeit	Service und Convenience	Zeitmanagement	Kooperation	KMO-Kriterium
Fachliche Qualifikation der Ärzte	0,73	0,85				0,723
Ausstattung mit medizinisch-technischen Geräten	0,63	0,67				0,820
Fachliche Qualifikation des Pflegepersonals	0,61	0,67				0,727
Ausstattung des Krankenhauses	0,63	0,63				0,830
Schwerpunkte bzw. Spezialkompetenzen der Klinik	0,64	0,63				0,695
Reputation und Qualifikation des Chefarztes	0,49	0,58				0,731
Qualität des Essens	0,64		0,75			0,766
Sauberkeit und Hygiene	0,85		0,72			0,709
Ausstattung der Patientenzimmer	0,67		0,69			0,748
Entfernung zum Wohnort / Erreichbarkeit des Krankenhauses	0,51		0,67			0,830
Wartezeit bis zur Aufnahme ins Krankenhaus	0,65		0,66			0,702
Wartezeiten während der Behandlung	0,73			0,79		0,664
Zeitmanagement während der Behandlung	0,67			0,73		0,681
Länge der Wege innerhalb des Krankenhauses	0,58			0,50		0,638
Zusammenarbeit des Krankenhauses mit Partnern	0,69				0,78	0,563
Zusammenarbeit mit Selbsthilfegruppen	0,60				0,65	0,551
Erklärte Varianz des Faktors (in %)		21,07	19,60	12,84	10,66	

Extraktionsmethode: Hauptkomponentenanalyse. Rotationsmethode: Varimax mit Kaiser-Normalisierung. Die Rotation ist in 11 Iterationen konvergiert.
Anmerkung: Aus Gründen der Übersichtlichkeit wurde in der Tabelle darauf verzichtet, Faktorladungen <= 0,5 anzuführen.

Tabelle 74: Ergebnis der Faktorenanalyse zu Informationspräferenzen der Struktur- und Prozessqualität

8.2.2. Ergebnisse der exploratorischen Faktorenanalyse zu Informationspräferenzen der Ergebnisqualität

Die exploratorische Faktorenanalyse über die Präferenzurteile der Informationen zur Ergebnisqualität ergab nach schrittweiser Entfernung von Variablen mit zu niedrigem KMO-Wert bzw. Kommunalität sowie unzureichender Ladung auf einen der Faktoren ebenfalls eine stabile Faktorenstruktur.
Folgende Variablen wurden entfernt:

- Wirtschaftlichkeit (unzureichende Ladung auf einen der Faktoren)
- Empfehlungsrate niedergelassener Ärzte (KMO 0,365)
- Bewertungsergebnisse Selbsthilfegruppen (Kommunalität 0,318)
- Anzahl bereits behandelter Patienten (Kommunalität 0,433)

In der finalen Faktorenstruktur werden drei Qualitätsdimensionen bei einer erklärten Gesamtvarianz von 73,70% identifiziert. Der Bartlett-Test auf Sphärizität ist hoch signifikant, der KMO-Wert liegt bei einem sehr guten 0,792. Mit Blick auf die Faktorenstruktur wird die erste Qualitätsdimension von Informationspräferenzen zur Sterblichkeitsrate, zu ungeplanten Wiedereinweisungen, zur Komplikationsrate und zu Behandlungsfehlern gebildet, während der zweite Faktor die Erfolgsrate, Qualitätsbewertungen durch unabhängige Institutionen sowie die Anzahl / Häufigkeit durchgeführter Eingriffe bzw. Behandlungsverfahren umfasst. Diese Merkmale stellen durchweg Aspekte der objektiven Ergebnisqualität dar, jedoch mit unterschiedlicher inhaltlicher Ausrichtung bzw. gegensätzlichem „Vorzeichen". Während auf den ersten Faktor die als negativ wahrgenommenen Qualitätskriterien laden, also Indikatoren, die im Hinblick auf die abzubildende Qualität eine möglichst niedrige Ausprägungen aufweisen sollten, wie beispielsweise die Komplikationsrate, welche mit Bezug auf unerwünschte bzw. negative Effekte der Behandlung möglichst gering sein sollte, beinhaltet der zweite Faktor die Indikatoren mit positiver Wahrnehmung im Hinblick auf die KH-Qualität, wie die Erfolgsrate. Dementsprechend werden die beiden identifizierten Qualitätsdimensionen als „objektive Negativkriterien" und „objektive Positivkriterien" der Ergebnisqualität bezeichnet.
Dem dritten Faktor sind Merkmale der subjektiven Ergebnisqualität zugeordnet, wie die Ergebnisse von Zufriedenheitsbefragungen, Patientenbeschwerden und narrative Patienteninformationen. Entsprechend erhält diese Dimension die Bezeichnung „subjektive Ergebnisqualität". Die Reliabilitätsprüfung mit Hilfe des Cronbachschen Alpha ergibt sehr gute Ergebnisse (Faktor 1 – 0,86; Faktor 2 – 0,69; Faktor 3 – 0,81). Insgesamt können zur Ergebnisqualität drei präferenzbasierte Qualitätsdimensionen identifiziert werden:

- objektive Negativkriterien der Ergebnisqualität
- objektive Positivkriterien der Ergebnisqualität
- subjektive Ergebnisqualität

Indikator	Kommunalität	Faktor Objektive Negativkriterien	Objektive Positivkriterien	Subjektive Ergebnisqualität	KMO-Kriterium
Sterblichkeitsrate	0,75	0,86			0,836
Rate an ungeplanten Wiedereinweisungen	0,68	0,77			0,855
Komplikationsrate	0,83	0,77			0,787
Anzahl und Art von Medizinischen Behandlungsfehlern	0,77	0,76			0,826
Erfolgsrate	0,65		0,79		0,817
Anzahl bzw. Häufigkeit von Eingriffen bzw. Behandlungsverfahren	0,72		0,78		0,891
Qualitätsbewertung durch unabhängige Institutionen	0,55		0,71		0,751
Persönliche Berichte/Briefe/Geschichten von Patienten	0,79			0,88	0,625
Ergebnis von Patientenzufriedenheits-Befragungen	0,84			0,87	0,715
Anzahl und Art von Patientenbeschwerden	0,77			0,67	0,817
Erklärte Varianz des Faktors (in %)		30,47	22,06	21,17	

Extraktionsmethode: Hauptkomponentenanalyse. Rotationsmethode: Varimax mit Kaiser-Normalisierung. Die Rotation ist in 6 Iterationen konvergiert.

Anmerkung: Aus Gründen der Übersichtlichkeit wurde in der Tabelle darauf verzichtet, Faktorladungen <= 0,5 anzuführen

Tabelle 75: Ergebnis der Faktorenanalyse zu Informationspräferenzen der Ergebnisqualität

8.3. Die Identifikation von präferenzbasierten Patiententypen

In diesem Abschnitt soll die sechste Forschungsfrage beantwortet werden, d.h. die Frage, ob sich Patiententypen mit ähnlichen Präferenzen aus der erhobenen Datenbasis identifizieren lassen. Die Ermittlung von Patiententypen bzw. Patientengruppen mit vergleichbarer Nutzenswahrnehmung hinsichtlich einzelner Qualitätsinformationen würde eine gezielte Kommunikationspolitik der Krankenhäuser u.a. Informationsanbieter ermöglichen. Eine mögliche Klassifizierung von Patiententypen mit dem Ergebnis abgrenzbarer Segmente ist daher von großer Bedeutung für die patientenorientierte Gestaltung von entsprechend angepassten Informationsangeboten sowie die zielgruppenorientierte Vermittlung der gewünschten Informationen.

8.3.1. Ergebnisse der Two-Step-Clusteranalyse

Entsprechend der bereits vorgestellten Prozessschritte in Abschnitt 5.1.5. wurde eine Two-Step-Clusteranalyse unter Einbeziehung der Teilnutzenwerte aller 35 Qualitätsmerkmale durchgeführt. Da der Prozess der Vor-Clusterung von der Reihenfolge der Datensätze beeinflusst werden kann, erfolgte eine zufällige Durchmischung der Datenbasis mit Hilfe der Generierung einer Zufallszahl in SPSS. Im Ergebnis der Vor-Clusterung konnten alle Datensätze aufgenommen werden, es mussten keine Ausreißer entfernt werden.
Im zweiten Schritt der Two-Step-Clusteranalyse, d.h. der eigentlichen Clusterung, wurde eine eindeutige Clusterstruktur identifiziert, welche aus zwei Clustern besteht. Mit Blick auf die prozentuale Verteilung kann eine nahezu gleiche Aufteilung der Patientenpopulation in zwei Gruppen festgestellt werden (siehe Abbildung 29). 54 Prozent der Fälle wurden zum ersten Cluster zugeordnet, 46% der Patienten bilden den Cluster Nummer 2.

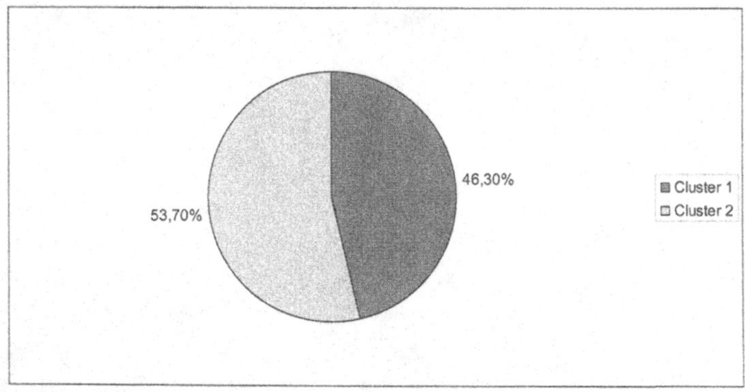

Abbildung 29: Clusterverteilung

Bei Überprüfung der Kriterien, auf deren Basis die automatische Definition der Clusterzahl bei der Two-Step-Clusteranalyse erfolgt, kann die gefundene Lösung leicht nachvollzogen werden (siehe Tabelle 76).[903] Das Aikaike-Informationskriterium zeigt bei einer Sechs-Clusterlösung seinen niedrigsten Wert. Damit sind maximal sechs Cluster auf der Grundlage der vorliegenden Datenbasis möglich, die optimale Clusterzahl liegt also zwischen 2 und 6 Clustern. Der R_1–Wert bestätigt die maximale Clusterzahl von sechs Clustern. Das entscheidende Kriterium - der R_2 - bestimmt nun auf Basis der Distanzänderung die optimale Clusterzahl, welche dann vorliegt, wenn die Relation der Distanzerhöhungen von vorhergehendem und aktuellem Fusionsschritt maximal ist. Der höchste R_2-Wert liegt hier bei der Zwei-Cluster-Lösung. Damit ist die Zwei-Cluster-Lösung empirisch ermittelt, die optimale Clusterzahl für die vorliegende Datenbasis.[904]

Im nächsten Schritt werden die gefundenen Cluster entsprechend ihrer zugeordneten Merkmalspräferenzen untersucht sowie die Mittelwertsunterschiede der Präferenzwerte auf Signifikanz geprüft (siehe Tabelle 77 sowie Abbildung 30). Zunächst kann festgestellt werden, dass sich beide Cluster bei 23 Qualitätsinformationen bzw. deren Teilnutzenwerten auf Basis des t-Tests hoch signifikant unterscheiden. Bei 12 Merkmalen liegen zwar auch Präferenzunterschiede vor, diese sind jedoch nicht durchgängig signifikant.[905] Bei der nun folgenden Auswertung hinsichtlich der Präferenzwerte der Patienten zu den einzelnen Qualitätsinformationen ist zu beachten, dass sich die Unterschiede der Präferenzwerte auf die relativen Ausprägungen der jeweiligen Präferenz-Mittelwerte im Verhältnis zum anderen Cluster beziehen und keine absoluten Werte darstellen.

Automatische Clusterbildung				
Anzahl der Cluster	**Informationskriterium nach Akaike (AIC)**	**AIC-Änderung**	**Verhältnis der AIC-Änderungen R_1**	**Verhältnis der Distanzmaße R_2**
1	6357,342			
2	5649,003	-708,338	1,000	**2,955**
3	5501,933	-147,071	0,208	1,069
4	5373,374	-128,559	0,181	1,435
5	5326,196	-47,178	0,067	1,277
6	**5319,619**	-6,576	**0,009**	1,115
7	5328,175	8,555	-0,012	1,205
8	5359,080	30,905	-0,044	1,027
9	5392,843	33,763	-0,048	1,170
10	5442,034	49,192	-0,069	1,048
11	5495,424	53,390	-0,075	1,036
12	5551,790	56,366	-0,080	1,086
13	5614,804	63,014	-0,089	1,118
14	5685,962	71,157	-0,100	1,108
15	5763,830	77,868	-0,110	1,094

Tabelle 76: Ermittlung der Clusteranzahl

[903] Zur eingehenden Beschreibung der Gütekriterien einer Two-Step-Clusteranalyse vgl. auch Abschnitt 5.1.5.

[904] Die Zwei-Clusterlösung wird ebenfalls durch Anwendung des BIC bestätigt.

[905] Die Ergebnisse des t-Tests wurden, wie bereits beschrieben, durch den Kruskal-Wallis-Test, Kolmogorov-Smirnov-Test und Mann-Whitney-Test ergänzt. Es werden nur die Qualitätspräferenzen als signifikant gewertet, deren Mittelwertsunterschiede in allen vier Tests signifikant waren.

Die inhaltliche Interpretation der vorgefundenen Cluster zeigt, dass sich die Patienten in Bezug auf die ausgeprägte Wichtigkeit der Qualitätsinformationen zur Qualifikation der Ärzte sowie zu Schwerpunkten und Spezialkompetenzen der Klinik für eine KH-Beurteilung sehr einig sind. Bei der hohen Präferenz für die Reputation und Qualifikation des Chefarztes gibt es ebenso wenig signifikante Unterschiede. Einigkeit herrscht auch am unteren Ende der Rangskala der Präferenzurteile bei der durchweg als relativ niedrig eingeschätzten Nützlichkeit von Qualitätsinformationen zum Alter der Ärzte, der Zusammenarbeit mit Selbsthilfegruppen und der Verfügbarkeit eines Patientensprechers im KH.
Präferenzunterschiede sind jedoch sehr eindeutig bei verschiedenen Qualitätsinformationen zur Ergebnisqualität und anderen Merkmalen zur Struktur- und Prozessqualität zu finden. Offensichtlich liegt bei Patienten des ersten Clusters eine deutlich höhere Präferenz für die Qualitätsinformationen zur Ergebnisqualität vor. Besonders eindeutig sind die Bedeutungsunterschiede bei den Behandlungsfehlern, der Komplikationsrate und ungeplanten Wiedereinweisungen. Signifikant in Relation zum durchschnittlichen Mittelwert sind auch die höheren Präferenzen für die folgenden Ergebnisinformationen: Patientenbeschwerden, Befragungsergebnissen der Patientenzufriedenheit, Anzahl bzw. Häufigkeit bestimmter Behandlungsverfahren, Sterblichkeit, Anzahl von Patienten mit der interessierten Krankheit, Behandlungserfolg und Qualitätsbeurteilungen unabhängiger Institute. Die einzige Ergebnisinformation mit einer eher negativ wahrgenommenen Nützlichkeit ist die Wirtschaftlichkeit. An den verschiedenen Merkmalen der Struktur- und Prozessqualität besteht ein merklich geringeres Interesse. Der Patiententyp des Clusters 1 ist also von Patienten gekennzeichnet, deren Informationspräferenzen sich tendenziell eher auf Ergebnismerkmale der KH-Qualität ausrichten. Entsprechend wird der erste Clusters als „ergebnisorientierter" Patiententypus bezeichnet.
Die Informationspräferenzen des zweiten Clusters stellen sich genau entgegengesetzt dar. Die zugehörigen Patienten sprechen den aufgezeigten Informationen der Ergebnisqualität eine wesentlich geringere Bedeutung zu. Einzige Ausnahme bildet das Qualitätsmerkmal der Wirtschaftlichkeit, an der ein vergleichsweise größeres Interesse als beim Patiententyp der „Ergebnisorientierten" besteht. Der Patiententyp des zweiten Clusters ist gekennzeichnet durch höhere Teilnutzenwerte bei den allgemeinen Leistungsmerkmalen der Struktur- und Prozessqualität. Besonders hoch sind die Präferenzunterschiede bei den Qualitätsinformationen zur

- Wartezeit bis zur Aufnahme ins Krankenhaus
- Ausstattung der Patientenzimmer
- Wartezeiten während der Behandlung
- Entfernung zum Wohnort / Erreichbarkeit des Krankenhauses
- Kosten für Wahlleistungen

Höhere Teilnutzenwerte bestehen im Vergleich zum ergebnisorientierten Patiententyp auch bei den Merkmalen der Qualifikation des Pflegepersonals, der Sauberkeit und Hygiene sowie auf generell niedrigerem Niveau bei der Größe des KH und der Länge der Wege im KH. Entsprechend der Charakteristika des zweiten Patiententyps bietet sich die Bezeichnung des „leistungsorientierten" Patiententypus an, wobei die Mittelwertunterschiede der Präferenzparameter hier, wie gezeigt, sowohl Service- als auch medizinische Leistungsmerkmale inkludieren.

Im nächsten Schritt der Two-Step-Clusteranalyse sollen neben den BWS-Parametern weitere Variablen der Erhebung mit dem Ziel weiterführender exploratorischer Erkenntnisgewinne zur Beschreibung der beiden identifizierten Patiententypen untersucht werden. Betrachtet wurden alle psychologischen, krankheitsbezogenen, involvementbezogenen und soziodemographischen Faktoren. Wie in Tabelle 78 zu sehen, liegen signifikante Unterschiede bei der Paternalismuspräferenz vor. Der ergebnisorientierte Patiententyp tendiert weniger dazu, die Behandlungsentscheidungen dem Arzt zu überlassen. Dagegen ist die Wahrnehmung des Risikos der KH-Wahl höher, und auch das Informationsangebot zur KH-Qualität wird kritischer eingeschätzt. Des Weiteren ist das generelle Involvement hinsichtlich Informationen zur KH-Qualität in dieser Patientengruppe signifikant höher. Auch die Ausprägung der einzelnen Involvementfacetten der generellen Wichtigkeit von KH-Qualitätsinformationen, dem Sicherheitsbedürfnis und dem Partizipationsbedürfnis sind höher ausgeprägt als beim „leistungsorientierten" Patiententypus. In Bezug auf die soziodemographischen Merkmale ist der „ergebnisorientierte" Patiententyp durch eine höhere soziale Schicht und einen höheren Anteil an Privatversicherten gekennzeichnet. In der Altersaufteilung fällt auf, dass die mittlere Altersgruppe der 40- bis 49-Jährigen mehr repräsentiert ist, die anderen Altersgruppen jedoch geringer. Der Unterschied ist jedoch nicht signifikant.

Mit Blick auf den „leistungsorientierten" Patiententypus stellt sich das Bild entsprechend umgedreht dar. Der „leistungsorientierte" Patiententyp präferiert eher die paternalistische Arztentscheidung. Das Involvement hinsichtlich Informationen zur KH-Qualität ist zwar auf generell hohem Level, jedoch im Vergleich zum „ergebnisorientierten" Patiententyp weniger ausgeprägt. Der Patiententyp ist eher innerhalb der unteren und mittleren sozialen Schicht vorzufinden. Der Anteil an gesetzlichen Versicherten überwiegt.

Nr.	Item	Cluster 1 Ergebnis-orientierter Patiententyp (HB-Wert)	Cluster 2 Leistungs-orientierter Patiententyp (HB-Wert)	Gesamt
1	**Sterblichkeitsrate**	**2,35**	1,07	1,66
2	**Anzahl und Art von Medizinischen Behandlungsfehlern**	**5,03**	3,18	4,03
3	**Erfolgsrate**	**5,18**	4,21	4,66
4	**Komplikationsrate**	**4,80**	2,96	3,81
5	**Rate an ungeplanten Wiedereinweisungen**	**2,93**	1,10	1,95
6	**Wirtschaftlichkeit**	0,38	**1,22**	0,83
7	**Bewertungsergebnisse durch Selbsthilfegruppen**	1,57	0,96	1,24
8	**Ergebnis von Patientenzufriedenheits-Befragungen**	**3,29**	1,91	2,55
9	**Empfehlungsrate niedergelassener Ärzte**	4,10	3,53	3,80
10	**Anzahl und Art von Patientenbeschwerden**	**2,64**	1,26	1,90
11	**Qualitätsbewertung durch unabhängige Institutionen**	**4,99**	3,99	4,45
12	**Persönliche Berichte/Briefe/Geschichten von Patienten**	2,00	1,18	1,56
13	**Fachliche Qualifikation der Ärzte**	5,54	5,58	5,57
14	**Reputation und Qualifikation des Chefarztes**	4,12	4,33	4,24
15	**Fachliche Qualifikation des Pflegepersonals**	4,82	**5,43**	5,15
16	**Alter der Ärzte**	0,29	0,49	0,40
17	**Forschungsaktivitäten**	2,28	**3,13**	2,74
18	**Schwerpunkte bzw. Spezialkompetenzen der Klinik**	5,39	5,11	5,24
19	**Ausstattung mit medizinisch-technischen Geräten**	4,74	**5,23**	5,01
20	**Anzahl der bereits behandelten Patienten mit meiner Krankheit**	**5,12**	3,93	4,48
21	**Anzahl bzw. Häufigkeit von Eingriffen bzw. Behandlungsverfahren**	**5,10**	3,76	4,38
22	**Entfernung zum Wohnort / Erreichbarkeit des Krankenhauses**	1,07	**2,33**	1,74
23	**Größe des Krankenhauses**	0,23	**0,76**	0,52
24	**Verfügbarkeit eines Patientenfürsprechers / Patientenbeauftragten**	0,82	1,25	1,05
25	**Zusammenarbeit mit Selbsthilfegruppen**	0,77	1,02	0,91
26	**Kosten für Wahlleistungen**	0,83	**1,94**	1,42
27	**Qualität des Essens**	0,94	**1,99**	1,51
28	**Ausstattung des Krankenhauses**	3,57	**4,46**	4,05
29	**Ausstattung der Patientenzimmer**	1,29	**2,84**	2,12
30	**Wartezeit bis zur Aufnahme ins Krankenhaus**	2,13	**4,12**	3,20
31	**Länge der Wege innerhalb des Krankenhauses**	0,13	**0,70**	0,44
32	**Zusammenarbeit des Krankenhauses mit Partnern**	2,21	2,84	2,55
33	**Zeitmanagement während der Behandlung**	2,87	3,75	3,34
34	**Wartezeiten während der Behandlung**	1,85	**3,31**	2,64
35	**Sauberkeit und Hygiene**	4,61	**5,11**	4,88
	Anzahl Probanden	119	138	257
	prozentualer Clusteranteil	46,30%	53,70%	100%

Anmerkung: Signifikante Mittelwertsunterschiede sind fett markiert.

Tabelle 77: Ergebnisse der Clusteranalyse

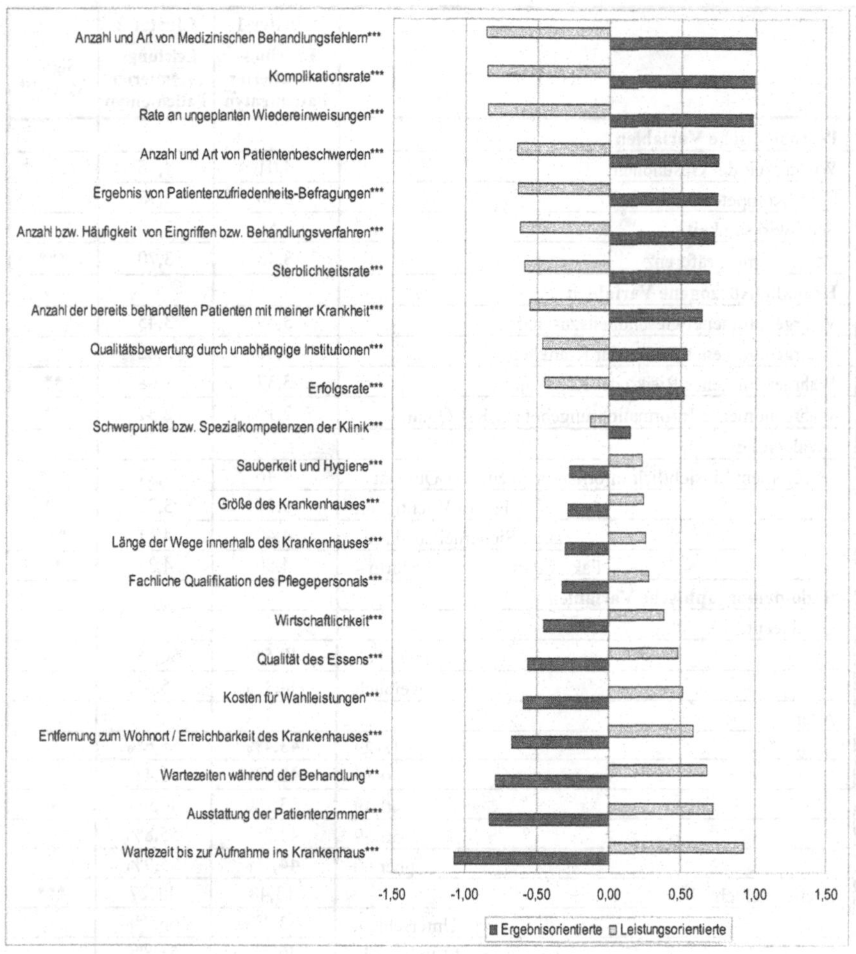

Anmerkung: Darstellung der Informationspräferenzen mit signifikanten Unterschieden (t-Test, Signifikanzniveau ***=1%)

Lesebeispiel: Der Teilnutzenwert der Qualitätsinformation Komplikationsrate erreicht, über die gesamten Probanden betrachtet, einen Wert von 3,81 (siehe Tabelle 77). Bezogen auf die beiden Patiententypen wird die Komplikationsrate vom ergebnisorientierten Patiententypus wesentlich höher präferiert (HB-Wert 4,80), dagegen wird diese Qualitätsinformation vom leistungsorientierten Patiententyp deutlich weniger geschätzt (HB-Wert 2,96). Im oben aufgeführten Diagramm sind nun die rechnerischen Unterschiede zum Gesamtwert dargestellt, in dem der Gesamtwert über alle Probanden in Form des Nullpunktes standardisiert und die jeweilige Differenz für den ergebnisorientierten Patiententyp (4,80-3,81=0,99) sowie den leistungsorientierten Patiententyp (2,96-3,81=-0,85) graphisch dargestellt wird. Die Länge der Balken verdeutlicht also insgesamt die Ausprägung der Unterschiede bezogen auf die einzelnen Informationspräferenzen der beiden Patiententypen.

Abbildung 30: Ergebnisse der Clusteranalyse in Form einer Profildarstellung beider Patiententypen

	Cluster 1 Ergebnis-orientierter Patiententyp	Cluster 2 Leistungs-orientierter Patiententyp	Signi-fikanz[906]
Psychologische Variablen			
Wichtigkeit der Gesundheit	4,01	4,16	
Sprachkompetenz	3,80	3,78	
Selbstwirksamkeit	3,56	3,64	
Paternalismuspräferenz	3,43	3,70	***
Krankheitsbezogene Variablen			
Wahrgenommener Gesundheitszustand	3,49	3,45	
Wahrgenommenes Risiko der Krankheit	3,80	3,82	
Wahrgenommenes Risiko der KH-Wahl	3,37	3,08	**
Wahrgenomenes Informationsangebot zur KH-Qualität	2,12	2,37	**
Involvement			
Involvement hinsichtlich Informationen zur KH-Qualität	4,46	4,21	***
Faktor Wichtigkeit	3,37	3,23	**
Faktor Sicherheitsbedüfnis	4,40	4,11	***
Faktor Partizipationsbedürfnis	4,50	4,31	**
Sozio-demographische Variablen			
Geschlecht			
männlich	49,5%	50,5%	
weiblich	44,4%	55,6%	
Alter			
18-29	43,4%	56,6%	
30-39	48,6%	51,4%	
40-49	53,1%	46,9%	
50-59	44,2%	55,8%	
über 60	44,1%	55,9%	
Soziale Schicht	13,48	11,27	***
Unterschicht	33,3%	66,7%	
Mittelschicht	46,2%	53,8%	
Oberschicht	57,7%	42,3%	
Versicherungsstatus	1,32	1,20	**
gesetzlich	42,8%	57,2%	
privat	58,7%	41,3%	
Befragungsgruppe			
KH-Patienten	43,3%	56,7%	
potentielle Patienten	49,2%	50,8%	

Anmerkung: F-Test, Signifikanzniveau ***=1%, **=5%

Tabelle 78: Beschreibung der präferenzbasierten Patiententypen anhand weiterer Variablen der Erhebung

906 Die Ergebnisse des F-Tests wurden, wie bereits beschrieben, durch die nicht-parametrischen Tests Kruskal-Wallis-Test, Kolmogorov-Smirnov-Test und Mann-Whitney-Test ergänzt. Es werden nur die Qualitätspräferenzen als signifikant gewertet, deren Mittelwertsunterschiede in allen vier Tests signifikant waren.

8.3.2. Determinanten der Präferenzorientierung von Patienten

Die Clusteranalyse ergab eindeutig zwei grundlegend unterschiedliche Patiententypen im Hinblick auf präferierte, aus Patientensicht nützliche und wünschenswerte Qualitätsinformationen. Der erste Patiententypus präferiert insbesondere die Qualitätsinformationen, welche über den Outcome, d.h. die Leistungsergebnisse eines KH, Auskunft geben. Der zweite Patiententypus ist eher an Informationen zur Struktur- und Prozessqualität in Form von Service- und klinischen Leistungsmerkmalen interessiert. Die beiden Patiententypen unterscheiden sich also in Bezug auf ihre grundsätzliche Präferenzorientierung in ergebnisorientierte sowie leistungsorientierte Patienten.

Im Rahmen der Beschreibung der beiden Cluster konnten einige signifikante Mittelwertdifferenzen entdeckt werden, welche gleichzeitig als Hinweise auf mögliche Determinanten dieser Präferenzorientierungen interpretiert werden können. Entsprechend der bereits gezeigten Analyseergebnisse in Tabelle 78 kommen als potentielle Determinanten die Paternalismuspräferenz, das wahrgenommen Informationsangebot zur KH-Qualität, das Risiko der KH-Wahl sowie die soziale Schicht in Frage. Auch die Variable Alter soll versuchsweise einbezogen werden. Hier ist zwar der Mittelwertsunterschied nicht signifikant, die Verteilung in der Kreuztabelle erscheint jedoch erfolgsversprechend.

Im Folgenden sollen diese potentiellen Einflussfaktoren einer weiterführenden kausalanalytischen Untersuchung unterzogen werden. Wissenschaftstheoretische Grundlage hierfür bildet das induktive Vorgehen (im Rahmen des wissenschaftlichen Realismus), indem aus den Beobachtungen der Clusteranalyse auf weitere Strukturen bzw. Beziehungszusammenhänge in der empirischen Basis geschlossen wird.[907] Diese Vorgehensweise erlaubt einen zusätzlichen Erkenntnisgewinn in dieser Untersuchung. Während die Mittelwertsanalysen lediglich Aussagen über signifikante Unterschiede zwischen Clustern mit dem Zweck deren besseren Beschreibung ermöglicht, führt die Kausalanalyse in unserer Untersuchung zur Entdeckung von Beziehungszusammenhängen zwischen potentiellen Einflussfaktoren und der grundsätzlichen Präferenzorientierung der Probanden hinsichtlich Ergebnis- oder Leistungsinformationen der KH-Qualität.

Zur Durchführung der Kausalanalyse werden zunächst entsprechend der Präferenzorientierung der beiden Patiententypen zwei Indexvariablen gebildet – die ergebnisorientierte Informationspräferenz und die leistungsorientierte Informationspräferenz. Hierzu werden die relevanten Qualitätsmerkmale mit signifikanten Präferenzunterschieden der Clusteranalyse der jeweiligen Indexvariablen zugeordnet und in Form einer Indexberechnung aggregiert. Grundsätzlich führen wir die Kausalanalyse hier in Fortführung der Ergebnisse der Clusteranalyse als strukturen-entdeckendes Verfahren durch. Da die angenommenen Beziehungszusammenhänge zwar nicht theoretisch abgeleitet, jedoch durch induktives Schließen auf Basis der Ergebnisse der Clusteranalyse begründet sind, sollen die folgenden Annahmen auch als Hypothesen formuliert werden:

H_{23}: *Die Paternalismuspräferenz beeinflusst die ergebnisorientierte Informationspräferenz negativ.*

[907] Vgl. zur wissenschaftstheoretischen Orientierung dieser Arbeit auch Abschnitt 4.2.

***H$_{24}$**: Die Wahrnehmung des Informationsangebots zur KH-Qualität beeinflusst die ergebnisorientierte Informationspräferenz negativ.*

***H$_{25}$**: Die soziale Schicht beeinflusst die ergebnisorientierte Informationspräferenz positiv.*

***H$_{26}$**: Das wahrgenommene Risiko der KH-Wahl beeinflusst die ergebnisorientierte Informationspräferenz positiv.*

***H$_{27}$**: Das Alter beeinflusst die ergebnisorientierte Informationspräferenz negativ.*

***H$_{28}$**: Die Paternalismuspräferenz beeinflusst die leistungsorientierte Informationspräferenz positiv.*

***H$_{29}$**: Die Wahrnehmung des Informationsangebots zur KH-Qualität beeinflusst die leistungsorientierte Informationspräferenz positiv.*

***H$_{30}$**: Die soziale Schicht beeinflusst die leistungsorientierte Informationspräferenz negativ.*

***H$_{31}$**: Das wahrgenommene Risiko der KH-Wahl beeinflusst die leistungsorientierte Informationspräferenz negativ.*

***H$_{32}$**: Das Alter beeinflusst die leistungsorientierte Informationspräferenz positiv.*

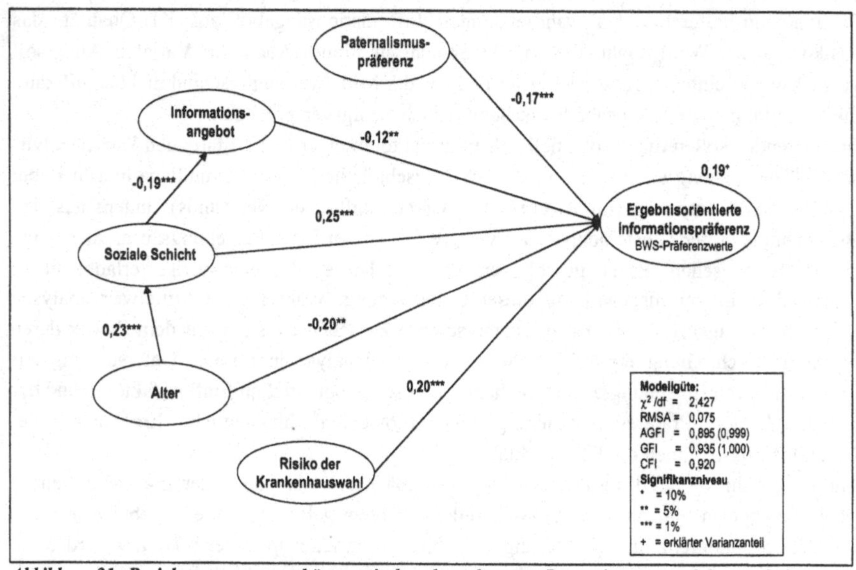

Abbildung 31:** **Beziehungszusammenhänge zwischen den relevanten Determinanten und der ergebnisorientierten Informationspräferenz

Die Ergebnisse der Kausalanalyse sind in Abbildung 31 und Abbildung 32 dargestellt. Die Modellgüte der Kausalmodelle kann bis auf einen schwächeren AGFI der ML-Schätzung als gut beurteilt werden. Die ergebnisorientierte Informationspräferenz bei Patienten, d.h. die bevorzugte Orientierung an Informationen zur Ergebnisqualität, wird, wie vermutet, positiv von der sozialen Schicht und dem wahrgenommen Risiko der KH-Wahl beeinflusst. Das heißt, je höher diese Faktoren ausgeprägt sind, umso eher präferiert ein Patient Qualitätsinformationen der Ergebnisqualität. Weitere Determinanten mit negativem Einfluss sind die Paternalismuspräferenz, die Wahrnehmung zum Informationsangebot der KH-Qualität sowie das Alter. Mit anderen Worten, je jünger der Patient, je kritischer die

Wahrnehmung zum bisherigen Informationsangebot und je niedriger die Paternalismuspräferenz ausgeprägt ist, desto höher ist die ergebnisorientierte Informationspräferenz. Des Weiteren können auch hier die Wirkungszusammenhänge zwischen Alter und sozialer Schicht sowie sozialer Schicht und dem Informationsangebot zur KH-Qualität, wie bereits innerhalb der Kausalanalyse zu den Determinanten des Involvements hinsichtlich Informationen zur KH-Qualität gezeigt, verifiziert werden, da die empirische Datenbasis bezüglich beider Beziehungszusammenhänge gleich ist.

Im zweiten Modell sind die Einflüsse auf die leistungsorientierte Informationspräferenz zu sehen. Erwartungsgemäß zeigt sich hier ein nahezu entgegengesetztes Bild. Bis auf die Faktoren wahrgenommenes Informationsangebots zur KH-Qualität sowie Alter sind alle Faktorladungen signifikant. Die Orientierung an Leistungsinformationen zur KH-Qualität wird demnach von der Paternalismuspräferenz positiv beeinflusst. Des Weiteren nimmt die Orientierung an Leistungsmerkmalen zu, je niedriger die soziale Schicht und je geringer das wahrgenommene Risiko zur KH-Wahl eingeschätzt wird. Zusammenfassend können bis auf Hypothese 29 und 32 alle Hypothesen bestätigt werden. Der relativ geringe Erklärungsanteil beider Modelle erklärt sich durch die Einbeziehung nur weniger Variablen, resultierend aus dem hier gewählten Untersuchungsansatz der Fokussierung auf ausgewählte, spezifische Wirkungszusammenhänge.[908]

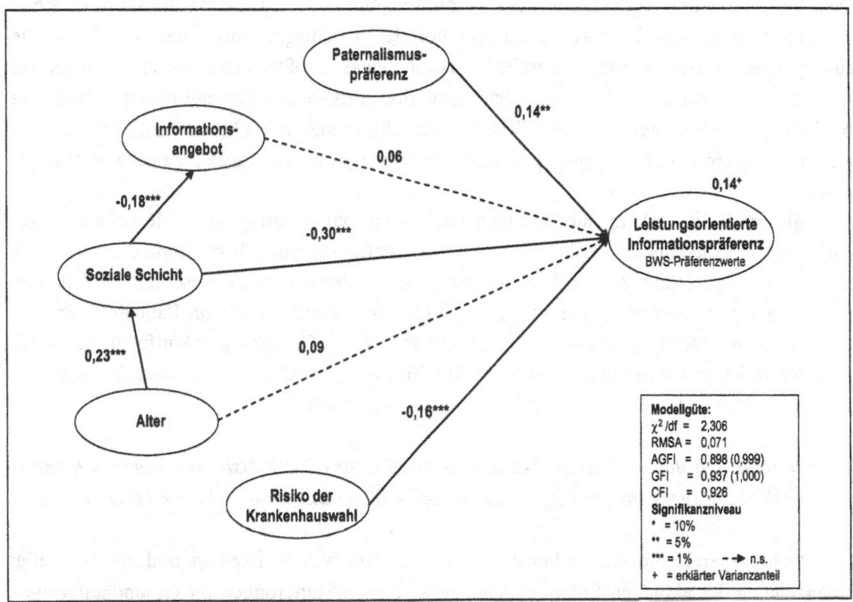

Abbildung 32: Beziehungszusammenhänge zwischen den relevanten Determinanten und der leistungsorientierten Informationspräferenz

[908] Ebenso Homburg et al. (2008), S. 570f. Entsprechend kann angenommen werden, dass weiterer Faktoren die grundlegende Präferenzorientierung von Patienten hinsichtlich ergebnisorientierten bzw. leistungsorientierten Informationen zur KH-Qualität beeinflussen, wobei die vorliegende Literatur hierzu noch keinerlei Hinweise bietet und daher ein großer Bereich für weitere Forschungsarbeiten gegeben ist.

9. Die Zusammenfassende Bewertung der Untersuchung

9.1. Bewertung der Untersuchungsergebnisse dieser Arbeit

Im einführenden Kapitel haben wir diese Arbeit in das Forschungsparadigma der Konsumentenverhaltensforschung als Teil der Marketingforschung mit den drei Forschungskriterien

interdisziplinär – empirisch – praxisorientiert

eingeordnet. Die Tragweite dieses Forschungsansatzes zeigte sich in der Durchführung der vorliegenden Untersuchung. So entstammt der Ansatzpunkt aus der **Praxis** und drehte sich um die pragmatisch formulierten Fragen: Was wollen Patienten (eigentlich) zur KH-Qualität wissen? Wie hoch ist der Informationsbedarf ausgeprägt? Auf welche Informationen zur KH-Qualität richten sich die Bedürfnisse von Patienten?
Allgemein wird zwar ein hohes Informationsbedürfnis der Patienten im Hinblick auf die KH-Beurteilung und KH-Auswahl unterstellt, der bisherige Forschungsstand bietet jedoch neben diesem weit verbreiteten Postulat nur wenige konkrete Erkenntnisse. Die Beschäftigung mit der Vielschichtigkeit und hohen Komplexität der KH-Leistung als besondere Art einer Dienstleistung, damit eng verknüpft die Besonderheiten der KH-Qualität, die spezielle Rolle des Patienten als Kunde bzw. Konsument von KH-Leistungen sowie darüber hinaus die ausgeprägten wissenschaftstheoretischen Defizite eines Großteils der bisher vorliegenden Arbeiten, erforderten eine breit angelegte, **interdisziplinäre** Ausrichtung dieser Arbeit. Die Auslotung verschiedener relevanter Wissenschaftsdisziplinen hinsichtlich fundierter Bezugspunkte zu ihrem Untersuchungsgegenstand führte zur Ableitung eines eigenen Forschungsmodells.
Auf dieser Basis gelang die hinreichende Konzeptualisierung der Messmodelle zur **empirischen** Erhebung der exploratorischen Fragestellungen und Überprüfung der aufgestellten Hypothesen. Die erzielten Forschungsergebnisse leisten einen wesentlichen Erkenntnisbeitrag einmal zum aktuellen Stand der Informationsbedürfnisse von Patienten zur KH-Qualität, zum anderen lassen sich konkrete Hinweise zur Gestaltung zukünftiger patientenorientierter Informationsangebote ableiten. Im Einzelnen wurden, bezogen auf die gestellten Forschungsfragen, folgende Untersuchungsergebnisse erzielt:

1. ***Wie lässt sich die wachsende Bedeutung des Themas Qualitätsinformation im komplexen Wirkungsgeflecht der Interessensgruppen im Krankenhaussektor erklären?***

Qualitätstransparenz im Gesundheitswesen ist ein beliebtes Schlagwort und ein generelles Kennzeichen der aktuellen Entwicklungen bzw. Umstrukturierungen im Gesundheitswesen. Es konnten drei wesentliche Bereiche identifiziert werden, welche die wachsende Bedeutung von Qualitätsinformationen und der damit eng verbundenen Themengebiete des Qualitätsmanagements sowie der Qualitätsdarstellung bedingen:

- die Gesundheitspolitik als steuernde Instanz des Gesamtsystems Gesundheitswesen
- die gewandelte Rolle des Patienten
- die geänderte Wettbewerbssituation der Krankenhäuser

2. *Wie hoch ist das Involvement von Patienten hinsichtlich Informationen zur Krankenhausqualität?*

Ansatzpunkt für diese Fragestellung war zunächst die generelle Frage nach dem Informationsbedarf von Patienten zur KH-Qualität. Nach Auseinandersetzung mit den inhaltlichen und begrifflichen Aspekten des Konzepts „Informationsbedarf" wurde zur Schaffung der notwendigen semantischen Klarheit eine differenzierte Betrachtung des Informationsbedarfs in Form von zwei Perspektiven vorgenommen. Dabei wird das Involvement als Aktivierungsmechanismus gesehen und als eine Perspektive des Informationsbedarfs verstanden, welche die generelle Höhe bzw. Ausprägung der von Patienten wahrgenommenen Bedeutung, Wichtigkeit bzw. Relevanz von Informationen zur KH-Qualität abbildet. Die zweite Perspektive des Informationsbedarfs zur KH-Qualität beschreibt dagegen die Richtung des Informationsbedarfs, i.S.v. spezifischen Informationspräferenzen der Patienten zur KH-Qualität, womit sich die vierte Forschungsfrage beschäftigt.

Obwohl die Bedeutung und Relevanz von Qualitätsinformationen zur KH-Beurteilung für Patienten in der vorliegenden Literatur als hoch eingestuft wird und entsprechend eindringliche Forderungen nach Beseitigung der vorliegenden Informationsdefizite durch die Schaffung entsprechender Informationsangebote erhoben werden, mangelt es bisher an einer inhaltlich eindeutigen Fundierung und einem suffizienten Messmodell zur Erhebung, inwieweit Patienten in die Thematik KH-Qualität bzw. diesbezüglicher Informationen involviert sind. Auf Basis der eingehenden Bestandsaufnahme sowie der Analyse theoretischer Bezugspunkte wurde in dieser Untersuchung ein Involvementkonstrukt mit den drei Facetten - generelle Wichtigkeit der KH-Qualitätsinformationen, Sicherheitsbedürfnis und Partizipationsbedürfnis - mit insgesamt 10 Indikatoren konzeptualisiert. In der empirischen Überprüfung konnte das entwickelte Drei-Faktoren-Konstrukt bestätigt und in den nächsten Untersuchungsschritten eingesetzt werden.

Der Status quo, d.h. die Messung der Ausprägung bzw. Höhe des tatsächlichen Involvements hinsichtlich KH-Qualitätsinformationen ergab in unserer Untersuchung ein eindeutiges Ergebnis. Sowohl KH-Patienten als auch potentielle Patienten zeigten ein hohes bis sehr hohes Involvement hinsichtlich Informationen zur KH-Qualität. Auch in Bezug auf die einzelnen Facetten gab es keine Unterschiede zwischen den Befragungsgruppen bis auf marginale Abweichungen beim Faktor Wichtigkeit. Damit können die bisherigen Ergebnisse verwandter Studien im KH-Umfeld sowie die Befunde der Involvementforschung hinsichtlich komplexer und risikobehafteter Güter bestätigt werden. Die generelle Annahme der Gesundheitspolitik zu dieser Thematik ist daher berechtigt.

Im Unterschied zur herrschenden Meinung, welche das informationsbezogene Involvement zur KH-Qualität vorwiegend mit dem Wunsch zur selbständigen Entscheidung bzw. Mitbestimmung bei der KH-Wahl erklärt, sehen wir das Partizipationsbedürfnis nur als eine Facette im Gesamtkonstrukt. Unsere Hypothese, wonach das Involvement von Patienten hinsichtlich KH-Qualitätsinformationen überwiegend von den eher emotionsorientierten Sicherheitsbedürfnissen als von den handlungsfokussierten Partizipationsbedürfnissen herrührt, fand empirische Bestätigung.

3. Welche Einflussfaktoren determinieren das Involvement von Patienten hinsichtlich Informationen zur KH-Qualität?

Die Involvementmessung zeigte de facto nahezu einheitlich ein hohes Ausprägungsniveau über alle Befragten. Die weitere Untersuchung ging daher der Frage nach, ob Ausprägungsunterschiede des Involvements hinsichtlich KH-Qualitätsinformationen vorliegen und welche Einflussfaktoren diese bestimmen. Aus den vorliegenden verwandten Studien ließen sich sozio-demographische Determinanten ableiten. Konzeptionelle und theoretische Bezugspunkte erbrachten Ansatzpunkte zu psychologischen und krankheitsbezogenen Einflussfaktoren.
Im Ergebnis der dependenzanalytischen Untersuchungen wurden als stärkste hoch signifikante Einflussfaktoren die wahrgenommene Wichtigkeit der Gesundheit, die Wahrnehmung zum bisherigen Informationsangebot zur KH-Qualität sowie das subjektive Risiko der KH-Wahl ermittelt. Weitere signifikante Einflussfaktoren sind die soziale Schicht und das Alter der Patienten, welche das Involvement hinsichtlich KH-Qualitätsinformationen ebenfalls positiv beeinflussen. Während die Wahrnehmung des Gesundheitszustandes einen hoch signifikanten, negativ verstärkenden Einfluss auf das Risiko der Krankheit ausübt, besteht kein direkter Einfluss auf das informationsbezogene Involvement zur KH-Qualität. Auch die Sprachkompetenz übt keinen direkten Einfluss auf das Involvement aus, beeinflusst jedoch die Wahrnehmung des Informationsangebotes zur KH-Qualität. Ebenso übt das wahrgenommene Risiko der Krankheit lediglich einen indirekten Einfluss (über die verstärkende Wirkung auf das Risiko der KH-Wahl) auf das informationsbezogene Involvement der Patienten zur KH-Qualität aus.
Keinen statistisch von null unterscheidbaren Einfluss weisen überraschenderweise die Selbstwirksamkeit und die Paternalismuspräferenz auf. Das heißt, die Höhe des Involvements hinsichtlich KH-Qualitätsinformationen ist unabhängig von der Selbsteinschätzung, über Handlungsmöglichkeiten zur Bewältigung problembehafteter Situationen zu verfügen, und auch unabhängig von der Präferenz, Behandlungsentscheidungen lieber dem Arzt zu überlassen. Weitere Beziehungen konnten zwischen den Variablen Alter und soziale Schicht sowie dem Alter und dem wahrgenommenen Risiko der Erkrankung empirisch bestätigt werden. Der Einflussfaktor soziale Schicht beeinflusst zudem positiv die Sprachkompetenz und die Wahrnehmung zum Informationsangebot zur KH-Qualität, welche umso kritischer ausfällt, je höher die soziale Schicht ist. Des Weiteren ist die Wahrnehmung zum Risiko der Krankheit umso höher ausgeprägt, je höher die Wichtigkeit der Gesundheit eingeschätzt wird.

4. Welche Informationen zur Krankenhausqualität werden von Patienten am meisten präferiert bzw. haben den größten Nutzen aus Patientensicht?

Neben der Höhe des generellen Involvements hinsichtlich KH-Qualitätsinformationen als eine Perspektive des Informationsbedarfes zur KH-Qualität ist im Hinblick auf die Gestaltung zukünftiger Informationsangebote wesentlich zu ermitteln, auf welche Qualitätsinformationen sich dieser Patientenbedarf konkret bezieht, m.a.W., welche Informationen von Patienten zur KH-Qualität präferiert werden.

Im ersten Schritt war hier notwendig, ein geeignetes Messinstrument zu entwickeln, welches in der Lage ist, eine Präferenzmessung unter einer Vielzahl möglicher Merkmale mit ausreichender valider Differenzierung vorzunehmen, ohne zu große kognitive Belastungen für die Probanden zu verursachen. Das conjoint-basierte Verfahren des Best-Worst-Scaling deckte die gestellten Anforderungen optimal ab. Auf der Grundlage einer qualitativen Inhaltsanalyse über verwandte qualitative und quantitative Studien, bereits vorhandene nationale und internationale Informationsangebote, ergänzt um Hinweise aus konzeptionellen sowie theoretischen Arbeiten, wurden insgesamt 35 Qualitätsinformationen zur Ex-ante-Qualitätsbeurteilung von KH extrahiert und in Form eines BWS-Designs als Wahlexperiment für die Probanden im Fragebogen abgebildet. Die Präferenzmessung ergab ein stabiles Ergebnis. Die Top Ten der Qualitätsinformationen mit den höchsten Präferenzen bzw. Teilnutzenwerten, d.h. der höchsten Bedeutung für Patienten zur KH-Beurteilung und KH-Auswahl, bilden folgende Merkmale:

1. Fachliche Qualifikation der Ärzte
2. Schwerpunkte bzw. Spezialkompetenzen der Klinik
3. Fachliche Qualifikation des Pflegepersonals
4. Ausstattung mit medizinisch-technischen Geräten
5. Sauberkeit und Hygiene
6. Erfolgsrate
7. Anzahl der bereits behandelten Patienten mit meiner Krankheit
8. Qualitätsbewertung durch unabhängige Institutionen
9. Anzahl bzw. Häufigkeit von Eingriffen bzw. Behandlungsverfahren
10. Reputation und Qualifikation des Chefarztes

Insgesamt konnte festgestellt werden, dass die Probanden tendenziell eher die Qualitätsinformationen der Strukturqualität, die durch einen höheren Anteil an Sucheigenschaften charakterisiert sind, vor Merkmalen der Ergebnis- und Prozessqualität der KH-Leistung bevorzugen. Mit Blick auf die Strukturqualität werden deutlich eher Qualitätsinformationen, welche über die klinischen Qualitätsmerkmale bzw. die medizinische Leistungsfähigkeit des KH Auskunft geben, vor Hotel- und Komfortaspekten (z.B. Ausstattung der Patientenzimmer oder Qualität des Essens) präferiert. Qualitätsinformationen zur Prozessqualität liegen eher im Mittelfeld der Informationswünsche der Befragten. Bei Betrachtung der Informationen zur Ergebnisqualität ist feststellbar, dass offensichtlich objektive Merkmale der Ergebnisqualität, wie die Erfolgsrate und Qualitätsbewertungen durch unabhängige Einrichtungen eine weitaus größere Bedeutung für die Patienten haben als subjektive Ergebnisinformationen, wie z.B. Ergebnisse von Befragungen zur Patientenzufriedenheit, narrative Patientenberichte oder Qualitätsurteile von Selbsthilfegruppen. Daraus kann tendenziell geschlossen werden, dass Patienten als eine Art von Ausweichstrategie immer dann auf Informationen der subjektiven Ergebnisqualität zurückgreifen, wenn kaum objektive Ergebniskriterien vorliegen. In diesem Fall steht dann eindeutig das Expertenurteil von zuweisenden Ärzten an erster Stelle gegenüber Patientenurteilen oder Qualitätsurteilen der Selbsthilfe.
Bei Betrachtung der 35 Qualitätsinformationen der Struktur-, Prozess- und Ergebnisqualität konnte weiterhin festgestellt werden, dass die Teilnutzenwerte der wichtigsten acht Qualitätsmerkmale der Strukturqualität insgesamt einen Anteil von ca. 40% ausmachen (siehe

auch Abbildung 26). Mit anderen Worten, wenn diese in einem entsprechenden Informationsangebot zur Verfügung ständen, wären bereits ca. 40% der von Patienten präferierten Qualitätsinformationen abgedeckt. Die Teilnutzenwerte der wichtigsten fünf Qualitätsinformationen zur Ergebnisqualität bilden einen Anteil von ca. 20% (siehe auch Abbildung 28). Die drei wichtigsten Merkmale der Prozessqualität summieren sich auf einem Anteil von rund 10% gemessen am wahrgenommenen Gesamtnutzen der Qualitätsinformationen zur KH-Leistung (siehe auch Abbildung 27).
Da in dieser Untersuchung Aussagen abgeleitet werden sollen, die nicht nur für eine spezifische Zielgruppe gelten (z.B. nur Versicherte oder kranke Patienten), sondern allgemeingültiger Natur sind, erfolgte eine Analyse zu Unterschieden zwischen den beiden Befragungsgruppen unserer Untersuchung. Im Ergebnis konnten keine wesentlichen Differenzen zwischen den (betroffenen) KH-Patienten und den (nicht betroffenen) potentiellen Patienten festgestellt werden. Lediglich bei 7 von 35 Qualitätsinformationen bestanden signifikante Mittelwertunterschiede bezüglich der gemessenen Präferenzurteile. Die Einflussstärke des Gruppenmerkmals war jedoch sehr gering. Insgesamt lässt sich daher feststellen, dass die Informationspräferenzen zur KH-Qualität in der Befragungspopulation nahezu einheitlich vorliegen.

5. Welche Qualitätsdimensionen können auf Basis der patientenseitigen Präferenzurteile hinter der Vielzahl spezifischer Qualitätsinformationen entdeckt werden?

Die fünfte Forschungsfrage nach möglichen gemeinsamen Faktoren, welche sich hinter den Teilnutzenwerten der einzelnen Qualitätsinformationen verbergen, konnte ebenfalls beantwortet werden. Eine präferenzbasierte Faktorenstruktur konnte bei 26 von 35 Qualitätsinformationen festgestellt werden. Die Informationspräferenzen der Ergebnisqualität ließen sich zu drei Qualitätsdimensionen bündeln:

- objektive Negativkriterien der Ergebnisqualität
- objektive Positivkriterien der Ergebnisqualität
- subjektive Ergebnisqualität

Die Präferenzen der Patienten zur Struktur- und Prozessqualität bezogen sich auf vier Qualitätsdimensionen:

- Qualifikation und Leistungsfähigkeit
- Service und Convenience
- Zeitmanagement
- Kooperation

6. Welche Patiententypen mit ähnlichen Informationspräferenzen können identifiziert werden?

Auf Basis der Präferenzurteile der Probanden, bezogen auf die einzelnen Qualitätsinformationen, wurden zwei Patiententypen identifiziert:

- der ergebnisorientierte Patiententyp (46% der Patientenpopulation)
- der leistungsorientierte Patiententyp (54% der Patientenpopulation)

Wie die Verteilung zeigt, kann nahezu eine Polarisierung innerhalb der Befragungspopulation festgestellt werden. Der ergebnisorientierte Patiententypus präferiert deutlich mehr die objektiven wie auch die subjektiven Informationen der Ergebnisqualität und interessiert sich wesentlich weniger für Merkmale der Struktur- und Prozessqualität. Der leistungsorientierte Patiententyp zeigt ein genau entgegengesetztes Bild. Hier überwiegen die Präferenzen für serviceorientierte und medizinische Leistungsmerkmale. Der Nutzen von Informationen zur Ergebnisqualität eines KH wird dagegen tendenziell nicht so hoch bewertet.
Einigkeit unter beiden Patiententypen besteht bezüglich der hohen Bedeutung, welche der fachlichen Qualifikation der Ärzte und den Schwerpunkten bzw. Spezialkompetenzen der Klinik beigemessen werden, sowie den am unteren Ende der Rangskala als relativ unwichtig wahrgenommenen Qualitätsinformationen wie dem Alter der Ärzte, der Zusammenarbeit mit Selbsthilfegruppen und der Verfügbarkeit eines Patientensprechers.
Die weiterführende Charakterisierung der beiden Patientencluster anhand weiterer Variablen unserer Untersuchung ergab folgende signifikante Ergebnisse: Patienten mit ergebnisorientierter Informationspräferenz sind jünger und tendieren weniger zur Entscheidungsdelegation an den Arzt (Paternalismuspräferenz). Das Risiko der KH-Wahl wird von diesem Patiententyp tendenziell höher eingeschätzt, die Wahrnehmung zum bisherigen Informationsangebot zur KH-Qualität ist kritischer. Das Involvement hinsichtlich KH-Qualitätsinformationen, welches generell auf einem hohen Niveau liegt, ist beim ergebnisorientierten Präferenztyp noch höher ausgeprägt, inklusive der Facetten Wichtigkeit, Sicherheitsbedürfnis und Partizipationsbedürfnis. Patienten, welche Informationen zur Ergebnisqualität präferieren, gehören eher einer höheren sozialen Schicht an und sind anteilsmäßig eher privat versichert.
Der leistungsorientierte Präferenztyp in der Patientenpopulation dieser Befragung ist durch ein entsprechend gegenteiliges Muster charakterisiert.

9.2. Implikationen für die Forschung

Zur Darlegung der Implikationen für die Wissenschaft wird die vorliegende Untersuchung aus drei Sichtweisen beleuchtet:

- aus wissenschaftstheoretischer Sicht
- aus konzeptioneller Sicht und
- aus empirischer Sicht

Implikationen für die Forschung ergeben sich als erstes aus der von Homburg entwickelten und auch für diese Arbeit als Grundlage gewählten wissenschaftstheoretischen Vorgehensweise, welche sich an den Prinzipien des wissenschaftlichen Realismus orientiert. Die wesentlichen methodischen Impulse resultieren aus der komplementären Anwendung deduktiver und induktiver Methoden, der Leitidee des theoretischen Pluralismus bei der Entwicklung der theoretischen Grundlagen und der Konstruktmessung als Basis für die Operationalisierung und Messung anstatt der überwiegenden Verwendung von single-item-basierten Messinstrumenten in der bisherigen Forschung auf diesem Gebiet.
Wir folgen der Ansicht von Homburg, der im wissenschaftlichen Realismus das ausgewogene Resultat einer langjährigen wissenschaftstheoretischen Diskussion in den Sozialwissenschaften und eine wertvolle Orientierungshilfe für die Forschungen in der Betriebswirtschaftslehre sieht.[909]
In konzeptioneller Perspektive werden Implikationen für die Gesundheitswissenschaften aus der Bestandsaufnahme, welche zum einen hinsichtlich verwandter Untersuchungen und zum anderen hinsichtlich der Informationsangebote der vergleichenden Berichtserstattung zur KH-Qualität im In- und Ausland die bislang umfassendste Aufarbeitung der Literatur in diesem Themenumfeld darstellt.
In zweiter Hinsicht leistet diese Arbeit einen konzeptionellen Beitrag zur inhaltlichen Durchdringung des zentralen Untersuchungsobjekts - dem Informationsbedarf von Patienten hinsichtlich der KH-Qualität. Bisher bestand weder ein konsistentes Verständnis, was genau unter dem Informationsbedarf von Patienten zur KH-Qualität zu verstehen ist, noch, wie dieser gemessen werden kann. Zunächst wurde daher zur Schaffung der notwendigen semantischen Klarheit eine Unterscheidung in die Perspektiven des Involvements und der Informationspräferenzen von Patienten hinsichtlich der KH-Qualität vorgenommen.
Die Entwicklung und empirische Überprüfung der erstmals entwickelten Messinstrumente, sowohl für die Erhebung des Involvements in Form eines Drei-Faktoren-Konstrukts als auch für die Messung der Informationspräferenzen zur KH-Qualität ist als ein wesentlicher empirischer Beitrag dieser Arbeit zu werten. Dabei ist es gelungen, ein BWS-Experiment zur Präferenzmessung in eine traditionelle schriftliche Befragung zu integrieren. Die Messung der Teilnutzenwerte und damit die Ermittlung von Präferenzunterschieden in der Befragungspopulation bezogen auf 35 potentiell wünschenswerte Qualitätsinformationen zur Ex-ante-Beurteilung der KH-Leistung, erfolgte in dieser Form ebenfalls das erste Mal.
Ein weiterer Beitrag für die Wissenschaft aus empirischer Sicht besteht in der Identifikation von Determinanten, welche das Involvement von Patienten hinsichtlich KH-Qualitätsinformationen beeinflussen. Neben den in bisherigen Studien untersuchten soziodemographischen Einflussfaktoren, konnten weitere psychologische und krankheitsbedingte Determinanten ausfindig gemacht und empirisch geprüft werden.
Ferner konnten erstmalig präferenzbasierte Qualitätsdimensionen der KH-Qualität empirisch abgeleitet und eine Patiententypologie anhand der Präferenzurteile der Probanden durchgeführt werden. Neben den exploratorischen, strukturen-entdeckenden Erkenntnisgewinnen dieser Untersuchung in Bezug auf das Involvement und die Informationspräferenzen von Patienten zur KH-Qualität sowie die Ermittlung komplexitätsreduzierender, präferenzbasier-

[909] Vgl. Homburg (2003), S. 214f.

ter Qualitätsdimensionen und präferenzbasierter Patientensegmentierung wurden insgesamt 32 Hypothesen aufgestellt, von denen 24 signifikant verifiziert werden konnten.

9.3. Restriktionen der Untersuchung und Ansatzpunkte für die zukünftige Forschung

Die wesentlichen Restriktionen der vorliegenden Untersuchung, die gleichzeitig als Ansatzpunkte für zukünftige Forschungsarbeiten dienen können, beziehen sich auf

a) die Generalisierbarkeit der Untersuchungsergebnisse sowie
b) die eingesetzten Untersuchungsmethoden

Ad a) Restriktionen hinsichtlich der Generalisierbarkeit der Untersuchungsergebnisse

- Die erste Restriktion betrifft die Datengrundlage. Die durchgeführte Untersuchung fand lediglich in einem Krankenhaus statt und bezog nur eine begrenzte Zahl von Probanden ausgewählter Lebensbereiche ein. Damit ist es zwar gelungen, gültige Aussagen für Betroffene und Nichtbetroffene, sprich KH-Patienten und „gesunde“ Versicherte gleichermaßen zu gewinnen. Um allgemeingültige Aussagen ableiten zu können, bedarf es jedoch der Validierung dieser Studienergebnisse. Dabei wäre die Ausweitung auf andere Krankenhäuser (unterschiedlicher Größenordnung und Trägerschaft) und geographische Gebiete angezeigt.
- Auch wenn die Rücklaufquote in dieser Untersuchung ausgesprochen hoch ist, kann sich eine gewisse Verzerrung der Ergebnisse als weitere Restriktion ergeben, indem gerade diejenigen Patienten mit geringem Involvement und Interesse an Informationen zur KH-Qualität nicht teilgenommen haben.
- Eine dritte Restriktion im Hinblick auf die Generalisierbarkeit der Untersuchungsergebnisse ergibt sich aus der Querschnittsbetrachtung, welche dieser Erhebung zugrunde liegt. Entsprechend den Ansätzen der Informationsverarbeitung, des Informationssuchverhaltens sowie der Copingtheorie ist der Informationsbedarf von Individuen in den Gesamtprozess der menschlichen Informationsverarbeitung eingebettet und weist daher Prozesscharakter auf bzw. ist Veränderungen im Zeitablauf unterworfen. Die Ergebnisse der vorliegenden Studie beziehen sich hier nur auf einen begrenzten Zeitpunkt, nämlich der simulierten Situation einer KH-Beurteilung vor einer stationären Aufnahme. Entsprechend interessant wäre es, das Informationsverhalten, insbesondere die Veränderungen des Informationsbedarfs über einen längeren Zeitraum bzw. über verschiedene Stadien zu, beobachten, beispielsweise, wenn der Patient von der stationären Behandlungsbedürftigkeit erfährt, bei der KH-Aufnahme, während des Aufenthaltes und nach der Entlassung. Hierfür müssten ggf. weitere methodische Ansätze des Experiments sowie der Beobachtung oder Aufzeichnung herangezogen werden.
- Das in dieser Arbeit entwickelte spezielle Involvementkonstrukt ist nach unserer Ansicht in Bezug auf die konzeptualisierte Dimensionalität sowie der herausgearbeite-

ten Konstruktfacetten auch auf Fragestellungen zur Involvementmessung im Hinblick auf andere informationsbezogene Bezugsobjekte im Gesundheitsumfeld übertragbar. Denkbar wäre hier z.B. das Involvement von Patienten hinsichtlich Informationen zu Diagnose- oder Behandlungsalternativen bzw. das Involvement bezüglich Informationen zur Qualität anderer Leistungsanbieter, z.B. Rehabilitationseinrichtungen oder niedergelassener Ärzte. Es ist allerdings durchaus möglich, dass hier zusätzliche Konstruktdimensionen hinzukommen. In jedem Fall ist davon auszugehen, dass die Operationalisierung auf Indikatorenebene nicht direkt übertragbar wäre und angepasst werden müsste.

Des Weiteren ergeben sich Restriktionen zur Generalisierbarkeit der Untersuchungsergebnisse dieser Studie aufgrund von Grenzen der angewendeten Untersuchungsmethodik, wie im Folgenden aufgeführt.

Ad b) Restriktionen hinsichtlich der Untersuchungsmethoden

- Eine wesentliche Restriktion der Untersuchungsmethodik liegt im Einsatz des BWS-Experiments für die Befragung von KH-Patienten, die bereits stationär aufgenommen wurden, sich streng genommen also nicht mehr in einer Ex-ante-Situation vor der KH-Aufnahme befanden. Dies erfolgte, wie beschrieben, in Absprache mit dem Kooperationspartner aus ethischen Gründen. Die Gestaltung des BWS-Experiments unterstützt jedoch insbesondere die Erhebung von Wahlentscheidungen bezüglich hypothetischer bzw. fiktiver Optionen. Die Situation vor einer KH-Einweisung und die Erhebung von Qualitätsinformationen, welche in einer solchen Situation zur Beurteilung der KH-Qualität sowie der Auswahl des geeigneten KH als nützliche erachtet werden, wurde daher in Form eines virtuellen Informationsangebotes im BWS-Design modelliert.[910] Da sich die gewonnen Präferenzurteile der Probanden bis auf marginale Abweichungen bei nur 7 von 35 Qualitätsmerkmalen der KH-Leistung zwischen den beiden Befragungsgruppen der KH-Patienten und potentiellen Patienten nicht unterscheiden, ist eine Verzerrung der Ergebnisse des BWS-Experiments durch die Befragung bereits stationär aufgenommener Patienten nicht anzunehmen.
- Natürlich besteht eine weitere Restriktion in der Anwendung des BWS-Experiments für hypothetische, antizipierte Situationen in prinzipieller Hinsicht, da sich die Informationspräferenzen zur KH-Qualität im BWS-Experiment von den Informationswünschen bei tatsächlichem Eintritt einer stationären Behandlungsbedürftigkeit unterscheiden können, ähnlich wie beispielsweise bei beobachteten Abweichungen

---

[910] Diese Art der Vorgehensweise war natürlich auch für die Befragungsgruppe der potentiellen Patienten angezeigt, da diese zwar noch nicht stationär aufgenommen, jedoch streng genommen auch noch nicht konkret von einem stationär behandlungsbedürftigen Krankheitsereignis betroffen sind und somit diese spezielle Entscheidungssituation ebenfalls simuliert werden musste. Des Weiteren konnte das Wahlexperiment, bezogen auf potentiell nützliche bzw. wünschenswerte Qualitätsinformationen, ohnehin nicht auf einem bereits vorhandenen, „realem“ Informationsangebot aufgebaut werden und erforderte daher grundsätzlich die Modellierung als hypothetisches Angebot, um alle potentiell interessierenden KH-Qualitätsinformationen einzubeziehen. Siehe auch Fußnote 767.

zwischen der erhobenen Kaufabsicht auf Basis einer Conjoint-Analyse und dem tatsächlichen Kaufverhalten von Konsumenten.[911]

- Die notwendige Operationalisierung der Informationspräferenzen führt zu einer weiteren Restriktion im Hinblick auf die erforderliche Merkmalsgewinnung als Grundlage für die Entwicklung des BWS-Designs. Obwohl die Gewinnung von potentiellen Merkmalen, Indikatoren sowie Informationen zur Krankenhausqualität, auf welche sich die Informationspräferenzen von Patienten beziehen könnten, auf einer eingehenden Recherche vorliegender Untersuchungen sowie vorhandener Informationsangebote zur KH-Qualität im In- und Ausland auf Basis einer qualitativen Inhaltsanalyse erfolgte, kann bei der hohen Komplexität und Vielschichtigkeit der KH-Dienstleistung nicht von einer absoluten Vollständigkeit, i.S.e. 100%-Abdeckung aller denkbaren bzw. auch zukünftig vorstellbaren Informationen zur KH-Qualität ausgegangen werden. Eine Überprüfung des BWS-Messinstrumentariums bei zukünftigen Einsätzen auf ausreichende Abdeckung der relevanten Qualitätsinformationen und ggf. Anpassung wäre daher empfehlenswert. Die Überlegungen hierzu sollten jedoch im Hinblick auf eine verminderte Vergleichbarkeit der Untersuchungen abgewogen werden.
- Das Informationssuchverhalten als Teil der menschlichen Informationsverarbeitung gehört zu den komplexesten Prozessen in der Wissenschaft. Von der nahezu unendlichen Anzahl an möglichen Einflussfaktoren decken die Kausalmodelle unserer Untersuchung nur eine begrenzte Auswahl ab. Obwohl die vorliegende Literatur nur wenige weiterführende Hinweise liefert, kommen als potentielle Faktoren im Hinblick auf die Ausprägung des Involvements hinsichtlich KH-Qualitätsinformationen die pessimistische bzw. optimistische Lebenseinstellung, Ängstlichkeit oder Hilflosigkeitserwartungen in Frage – Variablen, welche insbesondere in der Stressforschung eine Rolle spielen.[912] Ebenso ist es denkbar, dass die Art der Krankheit sowie die Heilungsperspektive eine Rolle spielen. Eine Integration weiterer Variablen würde jedoch die Modellkomplexität nicht unwesentlich erhöhen, was gegen den zu erzielenden Erkenntnisgewinn abzuwägen wäre, zumal der Erklärungsanteil unseres Messmodells, obwohl lediglich als Partialmodell angelegt, einen relativ hohe Wert erreicht. Im Hinblick auf die Kausalmodelle der Informationspräferenzen der beiden Patiententypen wäre, obwohl in dieser Untersuchung nicht angestrebt, das Auffinden weiterer Einflussfaktoren zur Erhöhung des Erklärungsanteils der Modelle sinnvoll. Damit wäre „Neuland" in der diesbezüglichen Forschung zu betreten, da die bisherige Literatur hierzu noch keine Anhaltspunkte liefern kann.

Über die bisher genannten, mit den Restriktionen dieser Untersuchung verknüpften Ansätze für die zukünftige Forschung können weitere Perspektiven aufgezeigt werden, welche helfen würden, dieses noch junge Forschungsgebiet auszubauen:
Ein Forschungsfokus lag in dieser Untersuchung auf den Determinanten zur Erklärung von unterschiedlichen Ausprägungen des Involvements hinsichtlich KH-Qualitätsinformationen.

---

911 Vgl. Kroeber-Riel, Weinberg (2003), S. 621ff.

912 Hinweise hierzu liefern Katz und Schmidt (1991), S. 48ff. Die Arbeit ist allerdings auf das Copingverhalten von Individuen in stressvollen Alltagssituationen ausgerichtet, nicht speziell auf Belange des Informationssuchverhaltens.

Ein interessanter Aspekt für weitere Forschungsarbeiten wäre demgegenüber die Auslotung möglicher Auswirkungen dieses Involvements zum einen auf die weiteren Schritte innerhalb des Prozesses der Informationssuche von Patienten, insbesondere auf das tatsächliche Entscheidungsverhalten von Patienten bei der KH-Auswahl. In diesem Zusammenhang wäre es auch interessant, das Informationssuchverhalten von Patienten im Zusammenspiel mit der Interaktion durch den zuweisenden Arzt und die daraus resultierenden Effekte auf die KH-Wahl näher zu beleuchten. Zum anderen sind weitere Auswirkungen des Involvements von Patienten hinsichtlich KH-Qualitätsinformationen, z.B. auf die Patientencompliance, die Übernahme von Verantwortung bei weiteren Behandlungsentscheidungen sowie die Patientenzufriedenheit, denkbar.[913]

Das gewählte Aggregationsniveau der Qualitätsinformationen im BWS-Experiment entsprach dem Ziel dieser Untersuchung im Hinblick auf die Messung der Informationspräferenzen von Patienten über alle in Frage kommenden Qualitätsinformationen. Weitere Wahlexperimente in zukünftigen Forschungsarbeiten könnten sich auf ausgewählte Teile der Qualitätsinformationen beziehen und die Präferenzstruktur von Patienten weiter spezifizieren helfen. Beispielsweise wurden unter die Qualitätsinformation Zeitmanagement während der Behandlung die Einzelaspekte der morgendlichen Weckzeiten, der Häufigkeit und Dauer von Arztkontakten, die Anzahl von Patienten pro Mitarbeiter oder die Termintreue der Diagnose- und Behandlungsaktivitäten subsummiert. Ein choice-basiertes Experiment zu Patientenpräferenzen bezüglich dieser Einzelaspekte würde ggf. weitere interessante Erkenntnisse ergeben.

Weiterhin bietet das entwickelte BWS-Messinstrument, da in methodischer Hinsicht insbesondere frei von kulturell bzw. national bedingten Verzerrungseffekten,[914] eine Anwendung im Ausland an. Mit der Erhebung von Informationspräferenzen zur KH-Qualität in anderen Ländern wäre es auch möglich, potentiell vorhandene Präferenzunterschiede vor dem Hintergrund unterschiedlich organisierter Gesundheitssysteme u.a. Kontextfaktoren zu vergleichen.

Schlussendlich sei als ebenso interessante Forschungsperspektive die Untersuchung der Informationsbedürfnisse von Patienten zur KH-Qualität im Hinblick auf die Aspekte der Darstellungsform bzw. Niederschwelligkeit von Informationen genannt. Neben den von Patienten gewünschten, d.h. präferierten Informationsinhalten würde eine Bedarfsanalyse im Hinblick auf Darstellungsaspekte wie Verständlichkeit, einfacher Zugriff und Detailtiefe weitere Erkenntnisse für die Bereitstellung patientenorientierter Informationsangebote ergeben.[915]

---

[913] Hinweise zu dieser Überlegung liefert die Studie von Dietz. Darin konnten signifikante positive Wirkungszusammenhänge zwischen der Patientenmüdigkeit, wobei ein Faktor des Konstrukts das Informationsverhalten abbildete, und der Verantwortung (Faktorladung 0,43) sowie der Zufriedenheit von Patienten (Faktorladung 0,18) gezeigt werden. Ein negative Auswirkung hatte die Patientenmündigkeit auf die Compliance der Befragten (Faktorladung -0,05). Vgl. Dietz (2006), S. 204ff.

[914] Vgl. Cohen, Markowitz (2002).

[915] Schaefer (2005), S. 6 sowie 33ff. ermittelte in ihrer Literaturstudie diverse Hinweise, wie Informationen zur KH-Qualität gestaltet sein sollen, z.B. leicht zugänglich und übersichtlich sein und Detailfülle vermeiden, grafisch einleuchtend dargestellt sein, nicht zu hohe kognitive Anforderungen stellen, (sprachlich) verständlich sein u.a. Geraedts und Schwartze (2005) untersuchten acht verschiedene Darstellungsformate von Qualitätsinformationen. Unter den Alternativen - einfaches / komplexes Balkendiagramm, Spinnennetz-Diagramm, einfaches / komplexes Starrating sowie der Darstellungsform der JCAHO - präferierten die Befragten die tabellarische Darstellung von Informationen zur KH-Qualität in Form eines Rankings.

9.4. Implikationen für die Praxis

Die Zielsetzung dieser Untersuchung bestand in erster Linie in der wissenschaftlichen Durchdringung des Informationsbedarfs von Patienten hinsichtlich der Qualität von Krankenhäusern und in der erstmaligen Gewinnung diesbezüglicher exploratorischer Erkenntnisse.[916] Neben dem wissenschaftlichen Erkenntnisgewinn können jedoch aus den Ergebnissen dieser Arbeit vielfältige Handlungsempfehlungen für die Praxis abgeleitet und damit die bisher offenen praxisrelevanten Fragen dieses Untersuchungsgegenstandes beantwortet werden.[917] Insgesamt erstrecken sich die Erkenntnisse dieser Untersuchung auf drei Bereiche:[918]

a) die Gesundheitspolitik
b) das Marketingmanagement von Krankenhäusern sowie
c) die Patientenberatung

Im Folgenden werden die aus den Untersuchungsergebnissen dieser Arbeit abgeleiteten Implikationen für die Praxis im Einzelnen erläutert, wobei wir den Schwerpunkt auf den Erkenntnisgewinn für Krankenhäuser und Handlungsempfehlungen für das individuelle Marketingmanagement von KH legen.

Ad a) Implikationen für die Gesundheitspolitik

Die Einflussnahme der Gesundheitspolitik in der jüngsten Vergangenheit zielte auf die Förderung der Qualitätstransparenz in Form gesetzlicher und struktureller Vorgaben. Dies kommt prinzipiell dem festgestellten hohen Bedürfnis der Patienten nach Qualitätsinformationen entgegen. Allerdings wurden die Maßnahmen der Gesundheitspolitik vornehmlich zur Prävention negativer Effekte auf die Versorgungsqualität durch die eingeleitete Kostendämpfungspolitik aufgesetzt. Daher stellt der bisherige Stand der durch gesetzliche Vorgaben erreichten Qualitätstransparenz lediglich einen Schritt in die richtige Richtung dar. Insbesondere mit Blick auf die in dieser Arbeit ermittelten Einflussfaktoren wird das Involvement hinsichtlich Informationen zur Leistungsqualität von KH in der Bevölkerung eher weiter zunehmen. Entsprechend der demographischen Veränderungen in der Bevölkerungsstruktur ist von einem steigenden Anteil an älteren Menschen auszugehen. Es kann auch unterstellt werden, dass die Wichtigkeit der Gesundheit als genereller Trend in der Gesellschaft wächst. Mit der steigenden Bedeutung von Gesundheit und proaktiver Gesundheitsvorsorge, insbesondere einhergehend mit dem zunehmenden Alter der Menschen, wird das Interesse an der Leistungsqualität von Gesundheitsdienstleistern positiv beeinflusst, und auch die kritische Wahrnehmung von vorhandenen Informationsangeboten wächst.
Um den Informationsbedarf von Patienten zur Leistungsqualität der Krankenhäuser zu decken, ist die Schaffung eines wesentlich aussagefähigeren Informationsangebotes mit leichten Zugangswegen notwendig.[919] Des Weiteren müssen die gesetzlichen Vorgaben den

[916] Vgl. in methodischer Hinsicht ebenso Homburg (2003), S. 220.
[917] Vgl. hierzu exemplarisch Bertelsmann Stiftung (2007), S. 28; Geraeds (2006), S. 156; Schaeffer (2006), S. 5.
[918] Vgl. zu ähnlichen Anwendungsbereichen in der Konsumentenverhaltensforschung in Kroeber-Riel, Weinberg (2003), S. 4.
[919] Vgl. Mason, Street (2006), S. 42ff.; Schaeffer (2006), S. 41ff.

Rahmen für eine deutlich spezifischere Qualitätsberichtserstattung, welche den Informationspräferenzen der Patienten weitgehend entspricht, definieren. Die momentan einerseits eher undefinierten allgemeinen Forderungen zur obligatorischen Einführung eines Qualitätsmanagements, verbunden mit den andererseits sehr eingeschränkten Vorgaben für den strukturierten Qualitätsbericht können den Patientenwünschen nur zum geringen Teil gerecht werden. Vielmehr sollten durch geeignete Anreizsysteme, auch in monetärerer Hinsicht, Aktivitäten der KH zur Qualitätsdarstellung gefördert werden. Die Steuerung im Krankenhaussektor, momentan ausgerichtet auf die Optimierung von Kosten und Wirtschaftlichkeit, würde damit um den bislang fehlenden Faktor der Qualität bei der Leistungserstellung ergänzt.[920]

Ad b) Implikationen für das Marketingmanagement von Krankenhäusern

Unabhängig von der Entwicklung qualitätsrelevanter Vorgaben durch die Gesundheitspolitik können aus den Erkenntnissen der vorliegenden Untersuchung vielfältige Anregungen für das Marketing sowie die externe Perspektive des Qualitätsmanagements im KH abgeleitet werden (siehe Tabelle 79).

Als erste Erkenntnis dieser Untersuchung für die Krankenhauspraxis lässt sich zunächst einmal – auf den ersten Blick trivial, aber dennoch von großer Relevanz – ableiten, dass das Involvement von Patienten im Hinblick auf Informationen zur KH-Qualität ausgesprochen hoch ist. Neben dem hohen generellen Interesse an der Leistungsqualität von KH bestehen die Motive der Patienten in einem Partizipationsbedürfnis bei der KH-Wahl, aber auch in einem ausgeprägten Sicherheitsbedürfnis, ausgerichtet auf die Beseitigung von empfundener Unsicherheit bzw. auf die Herstellung eines emotionalen Gleichgewichts im Hinblick auf die in der Patientenwahrnehmung oft mit einem hohen Risiko verbundenen Thematik. Es ist daher von entscheidender Bedeutung für die strategische Ausrichtung von Gesundheitsunternehmen am Kundennutzen, diesen Patientenbedürfnissen gerecht zu werden.

Das hohe informationsbezogene Involvement von Patienten ist dabei aus unserer Sicht im Vergleich zu anderen Wirtschaftsbranchen als Vorteil zu sehen. Müssen doch andere Unternehmen erst aufwendig (u.a. mit Hilfe von Werbemaßnahmen) um die nötige Aufmerksamkeit bzw. ein Mindestniveau an Interesse der Kunden an ihren Produkten oder Leistungen kämpfen, da ein „low" Involvement in vielen Bereichen der Konsumgüterbranche eher die Regel ist.[921] Aufgrund des bereits vorliegenden ausgeprägten Involvements wären entsprechende Informationsangebote zur Leistungsqualität von KH von vornherein sehr attraktiv für Patienten (sowohl für gerade betroffene Patienten bzw. beteiligte Familienangehörige und Freunde als auch für andere Bürger, i.S.v. potentiellen Patienten ohne aktuellen Handlungsbedarf). Das heißt, es kann davon ausgegangen werden, dass ein entsprechendes Informationsangebot als Teil eines systematisch entwickelten Marketingkonzepts die Aufmerksamkeit der Patienten merklich anziehen wird und damit zu einem deutlichen Wettbewerbsvorteil für das KH werden kann.

---

[920] Vgl. ebenso Dietrich (2005), S. 2f. Denkbar wäre z.B. die Aufnahme der Qualitätsdarstellung als abrechenbare Zusatzleistung in den DRG-Katalog. Vgl. hierzu auch Bürger (2003), S. 331, welche ebenso eine Art von Bonus bzw. Malussystem als förderlich ansieht.

[921] Vgl. Kroeber-Riel, Weinberg (2003), S. 92; Trommsdorf (2003), S. 48f.

Empirischer Befund	Handlungsziel	Handlungsempfehlung
Das Involvement von Patienten hinsichtlich Informationen zur KH-Qualität ist hoch.	Befriedigung der informationsbezogenen Patientenbedürfnisse Strategische Nutzung des hohen Involvements hinsichtlich KH-Qualitätsinformationen im Rahmen des Krankenhausmarketing	Maßnahmen zur Erhöhung des Bewusstseins für das informationsbezogene Involvement von Patienten zur KH-Qualität unter allen Mitarbeitern Verankerung in der Unternehmenskultur / Mitarbeiterweiterbildung Ausrichtung der Marketingstrategie auf das hohe informationsbezogene Involvement der Patienten zur KH-Qualität
Wesentliche positiv wirkende Determinanten des Involvements hinsichtlich KH-Qualitätsinformationen sind die Wichtigkeit der Gesundheit, das Risiko der Krankenhauswahl sowie das Alter. Das negativ wahrgenomme Informationsangebot zur KH-Qualität verstärkt das diesbezügliche Involvement. Keinen Einfluss haben die Kompetenzerwartungskonstrukte Selbstwirksamkeit, Sprachkompetenz sowie die Paternalismuspräferenz.	Langfristige Berücksichtigung der Einflussfaktoren im Marketingkonzept, da nicht von einem Wegfall bzw. der Abnahme der Wirkungsbeziehungen ausgegangen werden kann	Maßnahmenpakete, die vor allem auf die mittel- bis langfristige Förderung der patientenorientierten Informations- und Kommunikationspolitik ausgerichtet sind Mitarbeiterinformation und -weiterbildung
Es liegen differenzierte Informationspräferenzen von Patienten zur KH-Qualität vor. Vgl. Tabelle 80	Gestaltung eines patientenorientierten Informationsangebotes zur KH-Qualität	Implementierung eines Marketingprojekts Entwicklung eines Stufenplans Istanalyse in Bezug auf vorhandene Informationsmedien bzw. bereits vorliegende Qualitätsinformationen im KH Auswahl der Qualitätsinformationen unter Berücksichtigung der Informationspräferenzen der Patienten sowie des Erhebungs- bzw. Bereitstellungsaufwandes für das KH
Es wurden präferenzbasierte Qualitätsdimensionen identifiziert. Vgl. Tabelle 81	Kontinuierliche Weiterentwicklung mit dem Ziel des perspektivischen Aufbaus eines umfassenden Informationsangebots zur KH-Qualität Darstellung / Präsentation eines patientenorientierten Informationsangebotes zur KH-Qualität	Integration der präferenzbasierten Qualitätsdimensionen in das interne QM Nutzung als Ordnungsstruktur bzw. Strukturierungshilfe zur komplexitätsreduzierten Darstellung der Qualitätsinformationen
Es wurde eine präferenzbasierte Patiententypologie identifiziert.	Gestaltung von spezifischen Informationsangeboten zur KH-Qualität für definierte Zielgruppen	Identifizierung und Zuordnung der Patienten entsprechend der präferenzbasierten Typologie anhand der Merkmale Involvement, Alter, soziale Schicht, Versicherungsstatus, Wahrnehmung zum bisherigen Informationsangebot Schaffung von Zusatzangeboten für den ergebnisorientierten sowie leistungsorientierten Patiententypus

Tabelle 79: Handlungsempfehlungen für die Entwicklung eines KH-individuellen, patientenorientierten Informationsangebots zur KH-Qualität

Als Handlungsempfehlung ist es daher zunächst erforderlich, die hohe Bedeutung, welche Qualitätsinformationen für bestehende und potentielle Patienten haben, im Unternehmen zu kommunizieren. Hierbei ist es wesentlich, das Bewusstsein und die notwendige Einstellung für eine optimale Qualitätsdarstellung des KH nach außen zu fördern und in der Unterneh-

menskultur zu verankern. Entsprechende Informations- bzw. Weiterbildungsmaßnahmen, zunächst für das Management sowie perspektivisch für alle Mitarbeiter, sind zu schaffen.
In Rahmen der Neuausrichtung der Marketingstrategie, insbesondere der strategischen „Corporate Communication" sollten auch die wichtigsten Ziele, welche mit der Schaffung eines Informationsangebotes für Patienten zur Qualitätsdarstellung des KH angestrebt werden, diskutiert und festgelegt werden:[922]

- Patientengewinnung und Patientenbindung: Schaffung von Vertrauen in die Leistungsfähigkeit des KH und Förderung der Patientengewinnung und der Patientenbindung (bei chronischen Erkrankungen bzw. wiederkehrendem Behandlungsbedarf) durch Qualitätstransparenz
- Information: Vermittlung von Qualitätsinformationen nach innen und außen
- Relationship: Aufbau und Aufrechterhaltung von Verbindungen zu allen für das Krankenhaus relevanten Interessensgruppen (neben den Patienten vor allem Zuweiser, Kooperationspartner, Kostenträger und Patientenorganisationen)
- Image: Aufbau, Änderung und Pflege des Vorstellungsbildes, bezogen auf das Krankenhaus
- Social Value: Aufzeigen der gesellschafts- und sozialbezogenen Leistungen des Krankenhauses
- Balance: Herstellung eines Anreiz-Beitrags-Gleichgewichts der verschiedenen krankenhausrelevanten Anspruchsgruppen (insbesondere Patienten, Mitarbeiter, KH-Träger und Kostenträger)
- Qualitätsmanagement: Etablierung der Qualitätsdarstellung nach außen als festen Bestandteil des internen QM und wesentlichen Anreiz zur permanenten Optimierung der KH-Qualität

Weitere Handlungsempfehlungen ergeben sich aus den identifizierten Einflussfaktoren des Involvements von Patienten hinsichtlich KH-Qualitätsinformationen. Insbesondere mit Blick auf die Determinanten mit dem größten Einfluss können mehrere Implikationen abgeleitet werden. Zum ersten ist bei Patienten, denen ihre Gesundheit besonderes wichtig ist, d.h. die ein hohes Gesundheitsbewusstsein aufweisen und aktiv etwas für Vorsorge und Erhaltung ihrer Gesundheit tun, das informationsbezogene Involvement im Hinblick auf die KH-Qualität besonders hoch. Einen ebenso deutlich involvement-verstärkenden Einfluss haben das wahrgenommene Risiko der KH-Wahl sowie das Alter. Es ist daher wesentlich, Patienten mit diesen Merkmalen besonders zu berücksichtigen, zumal sich diese Einflussfaktoren, wie bereits unter ad a) erörtert, zukünftig eher noch verstärken werden.[923] Die Einflussgröße des bisher wahrgenommenen Informationsangebotes zur KH-Qualität hat, wie angenommen, einen negativen Effekt auf das Involvement. Das heißt, je mangelhafter bzw. negativer das bisherige Informationsangebot zur KH-Qualität von Patienten eingeschätzt wird, desto höher

922 In Anlehnung an Meffert (2008), S. 673.

923 Auch der Faktor des wahrgenommenen Risikos der KH-Wahl, der noch nicht erwähnt wurde, unterliegt tendenziell eher einer Verstärkung. Dies schließen wir aus der derzeitigen Entwicklung im Gesundheitswesen, wobei zunehmend schwerwiegende Indikationen bzw. Erkrankungen im KH behandelt werden sowie der generellen Zunahme der Komplexität und damit Unübersichtlichkeit im KH-Sektor durch neue Versorgungsformen. Vgl. Dietrich (2005), S. 65; Plamper, Lüngen (2006), S. 170ff. Beide Aspekte erhöhen perspektivisch die vom Patienten wahrgenommenen Gefahren, die mit der Auswahl eines KH verbunden werden.

fällt das diesbezügliche Involvement aus. Umgedreht kann angenommen werden, dass sich mit der zunehmenden Verfügbarkeit von qualitativ hochwertigen Informationsangeboten zur KH-Qualität das informationsbezogene Involvement der Patienten verringert. Neben der eher erst langfristig zu erwartenden Relevanz dieses Aspektes kann jedoch unterstellt werden, dass das Involvement hinsichtlich KH-Qualitätsinformationen dennoch auf einem relativ hohen Niveau bleibt. Eine Begründung für diese Annahme geben Beobachtungen in Bereichen anderer Gesundheitsinformationen, z.B. Informationen zu diversen Krankheitsbildern, Diagnostikmaßnahmen und Therapiemöglichkeiten. Hier steht seit mehreren Jahren ein vielfältiges und stetig wachsendes Informationsangebot zur Verfügung, welches z.T. sogar als Überangebot angesehen werden kann.[924] Dennoch gibt es bisher aus unserer Sicht keine Hinweise auf eine wesentliche Abnahme des Involvements der Patienten hinsichtlich dieser Informationen.

Ebenso wichtig ist die Erkenntnis, dass ein weit verbreitetes Vorurteil im KH wenig Substanz aufweist. Häufig wird Patienten mit wenig Eigeninitiative, einer niedrigen Kompetenzerwartung sowie der Tendenz, Entscheidungen dem Arzt zu überlassen, im gleichen Zuge unterstellt, auch nicht an Informationen interessiert zu sein. Zumindest im Hinblick auf das Bezugsobjekt der Informationen zur KH-Qualität zeigt unsere Untersuchung, dass dieser proklamierte Zusammenhang nicht richtig ist. So ist auch hier eine mittel- und langfristige Berücksichtigung innerhalb der Informations- und Kommunikationspolitik des KH zu empfehlen. Patienten mit diesen Eigenschaften sollten aktiv zu ihren Informationsbedürfnissen zur KH-Qualität befragt werden, um das diesbezügliche Involvement richtig einschätzen zu können. Dieser wesentliche Aspekt ist daher ebenso in die Informations- und Weiterbildungsmaßnahmen für die Mitarbeiter des KH aufzunehmen.

Aus den Präferenzurteilen der Patienten bezüglich der einzelnen Qualitätsinformationen der KH-Leistung ergeben sich weitere Handlungsempfehlungen, welche insbesondere für die inhaltliche Gestaltung eines patientenorientierten Informationsangebotes von herausragender Bedeutung sind. Zunächst lässt sich ein Set von Qualitätsmerkmalen mit überdurchschnittlich hohem Nutzen für die Patienten ermitteln (siehe Tabelle 80). Insgesamt würde ein Informationsangebot, welches die aufgeführten Qualitätsinformationen beinhaltet, bereits ca. 70% der für die Patienten überdurchschnittlich wünschenswerten Informationen zur KH-Qualität abdecken. Da jedoch davon auszugehen ist, dass diese Qualitätsinformationen nicht ohne weiteres in einem KH vorliegen, darüber hinaus die Entwicklung und Umsetzung eines explizit an den Patientenpräferenzen ausgerichteten Informationsangebotes zur KH-Qualität Projektcharakter aufweist, empfiehlt es sich, zunächst ein Marketingprojekt aufzusetzen und eine entsprechende Projektgruppe zu implementieren.[925]

Weiterhin ist ein stufenweises Vorgehen in Form eines Umsetzungskonzepts anzuraten. Dabei wäre zunächst eine Aufnahme des Iststandes mit dem Ziel der Analyse von bereits vorhandenen Qualitätsinformationen sowie bereits genutzten externen und internen Veröffentlichungsmedien notwendig (z.B. QM-bezogene Papierberichte und Handbücher, verteilte Qualitätsdaten auf diversen Webseiten des KH und im unternehmensweiten Intranet sowie Qualitätsinformationen in internen EDV-Systemen).

---

[924] Vgl. Schmidt-Kaehler (2004a), S. 39ff.

[925] Die Projektgruppe sollte interdisziplinär ausgerichtet sein und sich im Wesentlichen aus entscheidungsbefugten Vertretern aus dem KH-Marketing bzw. dem PR-Bereich, dem Qualitätsmanagement, dem Ärztlichen Dienst sowie dem Pflegedienst zusammensetzen.

Strukturqualität	Prozessqualität	Ergebnisqualität
Fachliche Qualifikation der Ärzte	Sauberkeit und Hygiene	Erfolgsrate
Schwerpunkte bzw. Spezialkompetenzen der Klinik	Zeitmanagement während der Behandlung	Qualitätsbewertung durch unabhängige Institutionen
Fachliche Qualifikation des Pflegepersonals	Wartezeit bis zur Aufnahme ins Krankenhaus	Anzahl und Art von Medizinischen Behandlungsfehlern
Ausstattung mit medizinisch-technischen Geräten		Komplikationsrate
Anzahl der bereits behandelten Patienten mit meiner Krankheit		Empfehlungsrate niedergelassener Ärzte
Anzahl bzw. Häufigkeit von Eingriffen bzw. Behandlungsverfahren		
Reputation und Qualifikation des Chefarztes		

Anmerkung: Reihenfolge nach Rang des BWS-Präferenzurteils

Tabelle 80: Wichtigste Qualitätsinformationen der Struktur-, Prozess- und Ergebnisqualität

In der nächsten Stufe ist als weitere Gestaltungsempfehlung für das KH sinnvoll, für die initiale bzw. erstmalige Qualitätsveröffentlichung eine Auswahl an relevanten Qualitätsinformationen vorzunehmen. Hierfür liefern die erhobenen Informationspräferenzen der Patienten den wichtigsten Erkenntnisbeitrag. Da die Bereitstellung der Qualitätsinformationen jedoch auch mit nicht unerheblichen Aufwendungen im Hinblick auf die Erhebung und / oder die Bereitstellung für das KH verbunden ist, empfiehlt sich eine systematische Betrachtung beider Kriterien z.B. mit Hilfe der Portfolio-Technik.[926] Abbildung 33 zeigt die exemplarische Anwendung dieser Methode am Beispiel eines KH der Maximalversorgung. Das weitere Vorgehen wird im Folgenden anhand dieses, aus unserer Sicht nicht untypischen Anwendungsfalls erörtert:

– Entsprechend der in unserer Untersuchung ermittelten Informationspräferenzen interessieren sich die Patienten am meisten für Aspekte der Strukturqualität. Die Top Drei sind dabei die fachliche Qualifikation der Ärzte, Schwerpunkte und Spezialkompetenzen der Klinik sowie die fachliche Qualifikation der Pflege. Obwohl diese Art von Informationen i.d.R. in jedem KH vorliegen und mehr oder minder schon in die obligatorische Qualitätsdarstellung integriert sind, werden diese Merkmale häufig kaum als explizite Qualitätsinformationen von den Mitarbeitern des KH wahrgenommen, sie werden oft als Selbstverständlichkeit angesehen, ohne besonders berichtenswert zu sein. Ihre Relevanz wird daher i.d.R. unterschätzt. Eine besonders hervorgehobene Darstellung dieser Qualitätsinformationen stellt jedoch nicht nur für die Patienten die höchste Priorität dar, es lohnt sich auch aus Aufwandsgesichtpunkten diese, oftmals im Qualitätsbericht bzw. innerhalb des umfänglichen Internetauftritts des KH geradezu „versteckten" Qualitätsinformationen zu Tage zu fördern. Im Detail sind in unserem Beispiel-KH jedoch hier bereits Niveauunterschiede, bezogen auf den Bereitstellungsaufwand, feststellbar. So ist es angezeigt, zur Qualifikation der Ärzte detailliertere Aspekte zur Ausbildung, zu gesammelten klinischen Erfahrungen, Zusatzausbildungen und aktuellen

[926] Unter dem Begriff Portfolio-Technik wird eine Vielzahl von Varianten subsummiert, deren Gemeinsamkeit in der systematischen Entscheidungsunterstützung in Bezug auf eine angestrebte Zielsetzung sowie die marktbezogene Ressourcenallokation besteht. Vgl. Homburg, Krohmer (2007), S. 540ff.

Weiterbildungen aufzuzeigen. Nahezu ganz vernachlässigt wurden aussagekräftige Informationen zur fachlichen Qualifikation der Pflege. Insbesondere vor dem Hintergrund der zunehmenden Spezialisierung im Pflegebereich wäre eine Informationspräsentation in ähnlicher Weise wie beim ärztlichen Dienst ratsam. Der Bereitstellungsaufwand dieser Qualitätsinformation liegt daher bereits etwas höher als die Darstellung der Qualifikation der Ärzte.

- Auch die weiteren von Patienten als wesentlich empfundenen Informationen der Strukturqualität wie die medizinisch-technischen Geräteausstattung, die Anzahl von bereits krankheitsrelevant behandelten Patienten sowie die Anzahl und Häufigkeit von Eingriffen bzw. Behandlungsverfahren und die Ausstattung des Krankenhauses liegen in unserem exemplarischen KH bereits vor, bedürfen hier lediglich einer patientenorientierten Aufbereitung und Vertiefung und verursachen insgesamt einen niedrigen Bereitstellungsaufwand. Insgesamt kann unserem Beispielkrankenhaus bereits an dieser Stelle empfohlen werden, die aufgeführten, mit hohen Informationspräferenzen der Patienten verbundenen Qualitätsinformationen, welche zugleich einen relativ niedrigen Erhebungs- und Bereitstellungsaufwand für das KH erfordern, als erste Realisierungsstufe des Informationsangebotes zur KH-Qualität festzulegen.
- Im Bereich der Prozessqualität würden die Patienten Informationen zur Darstellung von Sauberkeit und Hygiene, dem Zeitmanagement sowie den zu beachtenden Wartezeiten bis zur KH-Aufnahme überdurchschnittlich präferieren. Bezogen auf den Aufwand sind jedoch in unserem exemplarischen KH hierzu größere Anstrengungen notwendig, da diese Informationen zum größten Teil erst zusammengetragen und entsprechend aufbereitet werden müssten. Zum Zeitmanagement gehören beispielsweise Angaben zu morgendlichen Weckzeiten, der Häufigkeit und der Dauer der Arztkontakte, der Anzahl von Patienten pro Mitarbeiter sowie der Termintreue von Diagnose- und Behandlungsaktivitäten – Informationen, welche im ersten Schritt zunächst erhoben und systematisch aufbereitet werden müssen.
- Bei der Ergebnisqualität ergab unsere Untersuchung, dass die Patienten objektive Qualitätskriterien (wie die Erfolgsquote, Qualitätsbewertungen durch unabhängige Institutionen, medizinische Behandlungsfehler oder Komplikationsraten) insgesamt einen wesentlich höheren Nutzen beimessen als Merkmalen der subjektiven Ergebnisqualität (wie den Ergebnissen von Patientenzufriedenheits-Befragungen oder den Beurteilungen von Selbsthilfegruppen). Mit Blick auf den antizipierten Erhebungs- und Bereitstellungsaufwand im Beispiel-Portfolio sind große Abweichungen festzustellen. Während die Darstellung der Qualitätsbewertung z.B. einer erfolgreich absolvierten KTQ-Zertifizierung noch von mittlerem Aufwand sein dürfte und auch die Komplikationsraten zumindest der BQS-Leistungsbereiche prinzipiell bereits vorhanden sind und lediglich einer arbeitsintensiven Aufbereitung bedürfen, sieht das Bild, bezogen auf die Qualitätsinformationen zur Erfolgsrate, zu medizinischen Behandlungsfehlern sowie zur Empfehlungsrate Niedergelassener, ganz anders aus. Die Darstellung medizinischer Behandlungsfehler würde ein eingeführtes und funktionierendes Critical-Incident-Reporting-System sowie eine entsprechende unternehmensweite Fehlerkultur erforderlich machen.[927] Für die Ermittlung der Empfehlungsrate der Zuweiser sind die Entwicklung

[927] Vgl. Gurcke et al. 36ff.

eines entsprechenden Messinstruments sowie eine regelmäßige Erhebung notwendig. Von ebenso hohem Aufwand ist die Darstellung der Erfolgsrate. Da hierfür der Anteil der Patienten mit gutem Behandlungserfolg (z.B. anhand der Merkmale Heilung, Wiederherstellung der Leistungsfähigkeit, Schmerzreduktion bzw. Verbesserung des Zustandes) zu ermitteln ist, würde hier ebenfalls zunächst eine Festlegung der konkreten Indikatoren pro Krankheitsbild sowie eine entsprechende Messung erforderlich sein. Bezüglich der von den Patienten als sehr nützlich wahrgenommenen Qualitätsbewertung von unabhängigen Institutionen sei an dieser Stelle erwähnenswert, dass dieses momentane positive Image angesichts der eher negativen Diskussion bestehender Angebote, zum Beispiel der KTQ-Zertifizierung, in Fachkreisen[928] Anlass zu Anpassungsmaßnahmen geben sollte. Die offensichtlich hohe Wertunterstellung durch die Patienten muss mit dem inhaltlichen Wert bzw. der Aussagekraft der Zertifizierungsberichte übereinstimmen, um zukünftigen Enttäuschungen der Patienten vorzubeugen. Dies erfordert zwingend eine inhaltliche Überarbeitung bzw. Anpassung der bisherigen Bewertungsstandards unabhängiger Institutionen.

– Insgesamt kann in Form eines zweiten Umsetzungsschritts empfohlen werden, sukzessive weitere Qualitätsinformationen mit hohem bzw. mittlerem Nutzen für die Patienten und einem mittleren Erhebungs- bzw. Bereitstellungsaufwand für das KH in die Qualitätsdarstellung zu integrieren. In diesem Zusammenhang scheint es weiterhin überlegenswert, auch die Informationen, welche zwar von nachrangiger Bedeutung für die Patienten sind, jedoch nur geringe Aufwände erfordern, in das Informationsangebot aufzunehmen. Ebenso ist es ratsam, die von Patienten hoch präferierten Informationen zur Erfolgsrate, zu medizinischen Behandlungsfehlern sowie zur Empfehlungsrate Niedergelassener, welche mit einem hohen Aufwand verbunden sind, bereits in dieser frühen Phase in die Planungen für weitere perspektivische Ausbaustufen des Informationsangebotes aufzunehmen. Insbesondere im Hinblick auf ggf. ebenso im Entstehen befindliche Informationsangebote zur KH-Qualität von anderen Krankenhäusern gäbe es hier Möglichkeiten der positiven Abhebung vom Wettbewerb auch in der weiteren Zukunft, da die Bereitstellung dieser Art von Qualitätsinformationen vielfältige mittel- bis langfristige Planungs- und Umsetzungsprozesse voraussetzt und daher nicht so schnell „kopiert" werden kann.

Über die Neuentwicklung eines patientenorientierten Informationsangebotes zur KH-Qualität in Form eines erstmaligen Implementierungsprojekts hinaus ist eine kontinuierliche Pflege und Weiterentwicklung von entscheidender Bedeutung. Hierzu ist die patientenorientierte Qualitätsdarstellung als Element im internen Qualitätsmanagement fest zu verankern. Insbesondere der bereits bei der Zielsetzung genannte Aspekt des Qualitätsmanagements wird bei den eher als marketingrelevant angesehenen Aspekten der Qualitätspräsentation häufig vernachlässigt. Qualitätsmanagement und Marketing werden z.T. als getrennte Managementsysteme verstanden. Im Sinne des TQM als umfassendes Qualitätsmanagement[929] sollten zur umfassenden Abbildung der Informationsbedürfnisse der Patienten die in Tabelle 81 aufgeführten Qualitätsdimensionen genutzt werden.

[928] Vgl. auch Fußnote 344.

[929] Vgl. zum Thema umfassendes Qualitätsmanagement in stationären Einrichtungen exemplarisch Haeske-Seeberg (2008), S. 49ff.

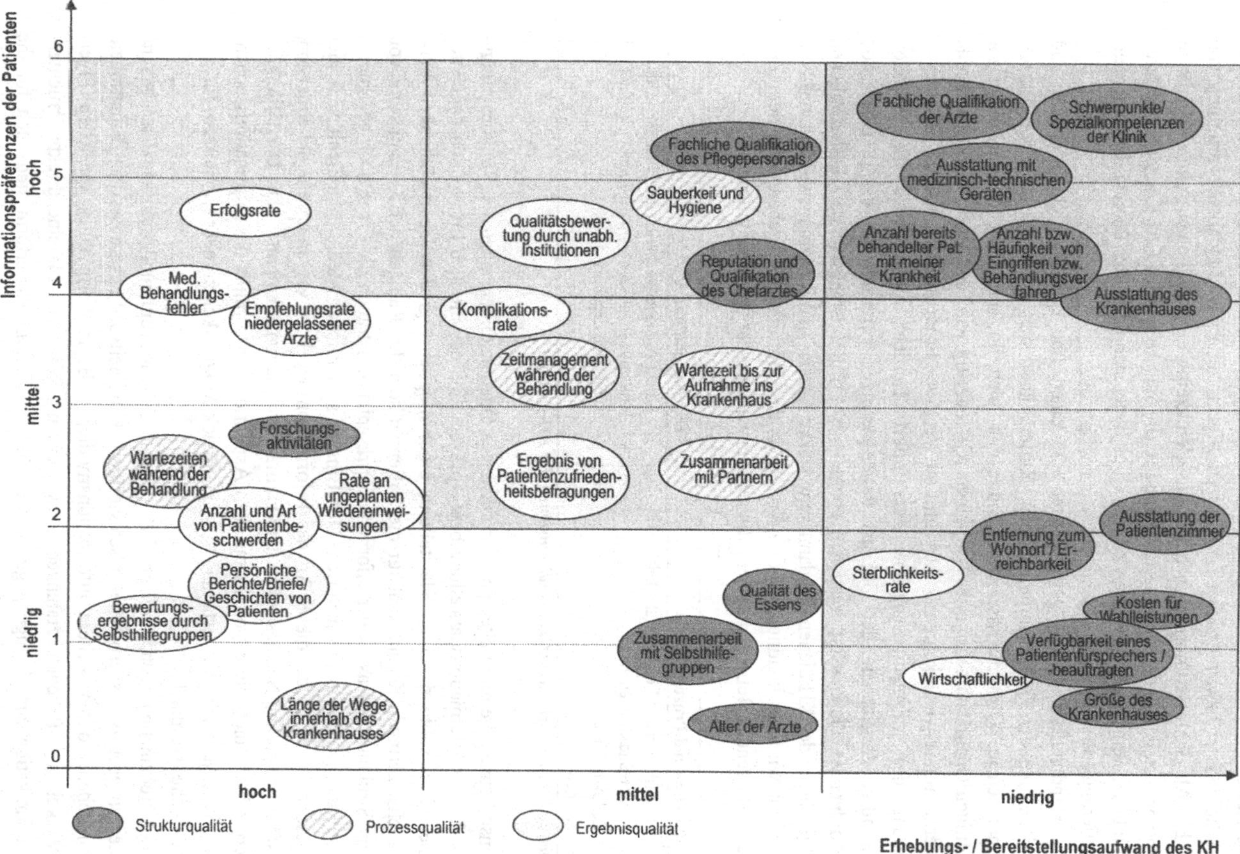

Abbildung 33: Anwendung der Portfolio-Technik am Beispiel eines KH der Maximalversorgung

Diese stellen für Patienten gebündelte Schlüsselinformationen zur Abbildung der Vielzahl wünschenswerter bzw. nützlicher Detailinformationen zur Ex-ante-Qualitätsbeurteilung von KH dar. Als Schlüsselinformation bilden sie gleichzeitig eine Ordnungsstruktur, welche in Form von Kategorien der Qualitätsdarstellung in die entsprechenden QM-Konzeptionen bzw. Handbücher aufgenommen werden können (hier bietet sich i.d.R. der Bereich der Patientenorientierung an).

Diese Handlungsempfehlung gewährleistet zum einen eine kontinuierliche Erhebung und Bereitstellung der Qualitätsinformationen. Zudem lässt sich die Festlegung von Einzelmaßnahmen je TQM-Prozessschritt im Sinne des „plan, do, act, check",[930] zugeordnet zur jeweiligen Qualitätsdimension, besser planen. Gleichzeitig wird der häufig zu beobachtende isolierte, immer wiederkehrende und damit aufwendige „Erhebungsaktionismus" zur Aktualisierung des Informationsangebotes verhindert. Darüber hinaus wird die essentiell notwendige Ausrichtung des QM am Patientennutzen gefördert, da die je Dimension zuzuordnenden Qualitätsinformationen ebenso als Erfüllungsmaßstab der diesbezüglichen Teilqualitäten des KH dienen und damit eine starke Anreiz- und Steuerungswirkung ausüben. Insgesamt wird die kontinuierliche Optimierung des Informationsangebotes mit dem Ziel einer umfassenden Befriedigung der Informationswünsche der Patienten unterstützt.

Struktur- und Prozessqualität	**Ergebnisqualität**
- Qualifikation und Leistungsfähigkeit - Service und Convenience - Zeitmanagement - Kooperation	- objektive Negativkriterien der Ergebnisqualität - objektive Positivkriterien der Ergebnisqualität - subjektive Ergebnisqualität

Tabelle 81: Präferenzbasierte Qualitätsdimensionen der KH-Qualität

Ebenso können die ermittelten präferenzbasierten Qualitätsdimensionen als Strukturierungshilfe für die Informationsdarstellung bzw. -präsentation des initialen Informationsangebotes dienen. Ziel sollte dabei die Herstellung einer möglichst großen Übersichtlichkeit bzw. möglichst geringen Komplexität für die Patienten sein. Im Rahmen der Konzipierung von Form, Struktur und Layout der Informationspräsentation ist auch die Frage nach geeigneten Darstellungsmedien zu beantworten. Der Einsatz schriftlicher Medien empfiehlt sich hier insbesondere, da es bei dieser Art des Informationsangebots vor allem auf die Präzision, Ausführlichkeit und Nachlesbarkeit der Qualitätsinformation ankommt.[931] Die Darstellung im Internet kombiniert diese Vorteile mit dem Aspekt der Anonymität des Informationssuchenden sowie je nach Ausgestaltung mit Feedback-Möglichkeiten oder Kontakten für ein persönliches Gespräch.[932]

Zur Unterstützung von direkten bzw. persönlichen Kommunikationskanälen, welche Patienten ebenso, insbesondere in schwierigen, krankheitsbedingt stressvollen Situationen, heranziehen, sollten weitere Informationsmedien, z.B. in Form eines speziellen Flyers entwickelt und Patientenberatungen, Zuweisern u.ä. als Basis für eine direkte Patientenkommunikation zur Verfügung gestellt werden. Medien in Papierform sind auch für die Patientengruppe der älteren Patienten, welche über kein Internet verfügen, nützlich. In

[930] Vgl. Gaag (2003), S. 12ff.
[931] Vgl. Bürger (2003), S. 331.
[932] Vgl. Brechtel (2004); Schmidt-Kaehler (2005), S. 472ff.

organisatorischer Hinsicht empfiehlt es sich bei der Entwicklung der geeigneten Darstellungsform des Informationsangebotes einen Patientenbeirat sowie (falls vorhanden) den Patientenbeauftragten des KH einzubeziehen.[933]
Die finale Publikation der Qualitätsdarstellung schließt den Entwicklungsprozess zur Schaffung eines patientenorientierten Informationsangebotes ab. Hier ist es nicht nur wichtig, alle Interessengruppe bezüglich des neuen Informationsangebotes in Kenntnis zu setzen.[934] Eine breit angelegte und intensive Pressearbeit sollte den besonderen Nutzen dieses innovativen Informationsangebotes in der öffentlichen Meinung verankern helfen und eine positive Imagegrundlage schaffen.
Als weitere Erkenntnis aus der Analyse der Informationspräferenzen zur KH-Qualität kann die identifizierte Patiententypologie genutzt werden. Je nach anvisierter Zielgruppe des Krankenhauses bzw. einzelner Kliniken ist hier die Bereitstellung von zielgruppenspezifischen Zusatzangeboten angezeigt. Informationsangebote für den ergebnisorientierten Patiententyp, der eher jünger, privat versichert, einer höheren sozialen Schicht angehört und insgesamt tendenziell weniger paternalistisch orientiert und kritischer ist, müssten schwerpunktmäßig Informationen zur Ergebnisqualität hinsichtlich objektiver und subjektiver Qualitätskriterien anbieten. Dieses Patientensegment ist aufgrund des größeren Anteils von Privatversicherten und der damit verbundenen Möglichkeit zusätzlicher klinischer Angebote, wie z.B. IGEL-Leistungen, besonders interessant für eine Klinik. Gleichzeitig ist das Patientensegment der Privatversicherten stark umworben. Im Wettbewerb um diese attraktive Zielgruppe könnte sich ein KH durch die Gestaltung eines speziell zugeschnittenen Informationsangebotes mit hohem Nutzen für diese Patientengruppe besonders profilieren.
Der leistungsorientierte Patiententypus interessiert sich mehr für serviceorientierte und klinische Merkmale der Struktur- sowie Prozessqualität und ist tendenziell von höherem Alter, einer niedrigeren Schicht zugeordnet, gesetzlich versichert und eher paternalistischen Entscheidungsmodellen zugeneigt. Kliniken mit Fokus auf diese Zielgruppe sollten diese Patientenpräferenzen ebenso im Rahmen einer zielgruppenbezogenen Gestaltung von Zusatzangeboten zu KH-Qualität berücksichtigen.
Als abschließende Handlungsempfehlung für das Management von KH ist der perspektivische Aufbau von Informationsangeboten der vergleichenden Qualitätsdarstellung, z.B. innerhalb der eigenen Unternehmenskette oder in Kooperation mit anderen KH, anzuraten.[935] Dies würde den Wert der dargestellten Qualitätsinformationen für die Patienten wesentlich erhöhen und gleichzeitig die Anreizwirkung für die Optimierung der Leistungsqualität aller beteiligter KH verstärken.

---

933 Neben den für Patienten wesentlichen bzw. als nützlich erachteten Inhalten sind bei der Gestaltung von Informationsangeboten auch Kriterien wie Niederschwelligkeit, Verständlichkeit, Aussagekraft und Glaubwürdigkeit wesentlich. Die Einbeziehung von Patienten in diese Gestaltungsphase hilft, teuren Fehlentwicklungen vorzubeugen.

934 Hier sind zum einen relevante Patientenberatungsstellen, Selbsthilfegruppen u.a. patientennahe Organisationen zu nennen, zum zweiten sind hier die Zuweiser u.a. Kooperationspartner des KH sowie die Krankenkassen und Krankenversicherungen wesentlich.

935 Als erste Initiativen können hier exemplarisch genannt werden: der Helios-Klinikführer, vgl. Mansky et al. (2006), S. 510ff. und Volk (2006), S. 1017, sowie der Hamburger bzw. der Hannover Krankenhausspiegel, vgl. Tergau (2008) bzw. Thiel (2008).

Ad c) Implikationen für die Patientenberatung

Die Implikationen der Untersuchungsergebnisse dieser Arbeit für die Patientenberatung zeigen erstens diverse Aspekte für institutionalisierte Beratungsstellen, inklusive ehrenamtlicher Patientenberatung, auf. Als Interessensvertreter der Patienten wird die Notwendigkeit der Schaffung von hinreichenden Informationsangeboten zur Verbesserung der Qualitätstransparenz von KH durch die hier vorliegenden Ergebnisse unterstrichen. Die Patientenberatung in ihrer Rolle als Ratgeber und Einflussgröße der Gesundheitspolitik ist auf der Grundlage der erhobenen Informationspräferenzen besser in der Lage, spezifische Empfehlungen zu formulieren. Ferner kann das Untersuchungsergebnis als Hilfsmittel bei der Beurteilung schon vorhandener Informationsangebote genutzt werden. Darüber hinaus bietet unsere Untersuchung Anhaltspunkte für die Patientenberatung zur Entwicklung eigenständiger Informationsangebote zur Leistungsqualität von KH in Form von regionalen bzw. überregionalen KH-Führern bzw. Lotsensystemen, als von Patienten besonders geschätzten neutralen Angeboten.
Für die nicht institutionalisierte Patientenberatung als Teil der Arzt-Patienten-Interaktion ergeben sich weitere Implikationen. Der zuweisende Arzt dient dem informationssuchenden Patienten als wichtige Informationsquelle bei der Beurteilung der KH-Qualität. Dabei spielt neben der generellen Relevanz der Thematik Leistungsqualität eines KH das zunehmende Partizipationsbedürfnis bei der KH-Wahl eine wichtige Rolle. Ebenso ist jedoch das ausgeprägte Sicherheitsbedürfnis als wesentliches Motiv der Patienten zu beachten. Diesem Bedürfnis sollte der zuweisende Arzt insbesondere auch dann nachgehen, wenn der Patient keine konkrete Neigung zur Entscheidungsbeteiligung signalisiert oder ggf. sogar die KH-Auswahl ganz dem Arzt überlässt.
Abschließend lässt sich feststellen, dass aussagekräftige Qualitätsinformationen insgesamt die Qualität im Gesundheitswesen nach innen und außen fördern, frei nach dem Leitspruch: *„Was man nicht messen kann, kann man nicht steuern."* Qualitätstransparenz stellt dabei das Bindeglied für die scheinbar widersprüchlichen Tendenzen im Gesundheitssystem, der von Lohmann treffend formulierten *„Industriellen Revolution der Medizin"*[936] sowie der angestrebten patientenzentrierten Versorgung, dar. Bei Schaffung der notwendigen gesundheitspolitischen Rahmenbedingungen wird ein Qualitätswettbewerb unter den Leistungsanbietern initiiert, in dem der mündige Patient aktiv als Steuerungsinstanz wirken kann. Damit wird die ursprüngliche, in unserer Gesellschaft fest verankerte Hauptintention des Gesundheitswesens gesichert: *„Ziel aller Anstrengungen muss es letztlich sein, den Bürgern eine qualitativ hochwertige und wirtschaftliche Versorgung mit den notwendigen Leistungen zu sichern. Qualitätstransparenz trägt dazu entscheidend bei, nicht zuletzt, weil sie den Bürgern das für das Gesundheitswesen nicht angemessene Verfahren von Versuch und Irrtum erspart."*[937]
Die hier vorliegende Arbeit soll als Beitrag in dieser Hinsicht verstanden werden sowie als Ansatzpunkt für weitere Untersuchungen in diesem noch jungen Forschungsgebiet dienen.

---

[936] Lohmann (2008).

[937] Dr. Brigitte Mohn, Mitglied des Vorstandes der Bertelsmann Stiftung. Vgl. Bertelsmann Stiftung (2007), S. 8.

Literaturverzeichnis

Abbott, S.; Meyer, J.; Bentley, J.; Lanceley, A. (2006): Patient Advice and Liaison Services: Strengthening the voices of individual service users in health-care organizations. In: Health Expectations, 9, 138-147.

Abt, K. (1987): Die Rolle der Medizinstatistik im Arzt-Patienten-Verhältnis. In: Jork, K.; Schüffel, W. (Hg.): Ärztliche Erkenntnis. Entscheidungsfindung mit Patienten. Berlin, 81-95.

Adler, J. (1996): Informationsökonomische Fundierung von Austauschprozessen. Eine nachfragerorientierte Analyse. Wiesbaden.

Ahlstich, K. (1999): Gesundheitspolitsiche Einstellungn, Gesundheitsverhalten und Wertewandel. Wiesbaden.

Akelof, G. A. (1970): The Market of "Lemons": Quality Uncertainty and the Market Mechanism. In: Quarterly Journal of Economics, 84, 488-500.

Aktionsbündnis Patientensicherheit (2008): Aus Fehlern lernen. Online verfügbar unter http://www.aktionsbuendnis-patientensicherheit.de/apsside/Aus_Fehlern_lernen_0.pdf, zuletzt geprüft am 27.01.2008.

Albach, H. (1993): Betriebswirtschaftslehre als Wissenschaft. Entwicklungstendenzen in der Betriebswirtschaftslehre. In: Zeitschrift für Betriebswirtschaft, 93, 3 (Ergänzungsheft), 7–26.

Allen, P.; Hommel, P. R. (2006): What are 'third way' governments learning? Health care consumers and quality in England and Germany. In: Health Policy, 76, 202-212.

Altenhöner, T.; Schmidt-Kaehler, S.; Schwenk, U.; Weber, J.; Schaeffer, D. (2007): Was wollen Patienten wissen? Strukturierte Qualitätsberichte noch immer nicht patientengerecht. In: Krankenhaus Umschau, 76, 2, 111-112.

Ament-Rambow, C. (2007): Der Boom der Zertifizierungen. In: Krankenhaus Umschau, 76, 2, 101-104.

Arrow, K. J. (1963): Uncertainty and the Welfare Economics of Medical Care. In: The American Economic Review, 53, 5, 941-973.

Arrow, K. J. (1991): The Economics of Agency. In: Pratt, J. W.; Zeckhauser, R. J. (Hg.): Principals and Agents. The Structure of Business. Bosten, 37-51.

Asche, T. (1990): Das Sicherheitsverhalten der Konsumenten. Heidelberg.

Assael, H. (1998): Consumer behavior and marketing action. 6. Aufl. Bosten.

Atkin, C. (1973): Instrumental Utilities and Information Seeking. In: Clarke, P. (Hg.): New Models for Mass Communication Research. Beverly Hills, Calif., 202-242.

Atkinson, R.; Shiffrin, I. (1968): Human Memory: A Proposed System and Its Control Processes. In: Spence, K.; Spence, J. (Hg.): The Psychology of Learning and Motivation: Advances in Research and Theory. New York, 89–195.

Auger, P.; Divinney, T. M.; Louviere, J. J. (2004): Consumer Social Beliefs. An International Investigation Using Best-Worst Scaling Methodology. Working paper. Unveröffentlichtes Manuskript, 2004,

Aust, B. (1994): Zufriedene Patienten? Eine kritische Diskussion von Zufriedenheitsuntersuchungen in der gesundheitlichen Versorgung. Veröffentlichungsreihe der Forschergruppe Gesundheitsrisiken und Präventionspolitik des Wirtschaftszentrums für Sozialforschung, Nr. P94-201. Berlin.

Backhaus, K.; Erichson B.; Plinke W.; Weiber, R. (2003): Multivariate Analysemethoden. Eine anwendungsorientierte Einführung. 10., neubearb. u. erw. Aufl. Berlin.

Badura, B. (2000a): Reform des Gesundheitswesens durch Aktivierung der Bürger, Versicherten und Patienten. Eine Einführung. In: BZgA - Bundeszentrale für gesundheitliche Aufklärung (Hg.): Bürgerbeteiligung im Gesundheitswesen. Eine länderübergreifende Herausforderung. Ideen, Ansätze und internationale Erfahrungen. Schriftenreihe der Hamburg-Mannheimer Stiftung für Informationsmedizin. Köln (10), 34-39.

Badura, B. (2000b): Rund um des Patienten Wohl - ein frommer Wunsch? In: Gesundheit und Gesellschaft, 9, 3, 30-35.

Badura, B.; Hart, D.; Schellschmidt, H. (1999): Zusammenfassende Einführung. In: Badura, B.; Hart, D.; Schellschmidt, H. (Hg.): Bürgerorientierung des Gesundheitswesens. Selbstbestimmung, Schutz, Beteiligung. Baden-Baden, 13-39.

Bagozzi, R. (1981): Evaluating Structural Equation Models with Unobvervable Variables and Measurement Errors: A Comment. In: Journal of Marketing Research, XVIII, 375-381.

Bagozzi, R. (1984): A Prospectus for Theory Constrution in Marketing. In: Journal of Marketing, 48, 11–29.

Bagozzi, R.; Baumgartner, H. (1994): The Evaluation of Structural Equation Models and Hypothesis Testing. In: Bagozzi, R. (Hg.): Principles of Marketing Research. Cambridge, 386-422.

Bagozzi, R.; Yi, Y. (1988): On the Evaluation of Structural Equation Models. In: Journal of the Academy of Marketing Science, 16, 1, 74-94.

Bahner, B. (2004): Das neue Werberecht für Ärzte. 2. Aufl. Berlin u.a.

Baier, D. Säuberlich F. (1997): Kundennutzenschätzung mittels individueller Hybrid-Conjointanalyse. In: Zeitschrift für betriebswirtschaftliche Forschung, 49, 11, 951-972.

Balderjahn, I. (1986): Das umweltbewusste Konsumentenverhalten. Berlin.

Bandura, A. (1976): Lernen am Modell. Stuttgart.

Bandura, A. (1977): Self-efficacy. Toward a unifying theory of behavorial change. In: Psychological Review, 84, 191-215.

Bandura, A. (1979): Sozial-kognitive Lerntheorie. Konzepte der Humanwissenschaften. Stuttgart.

Bandura, A. (1986): Social Foundation of thoughts and Action: A Social Kognitive Theory. New York.

Bandura, A. (1998): Self-Efficacy: The Exercise of Control. New York.

Bandura, A. (2001): Guide for Constructing Self-Efficacy Scales. Online verfügbar unter http://www.des.emory.edu/mfp/self-efficacy.html, zuletzt geprüft am 16.07.2008.

Barr, J. K.; Boni, C. E.; Kochurka, K. A.; Nolan, P.; Petrillo, M.; Sofaer, S.; Waters, W. (2002): Public reporting of hospital patient satisfaction: The Rhode Island experience. In: Health Care Financing Review, 23, 4, 51-70.

Bartels, C. (2006): Modernes Qualitätsmanagement in Mecklenburg-Vorpommern. Patientenorientierter Qualitätsbericht. In: Management & Krankenhaus, 9, 7.

Barth, D. (1999): Mediziner-Marketing. Vom Werbeverbot zur Patienteninformation. Eine rechtsvergleichende und interdisziplinäre Studie zur Kommunikation zwischen Patienten und Ärzten. Berlin u.a.

Bauer, H. H.; Sauer, N.; Merx, K. (2002): Der Einfluss von Kundenemanzipation auf die Kundenzufriedenheit und Markentreue. In: Die Betriebswirtschaft, 62, 6, 644-663.

Bauer, R. A. (1960): Consumer Behavior at Risk Taking. In: Hancock, R. (Hg.): Dynamic Marketing for a Changing World, Proceedings of the 43rd National Conference of the American Marketing Association. Chicago, 389-398.

Baumann, E. (2006): Auf der Suche nach der Zielgruppe - Das Informationsverhalten hinsichtlich Gesundheit und Krankheit als Grundlage erfolgreicher Gesundheitskommunikation. In: Böcken, J.; Braun, B.; Amhof, R.; Schnee, M. (Hg.): Gesundheitsmonitor 2006. Gütersloh, 117-153.

Baumgartner, H.; Steenkamp, J.-B. (2001): Response styles in marketing research. A cross-national investigation. In: Journal of Marketing Research, 38, 143-156.

Bayón, T. (1997): Neuere Mikroökonomie und Marketing: Eine wissenschaftstheoretisch geleitete Analyse. Wiesbaden.

BDPK - Bundesverband Deutscher Privatkrankenanstalten (2006): Ist der Qualitätsbericht im Krankenhaus zukunftsfähig? Eine Zwischenbilanz. In: f&w, 32, 1, 83-84.

Bearden, W. O.; Netemayer, R. G. (1999): Handbook of Marketing Scales: Muli-Item Measures of Marketing and Consumer Behavior Research. 2. Aufl. Thousand Oaks, CA u.a.

Beatty, S. E.; Kahle, L. R.; Homer, P. (1988): The involvement-commitment model: Theory and implications. In: Journal of business research, 16, 149-167.

Bech, M. (2003): Politicians' and hospital managers' trade-offs in the choice of reimbusement scheme. A discrete choice experiment. In: Health Policy, 66, 261-275.

Bech, M.; Gyrd-Hansen D.; Kjaer T.; Lauridsen, J.; Sörensen, J. (2007): Graded Pairs Comparison - Does Strength of Preference Matters? Analysis of Preferences for Specialised Nurse Home Visits for Pain Management. In: Health Economics, 16, 513-529.

Becker, M. H. (1974): The Health Belief Model and Personal Health Behavior. New Jerrsery.

Behrens, G. (1991): Konsumentenverhalten: Entwicklung, Abhängigkeiten, Möglichkeiten. 2. Aufl. Heidelberg.

Benske, M.; Schorn, K.; Walger, M.; Schlottman, N. (2005): Der Gemeinsame Bundesausschuss – aktuelle und künftige Bedeutung für den Krankenhaussektor. In: Das Krankenhaus, 97, 3, 167-173.

Bentler, P. M. (1985): Theory and Implementation of SEM: A Structural Equations Program. Los Angeles.

Bentler, P. M. (1990): Comparative Fit Index in Structural Models. In: Psychological Bulletin, 107, 283-246.

Bentler, P. M.; Bonett, D. G. (1980): Significance Test and Goodness of Fit in the Analysis of Covariance Structure. In: Psychological Bulletin, 88, 588-606.

Bentler, P. M.; Chou, C. P. (1987): Practical Issues in Structural Modelling. In: Sociological Methods and Research, 16, 78-117.

Berekoven, L. D.; Eckert, W.; Ellenrieder, P. (2001): Marktforschung: Methodische Grundlagen und praktische Anwendung. Wiesbaden.

Berndt, R. (1996): Marketing. 3. Aufl. Berlin u.a.

Bertelsmann Stiftung (2008): Weisse Liste. Online verfügbar unter www.weisse-liste.de, zuletzt geprüft am 03.06.2009.

Berthel, J. (1980): Informationsbedarf. In: Albers, W. (Hg.): Handwörterbuch der Wirtschaftswissenschaft. Stuttgart, New York, Thübingen, Göttingen, 872-885.

Bettman, J. R.; Park, C. W. (1980): Effects of prior knowledge and experience and phase of the choice process on consumer decision processes. In: Journal of Consumer Research, 7, 234-248.

Bevan, G. (2005): Qualitätsberichterstattung in England seit 1997. In: Klauber, J.; Robra, B.-P.; Schellschmidt, H. (Hg.): Krankenhaus-Report 2004. Stuttgart, New York, 95-110.

Beyer, T. (2006): Determinanten der Sportrezeption: Erklärungsmodell und kausalanalytische Validierung am Beispiel der Fußballbundesliga. Wiesbaden.

Bezdek, J. C. (1974): Numerical Taxonomy with Fuzzy Sets. In: Journal of Mathematical Biology, 1, 57-71.

Bleicker, U. (1983): Produktbeurteilung der Konsumenten: eine psychologische Theorie der Informationsverarbeitung. Würzburg, Wien.

Bloch, P. H.; Richins, M. L. (1983): A Theoretical Model for the Study of Product Importance Perceptions. In: Journal of Marketing, 47, 69-81.

Bloch, P. H.; Sherrell, D. L.; Ridgway, N. M. (1986): Consumer Search: An Extended Framework. In: Journal of Consumer Research, 13, 119-126.

Blomquist, A. (1991): The Doctor as Double Agent: Information Asymmetry, Health Insurance, and Medical Care. In: Journal of Health Economics, 10, 411-432.

Blumenstock, G.; Steuf, R.; Selbmann, H. K. (2005): Die Entwicklung des Qualitätsmanagements in deutschen Krankenhäusern zwischen 1998 und 2004. In: Gesundheitsökonomie und Qualitätsmanagement, 10, 3, 170-177.

BMGS - Bundesministerium für Gesundheit und Soziale Sicherung (1999): Charta der Patientenrechte. Online verfügbar unter http://www.igmr.uni-bremen.de/deutsch/projekte/ch.pdf, zuletzt geprüft am 22.10.2008.

BMGS - Bundesministerium für Gesundheit und Soziale Sicherung; BMJ - Bundesministerium für Justiz (2003): Charta der Patientenrechte. Online verfügbar unter http://www.patientenstelle.info/download/pat_recht.pdf, zuletzt geprüft am 22.10.2008.

Bode, J. (1997): Der Informationsbegriff in der Betriebswirtschaftslehre. In: Zeitschrift für betriebswirtschaftliche Forschung, 49, 5, 449-468.

Bollen, K. A. (1989): Structural Equations with Latent Variables. New York.

Bolton, V.; Brittain, M. (1994): Patient information provision: Its effect on patient anxiety and the role of health information services and libraries. In: Health Libraries Review, 11, 117-132.

Boomsma, A. (1983): On the Robustness of LISREL (Maximum Likelihood Estimation) against Small Sample Size and Non Normality. Haren.

Borgers, R.; Mullen P. D.; Meertens R.; Rijken, M.: Eussen, G.; Plagge, I.; Visser, A. P.; Blijham, G. H. (1993): The information seeking behaviour of cancer outpatients: A description of the situation. In: Patient Education and Counseling, 22, 35-46.

Bortz, J. (1993): Statistik für Sozialwissenschaftler. Berlin, Heidelberg, New York.

Bortz, J. (1999): Statistik für Sozialwissenschaftler. Berlin.

Bortz, J. (2006): Forschungsmethoden und Evaluation für Human- und Sozialwissenschaftler. 4. Aufl. Heidelberg.

Bortz, J.; Döring, N. (1995): Forschungsmethoden und Evaluation für Sozialwissenschaftler. 2. Aufl. Berlin u.a.

Bortz, J.; Lienert, G. A. (2008): Kurzgefasste Statistik für die klinische Forschung. Leitfaden für die verteilungsfreie Analyse kleiner Stichproben. 3. Aufl. Heidelberg.

Bortz, J.; Lienert, G. A.; Boehnke, K. (1990): Verteilungsfreie Methoden in der Biostatistik. Heidelberg.

Bössmann, E. (1992): Informationsökonomik. In: Woll, A. (Hg.): Wirtschaftslexikon. 6. Aufl. München, Wien, 334-336.

BQS - Bundesgeschäftsstelle für Qualitätssicherung (2008): BQS-Qualitätsreport. Online verfügbar unter www.bqs-online.de, zuletzt geprüft am 15.08.2008.

BQS - Bundesgeschäftsstelle für Qualitätssicherung (2009): BQS-Qualitätsreport. Kapitel 24. Knie-Totalendoprothesen-Erstimplantation. Online verfügbar unter http://www.bqs-qualitaetsreport.de/2007/ergebnisse/leistungsbereiche/knietotalerst/knie-erst.pdf/view, zuletzt geprüft am 19.04.2009.

Brand, P. R.; Cronin, J. J. (1997): Consumer-Specific Determinants of the Size of Retail Choice Sets. An Empirical Comparison of Physical Goods and Service Providers. In: Journal of Services Marketing, 11, 1, 19-38.

Brau, R.; Bruni M. L. (2008): Eliciting the demand for long-term care coverage. A discrete choice modelling analysis. In: Health Economics, 17, 3, 411-433.

Braukmann, W.; Filipp, S. H. (1984): Strategie und Techniken der Lebensbewältigung. In: Baumann, U.; Berbalk, H.; Seidenstücker, G. (Hg.): Klinische Psychologie. Trends in Forschung und Praxis. Bern, Bd. 6, 52-87.

Brechtel, T. (2004): Elektronische Gesundheitsinformationen, oder: Wofür nutzen Versicherte das Internet? In: Bertelsmann Stiftung (Hg.): Gesundheitsmonitor. Ein Newsletter der Bertelsmann Stiftung. Gütersloh, 2-5.

Brehm, J. W. (1972): Responses to Loss of Freedom: A Theory of Psychological Reactance. Morristown, N.J.

Brennan, P. F. (1998): Improving Health Care by Understanding Patient Preferences: The Role of Computer Technology. In: Journal of the American Medical Informatics Association, 5, 3, 257-262.

Brock, T. C. (1968): Implications of Commodity Theory for Value Change. In: Greenwald, A. G.; Brock, T. C.; Ostrom, T. M. (Hg.): Psychological Foundations of Attitudes. New York, 243–275.

Bronner, R. (1973): Entscheidung unter Zeitdruck. Tübingen.

Brown, A. D.; Pink, G. H.; Champagne, F. (2005): Erfahrungen der Qualitätsberichterstattung von Krankenhäusern in Kanada. In: Klauber, J.; Robra, B.-P.; Schellschmidt, H. (Hg.): Krankenhaus-Report 2004. Stuttgart, New York, 76-93.

Brown, H. (1977): Perception, Theory, and Commitment. The New Philosophy of Science. Chicago.

Brown, S. W.; Swartz, T. (1989): A Gap Analyses of Professional Service Quality. In: Journal of Marketing, 53, 92-98.

Browne, M. W.; Cudeck, R. (1993): Alternative Ways of Assessing Model Fit. In: Bollen, K. A.; Cudeck, R. (Hg.): Testing Structural Equation Models. Newbury Park, 136-162.

Bruce, H. (2005): The PAIN Hypothesis. In: Fisher, K. E.; Erdelez, S.; McKechnie, L. (Hg.): Theories of Information Behavior. Medford, New Jersey, 270-274.

Bruhn, M. (2006): Qualitätsmanagement für Dienstleistungen. Grundlagen, Konzepte, Methoden. 6., überarb. u. erw. Aufl. Berlin.

Bruhn, M. (2008): Qualitätsmanagement für Dienstleistungen. Grundlagen, Konzepte, Methoden. 7., überarb. u. erw. Aufl. Berlin.

Bruneau, C. (2006): Public disclosure of quality indicators: French context and perspectives. Online verfügbar unter http://www.isqua.org/isquaPages/Conferences/London/ Abstracts Slides/INDICATORS/3-1330Bruneau.pdf, zuletzt geprüft am 28.08.2008.

Bryan, S.; Buxton, M.; Sheldon, R.; Granz, A. (1998): Magnetic resonance imaging for the investigation of knee injuries. An investigation of preferences. In: Health Economics, 7, 595-603.

Buch, S. (2007): Strukturgleichungsmodelle - Ein einführender Überblick. ESCP-EAP Working Paper No. 29. London u.a.

Bühner, M. (2004): Einführung in die Test- und Fragebogenkonstruktion. München.

Bürger, C. (2003): Patientenorientierte Information und Kommunikation im Gesundheitswesen. Wiesbaden.

Büschken, J.; Thaden, C. von (2000): Clusteranalyse. In: Herrmann, A.; Homburg, Ch. (Hg.): Marktforschung: Methoden, Anwendungen, Praxisbeispiele. 2. Aufl. Wiesbaden, 336-380.

Cameron, P.; Corbett, K.; Duncan, C.; Hegyi, K.; Maxwell, H.; Burton, P. F. (1994): Information needs of hospital patients: A survey of satisfaction levels in a large city hospital. In: Journal of Documentation, 50, 10-23.

Carman, J. M. (1990): Some Findings on the Impact of Managers and Employees on Service Quality. In: Mühlbacher, H.; Jochum, C. (Hg.): Advanced Research in Marketing. Conference Proceedings. Innsbruck, Bd. 2, 1583-1586.

Carman, J. M. (2000): Patient perceptions of service quality. Combining the dimensions. In: Journal of Services Marketing, 14, 4, 337-352.

Carroll, J. D.; Arabie, P. (1983): INDCLUS: An Individual Differences Generalization of the ADCLUS Model and the MAPCLUS Algorithm. In: Psychometrika, 48, 157-169.

Carroll, J. D.; Green P. E. (1995): Psychometric Methods in Marketing Research. Part I, Conjoint Analysis. In: Journal of Marketing Research, 32, 4, 385-391.

Cassel, D. (2003): Wettbewerb in der Gesundheitsversorgung. Funktionsbedingungen, Wirkungsweise und Gestaltungsbedarf. In: Arnold, M.; Klauber, J.; Schellschmidt, H. (Hg.): Krankenhaus-Report 2002. Schwerpunkt: Krankenhaus im Wettbewerb. Stuttgart, 3-20.

Causey, R. (1979): Theory and Observation. In: Asquith, P.; Kyburg, H. (Hg.): Current Research in Philosophy. East Lansing, 187-2006.

Celsi, R. L.; Olson, J. C. (1988): The Role of Involvement in Attention and Comprehension Processes. In: Journal of Consumer Research, 15, 210-224.

Chalmers, A. F. (2001): Wege der Wissenschaft. Einführung in die Wissenschaftstheorie. Berlin.

Chew, F. (1994): The relationship of information needs to issue relevance and media use. In: Journalism Quarterly, 71, 676-688.

Chiu, T.; Fang, D.; Chen, J.; Wang, Y.; Jeris C. A. (2001): A Robust and Scalable Clustering Algorithm for Mixed Type Attributes in Large Database Environment. Proceedings of the seventh ACM SIGKDD international conference on knowledge discovery and data mining. San Francisco, CA.

Chrzan, K.; Golovashkina, N. (2006): An empirical test of six stated importance measures. In: International Journal of Research in Marketing, 48, 6, 717-740.

Churchill, G. A., JR. (1979): A Paradigm for Devoloping better Measures of Marketing Constructs. In: Journal of Marketing Research, 16, 64-73.

Churchill, G. A., JR.; Peter, P. J. (1984): Research Design Effects on the Reliability of Rating Scales. In: Journal of Marketing Research, 21, 360-375.

Coast, J.; Flynn, T.; Grewal, I.; Lewis, J.; Natarajan, L.; Sproston, K.; Peters, T. (2006): An Index of capability for older people in the UK. An empirical investigation. Paper for the HDCA Conference. Groningen.

Coast, J.; Salisbury, C.; Berker, D.; Noble, A., Horrocks, S., Peters, T. J.; Flynn, T. N. (2006): Preferences for aspects of a dermatology consultation. In: British Journal of Dermatology, 155, 387-392.

Cohen, S. H. (2003): Maximum Difference Scaling. Improved Measures of Importance and Preference for Segmentation. Sawtooth Software, research paper series. Online verfügbar unter http://www.sawtoothsoftware.com/download/techpap/maxdiff.pdf, zuletzt geprüft am 30.11.2007.

Cohen, S. H.; Markowitz, P. (2002): Renewing Market Segmentation. ESOMAR 2002 Congress Proceedings. Amsterdam, 595-612.

Conen, D. (1990): Effektivität, Qualität und Wirtschaftlichkeit. In: Leber, Magen, Darm, 1, 7-10.

Connell, C. M.; Crawford, C. O. (1988): How people obtain their health information: A survey in two Pennsylvania counties. In: Public Health Reports, 103, 189-195.

Conrad, H.-J.; Schrappe, M. (2004): Qualitätsdarlegung und Qualitätsmanagement als Teil der betrieblichen Steuerung. In: Das Krankenhaus, Ausgabe 1, 2004, 24-27.

CONSENSUS RESEARCH GROUP INC. (2006): Perceptions of Healthcare. A Survey of Patient Organizations' Concerns. Online verfügbar unter http://www.patientsorganizations.org/attach.pl/751/343/Patient%20Survey%20Report.pdf, zuletzt geprüft am 27.01.2009.

Corbineau-Hoffmann, A. (2004): Einführung in die Komperatistik. 2. Aufl. Berlin.

Coulter, A. (2004): What price choice? In: Health Expectations, 7, 185-186.

Coulter, A.; Jenkinson, C. (2005): European patients' views on the responsiveness of health systems and healthcare providers. In: European Journal of Puplic Health, 15, 4, 355-360.

Coulter, A.; Magee, H. (2003): The European patient of the future. Maidenhead.

Cox, D. F. (1967): Risk Taking and Information Handling in Consumer Behavior. Boston.

Cox, T.; Mackay, C. (1981): A transactional approach to occupational stress. In: Corlett, E. N.; Richardson, J. (Hg.): Stress, work design, and productivity. New York, 91-113.

Craig, C. S.; Douglas, S. P. (2000): International marketing research. New York.

Cruse, N. (2006): Qualitätsberichte - zweite Generation. In: Krankenhaus Umschau, 11, 1013-1016.

Cunningham, S. M. (1967): The Major Dimensions of Perceived Risk. In: Cox, D. F. (Hg.): Risk Taking and Information Handling in Consumer Behavior. Boston, 82-108.

Danner, G. (2004): Die Europäische Union am Scheideweg. Wohlfahrtsprojekt, Wettlaufgesellschaft und Wolkenkuckucksheim. Hamburg.

Darby, M.; Karni, W. (1973): Free Competition and the Optimal Amount of Fraud. In: Journal of Law and Economics, 14, 67-88.

Deber, R. B.; Kraetschmer, N.; Urowitz, S.; Sharpe, N. (2005): Patient, consumer, client, or customer: what do people want to be called? In: Health Expectations, 8, 345-351.

Deci, E. L.; Ryan, R. M. (2004): Handbook of Self-Determination Research. Rochester.

Decker, R.; Schlifter J. M.; Potthoff S. (2003): Die Conjoint-Analyse als Instrument zur Verbesserung des internen Leistungsangebots von Krankenhausabteilungen. In: Arzt und Krankenhaus, 76, 2, 39-47.

Dedler, K.; Gottschalk, I.; Grunert, K.; Hoffmann, A.; Heiderich, M.; Scherhorn, G. (1984): Das Informationsdefizit der Verbraucher. Frankfurt am Main, New York.

Deimel, K. (1989): Grundlagen des Involvement und Anwendung im Marketing. In: Marketing ZFP, 3, 153-161.

DeSarbo, W. S. (1982): GENNCLUS: New Model for Gerneral Nonhierarchical Clustering Analysis. In: Psychometrika, 47, 449-476.

DeSarbo, W. S.; Mahajan, V. (1984): Constraint Classification: The Use of A Priori Information in Cluster Analysis. In: Psychometrika, 49, 187-215.

Dierkes, S.; Lingenfelder, M. (2006): Wertmanagement im Krankenhaus. In: Betriebswirtschaftliche Forschung und Praxis, 58, 6, 541-556.

Dierks, M. L.; Schaeffer, D. (2005): Informationen über die Qualität der gesundheitlichen Versorgung - Erwartungen und Forderungen der Patienten. In: Klauber, J.; Robra, B.-P.; Schellschmidt, H. (Hg.): Krankenhaus-Report 2004. Stuttgart, New York, 135-162.

Dierks, M. L.; Siebeneick, S.; Röseler, S.; Schienkiewitz, A. (2001): Empowerment und die Einflussmöglichkeiten des Nutzers im Gesundheitswesen. In: Dierks, M. L.; Bitzer E. M.; Lerch, M.; Martin, S.; Röseler, S.; Schienkiewitz, S.; Schwarzt, F. W. (Hg.): Patientensouveränität. Der autonome Patient im Mittelpunkt. Arbeitsbericht der Akademie für Technikfolgenabschätzung in Baden Württemberg. Stuttgart, 58-88.

Dietrich, M. (2005): Qualität, Wirtschaflichkeit und Erfolg von Krankenhäusern. Wiesbaden.

Dietz, B. (2006): Patientenmündigkeit. Messung, Determinanten, Auswirkungen und Typology mündiger Patienten. Wiesbaden.

DIN - Deutsches Institut für Normung e.V. (1995): DIN EN ISO 8402. Qualitätsmanagement. Begriffe. Berlin.

Dlugosch, G. E. (1994): Modelle in der Gesundheitspsychologie. In: Schwenkmezger, P.; Schmidt, L. R. (Hg.): Lehrbuch der Gesundheitspsychologie. Stuttgart, 101-117.

Dobbelstein, T. (2007): Erreichbarkeit und schnelle Prozesse zeichnen gute Krankenhäuser aus. Ergebnisse einer repräsentativen Einweiseranalyse. In: f&w, 24, 1, 22-26.

Döbler, K.; Boy O.; Mohr V.-D. (2007): Qualitätsberichte der Krankenhäuser: Wie viel Prozess und Ergebnisqualität steckt drin? In: Gesundheitsökonomie und Qualitätsmanagement, 12, 25-34.

Dolinski, D. (1998): To control or not control. In: Kofta, G.; Weary, G.; Sedek, G. (Hg.): Personal control action: Cognitive and motivational mechanism. New York, 319–340.

Donabedian, A. (1980): The Definition of Quality and Approches to its Assessment. Michigan.

Donabedian, A. (1982): An Exploration of Structure, Process and Outcome as Aproches to Quality Assessment. In: Selbmann, H.-K.; Überladen, K. (Hg.): Quality Assessment of Medical Care. Beiträge zur Gesundheitsökonomie. Gerlingen, Bd. 15, 69-92.

Donabedian, A. (2003): An Introduction to Quality Assurance in Health Care. Oxford, New York.

Donohew, L.; Tipton, L. (1973): A Conceptual Model of Information Seeking, Avoiding and Processing. In: Clarke, P. (Hg.): New Models for Mass Communication Research. Beverly Hills, Calif., 243-268.

Douglas, C. H.; Douglas, M. R. (2004): Patient-friendly hospital environments: Exploring the patients' perspective. In: Health Expectations, 7, 61-73.

Douglas, C. H.; Douglas, M. R. (2005): Patient-centred improvements in health-care built environments: perspectives and design indicators. In: Health Expectations, 8, 264-276.

Dowling, G. R.; Strealin, R. (1994): A Model of Perceived Risk and Intended Risk-Handling Activity. In: Journal of Consumer Research, 21, 1, 119-134.

Dunn, J. C. (1974): A Fuzzy Relative of the ISODATA Process and Its Use in Detecting Compact Well Separated Clusters. In: Journal of Cybernetics, 3, 32-57.

Easton, G. (1993): Methodology and Industrial Networks. Arbeitspapier, Management School, University of Lancaster. Lancaster.

Ebner, H.; Köck, C. M. (1996): Qualität als Wettbewerbsfaktor für Gesundheitsorganisationen. In: Heimerl-Wagner, P. (Hg.): Management in Gesundheitsorganisationen: Strategien, Qualität, Wandel. Wien.

Eddy, D. M. (1998): Performance measurement. Problems and solution. In: Health Affairs, 17, 4, 7-25.

Edgman-Levitan, S.; Cleary P. D. (1996): What information do consumers want and need? In: Health Affairs, 15, 4, 42.

Eggert, A. (1999): Kundenbindung aus Kundensicht - Konzeptualisierung, Operationalisierung, Verhaltenswirksamkeit. Wiesbaden.

Elschen, R. (1991): Gegenstand und Anwendungsmöglichkeiten der Agency Theorie. In: Schmalenbachs Zeitschrift für betriebswirtschaftliche Forschung, 43, 1002-1012.

Elste, F. (2004): Marketing und Werbung in der Medizin. Wien, New York.

Engel, J.; Blackwell, R.; Miniard, P. (1990): Consumer behavior. 6. Aufl. Chicago.

Engel, J.; Blackwell, R.; Miniard, P. (1993): Consumer Behavior. 7. Aufl. Fort Worth.

Ernst, H. (2001): Erfolgsfaktoren neuer Produkte - Grundlagen für eine valide empirische Forschung. Wiesbaden.

Evens, R. (1984): Strained Mercy. The Economics of Canadian Health Care. Toronto.

Faber, K. (2002): Zur Vereinbarkeit von Qualität und Wirtschaftlichkeit im Akutkrankenhaus. Eine ordnungstheoretische und ökonomische Analyse. Bayreuth.

Faltermeier, T. (1994): Gesundheitsbewusstsein und Gesundheitshandeln. Weinheim.

Fargel, M. (1991): Tendenzen im Gesundheitsmarkt. In: Szallies, R.; Wiswede, G. (Hg.): Wertewandel und Konsum. Fakten, Perspektiven und Szenarien für Markt und Marketing. 2. Aufl. Landsberg, 11-40.

Federsel-Lieb, C. (1992): Kommunikationspolitik im Seniorenmarkt. Beiträge zur Unternehmensführung, Bd. 6. Bayreuth.

Feick, L. F.; Herrmann R. O.; Warland R. H. (1986): Search for nutrition information: A probit analysis of the use of different information sources. In: Journal of Consumer Affairs, 20, 173-192.

Feldmann, H. (1999): Ordnungstheoretische Aspekte der Institutionenökonomik. Berlin.

Festinger, L. (1957): A Theory of Cognitive Dissonance. Stanford, California.

Filipp, S.–H. (1981): Kritische Lebensereignisse. München.

Filipp, S.–H. (1995): Kritische Lebensereignisse. 3. Aufl. Weinheim.

Finn, A.; Kayandé, U. (1997): Reliability Assessment and Optimization of Marketing Measurement. In: Journal of Marketing Research, 34, 262-275.

Finn, A.; Louviere, J. J. (1992): Determining the appropriate response to evidence of public concern. The case of food safety. In: Journal of Public Policy & Marketing, 11 (1), 12-25.

Fischer, M.; Hüser, A.; Mühlenkamp, C.; Schade, Ch.; Schott, E. (1993): Marketing und neue ökonomische Theorie: Ansätze zu einer Systematisierung. In: Betriebswirtschaftliche Forschung und Praxis, 45, 444-470.

Flasbarth, R.; Francke, R. (2005): Rechtliche Aspekte der Qualitätstransparenz im akutstationären Bereich – Möglichkeiten zur Schaffung von Instrumenten für mehr Information und Wissen. In: Klauber, J.; Robra, B.-P.; Schellschmidt, H. (Hg.): Krankenhaus-Report 2004. Stuttgart, New York, 133-152.

Flieger, K. (2006): Der Qualitätsbericht ist verbesserungsfähig. In: f&w, 23, 1, 61-62.

Flynn, T. N.; Louviere, J. J.; Peters, T. J.; Coast, J. (2007): Best–worst scaling. What it can do for health care research and how to do it. In: Journal of Health Economics, 26, 171-189.

Fokus (1998): Die Grosse Klinikliste. Klinik-Listen, Teil 1: 90 Krankenhäuser in Bayern und Hessen, Teil 2: Aufholjagt im Osten, Teil 3: Was die Krankenhäuser in Nordrhein-Westfalen leisten, Teil 4: Was Krankenhäuser in Norddeutschland leisten, Teil 5: Was Kranke in der Klink lernen. In: Fokus, Ausgabe 42, 43, 44, 45, 46, 1998, 189-201, 209-219, 119-229, 210-219, 218-227.

Folkman, S.; Lazarus, R. S. (1980): An Analysis of Coping in a Middle-Aged Community Sample. In: Journal of Health and Social Behavior, 21, 219-239.

Fornell, C.; Larcker, D. (1981): Evaluating Equation Models with Unobservable Variables and Measurement Errors. In: Journal of Marketing Research, 18, 1, 39-50.

Fraenkel, L.; Bodardus S.; Wittink D. R. (2001): Understanding Patient Preferences for the Treatment of Lupus Nephritis with Adaptive Conjoint Analysis. In: Medical Care, 39, 11, 1203-1216.

Fraenkel, L. Gulanski B. Wittink D. (2006): Patient Treatment Preferences for Osteoporosis. In: Arthritis & Rheumatism, 15, 55(5), 729-735.

Francke, R. (1999): Charta der Patientenrechte. Rechtsgutachten zur Vorbereitung der Patientenrechte. Baden-Baden.

Freimuth, B. J.; Stein, J. A.; Kean, T. J. (1989): Searching for health information: The Cancer Information Service Model. Philadelphia.

Freter, H.; Glasmacher, C. (1996): Messung der Patientenzufriedenheit im Krankenhaus. In: f&w, 13, 5, 436-441.

Frey, D.; Jonas, E. (2001): Die Theorie der kognizierten Kontrolle. In: Frey, D.; Irle, M. (Hg.): Theorien der Sozialpsychologie. Bern u.a., 13–50.

Friedmann, M. L.; Smith, L. J. (1993): Consumer Evaluation Processes in a Service Setting. In: Journal of Services Marketing, 7, 2, 47-61.

Fritz, W. (1995): Marketingmanagement und Unternehmenserfolg. 2. Aufl. Stuttgart.

Fritz, W.; Thiess, M. (1986): Informationsverhalten des Konsumenten und unternehmerisches Marketing. Arbeitspapier 39. Mannheim.

Fryar, C. R. (1991): What's Different About Services Marketing. In: Journal of Services Marketing, 5, 4, 53-58.

Fulda, P. O.; Kwasik, H.; Isché J., P. (2004): Consumer health information provided by library and hospital Websites in the South Central Region. In: Journal of the Medical Library Association, 92, 3, 372-377.

Fung, C. H.; Elliott, M. N.; Hays, R. D.; Kahn, K. L.; Kanouse, D. E.; McGlynn, E. A.; Spranca, M. D.; Shekelle, P. G. (2005): Patients' Preferences for Technical versus Interpersonal Quality When Selecting a Primary Care Physician. In: Health Services Research, 40, 4, 957-977.

Gaag, S. (2003): Qualitätsmanagement im Krankenhaus. Die Darstellung und Einordnung des speziell für Krankenhäuser entwickelten Zertifizierungsverfahrens "KTQ" in die Total Quality Manangement Diskussion im Vergleich mit dem europäischen Qualitätsmodell der EFQM für Excellence. Konstanz.

Gaber, E.; Hundertmark-Mayser J. (2005): Gesundheitsbezogene Selbsthilfegruppen – Beteiligung und Informiertheit in Deutschland. In: Gesundheitswesen, 67, 620-629.

Gaede, K. (2006): Zertifikate. Verblassende Mythen. In: kma, 6, 56-58.

Gaede, K. (2008): Qualitätsberichte. Mehr Indikatoren bitte? In: kma, 2, 52-60.

Garvin, D. A. (1994): What does "Product Quality" really mean? In: Management Review, 26, 1, 25-43.

G-BA - Gemeinsamer Bundesausschuss (2007): Bekanntmachung eines Beschlusses des Gemeinsamen Bundesausschusses über eine Änderung der Vereinbarung gemäß § 137 Abs. 1 Satz 3 Nr. 6 des Fünften Buches Sozialgesetzbuch (SGB V) über Inhalt und Umfang eines strukturierten Qualitätsberichts für nach § 108 SGB V zugelassene Krankenhäuser. Siegburg.

G-BA - Gemeinsamer Bundesausschuss (2008): Homepage des G-BA. Online verfügbar unter www.g-ba.de, zuletzt geprüft am 22.10.2008.

G-BA – Gemeinsamer Bundesausschuss (2009): Die Teile des Qualitätsberichts. Online verfügbar unter http://www.g-ba.de/informationen/patienteninformationen/qualitaetsberichte-lesen/4/, zuletzt geprüft am 19.04.2009.

GBE - Gesundheitsberichtserstattung des Bundes (2006): Bei den Ärztekammern registrierte Ärztinnen und Ärzte mit Gebiets- und Facharztbezeichnung. Online verfügbar unter www.gbe-bund.de, zuletzt geprüft am 27.02.2009.

GBE - Gesundheitsberichtserstattung des Bundes (2007): Mitglieder und mitversicherte Familienangehörige der gesetzlichen Krankenversicherung am 1.7. eines Jahres. Online verfügbar unter www.gbe-bund.de, zuletzt geprüft am 12.09.2008.

Gehrke, J. Nolting H.-D. Rechter B. Sekkal M. (2003): Welche Informationen erwarten Patienten und Versicherte von medizinischen Informationsdiensten? In: Gesundheitswesen, 65, 548-554.

Gemünden, H. G. (1984): Wahrgenommenes Risiko und Informationsnachfrage: Eine systematische Bestandsaufnahme der empirischen Befunde. In: Marketing ZFP, 7, 1, 27-38.

Geraedts, M. (2007): Qualitätsberichte deutscher Krankenhäuser und Qualitätsvergleiche von Einrichtungen des Gesundheitswesens aus Versichertensicht. Online verfügbar unter http://www.weisse-liste.de/xcms-bst-dms-20030-20031-2.download.b22b9089d33952cac1834cf670aae253.pdf, zuletzt geprüft am 27.01.2009.

Geraedts, M.; Schwartze, D. (2005): Brauchbarkeit von Indikatoren vergleichender Qualitätsberichtserstattung aus Patientensicht. Online verfügbar unter www.uni-duesseldorf.de/publichealth/qberichtqi.pdf, zuletzt geprüft am 22.07.2008.

Gerbig, D. W.; Anderson, J. C. (1988): An Updated Paradigm for Scale Development Incorporating Unidimensionality and Its Assessment. In: Journal of Marketing Research, 25, 186-192.

Gibson, W. A. (1959): Three Multivariate Models: Factor Analysis, Latent Structure Analysis, and Latent Profile Analysis. In: Psychometrika, 24, 229-252.

Gierl, H.; Plantsch, M. (2007): Sind knappe Produkte attraktiver? Der Stand der bisherigen Forschung. In: Marketing ZFP, 29, 2, 119–140.

GKV - Die gesetzlichen Krankenkassen (2008): Der strukturierte Qualitätsbericht. Online verfügbar unter www.g-qb.de, zuletzt geprüft am 22.07.2008.

Goossens, C. F. (1993): Verbeelding van vakanties: Een studie naar effecten van emotionele informatie. Tilburg (NL).

Gordon, A. D. (1996): Hierarchical Classifikation. In: Arabie, P.; Lawrence, J. H.; Soete, G. de (Hg.): Clustering and Classifikation. River Edge, 65-121.

Grande, G.; Romppel, M. (2005): Qualitätskonzepte von Patienten am Beispiel der kardiologischen und orthopädischen Rehabilitation. Bielefeld.

Green, P. E. (1974): On the Design of Choice Experiments Involving Multifactor Alternatives. In: Journal of Consumer Research, 1, 2, 61-68.

Green, P. E. (1984): Hybrid Models for Conjoint Analysis. An Expository Review. In: Journal of Marketing Research, 21, 155-169.

Green, P. E.; Srinivasan, V. (1978): Conjoint analysis in consumer research. Issues and outlooks. In: Journal of Consumer Research, 3, 103-123.

Greiling, M.; Borchers, M. (2004): Wo sind die Schwachpunkte? Die Umsetzung von Qualität im Krankenhaus – Ergebnisse einer Erhebung. In: Krankenhaus Umschau, 5, 384-389.

Groene, O. (2006): Vorschläge der WHO zur umfassenden Leistungsbewertung von Krankenhäusern. In: Gesundheitsökonomie und Qualitätsmanagement, 11, 226-233.

Grover, R.; Srinivasan, V. (1989): An Approach for Tracking Within-Segment Shifts in Market Shares. In: Journal of Marketing Research, 26, 230-236.

Grün, O. (1973): Das Lernverhalten in Entscheidungsprozessen der Unternehmung. Tübingen.

Güthoff, J. (1995): Qualität komplexer Dienstleistungen. Konzeption und empirische Analyse der Wahrnehmungsdimensionen. Wiesbaden.

Gurcke, I.; Falke, J.; Mildenberger, D. (2006): Klinisches Risikomanagement als unverzichtbarer Bestandteil der Planung, Organisation und Umsetzung von Qualitätsmanagement. In: Hellmann, W. (Hg.): Strategie Risikomanagement. Konzepte für das Krankenhaus und die integrierte Versorgung. Stuttgart, 19–50.

Gyrd-Hansen, D. (2003): Willingness to pay for a QALY. In: Health Economics, 12, 1049-1060.

Gyrd-Hansen, D.; Sogaard, J. (2001): Analysing public preferences for cancer screening programmes. In: Health Economics, 10, 617-634.

Haeske-Seeberg, H. (2008): Handbuch Qualitätsmanagement im Krankenhaus. Strategien - Analysen - Konzepte. 2. Aufl. Stuttgart.

Hagenaars, J. A.; McCutcheon, A. L. (Hg.) (2002): Applied Lantent Class Analysis. Cambridge.

Hair, J. F.; Anderson R. E.; Tatham R. L.; Black, W.C. (1995): Multivariate Data Analysis. 4. Aufl. Englewood Cliffs.

Haisch, J.; Weitkunat, R.; Wildner, M. (Hg.) (1999): Wörterbuch Public Health. Bern.

Hajen, L.; Paetow, H.; Schuhmacher, H. (2004): Gesundheitsökonomie. Strukturen, Methoden, Praxisbeispiele. 2. Aufl. Stuttgart.

Hall, J.; Kenny, P.; King, M.; Louviere, J.; Viney, R.; Yeoh, A. (2002): Using stated preference discrete choise modelling to evaluate the introduction of varicella vaccination. In: Health Economics, 11, 457-465.

Hammann, P.; Erichson, B. (1994): Marktforschung. 3. Aufl. Stuttgart.

Hanson, K.; McPake, B.; Nakamba, P.; Archard, L. (2005): Preferences for hospital quality in Zambia. Results from a discrete choice experiment. In: Health Economics, 14, 687-701.

Harder, B. (2005): Der große IGeL-Check. Wann medizinische Zusatzleistungen sinnvoll sind und was sie kosten. 2. Aufl. München.

Harris, J. (1992): You can't ask if you don't know what to ask: A survey of the information needs and resources of hospital outpatients. In: New Zealand Medical Journal, 105, 199-202.

Harris, R. (1998): Introduction to Decision Making. Online verfügbar unter http://www.virtualsalt.com/crebook5.htm, zuletzt geprüft am 07.08.2008.

Haseborg, F. ter; Zastrau, R. (2005): Qualität, Markenbildung und Krankenhauswahlentscheidung - Implikationen der neuen Qualitätstransparenz für das Krankenhaus-Marketing. In: Klauber, J.; Robra, B.-P.; Schellschmidt, H. (Hg.): Krankenhaus-Report 2004. Stuttgart, New York, 151-162.

Haubl, R.; Molt, W.; Weidenfekker, G.; Wimmer, P. (1986): Struktur und Dynamik der Person. Einführung in die Persönlichkeitspsychologie. Opladen.

Hauser, J. R. (1978): Testing the Accuracy, Usefulness, and Significance of Probabilistic Choice Models: An Information-Theoretic Approach. In: Operations Research, 26, 3, 406-421.

Havitz, M. E.; Dimanche, F.; Howard, D. R. (1993): A Two-Sample Comparison of the Personal Involvement Inventory (PII) and Involvement Profile (IP) Scale Using Selected Recreation Activities. In: Journal of Applied Recreation Research, 17, 4, 331-364.

Hax, H. (1991): Theorien der Unternehmung - Information, Anreize und Vertragsgestaltung. In: Ordelheide, D.; Rudolph, B.; Büsselmann, E. (Hg.): Betriebswirtschaftslehre und ökonomische Theorie. Stuttgart, 51-72.

Hay, Ch. (1987): Die Verarbeitung von Preisinformationen durch Konsumenten. Heidelberg.

Hays, R. D.; Larson C. O.; Nelson E. C.; Batalden, P. B. (1991): Hospital Quality Trends. A short-form patient-based measure. In: Medical Care, 29, 7, 661-668.

Hefner, M.; Fritz, W. (1980): Der alte Mensch und seine Informationsprobleme als Konsument rezeptfreier Medikamente. Göttingen.

Heidebrink, M. (2006): Reliabilität und Validität von Verfahren der Präferenzmessung. Ein meta-analytischer Vergleich verschiedener Verfahren der Conjoint-Analyse. Münster.

Heidel, B. (2008): Lexikon Konsumentenverhalten und Marktforschung. 1. Aufl. Frankfurt am Main.

Heimerl-Wagner, P.; Köck, C. (1996): Management in Gesundheitsorganisationen: Strategien, Qualität, Wandel. Wien.

Heinrich, L. J. (2001): Wirtschaftsinformatik - Einführung und Grundlegung. 2. Aufl. München, Wien.

Heinrich, L. J.; Roithmayr, F. (1989): Wirtschaftsinformatik-Lexikon. München, Wien.

Heissel, A. (2002): Konsumentensouveränität als Leitbild im deutschen Gesundheitswesen. Eine evolutorische Analyse. Bayreuth.

Heller, G. (2005): Gibt es einen Zusammenhang zwischen Menge und Ergebnis bei operativen Routineeingriffen in Deutschland? In: Klauber, J.; Robra, B.-P.; Schellschmidt, H. (Hg.): Krankenhaus-Report 2004. Stuttgart, New York, 213-232.

Henefer, J.; Fulton, C. (2005): Krekelas's Model of Information Seeking. In: Fisher, K. E.; Erdelez, S.; McKechnie, L. (Hg.): Theories of Information Behavior. Medford, New Jersey, 225-229.

Hennig-Thurau, T. (1998): Konsum-Kompetenz. Eine neue Zielgröße für das Management von Geschäftsbeziehungen. Theoretische Begründung und empirische Überprüfung der Relevanz für das Konsumgütermarketing. Frankfurt am Main.

Hentschel, B. (1991): Beziehungsmarketing. In: Das Wirtschaftsstudium, 20, 1, 25-28.

Hentschel, B. (2000): Multiattributive Messung von Dienstleistungsqualität. In: Bruhn, M.; Stauss, B. (Hg.): Dienstleistungsmarketing. 3. Aufl. Wiesbaden, 290-320.

Hermelbracht, A. (2006): Nutzenmessung bei Informationsdienstleistungen. Optimierung der Serviceangebote von Universitätsbibliotheken mithilfe der Adaptiven und Choice-Based Conjoint-Analyse. Saarbrücken.

Herrmann, A.; Huber, F. (2001): Nutzen. In: Diller, H. (Hg.): Vahlens Großes Marketing Lexikon. 2. Aufl. München, 1201–1203.

Herrmann, A.; Landwehr, J. R. (2008): Varianzanalyse. In: Herrmann, A.; Homburg, Ch.; Klarmann, M. (Hg.): Handbuch Marktforschung. Methoden, Anwendungen, Praxisbeispiele /. 3., vollst. überarb. und erw. Aufl. Wiesbaden, 578-606.

Heuer, C. (2005): Marketing. Der verspielte Wettbewerbsvorteil. In: kma, 10, 44-47.

Hibbard, J. (1998): Use of outcome data by purchasers and consumers: New strategies and new dilemmas. In: International Journal for Quality in Health Care, 6, Volume 10, 503-508.

Hibbard, J. H.; Peters, E. (2003): Supporting informed consumer health care decisions: Data Presentation Approaches that Facilitate the Use of Information in Choice. In: Annual Review of Public Health, 24, 413-433.

Higie, R. A.; Feick, L. F. (1989): Enduring Involvement: Conceptual and Measurement Issues. In: Advances in Consumer Research, 16, 690-696.

Hildebrand, R. (2005): Qualitätsberichtserstattung in Deutschland heute. In: Klauber, J.; Robra, B.-P.; Schellschmidt, H. (Hg.): Krankenhaus-Report 2004. Stuttgart, New York, 27-47.

Hildebrandt, L. (1983): Konfirmatorische Analysen von Modellen des Konsumentenverhaltens. Berlin.

Hirshleifer, J. (1973): Where Are We in the Theory of Information? In: The American Economic Review, 63, 2, 31-39.

Hofstede, G. (1980): Culture's consequences: International differences in work-related values. Beverly Hills, CA.

Hofstede, G. (1991): Cultures and organizations: Software of the mind. Intercultural cooperation and its importance for survival. London.

Homburg, Ch. (1989): Exploratorische Ansätze der Kausalanalyse als Instrument der Marketingplanung. Karsruhe, Frankfurt, Bern.

Homburg, Ch. (1992): Die Kausalanalyse - Eine Einführung. In: Wirtschaftswissenschaftliches Studium, 21, 10, 499-508, 541-544.

Homburg, Ch. (2000): Kundennähe von Industriegüterunternehmen. Konzeption - Erfolgsauswirkungen - Determinanten. 3., aktualisierte Aufl. Wiesbaden.

Homburg, Ch.; Baumgartner, H. (1995): Die Beurteilung von Kausalmodellen: Bestandsaufnahme und Anwendungsempfehlungen. In: Marketing ZFP, 18, 1, 162-176.

Homburg, Ch.; Giering, A. (1996): Konzeptualisierung und Operationalisierung komplexer Konstrukte. In: Marketing ZFP, 18, 1, 5-24.

Homburg, Ch.; Klarmann, M.; Pflesser, Ch. (2008): Konfirmatorische Faktorenanalyse. In: Herrmann, A.; Homburg, Ch.; Klarmann, M. (Hg.): Handbuch Marktforschung. Methoden, Anwendungen, Praxisbeispiele. 3., vollst. überarb. und erw. Aufl. Wiesbaden, 271-303.

Homburg, Ch.; Krohmer, H. (2003): Marketingmanagement: Strategien, Instrumente, Umsetzung und Unternehmensführung. Wiesbaden.

Homburg, Ch.; Krohmer, H. (2007): Marketingmanagement. Strategien, Instrumente, Umsetzung, Unternehmensführung. 2. Aufl. Wiesbaden.

Homburg, Ch.; Krohmer, H. (2008): Der Prozess der Marktforschung: Festlegung der Datenerhebungsmethode, Stichprobenbildung und Fragebogengestaltung. In: Herrmann, A.; Homburg, Ch.; Klarmann, M. (Hg.): Handbuch Marktforschung. Methoden, Anwendungen, Praxisbeispiele /. 3., vollst. überarb. und erw. Aufl. Wiesbaden, 21-51.

Homburg, Ch.; Pflesser, Ch.; Klarmann, M. (2008): Strukturgleichungsmodelle mit latenten Variablen: Kausalanalyse. In: Herrmann, A.; Homburg, Ch.; Klarmann, M. (Hg.): Handbuch Marktforschung. Methoden, Anwendungen, Praxisbeispiele /. 3., vollst. überarb. und erw. Aufl. Wiesbaden, 547-577.

Hömberg, E. (2004): Verstehen Patienten ihre Ärzte? Kommunikation im medizinischen Alltag. In: Krankenhaus Umschau, 4, 288–291.

Hopf, M. (1993): Informationen für Märkte und Märkte für Informationen. Frankfurt am Main.

House, J. S. (1981): Work stress and social support. Reading.

Howard, J. (1975): Humanization and Dehumanization of Health Care: A Conceptional View. In: Strauss, A. (Hg.): Humanizing Health Care. New York, u.a., 57-102.

Howard, J. A. Sheth J. N. (1969): The Theory of Buyer Behavior. New York u.a.

Hoyer, W. D.; McInnis, D. J. (2001): Consumer Behavior. 2. Aufl. Bosten, New York.

Hoyer, W. D.; McInnis, D. J. (2007): Consumer Behavior. 4. Aufl. Bosten, New York..

Hruschka, H. (1986): Market Definition and Segmentation Using Fuzzy Clustering Methods. In: International Journal of Research in Marketing, 3, 117-134.

Hunt, S. (1984): Should Marketing Adopt Realism? In: Anderson, P.; Ryan, M. (Hg.): Scientific Method in Marketing. Chicago, 30-34.

Hunt, S. (1990): Truth in Marketing Theory and Research. In: Journal of Marketing, 54, 1–15.

Hunt, S. (1991): Modern Marketing Theory. Critical Issues in the Philosophy of Marketing Science. Cincinnati.

Hunt, S. (1992): Marketing Is ... In: Journal of the Academy of Marketing Science, 20, 4, 301–311.

Hunt, S. (1994): A Realist Theory of Empirical Testing. Resolving the Theory-Ladenness / Objectivity Debate. In: Philosophy of the Social Sciences, 24, 2, 133–158.

Hupp, O. (1998): Das Involvement als Erklärungsvariable für das Entscheidungs- und Informationsverhalten von Konsumenten. Saarbrücken.

Hurrelmann, K.; Laaser, U. (1993): Gesundheitswissenschaften als interdisziplinäre Herausforderung. In: Hurrelmann, K.; Laaser, U. (Hg.): Gesundheitswissenschaften. Weinheim, 3-25.

Hurrelmann, K.; Leppin, A. (Hg.) (2001): Moderne Gesundheitskommunikation. Vom Aufklärungsgespräch zur E-Health. Bern.

Hüttner, M.; Schwarting, U. (2008): Exploratorische Faktorenanalyse. In: Herrmann, A.; Homburg, Ch.; Klarmann, M. (Hg.): Handbuch Marktforschung. Methoden, Anwendungen, Praxisbeispiele /. 3., vollst. überarb. und erw. Aufl. Wiesbaden, 241-270.

Imai, M. (1996): Kaizen. Der Schlüssel zum Erfolg der Japaner im Wettbewerb. Berlin, Frankfurt am Main.

Immes, S. (1993): Wahrgenommenes Risko bei der Industriellen Kaufentscheidung. Trier.

Initiativkreis Rhein-Ruhr (2008): Klinik-Führer Rhein-Ruhr. Online verfügbar unter www.kliniken-rhein-ruhr.de, zuletzt geprüft am 02.12.2008.

Ippolito, P.; Mathios, A. D. (1990): Information, advertising and health choices: A study of the cereal market. In: RAND Journal of Economics, 21, 459-480.

Ippolito, P.; Murphy, R. D.; Sant, D. (1979): Consumer responses to cigarette health information. Washington, DC.

IQWiG - Institut für Qualität und Wirtschaftlichkeit im Gesundheitswesen (2008): Homepage des IQWiG. Online verfügbar unter www.iqwig.de, zuletzt geprüft am 22.10.2008.

Isfort, J.; Floer, B.; Koneczny, N.; Vollmar, H. C.; Lange, S.; Butzlaff, M. (2002): Mehr wissen, mitentscheiden, Verantwortung übernehmen - sind unsere Patienten dazu bereit? Online verfügbar unter http://www.evidence.de/mehr_wissen_-_Mitentscheiden_-_Patienten-_PIA-Studie-_Degam-Travemuende.pdf, zuletzt geprüft am 27.01.2009.

Jacoby, J. (1978): Consumer Research. A State of the Art Review. In: Journal of Marketing, 42, 87–96.

Jacoby, J.; Speller, D. E.; Kohn, C. A. (1974): Brand Choice Behavior as a Function of Information Load. In: Journal of Marketing Research, 9, 63-69.

Jäger, R. S. (1990): Sozialklima: Diagnostik von Belastung und Bewältigung. In: Zeitschrift für Empirische Pädagogik, 4, 2, 121-131.

Jäger, R. S.; Petermann F. (1999): Psychologische Diagnostik. Weinheim.

Jain, K.; Srinivasan, N. (1990): An Empirical Assessment of Multiple Operationalizations of Involvement. In: Advances in Consumer Research, 17, 594-602.

Jan, S.; Mooney, G.; Ryan, M.; Alexander, K. (2000): The use of conjoint analysis to eclicit community preferences in public health research. A case study of hospital services in South Australia. In: Australian and New Zealand Journal of Publik Health, 24, 1, 64-70.

Janssen, J.; Laatz, W. (2007): Statistische Datenanalye mit SPSS für Windows. 6. Aufl. Berlin, Heidelberg, New York.

Janssen-Cilag (1998): Der Patient im Mittelpunkt. Delphi-Studienreihe. Online verfügbar unter http://www.janssen-cilag.de/bgdisplay.jhtml?itemname=delphi_patient_mittelpunkt &product=none, zuletzt geprüft am 10.08.2008.

Janssen-Cilag (2002): Der Patient vor der Wahl. Delphi-Studienreihe. Online verfügbar unter http://www.janssen-cilag.de/bgdisplay.jhtml?itemname=delphi_patient_wahl&product=n one, zuletzt geprüft am 10.08.2008.

Janssen-Cilag (2005): Nutzen, Kosten, Präferenzen - Wissen was der Bürger will. Online verfügbar unter http://www.janssen-cilag.de/bgdisplay.jhtml?itemname=delphi_nutzen_ kosten&product=none, zuletzt geprüft am 10.08.2008.

Jarvis, C. B.; MacKenzie, S. B.; Podsakoff, P. M. (2003): A Critical Review of Construct Indicators and Measurement Model Misspecification in Marketing and Consumer Research. In: Journal of Consumer Research, 30, 199-218.

Jaster, H.-J. (1997): Begriffsdefinitionen aus dem Bereich der Qualitätsicherung. In: Jaster, H.-J. (Hg.): Qualitätsssicherung im Gesundheitswesen. Stuttgart, New York, 34-43.

Jayanti, R. K.; Burns, A. C. (1998): The Antecendents of Preventive Health Care Behavior: An Empirical Study. In: Journal of the Academy of Marketing Science, 26, 1, 6-15.

Jeck-Schlottmann, G. (1988): Werbewirkung bei geringem Involvement. Saarbrücken.

Jensen, O. (2008): Clusteranalyse. In: Herrmann, A.; Homburg, Ch.; Klarmann, M. (Hg.): Handbuch Marktforschung. Methoden, Anwendungen, Praxisbeispiele. 3., vollst. überarb. und erw. Aufl. Wiesbaden, 305-372.

Jentsch, P. (2004): Meilenstein in der Qualitätssicherung im Krankenhaus: Startschuss für Qualitätsbericht und Mindestmengenregelung – BQS legt Qualitätsreport vor. In: Arzt und Krankenhaus, 3, 68–70.

Jerusalem, M. (1990): Persönliche Ressourcen, Vulnerabilität und Stresserleben. Göttingen.

Jerusalem, M.; Schwarzer, R. (1999): SWE. Skala zur Allgemeinen Selbstwirksamkeitserwartung. Online verfügbar unter http://www.zpid.de/pub/tests/pt_1003t.pdf, zuletzt geprüft am 03.10.2008.

Johnson, F. R.; Banzhaf, M. R.; Desvousges, W. H. (2000): Willingness to pay for improved respiratory and cardiovascular health. A multiple-format stated-preference approach. In: Health Economics, 9, 295-317.

Johnson, J. D.; Meischke, H. (1991): Women's preferences for cancer information from specific communication channels. In: American Behavioral Scientist, 34, 742-755.

Johnson, R. M. (1987): Adaptive Conjoint Analysis. In: Metegrano, M. (Hg.): Proceedings of the Sawtooth Software Conference on Perceptual Mapping, Conjoint Analysis and Computer Interviewing, 253-265.

Jöreskog, K. G. (1966): Testing a Simple Structure Hypothesis in Factor Analysis. In: Psychometrika, 31, 165-178.

Jöreskog, K. G. (1967): Some Contributions to Maximum Likelihood Factor Analysis. In: Psychometrika, 32, 443-482.

Jöreskog, K. G. (1969): A General Approach to Confirmatory Factor Analysis. In: Psychometrika, 34, 183-202.

Jöreskog, K. G.; Sörbom, D. (1989): LISREL 7 - User's Reference Guide. Mooresville.

Juran, J. M. (1988): Juran's quality control handbook. New York.

Kaas, K. P. (1990): Marketing als Bewältigung von Informations- und Unsicherheitsproblemen im Markt. In: Die Betriebswirtschaft, 50, 4, 539-548.

Kaas, K. P. (1995a): Marketing und Neue Institutionenökonomik. In: Kaas, K. P. (Hg.): Kontrakte, Geschäftsbeziehungen, Netzwerke: Marketing und Neue Institutionenökonomie, Zeitschrift für betriebswirtschaftliche Forschung, Sonderheft 35, 1-17.

Kaas, K. P. (1995b): Informationsökonomik. In: Tietz, B.; Köhler, R.; Zentes, J. (Hg.): Handwörterbuch des Marketing. 2. Aufl. Stuttgart, Sp. 971-981.

Kaiser, H. F. (1974): An Index of Factorial Simplicity. In: Psychometrika, 39, 31-36.

Kaiser, H. F.; Rice, J. (1974): Little Jiffy, Mark IV. In: Educational and Psychological Measurement, 34, 111-117.

Kaltenbach, T. (1993): Qualitätsmanagement im Krankenhaus. Qualitäts- und Effizienzsteigerung auf der Grundlage des Total-Quality-Management. Melsungen.

Kamiske, G. F. (1999): Management des betrieblichen Umweltschutzes. Ein Leitfaden für kleine und mittlere Unternehmen. München.

Kampferer, J.-N.; Laurent, G. (1985): Consumers' Involvement Profile. New Empirical Results. In: Hirschmann, E. C.; Holbrook, M. B. (Hg.): Advances in Consumer Research. Provo, Ut., 290-295.

Kampferer, J.-N.; Laurent, G. (1985): Consumer Involvement Profile: A New Practical Approach to Consumer Involvement. In: Journal of Advertising Research, 25, 6, 48-56.

Kampferer, J.-N.; Laurent, G. (1993): Further Evidence on the Consumer Involvement Profile: Five Antecedents of Involvement. In: Psychology & Marketing, 10, 4, 347-355.

Kaplan, L. B.; Szybillo, G. J.; Jacoby, J. (1974): Components of Perceived Risk in Product Purchase: A Cross Validation. In: Journal of Applied Psychology, 59, 3, 287-292.

Kaspar, H.; Lemmink, J. (1989): After Sales Service Quality: Views Between Industrial Customers and Service Managers. In: Industrial Marketing Management, 18, 199-208.

Kassulke, D.; Stenner, D. K.; Coory, M.; Ring, I. (1993): Information seeking behaviour and sources of health information: Associations with risk factors status in an analysis of three Queensland electorates. In: Australian Journal of Public Health, 17, 51-57.

Katz, P.; Schmidt, A. R. (1991): Wenn der Alltag zum Problem wird. Belastende Alltagsprobleme und Bewältigungsmöglichkeiten. Stuttgart.

Kebbel, P. (2000): Qualitätswahrnehmung von Dienstleistungen. Determinanten und Auswirkungen. Wiesbaden.

Keller, T. (2002): Beziehungsmanagement im Arzt-Patienten-Verhältnis. Wiesbaden.

Kelley, E.; Hurst, J. (2006): Health care quality indicators project: Conceptual framework paper. OECD Health working papers No. 23. Online verfügbar unter http://www.oecd.org/dataoecd/1/36/36262363.pdf, zuletzt geprüft am 27.01.2009.

Kelly, G. (1963): A theory of personality: The psychology of personal constructs. New York.

Kern, M. (1979): Klassische Erkenntnistheorien und moderne Wissenschaftslehre. In: Raffée, H.; Abel, B. (Hg.): Wissenschaftstheoretische Grundfragen der Wirtschaftswissenschaften. München, 11-27.

Ketchen, D.; Shook, Ch. (1996): The Application of Cluster Analysis in Strategic Management Research. An Analysis and Critique. In: Strategic Management Journal, 17, 441-458.

KGNW - Krankenhaus Gesellschaft Nordrhein-Westfalen (2004): Qualitätsmanagement- und Zertifizierungsmethoden im Krankenhaus. Ein Handlungsleitfaden. Düsseldorf.

Kiener, S. (1990): Die Principal-Agent-Theorie aus informationsökonomischer Sicht. Heidelberg.

Kim, S.; Scott, D.; Crompton, J. L. (1997): An Exploration of the Relationships Among Social Psychological Involvement, Behavioral Involvement, Commitment, and Future Intentions in the Context of Birdwatching. In: Journal of Leisure Research, 29, 3, 320-341.

King, M. T.; Hall J.; Lancsar E.; Fiebig, D. G.; Hossain, I.; Louviere, J. J.; Reddel, H.; Jenkins, C. R. (2007): Patient preferences for managing Asthma. Results from a discrete choice experiment. In: Health Economics, 16, 703-717.

Kintsch, W.; Ericsson, A. (1996): Die kognitive Funktion des Gedächtnisses. In: Albert, D.; Stapf, K. H (Hg.): Gedächtnis. Enzyklopädie der Psychologie, C, II, 4. Göttingen u.a., 542-601.

Kiyak, H. A.; Borson, S. (1992): Coping with Chronic Illness and Disability. In: Ory, M. G.; Abeles, R. P.; Lipman P. D. (Hg.): Aging, Health and Behavior. Newbury Park u.a., 141-173.

Kjaer, T.; Bech, M.; Gyrd-Hansen, D.; Hart-Hansen, K. (2005): Ordering effect and price sensitivity in discrete choice experiments. Need we worry? In: Health Economics, 15, 1217-1228.

Klas, C. (2000): Gestaltungsmöglichkeiten im Gesundheitswesen. Wiesbaden.

Klein, M. (2002): Die Conjoint-Analyse. Eine Einführung in das Verfahren mit einem Ausblick auf mögliche sozialwissenschaftliche Anwendungen. In: Jagodzinski W. (Hg.): ZA-Information 50. Zentralarchiv für Empirische Sozialforschung. Köln, 7-45.

Kleinaltenkamp, M. (1994): Institutionenökonomische Begründung der Geschäftsbeziehung. In: Backhaus, K.; Diller, H. (Hg.): Dokumentation des 1. Workshops der Arbeitsgruppe "Beziehungsmanagement" der Wissenschaftlichen Kommision Marketing im Verband der Hochschullehrer für Betriebswirtschaftslehre in Münster. Nürnberg, 8-39.

Klemperer, D.; Rosenwirth M. (2005): Chartbook Shared Decision Making. Konzept, Voraussetzungen und politische Implikationen. Gütersloh.

Kline, R. (1998): Principles and practice of structural equation modeling. New York.

Klinikum Bremen Mitte; NIS Zertifizierungs- und Umweltgutachter (2005): KTQ-Qualitätsbericht. Online verfügbar unter http://www.klinikum-bremen-mitte.de/ internet/kbm/dateien/ dat_nr1325_1.pdf, zuletzt geprüft am 19.04.2009.

Kobasa, S. (1982): The hardy personality: Towards a social psychology of stress and health. In: Suls, J.; Sanders, G. (Hg.): Social psychology of health and illness. Hillsdale, NJ, 3-33.

Köck, C.-M. (2004): Qualitätsmanagement: Definition und Abgrenzung. In: Lauterbach, K.-W.; Schrappe M. (Hg.): Gesundheitsökonomie, Qualitätsmanagement und Evidence-based Medicine. Stuttgart, 287-294.

Köhler, A. (2004): Tue Gutes und berichte darüber. Erfahrungen mit Qualitätsberichten. In: Krankenhaus Umschau, 5, 381-383.

Kolodinsky, J. (1993): Complaints, Redress, and Subsequent Purchase of Medical Services by Dissatisfied Consumers. In: Journal of Consumer Policy, 16, 193-214.

Kopp, I.; Müller, W.; Lorenz, W. (2002): Die zentrale Rolle von Outcome in Leitlinien und Disease-Management Programmen. In: AWMF, Rundbrief 8, Bericht von der 13. Leitlinienkonferenz der AWMF am 13.12.2002. Frankfurt am Main.

Kortzfleisch, G. von (1971): Wissenschaftstheoretische und wissenschaftspolitische Grundlagen zum Thema Betriebswirtschaftslehre als Wissenschaft. In: Kortzfleisch, G. von (Hg.): Wissenschaftsprogramm und Ausbildungsziele der Betriebswirtschaftslehre. Berlin, 1-20.

Kotler, P.; Clarke, R. N. (1987): Marketing for Health Care Organizations. New Jersey.

Kraus, F. (2008): Der Transfer der Marktorientierung über Hierarchieebenen. Eine empirische Mehrebenenuntersuchung. Wiesbaden.

Krcmar, H. (1991): Annäherungen an Informationsmanagement - Managementdisziplin und/ oder Technologiedisziplin? In: Staehle, W. H.; Sydow, J. (Hg.): Managementforschung 1. Berlin u.a., 163-203.

Krikelas, J. (1983): Information-seeking behavior: Patterns and concepts. In: Drexel Library Quarterly, 19, 5-20.

Kroeber-Riel, W. (2000): Strategie und Technik der Werbung. 5. Aufl. München.

Kroeber-Riel, W.; Weinberg, P. (1999): Konsumentenverhalten. 7. Aufl. München.

Kroeber-Riel, W.; Weinberg, P. (2003): Konsumentenverhalten. 8. Aufl. München.

Krohne, H. W. (1990): Stress und Stressbewältigung. In: Schwarzer, R. (Hg.): Gesundheitspsychologie. Göttingen, 263-277.

Kronhardt, M. (2004): Erfolgsfaktoren des Managements medizinischer Versorgungsnetze. Wiesbaden.

Krüger, R.; Simon, A. (1999): Information durch Konstruktion - Systemtheoretische Betrachtung des Phänomens Informationsverarbeitung und wissenschaftstheoretische Schlussfolgerung für die Wirtschaftsinformatik. In: Becker, J.; König, W.; Schütte, R.; Wendt, O.; Zelewski, S. (Hg.): Wirtschaftsinformatik und Wissenschaftstheorie. Bestandsaufnahme und Perspektiven. Wiesbaden, 363-376.

KTQ - Kooperation für Transparenz und Qualität im Gesundheitswesen (2008): KTQ-Qualitätsbericht. Online verfügbar unter www.ktq.de, zuletzt geprüft am 02.12.2008.

Kuhlmann, E. (1990): Verbraucherpolitik. Grundzüge ihrer Theorie und Praxis. München.

Kuhlmann, J.-M. (2004): Neue Versorgungsmöglichkeiten für Krankenhäuser durch das GMG. In: Das Krankenhaus, 96, 1, 13-18.

Kuhlthau, C. C. (1997): The influence of uncertainty in the information seeking behaviour of a securities analyst. In: Vakkari, P.; Savolainen, R.; Dervin, B. (Hg.): Information seeking in context: Proceeding of an international conference on research in information needs, seeking and use in different contexts, Tampere, Finnland. London .

Kuhlthau, C. C. (1999a): Accommodating the User's Information Search Process: Challenges for Information Retrieval System Designers. Bulletin of the American Society for Information Science. Online verfügbar unter http://www.asis.org/Bulletin/Feb-99/kuhlthau.html, zuletzt geprüft am 12.07.2008.

Kuhlthau, C. C. (1999b): The Role of Experience in the Information Search. Process of an Early Career Information Worker. Perceptions of Uncertainty, Complexity, Construction, and Sources. In: Journal of the American Society for Information Science, 50, 5, 399-412.

Kuhlthau, C. C. (2004): Seeking meaning: A process approach to library and information services. 2. Aufl. Westport, CT.

Kuhlthau, C. C. (2005): Kuhlthau's Information Search Process. In: Fisher, K. E.; Erdelez, S.; McKechnie, L. (Hg.): Theories of Information Behavior. Medford, New Jersey, 230-234.

Kühnel, S.-M.; Krebs, D. (2004): Statistik für die Sozialwissenschaften. Reinbek bei Hamburg.

Kuhn, T. (1962): The Structure of Scientific Revolutions. Chicago.

Kuß, A. (1987): Information und Kaufentscheidung: Methoden und Ergebnisse empirischer Konsumentenforschung. Berlin, New York.

Kuß, A. (2001): Präferenz. In: Diller, H. (Hg.): Vahlens Großes Marketing Lexikon. 2. Aufl. München. 1280–1281.

Kuß, A. (2004): Grundlagen der Datenerhebung und Datenanalyse. Wiesbaden.

Kuß, A.; Tomczak, T. (2000): Käuferverhalten - Eine marktorientierte Einführung. 2. Aufl. Stuttgart.

Lang, H. (1997): Erfolgsfaktoren privater Krankenanstalten. Theoretische Überprüfung und kausalanalytische Überprüfung eines marktorientierten Erfolgsmodells. Köln.

Langer, W. (2002): Methoden V: Konfirmatorische Faktorenanalyse. Online verfügbar unter www.soziologie.uni-halle.de/langer/lisrel/skripten/lisrelmodelle.pdf, zuletzt aktualisiert am 22.08.2008.

Lanz, C. (2003): Patienbefragungen - die Qual der Wahl. In: Das Krankenhaus, 95, 11, 894-898.

Lanz, C. (2004): Patienbefragung aber welche? In: f&w, 21, 6, 596-602.

Lastovicka, J. L.; Gardner, D. M. (1979): Components of Involvement. In: Maloney, J. C.; Silverman, B. (Hg.): Attitude Research Plays for High Stakes. Chicago, 53-73.

Lauer, A. (2001): Vertriebsschienenprofilierung durch Handelsmarken. Theoretische Analyse und empirische Bestandsaufnahme im deutschen Lebensmittelhandel. Wiesbaden.

Laurent, G.; Kampferer, J.-N. (1985): Measuring Consumer Involvement Profiles. In: Journal of Marketing Research, 2, 41-53.

Laurent, G.; Kampferer, J.-N. (1986): Les profils d'implication. In: Recherche et Applications en Marketing, 1, 41-57.

Lauterbach, K. W. (2007): Beitrag In: Die Transparenzrichtlinie der EU (be)trifft auch die Krankenhäuser. 12. f&w-Kompass-Konferenz in Kassel. In: f&w, 24, 1, 61-65.

Lazarsfeld, P. F.; Henry, N. W. (1968): Latent Structure Analysis. Boston.

Lazarus, R. S. (1966): Psychological stress and the coping process. New York.

Lazarus, R. S. (1991): Emotion and adaption. London.

Lazarus, R. S.; Folkman, S. (1984): Stress, appraisal, and coping. New York.

Lazarus, R. S.; Folkman, S. (1987): Transaktional theory research on emotions and coping. In: European Journal of Personality, 1, 141-170.

Lazarus, R. S.; Folkman, S. (2006): Stress, appraisal, and coping. [Nachdr.]. New York.

Lazarus, R. S.; Launier, R. (1978): Stress related transaction between person and environment. In: Pervin, L. A.; Lewis, M. (Hg.): Perspectives in international psychology. New York, 287-327.

Leber, W.-D. (2004): Qualitätsberichte ohne Ergebnsiqualität. Zur Bedeutung des Qualitätsberichts aus Sicht der Krankenkassen. In: Krankenhaus Umschau, 5, 378-380.

Leber, W.-D. (2005): Qualitätssicherung in einem wettbewerblichen Umfeld. In: Klauber, J.; Robra, B.-P.; Schellschmidt, H. (Hg.): Krankenhaus-Report 2004. Stuttgart, New York, 163-177.

Lee, J. A.; Soutar, G.; Louviere, J. J. (2007): Measuring Values Using Best-Worst Scaling. The LOV Example. In: Psychology & Marketing, 24(12), 1093-1108.

Lee, J. A.; Soutar, G.; Louviere, J. J. (2008): The Best-Worst Scaling Approach. An Alternative to Schwartz's Values Survey. In: Journal of Personality Assessment, 90, 4, 335-347.

Lehner, F.; Hildebrand, K.; Maier, R. (1995): Wirtschafstinformatik. Theoretische Grundlagen. München, Wien.

Leplin, J. (1984): Scientific Realism. Berkeley.

Lewis, R. C.; Klein, D. M. (1987): The Measurement of Gaps in Service Quality. In: Czepiel, J. A.; Congram, C. A.; Shanahan, J. (Hg.): Integrating for Competitive Advantage. Chicago, 33-38.

Ley, P. (1988): Communication with patients: Improving Communication, Satisfaction and Compliance. London.

Lihotzky, N. (2003): Kundenbindung im Internet - Maßnahmen und Erfolgswirksamkeit im Business-to-Consumer- Bereich. Wiesbaden.

Likert, R. (1932): A Technique for the Measurement of Attitudes. In: Archives of Psychology, 140, 1-55.

Lindsay, P. H.; Norman, D. A. (1981): Einführung in die Psychologie: Informationsaufnahme und - verarbeitung beim Menschen. Berlin u.a.

Lingenfelder, M. (2002): Vor der Einführung des DRG-Systems. Reduzierung von Verweildauern und Ihre Konsequenzen. In: Apotheke und Krankenhaus, 18, 2, 46-49.

Loehlin, J. C. (1987): Latent Variable Models. Hillsdale, NJ.

Loh, A.; Simon, D.; Niebling, W.; Härter, M. (2005): Patientenbeteiligung bei medizinischen Entscheidungen. In: Zeitschrift für Allgemeinmedizin (ZFA), 81, 550-560.

Lohmann, H. (2008): Gute Qualität und Wirtschaftlichkeit durch digitale Industrialisierung der Medizin, www.lohmannkonzept.de, zuletzt aktualisiert am 22.10.2008

Longo, D. R. (2005): Understanding health information, communication, and information seeking of patients and consumers: A comprehensive and integrated model. In: Health Expectations, 8, 189-194.

Lorenz, J. (2008): ABC der Krankenkassen. Gesundheitsleistungen. Online verfügbar unter http://www.abc-der-krankenkassen.de/IGEL.htm, zuletzt geprüft am 25.10.2008.

Louviere, J. J. (1994): Hierarchical Information Integration. A New Method for Design an Analysis of Complex Multiattribut Judgement Problems. In: Kinnear, T. C. (Hg.): Advances in Consumer Research. Provo, Ut. (11), 148-155.

Louviere, J. J.; Islam, T. (2004): A Comparison of Importance Weights/Measures Derived from Choice-Based Conjoint, Constant Sum Scales and Best-Worst Scaling. CenSoC Working Paper No. 04-003. Sydney.

Louviere, J. J.; Swait, J.; Anderson D. (1995): Best-worst Conjoint. A new preference elicitation method to simultaneously identify overall attribute importance and attribute level partworths. Working paper. Unveröffentlichtes Manuskript, 1995, University of Florida, Gainesville, FL.

Louviere, J. J.; Woodworth, G. (1983): Desing and Analysis of Simulated Consumer Choice or Allocation Experiments. An Approach Based on Aggregate Data. In: Journal of Marketing Research, 20, 350-367.

Louviere, J.J.; Gaeth G.J. (1987): Decomposing the Determinants of Retail Facility Choice Using the Method of Hierarchical Information Integration. A Supermarket Illustration. In: Journal of Retailing, 63, 1, 25-48.

Luce, R. D.; Tukey J. W. (1964): Simultaneous Conjoint Measurement. A New Type of Fundamental Measurement. In: Journal of Mathematical Psychology, 1, 1-27.

Lüschen, G.; Cockerham, W.; van der Zee, J.; Stevens, F.; Diederiks, J.; Ferrando, M. G.; d'Houtaud, A.; Peeters, R.; Abel, T.; Niemann, S. (1995): Health systems in the European Union. Diversity, convergence, and integration. München.

Luthy, A.; Lotze, I.; Leiske, M.; Rossi, R. (2000): Qualitätsmanagement und Kundenorientierung: Befragung zuweisender Kinderärzte einer Berliner Kinderklinik. In: Z. ärztl. Fortbild. Qual.sich., 94, 31-35.

Lüttecke, H. (2004): Presse und Öffentlichkeitsarbeit im Krankenhaus. Stuttgart.

MacInnis, D. J.; Jaworski, B. J. (1991): Enhancing and measuring consumers' motivation, opportunity, and ability to process brand information from advertisements. In: Journal of Marketing, 53, 1-23.

Mahon, A.; Whitehouse, C.; Wilkin, D.; Nocon, A. (1993): Factors that influence general practitioners' choice of hospital when referring patients for elective surgery. In: British Journal of Gereral Practice, 43, 272-276.

Mainz, J.; Randrup-Krog, B.; Bjornshave, B.; Bartels, P. (2004): Nationwide continuous quality improvement using clinical indicators: The Danish National Indicator Project. In: International Journal for Quality in Health Care, 16, Supplement I, i45-i50.

Malhotra, N. K. (1993): Marketing Research: An Applied Orientation. Englewood Cliffs, IL.

Mannion, R.; Goddard, M. (2003): Public disclosure of comparative clinical performance data: Lessons from the Scottish experience. In: Journal of Evaluation in Clinical Practice, 9, 2, 277-286.

Mansky, T.; List, S. M.; Günther, M. (2006): Die Kliniken können deutlich besser werden. Die neuen Qualitäts- und Leistungsindikatoren der Helios-Kliniken sind Grundlage für ein ergebnisorientiertes Qualitätsmanagement. In: f&w, 23, 5, 510-515.

Manton, K. G.; Woodbury, M. A.; Trolley, H. D. (1994): Statistical Applications Using Fuzzy Sets. New York.

Marcus, S. H.; Tuchfield, B. S. (1993): Sharing information, sharing responsibility: Helping health care consumers make informed decisions. In: Annual Symposium on Computing and Applied Medical Care, 3-7.

Marley, A. A. J.; Louviere, J. J. (2005): Some probabilistic models of best, worst, and best–worst choices. In: Journal of Mathematical Psychology, 49, 6, 464-480.

Marona, H. C. (2001): Alle reden über den Patienten, keiner mit ihm - Gedanken zu einer neuen Art der Zusammenarbeit. In: Pharma Marketing Journal, 26, 169-171.

Marshall, M. N.; Shekelle, P. G.; Leatherman, S.; Brook, R. H. (2000): The Public Release of Performance Data: What do we expect to gain? A Review of the evidence. In: Journal of American Medical Association, 283, 14, 1866-1874.

Martin, A. (1989): Die empirische Forschung in der Betriebswirtschaftslehre. Stuttgart.

Maslow, A. (1975): Motivation and Personality. In: Levine, F. M. (Hg.): Theoretical Reading in Motivation. Chicago, 358-379.

Maslow, A. (1984): Motivation und Persönlichkeit. Reinbek bei Hamburg.

Mason, A.; Street, A. (2006): Publishing outcome data: Is it an effective approach? In: Journal of Evaluation in Clinical Practice, 12, 1, 37-48.

Matthes, N.; Wiest, A. (2005): Veröffentlichung von Qualitätsdaten für Krankenhäuser in den USA. In: Klauber, J.; Robra, B.-P.; Schellschmidt, H. (Hg.): Krankenhaus-Report 2004. Stuttgart, New York, 49-74.

Mayring, P. (2000a): Qualitative Inhaltsanalyse. Forum Qualitative Sozialforschung. Qualitative Social Research (Online Journal) 1(2). Online verfügbar unter http:// qualitative-research.net/ fqs/fqs-d/2-00inhalt-d.htm, zuletzt geprüft am 22.08.2008.

Mayring, P. (2000b): Qualitative Inhaltsanalyse. Grundlagen und Techniken. 7. Aufl. Weinheim.

McFadden, D. (1973): Conditional logit analysis of qualitive choice behavior. In: Zarembka, P. (Hg.): Frontiers in Economics. New York, London, 105-142.

McGuire, A.; Henderson, J.; Mooney, G. (1988): The Economics of Health Care. London.

McIntosh, E.; Louviere, J. J. (2002): Separating weight and scale value. An exploration of best-attribute scaling in health economics. Paper presented at Health Economics Study Group. Odense, Denmark.

McKenzie, L.; Cairns, J.; Osman, L. (2001): Symptom-based outcom measures for asthma. The use of discrete choice methods to assess patient preferences. In: Health Policy, 57, 193-204.

McLean, P. (1976): Depression as a Specific Response to Stress. In: Sarason, J. G.; Spielberger, C. D. (Hg.): Stress and Anxiety. Washington, Bd. 3, 297-223.

McQuarrie, E. F.; Munson, J. M. (1987): The Zaichkowsky Personal Involvement Inventory: Modification and Extension. In: Advances in Consumer Research, 14, 36-40.

McQuarrie, E. F.; Munson, J. M. (1992): A Revised Product Involvement Inventory: Improved Usability and Validity. In: Advances in Consumer Research, 19, 108-115.

MedizInfo (2008): Klinikbewertungen. Online verfügbar unter www.klinikbewertungen.de, zuletzt geprüft am 02.12.2008.

Meffert, H. (1992): Marketingforschung und Käuferverhalten. 2. Aufl. Wiesbaden.

Meffert, H. (2000): Marketing. Grundlagen der Unternehmensführung. 9. Aufl. Wiesbaden.

Meffert, H.; Burmann, Ch; Kirchgeorg, M. (2008): Marketing. Grundlagen marktorientierter Unternehmensführung. 10. Aufl. Wiesbaden.

Meffert, H.; Bruhn, M. (2006): Dienstleistungsmarketing. Grundlagen, Konzepte, Methoden. 5., überarb. u. erw. Auflage. Wiesbaden.

Melamed, B. G. (1984): Health intervention. In: Lazarus, R. S.; Matarazzo, J. D. (Hg.): Psychology and Health. Washington, 45-119.

Melles, T. (2001): Framing-Effekte in der Conjoint-Analyse. Ein Beispiel für Probleme der Merkmalsdefinition. Aachen.

Mengen, A. (1993): Konzeptgestaltung von Dienstleistungsprodukten. Stuttgart.

Mertens, B.; Sazepin, J.; Rennhak, C. (2008): Stirbt die Mitte? Konsumentenverhalten im 21. Jahrhundert. Herausforderungen und Strategien für Marketing und Management. Stuttgart.

Meyer, W. (1979): Falsifikationslehre und ökonomische Theorie. Anwendungsprobleme des Kritischen Rationalismus. In: Raffée, H.; Abel, B. (Hg.): Wissenschaftstheoretische Grundfragen der Wirtschaftswissenschaften. München, 44-59.

Micceri, T. (1989): The unicorn, the normal curve and other improbable creatures. In: Psychological Bulletin, 105, 156-166.

Milligan, G. W. (1996): Clustering Validation: Results and Implication for Applied Analysis. In: Arabie, P.; Lawrence, J. H.; Soete, G. de (Hg.): Clustering and Classifikation. River Edge, 341-375.

Milligan, G. W.; Cooper, M. C. (1987): Methodology Review: Clustering Methods. In: Applied Psychological Measurement, 11, 4, 329-354.

Mitchell, A. A. (1981): The Dimensions of Advertising Involvement. In: Advances in Consumer Research, 8, 25-30.

Mitra, K.; Reiss, M. C.; Capella, L. M. (1999): An examination of perceived risk, information search and behavioral intentions in search, experience and credence services. In: Journal of Services Marketing, 13, 3, 208-228.

Mittal, B. (1989): A Theoreticel Analysis of Two Recent Measures of Involvement. In: Advances in Consumer Research, 16, 697-702.

Mohr, V. D.; Bauer, J.; Döbler, M.; Fischer, B. (Hg.) (2002): BQS-Qualitätsreport 2002. Qualität sichtbar machen. Düsseldorf.

Möller, G.; Kuth N.; Kruse W. (2004): Krankheitswissen und Informationsbedürfnis bei Herzinfarktpatienten. In: Notfall & Hausarztmedizin, 30, 480-485.

Mooney, G.; McGuire, A. (1988): Medical Ethics and Economocs in Health Care. Oxford, u.a.

Moorman, C.; Matulich E. (1993): A model of consumers' preventive health behaviours: The role of health motivation and health ability. In: Journal of Consumer Research, 20, 2, 208-228.

Moosbrugger, H.; Frank, D. (1995): Clusteranalytische Methoden in der Persönlichkeitsforschung: Eine anwendungsorientierte Einführung in taxometrische Klassifikationsverfahren. Bern.

Mühlbacher, A.; Wiest A.; Schuhmacher N. (2001): E-Health. Informations- und Kommunikationstechnik im Gesundheitswesen. In: Hurrelmann, K.; Leppin, A. (Hg.): Moderne Gesundheitskommunikation. Vom Aufklärungsgespräch zur E-Health. 1. Aufl. Bern, 211-223.

Mühlbacher, H. (1988): Ein situatives Modell der Motivation zur Informationsaufnahme und -verarbeitung bei Werbekontakten. In: Marketing ZFP, 10, 2, 85-94.

Mühling, D. D.; Laczniak, R. N.; Andrews, J. C. (1993): Defining, Operationalizing, and Using Involvement in Advertising Research: A Review. In: Journal of Current Issues and Research in Advertising, 15, 1, 21-57.

Müller Grün, C. P. von der (2006): Transparenz zwingt zum Diskurs über bessere Prozesse. In: f&w, 23, 4, 368-370.

Müller Grün, C. P. von der (2007): Amerikas Kliniken starten neue Qualitätsoffensive. Mansky fordert 40.000-Leben Kampagne für Deutschland. In: f&w, 24, 1, 30-32.

Murphy, K. R.; Davidshofer, C. O. (1988): Psychological Testing Principles and Applications. Englewood Cliffs, IL.

Murphy, S. (1990): Human responses to transitions: A holostic nursing perspective. In: Holistic Nursing Practice, 4, 3, 1-7.

Musil, A. (2003): Stärkere Eigenverantwortung in der Gesetzlichen Krankenversicherung. Eine agency-theoretische Betrachtung. Wiesbaden.

Neisser, U. (1979): Kognition und Wirklichkeit. Stuttgart.

Nelson, P. (1970): Information and Consumer Behavior. In: Journal of Political Economy, 74, 2, 311-329.

Nelson, P. (1974): Advertising as Information. In: Journal of Political Economy, 82, 4, 729-754.

Neubauer, G. (1998): Die Rolle des Patienten aus Sicht des Sachverständigenrats. In: Neubauer, G.; Schenk, R. (Hg.): Patientenorientierung im Gesundheitswesen - Erfahrungen und Perspektiven. München u.a., 1-10.

Newell, A.; Simon, H. A. (1972): Human Problem Solving. Englewood Cliffs, NJ.

Nitschke, T.; Völckner, F. (2006): Präferenzmessung bei unsicheren Produkteigenschaften. Risiskoberücksichtigung bei Ergebnissen aus Conjoint-Analysen. In: Schmalenbachs Zeitschrift für betriebswirtschaftliche Forschung, 58, 6, 743-770.

Nunnally, J. (1978): Psychometric Theory. 2. Aufl. New York.

Nunnally, J.; Bernstein, I. H. (1994): Psychometric Theory. 3. Aufl. New York.

o.V. (2007a): ARD/ZDF-Online-Studie 2007. Online verfügbar unter http://www.br-online.de/br-intern/medienforschung/onlinenutzung/, zuletzt geprüft am 20.11.2007.

o.V. (2007b): Internet für "Generation 55plus" immer wichtiger. Online verfügbar unter http://www.heise.de/newsticker/ meldung/93323, zuletzt geprüft am 27.01.2009.

Ohlwein, M. (1999): Märkte für gebrauchte Güter. Wiesbaden.

Ohmann, Ch.; Blum, K.; Cruppe, W. de; Geraedts, M. (2008): Quantität und Behandlungsergebnisse - ist ein Parameter zur Bewertung ausreichend? In: Viszeralmedizin, 24, 4, 281–286.

Olandt, H. (1998): Dienstleistungsqualität in Krankenhäusern. Operationalisierung und Messung der Patientenwahrnehmung. Wiesbaden.

Olsson, U. H.; Foss, T.; Troye, S. V.; Howell, R. D. (2000): The Performance of ML, GLS, and WLS Estimation in Structural Equation Modeling under Conditions of Misspecification and Nonnormality. In: Structural Equation Modeling, 7, 4, 557-595.

Ommen, O.; Janßen, C.; Neugebauer, E.; Pfaff, H. (2007): Einflussfaktoren auf das Vertrauen schwerverletzter Patienten in den Krankenhausarzt. In: Der Chirurg, 78, 1, 52-61.

Oppel, K. (2003): Elektronische Beschaffung im Krankenhaus. Nutzung, Gestaltung und Auswirkungen von B-to-B-Marktplätzen. Wiesbaden.

Oppenwaj, H. Louviere J. J. Timmermans H. J. P. (1994): Modeling Hierarchical Conjoint Processes with Integrated Choice Experiments. In: Journal of Marketing Research, 31, 92-105.

Orme, B. (1999): The CBC/HB System for Hierarchical Bayes Estimation. Sequim, WA.

Orme, B. (2000): Hierarchical Bayes: Why All the Attention? Quirk's Marketing Research Review, März 2000; zugleich Online verfügbar unter http://www.sawtoothsoftware.com/download/techpap/hbwhy.pdf, zuletzt aktualisiert am 20.06.2009.

Pakenham, K. I. (1999): Adjustment to multiple sclerosis: Application of a stress and coping model. In: Health Psychology, 18, 383-392.

Panne, F. (1977): Das Risiko im Kaufentscheidungsprozess des Konsumenten. Frankfurt am Main.

Parasuraman, A.; Zeithaml, V. A.; Berry, L. L. (1985): A Conceptual Model of Service Quality and Its Implication for Future Research. In: Journal of Marketing, 49, 41-50.

Patterson, M.; Chrzan, K. (2006): Testing for the Optimal Number of Attributes in MaxDiff Questions. Sawtooth Software. Research Paper Series. Online verfügbar unter www.sawtoothsoftware.com/download/techpap/mdoptimalatts.pdf, zuletzt geprüft am 09.10.2008.

Paulhus, D. L. (1991): Measurement and control of response bias. In: Robinson, J. P.; Shaver, P. R.; Wrightsman, L. S. (Hg.): Measures of personality and social psychological attitudes. New York, 17-59.

Pepels, W. (1995): Käuferverhalten und Marktforschung. Stuttgart.

Pepels, W. (1996): Qualitätscontrolling bei Dienstleistungen. München.

Peter, S. I. (2001): Kundenbindung als Marketingziel. Wiesbaden.

Peter, J.; Olson, J. (1983): Is Science Marketing? In: Journal of Marketing, 47, 111–125.

Peter, P.; Olson, J. (1994): Consumer Behavior. 4. Aufl. Burr Ridge.

Peterson, R. A. (1994): A Meta-Analysis of Cronbach's Coefficient Alpha. In: Journal of Consumer Research, 21, 381-391.

Pfaff, D.; Zweifel, P. (1998): Die Principal-Agent-Theorie. Ein fruchtbarer Zweig der Wirtschaftstheorie zur Praxis. In: Wirtschaftswissenschaftliches Studium, April 1998, 4, 184-190.

Pfaff, H.; Freise, D. C.; Mager, G.; Schrappe, M. (2001): Der Kölner Patientenfragebogen (KPF): Entwicklung und Validierung eines Fragebogens zur Erfassung der Einbindung des Patienten als Kotherapeuten. Köln.

Phillips, K. A.; Bero, L. A. (1996): Improving the Use of Information in Medical Effectivness Research. In: International Journal for Quality in Health Care, 8, 1, 21-30.

Phillips, K. A.; Johnson F. R.; Maddala T. (2002): Measuring What People Value: A Comparison of "Attitude" and "Preference" Surveys. In: Health Services Research, 37, 6, 1659-1679.

Phillips, S. A.; Zorn, M. J. (1994): Assessing consumer health information needs in a community hospital. In: Bulletin of the Medical Library Association, 82, 288-293.

Picker Institut (2006): Qualitative Evaluation von patienten- und bedarfsgerechten Informationen über Gesundheitseinrichtungen. Online verfügbar unter http://www.bertelsmann-stiftung.de/cps/rde/xbcr/SID-0A000F14-C94D2A26/bst/FokusgruppenBericht_Picker_061024.pdf, zuletzt geprüft am 27.01.2009.

Picker Institut (2008): Patientenbefragungen mit dem Picker-Institut. Methodenbeschreibung. Online verfügbar unter http://www.pickerinstitut.org/download.php?1cea6bbb2d8cbd602b71b2527c1a8d53&target=1, zuletzt geprüft am 27.08.2008.

Picot, A. (1991): Okonomische Theorie der Organisation - Ein Überblick über neuere Ansätze und deren betriebswirtschaftliches Anwendungspotential. In: Ordelheide, D.; Rudolph, B.; Büsselmann, E. (Hg.): Betriebswirtschaftslehre und ökonomische Theorie. Stuttgart, 143-170.

Picot, A.; Dietl, H.; Frank, E. (1999): Organisation. Eine ökonomische Perspektive. Stuttgart.

Pietsch-Breitfeld, B.; Willer, I.; Heinzmann, G.; Selbmann, H.-K. (2002): Entwicklung des Qualiätsmanagements in deutschen Krankenhäusern zwischen 1998 und 2001. In: Das Krankenhaus, 94, 9, 696-701.

PKV - Verband der privaten Krankenversicherung (2007): Zahlenbericht 2006/2007. Online verfügbar unter www.pkv.de, zuletzt geprüft am 12.09.2008.

Plamper, E.; Lüngen, M. (2006): Die stationäre Versorgung. In: Lauterbach, K. W.; Stock, S.; Brunner, H. (Hg.): Gesundheitsökonomie. Bern, 149–193.

Plinke, W. (1995): Grundlagen des Marktprozesses. In: Kleinaltenkamp, M.; Plinke, W. (Hg.): Technischer Vertrieb. Berlin u.a., 3-95.

Popper, K. (1934): Logik der Forschung. Wien.

Popper, K. (1963): Conjectures and Refutations. The Growth of Scientific Knowledge. London.

Powell, M. C.; Mantel, S.; Kardes, F. R. (1999): The Role of Direction of Comparison, Attribute-Based Processing, and Attitude-Based Processing in Consumer Preference. In: Journal of Consumer Research, 25, 335-352.

Pschyrembel (2002): Pschyrembel Klinisches Wörterbuch. 259. Aufl. Berlin, New York.

Radecki, C. M.; Jaccard, J. (1995): Perceptions of knowledge, actual knowledge, and information search behaviour. In: Journal of Experimental Social Psychology, 31, 107-138.

Raffée, H. (1969): Konsumenteninformation und Beschaffungsentscheidung des privaten Haushalts. Stuttgart.

Raffée, H. (1985): Grundfragen und Ansätze des strategischen Marketing. In: Raffée, H.; Wiedmann, K.-P. (Hg.): Strategisches Marketing. Stuttgart, 3-33.

Raffée, H.; Silberer, G. (1975): Ein Grundkonzept für die Erfassung und Erklärung des subjektiven Informationsbedarfs bei Kaufentscheidungen des Konsumenten. Bericht aus dem Sonderforschungsbereich 24 der Universität Mannheim "Sozial- und Wirtschaftspsychologische Entscheidungsforschung".

Raffée, H.; Silberer, G. (Hg.) (1981): Informationsverhalten des Konsumenten. Ergebnisse empirischer Studien. Wiesbaden.

Ratchford, B. T. (1987): New Insights about the FCB Grid. In: Journal of Advertising Research, Aug./Sept., 24-38.

Ratcliffe, J. (2000): Public preferences for the allocation of donor liver grafts for transplantation. In: Health Economics, 9, 137-148.

Reibnitz, C. von (2001): Die Rolle des Konsumenten auf dem Gesundheitsmarkt. In: Reibnitz, C. von; Schnabel, P.-E.; Hurrelmann, K. (Hg.): Der mündige Patient. Konzepte zur Patientenberatung und Patientensouveränität im Gesundheitswesen. Weinheim, 265-273.

Reibnitz, C. von; Güntert, B. (1996): Was bedeuted Zufriedenheit aus Sicht der Patienten? In: f&w, 13, 3, 260-265.

Rich, P. (1992): The Organizational Taxonomy: Definition and Design. In: Academy of Management Review, 17, 4, 758-781.

Riedel, H. H. (2008): Gesundheit: Zeitschriftenthema für Best Ager. In: Strahlendorf, P. (Hg.): Jahrbuch Healthcare Marketing 2008. Hamburg, 111–117.

Riedel, R. (2006): Klinik Leverkusen: Qualitätsbericht für Patienten. Rheinische Fachhochschule schafft Lesbarkeit. In: Management & Krankenhaus, Ausgabe 9, 2006, 7.

Riedel, U. (2001): Patientencharta - Patientenschutz. Wo stehen wir, wohin gehen wir? In: Ehlers, A. P. F.; Deutsch, E. (Hg.): Recht und Politik im Gesundheitswesen. Frankfurt am Main, 67-76.

Rindskopf, D.; Rose, T. (1988): Some Theory and Applications of Confirmatory Second-Order Factor Analysis. In: Multivariate Behavioral Research, 23, 51-67.

RKI – Robert Koch Institut (2006): Gesundheitsberichterstattung des Bundes, Gesundheit in Deutschland. Berlin.

Rodgers, W.C.; Schneider, K. C. (1993): An Empirical Evaluation of the Kapferer-Laurent Consumer Involvement Profile Scale. In: Psychology & Marketing, 10, 4, 333-345.

Rogers, E. M. (1993): Diffusion of Innovation. 3. Aufl. New York.

Roges, W. A. (2002): Evidence-based medicine in practice: Limiting or facilitating patient choice? In: Health Expectations, 5, 95-103.

Roselius, T. (1971): Consumer Rankings of Risk Reduction Methods. In: Journal of Marketing, 35, 1, 56-61.

Rosenstock, I. M. (1966): Why People use Health Services. In: Milbank Memorial Fund Quarterly, 44, 94-127.

Rosenstock, I. M. (1974): Historical Origins: The Health Belief Model. In: Becker, M. H. (Hg.): The Health Belief Model and Personal Health Behavior. New Jerrsery.

Rothschild, M. L. (1984): Perspectives on Involvement. In: Advances in Consumer Research, 11, 216-217.

Ruprecht, T. (2001): Patientenerfahrungen als Qualitätsindikator - das Picker-Modell. In: Satzinger, W.; Trojan A.; Kellermann-Mühlhoff P. (Hg.): Patientenbefragungen in Krankenhäusern. Konzepte, Methoden, Erfahrungen. St. Augustin, 181-194.

Ryan, M.; Diack, J.; Watson, V.; Smith, N. (2005): Rapid prenatal dignostik testing Down syndrom only or longer wait for full karyotype. The views of pregnant women. In: Prenatal Diagnosis, 25, 1206-1211.

Ryan, M.; Faffar S. (2000): Using conjoint analysis to elicit preferences for health care. In: British Medical Journal, 320, 3, 1530-1533.

Ryan, M.; Hughes, J. (1997): Using Conjoint analysis to assess women's preferences for miscarriage management. In: Health Economics, 6, 261-273.

Ryan, M.; McIntosh, E.; Dean, T.; Old, T. (2000): Trade-offs between location and waiting times in the provision of health care. The case of elective surgery on the Isle of Wight. In: Journal of Public Health Medicine, 22, 2, 202-210.

Sackmann, R.; Wingens, M. (2001): Theoretische Konzepte des Lebenslaufs. Übergang, Sequenz und Verlauf. In: Sackmann, R.; Wingens, M. (Hg.): Strukturen des Lebenslaufs. Übergang - Sequenz - Verlauf. Weinheim, München, 17-48.

Salkeld, G.; Solomon, M.; Butow, P.; Short, L. (2005): Discrete-choice experiment to measure patient preferences for the surgical management of colorectal cancer. In: British Journal of Surgery, 92, 742-747.

Satzinger, W.; Trojan A.; Kellermann-Mühlhoff P. (Hg.) (2001): Patientenbefragungen in Krankenhäusern. Konzepte, Methoden, Erfahrungen. St. Augustin.

Sauer, N. (2003): Costumer Sophistication. Messung, Determinanten und Wirkungen auf Kundenzufriedenheit und Kundenloyalität. Wiesbaden.

Sawtooth (2005): The CBC/HB System for Hierarchical Bayes Estimation. Version 4.0 Technical Paper. Sawtooth Software. Technical Paper Series. Online verfügbar unter www.sawtoothsoftware.com/download/ techpap/hbtech.pdf, zuletzt geprüft am 10.10. 2008.

Sawtooth (2007): The MaxDiff/Web v6.0 Technical Paper. Online verfügbar unter http://www.sawtoothsoftware.com/download/techpap/maxdifftech.pdf, zuletzt geprüft am 30.11.2007.

Schaeffer, D. (2006): Bedarf an Patienteninformationen über das Krankenhaus. Eine Literaturanalyse. Online verfügbar unter http://www.weisse-liste.de/xcms-bst-dms-20028-20029-2.download.a4b0674ae25af02f4f0c884caa8bcf45.pdf, zuletzt geprüft am 27.01.2009.

Schanz, G. (1975): Zwei Arten des Empirismus. In: Zeitschrift für betriebswirtschaftliche Forschung, 27, 307–331.

Schanz, G. (1977): Jenseits von Empirismus$_1$. In: Köhler, R. (Hg.): Empirische und handlungstheoretische Forschungskonzeptionen in der Betriebswirtschaftslehre. Stuttgart. 65-84.

Schanz, G. (1988a): Methodologie für Betriebswirte. 2. Aufl. Stuttgart.

Schanz, G. (1988b): Erkennen und Gestalten. Betriebswirtschaftslehre in kritisch-rationaler Absicht. Stuttgart.

Schauffler, H. H.; Mordavsky, J. K. (2001): Consumer reports in health care: Do they make a difference? In: Annual Review of Public Health, 22, 69-89.

Scheibler, F. (2004): Shared decision-making. Von der Compliance zur partnerschaftlichen Entscheidungsfindung. Bern.

Scheibler, F.; Pfaff, H. (2003): Shared Decision-Making. Der Patient als Partner im medizinischen Entscheidungsprozess. Weinheim.

Schischkoff, G. (1982): Philosophisches Wörterbuch. Stuttgart.

Schlöder, B. (1993): Soziale Werte und Werthaltungen. Opladen.

Schmeißer, N. (2002): Bestimmung der Präferenzstruktur konkurrierender Beratungs- und Informationsnagebote im Rahmen der Gestaltung ärztlicher Netzwerke. Eine internetbasierte Conjoint-Analyse. Aachen.

Schmidt-Kaehler, S. (2004): Patienteninformation Online. Theoretische Grundlagen, Planung und Entwicklung eines Konzeptes für die Patientenschulung im Internet. Bern.

Schmidt-Kaehler, S. (2005): Patienteninformation und -beratung im Internet. In: Medien und Kommunikationswissenschaft, 53, 4, 471-485.

Schnee, M.; Kirchner, H. (2005): Qualitätsmanagement und Zertifizierung. In: Böcken, J.; Braun, B.; Schnee, M.; Amhof, R. (Hg.): Gesundheitsmonitor 2005. Gütersloh, 41-66.

Schneider, D. (1987): Allgemeine Betriebswirtschaftslehre. 3. Aufl. München, Wien.

Schnell, R.; Hill, P. B.; Esser, E. (2005): Methoden der empirischen Sozialforschung. 7. Aufl. München, Wien.

Schrappe, M. (2005): Qualitätstransparenz - Qualitätsmanagement und Qualität im Wettbewerb. In: Klauber, J.; Robra, B.-P.; Schellschmidt, H. (Hg.): Krankenhaus-Report 2004. Stuttgart, New York, 17-26.

Schrappe, M.; Meurer, U.; Plamper, E.; Lauterbach, K. W. (2004): Qualität entscheidet. f&w entwickelt den Qualitätskompass. In: f&w, 21, 6, 576-577.

Schrappe, M.; Wolf-Ostermann, K.; Schlichtherle, S.; Lauterbach, K. W. (2005): Stand der Zertifizierung in bundesdeutschen Krankenhäusern. In: f&w, 17, 6, 644-646.

Schröder, C.; Riedel, S.; Schmutzer, G. (2004): Inhousebefragung zur Patientenzufriedenheit in einem Klinikum der Maximalversorgung - ein Praxisbericht. In: Das Gesundheitswesen, 66, 10, 674-681.

Schuker, R. E.; Stokes, R. C.; Stewart, M.; Henderson, D. P. (1983): The impact of the saccharin warning label on sales of diet soft drinks in supermarkets. In: Journal of Public Policy and Marketing, 2, 46-56.

Schumacher, K.; Jones, P.; Meleis, A. I. (1999): Helping elderly persons in transition: A framework for research and practice. In: Swanson, E.; Tripp-Reimer, T. (Hg.): Life transition in the older adult. Issues for Nurses and other health professionals. New York, 1-26.

Schupeta, E.; Hildebrandt, H. (1999): Patientenzufriedenheit messen und steigern. Was Krankenhäuser von Patienten lernen können, Erfahrungen und Folgerungen aus einem Vergleich von 45 Krankenhäusern durch Versicherte der DAK. St. Augustin.

Schürmann, P. (1988): Werte und Konsumverhalten. München.

Schwappach D. L. B.; Blaudszun, A.; Conen, D.; Ebner, H.; Eichler, K.; Hochreutener, M.-A. (2003): 'Emerge'. Benchmarking of clinical performance and patients' experiences with emergency care in Switzerland. In: International Journal for Quality in Health Care, 15, 6, 473-485.

Schwartz, A. (1996): Informations- und Anreizprobleme im Krankenhaussektor. Eine institutionsökonomische Analyse. Wiesbaden.

Schwartze, D. (2007): Eignung von Qualitätsindikatoren und grafischen Qualitätsvergleichen für eine informierte Krankenhauswahl. Düsseldorf.

Schwarzer, R. (1981): Streß, Angst und Hilflosigkeit. Die Bedeutung von Kognitionen und Emotionen bei der Regulation von Belastungssituationen. Stuttgart.

Schwarzer, R. (1993): Streß, Angst und Handlungsregulation. 3., überarb. u. erw. Aufl. Stuttgart.

Schwarzer, R. (2004): Psychologie des Gesundheitsverhaltens. Einführung in die Gesundheitspsychologie. 3., überarb. Göttingen.

Schwarzer, R.; Jerusalem, M. (1999): Skalen zur Erfassung von Lehrer- und Schülermerkmalen. Dokumentation der psychometrischen Verfahren im Rahmen der Wissenschaftlichen Begleitung des Modellversuchs Selbstwirksame Schulen. Berlin.

Schweikl, H. (1985): Computergestützte Präferenzanalyse mit individuell wichtigen Produktmerkmalen. Berlin.

Schwing, C. (2004): Existenzkrise des alten Krankenhauses. Prozessänderung, Schlüsselfaktor des Überlebens. In: Krankenhaus Umschau, 5, 401-402.

Sculpher, M.; Stirling, B.; Fry, P.; de Winter, P.; Payne, H.; Emberton, M. (2004): Patients' preferences for the management of non-metastatic prostate cancer. Discrete choice experiment. In: British Medical Journal, 2-4.

Seghezzi, H. D. (1996): Integriertes Qualitätsmanagement. Das St. Gallener Konzept. München, Wien.

Selbmann, H. -K (2003): Optimierung des Qualitätsmanagements (QM) im DRG-System. In: Das Krankenhaus, 9, 683-689.

Selbmann H.-K. (2004a): Qualitätssicherung. In: Lauterbach, K.-W.; Schrappe M. (Hg.): Gesundheitsökonomie, Qualitätsmanagement und Evidence-based Medicine. Stuttgart, 277-286.

Selbmann H.-K. (2004b): Der Qualitätsbricht ab 2005 - wozu und für wen? In: Das Krankenhaus, 9, 712-716.

Selbmann H.-K. (2004c): Qualität als Wettbewerbsfaktor auf dem internationalen Krankenhausmarkt. In: Braun, G. E. (Hg.): Ausländische Patienten für deutsche Krankenhäuser gewinnen. Strategien, Maßnahmen, Erfahrungen. Neuwied, 126-145.

Selbmann H.-K. (2007): Zertifikate und kein Ende. In: Krankenhaus Umschau, 2, 98-100.

Selder, F. (1989): Life transition theory: The resolution of uncertainty. In: Nursing and Health Care, 10, 8, 437-451.

Seligmann, M. E. P. (1979): Erlernte Hilflosigkeit. München.

Seyfarth-Metzger, I. (2004): Qualitätsberichterstattung - Nutzen für wen? In: Das Krankenhaus, 96, 8, 648-652.

Sharma, S. (1996): Applied Multivariat Techniques. New York.

Sheard, C.; Garrud P. (2006): Evaluation of generic patient information: Effect on health outcome, knowledge and satisfication. In: Patient Education and Counseling, 61, 43-47.

Shelley, E. (1979): Hospital Patient Behavior. In: Journal of Social Issues, 35, 1, 156-184.

Shepard, R. N.; Arabie, P. (1979): Additive Clustering: Represantation of Similarities as Combinations of Discrete Overlapping Properties. In: Psychological Review, 86, 87-123.

Sherif, M.; Cantril, H. (1947): The Psychology of Ego-Involvement. New York.

Silberer, G. (1981): Das Informationsverhalten des Kunden beim Kaufentscheid. In: Raffée, H.; Silberer, G. (Hg.): Informationsverhalten des Konsumenten. Ergebnisse empirischer Studien. Wiesbaden, 27-60.

Simon, A. (2007): Der Beitrag von Evaluierungssystemen zur Bewertung und Entwicklung der Qualität von Krankenhäusern, Vergleichende Darstellung und Analyse des deutschen Zertifizierungs-Systems der Kooperation für Transparenz und Qualität im Gesundheitswesen (KTQ) und des australischen Akkreditierung-Systems des Australien Council on Healthcare Standards (ACHS) anhand normativer Bewertungskriterien. Online verfügbar unter http://www.hs-weingarten.de/

Simon, H. A. (1987): Bounded Rationality. In: Eatwell, J.; Milgate, M.; Newmann, P. (Hg.): The New Palgrave: A Dictionary of Economics. London, New York, Bd. 1, 266-268.

SKAiG - Sachverständigenrat für die Konzertierte Aktion im Gesundheitswesen (1992): Ausbau in Deutschland und Aufbruch nach Europa. Jahresgutachten 1992. Baden-Baden.

SKAiG - Sachverständigenrat für die Konzertierte Aktion im Gesundheitswesen (2001): Gutachten 2000/2001 des Sachverständigenrates für die Konzertierte Aktion im Gesundheitswesen, Bedarfsgerechtigkeit und Wirtschaftlichkeit. Drucksache 14/5660 des Deutschen Bundestages. Bonn.

SKAiG - Sachverständigenrat für die Konzertierte Aktion im Gesundheitswesen (2003): Gutachten 2003 des Sachverständigenrates für die Konzertierte Aktion im Gesundheitswesen, Finanzierung, Nutzerorientierung und Qualität. Drucksache 15/530 des Deutschen Bundestages. Bonn.

Slevin, M. L.; Terry, Y.; Hallett, N.; Jefferies, S.; Launder, S.; Plant, R.; Wax, H.; McElwain, T. (1988): BACUP - The first two years: Evaluation of a national cancer information service. In: British Medical Journal, 297, 669-672.

Sneath, P. H. A.; Sokal, R. R. (1973): Numerical taxonomy: The principles and practice of numerical classification. San Francisco.

Sofaer, S.; Firminger, K. (2005): Patient perception of the quality of health services. In: Annual Review of Public Health, 26, 513-559.

Solomon, M.; Bamossy, G.; Askegaard, S. (2003): Konsumentenverhalten. Der europäische Markt. München.

Sood, J. (1986): Product Involvement Across Cultures. In: Contemporary Research in Marketing - Proceedings of the 25th Annual Conference of the European Marketing Academy, 1, 481-486.

Sorrentino, R.; Short, J. (1986): Uncertainty orientation, motivation, and cognition. In: Sorrentino, R.; Higgins, E. (Hg.): Handbook of Motivation and Cognition. New York, 379-403.

Spremann, K. (1990): Asymmetrische Information. In: Zeitschrift für Betriebswirtschaft, 60, 561-586.

Stahlknecht, P.; Hasenkamp, U. (2002): Einführung in die Wirtschaftsinformatik. Berlin u.a.

Stallmeier, C. (1993): Die Bedeutung der Datenerhebungsmethode und des Untersuchungsdesigns für die Eigenschaftsstabilität der Conjoint-Analyse. Regensburg.

StBA - Statistisches Bundesamt (2006a): Fortschreibung des Bevölkerungsstandes. Online verfügbar unter http://www-genesis.destatis.de, zuletzt geprüft am 12.09.2008.

StBA - Statistisches Bundesamt (2006b): Kosten der Krankenhäuser. Online verfügbar unter http://www.destatis.de/jetspeed/portal/cms/Sites/destatis/Internet/DE/Content/Statistiken/Gesundheit/Krankenhaeuser/Tabellen/Content100/KostenKrankenhaeuserBL.psml, zuletzt geprüft am 12.06.2008.

Stickel, E.; Grottmann, H. -D; Rau, K. -H (Hg.) (1998): Gabler-Wirtschaftsinformatik-Lexikon. Wiesbaden.

Stiftung Warentest (1999): Hitliste der Hospitäler. In: Test, Ausgabe 11, 1999, 89-95.

Stock, W. G. (2007): Information Retrieval. Informationen suchen und finden. München.

Streuf, R.; Maciejek, S.; Kleinfeld, A.; Blumenstock, G.; Reiland, M.; Selbmann, H. K. (2007): Informationsbedarf und Informationsquellen bei der Wahl eines Krankenhauses. In: Gesundheitsökonomie und Qualitätsmanagement, 12, 113-120.

Struhl, S. (1994): Diskrete choice modeling: Understanding a "better conjoint". Artikel Nr. 86. In: Quirk's Marketing Research, 1-8. Online verfügbar unter www.quirks.com, zuletzt geprüft am 10.10.2008.

Suhonen, R.; Nennonen, H.; Laukka, A.; Välimäki, M. (2005): Patients' informational needs and information received do not correspond in hospital. In: Journal of Clinical Nursing, 14, 1167-1176.

Swart, E. (2005): Was sagen uns Wiedereinweisungen über die Qualität der stationären Versorgung? In: Gesundheitswesen, 67, 101-106.

Tanaka, J. S.; Bentler, P. M. (1984): Quasi-Likelihood Estimation in Asymptotically Efficient Covariance Structure Models. In: Proceedings of the American Statistical Association 1984, 658-662.

Taylor, S. E. (1986): Health Psychology. New York.

Taylor, S. E. (2003): Health Psychology. 5. Aufl. Boston, Mass.

Ten-Asbroek, A. H. A.; Arah, O. A.; Geelhoed, J.; Custers, T.; Delnoij, D. M.; Klazinga, N. S. (2004): Developing a national performance indicator framework for the Dutch health system. In: International Journal for Quality in Health Care, 16, Supplement I, i65-i71.

Tergau, M. (2008): Hamburger Krankenhaus-Spiegel. Online verfügbar unter www.hamburger- krankenhausspiegel.de, zuletzt geprüft am 02.12.2008.

Terminosaurus Rex (2008): Terminosaurus Rex - Die Informationswissenschaft in Begriffen. Online verfügbar unter http://server02.is.uni-sb.de/trex/index.php?query=Informationsbedarf &id=1.8.2.5.&suche=Y, zuletzt geprüft am 27.02.2009.

Theobald, S.; Theobald A.; Nagel. G. (2005): Beratungsbedarf und Beratungsqualität aus der Sicht von Patienten mit Krebs - ein Umfrage bei der 1. Offenen Krebskonferenz 2005 in Berlin. In: Deutsche Zeitschrift für Onkologie, 37, 124-128.

Theuerkauf, T. (1989): Kundennutzenmessung mit Conjoint. In: Zeitschrift für Betriebswirtschaft, 59, 1179-1192.

Thiel, E. (2008): Krankenhaus-Spiegel Hannover. Online verfügbar unter www.krankenhaus-spiegel-hannover.de, zuletzt geprüft am 02.12.2008.

Thurstone, L. L. (1927): A Law of Comparative Judgment. In: Psychological Review, 4, 273-286.

TK - Techniker Krankenkasse (2006): Qualitätstransparenz. TK-Krankenhausbefragung. Methodik. Online verfügbar unter http://www.tk-online.de/centaurus/generator/tk-online.de/Formulare/Klinikfuehrer/40_20-_20Detailseiten/pdf/PZ__Befragungsmethodik,property=Data.pdf, zuletzt geprüft am 27.08.2008.

TK - Techniker Krankenkasse (2008): TK-Klinikführer. Online verfügbar unter http://www.tk-online.de, zuletzt geprüft am 05.03.2009.

TK - Techniker Krankenkasse, Forsa (2007): TK-Meinungsplus Gesundheit. Aktuelle Meinungen zur Krankenhaussuche. Unveröffentlichtes Manuskript.

Todd, R. J. (2005): Information Intents. In: Fisher, K. E.; Erdelez, S.; McKechnie, L. (Hg.): Theories of Information Behavior. Medford, New Jersey, 198-203.

Tommsdorff, V. (1993): Konsumentenverhalten. Stuttgart u.a.

Trommsdorff, V. (2003): Konsumentenverhalten. 5. Aufl. Stuttgart u.a.

Trommsdorff, V. (2008): Konsumentenverhalten. 7., Aufl. Stuttgart u.a.

Troschke, J. (1993): Gesundheits- und Krankheitsverhalten. In: Hurrelmann, K.; Laaser, U. (Hg.): Gesundheitswissenschaften. Weinheim,155-175.

Tuner, J. R.; Thayer, J. F. (2001): Introduction of Analysis of Variance. Thousand Oaks.

Ubach, C.; Scott, A.; French, F.; Awramenko, M.; Needham, G. (2003): What do hospital consultants value about their job? A discrete choice experiment. In: British Medical Journal, 326, 1432-1438.

Unterrieder, A. (2004): Qualitäten der Qualität in Krankenhäusern. München.

Urbany, J. E.; Dickson, P. R.; Kalapurakal, R. (1996): Price Search in Retail Grocery Marketing. In: Journal of Marketing, 60, 2, 91-104.

van Raaij, W. F. (1988): Information Processing and Decision Making: Cognitive Aspects of Economic Behaviour. In: van Raaij, W. F.; van Veldhoven, G. M.; Wärneryd, K. E. (Hg.): Handbook of Economic Psychology. Dordrecht, 74-106.

Vann, J. W. (1984): A Multi-Distributional, Conceptional Framework for Study of Perceived Risk. In: Advances in Consumer Research, 11, 1, 442-446.

Verbraucherzentrale Rheinland-Pfalz (2006): Qualitätsberichte der Krankenhäuser. Für Patienten oft Online-Bücher mit sieben Siegeln. Online verfügbar unter http://www.verbraucherzentrale-rlp.de/UNIQ124680582718937/link211742A.html, zuletzt aktualisiert am 30.01.2009.

Verplanken, B.; Svenson, O. (1997): Personal Involvement in Human Decision Making: Conceptualisations and Effects on Decision Processes. In: Ranyard, R.; Crozier, W. R.; Svenson, O. (Hg.): Decision Making: Cognitive Models and Explanations. London, New York, 40-57.

VFA - Verband der Forschenden Arzneimittelhersteller (2003): Gesundheitspolitik, Ergebnisse einer Repräsentativbefragung bei Emnid im Auftrag der VFA. Bielefeld.

Viciano, A.; Häberle, E. (2008): Krankenhausführer. Die beste Klinik für mich. In: Stern, Ausgabe 24, 2008, 89-99.

Vienonen, M. A. (2000): Von einer Ethik der Ignoranz hin zur Bürgerbeteiligung. In: BZgA - Bundeszentrale für gesundheitliche Aufklärung (Hg.): Bürgerbeteiligung im Gesundheitswesen. Eine länderübergreifende Herausforderung: Ideen, Ansätze und internationale Erfahrungen. Köln, Bd. 10, 58-64.

Visarius, J.; Lehr, A. (2005): Quo vadis G-BA. In: Das Krankenhaus, 97, 3, 178-180.

Viswanathan, M.; Sudman, S.; Johnson, M. (2004): Maximum versus Meaningful Discrimination in Scale Response: Implikation for Validity of Measurement of Consumer Perceptions about Products. In: Journal of business research, 57, 2, 108-124.

Vitaliano, P. P.; Maiuro, R. D.; Russo, J.; Katon, W.; DeWolfe, D.; Hall, G. (1990): Coping profiles associated with psychiatric, pysical health, work, and family problems. In: Health Psychology, 9, 348-376.

Voeth, M. (1999): 25 Jahre conjointanalytische Forschung in Deutschland. In: Zeitschrift für Betriebswirtschaft, 69, 2. Ergänzungsheft, 153-176.

Voeth, M. (2000): Nutzenmessung in der Kaufverhaltensforschung. Die Hierarchische Individualisierte Limit Conjoint-Analyse. Wiesbaden

Volk, A. (2006): Mehr Transparenz der Ergebnisqualität. Helios-Kliniken: Unser neuer Indikatorensatz steht zur Verfügung. In: Krankenhaus Umschau, 7, 1017.

Vormweg, F. (2007): KTQ: Die zweite Runde muss effektiver werden. Problemkonstellationen im KTQ-Verfahren erkennen und beheben. In: Krankenhaus Umschau, 2, 108-110.

Voss, K. E.; Stem, D. E. jr.; Fotopoulos, S. (2000): A Comment on the Relationship between Coefficient Alpha and Scale Characteristics. In: Marketing Letters, 11, 2, 177-191.

Wallhäuser, M. (2002): Das Krankenhaus im Internet. In: Krankenhaus Umschau, 10, 834-836.

Weiber, R.; Adler, J. (1995a): Der Einsatz von Unsicherheitsreduktionsstrategien im Kaufprozess: Eine informationsökonomische Analyse. In: Kaas, K. P. (Hg.): Kontrakte, Geschäftsbeziehungen, Netzwerke: Marketing und Neue Institutionenökonomie, Zeitschrift für betriebswirtschaftliche Forschung, Sonderheft 35, 61-77.

Weiber, R.; Adler, J. (1995b): Informationsökonomisch begründete Typologisierung von Kaufprozessen. In: Zeitschrift für betriebswirtschaftliche Forschung, 47, 1, 43-65.

Weigts, W.; Widdershoven, G.; Kok, G.; Tomlow, P. (1993): Patients' information seeking actions and physicians' responses in gynaecological consultations. In: Qualitative Health Research, 3, 398-429.

Welter, M. (2006): Die Forschungsmethode der Typisierung. Charakteristika, Einsatzbereiche und praktische Anwendung. In: Wirtschaftswissenschaftliches Studium, 35, 2, 113-116.

Werner, Ch.; Schermelleh-Engel, K. (2008): Einführung in die Analyse von Strukturgleichungsmodellen mit LISREL. Parameter-Schätzmethoden und Verteilungsvoraussetzungen. Online verfügbar unter http://user.uni-frankfurt.de/~cswerner/sem/estimation_methods.pdf, zuletzt geprüft am 03.09.2008.

WHO - World Health Organization (1994): Principles of the rights of patients in Europe. A common framwork. In: European Journal of Health Law, 1, 3, 279-291.

WHO - World Health Organization (2007): Definition of Health. Online verfügbar unter http://www.who.int/about/ definition/en/, zuletzt geprüft am 17.04.2008.

Wieseke, J. (2004): Implementierung innovativer Dienstleistungsmarken. Erfolgsfaktoren und Gestaltungsvorschläge auf der Basis einer empirischen Mehrebenenanalyse. Gabler.

Wiesing, U. (2004): Wer heilt, hat Recht. Über Pragmatik und Pluralität in der Medizin. Stuttgart.

Wildner, M.; Brunner, A.; Weitkunat, R.; Weinheimer, H.; Moretti, M.; Raghuvanshi, V. S.; Aparicio, M. L. (2002): The Patients' Right to Information and Citizens' Perspective of their Information Needs. In: Zeitschrift für Gesundheitswissenschaften, 10, 4, 305-315.

Wilson, R. (1963): The social structure of a general hospital. In: The Annals of the American Academy of Political and Social Science, 346, 67-76.

Wilson, T. D. (1981): On user studies and information needs. In: Journal of Documentation, 37, 1, 3-15.

Wilson, T. D. (1996): Information behaviour: An interdisciplinary perspective. Online verfügbar unter http://informationr.net/tdw/publ/infbehav/cont.html, zuletzt geprüft am 12.07.2008.

Wilson, T. D. (1997): Information behaviour: An interdisciplinary perspective. In: Information Processing and Management, 33, 4, 551-572.

Wilson, T. D.; Ford, N. J.; Ellis, D.; Foster, A. E.; Spink, A. (2002): Information seeking and mediated searching, Part 2: Uncertainty and its correlates. In: Journal of the American Society for Information Science and Technology, 53, 704-715.

Wingenfeld, K. (2005): Die Entlassung aus dem Krankenhaus. Institutionale Übergänge und gesundheitlich bedingte Transitionen. Bern.

Winkler, J. (1998): Die Messung des sozialen Status mit Hilfe eines Index in den Gesundheitssurveys der DHP. In: Ahrens, W.; Bellach, B.; Jöckel, K.-H. (Hg.): Messung soziodemographischer Merkmale in der Epidemiologie. Schriften des Robert Koch-Institut 1/98. Berlin, 69-74.

Winkler, J.; Stolzenberg, H. (2007): Sozialer Status und Gesundheit. Soziale Disparitäten im Gesundheitsstatus der Bevölkerung in der Bundesrepublik Deutschland. Berlin.

Wippermann, P. (1996): Trend Gesundheit. In: Pharma Marketing Journal, 6, 1992-194.

Wissenschaftlichen Instituts für Presseforschung und Medienberatung (2003): Transparenzstudie Gesundheitspresse. Hauptbericht. Köln.

Wiswede, G. (1991): Der "neue Konsument" im Lichte des Wertewandels. In: Szallies, R.; Wiswede, G. (Hg.): Wertewandel und Konsum. Fakten, Perspektiven und Szenarien für Markt und Marketing. 2. Aufl. Landsberg, 11-40.

Witte, E. (1972): Das Informationsverhalten in Entscheidungsprozessen. Tübingen.

Witte, E. (1977): Lehrgeld für empirische Forschung. Notizen während einer Diskussion. In: Köhler, R. (Hg.): Empirische und handlungstheoretische Forschungskonzeptionen in der Betriebswirtschaftslehre. Stuttgart, 270-281.

Witte, E.; Grün, O.; Bronner, R. (1975): Pluralismus in der betriebswirtschaftlichen Forschung. In: Zeitschrift für betriebswirtschaftliche Forschung, 27, 796–800.

Wittink, D.; Vriens M.; Burhenne W. (1994): Commercial Use of Conjoint Analysis in Europe. Results and Critical Reflection. In: International Journal of Research in Marketing, 11, 1, 41-52.

Wittmann, W. (1980): Information. In: Grochla, E. (Hg.): Handwörterbuch der Organisation. Stuttgart, 894-904.

Wolf, L. J. (2005): Mitarbeiterzufriedenheit als Determinante der wahrgenommenen Dienstleistung. Am Beispiel der stationären Patientenversorgung. Wiesbaden.

Wolfe, H. J. (1970): Pattern Clustering by Multivariate Cluster Analysis. In: Multivariate Behavioral Research, 5, 329-350.

Zaichkowsky, J. L. (1985): Measuring the Involvement construct. In: Journal of Consumer Research, 15, 341-352.

Zaichkowsky, J. L. (1986): Conceptualizing Involvement. In: Journal of Advertising, 15, 2, 4-14, 34.

Zaichkowsky, J. L. (1987): The Emotional Aspekt of Product Involvement. In: Advances in Consumer Research, 14, 32-35.

Zaichkowsky, J. L. (1994): The Personal Involvement Inventory: Reduction, Revision, and Application to Advertising. In: Journal of Advertising, 23, 4, 59-70.

Zaltman, G.; LeMasters, K.; Heffring, M. (1982): Theory Construction in Marketing. Some Thoughts on Thinking. New York.

Zaltmann, G.; Wallendorf, M. (1983): Consumer Behavior. 2. Aufl. New York.

Zeithaml, V. A. (1991): How Consumer Evaluation Processes Differ between Goods and Services. In: Lovelock, C. H. (Hg.): Services Marketing. 2. Aufl. Englewood Cliffs, 186-190.

Zeithaml, V. A.; Berry, L. L.; Parasuraman, A. (1988): Communication and Control Processes in the Delivery of Service Quality. In: Journal of Marketing, 52, 35-48.

Ziegler, G.; Bürgin, D. (1990): Krankheitsverarbeitung bei Tumorpatienten. 2., durchges. Aufl. Stuttgart.

Zok, K. (2003): Gestaltungsoptionen in der Gesundheitspolitik: Die Reformbereitschaft von Bürgern und Versicherten im Spiegel der Umfragen. Online verfügbar unter http://www.wido.de/fileadmin/wido/downloads/pdf_gesundheitssystem/wido_ges_mat50_050.pdf, zuletzt geprüft am 27.01.2009.

Anhang

Anhang I: Synopse einer vergleichenden Analyse von 40 empirischen Studien zum Informationsbedarf hinsichtlich der Krankenhausqualität sowie themenverwandter Untersuchungen

Nr.	Autor(en) / Jahr / Titel / Forschungsgegenstand	Theoretische Basis	Empirische Basis	Zentrale Befunde
1.	**Dobbelstein (2007)** Erreichbarkeit und schnelle Prozesse zeichnen gute Krankenhäuser aus. Ergebnisse einer repräsentativen Eiinweiseranalyse Analyse des Auswahlprozesses von KH durch einweisende Ärzte	keine	Schriftliche Befragung von niedergelassenen Ärzten im Landkreis Ravensburg n=111 Exploratorischer Charakter	• Für mehr als die Hälfte der befragten Ärzte ist die Auswahl eines KH ein arbeitsintensiver Prozess • Wichtigste Informationsquellen zur KH-Bewertung: persönliche Erfahrungen des Arztes mit dem KH, Berichte von Patienten, Berichte von Kollegen • Insgesamt medizinsiche Qualität und Zusammenarbeit zwischen KH und niedergelassenen Arzt als gleich wichtige Aspekte bei der KH-Wahl angesehen • Im Ranking von 27 Einzelkriterien zur KH-Beurteilung auf Basis von Wichtigkeits-Noten rangieren die Aspekte Kurzentlassbrief (Patient direkt mitgegeben), Erreichbarkeit Ansprechpartner während Einweisungsentscheidung, und kooperatives/faires Miteinander von niedergelassenem und KH-Arzt auf den ersten drei Plätzen
2.	**Döbler, Boy, Mohr (2007)** Qualitätsberichte der Krankenhäuser: Wie viel Prozess und Ergebnisqualität steckt drin? Analyse der Qualitätsberichte deutscher Krankenhäuser bezüglich der Nutzung von BQS-Qualitätsindikatoren für die öffentliche Qualitätsberichterstattung Ableitung von Schlussfolgerungen für die Verfahrensoptimierung	keine	Sekundärstatistisches Datenmaterial: Abschnitt E3 der Qualitätsberichte zum Berichtsjahr 2004 der Krankenhäuser n=1.935 Exploratorischer Charakter	• 28,6% der dt. Krankenhäuser haben Informationen zur Indikations-, Prozess- und Ergebnisqualität veröffentlicht (im Mittel aus 5,5 Leistungsbereichen 30,3 Kennzahlen) • 92,7% der Ergebniskennzahlen beziehen sich auf BQS-Leistungsbereiche, 73,4% der veröffentlichten Kennzahlen sind BQS-Qualitätskennzahlen • eingeschränkte Vergleichbarkeit der veröffentlichten Ergebnisse (durch selektive Auswahl nach intransparenten Kriterien, fehlende Darstellung der Daten- und Berechnungsgrundlage sowie Richtigkeit der Daten) • Schlussfolgerung für die Weiterentwicklung der Qualitätsberichte: Veröffentlichung einer einheitlichen Darstellung der Berechnungsgrundlage je Kennzahl (zentrales Register für Qualitätsindikatoren und –kennzahlen), Definition eines Set geeigneter Qualitätskennzahlen, systematische Analyse der Anforderungen aller Zielgruppen
3.	**TK, Forsa (2007)** TK-Meinungsplus Gesundheit: Aktuelle Meinungen zur Krankenhaussuche Erhebung zu Informationsquellen, Einschätzung der aktuellen Informationslage, Kriterien für die Auswahl eines Krankenhauses und Einschätzung zur Nutzung von Patientenurteilen	keine	Schriftliche Befragung von TK-Versicherten (welche in einem KH der 20 bevölkerungsbezogen größten Städte behandelt wurden) n=1.005 Explorativer Charakter	• 75 % möchten die Wahl des Krankenhauses nicht allein der Entscheidung des Arztes überlassen • 45 % fühlen sich gut informiert, 55 % weniger gut, schlecht oder informieren sich gar nicht • Die drei wichtigsten Kriterien bei der Auswahl eines Krankenhauses: 1. Qualifikation bzw. Kompetenz der Ärzte, Spezialisten, 2. Behandlung und Versorgung durch die Ärzte, 3. Ausstattung des Krankenhauses (z. B. Zimmer, technische Ausstattung) • 80 % finden Patientenumfragen sinnvoll oder sehr sinnvoll / 80 % würden Ergebnisse von Patientenbefragungen selbst nutzen, um ein Krankenhaus auszuwählen • bevorzugtes Medium für Ergebnisse von Patientenbefragungen: 58% bevorzugen gedruckte Broschüren, 50% das Internet

Nr.	Autor(en) / Jahr / Titel / Forschungsgegenstand	Theoretische Basis	Empirische Basis	Zentrale Befunde
4.	**Streuf, Maciejek, Kleinfeld, Blumenstock, Reiland, Selbmann (2007)** Informationsbedarf und Informationsquellen bei der Wahl eines Krankenhauses Erhebung zu Informationsquellen, deren Wichtigkeit, der Kriterien für die Auswahl eines Krankenhauses sowie den bevorzugten Informationsmedien; Überprüfung des Zusammenhangs von soziodemographischen Angaben und den Fragestellungen mittels Kontingenztafeln und Chi-Quadrat-Tests	keine	Mündliche Befragung (Telefoninterview) von Versicherten (als Teil der jährlichen Versichertenbefragung der Barmer Ersatzkasse) n=2.000 Explorativer Charakter	• Versicherte benutzen durchschnittlich mehr als drei Informationsquellen • Hausarzt als Informationsquelle am häufigsten genannt (93%), jedoch auch großer Teil der Versicherten, die zusätzlich selbst Informationen suchen: über Zeitungen, Zeitschriften und Internet (70%), Angehörige, Freunde, Bekannte (69%), vom Krankenhaus selbst nur zu 47% • Besonders mittlere Altersklasse (36-55 Jahre) und Versicherte mit höherer Schulbildung tendieren zur Nutzung von Printmedien und Internet • Versicherte mit weniger gutem Gesundheitszustand sowie ältere Bürger nutzen weniger Informationsquellen • Die drei wichtigste Kriterien bei der Auswahl eines Krankenhauses (unter sieben vorgegebenen Aspekten): 1. guter Ruf der Ärzte bzw. des Krankenhauses insgesamt, 2. enge Zusammenarbeit des Krankenhauses mit dem behandelnden Arzt, 3. bereits häufig erfolgte Durchführung der notwendigen Behandlung • Bevorzugtes Informationsmedium: Online-Krankenhausführer (33%) gedruckte Version (66%), beides (3%) • Jüngere Versicherte und Versicherte mit Abitur oder Hochschulstudium bevorzugen häufiger den Online-Krankenhausführer
5.	**Consensus Research Group Pfizer (2006)** Perceptions of healthcare Erhebung zur Patientenzentrierung / Patientenorientierung der nationalen Gesundheitssysteme	keine	Schriftliche Befragung von Patientenorganisationen über 12 Länder (Österreich, Belgien, Tschechien, Frankreich, Deutschland, Ungarn, Italien, Spanien, Schweden, Großbritannien, Kanada, Nigeria) n=1.200 Mitglieder von Patientenorganisationen Explorativer Charakter	Die Studie zeigt ähnliche Sichtweisen über alle befragten Patientenorganisationen: • Notwendigkeit eines patientenzentrierten Ansatzes zur Ausrichtung des Gesundheitssystems an den Patientenbedürfnissen und –erwartungen, Verbesserung des Zugangs zu Behandlung und Information, Sicherstellung der Entscheidungspartizipation und Einbeziehung der Patientensicht in die Gesundheitspolitik Ergebnisse im Bereich Patienteninformation • Nur 51% der Befragten sind zufrieden mit Zugang zu Informationen über neue Medikamente und Behandlungsmethoden • Aspekte mit hohe Prioritäten im abgefragten Rating u.a.: Einführung eines computerbasierten Informationssystems zur Bereitstellung von Vitaldaten und Vermeidung von Behandlungsfehlern durch falsche Medikamente (65%) Einbeziehung von Patienten in die Gesundheitspolitik (63%) • Übereinstimmung in Form von Statements: akkurate, vergleichbare und verständliche Informationen müssen bereitgestellt werden zur Unterstützung der Entscheidungsfreiheit (98%), Patienten haben fundamentales Recht auf patientenzentrierte Versorgung (95%), Patienten haben Recht und Verantwortung zur Partizipation (95%)

Nr.	Autor(en) / Jahr / Titel / Forschungsgegenstand	Theoretische Basis	Empirische Basis	Zentrale Befunde
6.	**Abbott, Meyer, Bentley, Lanceley (2006)** Patient Advice and Liaison Services*: strengthening the voices of individual service users in health-care organizations Erhebung zur Rolle des Patientenberatungs- und –kontaktservice in Krankenhäusern (eine Einrichtung des NHS zur Patientenberatung in englischen Krankenhäusern) mit zwei wesentlichen Intentionen: Erfahrungen mit etablierten PALS sowie Entwicklung von patientenzentrierten Kriterien zur langfristigen Erfolgsbewertung der PALS *Patient Advice and Liaison Service (PALS)	keine	Fallstudien unter Nutzung der Methoden: Beobachtung von Sitzungen, Analyse von Dokumenten, semi-strukturierte Interviews mit Mitarbeitern n=27 PALS-Mitarbeiter (in 6 Einrichtungen Londons: 2 acute trusts, 2 primary care trusts, 2 mental health trusts) Explorativer Charakter	Das PALS-Personal erfüllt sieben Rollen: 1. Anbieter von Informationen (information provider) als Hauptaufgabe – generelle Informationen über die Einrichtung, spezielle Informationsangebote: u.a. zum Krankheitsbild, Zugriff auf Akten, Wechsel des Arztes, Angabe einer Beschwerde, die Information an sich reicht häufig nicht aus und bedarf aufgrund der Komplexität und Schwierigkeit unterstützender Erklärungen durch den PALS 2. Zuhörer (listener) 3. Botschafter (messenger) - Übermittlung von Informationen vom Patienten zu den Einrichtungsmitarbeitern 4. Dazwischen gehen (go-between) – Informationen vor / zurück senden 5. Unterstützer (supporter) – Unterstützung der Patienten bei Bildung und Artikulierung der patienteneigenen Sichtweise und Bedürfnisse gegenüber dem Personal 6. Mediator (mediator) – Unterstützung bei Konflikten 7. Ressourcen mobilisieren (resource mobilizer) – bei Notwendigkeit der Unterstützung anderer Einrichtungen PALS sind wesentlich für die wachsende Entscheidungsfreiheit von Patienten durch Bereitstellung von Informationen und Beratung
7.	**Dietz (2006)** Patientenmündigkeit. Messung, Determinanten, Auswirkungen und Typologie mündiger Patienten Empirische Überprüfung des Konstrukts Patientenmündigkeit Regressionsanalytische Untersuchung des Einflusses von Determinanten der Patientenmündigkeit Untersuchung der Auswirkungen der Patientenmündigkeit mit Hilfe der Kausalanalyse Clusteranalytische Typologisierung von Patienten anhand ihrer Mündigkeit	Selbstbestimmungstheorie von Deci und Ryan, Sozial-kognitive Theorie von Bandura, Informationsökonomie, Prinzipal-Agenten-Theorie	Schriftliche Befragung von Patienten der Indikationsgebiete HIV/AIDS, Brustkrebs, Diabetes, Adipositas über Kooperationspartner in Form von niedergelassenen Ärzten und Selbsthilfegruppen n=1.622 Explorativer und konfirmatorischer Charakter	• Das drei-faktorielle Konstrukt der Patientenmündigkeit – Informationsverhalten, Wissen, Mitbestimmung mit insgesamt 17 Indikatoren wurde bestätigt Determinanten der Patientenmündigkeit: • Nutzung von Angeboten der Patienten-Selbsthilfe, Aktivierung des Patienten durch den Arzt hat positiven signifikanten Einfluss • Psychologische Faktoren: positiver Einfluss von Sprachkompetenz auf die Patientenmündigkeit, positiver Einfluss von Wichtigkeit der Gesundheit auf das Informationsverhalten, positiver Einfluss von Selbstwirksamkeit auf das Wissen, negativer signifikanter Einfluss von positiver Einstellung gegenüber dem Arzt auf die Mitbestimmung • Dauer der Krankheit beeinflusst die Patientenmündigkeit, die Mitbestimmung und das Wissen signifikant positiv (keine Auswirkung auf das Informationsverhalten) • Soziodemographische Faktoren: mit zunehmendem Alter nimmt Einfluss auf die Mitbestimmung stark ab, andere Größen wie Bildungsniveau oder Zugang zum Internet kein Einfluss nachweisbar Auswirkungen der Patientenmündigkeit: • Indirekter positiver Effekt der Patientenmündigkeit auf die Compliance (direkter Effekt sign. schwach negativ, Gesamteffekt jedoch positiv) • Indirekter und direkter signifikant positiver Effekt der Patientenmündigkeit auf die Patientenzufriedenheit Identifizierung von 5 Mündigkeitstypen: die extrem Mündigen (24%), die Engagierten (23%), die Forschen (22%), die Unsicheren (18%) und die Gleichgültigen (13%)

Nr.	Autor(en) / Jahr / Titel / Forschungsgegenstand	Theoretische Basis	Empirische Basis	Zentrale Befunde
8.	**Geraedts (2006)** Qualitätsberichte deutscher Krankenhäuser und Qualitätsvergleiche von Einrichtungen des Gesundheitswesens aus Versichertensicht Untersuchung zu den Bereichen: Kenntnis, Gebrauch und Beurteilung der gesetzlichen Qualitätsberichte, Wunsch nach Qualitätsinformationen, Anbieter und Medien von Qualitätsvergleichen, Informationsbedarf an Qualitätsinformationen zur Krankenhauswahl in fünf Rubriken (medizinisches Leistungsspektrum der Klinik, Qualifikation des Personals, Behandlungsverfahren und deren Erfolge, allgemeine Serviceleistungen der Klinik, sonstige Austattungs- und Leistungsmerkmale) mit 33 Items	keine	Schriftliche Befragung von Versicherten n=1.425 Explorativer Charakter	• Von 7% der Bürger, die einen elektiven Krankenhausaufenthalt aufweisen, haben nur 3,7% den Qualitätsbericht wahrgenommen • Kenntnis publizierter Krankenhausvergleiche gering, Krankenhausvergleiche spielen daher geringe Rolle bei der Krankenhauswahl • Hoher Bedarf an Qualitätsinformationen (Wunsch nach Qualitätsinformationen zu Krankenhäusern auf 2. Platz der Rangliste von 10 Leistungsanbietern, nach Qualitätsinformationen zu Fachärzten) • Häufigste Informationsquellen: Informationsbroschüren und Internet • Gewünschte Qualitätsinformationen zur Krankenhauswahl, Top-Ten aus der Rangliste von 33 Items: 1. Qualifikation der Ärzte 2. Sauberkeit der Klinik und Patientenzimmer 3. Qualifikation des Pflegepersonals 4. Behandlung nach den neuesten und derzeit besten medizinischen Verfahren 5. Freundlichkeit des medizinischen Personals 6. Einbeziehung der Patienten bei der Behandlung 7. Spezialkompetenzen der Klinik 8. Zufriedenheit der Patienten mit dieser Einrichtung 9. Behandlungserfolge und Komplikationsraten der Klinik 10. Empfehlung der Klinik durch Spezialisten
9.	**Picker Institut (2006)** Qualitative Evaluation von patienten- und bedarfsgerechten Informationen über Gesundheitseinrichtungen Explorative Erhebung zu den Fragestellungen: Welche Informationen benötigen Patienten, um sich für einen Leistungserbringer zu entscheiden. Wie groß ist der (objektive) Bedarf an Informationen zur Ergebnisqualität von Leistungserbringern.	Keine	Mündliches Gruppeninterview (offene Fraugen anhand eines Diskussionsleitfadens) mit jeweils einer Fokusgruppe zu folgenden Leistungserbringern: Ambulanter Pflegedienst, Hausarzt, Krankenhaus, Reha (die Fokusgruppe Krankenhaus setzt sich aus Personen zusammen, die vor der Studie aufgrund von Krankheit ein KH gewählt hatten) n=32 Probanden (8 je Fokusgruppe) Explorativer Charakter	Ergebnisse zum Leistungserbringer Krankenhaus: • Entscheidungskontext: Suchsituation generell durch hohe Unsicherheit geprägt, Informationsbedürfnis aufgrund der Relevanz des med. Behandlungserfolges sehr groß • Informationsquellen: Hauptinformationsquelle ist behandelnder Arzt • Entscheidungskriterien: - hohe Relevanz: medizinischer Schwerpunkt des Krankenhauses, fachliche Qualifikation der Ärzte, Erfolgs- bzw. Komplikationsraten, Fallzahlen, Kooperationen mit anderen Einrichtungen, Zertifikate, vertrauensvolle Beziehung zum Arzt - mittlere Relevanz: Qualifikation und Verhalten des Pflegepersonals, medizinische Ausstattung und Sauberkeit, Essen, Zimmerausstattung, Ruf/Image des Krankenhauses - geringe Relevanz: Wartezeiten in den verschiedenen Stufen des Behandlungsprozesses, Zeitmangel des Personals, Alter und Titel von Ärzten, räumliche Nähe, Zahl der Betten • Die Idee eines geplanten Internetportals trifft auf großes Interesse

Nr.	Autor(en) / Jahr / Titel / Forschungsgegenstand	Theoretische Basis	Empirische Basis	Zentrale Befunde
10.	**Sheard, Garrud (2006)** Evaluation of generic patient information: Effect on health outcome, knowledge and satisfication Überprüfung des Effekts von kommerziell produzierten schriftlichen Krankenhausinformationen auf das Patientenwissen, die Patientenzufriedenheit und die gesundheitsbezogene Lebensqualität mittels Varianzanalyse	keine	Experiment (strukturiertes Interview, randomisiertes kontrolliertes Design) mit elektiven chirurgischen Patienten des Queen Elizabeth Hospital in Birmingham (UK) n=109 Testgruppe 54 Patienten erhielten kommerziell produzierte Informationsbroschüren zusätzlich zum Standard-Informationsangebot des Krankenhauses Kontrollgruppe: 55 Patienten bekamen die Standard-Krankenhaus-Infoblätter Konfirmatorischer Charakter	• Die Testgruppe verfügt signifikant über größeres Wissen als die Kontrollgruppe vor der Aufnahme, allerdings nicht nach der Entlassung und Nachbehandlung • Die Testgruppe war weniger ängstlich vor der Operation und berichtete über höher empfundene Steuerungsmöglichkeiten als die Kontrollgruppe • Der Gesundheitsstatus beider Gruppen war prinzipiell gleich, die Testgruppe berichtete über signifikant weniger Schmerzen Die Kombination von kommerziell produzierten Patienteninformationen mit den Standard-Krankenhausinformationen bietet einen großen Nutzen für den Patienten
11.	**Coulter, Jenkinson (2005)** European patients' views on the responsiveness of health systems and healthcare providers Erhebung der Patientensicht zum nationalen Gesundheitssystem sowie zur Entscheidungsfreiheit und Einbeziehung	keine	Mündliche Befragung (Telefoninterview) von Bürgern der EU-Staaten Deutschland, Großbritannien, Italien, Polen, Slowenien, Spanien, Schweden, Schweiz n=8.119 Explorativer Charakter	• Durchschnittlich gaben über die Hälfte der Befragten an, dass der Arzt immer zuhört, Zeit für Fragen hat und klare Erklärungen gibt, jüngere Personen waren generell kritischer als ältere • Die aktive Einbeziehung in die ärztliche Entscheidungsfindung wird mehrheitlich gewünscht, insbesondere unter jüngeren Bürgern 74% • Die meisten Befragten gaben an, dass sie die Wahl haben, welchen Hausarzt, Facharzt oder welches Krankenhaus sie aufsuchen wollen, jedoch keine ausreichenden Informationen, um diese Entscheidung fällen zu können • Generell wollen Patienten eine höhere Autonomie, es gibt jedoch signifikante Unterschiede zwischen den Ländern

Nr.	Autor(en) / Jahr / Titel / Forschungsgegenstand	Theoretische Basis	Empirische Basis	Zentrale Befunde
12.	**Deber, Kraetschmer, Urowitz, Sharpe (2005)** Patient, consumer, client, or customer: what do people want to be called? Untersuchung, welche Bezeichnung von Patienten vorgezogen werden (Patient, Kunde, Klient, Konsument)	keine	Schriftliche Befragung von Patienten in Ontario, Kanada n=202 Prostatakrebs n=202 Brustkrebs n=202 Frakturen n=424 HIV Explorativer Charakter	• Mäßige Bevorzugung der Bezeichnung Patient, alle anderen Bezeichnungen werden noch weniger akzeptiert z.T. abgelehnt • Am meisten werden die Bezeichnungen Konsument und Kunde abgelehnt • Die größte Zustimmung für eine andere Bezeichnung außer Patient kam von der HIV-Gruppe und zwar für Klient • Unabhängig von der bevorzugten Bezeichnung als Patient (mangels besserer Alternativen), besteht jedoch der generelle Wunsch der Beteiligung bei Entscheidungen
13.	**Douglas, Douglas (2005)** Patient-centered improvements in health-care built environments: perspectives and design indicators Erhebung der Patienten- und Angehörigenwahrnehmung zur baulichen Krankenhausgestaltung	keine	Photographische Studien durch Patienten n=35 Laien-Experten-Austausch und Zukunftsworkshops n=8 Fokusgruppen schriftliche Befragung von Patienten n=785 Salford Royal Hospitals, Salfort, Großbritanien Explorativer Charakter	• Fokusgruppen – Konzentration auf Qualitätsaspekte in den Bereichen: Transport, Zugang und Mobilität, Landschaftsgestaltung, sozialer und öffentlicher Raum, Vertrautheit und Sicherheit, kulturelle Unterschiede, Schutz und Sicherheit, persönlicher Raum, Zugang nach außen • Photographische Studien konzentrierten sich auf: Qualität der Stationsgestaltung, zwischenmenschliche Interaktion, Stand und Qualität des persönlichen Raums, Einrichtungen für Wiederherstellung und Freizeit • Patientenbefragung: Ansichten zur Stationsgestaltung, insbesondere hohe Bedeutung der Aspekte Einschränkung des persönlichen Raums rund um das Bett, Intimsphäre und Würde, Lärm und andere Störungen auf Station
14.	**Gaber, Hundertmark-Mayser (2005)** Gesundheitsbezogene Selbsthilfegruppen – Beteiligung und Informiertheit in Deutschland Erhebung zur Beteiligung an und der Informiertheit über gesundheitsbezogene Selbsthilfegruppen	keine	Mündliche Befragung von erwachsenen Bürgern (Telefoninterview) n=8.318 Explorativer Charakter	• Deutliche Erhöhung des Anteils der Bevölkerung mit Erfahrungen mit Selbsthilfegruppen im Vergleich zu Schätzungen aus den 80er Jahren • Insbesondere Betroffene (chronisch Kranke und Schwerbehinderte) engagieren sich deutlich stärker • Feststellung eines ungenutzten Selbsthilfepotentials

Nr.	Autor(en) / Jahr / Titel / Forschungsgegenstand	Theoretische Basis	Empirische Basis	Zentrale Befunde
15.	**Grande, Romppel (2005)** Qualitätskonzepte von Patienten am Beispiel der kardiologischen und orthopädischen Rehabilitation Untersuchung zu subjektiven Qualitätskonzepten von Patienten der Reha sowie Unterschiede zur Qualitätsvorstellung von Sozialmitarbeitern und niedergelassenen Ärzten, faktoranalytische Herleitung von Qualitätsdimensionen	keine	Studie des NRW-Forschungsverbundes 1. Stufe: mündliche Befragung Experteninterview n=20 Ärzte n=10 Sozialdienstmitarbeiter Patienten-Fokusgruppen (Patienten der Indikationsgruppen Dorsopathien und KHK) n=94 Patienten 2. Stufe: schriftliche Befragung n=203 Ärzte n=101 Sozialdienstmitarbeiter n=625 Patienten Explorativer Charakter	• Identifikation von 77 Qualitätsindikatoren • Wichtigste subjektive Qualitätsindikatoren der Patienten im Bereich der Ergebnis- und Prozessqualität: 1. Wiederherstellung der Leistungsfähigkeit 2. Kompetenz und Erfahrung der Ärzte 3. Verbesserung des körperlichen Zustandes Indikatoren der Strukturqualität (z.B. Größe der Einrichtung, Entfernung zum Wohnort) für Patienten weniger wichtig • Definitive Unterschiede zwischen der Qualitätsvorstellung von Patienten und der Sozialdienstmitarbeiter (z.B. wichtigstes Qualitätsmerkmal: respektvoller Umgang des Personals mit dem Patienten) sowie der niedergelassenen Ärzte (z.B. wichtigster Qualitätsindikator: Wiederherstellung der Arbeitsfähigkeit) • Ableitung von 7 Qualitätsdimensionen: Renommee und Standards der Einrichtung, Durchführung des Therapieprogramms, Kompetenzen des Personals, Hotelaspekte, Wohnortnähe, somatische Ergebnisqualität, psychosoziale Ergebnisqualität Soziodemographische und gesundheitsbezogene Determinanten der Patienten beeinflussen die subjektive Bedeutung der 77 Qualitätsindikatoren in vielfältiger Weise
16.	**Geraedts, Schwartze (2005)** Brauchbarkeit von Indikatoren vergleichender Qualitätsberichterstattung aus Patientensicht Untersuchung des Nutzens des strukturierten Qualitätsberichts nach § 137 hinsichtlich Wichtigkeit und Verständlichkeit aus Patientensicht	keine	Schriftliche Befragung von Patienten und Versicherten (Studenten) n=50 Patienten (Hauarztpraxen) n=50 Studenten Explorativer Charakter	• 7 Indikatoren sind für mehr als 20% der Befragten unverständlich (Poliklinik/amb. Behandlung, Durchgangsarztverfahren, Anzahl Ärzte in Weiterbildung, externe QS, Teilnahme an DMP, Befolgung Mindestmengenvereinbarung) • 12 Indikatoren werden für die Krankenhauswahl als relativ unwichtig erachtet (u.a. Krankenhausträger, Gewohnheit, Durchgangsarztverfahren, Anzahl amb. Patienten, Anzahl Betten, Anzahl stat. Patienten, Akademisches Lehrkrankenhaus) • Darstellungsformen mit hohem Informationsgehalt und ablesbarer Rangordnung werden simplifizierten Grafiken vorgezogen
17.	**Hanson, McPakea, Nakamba, Archard (2005)** Preferences for hospital quality in Zambia: results from a discrete choice experiment Ermittlung von Qualitätspräferenzen bezüglich der Krankenhausqualität in Zambia mittels eines Discrete Choice Experiments	keine	Mündliche Befragung von Bürgern in Zambia (Interview) n=600 Explorativer Charakter	• Ermittlung der Präferenzstruktur innerhalb der Krankenhaus-Qualitätsmerkmale: Verfügbarkeit von Medikamenten, Sorgfältigkeit der Untersuchung, Einstellung des med. Personals (Freundlichkeit, Unhöflichkeit), Sauberkeit, Wartezeit und Kosten • Höchste Präferenz für die technische Qualität repräsentiert durch das Qualitätsmerkmal Sorgfältigkeit der Untersuchung, gefolgt von der Einstellung des med. Personals und der Verfügbarkeit von Medikamenten • Die Präferenz für das Merkmal Sorgfältigkeit der Untersuchung nimmt mit steigendem sozialen Status zu, die Bedeutung der Merkmale Kosten und Medikamentenverfügbarkeit nimmt mit höherem sozialen Status ab

Nr.	Autor(en) / Jahr / Titel / Forschungsgegenstand	Theoretische Basis	Empirische Basis	Zentrale Befunde
18.	**Janssen-Cilag (2005)** Kosten, Nutzen, Präferenzen – Was der Bürger wissen will Untersuchung von Zufriedenheit, Erwartungen und Beurteilungen von Reformmöglichkeiten des Gesundheitssystems bei der Bevölkerung	keine	Mündliche Befragung (CAPI) gesetzlich krankenversicherte und wahlberechtigte Personen n=1.064 Explorativer Charakter	• Discrete Choice Experiment zeigt hohe Wertschätzung für freie Arzt- und Krankenhauswahl sowie den Zugang zu medizinischen Innovationen und Arzneimittelwahl • Zusätzliche unabhängige Informationsquellen über die Arztinformation hinaus werden zur Wirkung von Arzneimitteln gewünscht • Beim Ranking der gewünschten Ziele, welche die Gesundheitspolitik in den nächsten Jahren anstreben sollte, werden unter 10 Zielen an den ersten drei Stellen genannt: Wahlmöglichkeiten der Versicherten stärken, Mitsprache der Patienten stärken, bessere Informationen über Qualität
19.	**Longo (2005)** Understanding health information, communication, and information seeking of patients and consumers: a comprehensive and integrated model Entwicklung eines Modells zur Abbildung des Patientenverhaltens bei der Informationssuche und Informationsnutzung auf Basis von Beobachtungen und empirischer Pilotstudien von Patienten mit Brustkrebs	keine	1. Pilotstudie: mündliche Befragung von Patientinnen mit kürzlich gestellter Diagnose Brustkrebs in den USA (Kansas City Areal, Columbia, Missouri, Newark, New Jersey Areal) n=121 2. Weiterentwicklung des Modells mit Hilfe von Patienten-Fokusgruppen 3. Pilotstudie: mündliche Befragung von Patientinnen mit kürzlich gestellter Diagnose Brustkrebs auf Basis des weiterentwickelten Modells n=14 4. Review des Modells durch eine Expertengruppe Explorativer Charakter	• Finale Konsistenz des Modells mit den Verhaltensmustern der Patienten • Variablen, welche die Informationssuche und -nutzung beeinflussen: Kontextvariablen u.a. Gesundheitsstatus, Versorgungsstruktur, Informationssuche für sich selbst, Familienmitglieder, Freunde; persönliche Variablen: u.a. demographische Faktoren, Krankengeschichte, soziale Schicht, Bildung, Sprache, genetische Faktoren, Einstellungen, Verhalten • Modellierung der Informationsnutzung als Phasenmodell sowie Unterscheidung in aktive Informationssuche und passiven Informationserhalt • Phasen der aktiven Informationssuche: 1. Patient ist sich der Information nicht bewusst, 2. Patient ist sich des Informationsangebotes bewusst, macht jedoch keinen Gebrauch davon, 3. Patient ist sich des Informationsangebotes bewusst und versucht darauf zuzugreifen, 4. Patient greift auf das Informationsangebot zu, kann es jedoch nicht nutzen, 5. Patient ist fähig die Informationen zu nutzen, 6. Patient greift auf die Informationen zu, nutzt sie jedoch nicht zur persönlichen Entscheidungsfindung, 7. Patient greift auf die Informationen zu und nutzt sie zur persönlichen Entscheidungsfindung (Phasen des passiven Informationserhalts ähnlich) • Die Art der Informationsnutzung beeinflusst das Ergebnis für den Patienten bzw. Konsumenten in Form von Empowerment / patientenzentrierte Steuerung und Entscheidung, Zufriedenheit, Aktivitäten des täglichen Lebens, Behandlungsergebnis

Nr.	Autor(en) / Jahr / Titel / Forschungsgegenstand	Theoretische Basis	Empirische Basis	Zentrale Befunde
20.	**Swart (2005)** Was sagen uns Wiedereinweisungen über die Qualität der stationären Versorgung? Untersuchung, inwieweit Wiederaufnahmeraten plausible Indikatoren zur Bewertung der Versorgungsqualität von Krankenhäusern darstellen Untersuchung und Bewertung der Routinedaten der gesetzlichen Krankenversicherung hinsichtlich Eignung als Datenbasis zur Ableitung von Indikatoren der Wiederaufnahme	keine	Sekundärstatistisches Datenmaterial: Prozessdaten der AOK Sachsen-Anhalt nach §301 SGB V aus 2002 und 2003 n=300.000 stationäre Krankenhausfälle Explorativer Charakter	• Jeder dritte der 2003 einmal stationär behandelten Patienten wurde mindestens einmal im gleichen Jahr wieder aufgenommen, 18% der Krankenhausfälle wurden innerhalb von 30 Tagen wieder eingewiesen • Mehrere Typen von Wiederaufnahmen unterscheidbar: als Teil eines geplanten Fallmanagements, ungeplant aber unabhängig von der vorhergehenden Behandlung, Hinweis auf Qualitätsdefizite • Kein per se Zusammenhang zwischen Wiedereinweisungen und Qualität der stationären Versorgung feststellbar • Tracer-spezifische Analysen lassen Hinweise auf ungeplante und vermeidbare Wiedereinweisungen zu
21.	**Suhonen, Nennonen, Laukka, Välimäki (2005)** Patients' informational needs and information received do not correspond in hospital Erhebung und Vergleich des Informationsbedarfs von Patienten und des Informationsangebots vom Krankenhaus	keine	Schriftliche Befragung von Patienten eines regionalen Krankenhauses in Finnland n=928 Explorativer Charakter	• Informationen zur Krankheit; Diagnose, Untersuchungen, Ergebnisse und Behandlung haben große Bedeutung für die Patienten, die Bereitstellung dieser Informationen durch das Krankenhaus ist gegeben • Kaum Informationsangebot zu ebenso bedeutendem Informationsbedarf über Behandlungsoptionen, Behandlungsdauer, mit der Behandlung verbundene Risiken • Diverse Informationsmaterialien zu Medikation, Narkose, Schmerzmanagement denen die Patienten jedoch eine nachgeordnete Bedeutung beimessen • Frauen, jüngere Patienten und Patienten mit höherer Bildung messen den Informationen zu Krankheit und Behandlung eine höhere Bedeutung bei • Weniger Aufmerksamkeit wird Informationen zum täglichen Umgang mit der Krankheit, Nachbetreuung, Prognose sowie Patientenrechten geschenkt, hierzu werden auch kaum Infomaterialien vom Krankenhaus bereitgestellt • Fazit: Informationsangebot und Informationsbedarf stimmen nicht überein
22.	**Theobald S. , Theobald A. , Nagel (2005)** Beratungsbedarf und Beratungsqualität aus der Sicht von Patienten mit Krebs – eine Umfrage bei der 1. Offenen Krebskonferenz 2005 in Berlin Explorative Erhebung zu Häufigkeit, Art, Quelle und Zufriedenheit mit der Beratung während der Krebstherapie	keine	Nicht repräsentative mündliche Befragung von Krebspatienten n=85 Explorativer Charakter	• hohes Informationsbedürfnis • Zunahme kompetenter Patienten mit aktiver Teilnahme an Therapieentscheidungen • Patientenzufriedenheit mit der Beratung im Mittel zw. 35-46% • Unbefriedigte Erwartungen hinsichtlich supportiven die Standardtherapien ergänzenden Maßnahmen sowie die Unterstützung von Selbsthilfekonzepten • Informationsquelle Internet gewinnt an Bedeutung (54%) vor Selbsthilfegruppen und Freunden/Bekannten (Platz 1: Broschüren/Zeitschriften, Platz 2: Tagungen/Kongresse)

Nr.	Autor(en) / Jahr / Titel / Forschungsgegenstand	Theoretische Basis	Empirische Basis	Zentrale Befunde
23.	**Douglas, Douglas (2004)** Patient-friendly hospital environments: exploring the patients' perspective Untersuchung der Patientensicht zur architektonischen Krankenhausgestaltung bezüglich einer patientenfreundlichen Kranhenhausumgebung	keine	Mündliche Befragung von Patienten (semi-strukturiertes Interview) des Salford Royal Hospitals, Salford, Großbritanien n=50 Explorativer Charakter	Patientenerwartungen in den Bereichen: • Persönlicher/privater Bereich • Heimische, freundliche Atmosphäre • Unterstützende Umgebung • Bedürfnisgerechte Raumgestaltung • Zugang nach außen • Einrichtungen für Wiederherstellung und Freizeit
24.	**Fulda, Kwasik, Isché (2004)** Consumer health information provided by library and hospital Websites in the South Central Region Erhebung zu bereitgestellten Patienteninformationen, auf Websites von Bibliotheken und Krankenhäusern	keine	Sekundärstatistisches Material: Websites von Bibliotheken und Krankenhäusern der US-amerikanischen Staaten Arkansas, Louisiana, Oklahoma, New Mexico, Texas n=49 (24 Bibliotheken, 25 Krankenhäuser) Explorativer Charakter	• 69% der Websites haben einen eigenen Bereich für Patienteninformationen, 78% bieten diverses Informationsmaterial für Patienten • 38% verfügen über einen Index, 69% über Suchfunktionen, 68% über Erklärungen zum Haftungsausschluss oder Qualität der Informationen • Informationen zur Qualität der medizinischen Leistungen bzw. Vergleichsmöglichkeiten mit andern Anbietern werden als wichtig erachtet (hierzu keine direkten Ergebnisse in der Studie)
25.	**Möller, Kuth, Kruse (2004)** Krankheitswissen und Informationsbedürfnis bei Herzinfarktpatienten Analyse des Krankheitswissen und des Informationsbedürfnisses, Überprüfung der statistischen Zusammenhänge mittels exaktem Fisher-Test	keine	Mündliche Patientenbefragung von Herzinfarktpatienten an der Universitätsklinik Aachen und zwei akademischen Lehrkrankenhäusern n=50 Explorativer Charakter	• Das Krankheitswissen der Infarktpatienten ist unzureichend • Ein höherer sozioökonomischer Status und eine qualifiziertere Schulausbildung korrelieren positiv mit besserem Wissen, guter Arzt-Patienten-Kommunikation und der Artikulierung von Informationsbedürfnisses sowie dem Erhalt von krankheitsbezogener Informationen • Geringer Einfluss der Krankheitserfahrung auf das Krankheitswissen • Die Mitgliedschaft in einer privaten Krankenversicherung hat positiven Einfluss auf das Krankheitswissen und den Informationsbedarf • Feststellung eines hohen unbefriedigten Informationsbedürfnis • Die Einführung eines Patientenratgebers zur Verbesserung der Patienteninformation wird gewünscht

Nr.	Autor(en) / Jahr / Titel / Forschungsgegenstand	Theoretische Basis	Empirische Basis	Zentrale Befunde
26.	**Coulter, Magee (2003)** The European Patient Of The Future Explorative Studie zur Erhebung der Patientenmeinung zum nationalen Gesundheitssystem, der zukünftigen Rolle des Patienten und der Patientensicht zu diversen angenommenen zukünftigen Änderungen	keine	Patienten-Fokusgruppen n=7 Fokusgruppen (jeweils zwischen 7-10 Teilnehmern) Mündliche Befragung von erwachsenen Bürgern (Televoninterview) in 8 Ländern Europas (Großbritannien, Deutschland, Italien, Polen, Slovenien, Spanien, Schweden, Schweiz) n=8.119 (1.026 Deutschland) Explorativer Charakter	Ergebnisse für die Bereiche Patienteninformation bzw. Förderung der Patientenautonomie und Beteiligung an Therapie-Entscheidungen in den EU-Ländern sehr ähnlich: • Steigende Anforderungen an die interaktive Kommunikation mit dem Arzt, • Wachsender Bedarf an Informationsangeboten (konstatierte Defizite der Mehrheit der Befragten in Verständnisproblemen bei vorhandenen Informationen sowie das Fehlen gewünschter Informationen) • Wunsch nach Einbeziehung in Behandlungsentscheidungen (insbesondere auch Forderung nach Aufzeigen von neuen Behandlungsmöglichkeiten) • Mehrheitlicher Wunsch nach besseren Möglichkeiten der Auswahl an Leistungsanbietern und Unzufriedenheit mit bisherigen Informationsangeboten zur Bewertung dieser (besonders ausgeprägt bei den jüngeren Teilnehmern) • Generelle Begrüßung des Vorschlags zur Veröffentlichung von Leistungsindikatoren • Der Arzt ist primäre Informationsquelle, aber wachsende Zahl von Befragten suchen nach zusätzlichen Informationsquellen (Zusammenhang zwischen hohem Bildungsniveau und Unzufriedenheit mit Informationsangebot) Besondere Ergebnisse für Deutschland: • Deutsche Teilnehmer fühlen sich hinreichend gut informiert über Krankheit und Prävention • Mehrheitlich angegebene Informationsdefizite zur Qualität von Krankenhäusern und amb. Versorgung, fachlichen Fertigkeiten und Spezialgebieten von Ärzten • Kaum Kenntnis, wie und wo unabhängige Informations- und Beratungsdienste zu finden sind
27.	**Gehrke, Nolting, Rechter, Sekkal (2003)** Welche Informationen erwarten Patienten und Versicherte von medizinischen Informationsdiensten? Ermittlung von Nutzenerwartungen und -präferenzen in Bezug auf medizinische Inhalte telefonbasierter Gesundheitsinformationsdienste mittels Thurstone Skalierung	keine	Prototypische medizinische Beratungsgespräche anhand von vier Inanspruchnahme-Szenarien n=160 Probanden Konfirmatorischer Charakter	• Übergreifende Präferenzstrukturen für bestimmte Gesundheitsinformationen • Hohe Präferenzwerte bezüglich der medizinischen Beratungskompetenz eines Informationsdienstes • Besonders stark präferierte Informationsitems der vier Szenarien: - möglichst vollständige Informationen bezüglich des Spektrums von Behandlungsoptionen bzw. –alternativen - Informationen über die Vor- und Nachteile mehrerer Behandlungsalternativen • Funktion von medizinischen Informationsdiensten liegt entsprechend der Nutzenerwartung der Probanden schwerpunktmäßig auf der Stärkung der Autonomie und Entscheidungsfähigkeit des Patienten

Nr.	Autor(en) / Jahr / Titel / Forschungsgegenstand	Theoretische Basis	Empirische Basis	Zentrale Befunde
28.	**Mannion, Goddard (2003)** Public disclosure of comparative clinical performance data: lessons from the Scottish experience Erhebung zum Einfluss der Veröffentlichung von Leistungsindikatoren schottischer Krankenhäuser auf vier Stakeholder-Gruppen (Krankenhäuser, Einrichtungen der Regierung, Hausärzte, Einrichtungen der Patientenberatung)	keine	Mündliche Befragung von Führungskräften u.a. beteiligter Mitarbeiter der Krankenhäuser und Regierungseinrichtungen n=56 Mündliche Befragung (Telefoninterview) der Hausärzte n=71 Schriftliche Befragung der Patientenberatungen n=16 Explorativer Charakter	• Die veröffentlichten klinischen Leistungsdaten werden von allen vier Stakeholder-Gruppen kaum genutzt • Krankenhäuser und Regierungseinrichtungen: Bewusstsein bezüglich Qualitätsthemen gestiegen, keine Integration der Reports in die Routine-Führungsprozesse, kaum Nutzung zur Leistungsverbesserung, keine Nutzung für Benchmarking oder Best Practise Ansätzen, geringe Bekanntheit/Verbreitung der Daten unter den Mitarbeitern, teilweise Nutzung zur Akquirierung von zusätzlicher finanziellen Mitteln, geringes Vertrauen aufgrund von Problemen der Datenqualität, unvollständigem und unkonsistentem Kodieren, inadäquater Risikoadjustierung • Hausärzte: 78% der Hausärzte kannten die Leistungsreports, nur 46% haben diese gelesen, lediglich 23% nutzen die klinischen Indikatoren zur Bewertung der Krankenhäuser (wohingegen andere Veröffentlichungen zu den Leistungsdaten Wartezeiten und lokale Auditberichte mehr Aufmerksamkeit fanden - 73% und 42%) • Patientenberatungen: die veröffentlichten klinischen Indikatoren werden nicht von Patienten genutzt. Um die Qualität der klinischen Leistung zu bewerten, werden vorrangig genannt: Familie/Freunde, Hausarzt und eigene Erfahrungen aus der Vergangenheit
29.	**Schwappach, Blaudszun, Conen, Ebner, Eichler, Hochreutner (2003)** Emerge: benchmarking of clinical performance and patients' experiences with emergency care in Switzerland Vergleich von Leistungsdaten und Patientenerfahrungen zur Qualität in der Notaufnahme	keine	Sekundärstatistisches Material: Leistungsdaten aus den Notaufnahmen von 12 Schweizer Krankenhäusern Schriftliche Befragung von Patienten, die in der Notaufnahme behandelt wurden n=2.916 (2001) n=3.370 (2002) Explorativer Charakter	• Kleine jedoch signifikante Verbesserungen der Performance und bei der Patientenwahrnehmung • Einheitliche Ergebnismessung, Gruppen-Benchmarking und ergebnisinduzierte Krankenhaus-spezifische Strategien werden als Methoden für die kontinuierliche Verbesserung empfohlen • Erhobene Leistungsindikatoren: Über-, Unter- bzw. korrekte Priorisierung entsprechend der medizinischen Dringlichkeit sowie sieben Zeitindikatoren (u.a. Zeitdauer von der Aufnahme bis zur ersten Untersuchung, Zeitdauer bis zur zweiten Beurteilung und Diagnosestellung, Zeitdauer von der Aufnahme bis zur Informationsversorgung des Patienten über Diagnose und weitere Behandlung) • Erhebung von insgesamt 22 Aspekten der Patientenwahrnehmung u.a. Vertrauen in Diagnosestellung, Vertrauen, dass alle notwendigen Untersuchungen und Test durchgeführt wurden, Qualifikation/Professionalität des Personals, Raumwärme, Komfort des Bettes, Abschirmung von andern Patienten, Wartezeiten, Umgang mit Schmerzen, Versorgung mit Informationen

Nr.	Autor(en) / Jahr / Titel / Forschungsgegenstand	Theoretische Basis	Empirische Basis	Zentrale Befunde
30.	**VFA - Verband der Forschenden Arzneimittelhersteller (2003)** Gesundheitspolitik, Ergebnisse einer Repräsentativbefragung bei Emnid im Auftrag des VFA. Untersuchung zur Bewertung von Reformvorschlägen zur Gesundheitspolitik aus Sicht der Versicherten	keine	Mündliche Befragung von Versicherten ab 18 Jahre (repräsentativ) n=1.917 Explorativer Charakter	Ergebnisse für den Bereich zu gewünschten Informationen sowie gewünschter Mitsprache der Versicherten: • Wunsch nach Informationen sehr ausgeprägt, insbesondere über Krankenhäuser und Spezialisten (83 %), gefolgt vom Wunsch nach mehr Informationen über Arzneimittel (81 %) den Themenbereich Krankheit" (76 %) und Ärzte (71 %) • Bei den gewünschten Mitsprachemöglichkeiten dominiert die Partizipation bei verschiedenen Behandlungsmöglichkeiten (83 %) sowie die Ausgestaltung des Versicherungsschutzes (82 %) • 79% der Befragten wünschen eine stärkere Förderung und Beteiligung von Selbsthilfegruppen der Patienten in der Gesundheitspolitik • die Möglichkeit einer eigenen Informationsbeschaffung (z.B. über das Internet) zu Krankheiten und Behandlungsmöglichkeiten fordern 65% der befragten Versicherten
31.	**Barr, Boni, Kochurka, Nolan, Petrillo, Sofaer, Waters (2002)** Public reporting of hospital patient satisfaction: the Rhode Island experience Untersuchung zur Lesbarkeit, Verständlichkeit und Nützlichkeit eines Berichts zur Patientenzufriedenheit im Rahmen eines Leistungsvergleichs von Krankenhäusern	keine	Bewertung durch Experten n=6 Informeller Test durch Mitglieder der PR Arbeitsgruppe n=15 Kognitiver Test mit Probanden n=18 Explorativer Charakter	• Adressierte Kernthemen: Verständlichkeit, Darstellung / graphisches Design, Reihenfolge der Abschnitte, Formulierung • Zwei Problembereiche: Format – Unverständlichkeit von Symbolen, missverständliche Formulierungen, Länge des Reports, Komplexität; Statistik – z.T. zu niedriger Rücklauf, Vergleichbarkeit, Bewertungsmethodik • Entscheidung zur Veröffentlichung von zwei Varianten: öffentlicher Report (lesefreundlich, kurz, kompakt), technischer Report (mit fachlichen Details) • Deutliche Steigerung des Interesses für den Report in der Bevölkerung durch Berichterstattung in der Presse
32.	**Isfort, Floer, Koneczny, Vollmar, Lange, Butzlaff (2002)** Mehr wissen, mitentscheiden, Verantwortung übernehmen - sind unsere Patienten dazu bereit? Untersuchung zu Verhalten und Einschätzung von Patienten hinsichtlich Informationssuche und -anwendung	keine	Schriftliche Befragung von Patienten hausärztlicher Praxen des Ruhrgebiets n=1.120 (in 11 Praxen) Explorativer Charakter	• hoher Informationsbedarf: 82,6% der Patienten suchen nach zusätzlichen med. Informationen, 71,1% wünschen zusätzliche schriftliche Patienteninformationen zum Arztgespräch, wichtigste Informationsquelle ist der Arzt • Mitentscheiden: 75,7% der Patienten möchte an Entscheidungsprozessen beteiligt sein • Verantwortung übernehmen: 95,8% erhoffen sich durch das Aneignen von Laieninformationen mehr Sicherheit im Umgang mit der Erkrankung, 86,8% möchten durch die Patienteninformation erfahren, was sie selbst tun können

Nr.	Autor(en) / Jahr / Titel / Forschungsgegenstand	Theoretische Basis	Empirische Basis	Zentrale Befunde
33.	**Janssen-Cilag (2002)** Der Patient vor der Wahl Erhebung zu Bedarf an weiteren Mitwirkungsmöglichkeiten, Bereitschaft zur Übernahme von Eigenverantwortung im Gesundheitssystem, Informationsbedarf über Angebote und Qualität von Gesundheitsleistungen und Bedarf von Wahlmöglichkeiten innerhalb der GKV	keine	Mündliche Befragung gesetzlich krankenversicherter Personen (repräsentativ verteilt auf die Altersgruppen 25-34 und 60-69) n=1.000 Explorativer Charakter	• Großes Interesse an mehr Wahlmöglichkeiten innerhalb der GKV (hier kaum Unterscheide innerhalb der Bevölkerungsgruppen), ein Drittel der Befragten würde für Wahlentscheidung mehr Kassenbeitrag zahlen • Generelle Meinung, dass Patienteninteressen in der Gesundheitspolitik zu wenig vertreten sind (78% würden spezielle Bürgervertreter begrüßen) • 54% der Befragten empfinden die Möglichkeiten sich über die Qualität von Ärzten zu informieren eher nicht bzw. überhaupt nicht ausreichend • 81% würden ein Gütesiegel für Ärzte auf der Basis einer externen Qualitätsprüfung begrüßen
34.	**Wildner, Brunner, Weitkunat, Weinheimer, Moretti, Raguvanshi, Aparicio (2002)** The Patients' Right to Information and Citizens' Perspective of their Information Needs Erfassung des Erfüllungsgrades von Patientenrechten sowie empfundene Informationsbedürfnisse	keine	Mündliche Befragung (Telefoninterview) von Erwachsenen 1. Studie zum Erfüllungsgrad von Patientenrechten: München, Dresden, Wien, Bern n=502 2. Studie zu Informationsbedürfnissen: deutschlandweit n=3.008 Explorativer Charakter	• Erfüllungsgrade von Patientenrechten war hoch in den Bereichen: Würde, Selbstbestimmung, menschliche Behandlung, freie Wahl des Behandlers, Vertraulichkeit und Einverständnis • Niedrige Erfüllungsgrade betrafen: die Patienteninformation, Koordination von Behandlung und Pflege an der ambulant-stationären Schnittstelle, das Recht auf humane Behandlung am Lebensende sowie humanes Sterben • Informationsbedürfnisse betrafen vor allem die vorgegebenen Kategorien: Erkrankungen des Muskel-Skelettsystems, Prävention und Gesundheitsförderung, Herz-Kreislauferkrankungen, Krebs, administrative Fragen der Krankenversicherung • Informationsbedürfnis nimmt mit dem Alter ab, keine geschlechtsspezifischen Unterschiede feststellbar
35.	**Carman (2000)** Patient perceptions of service quality: combining the dimensions Untersuchung zur Bedeutung von Qualitätsmerkmalen eines Akutkrankenhauses aus Patientensicht mit Hilfe einer Conjoint Analyse	keine	Schriftliche Befragung von entlassenen Patienten eines Krankenhauses der USA n=298 Explorativer Charakter	• Präferenzmessung zu den Qualitätsmerkmalen pflegerische Betreuung, ärztliche Betreuung, Unterbringung, Essen, Vorbereitung der Entlassung, Ergebnisqualität (z.B. Gesundheitsstatus nach dem Krankenhausaufenthalt) • Die höchste Präferenz wird der technischen Krankenhaus-Qualität beigemessen, den ersten Rang nimmt die pflegerische Betreuung ein, gefolgt von der Ergebnisqualität sowie der ärztlichen Betreuung • Die affektiven Qualitätsdimensionen nehmen eine geringere Bedeutung ein • Es ist kein Interaktion zwischen technischen und affektiven Qualitätsdimensionen feststellbar

Nr.	Autor(en) / Jahr / Titel / Forschungsgegenstand	Theoretische Basis	Empirische Basis	Zentrale Befunde
36.	**Jan, Mooney, Ryan, Bruggemann, Alexander (2000)** The use of conjoint analysis to elicit community preferences in public health research: a case study of hospital services in South Australia Die Ermittlung von Qualitätspräferenzen hinsichtlich der Servicequalität von öffentlichen Krankenhäusern in Südaustralien mit Hilfe der Discrete Choice Analyse	keine	Schriftliche Befragung von erwachsenen Bürgern Südaustraliens n=231 Explorativer Charakter	• Ermittlung der Präferenzstruktur innerhalb der Krankenhaus-Qualitätsmerkmale: Fahrtzeit zum Krankenhaus, Öffentliche Verkehrsmittel/Parkmöglichkeiten, Medicare*-Ausgaben, Wartezeit für elektive Chirurgie, Wartezeit Unfallchirurgie, Komplikationsrate • Hohe Präferenzen für das Qualitätsmerkmal Komplikationsrate, positiver Zusammenhang zwischen einer unterdurchschnittlichen Komplikationsrate und der Krankenhauswahl • Negativer Zusammenhang zwischen Krankenhauswahl und Wartezeit für elektive Chirurgie sowie Wartezeit Unfallchirurgie * Medicare ist die staatliche Krankenversicherung in Australien
37.	**Luthy, Lotze, Leiske, Rossi (2000)** Qualitätsmanagement und Kundenorientierung: Befragung zuweisender Kinderärzte einer Berliner Kinderklinik Erhebung von Wünschen und Erwartungen zuweisender Ärzte hinsichtlich der Bereiche Information, Kommunikation, Kooperation und Serviceleistungen eines Krankenhauses Überprüfung des Einflusses der vier Bereiche auf die Zufriedenheit und das Beschwerdeverhalten mittels Kausalanalyse	keine	Schriftliche Befragung zuweisender Kinderärzte einer Berliner Kinderklinik n=26 Explorativer und konfirmatorischer Charakter	• Erwartungen und Wünsche im Bereich Information sind vor allem: Informationen über das Leistungsspektrum der Klinik (88,5%), Informationsmaterial über das medizinische Angebot (96%), pflegerisches Angebot (87%), Rooming-In (80%), apparative und kindgerechte Ausstattung der Klinik (50%) • Beurteilung zum Bereich Information: 54% verfügen nicht über Informationsmaterial der Kinderklinik • Höhe der Zuweiserzufriedenheit sowie Häufigkeit der Zuweiserbeschwerden sind abhängig von den Faktoren Information, Kommunikation und Kooperation (kein korrelationsstatistischer Zusammenhang zur pflegerischen und medizinischen Leistung)
38.	**Janssen-Cilag (1998)** Der Patient im Mittelpunkt Untersuchung zur grundsätzliche Einstellungen zum Gesundheitssystem, Leistungen und Kosten des Gesundheitssystems und Reformbedarf aus Sicht der Bevölkerung	keine	Mündliche Befragung wahlberechtigter Bürger n=2.181 Explorativer Charakter	• Defizit im Gesundheitssystem und großer Reformbedarf im Bereich Information • Befragte fühlen sich nicht richtig informiert über Arzneimittel, Rechte im Sinne von Einflussnahme und Kosten von Gesundheitsleistungen • Mehrheit der Teilnehmer konnte die Qualität der Leistungserbringer nicht einschätzen, hier werden mehr Informationen und Transparenz gefordert • Die Entwicklung von Qualitätsstandards für die einzelnen Leistungserbringer wird gewünscht

Nr.	Autor(en) / Jahr / Titel / Forschungsgegenstand	Theoretische Basis	Empirische Basis	Zentrale Befunde
39.	**Olandt (1998)** Dienstleistungsqualität in Krankenhäusern. Operationalisierung und Messung der Patientenwahrnehmung Entwicklung eines Operationalisierungs- und Messansatzes zur Ermittlung der subjektiven von Klinikpatienten wahrgenommenen Qualität als Grundlage für die Veröffentlichung von Qualitätsinformationen (zur Entscheidungsunterstützung für potentielle Patienten) Empirische Prüfung des Qualitätsmodells mittels Kausalanalyse	ansatzweise über Dienstleistungs-qualitätsmodelle (Qualitätsmodell von Donabedian, Dienst-leistungsqualitätsmodell von Parasuraman, Zeithaml und Berry sowie Teilleistungsmodell von Güthoff)	Schriftliche Befragung von Patienten der Klinik für Innere Medizin der Universität Rostock n=468 Patienten Konfirmatorischer Charakter	• Qualitätsmodell für die Beurteilung stationärer medizinischer Dienstleistungen nach der Entlassung (Ex-post Qualitätsbeurteilung) als Teilleistungsmodell komplexer Dienstleistungen wurde bestätigt • Qualitätsdimensionen: Hotelleistungen, medizinische Leistungen, pflegerische Leistungen
40.	**Mahon, Whitehouse, Wilkin, Nocon (1993)** Factors that influence general practitioners' choice of hospital when referring patients for elective surgery Erhebung der Einflussfaktoren auf das Einweiserverhalten von niedergelassenen Ärzten	keine	Schriftliche Befragung von Zuweisern von 6 Krankenhäusern der North Western Regional Health Authority, England n=260 Explorativer Charakter	• Unter 15 Faktoren, die gewöhnlich die Entscheidung für ein Krankenhaus beeinflussen, benennen 95% der Zuweiser den Faktor „lokal und günstig gelegen" an erster Stelle, gefolgt von guter Klinikqualität (79,2%), an dritter Stelle werden die geäußerte Präferenz des Patienten angegeben (74,2%) • Auf die Frage nach dem bedeutendsten Einflussfaktor nimmt ebenfalls der Faktor „lokal und günstig gelegen" die erste Position ein (32,5%), gefolgt von der Klinikqualität (27,8%) und der Wartezeit bis zur Aufnahme (23,0), die Patientenpräferenz spielt hier eine untergeordnete Rolle mit (5,5%) • 46.2% der Zuweiser geben an, dass Patienten manchmal ein bestimmtes Krankenhaus präferieren, bei 23.1% der Zuweiser sogar oft oder immer

Anhang II: Synopse einer vergleichenden Analyse von 18 theoretisch-konzeptionellen Arbeiten zum Informationsbedarf hinsichtlich der Krankenhausqualität sowie themenverwandter Arbeiten

Nr.	Autor(en) / Jahr / Titel / Forschungsgegenstand	Theoretische Fundierung / konzeptionelle Methodik	Zentrale Befunde
41.	**Allen, Hommel (2006)** What are 'third way'* governments learning? Health care consumers and quality in England and Germany Analyse und Vergleich der institutionellen Rahmenbedingungen der Gesundheitssysteme, Qualitätsinitiativen und Informationsangebote in England und Deutschland, Bewertung im Hinblick auf die Entscheidungsfreiheit der Patienten * Die Politik des 3. Weges bedeutet eine eher pragmatische Herangehensweise, als eine Entscheidung über die zu bevorzugende Ideologie.	keine Literaturanalyse	• In beiden Systemen versuchen die Regierungen das Informationsangebot zu erhöhen • Der Nutzen dieser Bestrebung differiert jedoch • In England führt das größere Informationsangebot zur Qualität im Gesundheitssystem zur graduellen Erhöhung der Entscheidungsfreiheit des Patienten (zentrale Bereitstellung von Messergebnissen zur Qualität der Leistungsanbieter und teilweise Erhöhung der Wahlfreiheit bezüglich der med. Leistungsangebote) • In Deutschland wird die bisher sehr breite Entscheidungsfreiheit eher limitiert aufgrund von Bestrebungen zur Kostensenkung (Hausarzt als Gate Keeper, Bonus-Systeme der Kostenträger, Disease Management Programme) sowie weiterhin inadäquaten Informationen über die Qualität der Leistungsanbieter • Das Bereitstellen von mehr Informationen allein fördert nicht generell die Entscheidungsfreiheit der Patienten sowie die Qualitätsverbesserung der Leistungsanbieter (Vermutung: Kombination mit finanziellen Anreizen erzielt bessere Effekte)
42.	**Groene (2006)** Vorschläge der WHO zur umfassenden Leistungsbewertung von Krankenhäusern Überblick über aktuelle Projekte zur Qualitätsmessung im Krankenhaus Darstellung von Ansätzen der WHO zur Leistungsbewertung von Krankenhäusern	keine Literaturanalyse	• Hoher Druck für Krankenhäuser an Transparenz über erbrachte Leistungen und Qualität • Unterschiedliche Zielgruppen (Leistungseinkäufer, Politiker, Bürger) benötigen unterschiedliche Informationen • Leistungsbewertung von Krankenhäusern sollte nicht auf rein klinische Ergebnisse begrenzt sein • Einbeziehung von Querschnittsthemen wie Patienten-, Mitarbeiter-, Gemeindeorientierung ist wesentlich
43.	**Kelley, Hurst (2006)** OECD Health working papers No. 23 Health care quality indicators project: conceptual framework paper Entwicklung eines Rahmenkonzeptes zur Messung und zum Vergleich der Qualität der Gesundheitsversorgung in den OECD-Ländern, Beantwortung zweier zentraler Fragen: Welche Konzepte und Dimensionen der Qualität sollen herangezogen werden und wie sind diese zu messen	keine Konzepte und Erfahrungen von Repräsentanten aus 23 Ländern (Expertengruppe)	• Modell besteht aus den in Beziehung stehenden Komponenten: Gesundheit; Einflussfaktoren auf die Gesundheit (die nicht mit der Gesundheitsversorgung zusammenhängen); Qualität der Gesundheitsversorgung mit definierten Mess-Dimensionen • Extraktion und Festlegung von Leistungs-/ Qualitätsdimensionen auf Basis der Analyse bereits entwickelten Rahmenkonzepte von 6 Ländern - Effektivität - Sicherheit - Patientenzentrierung - Zugänglichkeit (nicht im vordergründigen Fokus der OECD) - Kosten/Ausgaben (nicht im vordergründigen Fokus der OECD) Art und Weise der Messung - die Qualitätsmessung soll Prozess- und Ergebnisqualität umfassen - Hauptkriterien: Bedeutung, wissenschaftliche Fundierung, Kosten der Erhebung - Verschiedene Indikatorensets werden exemplarisch vorgestellt

Nr.	Autor(en) / Jahr / Titel / Forschungsgegenstand	Theoretische Fundierung / konzeptionelle Methodik	Zentrale Befunde
44.	**Mason, Street (2006)** Publishing outcome data: Is it an effective approach? Review des Nutzens von veröffentlichten Ergebnisdaten im Hinblick auf die theoretischen Potentiale: Unterstützung von Patienteninformation und Entscheidungsfreiheit, Förderung des öffentlichen Vertrauens, Stimulierung von Aktivitäten zur Qualitätsverbesserung und Kostenkontrolle Ableitung von Empfehlungen für die Veröffentlichung von Leistungsdaten	keine Literaturanalyse sowie Überblicksanalyse der eingesetzten Strategien zur Veröffentlichung von Ergebnisdaten zur Krankenhausbewertung in Großbritannien und den USA	• Limitierte Evidenz bezüglich der Realisierung der theoretisch postulierten nutzenstiftenden Effekte • Es besteht ein Risiko bezüglich falscher Schlussfolgerungen • Die bisherigen Veröffentlichungen fördern lediglich Durchschnittsqualität und nicht Exzellenz der Krankenhäuser • es besteht ein allgemeines Misstrauen in der Öffentlichkeit bezüglich der aktuell publizierten Ergebnisdaten von Krankenhäusern • Komplexität, Heterogenität, unterschiedliche Bedeutung, die hohe Anzahl unterschiedlicher Indikatoren führen zu Konfusion, Verschwendung von Aufwand und Mühe („paralysis of analysis") • Erkenntnisse für zukünftige Veröffentlichungsstrategien: inadäquate, auf Datensammlungen basierende Daten mit ursprünglich anderem Ziel haben kaum einen Nutzen – sind ggf. sogar mehrdeutig; unterschiedliche Nutzer weisen verschiedene Informationsbedarfe auf; Entwicklung von validen Qualitätsindikatoren je nach Zielgruppe (Bestimmung von Nutzen, Ergebnissen, Zustimmung); Verständnis der Zugangswege der Nutzer bei Zugriff auf Informationen notwendig; Versuchung der übertriebenen Vereinfachung gegeben
45.	**Schaeffer (2006)** Bedarf an Patienteninformationen über das Krankenhaus. Eine Literaturanalyse Erwartungen, Wünsche und Bedürfnisse von Patienten u.a. Nutzern an Informationsangebote und –medien über Krankenhäuser und andere Versorgungseinrichtungen Konkreter Informationsbedarf und Informationswege vor dem Hintergrund eines anstehenden Krankenhausaufenthalts und der damit zusammenhängenden Entscheidungssituation	keine Literaturanalyse	• Ein eklatanter Mangel an nationalen und internationalen Studien zum Bedarf an Patienteninformationen wurde festgestellt (quantitativer Umfang, Verteilung in der Bevölkerung, qualitative Dimensionen) • Ebenso kaum Studien zum Thema Informationsbedürfnisse von Patienten und Nutzern • Ergebnis der Analyse von Arbeiten zu Erwartungen an die Krankenhausversorgung und Präferenzen von Patienten und Nutzern ergab sechs grundlegende Themenbereiche: 1. Vertrauenswürdigkeit 2. Fachliche Expertise und Kompetenz 3. Verhältnis/Beziehung zum Patienten 4. Kommunikation/Information 5. Organisation/Management der Krankenhausversorgung 6. Umgebungsgestaltung/Atmosphäre
46.	**Sofaer, Firminger (2005)** Patient perception of the quality of health services Review qualitativer, empirischer Studien zur Forschungsfrage wie Patienten die Qualität med. Leistungen definieren, Untersuchung von Determinanten, welche die Patientenwahrnehmung beeinflussen, Entwicklung eines konzeptionellen Modells der Patientenwahrnehmung, Aufzeigen zukünftigen Forschungsbedarfs	keine Literaturanalyse, Metaanalyse empirischer Studien	• Patientenwahrnehmung zur Qualität von Gesundheitsleistungen kann in folgende Kategorien unterteilt werden: Patientenorientierung, Zugang, Kommunikation und Information, Höflichkeit und emotionale Unterstützung, technische Qualität, Effizienz, Struktur und Einrichtung • Determinanten der Patientenwahrnehmung: Alter, Rasse/ethnische Zugehörigkeit, Gesundheitsstatus, Bildung, Geschlecht • Konzeptionelles Modell: Patientenerwartungen und Wahrnehmungen auf Basis von vorhandenen Erfahrungen bedingen die Definition / Kriterien des Patienten zur Beurteilung der Qualität von Gesundheitsleistungen, welche zur Patientenwahrnehmung als Ganzes führen; die Patientenerwartungen werden beeinflusst von den Faktoren: Reputation des Leistungsanbieters, Art/Anzahl/Schwere der Erkrankungen, Umfang der Entscheidungsfreiheit, vorausgegangenen Erfahrungen, persönlichen Merkmalen, sozialen/kulturellen Normen, Erwartungswissen eines Patienten

Nr.	Autor(en) / Jahr / Titel / Forschungsgegenstand	Theoretische Fundierung / konzeptionelle Methodik	Zentrale Befunde
47.	**Hibbard, Peters (2003)** Supporting informed consumer health care decisions: Data Presentation Approaches that Facilitate the Use of Information in Choice Entwicklung eines Rahmenkonzepts zur Bewertung und Auswahl von vergleichenden Informationspräsentationen und deren Nutzung zur Erleichterung von Entscheidungen auf Basis von Forschungen zur Entscheidungsfindung, Beschreibung von Entscheidungstypen, Barrieren bei der effektiven Nutzung von Informationsmaterial	keine Literaturanalyse	• Die große Menge an vergleichenden Informationen zu Gesundheitsleistungen steht nicht im Zusammenhang mit deren effektiver Nutzung bei Entscheidungssituationen • Herausforderung ist nicht die Veröffentlichung genauer Informationen, sondern das Verständnis wie vergleichende Informationen präsentiert werden müssen, damit sie entscheidungsunterstützend wirken • Rahmenkonzept aufgebaut aus den Komponenten: Strategien, Prozessziele der Informationspräsentation, mittelfristige Ziele des Informationsprozesses, Verhalten • Kernaussage: analytische Methoden und Methoden des Erfahrungswissens sowie Methoden zur Betonung der Bedeutung sind zu kombinieren
48.	**Zok (2003)** Gestaltungsoptionen in der Gesundheitspolitik: die Reformbereitschaft von Bürgern und Versicherten im Spiegel der Umfragen Vergleichende Darstellung von empirischen Befragungen zum Gesundheitssytem in Deutschland	keine Metaanalyse empirischer Studien	Ergebnisse aus dem Bereich: Vorschläge zur besseren Systemgestaltung • Bürger und Patienten wollen mehr Informationen über die Qualität der ambulanten und stationären Leistungen erhalten, Mehrheit der Befragten halten Informationsangebot für unzureichend, Versicherte wünschen sich vor allem mehr Informationen über Krankenhäuser und Spezialisten • Hohe Akzeptanz hinsichtlich Qualitätszertifikaten für Ärzte • Erhöhung der Transparenz ärztlicher Leistung durch Patientenquittungen erhält hohe Zustimmung (Effekte auf Souveränität und Kostenkontrolle) • Bürger wollen, dass Krankenversicherungen über Qualität von Ärzten und Krankenhäusern aufklären • Große Zustimmung zur Versicherten- und Patientenbeteiligung in der Gesundheitspolitik
49.	**Faber (2002)** Zur Vereinbarkeit von Qualität und Wirtschaftlichkeit im Akutkrankenhaus. Eine ordnungstheoretische und ökonomische Analyse Analyse der Rahmenbedingungen zur Realisierung der bestmöglichen Qualität der Krankenhausversorgung bei Ressourcenknappheit	Ansatzweise in Form theoretischer Grundpositionen: Annahme der Knappheit, Existenz von Gesetzmäßigkeiten, methodologischer Individualismus Konzeption eines Referenzsystems	• Stärkere Ausrichtung des Gesundheitssystems an marktwirtschaftlichen Prinzipien nicht nur zulässig, sondern geeignet, um Anreize für patientengerechte Qualität und Wirtschaftlichkeit zu setzen • Entscheidungen über gewünschte Leistung, Qualität und Kosten kann nur auf Mikroebene durch Patienten selbst erfolgen (aufgrund des speziellen Aspekts gesundheitlicher Notsituation sind die Festlegungen bereits bei Abschluss der Versicherung festzulegen) • Wenn Patienten den Grad der Erfüllung ihrer Leistungsanforderungen erkennen können, werden Leistungsanreize für Akutkrankenhäuser und Versicherungen gesetzt

Nr.	Autor(en) / Jahr / Titel / Forschungsgegenstand	Theoretische Fundierung / konzeptionelle Methodik	Zentrale Befunde
50.	**Roges (2002)** Evidence-based medicine in practice: Limiting or facilitating patient choice? Analyse der Methodik der evidenzbasierten Medizin und deren Einfluss auf die Entscheidungsfreiheit von Patienten	keine Literaturanalyse und Review der medizinischen Praxis	• Die theoretischen Potentiale der evidenzbasierten Medizin zur Unterstützung der Entscheidungsfreiheit des Patienten bleiben in der Praxis ungenutzt • Evidenzbasierte Medizin in der Praxis wirkt limitierend auf die Entscheidungsfreiheit und engt die Möglichkeiten der Patientenautonomie ein • Ursachen: u.a. Methodische Anforderungen führen zu unangemessenen Einschränkung von Interventionsmöglichkeiten, Patientensicht in der Forschung ausgeschlossen, Themen werden von Fachleuten oder Politikern gewählt, Empfehlungen zu Behandlungspfaden werden von Fachleuten und ökonomischen Interessen dominiert, Patienten lediglich am Rande als Interessenvertreter beteiligt • Die Erstellung von evidenzbasierten Behandlungspfaden bedarf der Einbeziehung der Patientensicht bezogen auf den gesamten Entwicklungsprozess
51.	**Schauffler, Mordavsky (2001)** Consumer reports in health care: Do they make a difference? Evaluation des Einflusses von consumer report cards* auf das Verhalten von Konsumenten, Leistungsanbietern und Leistungseinkäufern in den USA *spezielle patientenorientierte Form der vergleichenden Veröffentlichung von Performancedaten von Krankenhäusern	keine Literaturanalyse	• Die *consumer report cards* haben keinen Einfluss auf Entscheidungsfindung, Qualitätsverbesserung oder Wettbewerb • Konsumenten sind nicht interessiert an Vergleichsdaten ohne unmittelbaren Anwendungsbezug, Konsumenten wünschen Informationen zu den lokal relevanten Leistungsanbietern • Die Vergleichsdaten sollten von einer neutralen dritten Partei bereitgestellt werden • Das Konzept der *consumer report cards* sollte überdacht werden
52.	**Marshall, Shekelle, Leatherman, Brook (2000)** The Public Release of Performance Data: What do we expect to gain? A Review of the evidence Zusammenfassung der empirischen Evidenz von öffentlich publizierten Krankenhausleistungsdaten in den USA, Darstellung der Ergebnisse in Beziehung zu potentiellen Zielen der Veröffentlichung von Performancedaten, Aufzeigen von Gebieten zukünftiger Forschung	keine Literaturanalyse	• Trotz mehr als 10 Jahre Erfahrung mit der Veröffentlichung von Krankenhausleistungsdaten sind nur wenige Forschungsarbeiten zur Evidenz der Veröffentlichungen zu finden • Patienten/Konsumenten und Einkäufer der Krankenhausleistungen (vor allem Unternehmen) greifen kaum auf die veröffentlichten Performancedaten zu, verstehen die Daten nicht oder haben kein ausreichendes Vertrauen, ein schmaler (aber wachsender) Einfluss auf die Entscheidungsfindung wird festgestellt • Ärzte sind eher skeptisch und lediglich ein kleiner Anteil nutzt die Daten • In einer begrenzten Anzahl von Studien wurde ein Zusammenhang zwischen der Veröffentlichung der Performancedaten und einer Steigerung der Ergebnisqualität gezeigt

Nr.	Autor(en) / Jahr / Titel / Forschungsgegenstand	Theoretische Fundierung / konzeptionelle Methodik	Zentrale Befunde
53.	**Hibbard (1998)** Use of outcome data by purchasers and consumers: New strategies and new dilemmas Untersuchung von Barrieren bezüglich der Nutzung von veröffentlichten Ergebnisindikatoren für Konsumenten und Leistungseinkäufer, Art der gewünschten Informationen und optimale Präsentation	keine Literaturanalyse, Metaanalyse empirischer Studien	• Veröffentlichte medizinische Ergebnisidikatoren (Mortalitäts- bzw. Komplikations-Indikatoren) werden wenig wahrgenommen und genutzt • Leistungseinkäufer bevorzugen Qualitätsindikatoren zur Patientenzufriedenheit und Akkreditierung durch anerkannte Akkreditierungsstellen • Wichtigste Qualitätskategorien für Konsumenten: Patientenzufriedenheit, Behandlungsprozess, Ergebnis der Behandlung (Studie zeigt Bereitschaft der Konsumenten zur Bezahlung für diese Informationen) • Hauptbarrieren bezüglich der Nutzung klinischer Ergebnisindikatoren: unzureichende Verständlichkeit sowie Schwierigkeiten bezüglich der Informationsverarbeitung und kognitiven Komplexität (Interdependenzen / synergetische Effekte zwischen beiden Barrieren) • Verbesserungsstrategien: Information packaging, computerbasierte Systeme zur Entscheidungsunterstützung • Drei Dilemmata: Einfluss der Art und Weise der Informationspräsentation auf die Informationsnutzung ist unbekannt; wenn bisherige Veröffentlichungen in Form von *report cards* versagen, besteht angesichts bisheriger Evaluationsmethoden kein Ansatz wie das Problem zu lösen ist, einige der Unterstützungsstrategien für Konsumenten unterminieren das marktwirtschaftliche Ziel der Qualitätsverbesserung durch Anreize
54.	**Eddy (1998)** Performance measurement: Problems and solutions Darstellung von Problembereichen und Lösungsansätzen zur Verbesserung der Performancemessung	keine Literaturanalyse	• Problembereiche: - „natürliche" Probleme: u.a. Wahrscheinlichkeitsfaktor, niedrige Frequenz/Rate bei wichtigen Indikatoren, Steuerungsmöglichkeit der Outcomes - „man-made" Probleme: Inadäquate Informationssysteme, zu viele Messungen und Institutionen, die Messungen anfordern, Komplexität der health plans, Finanzierung • Lösungsansätze: mehr Wert legen auf die Messung von Prozessqualität; Messung auf Basis formaler, evidenz-basierter Kriterien; Entwicklung/Verbesserung computerbasierter Informationssysteme; Ergänzung populationsbezogener Messansätze durch fallbasierte; Entwicklung eines einheitlichen, nationalen, standardisierten Kern-Sets von Messindikatoren; politisch unabhängige Finanzierung

Nr.	Autor(en) / Jahr / Titel / Forschungsgegenstand	Theoretische Fundierung / konzeptionelle Methodik	Zentrale Befunde
55.	**Edgman-Levitan, Cleary (1996)** What information do consumers want and need? Beantwortung der Fragestellungen: Wie setzt sich Qualität aus Patientensicht zusammen, welche Informationen werden zur Entscheidungsunterstützung gefordert, welche derzeitigen Hürden bestehen?	keine Literaturanalyse, Review von Forschungsprojekten, Interviews mit Mitarbeitern von Versicherungen, Managed Care Programmen, Patientenberatungen	• Art des Informationsbedarfs bezogen auf die Krankenkassenleistung des Arbeitsgebers (health plan): grundsätzliche Funktionsweise, Kosten, welche Leistungen abgedeckt sind, Versorgungsqualität, generelle Zufriedenheit, Koordination von Versorgung und Zugang, Information und Kommunikation durch den Arzt • Forderung der Neutralität von Qualitätsbewertungen sowie Sorgen zur Datenqualität, Validität, Stichprobe etc. • Meinung von Freunden und Familienmitgliedern wichtiger als andere Datenquellen • Großes Interesse an Ergebnissen von Patienten-Zufriedenheitsbefragungen, z.T. reichen Bewertungen aber nicht aus, da häufig Aspekte mit geringer Wichtigkeit befragt werden (Attraktivität von Wartebereichen, Park, Essen etc.); ebenfalls gewünscht, ist Möglichkeit der Selbstbewertung durch Fakten z.B. genaue Wartezeit auf Termin, Wartezeit in der Praxis) • Qualitätsdimensionen aus Sicht stationärer Patienten: Respekt für den Patienten (persönlichen Werten, Präferenzen, Bedarfe), Koordination der Behandlung, Information, Kommunikation, Aufklärung, körperliches Wohlbefinden und Schmerzmanagement, emotionale Unterstützung und Verminderung von Angst, Einbeziehung von Familie und Freunden, Kontinuität bei Entlassung • Unterschiede zwischen Qualitätsdimensionen aus Sicht stationärer Patienten und aus der Perspektive ambulanter Patienten
56.	**Phillips, Bero (1996)** Improving the Use of Information in Medical Effectiveness Research Untersuchung zu Barrieren der Informationsnutzung sowie Diskussion von Ansätzen zur Verbesserung der Informationsnutzung	keine Literaturanalyse	• in der bisherigen Wirksamkeitsforschung zur Informationsnutzung überwiegt die Fokussierung auf den Nutzen weniger auf der Limitierung der Informationsnutzung, im Mittelpunkt stand das Paradigma der *rationalen Entscheidungsfindung* • Identifizierung von vier Hauptzielen in der bisherigen Forschung: 1. Bereitstellung von mehr Informationen zur Unterstützung von rationalen Entscheidungen der Patienten, Leistungserbringer und Gesundheitspolitik; 2. Einbeziehung der Patientenpräferenzen in Versorgungsentscheidungen; 3. Entwicklung von Leitfäden, welche sowohl die Patientenperspektive als auch die soziale Perspektive beinhalten; 4. Verbesserung der Versorgung durch Informationen • Empfehlungen: Belege über die Art und Weise, wie Entscheidungen getroffen werden, sollten in die Forschung einfließen; Strukturierung des Entscheidungsprozesses mit Hilfe von Leitlinien und *guides*; Entwicklung von Kriterien zur Definition, welche Leitlinien die Patientenperspektive umfassen sollen; Etablierung von *saveguards*, um die falsche Nutzung der Informationen zu verhindern
57.	**Schwartz (1996)** Informations- und Anreizprobleme im Krankenhaussektor. Eine institutionenökonomische Analyse Verfügungsrechtestruktur des Krankenhauses Principal-Agend-Beziehung zwischen Patient und Krankenhaus bzw. Krankenhausarzt, zwischen Patient und Krankenkasse sowie zwischen Krankenhaus und Krankenkasse	Institutionsökonomie, insbesondere die Property-Rights- und Prinzipal-Agenten-Theorie Theoretische Analyse	• Informationsdefizite des Patienten zwischen Krankenhaus bzw. Krankenhausarzt aufgrund der Hidden Characteristics des Krankenhauses • Möglichkeit der Reduzierung der Informationsasymmetrien durch Signaling des Krankenhauses und Screening durch (potentielle) Patienten (als zumindest teilweise realisierte Ansätze) • Entwicklung potentieller Ansätze: Signaling mit Zertifikaten sowie Screening durch staatliche Institutionen, durch Patienten sowie Auskunfteien

Nr.	Autor(en) / Jahr / Titel / Forschungsgegenstand	Theoretische Fundierung / konzeptionelle Methodik	Zentrale Befunde
58.	**Bolton, Brittain (1994)** Patient information provision: its effect on patient anxiety and the role of health information services and libraries Diskussion und Herleitung eines Zusammenhangs zwischen Patienteninformationen und Wahrnehmung von Angst/Sorge vor der Behandlung auf Basis des „health belief" Modells und empirischer Studien, Ableitung von Hypothesen	Health Belief Modell Literaturanalyse	• Das erweiterte "Health belief"-Modell ist ein nützliches theoretisches Rahmenwerk für Professionelle bezüglich der Entscheidung, welche Informationsinhalte und -quantitäten von Patienten benötigt werden • Die bisherigen Forschungen führen zu der Hypothese, dass Patienteninformationen und zusätzliche emotionale Unterstützung durch den Arzt Ängste und Stress vor der Behandlung reduzieren • Zur Prüfung der Hypothese müssen drei verschiedene Patientengruppen getestet werden: Gruppe mit Patienteninformationen, mit Patienteninformationen und emotionaler Unterstützung, Kontrollgruppe (als Vorschlag für weiterführende Studien)

Anhang III: Synopse einer vergleichenden Analyse von 29 Informationsangeboten zur Bewertung und zum Vergleich von Krankenhäusern aus der Qualitätsberichtserstattung verschiedener Länder

Nr.	Anbieter / Land / Bezeichnung / Quelle	Bewertungsgegenstand / Umfang / Zyklus	Verbindlichkeit / Veröffentlichung / Ausrichtung	Art der Qualitätsinformationen
59.	Australian Council on Health Care Standards (ACHS) Australien und Neuseeland ACHS Clinical Indicator Report www.achs.org.au	Gesundheitsorganisationen in Australien und Neuseeland (Health Care Organisations) 400 in 2005 jährlich seit 1993	Freiwillig Veröffentlicht (Ergebnisreport der Akkreditierung nicht veröffentlicht) Fachkreise	22 Indikatoren-Sets mit 308 Indikatoren, u.a. - Nebenwirkungen von Medikamenten - Warezeiten auf Strahlentherapie, Reha, Röntgendiagnostik, in der Notaufnahme - Ungeplante, unerwartete Wiederaufnahme - Anästhesiedokumentation - Tages-OP: nicht erfolgte Patientenaufnahme, ungeplante stationäre Aufnahme Des weiteren besteht die Möglichkeit einer Qualitätsbewertung in Form einer Akkreditierung in den Bereichen *Clinical Function, Support Function, Cooporate Funtion* mit insgesamt 13 Qualitätsstandards und 45 zugeordneten Bewertungskriterien
60.	Central Denmark Region Dänemark The Danish National Indicator Project www.nip.dk www.sundhed.dk	Alle Krankenhäuser jährlich seit 2000	Obligatorisch Nicht veröffentlicht Fachkreise	6 krankheitsspezifische Indikatoren-Sets: - Schlaganfall - Hüftfraktur - Schizophrenie - Akute Magen-Darm-Operation - Herzinsuffizienz - Lungenkrebs mit 96 klinischen Indikatoren zur Struktur-, Prozess- und Ergebnisqualität
61.	AOK Deutschland Krankenhausnavigator www.aok.de	Alle Krankenhäuser zweijährig (freiwillig jährlich) seit 2005	Obligatorisch Veröffentlicht Patienten	Darstellung der Qualitätsberichte (siehe unter 4) über ein Navigations-Portal Suchfunktion über PLZ und Suchradius

Nr.	Anbieter / Land / Bezeichnung / Quelle	Bewertungsgegenstand / Umfang / Zyklus	Verbindlichkeit / Veröffentlichung / Ausrichtung	Art der Qualitätsinformationen
62.	AnyCare Deutschland Qualitätskompass Klinik www.anycare-qualitaetskompass.de	Alle Krankenhäuser In Planung	Freiwillig Veröffentlicht Patienten	• Qualitätsvergleich auf Basis von Patientenbefragungen • Zusatzinformationen je Klinik - bewertete Fachabteilungen - Anzahl Betten - Klinikart / Versorgungsstufe
63.	Bertelsmann Stiftung (in Zusammenarbeit mit Dachverbänden der Patienten- und Verbraucherorganisationen) Deutschland Weisse Liste www.weisse-liste.de	Alle Krankenhäuser seit 2008 zweijährig	Obligatorisch (freiwillig in Bezug auf Ergebnisse der Patientenzufriedenheit) Veröffentlicht Patienten	Krankenhausvergleich vorwiegend auf Basis des strukturierten Qualitätsberichts über mehrere Kategorien: - Basis-Informationen (z.B. Entfernung, Adresse und Website der Klinik) - Versorgungsschwerpunkte - Ärztliche Qualifikation - Personelle Ausstattung mit Ärzten und Pflegekräften (z.B. Fälle je Arzt) - Spezielles therapeutisches Personal (z.B, Diätassistenten, Physiotherapie) - Apparative Ausstattung (z.B. CT/MRT) - Medizinisch pflegerische Leistungsangebote (z.B. Ernährungsberatung) - Leistungskennzahlen: Behandlungshäufigkeit absolut und in Relation als Anteil an allen Behandlungen - Ergebnisse der Qualitätssicherung des BQS-Verfahrens Darstellung der Patientenzufriedenheit möglich jedoch noch nicht enthalten Dialogorientierte schrittweise Krankenhaussuche; Einstieg über Behandlungswunsch, PLZ / Ort, Krankenhausnamen / geographische Karte sowie Körperregion möglich; Unterstützung durch interaktiven Suchassistent bei jedem Auswahlschritt

Nr.	Anbieter / Land / Bezeichnung / Quelle	Bewertungsgegenstand / Umfang / Zyklus	Verbindlichkeit / Veröffentlichung / Ausrichtung	Art der Qualitätsinformationen
64.	Bundesgeschäftsstelle Qualitätssicherung (BQS) Deutschland Externe Qualitätssicherung / BQS-Qualitätsreport www.bqs-online.com www.bqs-qualitätsreport.de	Alle Krankenhäuser jährlich seit 2001	Obligatorisch Nicht veröffentlicht Fachkreise	Hierarchisches Bewertungssystem: • Messung von klinischen Qualitätsindikatoren für 24 medizinische Leistungsbereiche von der Aortenklappenchirurgie bis zur Varizenchirurgie • Je Leistungsbereich Unterscheidung zwischen 2 bis 23 Qualitätsindikatoren • Je Qualitätsindikator Zuordnung von einer oder mehreren Qualitätskennzahlen
65.	GKV Deutschland Strukturierter Qualitätsbericht www.g-qb.de	Alle Krankenhäuser zweijährig (freiwillig jährlich) seit 2005	Obligatorisch Veröffentlicht Fachkreise (bedingt Patienten)	Qualitätsdarstellung in zwei Teilen: 1. Basisteil: Struktur- und Leistungsdaten v.a. Angaben zu Betten-, Personal-, Fallzahlen, zum Leistungsspektrum, Behandlungsschwerpunkten, zur Geräteausstattung, Darstellung der externen Qualitätssicherung (BQS-Daten) 2. Systemteil: Darstellung der Qualitätspolitik, des Qualitätsmanagements, Qualitätsmanagement-Projekte sowie weitergehende Informationen
66.	Hamburger KH (in Zusammenarbeit mit Ärztekammer, Verbraucherzentrale, TK, BARMER AOK Rheinland/Hamburg) Deutschland Hamburger Krankenhaus-Spiegel www.hamburger-krankenhausspiegel.de	Krankenhäuser in Hamburg 25 jährlich seit 2007	Freiwillig Veröffentlicht Patienten	Qualitätsvergleich auf Basis der BQS-Qualitätsindikatoren bzw. -kennzahlen zu 10 Leistungsbereichen: - Brustkrebsoperation - Gallenblasenoperation - Geburtshilfe - Gynäkologische Operationen - Herzkathederanwendungen - Einsatz Herzschrittmacher - Hüftgelenkersatz - Kniegelenkersatz - Oberschenkelhalsbruch - Rekonstruktion Halsschlagader Zusätzliche Angabe der Fallzahl pro Leistungsbereich, Informationen zum Krankheitsbild sowie Diagnostik und Therapie

Nr.	Anbieter / Land / Bezeichnung / Quelle	Bewertungsgegenstand / Umfang / Zyklus	Verbindlichkeit / Veröffentlichung / Ausrichtung	Art der Qualitätsinformationen
67.	Hannover KH (in Zusammenarbeit mit der TK, Hannoversche Allgemeine Zeitung) Deutschland Krankenhaus-Spiegel Hannover www.krankenhausspiegel-hannover.de	Krankenhäuser in Hannover 18 jährlich seit 2008	Freiweillig Veröffentlicht Patienten	ähnlich wie der Hamburger Krankenhaus –Spiegel Qualitätsvergleich auf Basis der BQS-Qualitätsindikatoren bzw. -kennzahlen jedoch nur zu vier Leistungsbereichen: - Brustkrebsoperation - Gallenblasenoperation - Einsatz Herzschrittmacher - Kniegelenkersatz Zusätzliche Angabe der Fallzahl pro Leistungsbereich, Informationen zum Krankheitsbild sowie Diagnostik und Therapie
68.	Helios-Kliniken Deutschland Helios-Klinikführer www.helios-kliniken.de www.helios-klinikführer.de	Akutkliniken der Helios-Gruppe 24 in 2006 jährlich seit 2005	Obligatorisch Veröffentlicht Fachkreise (bedingt Patienten)	• Qualitätsvergleich mittels Indikatorensatz mit 33 primär medizinischen Zielen bzw. Leistungskennzahlen zu Todesraten (auf Basis der BQS-Daten) • Zusatzinformationen je Klinik - Darstellung des Leistungsspektrum in Form von wichtigen Krankheitsbildern und Fachabteilungen - Standardisierte Angaben zu Fallzahlen - Darstellung von Basisdaten: Allgemeine Merkmale, TOP 50 DRGs, Mitarbeiter pro Dienstart, ambulante Behandlungsmöglichkeiten, serviceorientierte Leistungsangebote, Spezialleistungen der jeweiligen Klinik - Diagnostische und therapeutische Ausstattung
69.	Initiativkreis Ruhrgebiet Deutschland Klinik-Führer Rhein-Ruhr www.kliniken-rhein-ruhr.de	Krankenhäuser der Gebiete Rhein-Ruhr Mitte, Rhein-Ruhr West, Rhein-Ruhr Ost 74 in 2005/2006 zweijährig seit 2004	Freiwillig Veröffentlicht Patienten	• Qualitätsvergleich auf Basis von vier Perspektiven: - Patientenbefragung (Picker-Fragebogen) - Ärztebefragung (Empfehlungsrate) - Fallzahlenanalyse - Qualitätsanalyse (BQS-Daten) • Zusatzinformationen je Klinik - Fachabteilungen / Anzahl der Betten - Mitarbeiter je Dienstart - Behandlungsschwerpunkte

Nr.	Anbieter / Land / Bezeichnung / Quelle	Bewertungsgegenstand / Umfang / Zyklus	Verbindlichkeit / Veröffentlichung / Ausrichtung	Art der Qualitätsinformationen
70.	Kooperation für Transparenz und Qualität im Gesundheitswesen (KTQ) Deutschland KTQ-Qualitätsbericht (KTQ-Zertifikat) www.ktq.de	Gesundheitsorganisationen (hauptsächlich Krankenhäuser) fortlaufend seit 2002	Freiwillig Veröffentlicht (erzielte Gesamtpunktzahl sowie Einzelergebnisse je Kategorie nicht veröffentlicht) Fachkreise	Bewertungssystem mit sechs Kategorien (insgesamt 72 KTQ-Kriterien mit 671 unterlegten Einzelfragen): 1. Patientenorientierung im Krankenhaus 2. Sicherstellung der Mitarbeiterorientierung 3. Sicherheit im Krankenhaus 4. Informationswesen 5. Krankenhausführung 6. Qualitätsmanagement Das KTQ-Zertifikat wird erteilt, wenn 55% der erreichbaren Punkte in jeder Kategorie erfüllt sind.
71.	MedizInfo Deutschland Klinikbewertungen www.klinikbewertungen.de	Alle Krankenhäuser fortlaufend seit 1997	Freiwillig Veröffentlicht Patienten	• Qualitätsvergleich auf Basis von Patientenurteilen zu den Aspekten: - Gesamtzufriedenheit - Qualität der Beratung - Medizinische Behandlung - Verwaltung und Abläufe - z. T. Erfahrungsberichte von Patienten Zusatzinformationen: Anzahl der Bewertungen, Link zur Homepage des Krankenhauses
72.	Stiftung Warentest Deutschland Hitliste der Hospitäler Stiftung Warentest, 1999	Allgemeinchirurgische Fachabteilungen in den Krankenhäusern der Städte Düsseldorf, Essen und Köln einmalig 35 in 1999	Freiwillig Veröffentlicht Patienten	Qualitätsbewertung in drei Kategorien für 7 Standardoperationen: • Ärzteurteil / Empfehlungswertigkeit aus Sicht niedergelassener Ärzte: Schilddrüsenvergrößerung, Blinddarmentzündung, Gallensteinleiden, Darmverschluss, Durchblutungsstörungen der Beine, hüftgelenknaher Oberschenkelbruch, Darmkrebs • Patientenurteil / Patientenzufriedenheit in den Kategorien: Information, Interaktion, Organisation, Verpflegung, Ruhe, Komfort, sanitäre Einrichtungen, Tagesablauf Struktur- und Leistungsdaten der KH: u.a. allg. Serviceangebot, Zimmerausstattung, Kosten für Wahlleistungen, psychosoziale Betreuung

Nr.	Anbieter / Land / Bezeichnung / Quelle	Bewertungsgegenstand / Umfang / Zyklus	Verbindlichkeit / Veröffentlichung / Ausrichtung	Art der Qualitätsinformationen
73.	TK Deutschland TK-Klinikführer www.tk-online.de	Krankenhäuser der 20 bevölkerungsmäßig größten Städte (eingeschränkt in Bezug auf TK-Versicherte) 202 in 2007 seit 2007	Freiwillig Veröffentlicht Patienten	Qualitätsvergleich auf Basis von Patientenurteilen zu folgenden Aspekten der Klinik und im Vergleich zum Durchschnittsergebnis der erhobenen Kliniken: • Gesamtzufriedenheit • Behandlungsergebnis • Med.-pfleg. Versorgung • Information und Kommunikation • Organisation und Unterbringung Zusatzinformationen: Fallzahl, Entfernung der Klinik, spezielle TK-Angebote, Fachabteilungen, Versorgungsschwerpunkte, Therapiemöglichkeiten, med. Geräte, ambulante Operationen
74.	VDAK Deutschland Klinik-Lotse www.klinik-lotse.de	Alle Krankenhäuser zweijährig (freiwillig jährlich) seit 2005	Obligatorisch Veröffentlicht Patienten	Darstellung der Qualitätsberichte (siehe unter 4) über ein Navigations-Portal Suchfunktion über PLZ und Suchradius Zusatzinformationen je Klinik aufbereitet aus dem Qualitätsbericht u.a. • Bettenzahl, Anzahl stat. Fälle, Anzahl amb. Fälle • TOP-DRG's mit Anzahl der Fälle • Vergleich der Anzahl der Fälle pro TOP-DRG mit anderen KH • Anzahl Personal je Berufsgruppe und Vergleich mit anderen KH • Leistungsbereiche Mindestmengenvereinbarung • Dokumentationsrate der Qualitätssicherung
75.	Zeitschrift Fokus Deutschland Die Große Klinik-Liste Fokus, Ausgaben 42-46 / 1998	Krankenhäuser mit den Fachbereichen Chirurgie, Innere Medizin, Frauenheilkunde, Kinderheilkunde, Orthopädie, Urologie (Krankenhäuser wurden von Fachärzten empfohlen) einmalig 350 in 1998	Freiwillig Veröffentlicht Patienten	• Gelistet wurden empfohlene Krankenhäuser auf Basis einer Befragung von Fachärzten und Selbsthilfegruppen • Qualitätsmerkmale: Anzahl der Behandlungen, Bettenzahl, Anzahl Ärzte, Anzahl Pflegekräfte • Beurteilung der Fachabteilung aus Sicht von Selbsthilfegruppen zu den Aspekten: Qualität der medizinischen Versorgung, subjektive Beurteilung des Behandlungserfolgs, Qualität der Pflege, Zusammenarbeit mit niedergelassenen Ärzten, Service, Engagement der Klinik für optimale Patientenzufriedenheit Weitere Informationen zu Spezialisierungen bzw. Schwerpunkten, ob eine Patientenumfrage durchgeführt wird, ob eine Qualitätsstatistik geführt wird sowie Höhe des Einzelzimmer-Zuschlags

Nr.	Anbieter / Land / Bezeichnung / Quelle	Bewertungsgegenstand / Umfang / Zyklus	Verbindlichkeit / Veröffentlichung / Ausrichtung	Art der Qualitätsinformationen
76.	Ministry of Health / French National Authority for Health Frankreich Quality Indicators (COMPAQH-Projekt) www.ante.gouv.fr www.has-sante.fr	Akutkrankenhäuser seit 1998	Freiwillig Veröffentlichung geplant (Projekt noch nicht abgeschlossen) Fachkreise	36 Indikatoren über 6 Indikatoren-Sets: - Medikation-/Anästhesiedokumentation - Dauer der Erstellung des Entlassbriefes - Essstörungen - Schmerzmanagement - Vorbeugung von nasocomialen Infektionen - Behandlung Herzinfarkt - Patientenzufriedenheit
77.	Commission for Health Improvement (CHI*) / Office for Information on Healthcare Performance Großbritanien Clinical Governance www.chi.nhs.uk *Ablösung der CHI in 2004 durch die Healthcare Commission	Akutkrankenhäuser 170 Acute Trusts in 2004 jährlich seit 2001 (bis 2004)	Freiwillig Veröffentlicht Fachkreise (bedingt Patienten)	Qualitätsbewertung auf Basis von Assessments zu folgenden Bereichen: • Bewertung und Erfahrung von Patienten • Patientenbeteiligung • Effektivität • Personal • Risikomanagement • Aus-, Fort- und Weiterbildung • Klinische Audits
78.	Healthcare Commission Großbritanien Performance Ratings / Star Ratings www.healthcarecommission.org.uk	NHS Trusts (selbstverwaltete Treuhandgesellschaften) 125 Acute trusts, 20 Specialist trusts, 31 Ambulance trusts, 83 Mental health trusts, 302 Primary care trusts in 2004/2005 jährlich seit 2004	Obligatorisch Veröffentlicht Fachkreise (bedingt Patienten)	Leistungsbewertung mit 37 Indikatoren in zwei Bereichen: • Hauptziele (Key Targets): u.a. Indikatoren zu div. Wartezeiten, Finanzmanagement, Krankenhaushygiene • Qualitätsbewertung (Balanced Scorecard): u.a. Indikatoren zu Information und Partizipation der Patienten, ungeplante Wiederaufnahmen, Patientenbeschwerden, Vorbeugung vor Infektionen, Risikomanagement, Qualifikation der Mitarbeiter

Nr.	Anbieter / Land / Bezeichnung / Quelle	Bewertungsgegenstand / Umfang / Zyklus	Verbindlichkeit / Veröffentlichung / Ausrichtung	Art der Qualitätsinformationen
79.	Dr. Foster Großbritanien Dr. Foster Hospital guides www.drfoster.co.uk	Krankenhäuser (NHS und private Krankenhäuser) jährlich seit 2004	Freiwillig Veröffentlicht Patienten	Qualitätsbewertung auf Basis der Hospital Episode Statistics (HES) und Nationwide Clearing Service Data (NWCS) in folgenden Bereichen: • Mortalitätsraten • Krankenhausqualität: u.a. Indikatoren zu Patientenzufriedenheit, div. Wartezeiten, Verweildauer, Belegung, Wartezeit bis zur KH-Behandlung • Ausstattung und spezielle Behandlungsmöglichkeiten: u.a. Indikatoren zu palliativer Medizin, Stroke Unit, Angiographie, 24-Stunden-Überwachung und Vorhandensein eines Kinderarztes, Kernspintomographie Zusatzinformationen je Klinik: Behandlungsmöglichkeiten, Spezialangebote, Entfernung zum Heimatort
80.	Hospital Report Research Collaborative (HRRC) Kanada / Provinz Ontario Hospital Report www.hospitalreport.ca	Akutkrankenhäuser in Ontario (seit 2004 auch psychiatrische Versorgung) 95 in 2005 jährlich seit 1998	Freiwillig Veröffentlicht Fachkreise	• Qualitätsmessung auf Basis eines auf Krankenhäuser angepassten Balance Score Card Modells • Score Card mit 33 Indikatoren in folgenden Bereichen: - Systemintegration und Veränderung - Krankenhausinanspruchnahme und Ergebnisse - Finanzielle Leistungen und Auflagen - Patientenzufriedenheit
81.	Dutch Health Care Inspectorate Niederlande Hospital Performance Indicators www.igz.nl.uk	Alle Krankenhäuser jährlich seit 2004	Obligatorisch Veröffentlicht Fachkreise	Basis-Set von Qualitätsindikatoren in vier Kategorien: 1. krankenhausweite Indikatoren: u.a. zu Druckgeschwüre, Bluttransfusion, Informations- und Kommunikationstechnologie, Medikationssicherheit 2. Indikatoren der OP-, Intensiv- und Notfallbereiche: u.a. Postoperativer Schmerz, abgesagte Operationen, Hochrisiko-OP's 3. interventionsspezifische Indikatoren: u.a. zu Schwangerschaft, Diabetes, Herzinfarkt 4. Managementbezogene Indikatoren: u.a. Qualitätssicherung und Qualitätsmanagementsystem, Finanzmanagement Zusatz-Parameter zur Veröffentlichung, Steuerung und Benchmarking: Patientenzufriedenheit, Organisation und Qualität, Organisation und Rahmenbedingungen sowie Aus- und Weiterbildung und Forschung

Nr.	Anbieter / Land / Bezeichnung / Quelle	Bewertungsgegenstand / Umfang / Zyklus	Verbindlichkeit / Veröffentlichung / Ausrichtung	Art der Qualitätsinformationen
82.	Verein Outcome Schweiz Outcome-Messungen www.vereinoutcome.ch	Krankenhäuser (öffentliche und private) der Kantone Aargau, Bern, Solothun und Zürich 54 in 2006 seit 2000	Freiwillig Nicht veröffentlicht Fachkreise	Qualitätsmessung der Behandlungs- und Betreuungsergebnisse mittels vier Kategorien: • Diagnoseunabhängige Q-Kriterien: u.a. ungeplante Wiederaufnahmen, ungeplante Reinterventionen, anesth. Komplikationen, Dekubitus • Output-Q-Kriterien: u.a. Wartezeiten elektive Eingriffe, Wartezeiten Notfallpatienten, Lieferzeiten Arztberichte, Verschiebung elektiver Operationen • Diagnoseabhängige Q-Kriterien (sog. Tracerdiagnosen): u.a. Appendizitis, akuter Myocardinfarkt, Geburt/Sectio, Mamakarzinom • Patientenzufriedenheit (Picker-Fragebogen)
83.	Hospital Qualiy Alliance Zusammenschluss div. Organisationen u.a. United States Department of Health and Human Service (DHHS) / Centers of Medicare & Medicaid Service (CMS) / American Hospital Association (AHA) USA Hospital Compare www.hospitalcompare.hhs.gov	Akutkrankenhäuser in Kalifornien, Florida, New York, Ohio, Texas monatlich seit 2004	Freiwillig (aber Voraussetzung für Kostenerstattung für Medicare-Patienten) Veröffentlicht Fachkreise	Qualitätsmessung in 4 Indikatoren-Sets mit 21 Indikatoren: - Herzinfarkt - Herzinsuffizienz - Pneumonie - Infektionspräfention in der Chirurgie Patientenzufriedenheit (CAHPS Hospital Survey - Veröffentlichung für 2007 geplant) Zusatzinformationen: Basisinformationen je Klinik, Krankenhauscheckliste, Patientenrechte im Krankenhaus
84.	Joint Commission on Accreditation of Health Care Organisation (JCAHO) USA ORYX Performance Measurement System www.jountcommission.org	Krankenhäuser 51 in 2007 jährlich seit 2002	Obligatorisch Veröffentlicht (lediglich Information, dass Bewertung stattgefunden hat) Fachkreise	Indikatoren-Sets zu den Indikationen: - Herzinfarkt - Herzinsuffizienz - Pneumonie - Schwangerschaft und Entbindung - Weiterentwicklungsprojekt der Chirurgischen Medizin

Nr.	Anbieter / Land / Bezeichnung / Quelle	Bewertungsgegenstand / Umfang / Zyklus	Verbindlichkeit / Veröffentlichung / Ausrichtung	Art der Qualitätsinformationen
85.	New York State Department of Health USA Cardiac Surgery Reporting System (CSRS) www.health.state.ny.us	Herzchirurgische Kliniken im Bundesstaat New York 38 in 2004 jährlich seit 1989	Freiwillig Veröffentlicht Fachkreise	Risikoadjustierte Mortalitätsdaten für choronare Bypass-Operationen je Klinik: - Anzahl Fälle - Todesfälle - Beobachtete Mortalität - erwartete Mortalität - risikoadjustierte Mortalität Zusatzinformationen: Statistik über Patienten-Risiko-Faktoren
86.	Rhode Island State Department of Health USA Performance Measurement and Reporting www.health.ri.gov	Krankenhäuser des Bundesstaates Rhode Island 13 in 2003 (10 Krankenhaus-Performance) jährlich seit 2001	Obligatorisch Veröffentlicht Fachkreise	Qualitätsbewertung in drei Kategorien: - Patientenzufriedenheit - Krankenhaus Performance anhand der Indikationen: Herzinfarkt, Herzinsuffizienz und Pneumonie - Finanzmanagement: Profitabilität, Liquidität, Leverage, Effizienz
87.	Maryland Hospital Association (USA) weltweit Quality Indicator Project (QIP) www.qiproject.org	Krankenhäuser weltweit 1.300 bis 2005 seit 1987	Freiwillig Nicht veröffentlicht Fachkreise	Qualitätsmessung für die Bereiche: - Akut-Medizin - Psychiatrie - Langzeitpflege - Home care 19 Indikatoren-Sets für Akut-Medizin: u.a. Dauer des Aufenthalts in der Notaufnahme, ungeplante Wiederaufnahme, ungeplante nochmalige OP, Mortalität, Infektionsprophylaxe, Geräteausstattung

Anhang IV

Ausschnitt aus dem BQS-Qualitätsreport des Erfassungsjahrs 2007

Kapitel 24

Knie-Totalendoprothesen-Erstimplantation

Quelle: BQS (2009), S. 153ff.

Kapitel 24

Knie-Totalendoprothesen-Erstimplantation

Einleitung

Die Verschleißerkrankung des Kniegelenks (Gonarthrose) betrifft insbesondere ältere Frauen. Es handelt sich um eine fortschreitende schmerzhafte Erkrankung, die mit zunehmender Ausprägung zur erheblichen Einschränkung der Beweglichkeit führt.

Ausprägung bzw. Ausmaß der Arthrose – es kann lediglich ein Teilbereich (Kompartiment) oder das gesamte Kniegelenk betroffen sein – beeinflussen die Wahl der Behandlung, die Wahl des Implantats und nicht zuletzt die Prognose *(Calleghan 1995)*.

Unter einer Knie-Totalendoprothese versteht man den Ersatz des Gelenkanteils von Oberschenkel und Schienbein mit oder ohne prothetischen Ersatz oder Teilersatz der Kniescheibe.

Ziel des endoprothetischen Kniegelenkersatzes ist die Wiederherstellung der natürlichen Beinachse, einer stabilen Bandführung und schmerzfreien Gelenkbeweglichkeit sowie die möglichst uneingeschränkte Gehfähigkeit des Patienten bei langer Lebensdauer (Standzeit) der Prothese.

In den letzten Jahrzehnten haben sich Implantate, Operationsverfahren und Erfahrung der Operateure so weit verbessert, dass die Kniegelenk-Totalendoprothesen inzwischen in der Regel Standzeiten von über zehn Jahren erreichen.

BQS-Qualitätsindikatoren – Übersicht

	Anzahl	Gesamtergebnis
Indikationsqualität		
Indikation	121.815/136.259	89,4%
Prozessqualität		
Perioperative Antibiotikaprophylaxe	135.389/136.259	99,4%
Postoperative Beweglichkeit...		
postoperative Beweglichkeit dokumentiert	124.901/136.259	91,7%
Ergebnisqualität		
Postoperative Beweglichkeit...		
postoperative Beweglichkeit von mindestens 0/0/90	97.684/124.901	78,2%
Gehfähigkeit bei Entlassung	1.113/135.352	0,8%
Gefäßläsion oder Nervenschaden	271/136.259	0,2%
Fraktur	245/136.259	0,2%
Postoperative Wundinfektion	733/136.259	0,5%
Wundhämatome/Nachblutungen	1.996/136.259	1,5%
Allgemeine postoperative Komplikationen	2.590/136.259	1,9%
Reinterventionen wegen Komplikation	2.635/136.259	1,9%
Letalität	144/136.259	0,1%

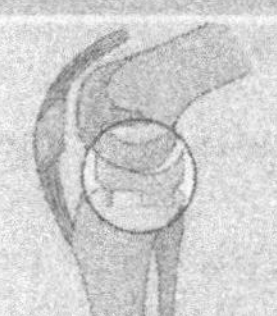

BQS-Projektleiter

Dr. Oliver **Boy**
Sebastian **Hahn**

Mitglieder der BQS-Fachgruppe Orthopädie und Unfallchirurgie

Dr. Dieter **Decking**
Münster

Rolf **Dienst**
Nordholz

Prof. Dr. Peer **Eysel***
Köln

Prof. Dr. Rüdiger **Franz***
Dresden-Schönfeld

Dr. Thomas **Gaertner**
Oberursel

Prof. Dr. Michael Paul **Hahn**
Bremen

Dr. Matthias **Hübner**
Oberursel

Prof. Dr. Hans-Jörg **Oestern**
Celle

Christof **Reinert**
Berlin

Detlef **Roggenkemper***
Sendenhorst

Prof. Dr. Desiderius **Sabo****
Neckargemünd

Dr. Volker **Sänger**
Eichstätt

PD Dr. Heinz-Helge **Schauwecker**
Berlin

Rotraut **Schmale-Grede****
Bonn

Johanna **Schrader**
Frankfurt am Main

Werner **Schuren***
Winsen

Prof. Dr. Werner **Siebert****
Kassel

PD Dr. Friedrich **Thielemann****
Villingen-Schwenningen

Prof. Dr. Arnold **Trupka**
Starnberg

Prof. Dr. Joachim **Windolf***
Düsseldorf

Weitere Sachverständige

Prof. Dr. Heino **Kienapfel**
Berlin

zwischen 1.1.2007 und 30.6.2008
* ausgeschieden
** neu benannt

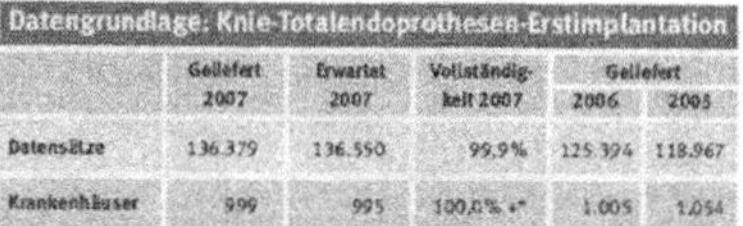

Datengrundlage: Knie-Totalendoprothesen-Erstimplantation

	Geliefert 2007	Erwartet 2007	Vollständigkeit 2007	Geliefert 2006	Geliefert 2005
Datensätze	136.379	136.550	99,9%	125.394	118.967
Krankenhäuser	999	995	100,0% +*	1.005	1.054

** Wenn mehr Krankenhäuser Datensätze dokumentiert haben, als in der QS-Filter-Sollstatistik ausgewiesen sind, entstehen Vollständigkeiten über 100%. In diesem Fall wurden für die Berechnung der Vollständigkeit nur einsendende Krankenhäuser bis zum Sollwert berücksichtigt.*

Basisstatistik: Knie-Totalendoprothesen-Erstimplantation

	2007 Anzahl	2007 Anteil
Alle Patienten	136.262	
Altersverteilung		
Anzahl der Patienten mit gültiger Altersangabe	136.262	100,0%
davon		
<40 Jahre	256	0,2%
40 - 59 Jahre	16.630	12,2%
60 - 79 Jahre	101.393	74,4%
80 - 89 Jahre	17.668	13,0%
≥90 Jahre	315	0,2%
Geschlecht		
männlich	43.906	32,2%
weiblich	92.356	67,8%
Einstufung nach ASA-Klassifikation		
ASA 1: normaler, ansonsten gesunder Patient	8.408	6,2%
ASA 2: Patient mit leichter Allgemeinerkrankung	80.322	58,9%
ASA 3: Patient mit schwerer Allgemeinerkrankung und Leistungseinschränkung	46.849	34,4%
ASA 4: Patient mit inaktivierender Allgemeinerkrankung, ständige Lebensbedrohung	664	0,5%
ASA 5: moribunder Patient	19	0,0%

Dokumentationspflichtige Leistungen

Alle Knie-TEP-Erstimplantationen, außer Sonderprothesen

Ausblick

Mittelfristig soll die Qualitätssicherung der Hüftendoprothetik durch ein Endoprothesenregister ergänzt werden. Neben Aussagen zur Langzeitergebnisqualität des Eingriffs werden so auch Aussagen zur Implantat-qualität möglich, z. B. in Form der „Standzeiten" bestimmter Endoprothesenmodelle. Die BQS erarbeitet zurzeit mit einer Projektgruppe, in der alle beteiligten Interessengruppen vertreten sind, eine Konzeptskizze zu diesem Register.

Qualitätsziel

Oft eine angemessene Indikation (Schmerzen und röntgenologische Kriterien)

Hintergrund des Qualitätsindikators

Die Leitsymptome bei Kniegelenksarthrose sind Schmerzen, Bewegungseinschränkung bzw. Instabilitätsgefühl im Kniegelenk. Mit konservativer Behandlung, z.B. mit Physiotherapie und medikamentöser Schmerzbehandlung, lässt sich oft keine dauerhafte Beschwerdebesserung erreichen (*Philadelphia Panel 2001, Dieppe et al. 1999, American College of Rheumatology 2000*).

Es besteht Konsens, dass die Indikation zum Kniegelenkersatz dann gegeben ist, wenn erhebliche Schmerzen, eine funktionelle Beeinträchtigung sowie radiologisch deutliche Gelenkspaltverschmälerungen bestehen (*Hadorn & Holmes 1997, Mancuso et al. 1996, Naylor & Williams 1996, Jordan et al. 2003*).

Für den vorliegenden Qualitätsindikator wurden die radiologischen Kriterien des Kellgren- und Lawrence-Scores in ein Punkteschema (0 bis 8 Punkte) überführt, anhand dessen der Schweregrad des Gelenkverschleißes eingeschätzt werden kann.

Strukturierter Dialog zum Erfassungsjahr 2006

Der Indikator kam im Strukturierten Dialog 2007 zum Erfassungsjahr 2006 in 14 von 16 Ländern zum Einsatz. Von 207 Krankenhäusern, die um eine Stellungnahme gebeten wurden, wurde in 140 Fällen ein Dokumentationsproblem als Ursache der Auffälligkeit angegeben. Nach Abschluss des Strukturierten Dialogs wurden sechs Krankenhäuser als qualitativ auffällig eingestuft. Für 151 Krankenhäuser wurde das Ergebnis als qualitativ unauffällig bewertet, eine gezielte Beobachtung im Folgejahr aber für erforderlich gehalten.

Bewertung der Ergebnisse 2007

Die Gesamtrate der Fälle, welche die von der BQS-Fachgruppe festgelegten klinischen und radiologischen Indikationskriterien zur Implantation einer Knie-TEP erfüllen, ist in den letzten Jahren stetig angestiegen (2005: 83,6 %, 2006: 86,2 %, 2007: 89,4 %). Sie liegt aber noch knapp unterhalb des Referenzbereichs von mindestens 90 %. Hinzu kommt eine bedenkliche Spannweite der Krankenhausergebnisse von 1,7 bis 100,0 %. Der Fachgruppe erscheinen insbesondere die extrem niedrigen Raten derzeit nicht nachvollziehbar. Die im Qualitätsindikator definierten Kriterien stellen Mindestanforderungen dar, die erfüllt sein müssen. Die Anwendung des modifizierten Kellgren & Lawrence-Scores zur Beschreibung der Arthrose im Röntgenbild stellt eine anerkannte und standardisierte orthopädische Untersuchungsmethode dar, so dass die Beibehaltung des Referenzbereichs von mindestens 90 % aus Sicht der BQS-Fachgruppe gut begründet ist.

Die BQS-Fachgruppe weist darauf hin, dass eine sorgfältige Dokumentation von Kriterien der Indikationsstellung eine unverzichtbare Grundanforderung operativer Eingriffe darstellt. Eine wiederholte Angabe von Dokumentationsproblemen ist nicht akzeptabel.

Indikation

Anteil von Patienten mit einem Schmerzkriterium und mindestens vier Punkten im modifizierten Kellgren- und Lawrence-Score an allen Patienten

Ergebnisse	2004	2005	2006	2007
Gesamtergebnis	82,2%	83,6%	86,2%	89,4%
Vertrauensbereich	81,9-82,4%	83,3-83,8%	86,0-86,4%	89,2-89,6%
Gesamtzahl der Fälle	119.320	138.902	125.306	136.299

Vergleich mit Vorjahresergebnissen

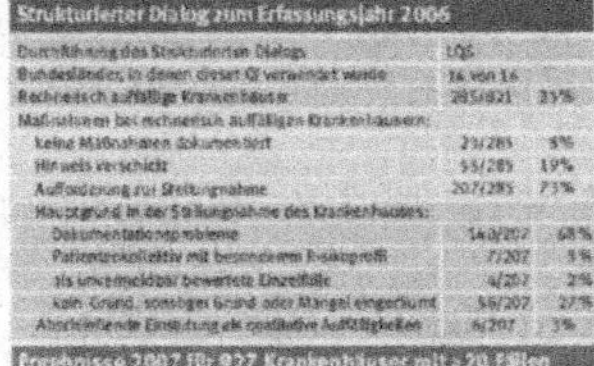

Die Berechnungsgrundlagen für die Erfassungsjahre 2004 bis 2005 sind vergleichbar. Die Ergebnisse 2006 und 2007 basieren auf einem geringfügig geänderten Datensatz. Dadurch ist die Vergleichbarkeit leicht eingeschränkt.

Strukturierter Dialog zum Erfassungsjahr 2006

Durchführung des Strukturierten Dialogs	LQS	
Bundesländer, in denen dieser QI verwendet wurde	14 von 16	
Rechnerisch auffällige Krankenhäuser	285/821	35%
Maßnahmen bei rechnerisch auffälligen Krankenhäusern:		
keine Maßnahmen dokumentiert	23/285	8%
Hinweis verschickt	55/285	19%
Aufforderung zur Stellungnahme	207/285	73%
Hauptgrund in der Stellungnahme des Krankenhauses:		
Dokumentationsprobleme	140/207	68%
Patientenkollektiv mit besonderem Risikoprofil	7/207	3%
als unvermeidbar bewertete Einzelfälle	4/207	2%
kein Grund, sonstiger Grund oder Mangel eingeräumt	56/207	27%
Abschließende Einstufung als qualitative Auffälligkeiten	6/207	3%

Ergebnisse 2007 für 927 Krankenhäuser mit ≥ 20 Fällen

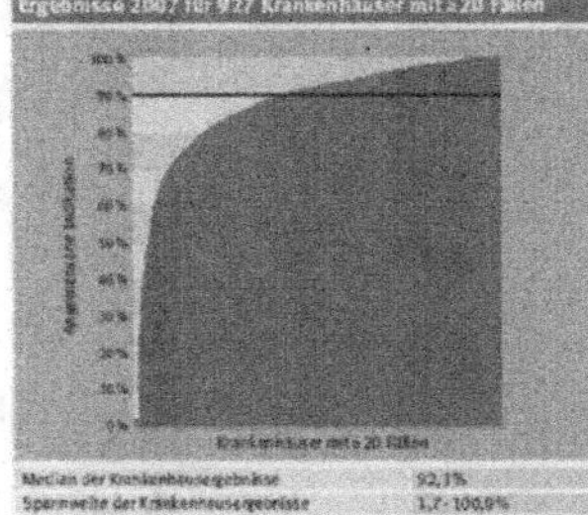

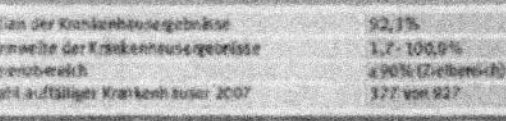

Median der Krankenhausergebnisse	92,1%
Spannweite der Krankenhausergebnisse	1,7 - 100,0%
Referenzbereich	≥ 90% (Zielbereich)
Anzahl auffälliger Krankenhäuser 2007	377 von 927

Ergebnisse 2007 für 72 Krankenhäuser mit 1 bis 19 Fällen

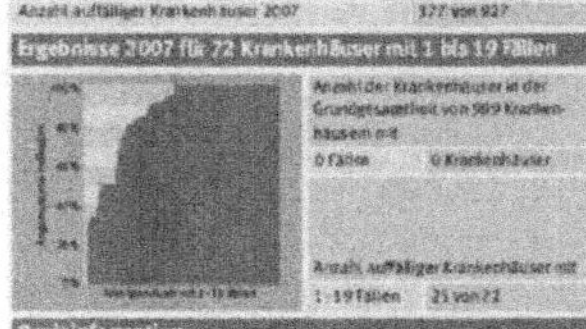

Anzahl der Krankenhäuser in der Grundgesamtheit von 999 Krankenhäusern mit	
0 Fällen	0 Krankenhäuser
Anzahl auffälliger Krankenhäuser mit	
1 - 19 Fällen	21 von 72

Basisinformation

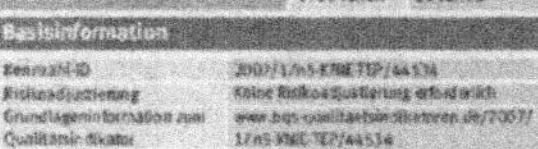

Kennzahl-ID	2007/17n5-KNIE-TEP/44534
Risikoadjustierung	Keine Risikoadjustierung erforderlich
Grundlageninformation zum Qualitätsindikator	www.bqs-qualitaetsindikatoren.de/2007/17n5-KNIE-TEP/44534

Knie-Totalendoprothesen-Erstimplantation

Postoperative Beweglichkeit

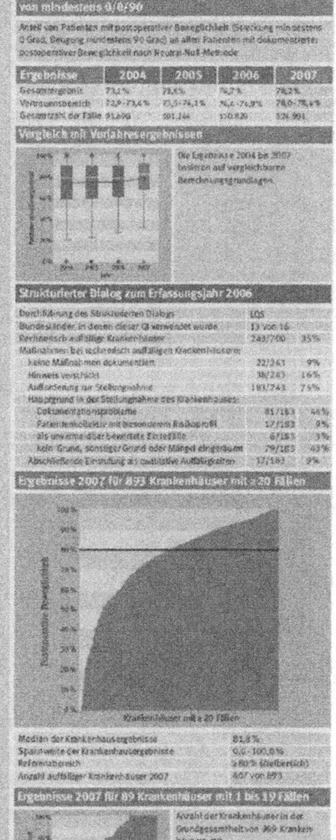

Postoperative Beweglichkeit: postoperative Beweglichkeit von mindestens 0/0/90

Anteil von Patienten mit postoperativer Beweglichkeit (Streckung mindestens 0 Grad, Beugung mindestens 90 Grad) an allen Patienten mit dokumentierter postoperativer Beweglichkeit nach Neutral-Null-Methode

Ergebnisse	2004	2005	2006	2007
Gesamtergebnis	73,1%	[illegible]	74,7%	78,2%
Vertrauensbereich	72,9-73,4%	[illegible]	[illegible]	78,0-78,4%
Gesamtzahl der Fälle	[illegible]	[illegible]	[illegible]	[illegible]

Vergleich mit Vorjahresergebnissen

Die Ergebnisse 2004 bis 2007 beruhen auf vergleichbaren Berechnungsgrundlagen.

Strukturierter Dialog zum Erfassungsjahr 2006

Durchführung des Strukturierten Dialogs	LQS	
Bundesländer, in denen dieser QI verwendet wurde	13 von 16	
Rechnerisch auffällige Krankenhäuser	243/700	35%
Maßnahmen bei rechnerisch auffälligen Krankenhäusern:		
keine Maßnahmen dokumentiert	22/243	9%
Hinweis verschickt	38/243	16%
Aufforderung zur Stellungnahme	183/243	75%
Hauptgrund in der Stellungnahme des Krankenhauses:		
Dokumentationsprobleme	81/183	44%
Patientenkollektiv mit besonderem Risikoprofil	17/183	9%
als unvermeidbar bewertete Einzelfälle	6/183	3%
kein Grund, sonstiger Grund oder Mängel eingeräumt	79/183	43%
Abschließende Einstufung als qualitative Auffälligkeiten	17/183	9%

Ergebnisse 2007 für 893 Krankenhäuser mit ≥ 20 Fällen

Median der Krankenhausergebnisse	81,8%
Spannweite der Krankenhausergebnisse	0,0 - 100,0%
Referenzbereich	≥ 80% (Zielbereich)
Anzahl auffälliger Krankenhäuser 2007	407 von 893

Ergebnisse 2007 für 89 Krankenhäuser mit 1 bis 19 Fällen

Anzahl der Krankenhäuser in der Grundgesamtheit von 369 Krankenhäusern mit

0 Fällen	17 Krankenhäuser

Anzahl auffälliger Krankenhäuser mit

1 - 19 Fällen	46 von 89

Basisinformation

Kennzahl-ID	2007/17n5-KNIE-TEP/65532
Risikoadjustierung	keine Risikoadjustierung erforderlich
Grundlageninformation zum Qualitätsindikator	www.bqs-qualitaetsindikatoren.de/2007/17n5-KNIE-TEP/65532

Qualitätsziel

Möglichst oft postoperative Beweglichkeit Extension/Flexion von mindestens 0/0/90

Hintergrund des Qualitätsindikators

Ziel des künstlichen Kniegelenkersatzes ist die Wiederherstellung einer schmerzfreien Kniegelenkbeweglichkeit und -belastbarkeit. Während Schmerzen und die funktionelle Belastbarkeit nur subjektiv erfasst werden können, lässt sich die passive postoperative Beweglichkeit mit der international etablierten Neutral-Null-Methode objektiv untersuchen. Allerdings scheint die Reliabilität bei der Bestimmung der Beugung höher zu sein als bei der Bestimmung der Streckung des Kniegelenks *(Kafer et al. 2005)*.

Patientenbedingte Einflussfaktoren auf das Behandlungsergebnis, wie z. B. die präoperative Bewegungseinschränkung und die Compliance des Patienten *(Ayers et al. 1997, Ritter et al. 2003, Sharma et al. 1996)*, sind zu unterscheiden von operationstechnischen und organisatorischen Einflussfaktoren *(Buvanendran et al. 2003, Dowsey et al. 1999, Ranawat 2003, White et al. 1999)*.

Die BQS-Fachgruppe Orthopädie und Unfallchirurgie fordert als Ergebnisqualitätsparameter eine vollständige aktive Streckung sowie eine aktive Beugung bis 90 Grad zum Zeitpunkt der Entlassung. Dieses funktionelle Ergebnis stellt eine Grundlage für ein normales Gangbild und die weitere aufbauende und erhaltende Übungstätigkeit des Patienten dar.

Strukturierter Dialog zum Erfassungsjahr 2006

Im Strukturierten Dialog 2007 zum Erfassungsjahr 2006 wurden von 183 Krankenhäusern, die zur Stellungnahme aufgefordert waren, nach Abschluss des Strukturierten Dialogs 17 als qualitativ auffällig eingestuft. Für 102 Krankenhäuser erfolgt eine gezielte Beobachtung im Folgejahr.

Bewertung der Ergebnisse 2007

Die Gesamtrate der Patienten, die die geforderte postoperative Beweglichkeit von 0/0/90 erreichen, ist mit 78,2% gegenüber dem Vorjahr (74,7%) gestiegen, unterschreitet aber den Referenzbereich von mindestens 80%. Kritisch ist nach Ansicht der BQS-Fachgruppe die Spannweite von 0,0 bis 100,0%. Eine Klärung der auffälligen Ergebnisse im Strukturierten Dialog ist unverzichtbar.

Das Ergebnis zur Beweglichkeit nach Knie-TEP-Behandlung vor Entlassung aus der stationären Behandlung kann allerdings keine Aussage über das endgültige funktionelle Ergebnis treffen. Dieses ist abhängig von weiteren Faktoren, wie z. B. dem Gewicht des Patienten, aber auch von der Qualität der Rehabilitationsbehandlung. Hierzu ist eine sektorenübergreifende Langzeitbeobachtung notwendig.

Zusammenfassend hält die BQS-Fachgruppe das Ergebnis weiterhin für auffällig und sieht besonderen Handlungsbedarf.

Qualitätsziel

Selten postoperative Wundinfektionen (nach CDC-Kriterien)

Hintergrund des Qualitätsindikators

Wundinfektionen in der endoprothetischen Gelenkchirurgie sind gefürchtete Komplikationen, da sie das operative Ergebnis erheblich beeinträchtigen. Die Kniegelenk-Endoprothetik gilt als infektionsgefährdeter als die Hüftgelenkendoprothetik *(Ayers et al. 1997)*. Im ungünstigen Fall führen Infekte zum Prothesenwechsel, möglicherweise aber auch zur Notwendigkeit der Versteifungsoperation des Kniegelenkes oder gar zur Amputation *(Friesecke & Wodtke 2006)*. Wundinfektionen beeinträchtigen den Patienten, verlängern den Aufenthalt und haben einen Anstieg der Kosten zur Folge *(Husted & Toftgaard 2002)*.

Die Nomenklatur zum Zeitpunkt des Auftretens ist nicht einheitlich, es werden akute Infekte (bis zwölf Wochen postoperativ), subakute Infekte (zwölf bis 52 Wochen postoperativ) und Spätinfekte (später als ein Jahr postoperativ auftretend) unterschieden *(Callaghan 1995)*. In einzelnen Studien werden andere Beobachtungszeiträume verwendet *(Cramer et al. 2001)*.

Aufgrund der unterschiedlichen Definitionen und Beobachtungszeiträume sind Wundinfektionsraten in der internationalen Literatur *(Abudu et al. 2002, Gaine et al. 2000, Hanssen & Rand 1999, Peersman et al. 2001, Martini et al. 2000, Mauerhan et al. 1994, Saleh et al. 2002, Virolainen et al. 2002, Segawa et al. 1999)* nicht direkt mit Ergebnissen in Deutschland vergleichbar. Ein Zusammenhang zwischen Fallvolumen des Krankenhauses und der Wundinfektionsrate wird angenommen *(Soohoo et al. 2006)*.

Das Nationale Referenzzentrum für Nosokomiale Infektionen (NRZ) berichtet aus dem Zeitraum 2001 bis 2006 im Bereich „Knieendoprothesen" für alle Risikoklassen eine mittlere Infektionsrate von 1,01 %.

Eine vollständige Beurteilung der Wundinfektionsraten ist erst bei Etablierung einer Longitudinalbeobachtung möglich, da nur etwa ein Drittel der tiefen Infektionen innerhalb der ersten 30 Tage auftreten und zwei Drittel der tiefen Infektionen erst nach drei Monaten erkannt werden *(Ayers et al. 1997, Callaghan et al. 1995, Wilson et al. 1990)*.

Strukturierter Dialog zum Erfassungsjahr 2006

Im Strukturierten Dialog 2007 zum Erfassungsjahr 2006 war von 50 zu einer Stellungnahme aufgeforderten Krankenhäusern ein Krankenhaus qualitativ auffällig. Weitere 34 Krankenhäuser werden gezielt im Folgejahr beobachtet.

Bewertung der Ergebnisse 2007

Die Wundinfektionsrate ist in den letzen Jahren kontinuierlich gesunken (2004: 0,8 %, 2005: 0,7 %, 2006: 0,6 %, 2007: 0,5 %). Diese Abnahme der Wundinfektionen korreliert mit der Zunahme der Antibiotikaprophylaxe (2004: 97,8 %, 2005: 98,2 %, 2006: 98,9 %, 2007: 99,4 %). Die Spannweite von 0,0 bis 9,0 % ist allerdings erheblich und erfordert eine Klärung im Strukturierten Dialog. Insgesamt wird das Ergebnis von der BQS-Fachgruppe als Ausdruck guter Versorgungsqualität gewertet.

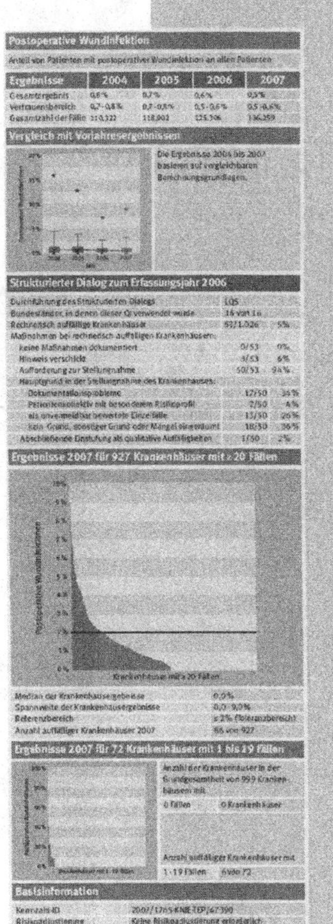

Postoperative Wundinfektion

Anteil von Patienten mit postoperativer Wundinfektion an allen Patienten

Ergebnisse	2004	2005	2006	2007
Gesamtergebnis	0,8 %	0,7 %	0,6 %	0,5 %
Vertrauensbereich	0,7–0,8 %	0,7–0,8 %	0,5–0,6 %	0,5–0,6 %
Gesamtzahl der Fälle	110.322	118.002	125.306	136.259

Vergleich mit Vorjahresergebnissen

Die Ergebnisse 2004 bis 2007 basieren auf vergleichbaren Berechnungsgrundlagen.

Strukturierter Dialog zum Erfassungsjahr 2006

Durchführung des Strukturierten Dialogs	LQS	
Bundesländer, in denen dieser QI verwendet wurde	16 von 16	
Rechnerisch auffällige Krankenhäuser	53/1.026	5 %
Maßnahmen bei rechnerisch auffälligen Krankenhäusern:		
keine Maßnahmen dokumentiert	0/53	0 %
Hinweis verschickt	3/53	6 %
Aufforderung zur Stellungnahme	50/53	94 %
Hauptgrund in der Stellungnahme des Krankenhauses:		
Dokumentationsprobleme	17/50	34 %
Patientenkollektiv mit besonderem Risikoprofil	2/50	4 %
als unvermeidbar bewertete Einzelfälle	13/50	26 %
kein Grund, sonstiger Grund oder Mängel eingeräumt	18/50	36 %
Abschließende Einstufung als qualitative Auffälligkeiten	1/50	2 %

Ergebnisse 2007 für 927 Krankenhäuser mit ≥ 20 Fällen

Median der Krankenhausergebnisse	0,0 %
Spannweite der Krankenhausergebnisse	0,0–9,0 %
Referenzbereich	≤ 2 % (Toleranzbereich)
Anzahl auffälliger Krankenhäuser 2007	86 von 927

Ergebnisse 2007 für 72 Krankenhäuser mit 1 bis 19 Fällen

Anzahl der Krankenhäuser in der Grundgesamtheit von 999 Krankenhäusern mit

0 Fällen	0 Krankenhäuser

Anzahl auffälliger Krankenhäuser mit

1–19 Fällen	6 von 72

Basisinformation

Kennzahl-ID	2007/17n5-KNIE-TEP/47390
Risikoadjustierung	Keine Risikoadjustierung erforderlich
Grundlageninformation zum Qualitätsindikator	www.bqs-qualitaetsindikatoren.de/2007/17n5-KNIE-TEP/47390

Knie-Totalendoprothesen-Erstimplantation

Reinterventionen wegen Komplikation

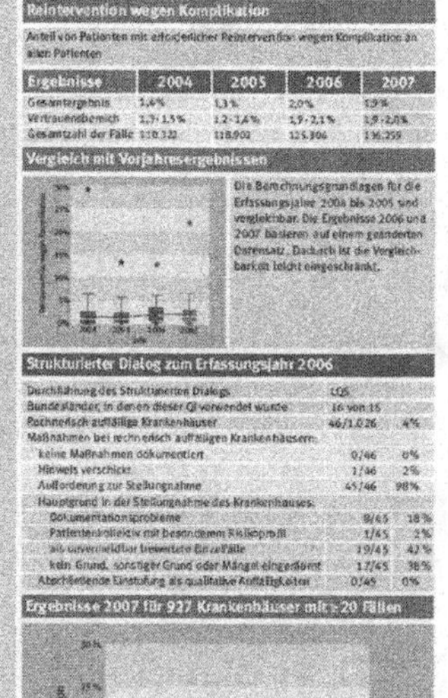

Reintervention wegen Komplikation

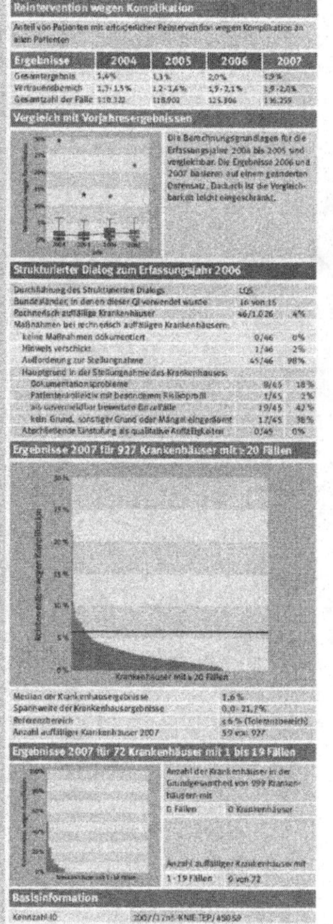

Anteil von Patienten mit erforderlicher Reintervention wegen Komplikation an allen Patienten

Ergebnisse	2004	2005	2006	2007
Gesamtergebnis	1,4%	1,3%	2,0%	1,9%
Vertrauensbereich	1,3-1,5%	1,2-1,4%	1,9-2,1%	1,9-2,0%
Gesamtzahl der Fälle	110.322	118.902	125.306	136.259

Vergleich mit Vorjahresergebnissen

Die Berechnungsgrundlagen für die Erfassungsjahre 2004 bis 2005 sind vergleichbar. Die Ergebnisse 2006 und 2007 basieren auf einem geänderten Datensatz. Dadurch ist die Vergleichbarkeit leicht eingeschränkt.

Strukturierter Dialog zum Erfassungsjahr 2006

Durchführung des Strukturierten Dialogs	LQS	
Bundesländer, in denen dieser QI verwendet wurde	16 von 16	
Rechnerisch auffällige Krankenhäuser	46/1.026	4%
Maßnahmen bei rechnerisch auffälligen Krankenhäusern:		
keine Maßnahmen dokumentiert	0/46	0%
Hinweis verschickt	1/46	2%
Aufforderung zur Stellungnahme	45/46	98%
Hauptgrund in der Stellungnahme des Krankenhauses:		
Dokumentationsprobleme	8/45	18%
Patientenkollektiv mit besonderem Risikoprofil	1/45	2%
als unvermeidbar bewertete Einzelfälle	19/45	42%
kein Grund, sonstiger Grund oder Mängel eingeräumt	17/45	38%
Abschließende Einstufung als qualitative Auffälligkeiten	0/45	0%

Ergebnisse 2007 für 927 Krankenhäuser mit ≥ 20 Fällen

Krankenhäuser mit ≥ 20 Fällen

Median der Krankenhausergebnisse	1,6%
Spannweite der Krankenhausergebnisse	0,0 - 21,7%
Referenzbereich	≤ 6% (Toleranzbereich)
Anzahl auffälliger Krankenhäuser 2007	59 von 927

Ergebnisse 2007 für 72 Krankenhäuser mit 1 bis 19 Fällen

Anzahl der Krankenhäuser in der Grundgesamtheit von 999 Krankenhäusern mit

0 Fällen	0 Krankenhäuser

Anzahl auffälliger Krankenhäuser mit

1 - 19 Fällen	9 von 72

Basisinformation

Kennzahl-ID	2007/17n5-KNIE-TEP/45059
Risikoadjustierung	Keine Risikoadjustierung
Grundlageninformation zum Qualitätsindikator	www.bqs-qualitaetsindikatoren.de/2007/17n5-KNIE-TEP/45059

Qualitätsziel

Selten erforderliche Reinterventionen wegen Komplikation

Hintergrund des Qualitätsindikators

Reinterventionen sind ungeplante Folgeeingriffe wegen Komplikationen des Primäreingriffs. Begleiterkrankungen scheinen ebenso einen Einfluss auf die Komplikationsrate zu haben wie Vorerkrankungen oder Voroperationen des Knies *(Weiss et al. 2003)*.

Die Gesamtrate ungeplanter Reinterventionen kann einen Hinweis auf die interdisziplinäre Prozessqualität einer Einrichtung geben.

Riley et al. *(1993)* sahen eine Wiederaufnahmerate von 6% nach Kniegelenkersatz, die nahezu alle auf Infektionen oder mechanische Komplikationen zurückzuführen waren. Weaver et al. *(2003)* berichteten eine Wiederaufnahmerate innerhalb eines Jahres nach Operation von 1%.

Strukturierter Dialog zum Erfassungsjahr 2006

Im Strukturierten Dialog 2007 zum Erfassungsjahr 2006 wurde die Kennzahl in allen Ländern für den Strukturierten Dialog verwendet. Dabei war von 45 um Stellungnahme gebetenen Krankenhäusern nach Abschluss des Strukturierten Dialogs kein Krankenhaus qualitativ auffällig. 25 Krankenhäuser werden gesondert im Folgejahr beobachtet.

Bewertung der Ergebnisse 2007

Die Gesamtrate für Reinterventionen lag im Jahre 2007 bei 1,9% und somit ähnlich hoch wie im Vorjahr (2,0%). Die Spannweite von 0,0 bis 21,7% ist hoch. Insgesamt ist das Ergebnis als gute Versorgungsqualität zu werten. Die BQS-Fachgruppe empfiehlt, diesen patientenrelevanten Indikator auch in den nächsten Jahren beizubehalten. Eine vollständige Revisionsanalyse ist allerdings nur mit einem Endoprothesenregister möglich.

Knie-Totalendoprothesen-Erstimplantation

Letalität

Qualitätsziel

Geringe Letalität

Hintergrund des Qualitätsindikators

Der Kniegelenkersatz stellt einen elektiven Eingriff mit dem Ziel dar, die Lebensqualität von Patienten mit degenerativen Erkrankungen des Kniegelenks zu verbessern. Bei einem elektiven Eingriff ist eine besonders niedrige Letalität zu fordern.

Eine Metaanalyse von 130 Studien ermittelte eine 1-Jahres-Letalität nach Kniegelenkersatz von 1,5 % *(Callahan et al. 1994)*.

Eine 2003 publizierte Studie berichtete eine „in-House-Letalitätsrate" von 0,2 % bezogen auf alle US-amerikanischen Knie-TEP-Patienten des Jahres 1997 *(Hervey et al. 2003)*. Ähnliche Daten liegen aus einer anderen amerikanischen Studie vor: Im Zeitraum 1990 bis 1993 lag die Sterblichkeit von Knie-TEP bei 0,27 %, im Zeitraum 1994 bis 1997 bei 0,22 % und 1998 bis 2000 bei 0,18 %. Allerdings verkürzte sich auch die Verweildauer von im Mittel 8,7 Tagen im erstgenannten Zeitraum auf 4,3 Tage in den Jahren 1998 bis 2000 *(Jain et al. 2006)*.

Eine 30-Tage-Letalitätsrate von 0,46 % berichten Weaver et al. *(2003)* bei 11.710 Patienten aus den Jahren 1991 bis 1997.

Strukturierter Dialog zum Erfassungsjahr 2006

Im Strukturierten Dialog 2007 zum Erfassungsjahr 2006 war von 82 zur Stellungnahme aufgeforderten Krankenhäusern nach Abschluss des Strukturierten Dialogs kein Krankenhaus mehr qualitativ auffällig. Zwölf Krankenhäuser werden aber gesondert im Folgejahr beobachtet.

Bewertung der Ergebnisse 2007

Die BQS-Fachgruppe ist der Überzeugung, dass – unabhängig von der Größe der Einrichtung – eine Nachverfolgung aller Todesfälle nach elektiven Knie-TEP erfolgen sollte. Im Jahre 2007 verstarben 144 Patienten (0,11 %) nach diesem Eingriff. Die Letalitätsrate ist somit im Vergleich zum Vorjahr gleich geblieben. Das Gesamtergebnis wird als unauffällig gewertet.

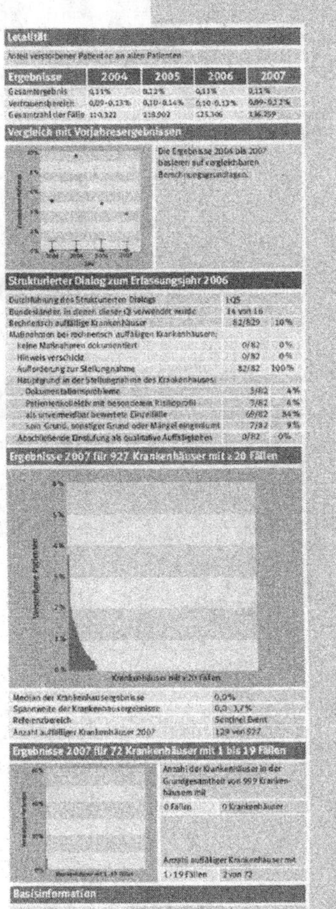

Letalität

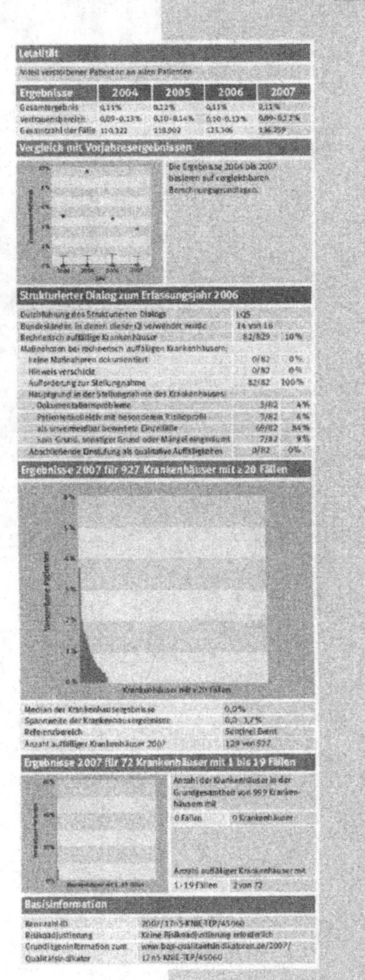

Anteil verstorbener Patienten an allen Patienten

Ergebnisse	2004	2005	2006	2007
Gesamtergebnis	0,11%	0,12%	0,11%	0,11%
Vertrauensbereich	0,09-0,13%	0,10-0,14%	0,10-0,13%	0,09-0,12%
Gesamtzahl der Fälle	110.322	118.902	125.306	136.259

Vergleich mit Vorjahresergebnissen

Die Ergebnisse 2004 bis 2007 basieren auf vergleichbaren Berechnungsgrundlagen.

Strukturierter Dialog zum Erfassungsjahr 2006

Durchführung des Strukturierten Dialogs	LQS	
Bundesländer, in denen dieser QI verwendet wurde	14 von 16	
Rechnerisch auffällige Krankenhäuser	82/829	10%
Maßnahmen bei rechnerisch auffälligen Krankenhäusern:		
Keine Maßnahmen dokumentiert	0/82	0%
Hinweis verschickt	0/82	0%
Aufforderung zur Stellungnahme	82/82	100%
Hauptgrund in der Stellungnahme des Krankenhauses:		
Dokumentationsprobleme	3/82	4%
Patientenkollektiv mit besonderem Risikoprofil	3/82	4%
als unvermeidbar bewertete Einzelfälle	69/82	84%
kein Grund, sonstiger Grund oder Mängel eingeräumt	7/82	9%
Abschließende Einstufung als qualitative Auffälligkeiten	0/82	0%

Ergebnisse 2007 für 927 Krankenhäuser mit ≥ 20 Fällen

Median der Krankenhausergebnisse	0,0%
Spannweite der Krankenhausergebnisse	0,0 - 3,7%
Referenzbereich	Sentinel Event
Anzahl auffälliger Krankenhäuser 2007	129 von 927

Ergebnisse 2007 für 72 Krankenhäuser mit 1 bis 19 Fällen

Anzahl der Krankenhäuser in der Grundgesamtheit von 999 Krankenhäusern mit

0 Fällen	0 Krankenhäuser

Anzahl auffälliger Krankenhäuser mit

1-19 Fällen	2 von 72

Basisinformation

Kennzahl-ID	2007/17n5-KNIE-TEP/45060
Risikoadjustierung	Keine Risikoadjustierung erforderlich
Grundlageninformation zum Qualitätsindikator	www.bqs-qualitaetsindikatoren.de/2007/17n5-KNIE-TEP/45060

Anhang V

Aufbau des strukturierten Qualitätsberichts nach §137 Abs. 1 SGB V (2. Version, gültig ab 2007)

Beispielhafte Darstellung des Teil C Qualitätssicherung

Quelle: G-BA – Gemeinsamer Bundesausschuss (2009).

Qualitätssicherung (Teil C)

Das Gesetz verpflichtet (unter anderem) die Krankenhäuser, die Qualität ihrer Leistungen zu sichern und weiterzuentwickeln. Ein wichtiger Teil dieser Qualitätssicherung sind „einrichtungsübergreifende Maßnahmen", auch „externe vergleichende Qualitätssicherung" genannt, die die Qualität der Leistungen der Krankenhäuser messen und miteinander vergleichen. Das zeigt den Krankenhäusern, wie gut sie im Vergleich zu den anderen sind. Dadurch können sie sich an den „Besten" messen und anschließend die Qualität dieser Vorbilder ebenfalls anstreben. Dieses Verfahren wird „Benchmarking" genannt und führt in der Regel dazu, dass sich bei allen Krankenhäusern die Qualität der verglichenen Leistung verbessert. Um das Vertrauen und die Ehrlichkeit der teilnehmenden Abteilungen und Personen möglichst hoch zu halten, sind Benchmarking-Verfahren fast immer anonym. Für die Qualitätsverbesserung reicht es aus zu wissen, wie gut man selbst im Vergleich zu allen anderen ist. Sie (als Patientin oder Patient) erwarten jedoch möglichst viel Transparenz über die Qualität der Krankenhäuser, und die Qualitätsberichte sollen dazu beitragen. Dadurch entstehen Konflikte: Ergebnisse, die bisher nur die Verantwortlichen der Krankenhäuser kannten, werden öffentlich – und sie werden von den Krankenhäusern verwendet, um sich im Wettbewerb positiv darzustellen. Das könnte ein Anreiz dazu sein, dass ein Krankenhaus, um „gute Zahlen" zu haben, schlechte Ergebnisse nicht dokumentiert. Und es kann dazu führen, dass Patienten mit hohem Risiko, die im Vergleich der Krankenhäuser wahrscheinlich zu weniger guten Ergebnissen führen würden, gar nicht aufgenommen werden. Das nennt man „Risikoselektion" – aus Ländern, die diese Entwicklung bereits durchmachen (wie z.B. die USA), wird dieses Problem berichtet.

Teilnahme an der externen vergleichenden Qualitätssicherung (C-1)

Die gesetzlich vorgeschriebene „externe Qualitätssicherung" wird in Deutschland von der Bundesgeschäftsstelle Qualitätssicherung (BQS, Sitz in Düsseldorf) zusammen mit den Landesgeschäftsstellen für Qualitätssicherung durchgeführt. Daran müssen sich alle Krankenhäuser beteiligen, die für gesetzlich krankenversicherte Patienten zugelassen sind (§ 108 SGB V). Dieses „BQS-Verfahren" misst die Qualität von etwa 20 Prozent der Krankenhausbehandlungen, und zwar überwiegend von Operationen. Dafür werden in 26 Leistungsbereichen, die vom Gemeinsamen Bundesausschuss festgelegt werden, zu rund 180 Qualitätsindikatoren spezielle Aufzeichnungen geführt. Sie werden jährlich bundesweit zu einem Qualitätsreport zusammengefasst (siehe www.bqs-online.de).

Aus den oben genannten Gründen sind in diesem Report die Daten der einzelnen Krankenhäuser anonymisiert. Als Leser können Sie also die Qualität der Leistung eines bestimmten Hauses nicht erkennen. Die krankenhausindividuellen Daten waren bisher der Öffentlichkeit nicht zugänglich. In den 2007er Qualitätsberichten werden jedoch erstmals ganz konkrete Ergebnisse zur Qualität aus rund 1.500 deutschen Krankenhäusern einer breiten Öffentlichkeit zugänglich gemacht (Näheres hierzu im Kapitel C.1-2 „Ergebnisse für ausgewählte Qualitätsindikatoren aus dem BQS-Verfahren").

Wie funktioniert das BQS-Verfahren?

Alle teilnehmenden Krankenhäuser dokumentieren die qualitätsrelevanten Daten und übermitteln für jeden betroffenen Patienten einen Datensatz an eine zentrale Annahmestelle (die Bundesgeschäftsstelle Qualitätssicherung = BQS gGmbH in Düsseldorf oder entsprechende Stellen auf Landesebene). Dort werden die Daten nach festgelegten Konzepten ausgewertet und die Ergebnisse den Krankenhäusern in Form von Auswertungen und Empfehlungen zur Verfügung gestellt. Die Qualität der erfassten Leistungen wird über ca. 180 Indikatoren abgebildet, für die bundeseinheitliche Richtwerte (Referenzbereiche) festgelegt sind. Liegt ein Krankenhaus mit einem Indikator außerhalb des vorgegebenen Referenzbereichs, gilt es als „rechnerisch auffällig", und es wird in einem Expertengremium geprüft, ob das Haus im betreffenden Leistungsbereich weitere Auffälligkeiten zeigt. Hierbei werden zum Teil auch die Ergebnisse der Vorjahre berücksichtigt. Mit den rechnerisch auffälligen Krankenhäusern wird durch Fachexperten im sogenannten „Strukturierten Dialog" die Ursache der Auffälligkeit analysiert. Erst dann stellt sich heraus, ob die Auffälligkeit etwa auf Mängeln in der Dokumentation beruht, durch besonders schwierige medizinische Fälle (hohes Risiko) erklärbar ist oder ob tatsächlich Abweichungen in der Qualität der Leistungserbringung vorliegen. Sollte dies der Fall sein, wird der betroffenen Klinik oder Abteilung eine Beratung angeboten. Führt auch die nicht zu mehr Klarheit, können die Krankenhäuser besucht und die Auffälligkeiten vor Ort aufgeklärt werden. Am Ende dieses Prozesses können Empfehlungen abgegeben, konkrete Ziele zur Verbesserung der Qualität vereinbart oder gar Behandlungsverträge gekündigt werden.

Das bedeutet, dass rechnerisch auffällige Ergebnisse ohne Analyse und Bewertung durch den Strukturierten Dialog mit den Fachexperten noch nicht interpretierbar sind. Es kann sein, dass das Krankenhaus besser ist als vermutet, etwa wenn sich die Auffälligkeit durch den Strukturierten Dialog aufklären lässt. Oder es wird bestätigt, dass die rechnerische Auffälligkeit tatsächlich auf nicht-akzeptabler Qualität beruht.

Aber auch auffallend gute Ergebnisse müssen hinterfragt werden. Möglicherweise sind die besonders „guten" Zahlen dadurch zustande gekommen, dass die weniger guten Ergebnisse nicht dokumentiert wurden.

Leistungsbereiche und Dokumentationsrate (C-1.1)

Diese Tabelle gibt Aufschluss darüber, mit welchen Leistungsbereichen das Krankenhaus am BQS-Verfahren teilgenommen hat und wie hoch die jeweilige Dokumentationsrate war. Wenn hier Angaben fehlen, heißt das noch nicht, dass ein Krankenhaus seine Ergebnisse nicht transparent darstellen möchte. Denn nicht alle deutschen Krankenhäuser erbringen Leistungen in den Bereichen, die der externen Qualitätssicherung unterliegen.

Gefordert ist eine vollständige Dokumentation (Dokumentationsrate: 100 Prozent). Dokumentationsraten von unter 80 Prozent werden als mangelhaft eingestuft und mit finanziellen Abschlägen „bestraft". Andererseits ist eine Dokumentationsrate von 100 Prozent kein Beweis für erfolgreiche und komplikationslose Behandlungsergebnisse. Aber sie sagt aus, dass für alle behandelten Fälle Qualitätsdaten dokumentiert wurden. Bei niedrigeren Dokumentationsraten besteht die Möglichkeit, dass Fälle mit nicht so guter Ergebnisqualität nicht dokumentiert werden. Um das auszuschließen, werden regelmäßig Prüfungen durchgeführt, etwa indem bei denjenigen Krankenhäusern, die gar keine Komplikationen angegeben haben, nachgefragt wird, oder indem stichprobenartig Patientenakten mit den angegebenen Qualitätsdaten verglichen werden (das sogenannte Datenvalidierungsverfahren). Eine vollständige Kontrolle ist allerdings bei Tausenden von Daten pro Krankenhaus weder machbar noch sinnvoll, da der Aufwand im Vergleich zum Nutzen viel zu hoch wäre.

Zu bedenken ist, dass mit Veröffentlichung der Daten die Gefahr zunimmt, dass die Krankenhäuser nicht jeden Fehler, nicht jedes Missgeschick, nicht jede schlechte Qualität zugeben könnten, um ihre Position im Wettbewerb nicht zu verschlechtern.

Ergebnisse für ausgewählte Qualitätsindikatoren aus dem BQS-Verfahren (C-1.2)

In den 2007er Qualitätsberichten werden erstmals konkrete Ergebnisse zur Qualität in rund 1.500 deutschen Krankenhäusern veröffentlicht. Aus zehn Leistungsbereichen werden insgesamt 27 Qualitätsindikatoren für alle Krankenhäuser dargestellt, so dass deren Ergebnisse untereinander vergleichbar sind. Die Darstellung ist für die Krankenhäuser verbindlich. Voraussetzung ist, dass der sogenannte „Strukturierte Dialog" abgeschlossen ist (siehe „Wie funktioniert das BQS-Verfahren?").

Im Auftrag des Gemeinsamen Bundesausschusses wählte die BQS aus den rund 180 Qualitätsindikatoren der externen Qualitätssicherung 27 Indikatoren aus, die für die Veröffentlichung besonders geeignet sind. In diesem Verfahren wird beispielsweise untersucht, wie gut ein Qualitätsindikator „ risikoadjustiert" ist (siehe „Dimensionen der Qualität"). Denn nur so lassen sich anschließend die Endergebnisse sinnvoll miteinander vergleichen. Darüber hinaus hat die BQS die Qualitätsindikatoren zusammen mit den zugehörigen Leistungsbereichen in eine für Patientinnen und Patienten verständliche Sprache übersetzt und für jeden dieser Qualitätsindikatoren Interpretationshilfen erstellt.

Weitere Qualitätsindikatoren werden zur Veröffentlichung eingeschränkt empfohlen bzw. (noch) nicht empfohlen. Die Qualitätsindikatoren dieser drei Kategorien sollen von den Krankenhäusern in drei Tabellen wie folgt dargelegt werden:

- **Tabelle A:**
  Diese 27 Qualitätsindikatoren wurden vom Gemeinsamen Bundesausschuss auf Vorschlag der BQS als uneingeschränkt zur Veröffentlichung geeignet eingestuft.
  Die Ergebnisse dieser Qualitätsindikatoren müssen veröffentlicht werden, wenn kein Strukturierter Dialog erforderlich ist oder die Ergebnisse durch diesen bereits bewertet wurden. Sie dürfen im Qualitätsbericht nicht veröffentlicht werden, wenn die Bewertung durch den Strukturierten Dialog noch nicht abgeschlossen ist.
- **Tabelle B:**
  Diese acht Qualitätsindikatoren wurden vom Gemeinsamen Bundesausschuss eingeschränkt zur Veröffentlichung empfohlen.
  Die Veröffentlichung der Ergebnisse wird empfohlen, wenn kein Strukturierter Dialog erforderlich ist oder die Ergebnisse durch diesen bereits bewertet wurden. Sie dürfen jedoch im Qualitätsbericht nicht veröffentlicht werden, wenn die Bewertung durch den Strukturierten Dialog noch nicht abgeschlossen ist (siehe oben).
- **Tabelle C:**
  Dies sind die vom Gemeinsamen Bundesausschuss nicht zur Veröffentlichung empfohlenen Qualitätsindikatoren. Entweder ist die Prüfung durch die BQS noch nicht abgeschlossen, oder sie werden nicht für eine Veröffentlichung empfohlen, da zum Beispiel eine Risikoadjustierung nicht vorgenommen wurde oder nicht möglich ist.

Die Veröffentlichung der Ergebnisse ist freiwillig möglich, wenn kein Strukturierter Dialog erforderlich ist oder die Ergebnisse durch diesen bereits bewertet wurden. Sie dürfen jedoch im Qualitätsbericht nicht veröffentlicht werden, wenn die Bewertung durch den Strukturierten Dialog noch nicht abgeschlossen ist (siehe oben).

Die Qualitätsindikatoren werden in Tabellen dargestellt.

1 Leistungsbereich (LB) und Qualitätsindikator (QI)	2 Kennzahlbezeichnung	3 Bewertung durch Strukt. Dialog	4 Vertrauensbereich	5 Ergebnis (Einheit)	6 Zähler/ Nenner	7 Referenzbereich (bundesweit)	8 Kommentar/ Erläuterung
LB 1: QI 1							
LB 1: QI 1							
LB 1: QI 1							
LB 1: QI 1							
...							

Erläuterungen zu den Spalten der Tabellen A bis C:

Spalte 1: In einem „Leistungsbereich (LB)" sind gleiche bzw. ähnliche medizinische und pflegerische Leistungen eines Krankenhauses zusammengefasst. Beispiele für Leistungsbereiche sind: „Geburtshilfe", „Operationen des Hüft- oder Kniegelenks", „Einsatz von Herzschrittmachern" oder „Entfernung der Gallenblase". In Tabelle A können 10 Leistungsbereiche mit insgesamt 27 Qualitätsindikatoren dargestellt werden. „Qualitätsindikatoren (QI)" sind Instrumente, mit denen Qualität gemessen und bewertet werden soll, ausgedrückt z.B. als „Komplikationen während oder nach der Operation", „ungeplante Folgeoperation(en) wegen Komplikation(en)" oder „vorbeugende Gabe von Antibiotika bei Gebärmutterentfernung".

Spalte 2: Die Kennzahl ist die eigentliche Zahl, die gemessen wird. Manchmal hat ein Qualitätsindikator mehrere Kennzahlen, zum Beispiel wenn einmal die Komplikationsrate bei allen Patienten gemessen wird und einmal nur bei denen, die notfallmäßig behandelt werden mussten. Die „Kennzahlbezeichnung" ist der Name der Kennzahl in medizinischer Fachsprache, z.B. „perioperative Komplikationen", „Reinterventionen wegen Komplikation" oder „Antibiotikaprophylaxe bei Hysterektomie".

Spalte 3: „Bewertung durch Strukturierten Dialog" bedeutet, dass das Krankenhaus für jeden Qualitätsindikator den „Stand der Prüfung" eintragen soll. Folgende neun Eintragungsmöglichkeiten stehen hierzu zur Verfügung:

Bewertung durch Strukt. Dialog	Erklärung
0	Derzeit noch keine Einstufung als auffällig oder unauffällig möglich, da der Strukturierte Dialog noch nicht abgeschlossen ist.
1	Ergebnis wird nach Prüfung als unauffällig eingestuft.
2	Ergebnis wird für dieses Erhebungsjahr als unauffällig eingestuft, in der nächsten Auswertung sollen die Ergebnisse aber noch mal kontrolliert werden.
3	Ergebnis wird ggf. trotz Begründung erstmals als qualitativ auffällig eingestuft.
4	Ergebnis wird ggf. trotz Begründung wiederholt als qualitativ auffällig bewertet.

Bewertung durch Strukt. Dialog	Erklärung
5	Ergebnis wird wegen Verweigerung einer Stellungnahme als qualitativ auffällig eingestuft.
6	Ergebnis wird nach Prüfung als positiv auffällig, d.h. als besonders gut eingestuft.
8	Ergebnis unauffällig, kein Strukturierter Dialog erforderlich.
9	Sonstiges (in diesem Fall ist auch der dem Krankenhaus zur Verfügung gestellte Kommentar in die Spalte 8 zu übernehmen).

Der Kommentar (Ziffer 9) wird dem Krankenhaus von der jeweils für den Strukturierten Dialog auf Landesebene verantwortlichen Stelle zur Verfügung gestellt.

Die weiteren Spalten werden im Anschluss an das folgende Beispiel zum Qualitätsindikator „Postoperative Wundinfektion" bei der Hüftgelenkersatz-Operation erläutert.

1 Leistungsbereich (LB) und Qualitätsindikator (QI)	2 Kennzahlbezeichnung	3 Bewertung durch Strukt. Dialog	4 Vertrauensbereich	5 Ergebnis (Einheit)	6 Zähler/ Nenner	7 Referenzbereich (bundesweit)
Hüftgelenkersatz QI 8 Entzündung des Operationsbereichs nach der Operation	Postoperative Wundinfektion	8	0,85% bis 5,8%	2,5%	5/200	3%

Spalte 4: Der „Vertrauensbereich" ist sehr wichtig und soll angeben, wie genau der eigentliche Ergebniswert (Spalte 5) wirklich die Realität abbilden kann. Ein großer Vertrauensbereich deutet darauf hin, dass diese Sicherheit gering ist, etwa wegen geringer Fallzahlen. In der Regel wird – so auch im Qualitätsbericht – der 95%-Vertrauensbereich angegeben. Er gibt an, in welchem Bereich sich das tatsächliche Ergebnis unter Berücksichtigung des Zufalls mit einer Wahrscheinlichkeit von 95% befindet. Das spielt eine Rolle, wenn versucht werden soll, die Krankenhäuser nach der Qualität zu sortieren (engl. *ranking*). Nur wenn sich die 95%-Vertrauensbereiche zweier Krankenhäuser nicht überlappen, kann gesagt werden, dass sich die Krankenhäuser mit sehr hoher Wahrscheinlichkeit tatsächlich im Ergebnis unterscheiden.

Im Beispiel der Tabelle (Entzündung des künstlichen Hüftgelenks nach der Operation) ist der Vertrauensbereich: 0,8%-5,8%; das bedeutet, dass das berechnete Ergebnis (Spalte 5) zwar 2,5% beträgt, aber das tatsächliche (wahre) Ergebnis mit hoher (95%iger) Wahrscheinlichkeit zwischen 0,8% und 5,8% liegt. Wenn ein anderes Krankenhaus ein höheres berechnetes Ergebnis hat (z.B. 7,3%), kann man nur dann tatsächlich davon ausgehen, dass das Ergebnis schlechter ist, wenn der Vertrauensbereich des zweiten Krankenhauses sich nicht mit dem des ersten überlappt (z.B. 5,7-10,8%). Überlappen sich die beiden Vertrauensbereiche jedoch (z.B. 3,3%-7,0% des zweiten Krankenhauses), ist unklar, ob es einen Unterschied der beiden Krankenhäuser hinsichtlich des Entzündungsrisikos gibt. Möglicherweise ist der Zufall verantwortlich für die unterschiedlichen Ergebnisse, etwa wenn die Entzündung im einen Krankenhaus kurz vor Ende der Datenerhebung, im anderen kurz danach festgestellt wurde und damit nur im ersten Fall mit in die Auswertung eingeht. Der Einfluss des Zufalls auf das Ergebnis hängt auch von der unterschiedlichen Anzahl von Operationen ab: Wenn eine Entzündung in einem Krankenhaus unter 100 Operationen einmal auftritt, ergibt das ein Ergebnis von 1%. Auch in einem zweiten Krankenhaus gibt es nur eine Entzündung. Dieses Krankenhaus hat allerdings nur 10 Operationen durchgeführt, dadurch hat es ein Ergebnis von 10%. Auf den ersten Blick ist also das erste Krankenhaus viel besser als das zweite, obwohl in beiden nur einmal eine Wundinfektion festgestellt wurde. Um festzustellen, ob Entzündungen im zweiten Krankenhaus tatsächlich häufiger sind als im ersten, müsste man mindestens warten, bis das zweite Krankenhaus auch 100 Operationen durchgeführt hat und dann die Anzahl der Entzündungen vergleichen. Der Einfluss des Zufalls auf das Ergebnis ist also umso größer, je kleiner die Zahl der entsprechenden Operation ist. Dies wird durch den Vertrauensbereich berücksichtigt.

Spalte 5: „Ergebnis": Hier wird das berechnete Ergebnis eingetragen. Von 200 Patienten dieses Krankenhauses, bei denen ein Hüftgelenk eingesetzt wurde, haben fünf eine Entzündung in der Umgebung des künstlichen Gelenks erlitten, das sind 2,5%.

Spalte 6: „Zähler/Nenner" bedeutet, dass hier Patientenzahlen eingetragen werden: Im Zähler die Anzahl der Patienten, die in unserem Beispiel eine postoperative Wundinfektion erlitten haben, und im Nenner die Gesamtzahl aller mit einem neuen Hüftgelenk versorgten Patienten (mit und ohne postoperative Wundinfektion). Auch dieser Bruch (Quotient) gibt schon einen Hinweis darauf, wie groß der Einfluss des Zufalls auf das berechnete Ergebnis (Spalte 5) ist: Je größer der Nenner (im Beispiel: 200), desto kleiner der Einfluss des Zufalls und desto genauer stimmte das berechnete Ergebnis mit dem tatsächlichen überein (desto enger ist auch der 95%-Vertrauensbereich).

Spalte 7: Der „bundesweite Referenzbereich" dient dazu, dass das Krankenhaus seinen eigenen Wert (hier 2,5%) mit diesem (hier ?3%) vergleichen kann. Im Beispiel spricht es für gute Qualität, wenn in einem Krankenhaus bei weniger als 3% der Patienten eine Entzündung am künstlichen Hüftgelenk auftritt; die Entzündungsrate von 2,5% liegt noch im Bereich von „guter Qualität".

Mit diesen Tabellen ist es zwar noch nicht besonders leicht, aber immerhin schon ansatzweise möglich, die Wahl eines Krankenhauses auf objektive Daten über die Leistungsqualität zu stützen – wenigstens in den Leistungsbereichen, für die Qualitätsindikatoren und Ergebnisse veröffentlicht werden. Das ist ein Anfang. Vieles wird noch dazu kommen müssen, beispielsweise externe Qualitätssicherung im vertragsärztlichen Bereich. Die externe Qualitätssicherung wird allerdings immer nur einen Ausschnitt des Leistungsspektrums der Medizin untersuchen können.

Außerdem brauchen Patienten Instrumente, die ihnen eine Suche quer durch die Qualitätsberichte verschiedener Krankenhäuser ermöglichen. Die Berichte helfen erst weiter, wenn die Auswahl in Frage kommender Häuser schon sehr stark eingegrenzt ist. Solche Instrumente wurden in den letzten Jahren entwickelt, zum Beispiel Krankenhaus-Suchmaschinen im Internet (siehe letztes Kapitel).

Für diejenigen, die es genau wissen wollen, stehen bei der BQS die Informationen über die Qualitätsindikatoren im Gesamtüberblick zur Verfügung (www.bqs-outcome.de, www.bqs-qualitaetsindikatoren.de).

Externe Qualitätssicherung nach Landesrecht gemäß § 112 SGB V (C-2)

Auf der Landesebene sind möglicherweise weitere Qualitätssicherungsmaßnahmen vorgeschrieben (§ 112 SGB V). In diesem Fall werden hier die entsprechenden Leistungsbereiche aufgelistet. Das Krankenhaus kann zusätzliche Angaben dazu machen, etwa darüber, welche Ergebnisse es erzielt hat oder welche Qualitätsverbesserungen erreicht werden konnten. Das kann für Sie interessant sein, wenn Ihre Erkrankung nur auf Landesebene in die externe Qualitätssicherung einbezogen ist. Bei der Bewertung von Ergebnissen sind natürlich auch die Erläuterungen zu C-1.2 zu beachten.

Qualitätssicherung bei Teilnahme an Disease-Management-Programmen (C-3)

Disease-Management-Programme (DMP) sind spezielle strukturierte Behandlungsprogramme für chronische Krankheiten, die auf gesetzlicher Grundlage (§ 137f SGB V) seit 2002 von den Krankenkassen angeboten werden. Mit ihnen sollen die Behandlungsabläufe und die Qualität der Behandlung chronisch Kranker verbessert werden. Die Krankheiten, für die solche Programme eingeführt werden können, legt der Gesetzgeber aufgrund von Empfehlungen des Gemeinsamen Bundesausschusses fest. Derzeit gibt es in Deutschland DMP zu den Indikationen Brustkrebs, Zuckerkrankheit (Diabetes mellitus Typ I und II), Koronare Herzkrankheit, Chronische Bronchitis (COPD) und Asthma. In Disease-Management-Programmen (DMP) sind weitere Qualitätssicherungsmaßnahmen vorgesehen.

Das Krankenhaus kann in dieser Tabelle angeben, an welchen Disease-Management-Programmen (DMP) es im Berichtsjahr teilgenommen hat. Das kann für Sie bedeutsam sein, wenn Sie an einer chronischen Krankheit leiden, für die ein solches Programm existiert. Patienten, die an einem DMP teilnehmen und die eine Krankenhausbehandlung benötigen, werden (außer im Notfall) von ihrem behandelnden Arzt vorrangig in solche Krankenhäuser eingewiesen, die bestimmte Voraussetzungen erfüllen. Die an einem DMP teilnehmenden Krankenhäuser verpflichten sich zu einer qualitätsgesicherten Versorgung entsprechend den Vorgaben der Programme und müssen beispielsweise vertraglich festgelegte Qualitätsanforderungen erfüllen. Diese können sich sowohl auf die Ausstattung als auch auf die personellen Qualifikationen beziehen. Darüber hinaus ist im Rahmen der DMP die Kooperation mit den einweisenden Ärzten geregelt. Wenn Sie sich also in ein solches Programm Ihrer Krankenkasse eingeschrieben haben, hat der Hinweis des Krankenhauses auf die Beteiligung an einem DMP für Sie eine unmittelbare Bedeutung. Aber auch für diejenigen, die nicht an einem dieser Programme teilnehmen, kann die Tatsache, dass ein Krankenhaus Patienten im Rahmen eines DMP behandelt, auf bestimmte Qualitätsmerkmale hindeuten.

Teilnahme an sonstigen Verfahren der externen vergleichenden Qualitätssicherung (C-4)

Neben der Wiedergabe von Ergebnissen aus den BQS-Verfahren kann ein Krankenhaus hier Angaben zur Teilnahme an anderen Verfahren der externen Qualitätssicherung machen, beispielsweise der „Qualitätssicherung bei der stationären Depressionsbehandlung". Das kann für Sie interessant sein, wenn Ihre Erkrankung nicht in die verpflichtende externe Qualitätssicherung einbezogen ist. Bei der Bewertung von Ergebnissen sind auch die Erläuterungen zu C-1.2 zu beachten. Positiv ist zu bewerten, wenn nicht nur zusätzliche Qualitätsergebnisse genannt, sondern auch Erläuterungen zu den dokumentierten Daten und Auswertungsverfahren gemacht oder weiterführende Links angeboten werden. Die Teilnahme an freiwilligen Verfahren der externen Qualitätssicherung kann ein Hinweis darauf sein, dass das Krankenhaus sich im Bereich der Qualitätssicherung zusätzlich engagiert.

Es ist entscheidend, dass das Auswertungsverfahren transparent dargestellt wird. Deshalb sollten Sie die Ergebnisse besonders kritisch betrachten, wenn in einem Qualitätsbericht mit Qualitätsergebnissen Werbung gemacht wird, ohne dass Sie erkennen können, auf welche Weise und wie gut das Verfahren durchgeführt und ausgewertet wird.

Umsetzung der Mindestmengenvereinbarung (C-5) und ergänzende Angaben nach der Ausnahmeregelung (C-6)

Hier muss beschrieben werden, wie die Mindestmengenvereinbarung (§ 137 Abs. 1 Satz 3 Nr. 3 SGB V) umgesetzt wird. Bei einigen planbaren Leistungen wird davon ausgegangen, dass die Qualität des Behandlungsergebnisses in besonderem Maße von der Menge der erbrachten Leistung abhängt. Die Auffassung „Übung macht den Meister" liegt dem zugrunde, und ein Haus, das eine Operation beispielsweise nur viermal im Jahr durchführt, hat möglicherweise darin nicht viel Erfahrung. Wissenschaftler und Politiker streiten jedoch heftig darüber, ob die „Menge" einer Behandlung ein brauchbares Kennzeichen, also ein Indikator für gute Qualität ist.

Zukünftig dürfen Krankenhäuser, die die festgelegten Mindestmengen pro Krankenhaus nicht erfüllen, diese Eingriffe nur noch ausführen, wenn andernfalls eine flächendeckende Versorgung der Bevölkerung gefährdet wäre und dies von der zuständigen Landesbehörde genehmigt wird. Denn die Einführung von Mindestmengen hat zur Folge, dass zumindest die bisher definierten seltenen Eingriffe nur noch an spezialisierten Krankenhauszentren erbracht werden.

In der Tabelle C-5 stellt das Krankenhaus dar, wie häufig es die Leistungen im Berichtsjahr durchgeführt hat, und vergleicht diese Zahlen mit der geforderten Mindestmenge. Hat es Leistungen erbracht, ohne die erforderliche Mindestmenge zu erreichen, muss es in der Spalte „Ausnahmeregelungen" die Gründe dafür darstellen und dies beim folgenden Punkt (C-6) näher erläutern. Für diese Leistungen muss es hier außerdem angeben, mit welchen ergänzenden Maßnahmen die Versorgungsqualität dann sichergestellt wird.

Anhang VI

Beispiel für ein BWS-Design in der Befragung

Motivierender Einleitungstext:

Wir sind hier an Ihrer persönlichen Meinung interessiert. Wir wollen wissen, welche Qualitätsinformationen für Sie persönlich aus einer Vielzahl von möglichen Qualitätsaspekten, Qualitätsmerkmalen und Qualitätsindikatoren zur Krankenhausqualität am wichtigsten sind. **Stellen Sie sich vor, Sie hätten einen Krankenhaus-Führer zur Verfügung (über das Internet oder in Buchform), in dem Sie problemlos aussagekräftige und verständliche Qualitätsinformationen zu allen Krankenhäusern nachschlagen könnten.** Welche Qualitätsinformationen sind für Sie am meisten wünschenswert und aufschlussreich, wenn Sie wissen wollen, ob ein Krankenhaus ausgezeichnet, gut oder weniger gut ist? Was ist für Sie ausschlaggebend, wenn Sie entscheiden wollen, in welches Krankenhaus Sie gehen würden?

Erläuterung des Experiments:

In dem folgenden Experiment sind verschiedene Qualitätsinformationen in **Frage-Boxen mit jeweils fünf Qualitätsmerkmalen** eingeteilt. Das jeweilige Qualitätsmerkmal wird sich aus messtechnischen Gründen mehrfach wiederholen. Lassen Sie sich davon nicht beeinflussen. Wählen Sie pro Fragen-Set die für Sie **wichtigste Qualitätsinformation in der linken Spalte** und die für Sie **unwichtigste Qualitätsinformation in der rechten Spalte**.
Bitte beachten Sie, dass Sie jeweils **nur ein Merkmal pro Spalte** ankreuzen. Auch, wenn ggf. auf den ersten Blick alle fünf Qualitätsinformationen wichtig erscheinen. Überlegen Sie nicht zu lange. **Entscheiden Sie sich!** Markieren Sie jeweils das Merkmal mit der höchsten Bedeutung für Sie sowie im Gegensatz dazu die Qualitätsinformation, mit der für Sie niedrigsten Bedeutung im jeweiligen Fragen-Set.

Beispiel
Entscheiden Sie, welche Qualitätsinformation ist für Sie **am wichtigsten** sowie **am wenigsten wichtig**.

am wichtigsten (Bitte nur ein ☒ pro Fragen-Set)	**Qualitätsmerkmale zur Krankenhaus-Qualität**	**am wenigsten wichtig** (Bitte nur ein ☒ pro Fragen-Set)
☐	Komplikationsrate	☐
☐	Reputation und Qualifikation des Chefarztes	☐
nur ein Kreuz für das ***wichtigste*** ☒	Ergebnis von Patientenzufriedenheitsbefragungen	☐
☐	Kosten für Wahlleistungen	☐
☐	Qualität des Essens	☒ nur ein Kreuz für das **un*wichtigste***

Nr.	**am wichtigsten** (Bitte nur ein ☒ pro Fragen-Set)		**am wenigsten wichtig** (Bitte nur ein ☒ pro Fragen-Set)
1.	☐	Zeitmanagement während der Behandlung	☐
	☐	Zusammenarbeit mit Selbsthilfegruppen	☐
	☐	Kosten für Wahlleistungen	☐
	☐	Wartezeit bis zur Aufnahme ins Krankenhaus	☐
	☐	Länge der Wege innerhalb des Krankenhauses	☐

Nr.	am wichtigsten (Bitte nur ein ☒ pro Fragen-Set)	Qualitätsmerkmale zur Krankenhaus-Qualität	am wenigsten wichtig (Bitte nur ein ☒ pro Fragen-Set)
2.	☐	Forschungsaktivitäten	☐
	☐	Persönliche Berichte/Briefe/Geschichten von Patienten	☐
	☐	Zusammenarbeit des Krankenhauses mit Partnern	☐
	☐	Sterblichkeitsrate	☐
	☐	Wirtschaftlichkeit	☐
3.	☐	Kosten für Wahlleistungen	☐
	☐	Fachliche Qualifikation des Pflegepersonals	☐
	☐	Rate an ungeplanten Wiedereinweisungen	☐
	☐	Ergebnis von Patientenzufriedenheits-Befragungen	☐
	☐	Ausstattung der Patientenzimmer	☐
4.	☐	Wartezeit bis zur Aufnahme ins Krankenhaus	☐
	☐	Zusammenarbeit des Krankenhauses mit Partnern	☐
	☐	Erfolgsrate	☐
	☐	Fachliche Qualifikation der Ärzte	☐
	☐	Anzahl und Art von Medizinischen Behandlungsfehlern	☐
5.	☐	Wirtschaftlichkeit	☐
	☐	Ergebnis von Patientenzufriedenheits-Befragungen	☐
	☐	Anzahl bzw. Häufigkeit von Eingriffen bzw. Behandlungsverfahren	☐
	☐	Anzahl und Art von Patientenbeschwerden	☐
	☐	Anzahl der bereits behandelten Patienten mit meiner Krankheit	☐
6.	☐	Fachliche Qualifikation des Pflegepersonals	☐
	☐	Wirtschaftlichkeit	☐
	☐	Größe des Krankenhauses	☐
	☐	Sauberkeit und Hygiene	☐
	☐	Alter der Ärzte	☐
7.	☐	Anzahl und Art von Medizinischen Behandlungsfehlern	☐
	☐	Rate an ungeplanten Wiedereinweisungen	☐
	☐	Sauberkeit und Hygiene	☐
	☐	Ausstattung mit medizinisch-technischen Geräten	☐
	☐	Empfehlungsrate niedergelassener Ärzte	☐
8.	☐	Fachliche Qualifikation der Ärzte	☐
	☐	Forschungsaktivitäten	☐
	☐	Bewertungsergebnisse durch Selbsthilfegruppen	☐
	☐	Entfernung zum Wohnort / Erreichbarkeit des Krankenhauses	☐
	☐	Wartezeiten während der Behandlung	☐
9.	☐	Alter der Ärzte	☐
	☐	Sterblichkeitsrate	☐
	☐	Ausstattung der Patientenzimmer	☐
	☐	Erfolgsrate	☐
	☐	Verfügbarkeit eines Patientenfürsprechers / Patientenbeauftragten	☐
10.	☐	Wartezeiten während der Behandlung	☐
	☐	Länge der Wege innerhalb des Krankenhauses	☐
	☐	Empfehlungsrate niedergelassener Ärzte	☐
	☐	Größe des Krankenhauses	☐
	☐	Erfolgsrate	☐
11.	☐	Ausstattung mit medizinisch-technischen Geräten	☐
	☐	Alter der Ärzte	☐
	☐	Ausstattung des Krankenhauses	☐
	☐	Bewertungsergebnisse durch Selbsthilfegruppen	☐
	☐	Qualität des Essens	☐
12.	☐	Bewertungsergebnisse durch Selbsthilfegruppen	☐
	☐	Kosten für Wahlleistungen	☐
	☐	Sterblichkeitsrate	☐
	☐	Komplikationsrate	☐
	☐	Anzahl und Art von Patientenbeschwerden	☐

Bitte noch etwas durchhalten! Es ist sehr wichtig für das Experiment, dass Sie alle Fragen-Boxen bis zum Ende bearbeiten. Vielen Dank für Ihr Verständnis!

Nr.	am wichtigsten (Bitte nur ein ☒ pro Fragen-Set)	Qualitätsmerkmale zur Krankenhaus-Qualität	am wenigsten wichtig (Bitte nur ein ☒ pro Fragen-Set)
13.	☐	Anzahl und Art von Patientenbeschwerden	☐
	☐	Zeitmanagement während der Behandlung	☐
	☐	Anzahl und Art von Medizinischen Behandlungsfehlern	☐
	☐	Schwerpunkte bzw. Spezialkompetenzen der Klinik	☐
	☐	Reputation und Qualifikation des Chefarztes	☐
14.	☐	Ergebnis von Patientenzufriedenheits-Befragungen	☐
	☐	Reputation und Qualifikation des Chefarztes	☐
	☐	Verfügbarkeit eines Patientenfürsprechers / Patientenbeauftragten	☐
	☐	Rate an ungeplanten Wiedereinweisungen	☐
	☐	Zusammenarbeit mit Selbsthilfegruppen	☐
15.	☐	Entfernung zum Wohnort / Erreichbarkeit des Krankenhauses	☐
	☐	Verfügbarkeit eines Patientenfürsprechers / Patientenbeauftragten	☐
	☐	Wartezeit bis zur Aufnahme ins Krankenhaus	☐
	☐	Anzahl bzw. Häufigkeit von Eingriffen bzw.Behandlungsverfahren	☐
	☐	Qualitätsbewertung durch unabhängige Institutionen	☐
16.	☐	Schwerpunkte bzw. Spezialkompetenzen der Klinik	☐
	☐	Ausstattung mit medizinisch-technischen Geräten	☐
	☐	Länge der Wege innerhalb des Krankenhauses	☐
	☐	Ausstattung der Patientenzimmer	☐
	☐	Forschungsaktivitäten	☐
17.	☐	Anzahl der bereits behandelten Patienten mit meiner Krankheit	☐
	☐	Fachliche Qualifikation der Ärzte	☐
	☐	Zusammenarbeit mit Selbsthilfegruppen	☐
	☐	Komplikationsrate	☐
	☐	Sauberkeit und Hygiene	☐
18.	☐	Persönliche Berichte/Briefe/Geschichten von Patienten	☐
	☐	Wartezeiten während der Behandlung	☐
	☐	Anzahl der bereits behandelten Patienten mit meiner Krankheit	☐
	☐	Qualitätsbewertung durch unabhängige Institutionen	☐
	☐	Qualität des Essens	☐
19.	☐	Komplikationsrate	☐
	☐	Qualität des Essens	☐
	☐	Entfernung zum Wohnort / Erreichbarkeit des Krankenhauses	☐
	☐	Fachliche Qualifikation des Pflegepersonals	☐
	☐	Schwerpunkte bzw. Spezialkompetenzen der Klinik	☐
20.	☐	Empfehlungsrate niedergelassener Ärzte	☐
	☐	Anzahl bzw. Häufigkeit von Eingriffen bzw. Behandlungsverfahren	☐
	☐	Zeitmanagement während der Behandlung	☐
	☐	Persönliche Berichte/Briefe/Geschichten von Patienten	☐
	☐	Ausstattung des Krankenhauses	☐
21.	☐	Qualitätsbewertung durch unabhängige Institutionen	☐
	☐	Ausstattung des Krankenhauses	☐
	☐	Reputation und Qualifikation des Chefarztes	☐
	☐	Zusammenarbeit des Krankenhauses mit Partnern	☐
	☐	Größe des Krankenhauses	☐